美国同盟体系
新时代的旧秩序

孙茹·著

U.S. ALLIANCE SYSTEM

THE OLD ORDER IN A NEW ERA

时事出版社
北京

目　录

导　论 / 1

第一章　同盟体系与国际秩序 / 12
第一节　同盟体系的构建、维持及瓦解 / 12
第二节　同盟体系与国际秩序变革 / 21

第二章　近现代同盟体系 / 28
第一节　德国同盟体系 / 29
第二节　法国同盟体系 / 43
第三节　苏联同盟体系 / 54
第四节　近现代同盟体系与美国 / 68

第三章　美国同盟体系的构建 / 70
第一节　美国走向结盟 / 70
第二节　地区同盟组成的全球同盟体系 / 84
第三节　从条约到组织 / 102
第四节　充满差异性的同盟体系 / 115

第四章　美国提供安全保护：军事纽带之一 / 125
第一节　安全保护承诺 / 125
第二节　核保护 / 137
第三节　海外驻军 / 147
第四节　安全援助 / 161
第五节　对外军售 / 173
第六节　共同安全合作 / 181

第五章 盟友承担互助义务:军事纽带之二 / 193
 第一节 分担负担问题 / 193
 第二节 分担集体防御负担 / 203
 第三节 提供军事基地 / 222
 第四节 协助美国军事干涉 / 241
 第五节 军事自主问题 / 256

第六章 从军事同盟到全面的同盟 / 268
 第一节 认同纽带 / 268
 第二节 价值观纽带 / 275
 第三节 政治纽带 / 281
 第四节 经济纽带 / 295

第七章 美国同盟体系的局部瓦解及转型 / 306
 第一节 同盟纽带松懈断裂 / 306
 第二节 同盟体系的延续 / 315
 第三节 北约转型 / 330
 第四节 亚太同盟的转型 / 345

第八章 美国同盟体系与国际秩序 / 358
 第一节 同盟助美维护国际秩序 / 358
 第二节 美国同盟体系与联合国 / 364
 第三节 美国同盟体系与地区秩序 / 370

第九章 美国同盟体系与新一轮国际秩序博弈 / 382
 第一节 大国实力缓慢消长 / 382
 第二节 北约与美俄国际秩序博弈 / 390
 第三节 美国同盟体系与中美国际秩序博弈 / 401

结　论 / 414

部分专有名词中英文对照 / 422

主要参考文献 / 427

导　论

美国同盟体系是当今国际关系中的一个重要现象。第二次世界大战结束后，美国建立了一系列的多边和双边同盟，将其纳入对苏联竞争的战略轨道。苏联解体后，美国同盟体系却未瓦解。特朗普政府将中国视为"头号竞争对手""修正主义国家"，对华进行全方位打压，"新冷战"论甚嚣尘上。拜登政府延续特朗普政府的对华政策，倚重同盟开展对华竞争。在首次外交政策演讲中，拜登称同盟是美国的最大资产，[①] 同盟的作用受到关注。

一、总体把握美国同盟体系

美国拥有的同盟数量众多，各同盟有各自的历史渊源、地理范围、合作侧重、矛盾冲突，但是都受美国的战略牵引，具有联动性。美国武装干涉朝鲜产生联动效应，催生了北约军事一体化建设。美国升级越南战争，欧洲盟友担心美国减少对欧洲的投入，削弱北约的威慑力。欧、亚、中东盟友参加海湾战争、原南斯拉夫地区的维和行动、阿富汗维和行动和战后重建，横向联系增多。亚太盟友开展三边和四边安全合作，地区内部双边同盟的联动性加强。美朝领导人在新加坡举行首次峰会，时任美国总统特朗普宣布中止美韩联合军演，这一举措虽针对美韩同盟，影响却波及欧洲，东欧中小盟友担心美国可能与俄罗斯达成类似交易，牺牲盟友的利益。美国推动北约加大对亚太的投入，欧亚同盟的跨地区横向安全合作增多。在美国重整同盟体系的情况下，需要超越单一同盟、超越地区同盟层

[①] "Remarks by President Biden on America's Place in the World," February 4, 2021, https://www.whitehouse.gov/briefing-room/speeches-remarks/2021/02/04/remarks-by-president-biden-on-americas-place-in-the-world/. （上网时间：2021年3月5日）

面，总体把握美国同盟体系的作用。

总体把握美国同盟体系有助于深化国际秩序研究。历史上亚洲一直是"亚洲人的亚洲"，以中国为中心的"朝贡秩序"覆盖东亚，这一秩序在鸦片战争后松动瓦解，亚太地区成为欧洲列强竞逐的场所。明治维新后，日本跻身大国俱乐部，攫取殖民地和势力范围，谋求构建"大东亚共荣圈"，这一日本版的亚太秩序随着日本二战战败而告终。美国在亚太构建双多边同盟，取代欧洲殖民大国和日本，主导亚太秩序。冷战结束以来，大国实力对比发生新变化，大国战略出现新调整，亚太秩序和全球秩序面临变革。中国和平发展势头强劲，积极参与引领全球治理，地区和国际影响力不断上升。美国以维护"自由开放的印太"和"基于规则的国际秩序"为名，动员盟友阻挠中国重塑国际秩序，中美国际秩序博弈升温。俄乌冲突后，人们不禁忧思战后国际秩序的未来。美国的众多同盟组成一个国际体系，具有国际秩序影响。[1] 研究美国同盟体系及其国际秩序作用，对于维护国际和平与安全、把握战后国际秩序的发展演变十分必要。

总体把握美国同盟体系有助于全面评估美国实力。美国实力包括军事、经济、金融、科技实力和软实力，还包括同盟实力。[2] "美国在全球至高无上的地位是由一个覆盖全球的同盟所组成的精细体系支撑的"，[3] 众多同盟是"美国本土、地区和全球安全的基础，对于美国利益和国家安全目标来说不可或缺"。[4] 同盟被誉为美国实力的"倍增器"，但是同盟如何增加美国实力、在国际秩序中发挥多大作用，仍需要细致的考察。

---

[1] 从国际秩序视角研究美国同盟体系，参见孙茹："美国同盟与国际秩序变革——以分担负担为例"，《国际政治科学》，2018年第2期，第1—35页；刘丰："联盟与国际秩序"，《当代美国评论》，2019年第3期，第3—19页；刘丰："秩序主导、内部纷争与美国联盟体系转型"，《外交评论》，2021年第6期，第23—44页。迈克尔·格林主编的书部分章节谈到了同盟与国际秩序，参见 Michael J. Green, ed., *Ironclad: Forging a New Future for America's Alliances*, Lanham, MD: Rowman & Littlefield, 2019。

[2] 约瑟夫·奈将同盟计入美国实力，参见［美］约瑟夫·奈著，［美］邵杜罔译：《美国世纪结束了吗?》，北京联合出版公司，2016年版，第76页。

[3] ［美］兹比格纽·布热津斯基著，中国国际问题研究所译：《大棋局：美国的首要地位及其地缘战略》，上海人民出版社，2006年版，第23页。

[4] The White House, *National Security Strategy*, May, 2010, p. 41.

二、相关概念及研究

同盟古已有之，诸侯国、城邦、封建王朝缔结同盟的例子不胜枚举，中国春秋战国时期有诸侯会盟，古希腊和古罗马时期同盟组合也很多。近代主权国家确立以来，出现了450多个同盟。① 里斯卡认为，"谈到国际关系不能不涉及同盟，不谈同盟而谈国际关系几乎不可能，这两者除名字不同之外几乎可视为一体"。②

对于同盟概念的讨论很多，这里不再赘述，仅略做介绍，以便理解美国同盟体系的构成。对同盟概念存在广义和狭义的界定，有些学者主张对同盟概念做宽泛界定，将同盟定义为两个或更多国家间正式或非正式的安全合作承诺，③ 将松散的联盟（alignment）包括在内。④ 有的学者将军事同盟分为防御条约、中立协定和互不侵犯条约、应对危机的协约三类，⑤ 编纂的同盟文献汇编收录了1904年英法协约和1907年英俄协约，两者都是划分殖民地和势力范围的协定，没有军事互助条款。这一汇编还收录了1939年签订的《苏德互不侵犯条约》、1941年签订的《日苏中立条约》。还有学者将同盟分为防御协定、军事联合（coalition）、安全伙伴关系三类。⑥ 有些

---

① Douglas M. Gibler, *International Military Alliances*, 1648 – 2008, Vol. 1, Washington, D. C. : CQ Press, 2009, p. xlix.

② George Liska, *Nations in Alliance*: *The Limits of Interdependence*, Baltimore: Johns Hopkins University Press, 1962, p. 3.

③ Stephen Walt, "Why Alliances Collapse or Endure, " *Survival*, Vol. 39, No. 1, 1997, p. 157.

④ 里斯卡区分了同盟（alliance）和联盟（alignment），同盟是正式的安全安排，联盟是非正式的安全安排。George Liska, *Nations in Alliance*: *The Limits of Interdependence*, Baltimore: Johns Hopkins University Press, 1962, p. 55.

⑤ Douglas M. Gibler, *International Military Alliances*, 1648 – 2008, Vol. 1, Vol. 2, Washington, D. C. : CQ Press, 2009.

⑥ Jason W. Davidson, *America's Entangling Alliances*: 1778 to the Present, Washington, D. C. : Georgetown University Press, p. 17. 国内有学者将Coalition翻译为"联合阵线"。国内学者对于同盟术语Alliance, Alignment, Coalition存在不同的翻译，本书将Alliance的中文翻译为同盟一词，对于北约按照约定俗成使用北大西洋"联盟"。

美国同盟体系：新时代的旧秩序

学者主张严格使用同盟概念，将同盟限定为签署条约的安全安排，[①] 强调同盟的军事特性，[②] 认为同盟是"军事契约"。[③] 有的学者强调同盟的排他性，认为同盟的首要功能是汇集军事力量反对共同敌人。[④] 不论对同盟概念做广义还是狭义界定，同盟都与国家间军事安全安排有关，这与联合国、阿拉伯联盟、欧洲联盟、非洲联盟、东南亚国家联盟、美洲国家组织等国际组织和地区组织存在根本的区别。

同盟可分为战时同盟和平时同盟，战时同盟指战争时期为击败共同敌人达成的军事互助安排。过去的同盟大多是战时同盟，战争结束后同盟瓦解。二战时期，美苏结成了战时同盟，共同抗击法西斯德国，美国对苏联提供军事援助，苏联应美国要求打击日本关东军。有的国家在和平时期缔结同盟，应对潜在的威胁，维护战后秩序。根据成员国的实力对比，同盟可分为对称同盟和不对称同盟。同盟还可分为价值观同盟和利益同盟，兼具共同利益、共同价值观的同盟关系更密切。

古今中外国家间缔结的同盟很多，但是一国缔结多个同盟、形成规模效应、对国际秩序产生影响的不多。同盟体系由多个双边或多边同盟组成。实力对称的同盟体系较少，协约国同盟体系可视为实力对称的同盟体系，英国、法国、俄国均为大国，很难说协约国同盟体系是以法国为盟主的同盟体系。实力不对称的同盟体系指盟主实力超强，牵头建立一系列同盟。盟友与盟主实力不对称，与盟主关系亲疏不一，同盟体系形成不均衡的轴辐（hub‑and‑spokes）结构。同盟体系拥有一定数量的国家，各自独立又相互影响，构成一种具有排他性的秩序。

[①] Mira Rapp‑Hooper, *Shields of the Republic: The Triumph and Peril of America's Alliances*, Cambridge, Massachusetts: Harvard University Press, 2020; Miranda Priebe, Bryan Rooney, Caitlin Mcculloch and Zachary Burdette, *Do Alliances and Partnerships Entangle the United States in Conflict?* RAND, 2021.

[②] Thomas S. Wilkins, "'Alignment', not 'Alliance' – the Shifting Paradigm of International Security Cooperation: Toward a Conceptual Taxonomy of Alignment," *Review of International Studies*, Vol. 38, No. 1, 2012, p. 56.

[③] Edwin H. Fedder, "The Concept of Alliance," *International Studies Quarterly*, Vol. 12, No. 1, 1968, p. 68.

[④] Glenn H. Snyder, *Alliance Politics*, Ithaca and London: Cornell University Press, 1997, p. 4.

导　论

有关美国同盟研究的中外文献可谓汗牛充栋。有些是对于单个同盟的研究，如对北约的研究自成一体，关注北约的总体发展、林林总总的议题、各成员国与北约关系等。对于美日、美韩、美澳以及美国与其他国家同盟的研究文献也很丰富。有对于特定的同盟问题，如反对美军基地的运动的研究。① 有些研究聚焦美国的同盟政策，诸如美国历届政府的同盟政策、美国对某个同盟的政策等。

有些文献从总体上研究美国同盟体系。有学者提出冷战时期建立的同盟无助于应对冷战后的挑战，美国应停止对传统同盟的依赖。② 还有学者将美国同盟体系的发展划分为四个阶段——从独立时期到成为地区大国、多极、两极、单极，考察各阶段美国缔结的防御协定、军事联合和安全伙伴关系。③ 有学者以美国在欧洲和亚洲的条约同盟为例，阐述美国同盟的逻辑、成本、好处。④ 有的研究探讨了同盟与国际秩序、同盟的军事维度、地区同盟及美国同盟面临的挑战。⑤ 国内有关北约、亚太地区同盟或双边同盟的文献十分丰富，但从总体上研究美国同盟体系发展演变的论著相对较少。⑥

有关美国同盟的理论研究成果丰硕。美国同盟体系成员众多，同盟实践成为理论发展的不竭源泉。学者们借鉴政治学、心理学、社会学、经济学等理论，推进同盟理论和国际关系理论研究。托马斯·里斯卡朋认为，现实主义国际关系理论就是一种同盟理论，因为现实主义理论特别关注均

---

① Andrew Yeo, *Activists, Alliances, and Anti-U. S. Base Protests*, New York: Cambridge University Press, 2011.

② Rajan Menon, *The End of Alliances*, New York: Oxford University Press, 2007.

③ Jason W. Davidson, *America's Entangling Alliances: 1778 to the Present*, Washington, DC: Georgetown University Press, 2020.

④ Mira Rapp-Hooper, *Shields of the Republic: The Triumph and Peril of America's Alliances*, Cambridge, Massachusetts: Harvard University Press, 2020.

⑤ Michael J. Green, ed., *Ironclad: Forging a New Future for America's Alliances*, Lanham, M. D.: Rowman & Littlefield, 2019.

⑥ 目前所见的是陈效卫的研究，参见陈效卫主编：《合作与冲突：战后美国军事联盟的系统考察》，军事科学出版社，2001年版，本书分章论述了北约和美国的双边同盟；陈效卫：《美国联盟战略研究》，国防大学出版社，2002年版，本书阐述了美国的同盟政策和同盟体系特征。

势,即关注权力分配变化导致的同盟的形成和瓦解。① 上述各类研究并非截然分开,研究单个的同盟离不开对美国同盟政策的把握,理论研究也离不开对美国同盟实践的研究。

三、美国同盟体系的构成

美国到底有多少盟友?对这个问题的回答将影响下面章节的论述。由于对同盟概念的定义不同,美国官方和学界认定的盟友数量不同,"条约派"主张只统计与美国缔结条约的盟友,将与美军开展安全合作、接受美军安全援助和美军驻留的国家称之为"伙伴"。"条约派"承认在美国的大战略讨论中,同盟和伙伴关系经常替换使用。②

截至20世纪50年代末,美国的条约盟友数量有43个,包括20个《里约热内卢条约》(《里约条约》)盟友、14个北约盟友、2个《澳新美安全条约》盟友,2个《马尼拉条约》盟友(巴基斯坦和泰国),1个中央条约组织盟友(伊朗),以及菲律宾、日本、韩国等双边条约盟友。冷战结束后北约多轮东扩,美国的条约盟友增至50多个。③

除了条约盟友外,美国与欧洲、中东、南亚、太平洋、撒哈拉以南非洲地区部分国家建立了"事实同盟"(de facto alliance)。罗伯特·奥斯古德称"在正式的军事合作协定或条约中很少体现同盟的全部实质和意义,就好比婚姻关系的本质很少通过结婚证书来体现"。④ 美国与一些国家虽未缔约,但承担安全保护义务,实质是同盟关系。由于种种原因,美国与一些国家缔约可能不会获得参议院批准,缔结行政协定省去了一道参议院批准程序。1953年9月26日,美国与西班牙签署共同防御协定,对集体防御的表述用语与美国签署的亚太同盟条约表述相同。1959年3月,美国与巴基斯坦、伊朗分别签署双边行政协定,承担安全保护义务。美国与以色

---

① Thomas Risse-Kappen, *Cooperation among Democracies: The European Influence on U. S. Foreign Policy*, Princeton: Princeton University Press, 1995, p. 14.
② Miranda Priebe, Bryan Rooney, Caitlin Mcculloch and Zachary Burdette, *Do Alliances and Partnerships Entangle the United States in Conflict?* RAND, 2021, pp. 6 – 7.
③ "U. S. Collective Defense Arrangements," https://2009 – 2017. state. gov/s/l/treaty/collectivedefense/index. htm. (上网时间:2018年5月3日)
④ Robert Osgood, *Alliance and American Foreign Policy*, Baltimore: The Johns Hopkins Press, 1968, p. 18.

列虽未缔约，但对以色列的安全保护水平高于绝大多数盟友。美国与海湾阿拉伯国家合作委员会（简称"海合会"）成员国也未缔约，但美国国防部在统计盟友对共同防御的贡献时，将海合会成员国包括在内，与北约和亚太盟友一视同仁。① 美国对于"事实同盟"的安全保护承诺水平不一样，对有的"事实同盟"美国的安全保护承诺水平高，比如对以色列；但对有的"事实同盟"美国的安全保护承诺水平低，如对巴基斯坦提供安全保护限定了条件。

帕劳、密克罗尼西亚联邦、马绍尔群岛三个西太平洋岛国曾是美国的托管地，与美国签署了《自由联系条约》（COFA），赋予美国特权，并未真正摆脱美国的控制。三国所获安全保护待遇超过了一般盟友，但独立自主受到更大的限制。美国将马绍尔群岛的一些环礁作为美军的核弹试验场，损害了该国主权。2001年美国占领阿富汗、2003年美国占领伊拉克，两国内外安全都依赖美国及其盟友提供，阿富汗、伊拉克成为美国的保护国，接受美军保护。

欧盟成员国有27个成员国，其中21个是北约成员国，还有6个未加入北约，欧盟成员国如奥地利、爱尔兰为中立国，美国将欧盟成员国视为美国"志同道合的伙伴"、事实盟友。2014年3月克里米亚入俄事件后，欧盟与美国步调一致，对俄接连出台制裁措施。2022年2月，俄罗斯对乌克兰发动"特别军事行动"，欧盟出巨资帮助乌克兰购买武器，未加入北约的欧盟成员国对俄实施制裁，间接卷入战争。以美国为首的北约向乌克兰源源不断地提供军火，间接参与俄乌冲突，可将乌克兰视为美国的"战时"盟友。

美国授予一些盟友和伙伴"非北约主要盟友"（MNNA）地位，在军事援助、军售、军事研发、联合军演、培训等方面给予这些国家优先待遇，获此待遇的国家包括亚太盟友、部分拉美盟友及海合会成员国，还有埃及、约旦、新西兰、摩洛哥、突尼斯、巴基斯坦等国。② 美国总统根据需要指定"非北约主要盟友"，获得这一地位的盟友数量处于变动中。

---

① 参见美国国防部年度报告，Department of Defense, *Report on Allied Contributions to the Common Defense*。

② "Major Non-NATO Ally Status," January 20, 2021, https://www.state.gov/major-non-nato-ally-status/. （上网时间：2022年7月12日）

美国同盟体系：新时代的旧秩序

盟友政权更迭、北约东扩等因素也影响盟友的数量。部分中东和非洲国家反复变换阵营。埃及先是苏联盟友，后来成为美国的盟友。伊拉克先是美国盟友，后成为苏联盟友，伊拉克战争后又成为美国盟友。伊朗曾是美国盟友，1979年伊朗伊斯兰革命后同盟瓦解。

约瑟夫·奈认为，"美国有60个条约同盟国"。① 坎贝尔认为，美国同盟体系由近100个正式的条约安排和安全承诺组成。② 兰德公司发表的报告认为，美国对大约140个国家做出安全承诺，其中近一半是条约规定的高度正式的安全承诺。③ 据统计，美国的条约盟友和"非北约主要盟友"数量加起来一共有60个。④ 美国同盟体系核心成员为西方国家，即北约盟友加上日本、韩国、澳大利亚、新西兰等亚太盟友，约40国左右。这些"自由国家的联合"经济、科技、军事水平居世界前列，影响深入世界各角落，美国与这些国家组成的"小圈子"集团成为"自由主义国际秩序"的支柱。

四、"新时代"与"旧秩序"

2017年10月，党的十九大报告宣告中国特色社会主义进入了新时代，这是中国日益走近世界舞台中央、不断为人类作出更大贡献的时代。2017年12月特朗普政府发表《国家安全战略》报告称，"大国竞争的新时代"来临，此后美国对华政策全面强硬。中国从国际舞台的边缘进入中央，遇到二战后一直处于国际舞台中央聚光灯下的美国。中美建交以来，美国推动中国融入国际体系，期待中国发挥"负责任"作用，帮助美国分担国际秩序负担，现在却怀疑中国要取代美国的"老大"地位，将美国排挤出舞台中央，转向削弱和排斥中国。中国的"新时代"与美国的"新时代"碰撞共振，前者呼唤新秩序，后者千方百计要维护旧秩序。"旧秩序"不会

---

① ［美］约瑟夫·奈著，［美］邵杜周译：《美国世纪结束了吗？》，北京联合出版公司，2016年版，第76页。
② Kurt M. Campbell, "The End of Alliances? Not So Fast," *Washington Quarterly*, Spring, 2004, p.151.
③ Jennifer Kavanagh, *U. S. Security – Related Agreements in Force Since 1955: Introducing a New Database*, RAND, 2014.
④ 刘丰："秩序主导、内部纷争与美国联盟体系转型"，《外交评论》，2021年第6期，第27页。

自动退出，新秩序在萌芽生长，国际秩序在很长一段时间将呈现新旧交织的状态。

2022年10月，党的二十大报告指出："世界之变、时代之变、历史之变正以前所未有的方式展开"，"世界又一次站在历史的十字路口"。俄乌冲突久拖不决，国际供应链、粮食、能源、通胀危机蔓延，全球治理赤字加剧，大国合作的需求升高。但是美国作为国际秩序的既得利益者，对华打压不遗余力，抵制中国实力上升带来的国际力量对比变化。2022年10月，拜登政府发表《国家安全战略》报告，直言不讳地称"后冷战时代已经彻底结束"，"世界正处于一个拐点（inflection point）"。[1] 报告将中国重塑国际秩序列为美国面临的主要挑战，强调美国将整合资源进行大国竞争，壮大盟友和伙伴的国际联合。在大国竞争时代，倚重同盟成为美国的战略选择。

一战时期，美国首次进入世界舞台中央，提出摒弃"旧秩序"、建立以国际联盟为中心的新秩序主张，同盟正是美国批判的国际"旧秩序"。美国总统威尔逊认为同盟是造成一战的原因，[2] 结盟导致"国家间的权力争夺"，传统均势带来的是"有组织的对抗"，而不是"有组织的共同和平"。[3] 二战结束后，美国走上"国强必霸"的老路，逆转不结盟政策，构建同盟体系，应对美苏竞争。在新一轮的大国竞争中，美国仍借重同盟体系，维护美国的实力优势和美国理念的正统性，防止其他大国重订国际规则。

五、主要内容

本书研究美国同盟体系的形成发展及其国际秩序作用，希冀加强对美国同盟体系及战后国际秩序的总体把握，在宏阔的大历史视野和世界大变局中，更好推动国际秩序向公正合理的方向演变。本书重在从总体上勾勒美国同盟体系的面貌，剖析美国同盟体系的构建和维持的动力，评估美国

---

[1] The White House, *National Security Strategy*, October 2022, p.6.
[2] Walter Lippmann, *U. S. Foreign Policy: Shield of the Republic*, Boston: Little, Brown and Company, 1943, p.71.
[3] 王立新：《踌躇的霸权：美国崛起后的身份困惑与秩序追求（1913—1945）》，中国社会科学出版社，2015年版，第42页。

美国同盟体系：新时代的旧秩序

同盟体系在国际秩序博弈中的作用。

本书除了导论和结论，正文可分为三大部分，第一部分阐述了研究思路和近现代同盟体系的前车之鉴。第二部分阐述了美国同盟体系的构建、维持及局部瓦解，考察了同盟体系这一排他性国际秩序的运转。第三部分阐述了美国同盟体系在地区和全球层面阻碍包容性国际秩序的发展，防止竞争对手排挤和取代美国。

导论部分对研究缘起、相关概念和研究、美国同盟体系的构成、新时代和旧秩序的含义做了介绍。第一章尝试从理论上阐释同盟体系及其国际秩序作用。维护战后秩序安排、应对新的竞争对手挑战驱动盟主构建同盟体系。维持同盟体系很难，盟主通过军事和非军事纽带来维持同盟体系。实力对比和大国战略调整引发新一轮大国竞争和国际秩序博弈，盟主利用同盟体系维护领土现状和国际规则，维护对己有利的国际秩序。第二章简略考察了德国、法国、苏联同盟体系，三国分别是普法战争、一战和二战的战胜国，都组建同盟体系维护胜利果实，防范竞争对手。德国、法国、苏联同盟体系相继瓦解，未能实现维护本国优势地位的秩序目标。欧洲中小国家二战后向美国寻求安全保护，被美国"捡漏"，成为美国同盟体系的成员来源。

第三章概述了美国同盟体系的形成和发展，简述美国从不结盟到结盟的转变历程、美国在各地区的同盟简况、同盟从条约到组织的转变以及同盟体系的差异性。第四章至第六章从同盟的军事和非军事纽带方面，分析美国维持同盟体系的做法及同盟维持的动力。美国拥有超强实力，能够对盟友提供军事保护以及政治、经济、外交好处。盟友为获得安全保护及其他好处，需要付出相应的代价，分担维护国际秩序的负担。军事和非军事纽带相互影响，相互促进，使美国同盟体系延续至今。第七章阐述美国同盟体系的局部瓦解及转型。美国同盟体系处于不断的发展变化中，有的同盟瓦解，有的同盟根基不稳。北约和亚太同盟转型升级，应对新挑战。

第八章阐述美国同盟体系在国际秩序中的作用。大国竞争加剧时，美国倚重同盟体系开展"小圈子"合作，阻碍联合国发挥更大作用。美国利用地区同盟在拉美、欧洲、东亚、中东维护对美国有利的均势和价值观，阻碍包容性地区秩序的发展。第九章探讨美国同盟体系与新一轮的大国国际秩序博弈。冷战后大国实力此消彼长，美俄关系、中美关系在竞合博弈中滑向大国竞争。美国推动北约东扩，巩固冷战胜利果实，挤压俄罗斯战略空间。美俄围绕乌克兰的争夺爆发冲突，撼动欧洲安全秩序。中美博弈"前无古人、后启来者"，美国调集亚太同盟和北约资源围堵中国，中美国际秩序博弈激烈。

结论部分对美国同盟体系及其国际秩序作用加以总结。与冷战时期相比，美国同盟的性质发生了一定改变，军事色彩有所下降。同盟终结西方国家间的战争，维持了西方的和平。同盟使美国势力深入拉美、欧洲、亚太和中东地区，维护了对美有利的地区秩序。同盟合作与分歧并存，有时分歧达到动摇同盟根基的地步。美国利用同盟体系应对大国竞争，加剧大国对抗，效果适得其反。在和平与发展的新时代，需要摈弃同盟体系这一旧秩序。

本书出版之际，笔者既开心又惶恐，开心的是对美国同盟的研究有了一个阶段性总结，惶恐的是本人学识有限，力有不逮。本书研究涉及近现代国际关系、美国对外战略、美国与盟友的关系、同盟理论、国际秩序等领域，本人深感"吾生有涯，而知无涯"，研究无止境。囿于学识和精力，本书疏漏和讹误在所难免，敬请读者批评指正。

感谢中国现代国际关系研究院出版基金的慷慨资助。感谢领导、同事和朋友们给予的鼓励和帮助。感谢时事出版社为本书出版所付出的积极努力。最后，感谢家人的理解和支持。

第一章

同盟体系与国际秩序

近现代以来，大国战争愈加惨烈，大国赢得胜利的代价日益惨重，希望永享战胜国地位。大国将构建同盟体系作为维护胜利果实的一种战略选择，倚重盟友维护战后国际秩序，应对新一轮大国竞争。本章结合国际关系史与同盟理论，阐述同盟体系的构建、维持、瓦解及国际秩序作用。

第一节 同盟体系的构建、维持及瓦解

维护有利的战后秩序安排、应对新一轮大国竞争是盟主构建同盟体系的主要动力。盟主具有超强实力，对盟友提供安全保护，通过军事和非军事纽带维持同盟体系，管控同盟分歧。同盟瓦解与内部矛盾和外部因素有关，单个同盟瓦解未必导致同盟体系瓦解。

一、从大国战争到大国竞争

大国战争和大国竞争是大国博弈的两种形态。大国博弈指大国之间的战略互动，表现为大国总体战、局部战争、竞争、协调、对话、合作等多种形态，大国战争是大国博弈的最高烈度，大国竞争是指大国博弈以竞争为主，对话与合作弱化。大国竞争激烈程度有差异，竞争领域从军事、经济、科技到国际秩序，不一而足。大国日益输不起大国战争，尽管彼此之间"文攻武吓"，但都重视管控大国竞争，力避大国战争的悲剧重演。

从 1648 年《威斯特伐利亚和约》签订到二战结束的 300 年间，大国争霸战争的赢家主导战后国际秩序安排，订立国际关系基本行为准则。[1] 战胜国迫使战败国割地赔款，战败国遭受丧权辱国之痛，元气大伤，甚至

---

[1] [美] 约翰·伊肯伯里著，门洪华译：《大战胜利之后：制度、战略约束与战后秩序重建》，北京大学出版社，2008 年版；Kyle M. Lascurettes, *Order of Exclusion: Great Powers and the Strategic Sources of Foundational Rules in International Relations*, New York: Oxford University Press, 2020, p.25。

第一章 同盟体系与国际秩序

一蹶不振，跌出大国行列。1700—1713年的西班牙王位继承战争结束后，西班牙被迫将所属的意大利领地转给奥地利，将进出地中海的咽喉要地直布罗陀割让给英国，自此西班牙跌出了大国行列。1700—1721年的北方大战结束后，沙俄崛起，瑞典跌出大国行列。1740—1748年奥地利王位继承战争中，奥地利丧失了部分领土，国力受损。1756—1763年发生的七年战争席卷欧洲及海外殖民地，这场"18世纪的世界大战"结束后，大国重新排定座次。英国成为无可争议的世界第一强国，法国相对衰落，俄国从欧陆边缘的落后国家跻身欧洲列强，奥地利未能夺回上次王位继承战争中失去的领土，普鲁士得以与奥地利平起平坐，二者成为影响德意志地区的两大势力。英、法、俄、普、奥成为欧洲和世界五强。

从路易十四到拿破仑战争时期，英法两强竞争激烈，在欧洲、北美、南亚、非洲以及中东地区争夺殖民地和势力范围。在法国与"奥格斯堡同盟"①的战争中，英国阻止法国将国界线推进到莱茵河。在西班牙王位继承战争、奥地利王位继承战争、七年战争中，英法都分处对立阵营。英国率先从工业革命中脱颖而出，实现财富的几何级数增长，在对法竞争中占据上风。1789年法国大革命后，英国带头组建反法同盟，反对法国输出革命和称霸欧陆，向盟友提供巨额军事和经济援助，先是与革命后的法国作对，继而击败了拿破仑统治的法国。

1814—1815年英国、奥地利、俄国、普鲁士四大战胜国举行维也纳和会，建立维也纳秩序。四国定期磋商欧洲重大问题，开启了"欧洲协调"。法国很快重返大国行列，五大国发挥"世界警察"作用，共管战后国际秩序。大国竞争在大国战争结束后并未消失，在对待比利时和希腊独立、1830年欧洲革命和1848年欧洲革命上，大国既有竞争又有合作。英法争夺对比利时、埃及、希腊、西班牙的影响力，奥地利与普鲁士争夺德意志地区，奥俄争夺巴尔干地区。大国对旷日持久的反法战争记忆犹新，心有余悸，不愿轻启战端，维持了近40年的和平。1853—1856年克里米亚战争期间，英法罕见结盟对阵沙俄，三大国相对克制，将战争限于黑海沿岸

---

① 1686年，奥地利、西班牙、勃兰登堡、巴伐利亚、瑞典等国缔结了反对法国扩张的"奥格斯堡同盟"。1688年9月，欲把疆界扩大到莱茵河畔的法国挑起与"奥格斯堡同盟"的战争，1689年英国和荷兰加入"奥格斯堡同盟"，战争长达9年，又称"九年战争"。

和巴尔干地区。1870—1871年普法战争深刻改变了大国力量对比,大国战争对国运的影响凸显。

近现代以来,科技革命和产业变革加速演进,助推大国实力消长。19世纪的新工业革命推动了经济、军事、交通运输等领域的快速发展,工业发展和财富积累使大国有能力在和平时期维持一支庞大的军队。军事革命对战争产生深远影响,军队的机动性、运输、后勤供应能力大大增强,大国战争的烈度和速度急剧变化。战败殃及国家前途命运,大国在大战爆发后再找寻盟友为时已晚。输不起的大国战争促使战胜国竭力维护胜利果实,有的战胜国在和平时期就构建同盟体系,维护对己有利的国际秩序,防范潜在的大国竞争风险。除了极少数大国有实力竞逐霸权,大多数中小国家考虑的是维护本国的安全。大国竞逐权力,中小国家维护安全,大国和中小国家达成了一种交易,大国向中小国家提供安全保护,中小国家则协助大国维护国际秩序。

二、同盟军事纽带

军事纽带是维系同盟的基本纽带。条约为维系军事纽带奠定法律基础,详细规定了军事互助的适用范围、战时提供的军队人数、资金、物资及有效期。七年战争初期,英国和普鲁士缔约,规定普鲁士负责保卫英王领地汉诺威不受法国侵犯,英国则保卫普鲁士免遭俄国入侵。叶卡捷琳娜二世时期,俄国与普鲁士、奥地利分别缔约,规定一方受到攻击时,另一方应提供1.2万人的军队。若距离战场遥远,普鲁士和奥地利可不派遣军队而代之以每年提供40万卢布的补助金。[①] 1814年3月,英国、奥地利、俄国、普鲁士四国签订《肖蒙条约》,规定奥地利、俄国、普鲁士各自提供15万军队对法国作战;英国不提供军队,但每年提供500万英镑战费。1892年法俄缔结的军事协定规定两国对德国作战时,法国提供130万兵力,俄国提供70万~80万兵力。同盟条约的有效期长短不一,《肖蒙条约》规定有效期20年。普法战争后德国签订的同盟条约大多为期5年。一些同盟条约规定不得单独媾和,如《肖蒙条约》规定四国保证不单独与法

---

① 方连庆、王炳元、刘金质主编:《国际关系史(近代卷)上册》,北京大学出版社,2006年版,第54页、第56页。

第一章 同盟体系与国际秩序

国媾和。

同盟成员开展军事交流与合作。19世纪以来，大国更加重视战前准备，制定作战方案。1882年德奥举行联合参谋会议，讨论军事战略和作战规划，这一对话时断时续，1908年波斯尼亚危机后恢复。① 1887年12月，意大利军官赴德国讨论德意两国联合对法国的作战计划。由于意大利军队赴莱茵河作战需借道奥匈领土，奥匈参加讨论并签署备忘录，三方还讨论了意大利参加对俄国作战的计划。② 德国与盟友的军事交流与合作有限，一战爆发后，德军才发现奥匈军队战斗力如此虚弱，不堪一击。法俄盟约提出两国陆军参谋部和平时期制订作战计划，交换德奥意三国同盟的军力情报。③ 法俄军事参谋人员定期会晤，讨论战时联合行动计划，决定只要德国实行军事动员，法俄自动实行军事动员。法俄还签署海军协定，加强海军合作和情报交流，就战时在黑海地区联合作战达成共识。英法协约没有军事条款，1905年第一次摩洛哥危机爆发后，两国参谋人员举行秘密会谈。④ 此后两国军事交流增多，商讨对德国的作战方案，划分海军作战区域，英国承诺战时实施海上封锁，切断德国的粮食和物资供应。英俄缔结协约后，英法俄三国开展经常性的军事交流。

大国在战争时期尝试推进同盟军事一体化。在拿破仑战争后期，反法同盟建立了统一的司令部，由奥地利陆军元帅施瓦岑贝格领导，名义上指挥普、俄、奥、瑞典等国军队组成的联军。第一次世界大战期间，协约国集团加强了军事联合。1917年11月，英法主导建立了最高战争理事会（Supreme War Council），加强联合作战能力和战争物资调配。最高战争理

---

① Patricia A. Weitsman, *Dangerous Alliances: Proponents of Peace, Weapons of War*, Stanford: Standford University Press, 2004, p. 144; Wallace J. Thies, *Why NATO Endures*, New York: Cambridge University Press, 2009, p. 65.

② William L. Langer, *European Alliances and Alignments 1871–1890*, New York: Alfred A. Knopf, 1956, pp. 447–448.

③ Douglas M. Gibler, *International Military Alliances, 1648–2008*, Vol. 1, Washington, D.C.: CQ Press, 2009, p. 198.

④ Elizabeth Greenhalgh, *Victory through Coalition: Britain and France during the First World War*, Cambridge: Cambridge University Press, 2005, p. 14.

美国同盟体系：新时代的旧秩序

事会是一个政治机构而不是军事机构，[1] 下设机构庞杂，有军事、弹药、封锁、海军、战争采购和金融、粮食、运输等理事会，有的理事会还下设委员会，如弹药理事会下设硝酸、化学、炸药、有色金属、钢铁、机械运输等委员会，煤炭、石油、小麦、糖、皮革、羊毛、棉花、木材、烟草等物资由相应的委员会和执行机构统一调配。1918年3月，协约国建立统一的司令部，由法国将军福煦出任协约国联军总司令，统一指挥英国、法国、意大利、比利时、塞尔维亚、罗马尼亚等国军队组成的联军。

二战时期英美军事合作更密切，英国参谋长委员会与美国参谋长联席会议建立联合参谋部，作为盟军的最高军事指挥机构，下设情报、联合计划、军火分配、军事运输、联合通信等委员会，设立了西北欧、地中海、东南亚等地区盟军最高司令部。英美领导人举行战时峰会，两国参谋长协商作战计划，盟军在北非、东南亚、意大利、法国、德国境内联合作战。战时军事合作与政治合作并举，反法西斯同盟[2]主要成员国举行外长会议和领导人会议，讨论处置德意日法西斯和战后国际秩序安排。

和平时期缺乏迫在眉睫的威胁，维持同盟比战争时期困难。盟主可以胁迫其他国家加入同盟体系，但这种方式建立的同盟缺乏稳定性和可持续性。盟主需要有超强的实力才能维持同盟体系，如果盟友与盟主的实力接近，则维持同盟体系的难度大。德国同盟体系的成员奥匈、俄国、意大利像德国一样竞逐霸权，对德国的安全依赖小。同盟内部发生冲突时，德国无法"镇"住盟友，难以约束盟友的行为。盟友与盟主实力差距大的不对称同盟，盟主承担的军事负担重，对盟友行为的制约也大。

盟主提供安全保护是维持同盟的主要方式。盟主的安全保护程度可分为高、中、低三种，高水平安全保护指盟主承诺战时参战，平时开展军事合作，举行联演联训，实行军事指挥和控制一体化等。盟友享有高水平军

---

[1] Elizabeth Greenhalgh, *Victory through Coalition: Britain and France during the First World War*, Cambridge: Cambridge University Press, 2005, p. 173.

[2] 有学者认为美英和苏联并不是同盟，美英和苏联军队没有在一起作战，也没有情报共享，美英和苏联是战时联合（coalition），参见 Thomas S. Wilkins, "'Alignment', not 'Alliance' – the Shifting Paradigm of International Security Cooperation: Toward a Conceptual Taxonomy of Alignment," *Review of International Studies*, Vol. 38, No. 1, January 2012, p. 61。

售待遇，盟主驻军盟友领土，展示保护的决心。中等水平的安全保护指盟主承诺在战时或特定情形下提供军事援助，盟友获得的军事援助数额较少，军售待遇较低。低水平承诺象征意义大于实质，同盟安全合作较少，在发生军事敌对时，盟主承诺磋商，是否提供军事援助存在不确定性。①盟主附加的条件越多，提供的安全保护水平越低。北约和华约都属于高水平同盟，美国对阿拉伯国家的安全保护承诺水平低于北约。

盟友需要为获得安全保护付出代价：承担援助盟友的风险、引起对手的攻击、被盟友拖入战争、预先关闭了其他的结盟选择、行动自由受到限制。② 盟主在是否自动卷入战争上尽可能地保持模糊，保留行动自由。一战后法国与捷克斯洛伐克缔结同盟条约，规定共同利益受到危害时，两国举行磋商，没有约定法国自动参战。法国跟南斯拉夫缔约时，没有明确承担军事义务，避免助长南斯拉夫的冒险行动。

盟友担心盟主与对手做交易，牺牲盟友利益。一战后法国与德国改善关系，引起东欧中小盟友的担忧，削弱了法国安全保护承诺的可信性。盟友同样担心被拖入战争，为此对盟主的决策施加影响。盟主感到对手的威胁越大，越倚重同盟应对大国竞争，盟友讨价还价的权力也越大。在危机和战争期间，盟主与盟友的安全依赖加深。

盟友在维护主权和领土完整上依靠盟主的安全保护，需要对盟主提供相应的军事支持，如提供军事基地。对德国、日本等战败国来说，与美国结盟可以早日结束被占领状态，恢复主权，重新融入国际社会。美国维护西柏林的独立地位和美英法三国在西柏林的驻军权，将西柏林包括在北约的防区，对联邦德国来说至关重要。作为对美国提供安全保护及维护国家权益的回报，联邦德国提供大片基地供美军驻扎。大多数盟友军事力量弱小，无法对盟主提供对等的军事帮助，但政治支持不可忽视，盟友提供政

---

① 魏茨曼将同盟国之间的安全保护承诺水平细分为六种，Patricia A. Weitsman, *Dangerous Alliances: Proponents of Peace, Weapons of War*, Stanford: Standford University Press, 2004, p. 35; 也有的学者将同盟承诺分为法律（de jure）承诺、明显的（apparent）承诺、事实（de facto）承诺，参见 David Fromkin, "Entangling Alliances," *Foreign Affairs*, Volume 48, Number 4, July 1970, p. 690。

② Glenn Synder, *Alliance Politics*, Ithaca and London: Cornell University Press, 1997, pp. 44-45.

治支持为盟主行动增添合法性，缓解国际舆论压力。盟友与盟主进行排他性的经济合作和科技合作，帮助盟主维护实力优势。在地区和国际组织中，盟友的支持对于盟主至关重要。

同盟是盟主提供安全、盟友出让自主的一种交易，但盟友竭力在获得安全保护与独立自主之间保持平衡。同盟是国家间的军事"互助""共同防御"，不是"自助""单独防御"，这要求同盟进行军事分工，整合资源，盟友的军力发展服从于盟主安排，军事自主受到抑制。大盟友的实力较强，对盟主的安全依赖小，具有较强的自主性。中小盟友实力弱，对盟主的安全依赖大，难以对盟主说"不"。埃及领导人纳赛尔表示，"大国和小国之间的同盟是狼和羊的同盟，结局注定是狼吃羊"。[①] 在双边不对称同盟中，小国以小博大难。小国加入多边同盟可以利用大国矛盾，有很大的活动空间。[②] 北约小国利用美、英、法、德之间的大国矛盾，增加回旋余地，维护自身权益。

三、同盟非军事纽带

价值观、政治、经济、科技、文化、人文合作织密了同盟联系，有利于加固同盟。在大国战争可能性下降的情况下，同盟的非军事领域合作扩大。

意识形态体现在政权类型、宗教信仰、经济制度等方面，是影响同盟关系的深层次因素。法国大革命推动民主主义和民族主义的广泛传播，动摇了欧洲封建王朝的统治。欧洲王室将法国大革命视如洪水猛兽，建立基于意识形态的联合。1815年9月，俄国、普鲁士、奥地利三国建立"神圣同盟"（Holy Alliance），以维护"正统"思想和基督教教义为名镇压欧洲风起云涌的革命运动。除了英国、土耳其等国，其他欧洲国家都加入了"神圣同盟"。英国担忧欧洲民族解放运动打破大国均势，但与俄国、普鲁士、奥地利三国理念分歧，未参加"神圣同盟"镇压欧洲革命的军事干涉。

---

① Keith Wheelock, *Nasser's New Egypt*, New York: Frederick A. Praeger, 1960, p. 41.

② Robert L. Rothstein, *Alliances and Small Powers*, New York: Columbia University Press, 1968, pp. 124–127.

第一章　同盟体系与国际秩序

意识形态分歧导致十月革命后法俄同盟瓦解，也阻碍法国和苏联结盟。1935年法国和苏联缔结互助条约，但没有签署军事协定，意识形态成为一个主要阻碍因素。① 意识形态和安全利益发生冲突时，意识形态让位于安全利益。苏联与希特勒德国意识形态冲突，但两国仍签订了互不侵犯条约。美国和新西兰意识形态一致，但利益冲突导致同盟瓦解。共同的意识形态有利于同盟延续。当同盟高度机制化、成员国都是"自由"的政权、具有明确的规范时，同盟会更有效和长期。② 北约是意识形态同盟，美欧共享价值观，形成了休戚与共的安全共同体。美国与中东国家的同盟缺乏共同的意识形态，同盟缺乏稳定性和紧密性。

结盟有助于成员国密切政治、外交、经济关系。在三皇同盟时期，德国、奥地利、俄国的三国皇帝多次举行三边会晤。德国威廉二世继位后，首次国事访问对象为盟友，先访问沙俄，然后访问奥匈和意大利。法俄结盟后双边联系明显加强，法国总统与沙皇尼古拉二世实现互访。法俄在重大地区和国际问题上保持磋商，1899年英国和南非白人后裔爆发布尔战争，法俄磋商应对之策。法俄结盟促进了两国在亚洲事务上的协调与合作，法国支持俄国在华侵略行动，在1904—1905年日俄战争期间对俄国提供道义和外交支持，斡旋俄英冲突。法国金融资本大举投向沙俄，向俄国提供巨额援助和贷款，要求俄国承诺扩大常备军，在靠近德国的地区建设战略性铁路，③ 以便战时快速运兵到对德作战前线。英法俄三国协约建立后，三国元首互访。在热点问题上，法国优先与盟友磋商。1912年10月巴尔干战争爆发前后，法国优先与英、俄磋商，再与德、奥交换意见。

同盟政治、外交、经济分歧并不鲜见。法俄同盟针对的是德国侵略情形，对于处理热点问题和局部战争，法、俄相互支持有限。英法争夺非洲关涉沙俄利益有限，俄国在1898年的法绍达危机中几乎没有支持法国。日俄战争期间，法国担心"挺俄"可能破坏与英国的关系，对俄国支持有

---

① Herbert S. Dinerstein, "The Transformation of Alliance Systems," *The American Political Science Review*, Vol. 59, No. 3, September, 1965, p. 593.

② Stephen M. Walt, "Alliances in a Unipolar World," *World Politics*, January, 2009, pp. 89–90.

③ Rene Albrecht-Carrie, *A Diplomatic History of Europe since the Congress of Vienna*, London: University Paperbacks, 1958, p. 288.

限。1908—1909年的波斯尼亚危机中，俄国没有获得英法的积极支持，未能阻止奥匈帝国吞并波斯尼亚和黑塞哥维那。在俄罗斯军舰通过黑海海峡问题上，英法反对俄国的诉求。在摩洛哥问题引发的法德对抗中，沙俄态度消极，敦促法国对德国让步。盟主与竞争对手的关系考验同盟团结。美苏缓和时期，美欧对苏联政策分歧增多。奥巴马政府改善与伊朗关系，以色列、沙特不满，美国与以色列、美国与沙特关系滑坡。盟友与对手的关系也引发同盟摩擦，20世纪50—60年代，英国、日本的对华政策引发美英、美日分歧。欧俄能源合作引起里根政府的不满，德俄能源合作招致特朗普政府的敲打。美国不惜对盟友制裁，制约盟友与对手的经济合作。盟主与各盟友的双多边关系复杂，各同盟有各自的合作与分歧。

四、同盟体系的瓦解

近现代的同盟分化组合快，持续时间短，缺少稳定性。据统计，过去500年缔结的重要军事同盟有63个，只有10个同盟存在的时间超过40年。以集体防御为核心的同盟有40个，存在的平均时长为15年。[①]

英国首相帕麦斯顿称，国家"没有永久的盟友，没有永久的敌人"，这句名言用于形容近现代的同盟实践再贴切不过。近代的同盟大多是战时同盟，针对实际威胁而不是潜在威胁，战争结束后同盟瓦解。当时军事技术相对落后、国家经济能力有限，战争规模小，国家在和平时期没必要、没能力去维持同盟，[②] 战争爆发后，国家仍有时间来找寻盟友。外交的主要任务是建立同盟，而不是维持同盟。[③] 盟友背叛、临阵倒戈时有发生。拿破仑远征沙俄时，普鲁士、奥地利被迫出兵，但两国均秘密向沙俄表示不会真打。拿破仑撤退途中，普鲁士、奥地利为俄军提供方便。普鲁士还和沙俄结盟，对法国宣战。

---

① Colonel Patrick T. Warren, *Alliance History and the Future NATO: What the Last 500 Years of Alliance Behavior Tells Us about NATO's Path Forward*, 21st Century Defense Initiative, Policy Paper, June 30, 2010, p. 5.

② Robert E. Osgood, *Alliances and American Foreign Policy*, Baltimore: The Johns Hopkins Press, 1968, p. 26.

③ Wallace J. Thies, *Why NATO Endures*, New York: Cambridge University Press, 2009, pp. 122–123.

欧洲列强混战，战争频仍，同盟转换阵营多，今日的盟友可能就是明日的敌人，上次战争的盟军下次可能成为敌军。17世纪英国和荷兰三次开战。1667年第二次英荷战争期间，法国进攻西班牙所属的尼德兰（今比利时），英国、荷兰两国反对，1668年1月英、荷结成了反法同盟，两国迅速从敌人变为盟友。1672年英国挑起第三次英荷战争，但在法国与"奥格斯堡同盟"的战争中，英国、荷兰再次携手。在奥地利王位继承战争中，英国、奥地利结盟反对法国和普鲁士，在七年战争中，英国却与普鲁士结盟反对法国和奥地利。

从19世纪至今，国际体系经历了从欧洲多极体系到美苏两极体系再到美国主导的单极体系的变化。[①] 在欧洲多极体系中，"极"为第一梯次的大国，拥有超强实力，对中小国家产生磁吸效应。国家转换阵营的情况减少，为大国建立固定的同盟、构建同盟体系提供了可能性。在两极体系中，盟友与盟主实力差距悬殊，作为"极"的超级大国对盟友的控制加强，意识形态因素阻碍盟友转换阵营，阵营对立固化。在单极体系中，盟友难以找到其他大国作为结盟的替代选择，同盟体系的成员相对稳定。

同盟体系的瓦解可分为全部瓦解、局部瓦解。一般来说，同盟瓦解可分为四种情形：对手通过战争方式瓦解同盟、与对手达成战略妥协、盟友国内政治发生变化、外部威胁消失。[②] 同盟体系由多个同盟组成，单个同盟的瓦解未必导致同盟体系的全部瓦解。大国群体性战争、盟主的解体导致同盟体系的全部瓦解，代理人战争、盟友国内政权更迭、外部威胁消失导致同盟体系的局部瓦解。有的同盟虽未瓦解，但军事功能虚化、弱化，同盟名存实亡。有的同盟转型升级，从事维和、战后重建活动，军事同盟的性质有所改变。

第二节　同盟体系与国际秩序变革

盟主利用同盟体系应对新一轮大国竞争，维护对己有利的国际秩序安

[①] 刘丰："联盟与国际秩序"，《当代美国评论》，2019年第3期，第6页。
[②] 左希迎："美国亚太联盟体系会走向瓦解吗"，《世界经济与政治》，2019年第10期，第58—60页。

美国同盟体系：新时代的旧秩序

排。盟友不同程度地卷入大国竞争，在军事、经济、科技、意识形态、地缘政治等方面支持盟主，影响地区秩序和全球秩序变革。

一、国际秩序分类

对国际秩序概念存在很多界定，本书从实力对比、国际机构和机制、国际规则和规范、价值观等方面讨论国际秩序，国际秩序是大国之间的一种权力分配安排，大国实力变化驱动国际秩序变革。国际机构和机制是国际秩序安排的具体体现，国际规则和规范、价值观维持着国际秩序的运转，无此国际秩序可能失序失能。按照成员国的普遍性和特定性，可分为包容性国际秩序和排他性国际秩序。从维也纳和会至今，战胜国三次构建包容性国际"大"秩序，即维也纳秩序、[①] 凡尔赛秩序及二战后的国际秩序。国际"大"秩序由战胜国构建，体现了战胜国所处的权力地位、遵从的国际规则和价值观。国际"大"秩序构建也体现在机构和机制方面，维也纳和会建立了松散的"欧洲协调"，《凡尔赛和约》建立国际联盟，二战后建立联合国，战后国际秩序设计日益完善。在共同反对的敌人消失后，大国重新分化组合，权力竞争逐渐浮现。有的大国构建排他性的"小圈子"秩序，阻碍盟友与圈子外的国家合作。

按照地理范围，国际秩序可分为地区国际秩序和全球国际秩序，下文将前者简称为"地区秩序"，将全球范围的国际秩序统称为"国际秩序"。大部分国家的影响都局限于所在的地区，近代以来的全球大国——葡萄牙、西班牙、荷兰、英国、法国、沙俄、德国、美国、日本等国建立大片殖民地和势力范围，主导地区秩序和国际秩序。全球大国始于控制地区，全盛时期的英国在欧洲、亚太、中东、美洲地区都处于主导地位。殖民统治瓦解后，大批亚非国家独立，对地区秩序和国际秩序的影响上升。美国率先在拉美地区排挤英国，二战后在欧洲和亚太两大关键地区获得主导地位，通过北约影响欧洲地区秩序，通过亚太同盟体系影响亚太秩序，确立

---

① 对维也纳秩序何时瓦解存在不同看法，有的认为由于战胜国分歧，维也纳秩序到19世纪20年代初就已瓦解。有的则认为这一秩序持续到一战，维持了100年的大国"总体和平"。本书持后一种看法。

欧洲大国①和太平洋大国的身份。

地区秩序和国际秩序相互影响。盟主考虑全球均势，盟友则更多关注地区均势和本国优先事项。美国从美苏竞争出发，看待中东地区的共产主义影响，阿拉伯国家则关注以色列威胁。美国关注全球冷战，拉美国家则关注当地的经济和社会发展。地区国家与域外大国结盟，在潜在的地区战争中增强制胜砝码。域外大国介入使得地区争端扩大化，并可能引发世界大战。一战前夕巴尔干地区领土、民族、宗教矛盾尖锐，希腊、塞尔维亚、保加利亚争夺马其顿地区，保加利亚向奥匈求援，塞尔维亚向沙俄求援，大国介入令地区冲突升级。大国全球竞争冲击地区和平与稳定，如美苏在非洲的竞争使非洲地区的冲突愈演愈烈，影响东非之角、南部非洲的稳定。

国际秩序可进一步分为包容性的地区秩序、包容性的全球秩序、排他性的地区秩序三类。排除其他大国的秩序不具有全球性，排他性的全球秩序不存在。包容性地区秩序机构有东盟地区论坛、欧洲安全与合作组织（OSCE）等，北约、亚太同盟、里约构成排他性地区秩序，联合国、世界贸易组织等普遍性国际组织构成包容性国际秩序的支柱。相对于同盟体系组成的"小"秩序，包容性国际秩序为"大"秩序，两者相互影响。

国际秩序按领域可分为国际政治秩序、国际经济秩序、国际安全秩序等，大国地缘竞争与政治、经济、安全等领域的竞争叠加，增添了国际秩序变革的复杂性。国际秩序包含国际规则和行为规范，《威斯特伐利亚和约》提出的主权平等、不干涉内政原则延续至今。《联合国宪章》确立的维护国际和平与安全、促进国际合作、会员国一律平等、和平解决国际争端等宗旨和原则，贯通于战后地区秩序和国际秩序。

二、国际秩序变革

国际"大"秩序有利于战胜国，战胜国有维护这一秩序的共同需要，但战胜国因获益不均而对国际秩序的满意程度不同。在大战结束之初，心存不满的战胜国精疲力竭，需要休养生息，消化既得胜利成果，只能等待

---

① Richard Holbrooke, "America, A European Power," *Foreign Affairs*, Vol. 74, March/April, 1995.

美国同盟体系：新时代的旧秩序

时机再修正对己不利的秩序安排。如一战后日本、意大利都是战胜国，不满巴黎和会"分赃"不均，伺机修正国际"大"秩序。战胜国因权力竞争和理念分歧而分道扬镳。1945年2月美国、英国、苏联三大国举行雅尔塔会议，就划分战后势力范围、分裂德国、重划波兰疆界、建立联合国等问题达成协议。美国主导构建国际"大"秩序，随着美苏冷战加剧，美国在《雅尔塔协定》上立场后退，将东欧国家视为受苏联"奴役"的卫星国，排斥苏联的国际影响。

战败国也伺机修正国际"大"秩序。战败国加入战后国际"大"秩序后，谋求发挥更大作用。一战后德国加入国际联盟，获得国际联盟常任理事国席位，但德国仍伺机复仇，打破凡尔赛秩序的束缚。二战结束后，德国、日本加入联合国，要求获得联合国常任理事国席位，以便国际秩序反映两国实力和影响力增长的新现实。

大国实力的不平衡发展是客观规律。随着时间推移，大国实力出现新一轮消长。实力上升的大国寻求发挥更大作用，要求修改未能充分反映其利益的国际规则和规范，在国际新规则制定中享有更大发言权，对未能反映实力新变化的国际"大"秩序感到不满，实力下降的大国发言权下降，则对国际"大"秩序未能维护既得利益不满。大国各有不满，竞相提出改革主张，重塑国际秩序，但对秩序损益的看法不同，加上秩序理念分歧，大国在改革国际秩序上的合作受限。国际秩序具有利弊双重性，对不同国家利弊影响不同，随着时间推移，有利的秩序安排可能变得不利，不利的秩序安排可能变得有利。美国二战后推行自由贸易，反对英国以"帝国特惠制"为特征的贸易保护主义，但是当其他国家从自由贸易中获益更大时，自由贸易变得对美国不利，于是美国提出改革世界贸易组织、实行"公平贸易""对等贸易"。

国际"大"秩序变革可粗略分为三种情形：一是大国战争引起的国际秩序瓦解。世界大战爆发，国际秩序全面瓦解。世界大战不会突然爆发，国际秩序也不会突然瓦解。大国竞争长期化、扩大化使国际秩序松动瓦解，大国战争爆发给予国际秩序致命一击。二战结束以来，世界大战打不起来，国际秩序全面瓦解的可能性下降。二是平稳变革。大国竞争趋缓，在地区热点和国际问题上协调与合作增多，国际秩序缓慢演变。如冷战结束后，大国既竞争又合作，国际秩序在大国没有激烈对抗的情况下相对平稳地变革。三是介于前两者之间的剧烈变革。大国竞争加剧，爆发局部战争，引起国际秩序剧烈变革和局部瓦解。克里米亚战争、普奥战争、普法战争、日俄战争等一系列战争虽未颠覆维也纳秩序，但深刻影响交战国的实力地位。大国解体可能引起国际秩序剧变。剧烈变革与缓慢变革之间仍有相互交织的灰色地带，大国敌意增加，虽没有爆发局部战争，但大国对抗使国际秩序支离破碎，国际机构运转失灵。

三、同盟体系的国际秩序作用

同盟体系帮助盟主维护对己有利的地区秩序和国际秩序，排斥对手扩大实力和影响力。同盟体系是一种排他性的"小圈子"秩序，盟主维持同盟体系即是维护"小圈子"秩序，巩固己方势力范围。魏茨曼认为，国家建立同盟并不都是应对共同的外部威胁，也有管理冲突的需要。在特定情况下，建立同盟的目的是维持与对手之间的和平。[①] 德奥结盟、美日结盟使两个对手化敌为友，北约防止法、德再爆发战争。赖特认为，美国同盟体系为"自由世界"内部创建了和平与繁荣的条件。美国向盟友提供安全，将地区安全竞争减少到可以忽略的水平，深化了成员间的政治和经济合作。[②] 中小国家与美国结盟可以减轻军备负担，获得政治和经济好处。

地区同盟是盟主影响地区秩序的抓手。领土争端十分敏感，地区国家间的领土争端可能将盟主拖入战争。盟主限定履约范围，制止盟友以武力改变领土现状，防止热点问题升级为大国冲突。美国阻止韩国以武力手段统一半岛，避免第二次卷入朝鲜战争。盟主通过武器禁运、限制提供特定武器装备等方式，控制地区冲突的烈度。印巴冲突爆发后，美国对巴基斯坦实行武器禁运。盟主支持盟友以便维护地区均势，美苏在欧洲和亚太地区支持各自盟友，抵消对手影响。盟友在地区热点问题上支持盟主，苏联在西柏林问题上发出最后通牒，提出将西柏林的行政管理权交给民主德国，将柏林变为非军事化的中立城市，与民主德国缔结和平条约，美国反

[①] Patricia A. Weitsman, *Dangerous Alliances: Proponents of Peace, Weapons of War*, Stanford: Standford University Press, 2004.

[②] Thomas Wright, "Stresses and Strains on the Global Order," in Michael J. Green, ed., *Ironclad: Forging a New Future for America's Alliances*, Lanham, MD: Rowman & Littlefield, 2019, p. 13.

美国同盟体系：新时代的旧秩序

对苏联采取单方面行动，获得英法支持，使苏联的最后通牒无效。同盟"小圈子"合作影响盟友与对手和解，妨碍地区国家解决历史遗留问题，制约地区合作走向深入。

同盟是盟主与对手开展权力竞争的重要工具。大国竞争很少有"一对一"的竞争，多是动员己方盟友与对手开展集团竞争。摩根索认为，结盟将别国权力增加到本国的权力上，阻止对手添加权力。[1] 国家结盟可以补充彼此的能力，减少或分散敌对国家的压力。[2] 同盟体系的"集体实力"使本就有强大实力的盟主如虎添翼。盟友支持盟主的国际秩序主张，参与盟主的军事行动和政治、经济、科技倡议，在国际机构中投票支持盟主，维护盟主的国际地位。同盟体系成员情况复杂，能力差异悬殊，在地区热点和国际问题上的利益不同，对盟主的支持程度不一。

盟友协助盟主推翻现状，修改国际秩序。美国频繁发动对外军事干涉，纠集盟友和伙伴发动科索沃战争、伊拉克战争，以武力在巴尔干和中东建立"新"秩序。北约东扩改变了欧洲安全秩序，北约成员国都批准北约东扩，协助美国挤压俄罗斯的战略空间。在国际秩序改革上，盟主"只准州官放火"，排斥对手诉求。在国际秩序变得对己不利时，盟主要求改革国际机构，甚至"退群"。当对手推动国际秩序改革时，盟主联合盟友横加阻挠，防止国际秩序朝对己不利的方向演变。

基辛格认为，任何一种世界秩序体系若要持久，必须被认为是正义的。[3] 盟主与竞争对手在什么是公正合理的国际秩序上分歧深刻，都想扩大己方的实力和影响，压制和排斥对手。一战后德国鼓噪凡尔赛秩序不公正不合理，法国则竭力维护凡尔赛秩序。英国对德国抱有同情，默许德国拒绝接受军事条款、重新占领莱茵兰地区、兼并奥地利，并非全是因为这是最容易突破的防线，而是部分地因为存在一种共识，认为这些变更本身

---

[1] ［美］汉斯·摩根索著，徐昕、郝望、李保平译：《国家间政治：权力斗争与和平》，北京大学出版社，2009年版，第219页。

[2] George Liska, *Nations in Alliance: The Limits of Interdependence*, Baltimore: The Johns Hopkins Press, 1962, p. 26.

[3] ［美］亨利·基辛格著，胡利平、林华、曹爱菊译：《世界秩序》，中信出版集团，2015年版，第XVII页。

是合理公正的。① 法德竞争削弱了凡尔赛秩序的稳定性，德国以凡尔赛秩序不公正不合理为借口，伺机改变秩序现状，凡尔赛秩序逐渐瓦解。

国际"大"秩序包括所有大国，维护国际"大"秩序首先要维护国际和平，防止大国战争，这需要所有大国的共同努力。盟主将某个大国树为对手予以排斥，构建"小圈子"，制造阵营对立，加剧大国对抗，增加世界大战的风险。大国之间爆发了两次惨绝人寰的世界大战，大战前夕都形成了相互对立的军事集团，一战前夕形成了以德国为首的同盟国集团和以英法俄三国为主的协约国集团，二战前夕轴心国与英法形成对峙之势。世界大战的爆发导致国际"大"秩序瓦解和同盟体系瓦解，这一双重瓦解与盟主的目标背道而驰。

二战后战胜国痛定思痛，摒弃适者生存的"丛林法则"，确立普遍接受的国际关系准则，谋求防止大国战争的悲剧重演。世界大战的浩劫、核武器的出现、"相互确保摧毁"的梦魇，促使美苏两个超级大国保持克制，冷战没有发展为热战。二战后以联合国为代表的国际"大"秩序仍无法消除大国权力竞争和理念分歧，美国、苏联都依托同盟体系展开竞争，并未找到解决大国竞争的新路。苏联解体后美国仍对潜在对手严加防范，依托同盟体系维护"老大"地位。美国重新挑起大国竞争，胁迫盟友选边站，加剧大国对抗和战后国际秩序的不稳定性。

---

① ［英］爱德华·卡尔著，秦亚青译：《20年危机（1919—1939）：国际关系研究导论》，世界知识出版社，2005年版，第199页。

第二章

近现代同盟体系

　　古代的城邦和国家建立过各种各样的同盟体系，古希腊城邦斯巴达和雅典构建了各自的同盟体系；古罗马兴起后，与被征服的城邦建立了同盟体系。这些同盟体系距今久远，能够作为美国同盟体系参照的有德国、法国及苏联的同盟体系。德、法、苏同盟体系的规模和实力、持续时间、对国际秩序的影响程度都无法与美国同盟体系相提并论。德、法、苏同盟体系的成员国如今何在？相当多的成员国并未转为不结盟，而是转投美国怀抱，加入了美国同盟体系，使美国同盟体系"国多势众"，实力雄厚，对国际秩序影响大。

　　普法战争后的德国、一战后的法国、二战后的苏联都构建了同盟体系。它们都是当时的世界大国，通过构建同盟体系，维护各自流血牺牲获得的胜利果实。德国谋求维护普法战争的胜利果实，法国和苏联分别是维护一战和二战的胜利果实。德、法、苏都谋求维护秩序现状，警惕新的大国竞争。德国和法国的同盟体系是地区范围的同盟体系，成员位于欧洲，成员国数量少。当时大部分亚非国家尚未独立，欧洲是国际舞台的中心，欧洲大国即是世界大国，欧洲大国较量牵动全球均势，德国同盟体系和法国同盟体系都影响国际秩序走向。二战后美苏各自构建了同盟体系，苏联同盟体系成员以东欧盟友为主，在苏联权力巅峰时期，其盟友和海外军事基地数量远少于美国。

　　德、法、苏同盟体系都维持了同盟和平，都未能缓和盟主与对手的竞争。德国未能拉住其他大国孤立法国，法国也未能拉住其他大国孤立德国。德、法同盟体系未能维持国际和平，集团对立加剧紧张局势，大国战争令国际"大"秩序瓦解。德国勉强维持了同盟和平，但受到盟友的牵连，卷入大国战争，同盟体系和维也纳秩序双双瓦解。法国在盟友受到侵略时未履行军事承诺而信誉破产，未保住自身领土完整，同盟体系和凡尔赛秩序也双双瓦解。苏联同盟体系以欧洲国家为核心成员，没有受到盟友牵连，但苏联武装干涉盟友内政引发同盟关系紧张，苏联解体导致其同盟体系全部瓦解和国际"大"秩序的局部瓦解。三个国家的同盟体系所处时代不同,各自的实力地位、面临的同盟管理问题和大国竞争形势存在很大差异,但都不同程度地影响了美国同盟体系的形成和发展。下面从德、法、苏同盟体系的构建、维持和瓦解及在维护国际秩序中的作用予以简要论述。

第一节 德国同盟体系

德国创下了大国在和平时期结盟的先例。德国同盟体系由"铁血宰相"俾斯麦主导构建,也被称为"俾斯麦体系"。俾斯麦精心构建了一个以德国为中心的同盟体系,防止法国与其他大国结成反德联合。1890年3月俾斯麦去职后,德国寻求扩大"生存空间",战略目标不再局限于孤立法国,还谋求追赶英国,发挥更大国际影响。英国逐渐将德国视为竞争对手,与法国和俄国建立反德联合,两大军事集团对抗加速了世界大战的爆发和维也纳秩序的瓦解。

一、德国同盟体系的构建

统一后的德国实力强大,与法国以外的欧洲大国没有直接的利害冲突。德国构建同盟体系维护普法战争的胜利成果,确保德国在欧洲大陆的主导地位。德国阻止法国与其他大国结盟,迫使法国打消收复失地的念头。

德国同盟体系以德奥同盟、德奥意三国同盟、德奥俄三皇同盟、德俄《再保险条约》为主构成。德奥同盟是德国同盟体系的核心,其他安排都围绕它展开。[1] 德奥同盟是军事互助同盟,德俄《再保险条约》则是中立条约,德国对奥和对俄的安全保护承诺水平不同。德国同盟体系的构建不是一蹴而就,尤其是德俄结盟的过程一波三折。

普鲁士和奥地利两国历史、文化、语言、血缘亲近,双方长期争夺德意志地区,1866年的普奥战争严重削弱了奥地利对德意志的影响,迫使战

---

[1] William L. Langer, *European Alliances and Alignments 1871–1890*, New York: Alfred A. Knopf, 1956, p. 180.

美国同盟体系：新时代的旧秩序

败的奥地利转向其他地区扩张。1867年奥地利改元为奥匈帝国，将巴尔干地区作为扩张重点，与同在此地扩张的沙俄迎头相撞。德国将法国视为竞争对手，出于孤立法国的需要，积极拉拢沙俄，竭力斡旋奥俄竞争，缔结了两次三皇同盟。

第一次三皇同盟的建立时间早于德奥结盟。1872年9月德奥俄三国皇帝在柏林会晤，表示要维护欧洲和平现状，巩固君主制。1873年10月，德奥俄三国建立第一次三皇同盟，承诺反对革命和颠覆活动，一旦彼此间发生分歧或其他大国威胁到欧洲和平，将进行磋商。[①] 三皇同盟是三国所缔结的"神圣同盟"的升级版。对德国来说，同盟达到了孤立法国的目的，缓和了奥俄两国矛盾。

19世纪，奥斯曼土耳其帝国加速衰落，巴尔干地区领土接连分离出去。19世纪70年代，奥斯曼帝国治下的巴尔干地区动荡不已。1875年波斯尼亚和黑塞哥维那两省爆发起义，难民向奥匈、塞尔维亚逃亡，起义蔓延到保加利亚等地。俄国充当斯拉夫人的"解放者"，打着支持泛斯拉夫主义的旗号进行军事干涉，1877年4月俄国对土耳其宣战，扶植保加利亚独立，迫使土耳其支付巨额赔款。为争取奥匈在俄土战争中保持中立，俄国承诺支持奥匈吞并波黑两省，但在1878年3月签订的俄土和约中，俄国未兑现承诺，令奥匈强烈不满，奥俄濒临战争边缘。奥匈境内斯拉夫民族众多，捷克、斯洛伐克、波兰、克罗地亚、斯洛文尼亚民族分离主义暗流涌动。奥匈不满俄国鼓吹泛斯拉夫主义，阻挠俄国在巴尔干建立大的斯拉夫国家，放弃对德国复仇，转向联德遏俄。俄国在巴尔干势力坐大促使英国出面干预，德国加入斡旋，担任"诚实的掮客"。1878年6—7月，德国主办柏林和会。《柏林条约》剥夺了俄国对土耳其战争的重要获益，俄国内群情激愤，德俄关系破裂，奥俄关系也因奥匈占领波黑恶化，第一次三皇同盟瓦解。

1879年10月，德奥缔结同盟条约。俾斯麦认为，德奥联合将是欧洲和平的最佳保证，奥地利的生存和领土完整是德国安全的首要条件。[②] 德

[①] [美] 诺曼·里奇著，吴征宇、范菊华译：《大国外交：从拿破仑战争到第一次世界大战》，中国人民大学出版社，2015年版，第184—185页。

[②] William L. Langer, *European Alliances and Alignments 1871–1890*, New York: Alfred A. Knopf, 1956, pp. 174–175.

奥结盟可阻止奥地利与其他大国结盟，奥地利若与法国或沙俄联合将是德国的噩梦；奥地利与英国关系友好，德奥结盟将吸引英国与德国合作；奥地利与沙俄相比更依赖德国，较容易控制；奥地利更少可能因内部原因而背叛同盟；与奥地利结盟代价小；一旦德奥结盟，德、奥、俄"东方三帝国"就会形成二比一态势，俄国将处于劣势，更容易被拉入一个新的三皇同盟。①

德国提议缔结一般性的同盟，反对任何第三方攻击，但奥地利担心得罪法国和英国，只同意在针对沙俄时互相援助，在针对法国的条款上附加条件。德奥同盟条约规定，任何一方受到俄国攻击时将彼此援助。任何一方受到俄国以外的其他国家攻击时，另一方善意中立，如果法国进攻德国，则奥匈中立；如果意大利进攻奥匈，则德国中立。如果进攻的国家获得沙俄援助，则缔约方有义务彼此援助，这意味着一旦沙俄在德法战争中支持法国，奥匈就要支持德国。条约内容对外界保密，有效期5年。

德奥同盟缺乏共同的外部威胁，奥地利将俄国视为威胁，德国将法国视为威胁。德国受到法国侵略时，奥地利不提供援助，德奥同盟等同于德国对奥地利的单方面保证。② 奥匈帝国占据中欧大片地区，境内民族矛盾尖锐，德奥同盟维护了奥匈的安全，有利于欧洲中部保持稳定，从而维护了欧洲安全秩序。北约建立之前，德奥同盟是大国和平时期缔结的最亲密最稳固的同盟，持续近40年。

德奥结盟后，为防止俄国被法国拉拢，德国再次斡旋奥俄关系，重建三皇同盟。当时英俄在土耳其、阿富汗、远东争夺激烈，奥俄在巴尔干争夺激烈，处境孤立的沙俄决定缓和对德关系，与德国签署双边协定，在德奥同盟之间插入楔子，防止德奥联手反对沙俄。德国提出将奥匈纳入，奥匈也有意改善对俄关系，防止德俄签署可能有损奥匈利益的双边协定。1881年6月，第二次三皇同盟条约签署。第一次三皇同盟宣扬传统的君主

---

① William L. Langer, *European Alliances and Alignments 1871–1890*, New York: Alfred A. Knopf, 1956, pp. 177–180; Glenn Synder, *Alliance Politics*, Ithaca and London: Cornell University Press, 1997, p. 88, p. 90; 徐弃郁：《脆弱的崛起：大战略与德意志帝国的命运》，新华出版社，2011年版，第46页。

② Rene Albrecht-Carrie, *A Diplomatic History of Europe since the Congress of Vienna*, London: University Paperbacks, 1958, p. 178.

美国同盟体系：新时代的旧秩序

团结，新的三皇同盟则把这些老的意识形态的东西基本都抹去了，只剩下实实在在的实力计算和利益交换。① 第二次三皇同盟规定，如果任何成员国与第四个大国交战时，其他两个大国保持中立，这意味着一旦德法开战，则俄国保持中立。与德奥同盟相比，德国对三皇同盟承担较低水平的中立义务。三皇同盟成员国同样缺乏共同的外部威胁，奥俄互相视为威胁，但三皇同盟仍有战略价值：维护了奥匈与沙俄之间的和平，确保了奥、俄不与法国结盟。②

德奥意三国同盟源自意大利寻求德国的安全保护。意大利在柏林和会一无所获，与奥匈的领土争端未取得进展。1881年意大利与法国争夺突尼斯失败，与支持教皇的法国矛盾尖锐，寻求与德国结盟，遏制法、奥两大威胁。德国无意签署德意双边条约，斡旋奥、意两国改善关系。1882年5月20日，德奥意签署三国同盟条约，规定如果意大利无端遭到法国进攻，则德奥提供全力支持。如果德国遇到同样情形，意大利承担同样义务。如果德国受到威胁而导致与法国开战，则奥意两国中立。如果奥俄开战，意大利中立。三国同盟阻止意大利与法国结盟，维持了奥意两国之间的和平。③ 三国同盟防止了意、俄联合，奥地利一旦对俄作战，不必担心意大利从背后进攻，免除了后顾之忧。三国同盟帮助意大利遏制法国威胁，提升了国际威望。奥、意存在领土争端，互相视为威胁，三国同盟有利于防止奥意争端升级为战争。

德奥意缔结三国同盟后，德国通过奥匈拉拢罗马尼亚。罗马尼亚在《柏林条约》中失去比萨拉比亚（今摩尔多瓦大部、乌克兰部分领土），对沙俄不满。1883年10月奥匈与罗马尼亚缔约，规定双方都不加入针对对方的同盟或针对彼此的战争。一旦遭到第三国无端进攻，两国相互支持，德国、意大利随后加入。与此同时，土耳其希望与德奥结盟，德国不愿卷

---

① 徐弃郁：《脆弱的崛起：大战略与德意志帝国的命运》，新华出版社，2011年版，第53页。
② William L. Langer, *European Alliances and Alignments 1871–1890*, New York: Alfred A. Knopf, 1956, p. 211; Patricia A. Weitsman, *Dangerous Alliances: Proponents of Peace, Weapons of War*, Stanford: Standford University Press, 2004, pp. 43–44.
③ Patricia A. Weitsman, *Dangerous Alliances: Proponents of Peace, Weapons of War*, Stanford: Standford University Press, 2004, p. 85.

入俄土冲突而予以拒绝,但同意奥斯曼苏丹请求,派德国军官训练土军。

俾斯麦积极推动意、奥两国与英国结盟,达到间接与英国结盟的目的,进而将支持意大利殖民扩张的负担推卸给英国。意大利与法国在地中海和北非竞争激烈,寻求与英国结盟。1887年2月英国、意大利签署《地中海协定》,表示要维护地中海现状,制约法国在摩洛哥等地的扩张,在埃及问题上结成统一战线。英国仍奉行"光荣孤立",不愿做出军事承诺,与意大利没有缔结正式同盟。奥匈随后加入协定,英、意、奥组成"地中海联合"。德国避免疏远沙俄,未加入《地中海协定》。1887年12月,英、奥、意签署《第二次地中海协定》,这次协定无关地中海事务,而是三国联合制约沙俄在保加利亚的扩张、干涉奥斯曼帝国事务。在德国向巴尔干和中东地区扩张后,英国转而接近沙俄和法国,《地中海协定》失效。

第二次三皇同盟条约为期3年,1884年续签。1885—1887年的保加利亚危机再次恶化了奥俄关系。俄国认为三皇同盟让德国在西方保持行动自由,却束缚了沙俄在东方的行动,使得沙俄采取行动依赖与盟友的磋商。①俄国认为德国再次打败法国不符合俄国利益,在未来的德法战争中不应保持中立。奥匈在三皇同盟中的地位不如德奥同盟,不愿疏远法国和英国,对三皇同盟缺乏积极性,1887年三皇同盟瓦解。

三皇同盟瓦解后,俄国提议缔结德俄双边同盟取代三皇同盟。德俄之间并无利害冲突,德国有拉紧俄国、预阻法俄结盟的需要。俄国希望签署针对奥匈的军事互助条约,但由于德奥同盟以俄为假想敌,德国无法与俄国签订以奥匈为假想敌的互助条约。1887年6月18日,德俄签订了为期3年的《再保险条约》,条约规定任何一方与第三方交战时,另一方保持中立。如果对奥战争或对法战争由缔约方发起,则不适用此条款。这意味着如果俄国认为德法战争由德国挑起,便没有遵守中立的义务。德国得到的不是俄国绝对中立的保证。②《再保险条约》承认俄国在巴尔干的利益和影响,附加议定书许诺俄国如有必要,可以占领黑海海峡地区。如果奥匈发动对俄战争,则德国保持中立,这对奥匈是个警告,如果挑起对俄战争,

---

① William L. Langer, *European Alliances and Alignments 1871–1890*, New York: Alfred A. Knopf, 1956, p. 377.

② 方连庆、王炳元、刘金质主编:《国际关系史(近代卷)下册》,北京大学出版社,2006年版,第407页。

则德国将袖手旁观。如果奥匈因俄国的挑衅而发动战争,德国则设想将此问题留给英、意、奥三国组成的"地中海联合"。《再保险条约》是中立条约,但被视为德俄结盟的标志。①

《再保险条约》缔结标志着"俾斯麦体系"完成构建。② 俾斯麦对普法战争后的欧洲现状满意,无意发动新的对法战争。如果法国进攻德国,德奥同盟条约保证了奥地利中立,《再保险条约》则保证了俄国中立。条约附加议定书许诺俄国如有必要,可以占领黑海海峡地区,这是俾斯麦牺牲第三国权益给俄国开"空头支票"的一贯做法。俾斯麦去职后,德国权衡利弊,认为条约不能阻止法俄接近,却可能损害与英国的关系,拒绝续签条约,"德俄联系的线被割断了"。③

二、德国同盟体系的维持及瓦解

多极格局下盟友可能转换阵营,加上主要盟友实力强,德国维持同盟体系难。意大利统一后实力上升,跻身欧洲大国,奥匈、沙俄与德国一样都是欧洲一"极",与德国实力旗鼓相当。盟友对德国的安全依赖小,德国对大盟友缺乏实力优势,难以对大盟友发号施令。德国与盟友缺乏共同的敌人,同盟缺乏凝聚力和稳定性。奥匈与沙俄、奥匈与意大利在巴尔干地区利益冲突,势同水火,同盟矛盾难以调和,维持同盟国之间的和平困难。欧洲多"极"并存,大国关系分化组合,德国无力阻止大盟友转换阵营。奥匈、沙俄、意大利在巴尔干争夺加剧,德国管控同盟分歧力不从心,受盟友牵连加深。

奥俄竞争使德国难以同时维持与奥匈、沙俄的同盟关系。奥匈、英国阻挠沙俄扩张,在柏林和会上阻挠沙俄建立"大保加利亚",大幅缩小了保加利亚的领土面积,将东鲁梅利亚地区仍划归土耳其管辖。塞尔维亚与

---

① Patricia A. Weitsman, *Dangerous Alliances: Proponents of Peace, Weapons of War*, Stanford: Standford University Press, 2004;[美]诺曼·里奇著,吴征宇、范菊华译:《大国外交:从拿破仑战争到第一次世界大战》,中国人民大学出版社,2015年版。

② William L. Langer, *European Alliances and Alignments 1871–1890*, New York: Alfred A. Knopf, 1956, p. 425.

③ [美]悉·布·费著,于熙俭译:《第一次世界大战的起源(上册)》,商务印书馆,1959年版,第74页。

保加利亚存在领土争端，寻求奥匈支持，1881年6月与奥匈缔结为期10年的条约，沦为奥匈的保护国。第二次三皇同盟试图管理奥俄在巴尔干的分歧，提出没有三国同意，不改变巴尔干现状，但是保加利亚局势的发展超过大国的预料，先是东鲁梅利亚地区要求与保加利亚实现统一，接着保加利亚欲摆脱沙俄控制，保俄关系彻底破裂。围绕保加利亚危机，奥俄矛盾愈演愈烈，推动了三皇同盟瓦解。

1885年东鲁梅利亚地区爆发起义，塞尔维亚趁保加利亚局势动荡之际发动战争，遭到保加利亚痛击，溃败的塞尔维亚向奥匈求助。沙俄认为塞尔维亚发动战争受到奥匈的指使，与奥匈关系恶化。德国在巴尔干无利害关系，不愿为保加利亚问题疏远沙俄。俾斯麦一再重申德奥同盟是防御性的同盟，德国不支持奥匈在巴尔干的前进政策，奥匈不应反对俄国占领保加利亚，因为三皇同盟默认保加利亚是俄国的势力范围。[1] 德国希望奥俄划分巴尔干势力范围，将巴尔干东部划为俄势力范围，西部划为奥匈势力范围。

保加利亚独立后，俄国成为保加利亚的"太上皇"，控制保加利亚内政外交，1886年9月迫使有离心倾向的保加利亚大公亚历山大逊位，但独立自主意识上升的保加利亚摄政当局未接受俄国中意的候选人，1887年7月推选了来自德国的亲王斐迪南继任，俄国重新控制保加利亚的企图落空。俄国怀疑保加利亚的离心倾向得到奥、德支持，国内反奥和反德情绪高涨。沙俄认为奥匈背后有德国支持，将对奥匈不满转移到对德国不满。德国无法既维持德奥同盟，又延续与俄国的良好关系。俾斯麦既要约束奥匈，还要拉紧俄国，防止奥俄爆发战争。德国承认保加利亚为俄国势力范围，在俄保冲突中没有支持保加利亚。德国立场令奥匈怀疑德奥同盟的可信性，奥匈国会议员质疑在未来的对俄战争中是否能指望德国支持。1888年2月，德国公开了德奥条约内容，打消了奥匈疑虑。1888年8月，德皇威廉二世访问维也纳，宣称无论出于什么原因，一旦奥匈进行军事动员，德国将动员，给奥匈吃了颗"定心丸"。德国公布德奥同盟条约让俄国认识到，通过对奥战争无法解决巴尔干问题，除非打算与德国作战。俄国也

---

[1] William L. Langer, *European Alliances and Alignments 1871–1890*, New York: Alfred A. Knopf, 1956, p. 370.

美国同盟体系：新时代的旧秩序

认识到英国、意大利和奥地利三国结成了反俄的"地中海联合"，自此俄国立场退缩，保加利亚危机平息。①

德国受奥匈的牵连，在巴尔干问题上卷入加深。1908年波斯尼亚危机再次恶化了奥俄关系。柏林和会上奥匈拟吞并波斯尼亚和黑塞哥维那两省，因匈牙利不愿增加境内的斯拉夫人口比重而作罢。1908年10月，占领和管理波黑达30年的奥匈宣布正式吞并波黑，沙俄认为奥匈吞并波黑违反《柏林条约》，呼吁召开新的国际会议，但其他大国反应消极。沙俄以战争相威胁，德国向俄国递交了一份态度强硬的声明，表达对奥匈的支持，奥匈部分军队进入紧急状态，迫使沙俄退缩。协约国将奥匈视为德国的附庸国，将奥匈扩张视为德国的扩张，这一吞并举动加剧了德奥同盟与协约国集团的敌对，德国为维持同盟付出了高昂代价。

德奥意三国同盟在军事意义上远不如德奥同盟，在政治意义上远不如三皇同盟，对德国来说，维持同盟的代价却日益升高。三国同盟有效期5年，意大利屡次以续约为筹码，提出额外要求。1887年三国同盟第一次续约之际，正值德法关系紧张，濒临战争边缘。意大利暗示如果不满足其要求，将倒向法国，俾斯麦从拒绝意大利要挟转向承认意大利在北非、巴尔干、亚得里亚海和爱琴海的发言权。② 三国同盟续约时，增加了德意和奥意两个双边条约，德国承诺支持意大利殖民扩张，奥匈也对意大利做出一定让步，意大利获得在巴尔干的发言权。三国同盟条款保密，引起法、俄疑虑，推动法俄结盟，与德国孤立法国的目标相悖。

奥意竞争与奥俄竞争一样削弱了同盟团结，使德国维持三国同盟日益困难。意大利反抗奥地利统治的斗争由来已久，对奥地利统治意大利人占多数的地区不满，强烈要求收复被占领土，与奥地利同处三国同盟很勉强。意大利向巴尔干扩张与奥发生冲突。奥匈吞并波黑两省激化了奥意两国在巴尔干地区和亚得里亚海的竞争，没有得到补偿的意大利对此强烈不满，背离三国同盟，与沙俄密切关系。1909年10月，沙皇高调访问意大利，两国签署秘密协定，承诺维持巴尔干现状，防止奥地利再次单独行

---

① William L. Langer, *European Alliances and Alignments 1871 – 1890*, New York: Alfred A. Knopf, 1956, p.451.

② [美]悉·布·费著，于熙俭译：《第一次世界大战的起源（上册）》，商务印书馆，1959年版，第68页。

动。俄国支持意大利在北非的扩张，意大利支持俄国对黑海海峡的诉求，协定以奥匈为潜在对手，进一步削弱了德奥意三国同盟。意大利和奥匈都反对建立"大塞尔维亚"，反对塞尔维亚获得亚得里亚海出海口，但是双方在阿尔巴尼亚问题上利益冲突，促使意大利寻求协约国支持。

德国未能阻止意大利倒向对立的阵营。随着欧洲两大军事集团的对抗加剧，意大利被协约国集团拉拢而背叛三国同盟。意大利本土受法国侵略的可能性小，对三国同盟的安全依赖小；国内有较强的亲法势力，反对与法为敌。意大利因与法国的殖民冲突而与德、奥结盟，也因殖民冲突的解决而疏远三国同盟，与法国从敌对变为友好。1896年两国签署《突尼斯协定》，意大利承认法国在突尼斯的保护国地位，法国则给予意大利部分特殊权益。1900年12月两国就划分北非势力范围达成一致，法国默许意大利在突尼斯以东扩张，意大利承认法国在摩洛哥的扩张。1902年5月德奥意三国同盟续约，1902年6月法意交换信件，规定在法国因德国直接挑衅而被迫首先宣战、进攻德国时，意大利将保持中立，这削弱了意大利对三国同盟的义务。1911年9月意大利对奥斯曼土耳其帝国发动战争，英法俄三个协约国纵容意大利侵略，意大利从摇摇欲坠的奥斯曼帝国夺得的黎波里和昔兰尼加（今利比亚境内），德、奥却反对意大利侵略，三国同盟分裂加剧。一战爆发后，在英法的拉拢利诱下，意大利宣布中立。1915年4月英、法、俄与意大利秘密签订《伦敦条约》，承诺战后向意大利割让部分非洲殖民地、将奥匈管辖的达尔马提亚地区及港口城市里耶卡划归意大利，用瓜分别国领土来贿赂意大利参战。1915年5月意大利由中立倒向协约国，对奥匈宣战。

德国同盟体系中的小盟友游离于大国之间，转换阵营。塞尔维亚支持奥匈境内的斯拉夫民族分离主义，与奥匈关系走向敌对。奥匈反对建立"大塞尔维亚"，吞并波黑损害了塞尔维亚的扩张计划，对波黑志在必得的塞尔维亚要求获得领土补偿，投向俄国怀抱。在俄国撮合下，塞尔维亚、保加利亚、黑山、希腊结成巴尔干同盟，1912年10月发动对土耳其的第一次巴尔干战争，几乎将土耳其势力赶出欧洲。巴尔干同盟因"分赃"不均而起纠纷，保加利亚向奥匈靠拢。在1913年6—8月的第二次巴尔干战争中，保加利亚、土耳其为一方对阵塞尔维亚、希腊、黑山、罗马尼亚，保、土两国向德奥同盟靠拢，一战爆发后加入同盟国集团。

美国同盟体系：新时代的旧秩序

罗马尼亚位于俄国和奥匈两大国夹缝之间，在德奥结盟后，罗马尼亚选择加入强者一边。① 在法俄结盟后，罗马尼亚认识到与俄国为敌的危险，疏远奥匈。罗马尼亚与保加利亚存在领土争端，反对建立"大保加利亚"，不满奥匈袒护保加利亚，向三国协约靠拢。在沙俄拉拢下，罗马尼亚与塞尔维亚、希腊关系密切，反对保加利亚和土耳其。在第二次巴尔干战争中，罗马尼亚加入塞尔维亚一方反对保加利亚。一战爆发后，罗马尼亚置身事外两年多，协约国以割占奥匈领土为诱饵，拉拢罗马尼亚参战。

德国同盟体系内部奥、俄、意三大盟友利益冲突，相互敌对。德国无法管控奥俄、奥意竞争，难以维持同盟体系内部的和平与稳定。德国未能拉住沙俄，德奥意三国同盟受到法国的分化。德国未能约束奥匈的行为，反受同盟牵连。一战爆发前夕，德国的"铁杆"大盟友只剩下奥匈，同盟体系成了空架子。在波斯尼亚危机中，德国支持奥匈迫使沙俄退缩，但是在奥匈皇储遇刺后，德国对奥匈的支持却没有起到威慑效果，奥俄在巴尔干的冲突把德国拖入世界大战的深渊。

三、德国同盟体系与维也纳秩序的瓦解

德国同盟体系的发展可分为两个阶段：第一阶段是俾斯麦时期，德国编织了一张维持现状的大网。一旦德法爆发战争，奥地利、沙俄、意大利都会支持德国或保持中立。整个体系都将被动员起来反对破坏现状，这对任何国家发动侵略起到了威慑作用。② 第二阶段是俾斯麦去职到一战。统一后德国实力增长，扩张野心膨胀，德国外交政策由维持欧洲现状的"大陆政策"转向争霸的"世界政策"，加入掠夺殖民地和势力范围行列，作为后来者的德国与既得利益者英、俄矛盾激化，大国国际秩序博弈加剧。这为法国构建针对德国的反同盟、打破孤立局面提供了机会。德俄同盟瓦解、意大利离心离德，使德国利用同盟体系压制法国的战略失效。

德国未能拉住俄国，阻止法俄结盟。法国在普法战争中战败，被迫割让阿尔萨斯、洛林两处领土，向德国支付巨额战争赔款，法德由此结下世

---

① Robert L. Rothstein, *Alliances and Small Powers*, New York: Columbia University Press, 1968, p. 215.

② [美]诺曼·里奇著，吴征宇、范菊华译：《大国外交：从拿破仑战争到第一次世界大战》，中国人民大学出版社，2015年版，第205页。

仇。德国一再对法国亲善，支持法国在亚洲和非洲的殖民扩张，企图转移法国的注意力，但法国复仇情绪强烈，认识到单靠一己之力无力收复失地，一直谋求与沙俄结盟，从东西两面夹击德国。在普法战争结束20年后，法国终于实现与俄国结盟的目的。

法俄结盟过程曲折。法俄两国缺乏共同的威胁，沙俄的主要对手是英、奥而不是德国，无意帮助法国收复失地。法国对沙俄向巴尔干和黑海海峡地区的扩张不感兴趣，担心与俄国结盟激怒英国。欧洲形势的演变逐渐对法俄结盟有利。德国支持俄国在保加利亚的利益，许诺在黑海海峡问题上支持俄国，但德国的经济政策却恶化了两国关系。1887年11月，德国政府禁止本国银行接受俄国证券作为贷款抵押品，减持俄国证券，被解读为对俄国缺乏信心，引发俄国强烈不满，国内反德情绪激烈。俄国内泛斯拉夫主义者憎恨奥匈在巴尔干的扩张，对法俄结盟推波助澜。法国慷慨解囊，利诱沙俄，1888年10月向俄国贷款5亿法郎，这是法国首次借款给沙俄，[1] 此后不断贷款给沙俄，两国金融关系日益紧密。1889年1月，两国达成军火交易，俄国从法国购买了第一批步枪。法国对俄国销售先进军备，拉紧两国军事关系。

英国可能加入德奥意三国同盟的传言成为法俄结盟的关键催化剂。[2] 英国与意大利、奥地利建立"地中海联合"，从而与三国同盟建立了联系。1889年8月，德皇威廉二世访英，沙俄猜疑德英结盟。1890年德英签订条约，德国以东非殖民地与英国交换，获得北海沿岸的重要岛屿赫尔戈兰岛。德国扩张海外利益，扩大在土耳其的影响，与俄国利益冲突，德俄矛盾上升。德俄《再保险条约》失效、德国增加军费等举措引起沙俄对德国疑虑及被孤立的担忧。

1891年8月，法俄达成协约，承诺一方遭到侵略威胁，双方立即采取措施，协约没有规定一旦法德开战，沙俄将军事援助法国。法国竭力推动俄国做出战时援助的书面承诺，1892年8月，法俄缔结军事协定草案，规定如果德国或意大利进攻法国，俄国应与德国作战。如果德国或奥匈进攻

---

[1] Rene Albrecht-Carrie, *A Diplomatic History of Europe since the Congress of Vienna*, London: University Paperbacks, 1958, p.206.

[2] Patricia A. Weitsman, *Dangerous Alliances: Proponents of Peace, Weapons of War*, Stanford: Standford University Press, 2004, p.105.

美国同盟体系：新时代的旧秩序

俄国，则法国应与德国作战，两国不得单独媾和，协定持续时间与三国同盟相同。法俄缔结军事协定后，德俄关系并未改善，爆发关税战。1894年1月，法俄外长交换信件，结盟生效，两国都借此摆脱了孤立。

德国也未能拉紧英国，德国的世界大国追求和海军强国政策将英国推入了对方阵营。俾斯麦多次试探英德结盟，均落空。① 1898—1901年则是英国主动多次试探与德国结盟，② 寻求在远东、土耳其共同遏制俄国，但德国对英国政策摇摆，在英、俄之间搞平衡。德国不愿得罪俄国，认为与英国结盟对应对法俄同盟帮助不大，英国陆军力量薄弱，在未来的德奥对法俄的作战中助力有限。1899—1902年的布尔战争引发英德民众的相互仇恨，两国关系紧张，英国政府内部对与德国结盟意见不一。德国在中东、非洲、远东、太平洋夺取殖民地，扩张海外利益；通过多个造舰法案，大张旗鼓地扩充海军，威胁英国的海上霸权。英德竞争促使英国在西半球与美国妥协，在巴拿马运河、委内瑞拉问题上对美国让步，减轻在西半球维护秩序的负担；放弃"光荣孤立"，缔结英日同盟，减轻维护远东秩序的负担。

19世纪末，英法在东南亚、非洲、近东的殖民争夺激烈。1898年两国因争夺尼罗河上游的法绍达爆发危机，法国妥协让步，达成划分尼罗河和刚果河势力范围的协定，两国关系出现转机。1904年2月日俄战争爆发，英法感到有必要达成谅解。1904年4月英法签订协约，双方划分了在摩洛哥、埃及、纽芬兰、暹罗（泰国）的势力范围。英法协约虽不涉及德国，但英国不再将法国视为主要威胁，英法从对手变为盟友，恶化了德国的战略处境。德国考虑限制海军或放慢海军发展，提出英德达成一项政治协定，英国在冲突发生时保持中立，但英国不愿作此承诺。③

英、俄走向结盟让德国出乎意料。英俄在欧亚大陆边缘地带争夺势力

---

① 俾斯麦1879年9月、1887年11月、1889年1月三次试探与英国结盟，参见[美]悉·布·费著，于熙俭译：《第一次世界大战的起源（上册）》，商务印书馆，1959年版，第98页。

② Patricia A. Weitsman, *Dangerous Alliances*: *Proponents of Peace*, *Weapons of War*, Stanford: Standford University Press, 2004, p. 121.

③ Rene Albrecht-Carrie, *A Diplomatic History of Europe since the Congress of Vienna*, London: University Paperbacks, 1958, p. 271.

范围，在远东、南亚和中东争夺激烈。在法国撮合下，英俄矛盾缓解。俄国在日俄战争中战败，元气大伤，国内不稳，对英国的威胁减小。1907年7月俄国与日本就划分中国东北势力范围达成妥协。1907年8月英俄达成协约，划分在波斯、阿富汗和中国西藏的势力范围，防止德国的势力扩张到这些地区。英法俄三国协约形成标志着欧洲形成了两大对立的军事集团，国际秩序向不利于德国的方向演变。

德国曾寻求与俄国结盟，拆散法俄同盟。日俄战争爆发后，德国抓住机会改善对俄关系。1905年7月德皇与沙皇在波罗的海的比约克岛会晤，签订防御性同盟条约，规定任何缔约方受到欧洲大国的攻击，另一方将以全部陆海力量援助。德国企图将德奥意三国同盟与法俄同盟整合为一个五国参加的"大陆同盟"（Continental League），① 但俄以《比约克条约》与法俄同盟内容相悖而退出。

1910—1911年德国与俄国交涉，就波斯、巴格达铁路等问题达成共识，如果缔结正式协定，对法俄同盟将是重大打击。1911年7月德皇威廉二世和沙皇尼古拉二世在比约克岛会晤。1912年8月和1914年7月，法国领导人普恩加莱两次访俄，拉紧对俄关系，防止德国分化法俄同盟。法国表示积极支持沙俄的巴尔干政策，协助俄国进行军事准备。②

在德国推行"世界政策"时期，盟友对德国的支持有限。1905—1906年第一次摩洛哥危机期间，德国未获盟友力挺。英法两国就摩洛哥问题私相授受，英国承认法国在摩洛哥的特殊权益，默许法国为摩洛哥的保护国，德国打破英法交易、扩大国际发言权的尝试未获得明显成效。1905年3月31日德皇威廉二世到访摩洛哥丹吉尔，支持摩洛哥独立，挑战法国对摩洛哥的特殊权益，法德关系剑拔弩张。1906年1—4月，欧美十几个国家在西班牙阿尔赫西拉斯举行会议，承认摩洛哥独立，同时承认法国和西班牙对摩洛哥的警察控制权。英、俄、美支持法国，意大利是德国盟友，但遵守与法国瓜分北非势力范围的协议，没有支持德国。奥匈支持德国，但不愿节外生枝，为摩洛哥问题与其他大国交恶，德国处境孤立。

---

① Rene Albrecht-Carrie, *A Diplomatic History of Europe since the Congress of Vienna*, London: University Paperbacks, 1958, p. 249.
② ［美］悉·布·费著，于熙俭译：《第一次世界大战的起源（上册）》，商务印书馆，1959年版，第263页。

美国同盟体系：新时代的旧秩序

1911年初摩洛哥苏丹向法国求援，镇压国内反对君主、反对殖民主义的起义。法军趁机出兵占领摩洛哥首都，控制了摩洛哥，第二次摩洛哥危机爆发。德国提出补偿要求，7月以保护侨民为由派遣炮舰"豹"号开往摩洛哥大西洋岸的港口阿加迪尔，准备夺取摩洛哥。英国担心德国在大西洋沿岸建立军事基地，威胁英国的海上霸权。此次英国坚定支持法国，进行海军动员，战争危险上升。俄国支持法国，但不愿因摩洛哥问题被拖入战争。1911年11月，法德达成协定，德国接受法国为摩洛哥的保护国，法国则割让法属非洲的部分领土给德国作为补偿。第二次摩洛哥危机进一步促进了英法俄的联合。在两次摩洛哥危机中，德国分化协约国未能奏效，协约国集团与德奥同盟的对抗极大削弱了维也纳秩序。一战爆发后，世界各国选边站，多数国家选择加入协约国集团。德国盟友数量少，实力弱，降低了德国获胜的可能性。

大国竞争延伸到经济领域，在具有战略意义的经济项目上，竞争对手的反对殃及德国与其他国家的正常经济合作，如英、法、俄搅黄了巴格达铁路项目。19世纪90年代，德国影响深入奥斯曼帝国，中标巴格达铁路，这条铁路完工后，将形成一条从德国经奥匈到巴尔干、从君士坦丁堡到巴格达再延伸到波斯湾的洲际铁路。铁路造价昂贵，铁路部分路段竣工后，德国邀请其他国家投资，但在英法俄三国阻挠下，直到一战爆发前夕，铁路完工仍遥遥无期。英国认为巴格达铁路将加强德国对土耳其控制，德国势力突进到波斯湾将威胁英国重要殖民地印度的安全，提出巴格达铁路国际化，英国控制从巴格达到波斯湾一段。俄国没有财力参加投资，以政治、战略原因反对。法国既反对注资德国企业，也为了支持沙俄而予以反对。[①] 德国与英俄的交涉迁延不决，一战爆发将巴格达铁路计划化为泡影。

维也纳秩序是包含所有大国的国际"大"秩序，但是日益不能反映大国力量变化的现实。19世纪70年代后，大国力量出现新一轮消长，德国、美国、日本崛起，英国实力下降。德国从维护欧洲秩序现状转向海外扩张，威胁到英国的"老大"地位。英国联合法、俄、日等国维护既得利益，大国分化重组。大国竞争愈演愈烈，维也纳秩序支离破碎。一战爆发

---

① ［美］悉·布·费著，于熙俭译：《第一次世界大战的起源（上册）》，商务印书馆，1959年版，第180—183页。

导致维也纳秩序彻底瓦解，德国的世界大国梦也化为泡影。

第二节 法国同盟体系

一战后法国恢复了欧陆的首要大国地位。罗森斯坦认为，如果说德国在1871—1890年支配欧洲，那么法国则在1919—1933年支配欧洲。[①] 由此可见一战后法国对欧洲安全的影响之大。法国付出了惨重的人员伤亡才成为战胜国，因此不惜一切代价维护凡尔赛秩序。法国利用同盟体系维护胜利果实、压制德国。

一、法国同盟体系的构建

1919年巴黎和会签订《凡尔赛和约》，将德国作为战争的罪魁祸首予以严惩。《凡尔赛和约》严格限制德国的军事能力，禁止德军人数超过10万人，禁止德国生产坦克及其他重型武器，禁止拥有潜艇及军用飞机。《凡尔赛和约》规定莱茵兰非军事化，莱茵河右岸50千米以内地区为不设防地区，左岸由协约国占领；德国领土被重新划分，丧失部分领土和人口；德国丧失了所有海外殖民地。

战后法德身份转换，法国从谋求改变普法战争结果、收复阿尔萨斯和洛林的"修正主义"国家转变为捍卫凡尔赛秩序的"现状"国家。德国不满协约国实施"强制的和平"，寻求修正凡尔赛秩序。法国作为欧陆第一军事大国，仍对能否持久保持对德国优势缺乏自信。德国人口近乎法国的两倍，经济和军事潜力巨大。法国提出将莱茵河作为两国的天然疆界，这意味着法国将统治莱茵河左岸的500万德国人。英美坚决反对，认为如此割占德国领土如同普法战争后德国割占阿尔萨斯和洛林的做法一样，将带来无穷后患。

为了捍卫胜利果实、防止德国复仇，法国在两次世界大战期间做出许多努力。法国仍诉诸结盟来维护凡尔赛秩序。法俄同盟因俄国政权更迭、退出一战而瓦解，法国等协约国将俄国的布尔什维克革命视作洪水猛兽，

---

① Robert L. Rothstein, *Alliances and Small Powers*, New York: Columbia University Press, 1968, p. 223.

美国同盟体系：新时代的旧秩序

对苏俄发动武装干涉。法国强烈希望将与英美的战时同盟延续到战后，建立大西洋同盟。法国总理克里孟梭认为，保障法国的安全只能靠维持战时同盟，"没有美国和英国，法国今后或将不再存在"。① 英美拒绝法国割占莱茵河领土的要求后，同意缔结英法、美法条约，假如法国无端遭受德国的侵略时，英美承诺将立即提供援助，这两个条约成为《凡尔赛和约》的附约。两个条约有连带关系，如果一个条约没有生效，另一个也失效。② 由于美国参院否决《凡尔赛和约》，美法条约未生效，英法条约也自动失效，英国趁机摆脱了承担防御法国的军事义务。1922 年 1 月，英国同意对法国提供安全保证，但法国认为单纯的保证条约没有意义，要求签署英国提供军队的军事协定，被英国拒绝。③ 法国未能将与英、美两个大国的战时同盟延续到战后，维护凡尔赛秩序出师不利。

法国苦苦追求与美国结盟，1927 年美国参加一战 10 周年之际，法国再次推动与美国结盟。法国外长白里安提议与美国签订双边安全条约，企图借重美国之力维护凡尔赛秩序。美国内孤立主义情绪严重，不愿承担维护国际秩序的大国责任，逃避与法国结盟。美国坚持认为军事同盟对保障和平无效，提出订立多边公约，推动国际关系法治化，依靠集体安全来消除战争危险。1928 年 8 月法国、美国、英国、德国、意大利、日本等国在巴黎签署《非战公约》，承诺以和平方式解决争端，废弃战争手段。这一多边公约获得国际赞誉，但法国未达到与美国结盟、防范德国的目的。

一战后诞生了第一个具有普遍性的集体安全组织——国际联盟，这一新生事物是凡尔赛秩序的重要支柱。《国联盟约》提出了维护和平、禁止侵略、促进发展、裁减军备、和平解决国际争端的宗旨和原则。国际联盟建立了和平解决争端的程序，提出国家有义务参与反对侵略者的集体措施，呼吁成员国将军备降低到国家安全需要的最低水平。国际联盟虽提出

---

① [加拿大] 玛格丽特·麦克米伦著，邓峰译：《缔造和平：1919 巴黎和会及其开启的战后世界》，中信出版集团，2018 年版，第 43 页。

② 蒋相泽、余伟主编：《简明现代国际关系史》，高等教育出版社，1992 年版，第 93 页；Stepeh A. Kocs, *International Order: A Political History*, London: Lynne Rienner Publishers, 2019, p.140.

③ [英] E. H. 卡尔著，徐蓝译：《两次世界大战之间的国际关系：1919—1939》，商务印书馆，2009 年版，第 22 页。

集体安全原则,但对侵略者做出什么反应仍存在很大的模糊性。假如法国受到德国侵略,需要获得立即的、无条件的军事援助,这需要国际联盟及其成员国事先就做好预案,平时就做好应对侵略的军事准备,但按照国际联盟的议事规则和程序,法国未必能立即获得国际联盟成员国的军事援助,这使得法国对依靠国际联盟维护自身安全不抱幻想。

在与英美结盟不成、对国际联盟不抱幻想的情况下,与维护现状的中小国家结盟成为法国的一个选项,但是法国面临结盟不得人心、受到唾弃的国际舆论环境。一战的惨烈使世界各大国都产生了厌战情绪,都不愿再次发生战祸。军事同盟作为国家维护安全的政策工具恶名昭彰,受到欧美舆论的唾弃和猛烈攻击。为了与"旧时代"的军事同盟划清界限、占领国际舆论制高点,法国宣称结盟是为了达到和平目的,结盟是"面临侵略危险"国家的特权,不允许"潜在的侵略者"结盟。① 法国提出同盟条约需公开发表并在国际联盟登记,以此区别于"旧时代"的秘密盟约。

法国同盟体系成员以中小国家比利时、波兰、捷克斯洛伐克、南斯拉夫、罗马尼亚为主。根据国际条约,比利时的中立地位获得英、法、普、奥、俄五大国的保证,这一中立地位在普法战争中得到尊重,但1914年8月德国侵犯比利时中立地位,比利时国土遭德军践踏,损失惨重。一战后比利时寻求与英、法两国结盟,但英国不愿承担保卫比利时的条约义务,希望比利时回到中立地位,或者缔结更广泛的安全保证条约。比利时战略地位重要,是法国进攻德国莱茵兰地区的通道,也是法国抵御德国军事进攻的关键一环。在与英国结盟不成的情况下,1920年9月7日,比利时与法国结盟,规定一方受到无端攻击时,另一方将出兵援助。比利时与法国结盟引起英国不满,英国担心比利时"落入法国的霸权之下"。②

法国和波兰传统友谊深厚,波兰被瓜分亡国后,法国给予波兰复国运动很大支持,拿破仑帝国曾扶持建立华沙大公国,法国也是波兰流亡人士的聚集地。1918年11月,被瓜分123年之久的波兰复国。波兰主张恢复被瓜分前的疆界,得到法国支持。波兰与苏俄的领土主张冲突,敌视布尔

---

① Arnold Wolfers, *Britain and France between Two Wars: Conflicting Strategies of Peace since Versailles*, Hamden, Connecticut: Archon Books, 1963, p. 173.
② Robert L. Rothstein, *Alliances and Small Powers*, New York: Columbia University Press, 1968, p. 78.

美国同盟体系：新时代的旧秩序

什维克主义。1920—1921年波兰对苏俄的战争中，法国向波兰派遣人数众多的军事顾问团。从封锁苏俄布尔什维克主义、牵制德国的安全需要出发，法国希望加强波兰的地位。假如德国攻击法国，波兰可从东部攻击德国。1921年2月，法国与波兰缔结同盟条约，如果一方受到攻击，两国将共同保卫领土与合法利益。双方表示要发展政治和经济关系，法国支持波兰的军备建设。

一战后东欧中小国家出现赢家和输家，战败国匈牙利和保加利亚被迫割地赔款，匈牙利丧失一大半领土，部分匈牙利人口占多数的地区被割走，保加利亚丧失爱琴海出海口，两国对此强烈不满。战胜国塞尔维亚吸收原属于奥匈的领土斯洛文尼亚和克罗地亚，合并波黑，建立南斯拉夫王国。罗马尼亚统一比萨拉比亚和原属于奥匈的特兰西瓦尼亚地区，捷克斯洛伐克则脱离奥匈帝国独立。三国成为一战的受益国，坚决反对邻国修正领土和边界，追随英法维护《凡尔赛和约》。①

捷克斯洛伐克于1920年8月与南斯拉夫、1921年4月与罗马尼亚结盟，防范匈牙利进攻。1921年6月，南斯拉夫与罗马尼亚缔结军事同盟条约，防范匈牙利和保加利亚进攻，三国组成"小协约国"（Little Entente）集团。1930年6月，三国签订了一个全面的同盟条约取代双边条约，之后签署组织公约，建立了常设理事会、经济理事会和秘书处。

除了匈牙利，小协约国缺乏共同的敌人，捷克斯洛伐克将德国视为威胁，罗马尼亚将苏联视为威胁，南斯拉夫将意大利视为威胁。三国都不愿卷入盟友与其他大国的冲突，捷克斯洛伐克和罗马尼亚不愿卷入南斯拉夫与意大利的冲突。小协约国对希特勒德国立场分歧，捷克斯洛伐克面临被德国包围的威胁，反对德奥合并。罗马尼亚和南斯拉夫则将苏联视为威胁，不愿得罪德国。在德国对捷克斯洛伐克苏台德地区提出领土要求时，罗马尼亚和南斯拉夫都没有对捷克斯洛伐克提供帮助，反而要求妥协。

法国于1924年1月与捷克斯洛伐克、1926年6月与罗马尼亚、1927年11月与南斯拉夫分别缔约，对东南欧的影响扩大。东欧中小国家反对布尔什维克主义，沿着苏联西部边界形成了一条"防疫带"。这些国家对苏

---

① 康春林：《世界战争起源新论：东欧与两次世界大战》，社会科学文献出版社，2003年版，第141—142页。

联政策存在差异，如捷克斯洛伐克不愿将苏联作为潜在对手，1935 年 5 月与苏联签订了互助条约。

二、法国同盟体系的维持及瓦解

法国缺乏维持同盟体系所需要的实力。盟主维持同盟体系以军力为后盾，法国军费在《凡尔赛和约》签订后多次削减。1934 年法国做出重整军备的决定，1936 年 3 月德国重新占领莱茵兰，重整军备才成为法国的当务之急。① 在希特勒德国咄咄逼人的攻势面前，法国进退失据，未能维护盟友的主权和领土完整，盟主信誉破产。

法国同盟体系缺少大盟友，缺少像法俄同盟那样影响欧洲均势的同盟。法国与中小盟友的同盟属于军事互助同盟，但是并没有像法俄同盟那样对战时出兵人数做出规定。法国维持同盟体系面临英美的拆台、德国的抵制和破坏。在向中小盟友提供安全承诺上，法国未能争取到英国的积极支持。法国编织同盟体系、针对德国的意图不言自明，因而德国竭力分化法国与盟友的关系，如在洛迦诺会议上拒绝对法国东欧盟友的边界现状作出承诺。

法国同盟体系较为松散，缺少像德奥同盟那样密切的双边同盟。法国与盟友缺乏共同的敌人，同盟缺乏凝聚力。小协约国针对匈牙利，但法国和匈牙利并无利害冲突。对于希特勒德国的崛起，法国和捷克斯洛伐克都视为威胁，罗马尼亚和波兰却认为德国可以发挥制约苏联的作用，南斯拉夫认为与德国合作可以减轻意大利威胁。法国与盟友对德国政策有分歧，1933 年 10 月德国退出裁军谈判，比利时决定站在英国一边反对法国的立场。② 法国中小盟友之间的争端影响同盟团结，波兰、捷克斯洛伐克都与法国结盟，但波、捷并非盟友，两国存在领土争端，关系紧张。捷克斯洛伐克在苏波战争中拒绝援助波兰，对波兰与匈牙利、罗马尼亚加强安全合作提高警惕。

法国和小协约国在维护凡尔赛秩序上一致，但小协约国民族主义情绪

---

① ［英］朱利安·杰克逊著，魏本超译：《法兰西的衰落：1940 纳粹入侵》，广东人民出版社，2022 年版，第 9 页。

② Robert L. Rothstein, *Alliances and Small Powers*, New York: Columbia University Press, 1968, p. 103.

美国同盟体系：新时代的旧秩序

强烈，对法国扩大影响有戒心，不愿成为法国的"卫星国"。捷克斯洛伐克珍惜来之不易的独立、南斯拉夫和罗马尼亚分别摆脱奥匈和沙俄两个大国的欺压，都不愿落入法国的势力范围。法国对三个小协约国提供了经济支持和军事援助，资助三国购买军备，派遣军事顾问团。法国提出"多瑙河邦联"计划，推动东欧中小国家的联合，但小协约国对此怀疑，反对任何可能限制经济独立的计划，意大利借机反对法国扩大经济影响。法国对解决盟友的经济困难帮助有限，对这些国家的经济影响不如德国。

法国未能维持安全保护承诺的可信性，从签订《洛迦诺公约》开始，法国的盟主信誉逐步丧失。法比同盟的假想敌是德国，法德改善关系引起比利时的不安。1925年10月英、法、德、意、比利时、波兰、捷克斯洛伐克七国在瑞士洛迦诺签署一系列保证条约和仲裁协定，组成了《洛迦诺公约》，其中英、法、德、意、比利时签订相互保证条约，规定维持德国与比利时、德国与法国边界现状。一旦德比、德法爆发战争，英国和意大利承担援助被侵略国的义务。《洛迦诺公约》令比利时回到了一战前的多国安全保证状态，降低了比利时对法国的安全保护依赖，削弱了法比同盟。

法国修建马奇诺防线进一步削弱了法比同盟。1929年12月法国决定耗费巨资修建防御德国进攻的马奇诺防线，却不愿将防线延长到比利时。如果德国攻击同盟防御的薄弱环节，比利时将成为德国最可能攻击的目标。① 在法国援助到来之前，比利时将不得不独自承受德国的攻击。比利时谋求防止国土再遭蹂躏，但马奇诺防线的修建使比利时国土可能成为法德交战的战场。为防止法国将比利时作为对德国先发制人打击的跳板，免受德国的报复性攻击，比利时政策向中立倾斜。

法国对希特勒德国占领莱茵兰的软弱反应令法比同盟瓦解。1936年3月，希特勒下令德军占领莱茵兰非军事区，但英法并未制止希特勒的冒险行动。比利时认为，在法比同盟和《洛迦诺公约》中对法国承担义务带来的是危险而不是安全保证，担心与德国为敌将面临更大的威胁，② 1936年3月单方面终止与法国的同盟条约，消除了法国借道比利时进攻德国的可

---

① Robert L. Rothstein, *Alliances and Small Powers*, New York: Columbia University Press, 1968, p. 101.

② [英] E. H. 卡尔著，徐蓝译：《两次世界大战之间的国际关系：1919—1939》，商务印书馆，2009年版，第183页。

能性。比利时避免在大国之间选边站,加强军备建设。1939年9月德国入侵波兰,比利时宣布中立。1940年5月德国再次无视比利时的中立地位,第二次入侵比利时。

《洛迦诺公约》也削弱了法国与波兰、法国与捷克斯洛伐克的同盟关系。英、法、德、意、比五国签署《洛迦诺公约》,只保证维持德法、德比边界现状,却没有保证德国的东部边界现状,为日后德国侵略东欧邻国埋下了隐患。英国和德国都不愿对德波、德捷边界承担保证义务,法国只好独自与波、捷签订保证条约,承诺保障盟友安全。由于法国已经与波、捷结盟,保证条约并没有多大实际意义。《洛迦诺公约》对战败国德国和战胜国法国同等对待,削弱了法国地位。波兰怀疑法国获得英国和意大利的安全保证后,是否还有兴趣维护波兰的安全,《洛迦诺公约》削弱了法国同盟体系的团结。①

法国未能展示维护东欧盟友安全的坚强决心和军事能力,而是劝说德国、苏联两个大国保障中小盟友的安全。法国尝试签署《东方洛迦诺公约》,拟规定如果任何一国以武力改变现状,成员国承担援助受侵略国家的军事义务。《东方洛迦诺公约》拟包括德国、苏联、波兰、捷克斯洛伐克、芬兰、爱沙尼亚、立陶宛、拉脱维亚等国,② 维护处于德、苏两大国夹缝中的中小国家安全,但德国拒绝维护东部边界现状。德国挑动波兰反对公约,离间法波同盟。1934年1月德国与波兰签订互不侵犯条约,规定10年之内放弃使用武力解决争端,这一条约削弱了法波同盟,表明波兰采取了"对冲"政策。③ 在签订《东方洛迦诺公约》的努力失败后,法国与苏联签订双边互助条约。

在联合苏联、应对德国威胁上,法国未能争取到东欧盟友的有力支持。东欧盟友将苏联视为威胁,担心法国与苏联达成交易,牺牲盟友的安全,盟友的不合作制约法国与苏联商讨军事合作计划。波兰反对布尔什维

---

① Rene Albrecht-Carrie, *A Diplomatic History of Europe since the Congress of Vienna*, London: University Paperbacks, 1958, p. 422.

② Arnold Wolfers, *Britain and France between Two Wars: Conflicting Strategies of Peace since Versailles*, Hamden, Connecticut: Archon Books, 1963, p. 274.

③ Rene Albrecht-Carrie, *A Diplomatic History of Europe since the Congress of Vienna*, London: University Paperbacks, 1958, p. 506.

美国同盟体系：新时代的旧秩序

克主义意识形态，与苏联存在领土争端，对苏联的担忧更甚，担心法苏加强关系牺牲波兰利益，阻挠法苏结盟。苏联与法国、捷克斯洛伐克都不接壤，对德国作战面临军队过境问题，波兰和罗马尼亚都拒不同意苏联借道其领土。罗马尼亚和苏联存在领土争端，担心苏军借道后趁机留驻不走。南斯拉夫拒绝与苏联建交，和罗马尼亚一样拒绝与苏联签署互助条约。英法向苏联提出对波、罗共同提供安全保证的要求，但是波、罗两国反对接受苏联的安全保证。

法国拉拢意大利以应对德国威胁，但成效有限，反而削弱了法国与南斯拉夫的同盟。南斯拉夫与意大利矛盾重重，两国存在领土争端，意大利支持克罗地亚民族分离主义势力，与匈牙利、保加利亚、阿尔巴尼亚加强关系，对南斯拉夫形成"包围"。南斯拉夫对意大利的担心超过对德国的担心，1935年6月法国与意大利签署军事协定，本意是拉拢意大利对付德国，但沉重打击了南斯拉夫的利益，驱使南斯拉夫与德国改善关系。

法国对希特勒德国重新占领莱茵兰的反应软弱无力，削弱了同盟体系根基。法国对尚未完全武装的德国拥有绝对的军事优势，却不愿冒战争风险，没有立即出兵维护《凡尔赛和约》和《洛迦诺公约》，重创了法国同盟承诺的可信性。法国与东欧盟友领土不接壤，保护盟友的安全在于攻打德国西部。在德国被解除武装、莱茵兰不设防的情况下，德国西部门户洞开，不敢在侵略东欧邻国上轻举妄动，否则将面临法国攻打莱茵兰地区、腹背受敌的局面。德国重新武装及占领莱茵兰，使法国对德国军事优势丧失。比利时退出法比同盟后，法国无法借道比利时、从背后攻打德国，法国对东欧盟友履行安全保护的能力大打折扣。

在盟友领土完整遭受侵略时，法国未能提供援助义务，反而助纣为虐。在1938年4月的捷克斯洛伐克危机中，法国对希特勒德国退让妥协，牺牲了弱小国家。1938年9月英法要求捷克斯洛伐克屈从希特勒德国割占领土的要求，签订《慕尼黑协定》。捷克斯洛伐克军事工业发达，遭肢解使法国丧失一个重要盟友。

1939年9月德国入侵波兰，英法对德宣战，但是两国仍寄望德国侵略苏联，对波兰援助不力。捷克、波兰的沦陷使法国丧失了东欧盟友，解除了德国东西两线作战的压力，使德国可以腾出手来侵略法国。德国入侵波兰后，南斯拉夫、罗马尼亚宣布恪守中立，法国同盟体系彻底瓦解。

三、法国同盟体系与凡尔赛秩序的瓦解

法国与东欧中小国家结盟意在从东西两面钳制德国,这些国家实力弱小,对法国维护凡尔赛秩序、应对德国威胁助力有限。除了利用同盟体系维护凡尔赛秩序,法国试图联合英国、美国、苏联、意大利等大国,阻止德国修正凡尔赛秩序,但大国矛盾重重,法国压制和孤立德国的努力失败。

法国未能阻止领土变更。法国坚持《凡尔赛和约》确立的欧洲现状"神圣不可改变",维护东欧中小国家的领土完整即是维护凡尔赛秩序。法国竭力争取英国承担保障欧洲安全的义务,但英国推卸责任。英国传统上在欧陆战争中发挥金主作用,出钱多、出兵少,参加一战令英国死伤惨重,直接影响英国"以战止战"的意愿。一战结束后,英国不愿在欧洲大陆承担安全义务,对恢复与法国的"旧时代"同盟犹豫不决,担心英法结盟将使欧洲退回到战前集团对立的老路。英国1922年拒绝与法国缔结军事同盟,希望安全承诺采取不同于同盟的新形式,反对建立针对特定国家的、排他性的双边同盟。[1] 英国实行"扶德抑法""拉德反苏"政策,不认为战胜国在巴黎和会划定的领土边界"永远"不变,在一定程度上赞同通过谈判修改现状。英国不愿牺牲英国士兵的生命去捍卫东欧国家的领土完整,也不愿帮助法国扩大在东欧的影响。

英法对凡尔赛秩序的分歧让德国钻了空子。德国提出"平等"诉求,在洛迦诺会议上取得与战胜国平起平坐的地位。在1932—1934年举行的世界裁军会议上,德国以"平等"为诉求,谋求摆脱《凡尔赛和约》的束缚,并以受到歧视为由退出世界裁军会议。1935年3月,德国单方面宣布摆脱和约对德军备限制。德国利用和约条款,诉诸民族自决,要求统治被战胜国划归其他国家领土的日耳曼人,并以此为由吞并奥地利,违反《凡尔赛和约》禁止德奥合并的条款。1935年6月,英德签署《英德海军协定》,对两国海军舰艇和潜艇的总吨位做了规定,帮助德国"合法"摆脱了《凡尔赛和约》对德国海军军备的限制。

直到德国重新占领莱茵兰,英国政策才发生显著变化。德军占领莱茵

---

[1] Arnold Wolfers, *Britain and France between Two Wars: Conflicting Strategies of Peace since Versailles*, Hamden, Connecticut: Archon Books, 1963, p. 276.

美国同盟体系：新时代的旧秩序

兰、撕毁《洛迦诺公约》，驱使英法加强合作。英法启动参谋人员会谈，承诺受到德国攻击时，互相提供军事援助。1938年4月，英法就建立军事同盟举行秘密谈判，拟采取共同外交政策、建立战争联合指挥机关、加强备战。[①] 1939年3月德国占领捷克斯洛伐克，英法互换照会，规定一方遭到侵略时，另一方有提供军事援助的义务。两国承诺对比利时、荷兰、波兰、希腊、罗马尼亚、土耳其提供安全保证。

法国未能拉住苏联一道维护凡尔赛秩序。一战结束后，与苏联结盟对法国来说没有必要，只要德国被解除武装、西部门户洞开、法国军事装备享有优势，法国就足以制服德国。[②] 法国竭力削弱布尔什维克主义在欧洲的影响，与英国一道要求苏俄遵守国际规则和规范。1922年4月苏俄与同样受到孤立的德国签署《拉巴洛条约》，两国彼此放弃战争赔偿，开展政治和经济合作，令法国担心德苏结盟。

随着德国实力的恢复，法国转向改善对苏关系。苏联领导人斯大林实行"一国建成社会主义"政策，维护苏联利益优先，警惕德国的侵略意图，转向维护凡尔赛秩序。1932年11月，法苏签署互不侵犯条约，规定一方受到攻击，另一方保持中立。1935年5月签署了《法苏互助条约》，规定一方遭到无端侵略时，另一方应立即提供援助。苏联希望签署法国自动介入对德战争的军事协定，这将使德国再次面临两线作战的局面，但直到二战爆发，法苏都未签署军事协定。

法国对缔结法苏军事协定犹豫不决。法国并未忘记一战期间苏俄单独对德国媾和、签订《布列斯特—立托夫斯克和约》，令德国可以腾出手来在西线进攻。法国也未消除对苏联意识形态的偏见。法国提出在德国攻击时，只有《洛迦诺公约》保证国英国和意大利同意后才采取联合军事行动。法国对德国反苏联、反布尔什维克抱有幻想，参加了对德绥靖、排斥苏联和捷克斯洛伐克的慕尼黑会议。这促使苏联认识到，英法并未打算阻止希特勒德国，企图"祸水东引"，苏联对英法丧失信任。在与苏联缔结军事协定问题上，英法派出的谈判代表级别低，没有拿出具体方案，促使

[①] 方连庆、王炳元、刘金质主编：《国际关系史（现代卷）》，北京大学出版社，2006年版，第324—325页。

[②] Arnold Wolfers, *Britain and France Between Two Wars: Conflicting Strategies of Peace since Versailles*, Hamden, Connecticut: Archon Books, 1963, p. 133.

苏联与德国缔结互不侵犯条约。

法国未能拉紧意大利。意大利是一战的战胜国，但是战后获得的领土只是一小块奥匈领土和近东一块难以防守的据点，对英法没有兑现战时承诺不满，谋求修改凡尔赛秩序。1922年意大利法西斯上台，在对外扩张上咄咄逼人。意大利与法国在巴尔干、中东和北非地区竞争，在阿尔巴尼亚、匈牙利、保加利亚、罗马尼亚扩张影响，谋求将亚得里亚海变为内海。

希特勒修改凡尔赛秩序、兼并奥地利的动向引起意大利的不安。1935年3月德国宣布重新武装，英、法、意三国随即于1935年4月举行斯特莱沙会议，讨论德国重新武装与维护奥地利独立问题，意大利承诺维护莱茵兰非军事区，法国承诺捍卫奥地利的独立。1935年6月，法意签署军事协定。为拉拢意大利，法国无视国际联盟的集体安全原则，牺牲小国的主权和领土完整，对意大利1935年10月大举入侵阿比西尼亚（今埃塞俄比亚）制裁不力。法意关系改善并未持续。1936年7月西班牙内战爆发，法国实行不干涉政策，意大利则倒向德国，支持对西班牙干涉。

在英法对苏联合作犹豫不决之时，德意日轴心国集团逐渐形成。德意在武装干涉西班牙内战的过程中密切了关系。1936年10月，德意签署《柏林协定》，在阿比西尼亚问题、承认西班牙佛朗哥政权上达成共识，决定在多瑙河和巴尔干划分势力范围，在重要国际问题上协调一致。同年11月德日签署《反共产国际协定》，污蔑共产国际干涉各国内政，意大利加入。德、意、日联手打造"国际新秩序"，打着反共旗号麻痹英、法，为发动侵略战争做掩护。三国酝酿建立军事同盟，但在谁是主要敌人的问题上产生分歧，日本主张同盟针对苏联，不针对英、法、美；德、意认为主要敌人是英法，应暂时缓和对苏关系。1939年5月，德、意两国撇开日本先行一步，签订军事同盟条约（又称《钢铁盟约》），规定一方同一个或几个国家发生战争时，另一方应以其全部军事力量予以援助。

在日本侵华、意大利侵略阿比西尼亚、西班牙内战等热点问题上，英法主导的国际联盟未能捍卫国际联盟原则，制止侵略。英法对日本的侵略鞭长莫及，无力反制，对意大利侵略制裁有限。对于苏联在20世纪30年代提出的建立"欧洲集体安全体系"、共同反对德国法西斯的倡议，英法反应消极。英法无力制止德意日侵略，凡尔赛秩序逐渐瓦解。

1940年夏，希特勒德国的铁蹄横扫欧洲。德日出于扩大侵略、共同对付英美的需要重启军事谈判，并拉拢意大利参加。1940年9月，德意日在柏林签署三国同盟条约，规定日本承认并尊重德意在欧洲建立"新秩序"的领导权；德意两国承认并尊重日本在东亚建立"新秩序"的领导权。①如缔约国之一受到未参与欧战或中日冲突的一国攻击时，彼此相互援助。为了麻痹苏联，条约特意说明不是针对苏联。三国各自为战，并没有建立战时的军事合作。《反共产国际协定》秘密附件规定，未经同意不得与苏联缔结任何条约。但是德国未征得日本同意，于1939年8月与苏联签订互不侵犯条约，日本于1941年4月与苏联签订《日苏中立条约》，解除了对美国作战的后顾之忧。二战时期，德国胁迫罗马尼亚、斯洛伐克、匈牙利、保加利亚加入《反共产国际协定》，迫使这些国家提供战时支持。二战后期，这些国家寻求与反法西斯同盟建立联系。中小国家在两次世界大战期间，以及战争时期的不幸遭遇影响着这些国家在二战后和冷战后的结盟选择。

第三节 苏联同盟体系

二战结束后，战胜国未能缔结像《凡尔赛和约》那样的对德和约。战胜国在战时和战后初期举行峰会和外长会议，签署了一系列宣言、协定，重新划定欧亚领土边界、建立联合国，安排战后国际秩序。1945年2月美、英、苏三大国领导人举行雅尔塔会议，达成重新划分欧洲和亚洲领土和势力范围的协定，形成了雅尔塔秩序。②《雅尔塔协定》主要内容是：分

---

① Douglas M. Gibler, *International Military Alliances, 1648 – 2008*, Vol. 2, Washington, D. C.：CQ Press, 2009, p. 341.
② 国内有些学者将联合国和布雷顿森林体系机构（国际货币基金组织、国际复兴开发银行）和《关税及贸易总协定》作为雅尔塔秩序的支柱。苏联瓦解、冷战结束意味着雅尔塔秩序的局部瓦解。徐蓝："试论雅尔塔体系对战后国际关系的影响"，《史学研究》，2002年第5期，第9页；李世安："从国际体系的视角再论雅尔塔体系"，《世界历史》，2007年第4期，第47页；刘建飞："雅尔塔体系的是与非"，《理论导报》，2020年第1期，第53页。国外有学者认为战后形成了以联合国为中心的全球秩序、以布雷顿森林体系和北约为中心的西方秩序，参见 Kyle M. Lascurettes, *Order of Exclusion：Great Powers and the Strategic Sources of Foundational Rules in International Relations*, New York：Oxford University Press, 2020, p. 171。

割占领德国，重划德国版图；重新划分苏波边界、苏联边界向西推进，重组波兰政府；苏联对日作战，获得领土补偿，重获日俄战争中失去的领土，维持外蒙古现状、苏联获得在中国东北的特权等。本书的雅尔塔秩序指雅尔塔会议所做的对苏联有利的秩序安排，主要指苏东社会主义阵营及其建立的军事和经济机构，不包括联合国和布雷顿森林体系机构。雅尔塔秩序的瓦解主要指苏东剧变，是战后包容性国际"大"秩序的局部瓦解。

一、苏联同盟体系的构建

苏联是第一个社会主义国家，处于资本主义世界包围中，不安全感强烈。二战后一批社会主义国家建立，环绕在苏联周边。苏联与这些社会主义国家结盟，组成社会主义阵营，维护二战胜利果实，反对帝国主义再次发动战争。苏联同盟体系以华约为核心，还包括苏联与蒙古、中国、朝鲜、古巴、越南的双边同盟，以及苏联与部分第三世界国家建立的松散的事实同盟。

二战初期苏联与德国分割占领波兰，发动苏芬战争，割占芬兰大片领土，占领爱沙尼亚、拉脱维亚、立陶宛以及罗马尼亚部分地区。战后苏联将德国东部边界大幅向西移动，占领德国东普鲁士部分地区。苏联红军攻入波兰、匈牙利、捷克斯洛伐克、罗马尼亚、保加利亚等国，建立"人民民主政权"，驻军当地，从而控制了东欧"缓冲区"。二战结束初期，苏联对国际形势的判断较为严峻。1946年2月9日，苏联领导人斯大林在莫斯科选民大会上发表演讲，称赞苏联制度是世界上最好的制度，苏联赢得二战的胜利证明了苏联制度的优越性；当今世界是资本主义走向灭亡的时代，资本主义就是战争，苏联要准备打仗。西方国家对此演讲感到震惊，称之为"第三次世界大战的宣言"。1947年9月，在欧洲共产党和工人党情报局成立会议上，苏联提出"两个阵营论"，认为世界形成了两个阵营，一个是帝国主义的反民主阵营，另一个是反帝国主义的民主阵营即社会主义阵营。苏联认为与资本主义的战争不可避免，应吸取教训，巩固胜利成果，联合社会主义国家对抗西方。

在处置德国上，美苏之间、西方内部持续争吵，达成协议机会渺茫。美、英、法占领区率先建立联邦德国，苏联占领区随后建立民主德国，德国分裂为两个国家。1954年10月，美、英、法、德达成《巴黎协定》，允

美国同盟体系：新时代的旧秩序

许联邦德国重新武装并加入北约。苏联谴责西方国家"复活德国军国主义"，重提"欧洲集体安全体系"倡议，主张召集全欧会议，缔结集体安全条约，西方国家置之不理。苏联与东欧"人民民主政权"陆续签订双边同盟条约，已承担了防御侵略的义务。在北约成立及吸收联邦德国后，苏联与这些东欧国家组建多边军事同盟——华沙条约组织。1955年5月14日，苏联、波兰、罗马尼亚、保加利亚、匈牙利、捷克斯洛伐克、阿尔巴尼亚和民主德国八国在华沙开会，缔结友好合作互助条约，中国、朝鲜、蒙古、越南、老挝派观察员参加。《华沙条约》明确提出建立"欧洲集体安全体系"目标，还提出裁减军备、禁止核武器等大规模毁灭性武器，这是北约各项条款所不具备的。①

苏联与亚洲、拉美的社会主义国家结盟。1950年2月，中苏签订友好同盟互助条约，防御共同的敌人——日本。苏联虽是盟友，却未放弃在华特殊权益，恢复了沙俄时期在旅顺、大连的权益及在中国东北的铁路特权，直到抗美援朝后才逐步归还这些权益。苏联向中国提供大量武器装备，全面援助中国的社会主义建设。中苏政治上相互支持，联合反对美国对日本单独媾和，苏联支持中国恢复联合国合法席位。

苏联势力早已渗透蒙古。1921年苏联红军以消灭进入外蒙的白军为由进入蒙古，扶植外蒙建立社会主义政权，操控外蒙内政外交，蒙古成为苏联的"第十六个加盟共和国"。1936年苏蒙签订互助协定，苏联帮助外蒙抵御日军入侵。苏联在雅尔塔会议上提出维持外蒙现状，接着扶植外蒙脱离中国独立。中苏关系恶化后，苏联大军驻扎蒙古，帮助蒙古防御南部边界。1966年1月，苏蒙签订友好合作互助条约，以法律形式确认苏联对蒙古的安全保护义务。

1945年美苏以"三八线"为界分割占领朝鲜半岛，各自扶植建立韩国和朝鲜两个国家。苏联训练和装备朝鲜军队，提供大量援助，援建50多个大型企业及30多个重要项目。② 1953年7月朝鲜停战协定签署，但半岛形势依然紧张。美国在韩国部署战术核武器，韩国政府反共反朝，推进"北

---

① 许海云：《北约简史》，中国人民大学出版社，2005年版，第93页。
② [苏]安·安·葛罗米柯、鲍·尼·波诺马廖夫著，韩正文、沈芜清等译：《苏联对外政策史下卷（1945—1980）》，中国人民大学出版社，1989年版，第379页。

进统一"。1961年7月，苏朝签订友好合作互助条约，苏联承诺在朝鲜遭到侵略时，对朝鲜提供军事援助。

1954年7月，日内瓦会议达成越南南北分治的协定，但协定并未得到落实。苏、美分别向北越和南越提供援助。1965年越南战争全面升级，苏越结成了战时同盟，苏联成为北越的"兵工厂"，源源不断地提供坦克、飞机、大炮、导弹等军事装备及现代化的防空系统。1978年6月，苏联将统一后的越南拉入"经济互助委员会"（简称"经互会"），加强越南与苏东社会主义国家的经济和技术合作。1978年11月，苏越签订友好合作条约，规定一方成为进攻目标或受到进攻威胁，缔约方将立即协商，采取有效措施消除这种威胁，条约没有"互助"二字，字面上苏联对越南的安全保护承诺水平低于华约盟友、蒙古和朝鲜，但时值中越关系恶化，苏越缔约针对中国的意味浓厚。1979年以来苏联每年向越南提供10亿美元的军事援助，1982—1985年，苏联对越南军事援助增加到每年17亿美元。[①]

苏联与古巴建立了事实同盟。1959年1月古巴革命取得胜利，美国围堵封锁古巴、大搞颠覆活动，苏联支持古巴追求独立，反对美国的压迫。1961年12月，古巴领导人宣布转向马列主义，苏联立即对古巴提供军事保护和经济援助，支持西半球第一个社会主义国家。1962年10月古巴导弹危机爆发，美苏达成协议，苏联撤出部署在古巴的导弹，美国停止颠覆古巴政权。苏联领导人赫鲁晓夫保证在古巴遭到美国攻击时提供支持，但是没有与古巴正式缔约。

广大第三世界国家曾受到西方殖民统治，反殖民主义情绪强烈，被苏联看作社会主义事业的"同盟军"。苏联与一些第三世界国家结成了松散的事实同盟，苏联与这些国家缔结的条约都没有"互助"二字，条约的军事效力不如华约。比较有代表性的有苏联与埃及、叙利亚、印度、索马里、埃塞俄比亚等国的同盟。苏联与上述国家军事合作密切，政治和外交上互相支持和配合。

1955年9月苏联利用美英拒绝向埃及售武的机会，通过捷克斯洛伐克与埃及达成军售协定，对埃及修建阿斯旺大坝提供贷款，进入中东取得突

---

① Douglas M. Gibler, *International Military Alliances*, 1648 – 2008, Vol. 2, Washington, D. C.: CQ Press, 2009, p. 466.

破。苏联支持埃及领导人纳赛尔反对英法殖民主义、收回苏伊士运河主权的斗争,埃及将苏联视为反对巴格达条约组织的重要力量。1967年6月5日第三次中东战争爆发,埃及、叙利亚、约旦三国伤亡惨重,丧失大片领土。埃及西奈半岛、叙利亚戈兰高地、约旦河西岸、东耶路撒冷、加沙地带都被以色列占领。埃及急于重振军力,与苏联军事合作加强,一改反对给予外国军事基地的政策,允许苏联海军使用埃及亚历山大港和其他军港,苏联向埃及提供新式米格战机和导弹等装备,派遣上万名军事顾问和技术人员,在中东和地中海的军事存在扩大。纳赛尔放弃不结盟立场,寻求与苏联正式结盟,但苏联担心陷入中东泥潭而拒绝。[1] 直到1971年5月,苏联与埃及才签署友好合作条约。

叙利亚摆脱法国殖民统治独立,曾与埃及短暂合并,国内局势持续动荡。1970年阿萨德领导的叙利亚复兴社会党掌权,与苏联关系密切。苏联提供经济和军事援助,在叙利亚获得海军基地。苏埃关系恶化后,苏联与叙利亚关系升温,对叙利亚提供军事装备、派遣大量军事顾问,维持在地中海东部的军事存在。1980年10月苏联与叙利亚签订友好合作条约,规定苏联必要时可向叙利亚派兵以维护叙国家安全。

苏联从20世纪50年代积极发展与印度的特殊关系,对印度提供经济和军事援助,在印巴克什米尔争端中袒护印度。中苏分裂后,印度对苏联的重要性上升,苏联对印度贷款增加。1962年10月中印边界冲突爆发,苏联支持印度,对印度提供坦克、战机、防空导弹等军备。1965年印度和巴基斯坦之间爆发战争,美国对印度停止军事援助,苏联援助印度建设军工厂和海军基地,双方军事代表团和高级将领互访频繁。[2] 1969年6月8日,苏联提出构建"亚洲集体安全体系"主张,印度不愿正式被苏联纳入反华联合,避免表态支持。[3] 1971年7月美国总统国家安全顾问基辛格访华,接着美国宣布尼克松访华,震撼世界。与此同时,东巴基斯坦(今孟加拉国)危机加剧,苏联否决联合国安全理事会(简称"安理会")决

---

[1] 陈天社:《当代埃及与大国关系》,世界知识出版社,2010年版,第86页。
[2] 方连庆、王炳元、刘金质主编:《国际关系史(战后卷)上册》,北京大学出版社,2006年版,第443页。
[3] James A. Kuhlman, et al. *Strategies, Alliances, and Military Power: Changing Roles*, U. S. Army War College, 1977, p. 130.

议，偏袒印度。中美缓和、东巴局势的发展助推苏印缔约。1971年8月9日，印度背离不结盟立场，与苏联签订和平友好合作条约，这是印度首次与一个大国签订具有军事同盟性质的条约。条约规定缔约方不参与任何针对另一方的军事同盟；在任何一方受到进攻或进攻威胁时，双方共同协商并采取适当的有效措施；双方保证不向与另一方发生武装冲突的第三方提供任何援助。①

苏联还与伊拉克、南也门、索马里、安哥拉、莫桑比克、埃塞俄比亚、阿富汗等国签订双边友好合作条约。索马里独立后倒向苏联，获得苏联大力援助。1974年7月，苏联与索马里签订友好合作条约，这是苏联与撒哈拉以南国家签约的首例。② 索马里向苏联提供军事设施和基地，获得了苏联战机和导弹。1977—1978年，索马里和埃塞俄比亚围绕欧加登领土归属问题发生战争，苏联公开支持埃塞俄比亚，提供军事援助，停止对索马里供应武器，上万名苏联、古巴、南也门、民主德国军事人员到埃塞俄比亚参战。索马里废除与苏联的条约，要求苏联撤出军事基地。埃塞俄比亚取代索马里成为苏联在非洲之角的伙伴，1978年11月与苏联签署友好合作条约。

苏联还与尼日利亚、乌干达、马里、坦桑尼亚、赤道几内亚、几内亚比绍、安哥拉等国签订贷款和军售协定，在20多个非洲、中东、东南亚"进步国家"获得军事基地和设施。1955—1978年，苏联为第三世界国家培训4.4万名军事人员，东欧国家培训近6000人，指导第三世界国家军人使用苏联、东欧国家销售的军事装备。③ 苏联指责美国的海外基地对社会主义国家形成一条"锁链"，包围苏联和其他"进步国家"。苏联与"进步国家"加强政治和经济合作，获得军事基地和设施，打破了美国包围。

---

① 条约规定类似第一次世界大战后法国与波兰、捷克斯洛伐克等国签署的同盟条约。
② 孙德刚：《冷战后欧美大国在中东的军事基地研究》，世界知识出版社，2015年版，第313页。
③ 李锐、吴伟、金哲编著：《华沙条约组织与经济互助委员会》，社会科学文献出版社，2010年版，第94页。

二、苏联同盟体系的维持及瓦解

苏联是"社会主义大家庭"的"家长",负责保障东欧社会主义国家的安全。苏联仿照北约的机构设置建立了华约机构,华约的最高权力机构为政治协商委员会,由各成员国党和政府领导人组成,讨论落实《华沙条约》和重大国际问题。联合武装力量司令部执行政治协商委员会决定,制定作战计划。华约组织后续设立了国防部长委员会、联合武装力量军事委员会、联合武装力量参谋部等军事机构,还设立了外长委员会,定期举行外长会议。

苏联投入大量资源,通过掌控华约机构、驻军盟友、提供军事援助、武装干涉等手段维持同盟。东欧盟友与苏联实力差距更悬殊,苏联在华约具有压倒性影响,比美国在北约的影响大得多。苏军将领担任华约联合武装力量司令部、联合武装力量参谋部等所有军事机构的要职。苏联主导华约军事一体化、武器装备标准化、军工生产一体化,主办联合演习和训练,为东欧国家培训军官。[①]

苏联以"老大党"自居,把持国际共运领导权,推行"大国沙文主义",不惜发动军事干涉,镇压偏离苏联模式的道路探索,防止盟友脱离苏联控制。1956年10月匈牙利纳吉政府宣布中立、退出华约,要求联合国讨论匈牙利问题,苏联在联合国安理会行使否决权,出动苏军干涉匈牙利内政。1968年8月华约成员国苏联、民主德国、波兰、匈牙利、保加利亚出动大军扼杀"布拉格之春",将坦克开到盟友的大街上,强迫捷克斯洛伐克留在华约。在1956年6月波兰波兹南动乱、1980年波兰危机中,苏军做好了武装干涉准备。苏联重兵驻扎民主德国,以联邦德国威胁为由凝聚华约共识,加强对东欧国家的控制。苏联领导人勃列日涅夫抛出"有限主权论""社会主义大家庭论""大国特殊责任论"等论调,为控制盟友制造理论依据。

苏联为盟友提供经济援助、高价购买盟友农产品、低价输出能源,为

[①] 贾文华、高中毅主编:《苏联对外关系》,河南教育出版社,1989年版,第186页;李兴:《从全面结盟到分道扬镳:冷战时期的苏联与东欧关系研究》,武汉大学出版社,2000年版,第142页。

维持同盟关系付出高昂的经济代价。1949 年 1 月苏联主导成立经互会，对抗美国援助西欧的马歇尔计划，世界出现社会主义和资本主义两个平行市场。波、捷、匈、罗、保参加经互会，之后阿尔巴尼亚、民主德国、蒙古、古巴、越南陆续加入。苏联主张在社会主义大家庭内开展"最广泛的合作"，实行更广泛的国际分工，以便发挥社会主义的优越性，更有效地同资本主义进行经济竞赛。① 经互会开展经贸合作、科技交流、合办企业、培养干部，推行国际分工和经济一体化。苏联与盟友经济关系密切，苏联与经互会成员国的贸易几乎占苏联全部贸易额的一半；对苏联贸易占经互会成员国贸易的大约 40%，对西方工业国家的贸易只占到 25%。② 苏联向东欧盟友提供经济援助和市场，供应能源和原材料。东欧国家深度依赖苏联的能源供应，以致于波兰人"不怕坦克"，就怕苏联"关闭石油输送管道"。③

苏联与中国、朝鲜、越南、古巴没有建立类似华约的军事和政治合作机构，与这些国家的同盟合作水平也各有不同。苏联向朝鲜提供军事、能源、经济援助，苏朝关系保持稳定。朝鲜在中苏分歧中左右逢源，与中苏同时缔结互助条约。苏联在古巴导弹危机中的退缩态度波及到苏朝同盟，朝鲜感到关键时刻苏联并不可靠。④ 朝鲜强调自力更生和自主国防，但经济和能源上依赖苏联，核导研发依靠苏联技术和援助。

苏联向越南提供巨额经济和军事援助，在越南党政军部门派驻专家和技术人员。苏联获得金兰湾军事基地，在南海的军事存在加强。苏联海军前进到印度洋和西太平洋，牵制美国的军事活动。在 1979 年中国对越自卫反击战中，苏联向越南提供大量军事装备和物资。20 世纪 80 年代苏联调整对华政策，越南担心苏联把对华关系置于对越关系之上。⑤ 中国把苏联停止支持越南侵略柬埔寨作为中苏关系正常化的关键条件，越南担心被苏

---

① 方连庆、王炳元、刘金质主编：《国际关系史（战后卷）上册》，北京大学出版社，2006 年版，第 363 页。
② 陆齐华：《俄罗斯与欧洲安全》，中央编译出版社，2001 年版，第 170 页。
③ 李兴：《从全面结盟到分道扬镳：冷战时期的苏联与东欧关系研究》，武汉大学出版社，2000 年版，第 123 页。
④ 王宜胜：《朝鲜半岛冲突管理研究》，军事科学出版社，2011 年版，第 72 页。
⑤ 贾文华、高中毅主编：《苏联对外关系》，河南教育出版社，1989 年版，第 304 页。

联抛弃。苏联对越南浪费援助物资不满，越南则抱怨苏联援助承诺与实付相差太大。

苏联全面支持古巴社会主义建设，为古巴培养了大批干部和专业技术人员。苏联企图像改造东欧各国共产党一样改造古巴共产党，但古巴领导人卡斯特罗坚持独立自主，清洗党内亲苏势力，防止受到苏联摆布。古巴在拉美地区发动武装斗争，一些拉美国家与古巴断交，苏联与古巴在是否支持武装斗争上有分歧，苏联支持第三世界共产党开展议会斗争，对"好斗的"古巴在拉美输出暴力革命支持有限，抱怨古巴滥用苏联援助，破坏美苏关系。华约军队入侵捷克斯洛伐克后，古巴为苏联立场辩护，苏联与古巴关系回暖，向古巴提供大量援助。美苏缓和时期，卡斯特罗担心美苏交易牺牲古巴利益。1972年6月卡斯特罗访苏，勃列日涅夫表示古巴受到世界"社会主义大家庭"的保护，美苏关系缓和不会以牺牲古巴做交易，苏联对古巴的生存和发展承担义务。[①] 1972年7月，古巴加入经互会，对苏联的经济依赖加深。苏联利用古巴在非洲打代理人战争，在安哥拉、埃塞俄比亚等国，古巴派遣上万名军事人员。1975—1976年安哥拉内战期间，苏联出钱、古巴出人，与美国、南非支持的派别作战。戈尔巴乔夫时期，苏联调整内政外交，实行战略收缩，古巴对苏联的重要性下降。

苏联与印度保持稳定的政治和军事关系，外交上相互支持。在1971年印巴战争中，苏联在联合国安理会否决立即停火的决议。在联合国大会关于立即停火的决议表决中，苏联及华约国家投票支持印度。1974年5月印度首次进行核试验，受到西方制裁，苏联对印度提供支持。苏军入侵阿富汗遭到国际社会谴责，印度在联合国大会发言强烈支持苏联。[②] 印度提升对越南关系，在越南入侵柬埔寨问题上与苏联保持一致立场。

苏联不愿与美国发生直接冲突，牵制盟友行为。苏联与美国一样，维护核垄断，阻挠盟友发展独立核力量。盟友担心苏联与美国搞"越顶"外交，牺牲盟友利益。

苏联同盟体系的瓦解始自中苏分裂。中苏两国在评价已故的斯大林、

---

① [美] 利昂·古雷、莫利斯·罗森堡著，复旦大学历史系拉丁美洲研究室等译：《苏联对拉丁美洲的渗透》，上海译文出版社，1979年版，第38页。

② Lawrence S. Kaplan, *NATO and the UN: A Peculiar Relationship*, Columbia, Missouri: University of Missouri Press, 2010, p. 100.

国际共运、世界革命等诸多问题上分歧逐渐加深。苏联提出"和平共处、和平竞赛、和平过渡"的"三和"外交路线,主动改善对资本主义阵营国家的关系。中国认为国际形势是"东风压倒西风",社会主义阵营的力量上升,资本主义阵营的力量衰落,提出支持世界革命、与帝国主义做斗争。

在涉及中国主权和安全的问题上,中苏分歧公开化。1958年8月中国大陆炮击金门,反对美国炮制"两个中国",苏联急于缓和对美关系,不满中国"破坏"美苏合作,担心受中国牵连,被迫卷入对美战争。1959年8月中印边界发生冲突,苏联偏袒印度,暴露中苏分歧。中国提出与苏联共同承担维护世界和平的责任,苏联主张中国接受苏联核保护,阻挠中国拥核。1959年6月苏联单方面撕毁协定,拒绝向中国提供原子弹样品和技术。1963年8月苏联与美英签署部分禁核试验条约,企图在社会主义阵营内维持核垄断。

苏联在社会主义阵营内孤立中国,在中苏边境陈兵百万,挑起边境冲突,举行以中国为假想敌的军事演习。苏军进驻蒙古,威胁中国安全。1969年3月,中苏在珍宝岛发生军事冲突。1969年6月,苏联领导人勃列日涅夫在世界共产党和工人党会议上提出建立"亚洲集体安全体系"主张,企图将边界不可侵犯的原则移植到亚洲,将沙俄掠夺的中国领土合法化。苏联支持越南侵略柬埔寨,指责中国在东南亚实行"大汉族主义"。1980年中苏同盟条约期满后失效。

1960年11月在莫斯科举行的各国共产党和工人党会议期间,苏共带头围攻中共,要求其他社会主义国家选边站,阿尔巴尼亚力挺中国,批评苏联"修正主义",苏阿双边关系急转直下。苏联撤走援阿专家,中断贷款和援助,关闭驻阿海军基地,与阿尔巴尼亚断交,排斥阿尔巴尼亚参加华约活动。华约军队入侵捷克斯洛伐克后,阿尔巴尼亚高调宣布退出华约。阿尔巴尼亚国力弱小,闭关锁国,既反苏也反美,偏居亚得里亚海一隅,远离美苏对峙的前沿阵地,其退出对华约几无影响。罗马尼亚被社会主义国家环绕,说服苏联撤军罗马尼亚,政治和外交保持相对独立。

苏埃关系缺乏意识形态共性,苏联反对泛阿拉伯主义、反对埃及和叙利亚合并为一个国家。埃及领导人纳赛尔严防共产主义渗透,警惕苏联在也门、叙利亚、伊拉克的扩张。埃及与南斯拉夫、印度、印度尼西亚等国

美国同盟体系：新时代的旧秩序

一道发起了不结盟运动（NAM），不愿在美苏两大阵营之间选边站。

苏联牵制埃及行为，对埃及军事支持有限，避免阿拉伯国家与以色列的冲突升级为美苏正面冲突。1958年美国武装干涉中东，纳赛尔专程飞往莫斯科，提出如果土耳其在西方支持下进攻叙利亚，埃及将派兵进入叙利亚，并期望苏联到时能给予阿拉伯人全面的援助。赫鲁晓夫拒绝了纳赛尔的请求，表示"我们不准备对抗。我们不准备打第三世界大战"。[①] 第三次中东战争爆发后，苏联领导人柯西金访美，与美国总统约翰逊在新泽西州葛拉斯堡罗会晤，美苏直接磋商中东危机。

苏埃缔约后，埃及期望获得更多军事援助，以便对以色列发动军事反攻，但苏联不希望中东再燃战火，不愿被埃及拖入战争，一再拖延向埃及交付武器装备及零部件，埃及的不满情绪日益累积。埃及多次交涉，苏联仍不愿追加军事投入，两国关系裂痕加深。1972年5月，美国总统尼克松访苏，美苏两个超级大国都主张缓和中东局势，维持中东不战不和的局面，急于以武力收复被占领土的埃及感到被苏联出卖。埃及总统萨达特下令驱逐近万名苏联军事顾问，与苏联关系恶化。1973年10月，埃及联合其他阿拉伯国家发动第四次中东战争，伤亡惨重，仍未能收复失土。埃及总统萨达特转向美国求助，改善对美关系。埃苏关系急剧恶化，苏联催逼埃及偿还武器贷款、拒绝提供武器零部件。1976年3月，埃及废除与苏联的友好合作条约，取消苏联军舰使用埃及港口的权利，苏联停止对埃及的各种援助，苏埃关系大起大落，苏埃同盟的破裂重创苏联对中东和第三世界的影响。

苏联解体导致苏联同盟体系的彻底瓦解。苏联军事上赶超美国，美苏军备竞赛拖垮了苏联。1965年，苏联有500枚洲际导弹和潜射导弹、165架轰炸机，美国有1300枚洲际导弹和潜射导弹、1000架轰炸机。1973年，苏联洲际导弹达1425枚，超过美国的1054枚，潜射导弹、核弹头、发射架、百万吨炸药数量大幅增长。1983年，苏联除了轰炸机、核弹头数量次于美国，洲际导弹、潜射导弹、发射架、百万吨炸药的数量均大幅超美，

[①] 陈天社：《当代埃及与大国关系》，世界知识出版社，2010年版，第78页。

在战略核力量多个指标上领先美国，领先优势持续到苏联解体。① 在常规力量方面，华约坦克、大炮、战斗人员数量超过北约。20 世纪 70—80 年代，苏联将国民生产总值（GNP）的 10%～15% 用于军事，② 苏联海军战略从近海防御转向远洋进攻。勃列日涅夫时期，苏联建立了以核潜艇、航母、巡洋舰和驱逐舰、远程轰炸机为主的远洋进攻力量。1967—1977 年，苏联造舰费用比美国多 50%，③ 20 世纪 70 年代，苏联海军人数是美国海军的 90%，巡洋舰和驱逐舰与美国数量相当，潜艇数量与美国的比例是 3.5∶1。④ 军费负担沉重，制约了苏联经济发展。

苏联体制逐渐僵化。苏共总书记戈尔巴乔夫推行改革，向西方靠拢。苏联政治改革引发意识形态混乱，华约盟友思想涣散，同盟凝聚力急剧下降。1987 年戈尔巴乔夫出版《改革与新思维》一书，提出社会主义和资本主义两种制度应该和平共处，在核时代"全人类的利益高于一切"，人类的利益大于阶级利益、民族利益、国家利益、集团利益，战争和革命之间不存在因果关系，提倡社会制度不同的国家和平共处，主张完全销毁核武器和其他大规模杀伤性武器，积极寻求建立国际新秩序，实现国际关系民主化、人道主义化和国家关系非意识形态化。戈尔巴乔夫提出"共同的欧洲大厦"概念，主张共同建立一个文明的新欧洲，苏联要重返"欧洲文明"。戈尔巴乔夫改善对美关系，美苏军控谈判取得重大进展，缓和了核对峙。

苏东剧变后，东欧各国民族主义情绪高涨，全盘否定苏联及其安全保护职责，华约维系艰难。先是民主德国退出华约，被联邦德国吸收统一，其余成员国相继要求退出。1991 年 1 月经互会解散，7 月华约正式解散。

三、苏联同盟体系与雅尔塔秩序的瓦解

苏联是战后国际秩序的获益者，竭力维护二战胜利果实。苏联利用华

---

① 美苏战略核力量对比参见 Richard L. Kugler, *Commitment to Purpose: How Alliance Partnership Won the Cold War*, RAND, 1993, pp. 482-483。

② Richard L. Kugler, *Commitment to Purpose: How Alliance Partnership Won the Cold War*, RAND, 1993, p. 488.

③ 蒋建东：《苏联的海洋扩张》，上海人民出版社，1981 年版，第 28 页。

④ James A. Kuhlman, et al. *Strategies, Alliances, and Military Power: Changing Roles*, U.S. Army War College, 1977, p. 174.

美国同盟体系：新时代的旧秩序

约维护雅尔塔秩序，通过华约的公报和宣言将苏联立场转变为华约成员国的共同立场，维护对苏联有利的欧洲秩序。苏联提出"欧洲集体安全体系"倡议，核心诉求是维持边界现状。[1] 华约支持苏联倡议，抨击北约挑起军备竞赛，呼吁同时解散北约和华约两大军事集团、建立中欧无核区，与北约签署互不侵犯条约等主张。北约成员国认为，解散北约后美军从欧洲撤退，欧洲均势将变得有利于苏联，因此反对解散北约的提议。

华约盟友支持苏联的"欧洲集体安全体系"倡议，配合苏联在联合国大会倡议召开欧洲安全与合作会议（CSCE）。华约组织发表加强欧洲和平与安全的宣言，支持苏联倡议。经过20多年的不懈努力，1975年7月底，美国、加拿大和33个欧洲国家举行了欧洲安全与合作会议，达成《赫尔辛基最后文件》，承认二战后的欧洲边界现状，意味着苏联在二战期间占领的欧洲领土合法化，在东欧的势力范围得到西方国家承认。苏联和盟友通过召开欧洲安全与合作会议，达到了维护雅尔塔秩序的目的。

华约是意识形态同盟，国家关系和党的关系交织，成员国共产党和工人党的领导人和政府首脑一起参加华约政治协商委员会会议，[2] 保卫社会主义成果，反对"帝国主义反革命"。苏联与社会主义国家是"同志加兄弟"，外交上协调一致，密切磋商，互相支持。苏联及盟友发扬国际主义精神，支持民族解放运动和亚非拉国家维护独立和经济自主权的斗争。1979年12月苏联入侵阿富汗，疏远了伊斯兰国家和第三世界，在联合国处境孤立，华约成员为苏联辩护。亚洲和拉美的盟友借鉴苏联模式，探索本国社会主义道路，扩大了苏联社会主义阵营的影响。

苏联维护雅尔塔秩序面临竞争对手美国的干扰破坏，但双方都避免爆发大国战争。美国企图阻挠中苏缔结同盟，通过经济施压及核威慑分化中苏同盟。[3] 美国对苏联阵营内有"独立"倾向的国家提供政治、经济和军事支持，对被开除出社会主义阵营的南斯拉夫提供贷款，还与英、法制定

---

[1] 北京大学经济系编著：《西欧"共同市场"》，人民出版社，1974年版，第59页。

[2] 赵洵主编：《苏联东欧问题译丛（第一辑）》，生活·读书·新知三联书店，1982年版，第172页。

[3] 凌胜利：《分而制胜：冷战时期美国楔子战略研究》，世界知识出版社，2015年版，第三章。

援助南斯拉夫的方案，提供经济和军事援助。斯大林去世后，苏联主动改善苏南关系，两国关系好转，此时美国却威胁停止对南斯拉夫经济援助，对南斯拉夫军事援助减少到最低。苏南关系因苏联出兵匈牙利事件及双边分歧再次恶化后，美国对南斯拉夫又恢复提供援助。1956年匈牙利事件后，美国和盟友谴责苏联出兵匈牙利，在联合国大会投票支持相关决议，要求联合国派观察员去匈牙利。美国向波兰提供援助和最惠国待遇，鼓励其摆脱苏联模式。

对于坚持独立自主的罗马尼亚，美国特殊对待，支持罗马尼亚加入国际机构。1969年美国总统尼克松访问罗马尼亚，这是二战结束以来美国总统首次访问东欧国家。美国帮助罗马尼亚加入《关税及贸易总协定》、国际货币基金组织和世界银行。1975年美国总统福特访问罗马尼亚，双方签署贸易、工业和技术协定，给予罗马尼亚贸易最惠国待遇。戈尔巴乔夫推行"新思维"后，罗马尼亚对西方的利用价值下降。1989年匈牙利、波兰、捷克斯洛伐克剧变波及罗马尼亚，西方国家利用人权围攻罗马尼亚，美国取消罗马尼亚的最惠国待遇。

美国支持东欧国家闹独立，但避免以武力干涉苏联的势力范围。对于华约成员国军队入侵捷克斯洛伐克，美国反应温和。《赫尔辛基最后文件》规定不以武力改变战后边界，等于美国及欧洲盟友默认苏联获得的领土，作为交换，西方国家提出的尊重人权、促进东西方人员自由交流的内容被纳入《赫尔辛基最后文件》。1980年以来波兰国内局势动荡，美欧以制裁相威胁，反对苏联侵犯任何国家的领土完整，宣称应让波兰"自由"决定自己的未来，警告苏联不要使用武力。

二战后美苏走向敌对，美苏合作共管世界的愿景成空。美苏各自构建同盟体系，建立"小圈子"秩序，展开零和竞争，双方就像一对在瓶子里的蝎子那样想要蛰死对方，但要冒着牺牲自己的风险才能做到，[1]这促使双方保持克制，避免竞争失控，同时在防止核扩散、管控地区热点、公共卫生领域等可以合作的问题上进行合作。美苏竞争以欧洲为重点，竞争范围遍及全球，但竞争没有升级为大国战争。1989年东欧剧

---

[1] J. Robert Oppenheimer, "Atomic Weapons and American Policy," *Foreign Affairs*, July 1953, p. 529.

变，1991年苏联解体，雅尔塔秩序瓦解，战后国际"大"秩序剧烈变革。

第四节　近现代同盟体系与美国

德、法、苏同盟体系都瓦解了，对欧洲秩序和国际秩序产生深远影响。一战、二战及冷战深刻影响了欧洲中小国家的安全政策选择，这些国家历经劫难，转向美国寻求安全保护。一战和二战终结了欧洲主宰国际舞台的时代，在奥匈、奥斯曼、德、俄、英、法帝国废墟上，诞生了一批新独立国家，众多遗留的领土争端、民族和宗教冲突有待解决。

摆脱奥斯曼帝国统治的国家如希腊、塞尔维亚、黑山、罗马尼亚、保加利亚、阿尔巴尼亚存在领土争端，依靠不同的欧洲列强维护本国安全。它们利用大国矛盾，增加回旋空间。一战后诞生了捷克斯洛伐克、匈牙利、波兰、波罗的海三国、芬兰等一批国家，这些国家存在领土争端，如波兰与捷克斯洛伐克、波兰与立陶宛；它们与大国也有领土争端，如波兰和德国、南斯拉夫与意大利。

欧洲中小国家在大国夹缝中求生存，寻求德国、法国的安全保护，结果像德国一样成为战败国，像法国一样被侵略。东欧中小国家并未忘记二战前夕英法的绥靖政策，对英法牺牲中小国家与德国做交易记忆犹新。捷克斯洛伐克二战前夕被德国吞并，波兰被法国抛弃、遭到苏联和德国瓜分，这些国家至今不信任"老欧洲"，"自愿归顺"美国，将加入北约作为目标。

1899年和1907年的两次海牙和平会议规定了中立国的权利和义务，中立国的领土不受侵犯。在两次世界大战中，中立国的地位受到交战双方的侵犯，二战后部分国家放弃中立，中立国家数量减少。一些中立国转向与美国结盟，增加了美国同盟体系的成员数量。

二战结束初期，昔日的盟主德国和法国"泥菩萨自身难保"，成为被保护对象，无法再为昔日盟友提供安全保护。德国被一分为二，命运由战胜国决定，从19世纪的欧洲"东方"大国变为西方阵营成员。法国从盟主变成被安全保护的对象。1947年3月，英法签订以德国为假想敌的同盟互助条约。1949年4月《北大西洋公约》签署，美国对法国在内的欧洲国家作出安全保护承诺。英、美都承诺保护法国，这是一战结束后法国孜孜以求却未能实现的目标。朝鲜战争后美军驻欧，法国要求美军前沿部署的诉求得到满足。

对东欧中小国家来说，国家命运受到大国摆布。苏德根据《苏德互不侵犯条约》附加的秘密议定书，瓜分波罗的海三国和波兰，严重损害了罗马尼亚等弱小国家的主权，也给国际共产主义运动造成巨大损害。[①] 苏德划分势力范围及签署秘密协定的做法与一战后反对秘密外交、民族自决的潮流相悖，侵犯了中小国家的主权和安全。苏联出兵干涉波兰、匈牙利、捷克斯洛伐克，激发了这些国家民众的反苏情绪。东欧中小国家认为华约是"斯大林扩张主义的典型产物"，[②] 伺机摆脱苏联的控制。东欧中小国家也有民族和宗教恩怨，克罗地亚曾是奥匈帝国领土，信奉天主教，与曾受奥斯曼帝国统治、信奉东正教的塞尔维亚存在竞争，克罗地亚二战期间趁机独立，成为德国的保护国。捷克与斯洛伐克也有民族矛盾，斯洛伐克二战时期也成为德国的保护国。东欧中小国家"远交近攻"，与美国没有历史恩怨和领土争端，苏联解体后选择加入北约。

欧洲中小国家在近现代史上惨遭大国背信弃义、经历国土沦丧的屈辱，与德国、法国、苏联等大国结盟的经历不堪回首。美国总统威尔逊的民族自决主张为争取独立的欧洲国家提供了理论武器。美国远离旧大陆，与这些国家没有历史纠葛和领土争端，没有侵略过欧洲中小国家，二战后成为首屈一指的大国，保持最强军力，成为这些国家的结盟选择。

---

① 方连庆、王炳元、刘金质主编：《国际关系史（现代卷）》，北京大学出版社，2006年版，第345页。

② Peter Calvert, Tim Curtis, F. J. Harper, et al., *Treaties and Alliances of the World*, 7th edition, London: John Harper Publishing, 2002, p. 223.

第三章

美国同盟体系的构建

二战结束后美国综合国力雄冠全球，举世无双，领土遭受外敌侵略的可能性微乎其微，结盟显然不是寻求别国的安全保护，而是换取盟友支持美国主导的国际秩序，以集体力量应对苏联挑战。美国利用有利的结盟形势构建同盟体系，将美苏竞争转变为集团竞争。美国相比盟友实力优势明显，处于权力金字塔结构的顶端，同盟具有明显的不对称性和等级性。美国同盟体系成员之多、地域之广远远超过历史上的任何同盟体系。

第一节 美国走向结盟

美国从不结盟到走向结盟历经一个半世纪，可粗略分为三个阶段：第一阶段从独立后到一战。美国与法国短暂结盟，在法国大革命爆发后，美法同盟瓦解。此后美国实行不结盟政策，对欧洲战事保持中立。欧洲列强频启战端，新生的美国实力薄弱，对结盟恶而远之，与之切割。美国保持中立可以"坐山观虎斗"，与交战方做生意、发战争财。这一时期美国大举扩张，积蓄实力，从经济强国发展为军事强国，挑起美西战争，干涉拉美国家内政。第二阶段从参加一战到二战。美国加入协约国一边参战，战后退回到孤立主义，没有积极维护战后国际秩序。美国拆散英日同盟，消除了英日两国联手对美的风险。美国多次修改中立法，避免卷入战争，但中立政策难以为继。二战爆发后，美国宣布中立，倾向支持英国。第三阶段为参加二战到缔结北约。美国建立战时同盟，搭建了同盟体系的骨架。战后美国进入国际舞台中央，从西半球霸权、亚太霸权发展为全球霸权。美国国会通过结盟决议，联合其他国家维护胜利果实，应对美苏竞争。本节概述了美国从不结盟向结盟、从"搭便车"者到国际秩序主导者的战略性转变。

一、不结盟时期积蓄实力

美国独立战争初期海军弱小，无力打破英国对大西洋的控制，单靠一己之力无法赢得独立战争，寻求法国、西班牙等欧洲大国的支持。1778年2月美国争取到英国的老对手法国的支持，美法缔结友好通商条约和同盟条约，法军参战。独立战争期间，俄国、丹麦、瑞典、荷兰、普鲁士、奥地利、葡萄牙等欧洲国家结成了"武装中立同盟"，以武力保护中立国贸易，对抗英国的海上封锁政策，帮助美国赢得独立战争的胜利。

美国对法国大革命只是口头支持，不愿卷入欧洲战争。1793年2月法国对反法同盟成员英国等国宣战，要求美国履行同盟义务，提供军事援助。美国担心履约将导致与英国的战争，若废除与法国的条约可能引发与法国的战争，不论与英国还是与法国交战，对新生的美国来说都同样危险。① 1793年4月美国总统华盛顿发布《中立宣言》，宣称美国必须与交战国都保持友好关系。交战方无权牺牲美国利益，无权禁止美国公民的对外贸易，美国公民有权向交战方出售军用物资。1794年国会通过中立法，禁止交战方在中立的领土作战，允许中立国的公民进行自由贸易。1798年7月美国单方面废除美法同盟。华盛顿发表告别演说时，告诫美国要避免与任何外国缔结"永久性的同盟"（permanent alliance）。此后一个半世纪，美国将华盛顿的告诫奉为圭臬，避免卷入欧洲战事，一心一意壮大自身实力。

美国实行不结盟政策、战时保持中立具有地理优势。美国偏居新大陆，有大洋天堑守护，得以避免像欧洲弱小国家那样受大国侵略。地理位置使美国远离两次世界大战的战场，国土没有遭受战争践踏。独立初期美国四周被欧洲列强环伺，北边毗邻英国殖民地，西边和南边是西班牙殖民地，加勒比海地区也是欧洲大国的殖民地，卷入列强纷争将引火烧身。

1812—1814年的美英战争使美国尝到卷入欧洲列强纷争的苦头，美国对英国侵犯中立权益不满，在英国忙于拿破仑战争之机进攻加拿大，结果遭到英国痛击，英军火烧白宫，美国占领加拿大领土的目标落空，断了吞并加拿大的念头。拉美独立运动时期，美国实行中立，限制向拉美出口武器，避免卷入与西班牙的战争。1818年美国通过新的中立法，与交战各方做生意、发战争财成为中立政策的主要目标。美国的中立权利时常遭受海

---

① Nils Orvik, *The Decline of Neutrality 1914–1941*, Oslo: Johan Grundt Tanum Forlag, 1953, p. 19.

美国同盟体系：新时代的旧秩序

上霸主英国的侵犯。美国一再阻止美国公民向发生叛乱的西印度群岛、中美洲和加拿大提供武器，避免与英国发生冲突。①

美国利用拿破仑战争时期欧洲大国厮杀、无暇干涉美洲事务之机，在北美大陆扩张，人口和领土面积大幅增加，国力日盛。1803年美国从财政困难的法国购买路易斯安那，获得了与独立时面积相当的领土。当时英国不愿革命的法国在北美势力扩大，与反法同盟鏖战的拿破仑则担心英国攻击法国属地，于是将路易斯安那领土售予英国的对手美国。美国向西班牙殖民地佛罗里达渗透，1819年迫使财政困难的西班牙转让佛罗里达领土。美国还通过策动分裂、发动战争、颠覆政权等方式扩张，策动得克萨斯脱离墨西哥，成立"孤星共和国"，接着1845年兼并得克萨斯。1846年美国占领太平洋沿岸的俄勒冈地区，同年发动对墨西哥的侵略战争，将墨西哥的一半国土收入囊中，从一个大西洋沿岸国家变成了一个横跨北美大陆、抵达太平洋的两洋国家。

19世纪上半期，美国舰队、传教士、商人和探险家就出现在浩瀚的太平洋，调查勘探太平洋岛屿，建立供蒸汽舰船用的加煤站。1853年美国佩里舰队强行叩开日本大门。南北战争结束后美国经济和科技实力大发展，加快向太平洋扩张。1867年从沙俄手中购买阿拉斯加领土，美国在东太平洋的地位得到加强。美国在政治和经济上渗透夏威夷群岛、占领中途岛等战略要地，对太平洋中部的控制加强。日本明治维新后向太平洋扩张，战舰出现在夏威夷，对夏威夷的影响扩大。如果日本控制夏威夷，将把美国的影响压缩到东太平洋。1898年美西战争进一步凸显了夏威夷作为美海军基地的重要性，美国遂强吞夏威夷。美国势力也深入南太平洋，与英、德瓜分萨摩亚，在南太平洋取得立足之地。美西战争后，美国割占了西班牙殖民地关岛和菲律宾，势力抵近到西太平洋沿岸。西奥多·罗斯福总统还派遣"大白舰队"环游世界，树立海上强国形象。

美国羽翼未丰之时，就发出垄断美洲事务的宣言。大多数拉美殖民地独立之初根基不牢，面临不甘放弃殖民统治的欧洲国家的干涉危险。美国承诺对拉美新独立国家提供单方面的安全保障，排挤和削弱欧洲国家的影

---

① Nils Orvik, *The Decline of Neutrality 1914–1941*, Oslo: Johan Grundt Tanum Forlag, 1953, p. 29.

响。1823 年 12 月门罗总统发表国情咨文，提出"美洲是美洲人的美洲"，主张：美国不干涉欧洲事务，欧洲国家也不干涉美洲国家的独立，不在美洲建立新殖民地，不将欧洲大陆的政治制度移植到美洲。门罗主义带有意识形态色彩，美国将欧洲的君主制政体与美洲的共和制政体相对立，反对欧洲国家将其政治制度移植到美洲。英国无视美国构建地区势力范围的企图，从阿根廷夺取马尔维纳斯群岛（英国称"福克兰群岛"）、从危地马拉夺取伯利兹、默许法国军事干涉墨西哥。对英国违反门罗主义的行动，美国无可奈何，但英国排斥西班牙恢复殖民统治，客观上帮助美国落实了门罗主义。

19 世纪末美国实力壮大，在西半球排挤英国势力和影响。美国干涉委内瑞拉和英属圭亚那的边界争端，迫使英国同意将领土争端交付仲裁。美国迫使英国放弃开凿巴拿马运河的权益，同意由美国单独开凿。随着英国实力的相对下降，美国干涉拉美事务更加肆无忌惮。美西战争后美国占领古巴，迫使古巴签订不平等条约，将古巴变为美国的保护国。1903 年 11 月，美国策动巴拿马从哥伦比亚独立，与巴拿马签订了永久享有运河区主权的条约，在巴拿马建立了"国中之国"。1904 年 12 月，西奥多·罗斯福总统声称引起"文明社会"纽带松动的错误行为或失能行为需要"文明国家"予以干涉，美国有权发挥"国际警察"作用，维持西半球秩序。这一"罗斯福推论"（Roosevelt Corollary）对门罗主义做了延伸，从排斥欧洲干涉转向由美国出面干涉拉美内政，将一些中美洲和加勒比国家变成美国的保护国。美国以"债务违约"、维护稳定为由干涉古巴、海地、多米尼加、尼加拉瓜、墨西哥、危地马拉、洪都拉斯等国，推行"刺刀下的民主"和"金元外交"，扩张经济和金融影响。1898—1932 年，美国对 10 个拉美国家的干涉达 34 次。[①] 富兰克林·罗斯福总统提出睦邻政策，美国对拉美的武装干涉才有所减少。

19 世纪末美国经济总量跃居世界首位，谋求扩大国际影响。1884—1885 年，美国参加了讨论非洲问题的柏林会议，1889 年主办泛美会议，在西半球发挥领导作用。1898 年美国对外"秀肌肉"，以武力抢夺势力范围，对衰落的西班牙发动战争。美国调停日俄战争，从局外中立转向斡旋大国

[①] 林被甸、董经胜：《拉丁美洲史》，人民出版社，2010 年版，第 250 页。

美国同盟体系：新时代的旧秩序

战争。美国支持日本遏制俄国，向日本提供战争借款。西奥多·罗斯福充满白人至上的种族主义偏见，但将战胜俄国的日本人称为"荣誉雅利安人"，① 主办日俄和谈，对远东秩序施加影响。此后美日利益冲突加剧，日本又成了带有贬义的"黄种人中的普鲁士"。② 第一次摩洛哥危机期间，美国打破"不干涉欧洲事务"的传统，推动召开阿尔赫西拉斯会议，介入欧洲列强之间的争端。第二次摩洛哥危机期间，美国站在英法一边反对德国，成为影响欧洲均势的重要砝码。

二、拆散英日同盟

拆散英日同盟是美国消除对手威胁、重塑地区秩序的成功案例，有必要略加展开。19世纪末美、日崛起，打破了欧洲大国对国际事务的垄断。美西战争、日俄战争后，美、日一跃成为亚太地区的新兴强国。日本与英国组成"强强联合"，成为影响美日竞争的一大因素。一战后美国与英法比肩，擘画战后秩序，携战胜国的国威，拆散英日同盟，消除了英国在未来的美日战争中支持日本的安全隐患。美国在远东和太平洋地区主导构建"华盛顿秩序"，积累了秩序构建经验。

英国数百年奉行"光荣孤立"，不与欧陆大国结盟，保持行动自由。随着实力下降，英国维护国际秩序力不从心。法俄结盟后，与俄国对抗的英国感到势孤，难以阻遏沙俄在远东、中亚和南亚的扩张。英国设想与中国结盟抗俄，中日甲午战争后放弃与中国结盟。③ 英国寻求与德国结盟制衡俄国的扩张，因德国不愿为英国火中取栗而未如愿。

中日甲午战争后俄、法、德三国出面干涉，迫使日本放弃割占辽东半岛。日本在"三国干涉还辽"事件中孤立无援，寻找结盟对象。日本企图与俄国达成瓜分中国和朝鲜的协定，交涉未果。日本寻求与军事强大的德

---

① ［美］詹姆斯·布拉德利著，刘建波译：《1905帝国巡游：美国塑造亚太格局的伏笔》，北京联合出版公司，2016年版，第176页。

② ［加拿大］玛格丽特·麦克米伦著，邓峰译：《缔造和平：1919巴黎和会及其开启的战后世界》，中信出版集团，2018年版，第468页。

③ G. Zay Wood, *China, The United States and the Anglo-Japanese Alliance*, New York: Fleming H. Revell Company, 1921, p.26；张忠绂：《英日同盟》，上海新月书店，1931年版，第5页、第16页。

国结盟,但德国在远东缺少政治和经济利益,不愿得罪俄国。日本寻求与美国结盟对抗沙俄,① 因美国奉行不结盟政策而落空。沙俄利用八国联军侵华之机占领中国东北,成为英日两国的共同威胁。英国没有参加"三国干涉还辽"事件,在八国联军侵华中与日本合作默契。② 1902年1月英日结盟,1905年和1911年两次续约。英日克服人种、民族、文化上的差异结盟,日本进一步"脱亚入欧",融入西方。

第一次英日同盟条约规定缔约国与敌人开战时,另一方严守中立。如果有两个或两个以上国家与缔约国交战时,另一缔约国予以援助,共同作战。英日结盟预防了欧洲国家联合干涉日本的军事行动,解除了日本发动日俄战争的后顾之忧。如果法国加入俄国一方作战,则英国承担保卫日本的义务。英日同盟条约表示要"维护极东的现状与和平",维护中朝两国的独立与领土完整,但日本发动日俄战争、侵略中国、控制朝鲜,改变了现状,借由英日同盟条约的续订对侵略予以承认。

1905年8月的第二次英日同盟条约做了较大修改。第一次条约提到中国和朝鲜,第二次条约内容广泛,提到东亚、印度和中国,没有提到朝鲜,表明英国默认日本对朝鲜的单独控制。条约表示要维护东亚和平,维护两国在华权益和门户开放政策。第一次英日同盟条约规定一方卷入战争,另一方严格中立。第二次英日同盟条约规定只要一方卷入战争,另一方立即援助盟友并共同作战。③ 英日同盟条约涉及中国,但两国缔约却从未知会中国,侵犯了中国主权。

日俄战争后日本向亚洲大陆和海洋两个方向扩张,美日矛盾取代英俄矛盾、俄日矛盾成为亚太地区的主要矛盾。美国对第一次英日同盟表示好感,认为有利于对华"门户开放"政策,④ 美国可以从列强瓜分中国中分得一杯羹。英日同盟续约后,美国担心英日同盟针对美国的潜在风险。

---

① G. Zay Wood, *China, The United States and the Anglo-Japanese Alliance*, New York: Fleming H. Revell Company, 1921, p. 29.

② G. Zay Wood, *China, The United States and the Anglo-Japanese Alliance*, New York: Fleming H. Revell Company, 1921, p. 43.

③ G. Zay Wood, *China, The United States and the Anglo-Japanese Alliance*, New York: Fleming H. Revell Company, 1921, pp. 54–55.

④ 张忠绂:《英日同盟》,上海新月书店,1931年版,第75页。

美国同盟体系：新时代的旧秩序

1905年7月美国战争部长塔夫脱访日，与日本首相桂太郎达成协定，美国承认日本在朝鲜半岛的特殊利益，日本承认美国在菲律宾的特殊利益，双方以牺牲朝、菲为代价达成妥协。在对华政策上，美日分歧凸显。日本企图独占中国，美国坚持门户开放、利益均沾。1908年11月，美国国务卿鲁特与日本驻美大使高平交换信件，美国承认日本对中国东北南部的控制，日本承认美国的门户开放原则。1909年美国提出东三省"铁路中立化"计划，铁路所有权归中国，管理权由国际委员会代管。日本在中国东北关闭门户，联合沙俄反对，"铁路中立化"计划失败。

1911年7月，英日第三次缔结同盟条约，条约有效期10年。辛亥革命以来，英日两国对华政策龃龉显现，日本企图分裂中国，干涉中国南北和谈。1912年7月，日俄达成秘密协定，维护各自在中国东北和内外蒙古的特殊利益。① 英国注重经济利益，与美国协调合作，英美对华共识增多。一战期间，日本利用欧洲列强忙于战争之机大肆扩张，夺取德国在中国和太平洋的权益，提出灭亡中国的"二十一条"，取得在华支配地位。英法俄与日本达成秘密协定，将德国在中国山东的权益和赤道以北的岛屿许诺给日本，换取日本参战。

1917年11月美国务卿蓝辛与日驻美大使石井菊次郎达成"蓝辛—石井协定"，美国承认日本在华享有"特殊利益"，日本保证尊重美国提出的门户开放、机会均等政策。美国以此协定换取日本加强与美国的战时合作，以便集中兵力在大西洋方面对德作战。②"蓝辛—石井协定"暂时缓和了美日矛盾。

一战结束后，俄国、德国对英、日两国的威胁不复存在，英日同盟延续失去理由。英国实力大减，对外战略收缩，更需要美国而不是日本维护其全球利益。日本的扩张威胁到英国在亚洲的殖民地和自治领安全，英国自治领加拿大和南非反对与美国为敌，反对续签英日同盟条约。澳大利亚和新西兰临近日本，赞成修订条约内容，延续英日同盟，以此约束日本。

---

① 张忠绂：《英日同盟》，上海新月书店，1931年版，第145页。
② 刘世龙：《美日关系（1791—2001）》，世界知识出版社，2003年版，第229页。

这些自治领均表示，如果英日同盟延续，则不适用于未来的日美战争情形。①

美国反对英日同盟延续，认为英日同盟有鼓励日本侵略中国的效力，②日本抢占了德属马绍尔群岛、加罗林群岛、马里亚纳群岛及众多的太平洋岛屿，威胁美属菲律宾、关岛、夏威夷的安全。一旦美日发生战争，美国面临与英国开战的危险。1921 年 12 月，美国主办华盛顿会议，解决一战结束后的远东遗留问题。英、日提出以英美日三国同盟代替英日同盟，美国则提出邀请法国加入，与英日两国抗衡。③ 美、英、法、日签订了维持太平洋地区现状的《四国条约》，条约不包含军事互助内容，条约生效之日，英日同盟即告终止，《四国条约》体面地埋葬了英日同盟。

美国拆散了英日同盟，但拆散不了日本的谋霸梦。日本扩大侵华战争并发动太平洋战争，谋求建立"大东亚共荣圈"，④ 推行"东亚版门罗主义"，在亚洲排挤美国势力。直到日本战败投降，持续半世纪的美日竞争才以美国胜利而结束。

三、向结盟过渡

参加一战增加了美国实力和对战后秩序的发言权。两次世界大战期间，美国实力进一步增长，仍寻求避战自保。二战爆发后，美国放弃中立，主导构建战后秩序，"英国治下的和平"被"美国治下的和平"取代。

1914 年 7 月一战爆发，8 月美国宣布中立。协约国和同盟国两大集团都侵犯中立国的贸易、通信、捕鱼、航行、财产、生命等权益，欧洲弱小的中立国损失惨重。美国远离战场，利用中立国地位同交战方做生意，发战争财。由于欧洲大陆受到封锁，很难有货物能够运抵德国。英国及其盟

---

① 张忠绂：《英日同盟》，上海新月书店，1931 年版，第 159 页；G. Zay Wood, *China, The United States and the Anglo - Japanese Alliance*, New York: Fleming H. Revell Company, 1921, pp. 13 - 14。

② 张忠绂：《英日同盟》，上海新月书店，1931 年版，第 214 页。

③ 颜声毅等编著：《现代国际关系史》，知识出版社，1984 年版，第 70 页。

④ 1940 年 8 月 1 日，近卫麿内阁发布"基本国策纲要"，提出建设"大东亚新秩序"，外相松冈洋右进一步提出"大东亚共荣圈"的表述。日本政府鼓吹弘扬所谓"皇道"精神，宣传要将亚洲从西方殖民者的控制中"解放"出来，建立一个日本主导下的区域秩序。

美国同盟体系：新时代的旧秩序

友却能够从美国得到所需要的一切，特别是武器和军火。① 美国对交战国没有一视同仁，对英国侵犯中立国权益的行为反应温和，对德国侵犯交战国权益则反应强烈。在交战双方精疲力竭时，最大的中立国美国加入协约国一边，极大加强了协约国的军事力量，带动拉美和欧洲的中立国加入协约国集团，对战争胜负产生决定性影响。

1917年4月美国对德宣战，直接理由是德国发动无限制潜艇战，深层次理由则涉及战后国际秩序安排、意识形态、经济因素等方面。美国崛起得益于英国主导的国际秩序，如果英国战败，美国在德国主导的国际秩序中处于什么地位不得而知。美国认同英国的价值理念，认为英国若战败将对美国不利。美国总统威尔逊、总统顾问豪斯上校、国务卿蓝辛等政要认为，德国威胁世界和平与文明，只要德国军国主义尚存，世界就难保和平，只有民主的政府才能实施和平的对外政策。② 协约国是为正义而战，德国站在错误的一边，击败德国就是拯救文明。德国专制政府是战争的根源，是"对和平与自由的威胁""自由的天然敌人"。一战是"民主和专制"两种制度之间的战争。如果德国胜利，美国几代人将处于暴政统治之下。③ 在拯救人类文明面前，美国有必要牺牲中立、为正义的事业而战，进行一场"终结一切战争的战争"，建立"民主国家享有安全的世界"。从经济上看，美国不再是拿破仑战争时期弱小的农业国，对外经济联系深入全世界各角落，成为许多国家的第一大贸易伙伴，需要维护有利于自由贸易的国际秩序。

美国为赢得一战胜利付出巨大代价，战后国内不乏对美国卷入欧战的质疑和批评，远离欧洲战祸的孤立主义思潮重占上风。美国从战时结盟退回到不结盟政策，不愿和平时期对欧亚国家承担安全保护义务，也不愿行动自由受到约束。《国联盟约》第10条规定，每个成员国有义务保卫遭受

---

① ［美］孔华润主编，张振江等译：《剑桥美国对外关系史（下）》，新华出版社，2004年版，第22页。

② ［美］孔华润主编，张振江等译：《剑桥美国对外关系史（下）》，新华出版社，2004年版，第37页。

③ Nils Orvik, *The Decline of Neutrality 1914 – 1941*, Oslo: Johan Grundt Tanum Forlag, 1953, pp. 77 – 82, p. 84；王立新：《踌躇的霸权：美国崛起后的身份困惑与秩序追求（1913—1945）》，中国社会科学出版社，2015年版，第35页。

外部侵略的其他成员国。美国国会担心美国被迫承担参战的法律义务，卷入不想要的战争来维护英国和法国的利益，否决加入国际联盟，推卸了维护凡尔赛秩序的责任。对于取代英日同盟的《四国条约》，美国参议院增加了本条约不包含结盟和共同防御义务的修正案才予以批准。

一战期间欧洲大国举债作战，美国成为债权国，对世界经济的影响超过英国，世界金融中心由伦敦向纽约转移。在解决德国赔款问题上，美国发挥了关键作用。1929年世界经济危机爆发，各种形式的贸易保护主义抬头。英国通过帝国特惠制，在英国与其自治领、殖民地之间实行关税优惠待遇。美国和加拿大签署贸易协定，反制英国的贸易保护主义，二战时期进一步削弱了英国的经济霸权。

一战后美国取得与第一海上强国英国平起平坐的地位，终结了英国的海上霸主地位。1922年2月，美、英、日、法、意签订《限制海军军备条约》，规定五国主力舰吨位比例，美国与英国比例相同，英国无力与美国开展军备竞赛，将在太平洋的海上优势地位拱手让予美国。

过去的中立法规定，美国有权与交战双方贸易，美国商船有权武装自卫。20世纪30年代美国通过一系列中立法案，新的中立法放弃捍卫中立权利、放弃维护海洋自由，转向以自我孤立寻求安全，限制美国与交战国的商业和金融活动，要求美国的商船和公民与交战国脱离接触。美国前国务卿史汀生认为，中立不是不偏不倚，中立是远离战争。[①] 美国对日本侵华、意大利侵略阿比西尼亚、德国肢解捷克斯洛伐克保持中立，纵容了侵略者。

1935年8月通过的中立法禁止美国向交战国出售和运输武器，但未禁止战略原料贸易。意大利入侵阿比西尼亚后仍可以从美国购买战略物资。此后中立法多次修订，堵塞漏洞，收紧了武器禁运，禁止向交战国贷款。1937年5月修订的中立法对处于内战中的国家实行武器禁运，由于德国不受中立法的限制，代西班牙法西斯从美国购买军火，中立法帮助西班牙法西斯势力镇压革命。1937年10月，罗斯福总统在芝加哥发表著名的"隔离演说"，呼吁爱好和平的国家联合起来反对侵略者。美国政府认识到，

---

① Nils Orvik, *The Decline of Neutrality 1914 – 1941*, Oslo: Johan Grundt Tanum Forlag, 1953, p. 171.

中立法没有区分侵略者和受害者，保持中立是助纣为虐，解除了伙伴的武装，却没有解除敌人的武装。

二战爆发后，罗斯福政府游说国会修改中立法。1939年11月修订的中立法取消了武器禁运，允许交战国"现金购买、自行运输"，助力英、法抗击德国法西斯。1940年5月，德国攻陷法国，接着对英国发动空战，英国面临存亡威胁。美国加大对英国援助力度，与英国结成战时同盟。英国飞行员在美国接受训练、英国战舰在美国船厂维修，美国的飞机和坦克开往加拿大，再运送到英国。在德国征服欧洲、进军北非，英国弹尽粮绝、财政破产之际，美国无法独善其身。罗斯福发表"炉边谈话"，宣称美国要成为"民主国家的兵工厂"。1941年3月，美国通过《租借法案》（Lend-Lease Act），放弃了中立政策。美国对英国及反法西斯盟友提供军事援助，相当于对轴心国的非正式宣战。[1] 1941年6月苏德战争爆发，英美积极援助苏联，美国对苏联提供军事装备和战略物资，将苏联纳入《租借法案》受援国。1941年12月日本偷袭珍珠港，美国全面参战。

四、主导战时同盟

二战时期英法受到重创，美国掌握了战时同盟的主导权。美国史无前例地与世界各国开展军事合作，与欧洲流亡政府、拉美、亚太国家建立战时同盟，在全球战略要地获得了军事基地和设施。

二战初期美国宣布中立，但明显倾向英国。美国希望民主国家赢得战争，认为这是和平的最好保证。英国和美国同文同种，是美国在大西洋上的第一道防线，援助英国对保卫美国及西半球安全至关重要。英伦诸岛控制了大西洋的北部入口，英国控制地中海的门户直布罗陀，英国自治领南非控制着印度洋到大西洋的南部入口，马尔维纳斯群岛（英国称"福克兰群岛"）控制着太平洋到南大西洋的入口，保护这些战略要地需要美国支持英国，否则将使得敌国对西半球形成威胁。如果英国战败，美国将不得不依靠自己来防御西半球安全。美英并肩战斗，建立了"特殊关系"。在战后国际秩序安排上，双方本能地寻求合作，战时同盟延续到战后。

---

[1] Nils Orvik, *The Decline of Neutrality 1914-1941*, Oslo: Johan Grundt Tanum Forlag, 1953, p. 208.

第三章　美国同盟体系的构建

二战时期欧洲中立国除瑞典外,几乎都未能明哲保身,挪威、丹麦、比利时、荷兰、卢森堡被德国占领。中立地位受到侵犯的中小国家,加入了反法西斯战时同盟。二战结束后欧洲成为美苏争夺的主战场,西欧中小国家放弃中立幻想,转向以结盟求安全。葡萄牙二战后期允许美国使用亚速尔群岛的海空军事基地,倒向美国一边。美欧历史文化亲近,政治、经济和人文联系密切,共同反对法西斯的经历巩固了双方的军事联系。美欧双方在战时形成亲密的盟友关系,使西欧各国在政治、经济、军事上都牢牢地与美国绑在一起。①

美国与拉美国家共同构筑西半球防御,扩大了对拉美的影响。拉美与欧洲的经济联系几乎中断,拉美经济被纳入美国的战时经济,来自欧洲的武器供应也被美国武器取代。美国以防范德国的颠覆活动为由,与拉美国家缔结双边军事协定,建立军事基地,将拉美纳入美国的战略轨道。珍珠港事件后,美国对轴心国宣战,推动仍保持中立的拉美国家宣战。绝大多数拉美国家放弃战时中立,追随美国宣战,与轴心国断交。

由于英国自顾不暇,美国取代英国成为加拿大、澳大利亚和新西兰的保护者。1940年8月,美国和加拿大签订《奥格登斯堡防御协定》,建立常设联合防御理事会,美加安全和经济相互依赖加深。太平洋战争时期,美国将军麦克阿瑟担任盟军西南太平洋战区最高司令,统一指挥澳大利亚、新西兰军队,澳、新军队参与珊瑚海、中途岛海战,共同收复西南太平洋诸岛,为缔结澳新美同盟奠定了基础。

二战沉重打击了美国的孤立主义,动摇了不结盟的思想根基。美国专栏作家李普曼认为,美国崛起的原因不是由于奉行孤立主义,而是得益于英国海军的庇护和"不列颠治下的和平"。离开英国的保护,门罗主义、航海自由都是臆想。二战后美国需要加入"大西洋共同体",维持欧洲均势,防止任何敌视美国的国家控制西欧。② 美国认识到必须"以实力求和平",单靠和平愿望无法维护真正的和平。面对希特勒德国的崛起,一个和平时期的威慑联合对于和平与秩序必不可少,但当时的英法没有组建这

---

① 许海云:《锻造冷战联盟——美国"大西洋联盟政策"研究(1945—1955)》,中国人民大学出版社,2007年版,第38页。

② Walter Lippmann, *U. S. Foreign Policy: Shield of the Republic*, Boston: Little, Brown and Company, 1943.

样一个联合。① 为了防止第三次世界大战，和平时期美国就要联合爱好和平的国家，建立威慑侵略的军事联合。正如美国总统杜鲁门在《北大西洋公约》签字仪式上说，"如果北约在1914年和1939年就存在，而且得到与会国家的支持，就能制止导致两次世界大战的侵略行为"。②

五、维护战后秩序与应对美苏竞争

美国是二战的最大赢家，面临维护战后国际秩序、应对美苏竞争的挑战。经历一战和二战，欧洲大国纷纷倒下，英国元气大伤，法国被德国占领和掠夺，两国都依赖美国的救济，再也无力构建国际秩序。美国无法像过去那样"搭便车"，需要承担构建和维护国际秩序的责任，否则美国也无法享受和平与繁荣。美国骤然发现有广泛的海外利益需要保护，势力范围遍布全球，③ 世界各地发生的事情都涉及美国利益，世界和平与美国的安全息息相关，美国无法独善其身，做一个"孤独的超级大国"。

在构建国际秩序方面，美国积累了经验。威尔逊总统提出"十四点计划"，企图指引一战后的国际秩序构建，美国与英、法共同主导巴黎和会。美国主办华盛顿会议，这是美国首次就美洲以外的事务主办大型国际会议。美国在亚太地区构建"华盛顿秩序"，展现了主导国际秩序的能力。两次世界大战期间，美国虽然没有加入国际联盟，但对外政策继承了威尔逊的主张，实行"有限的国际主义"政策，推动缔结《非战公约》、主导解决德国赔款问题。

美国本土远离二战战场，没有遭受战争摧残，实力跃升，有能力构建战后国际秩序。美国战时就着手安排战后国际秩序。1941年8月，美、英联合发表《大西洋宪章》，提出了摧毁纳粹暴政、重建世界和平的目标，反对法西斯侵略所造成的领土变更，倡导民族自决、贸易自由、航行自由等理念。反法西斯同盟发表一系列文件，试图跨越不同社会制度和意识形

---

① Robert E. Osgood, *Alliances and American Foreign Policy*, Baltimore: The Johns Hopkins Press, 1968, p. 30.
② 许海云：《锻造冷战联盟——美国"大西洋联盟政策"研究（1945—1955）》，中国人民大学出版社，2007年版，第304页。
③ Graham Allison, "The New Spheres of Influence: Sharing the Globe with Other Great Powers," *Foreign Affairs*, March/April, 2020, p. 1.

第三章 美国同盟体系的构建

态差异,建立最广泛的反法西斯统一战线。1942年1月,中、美、英、苏等26国签署《联合国家宣言》,重申《大西洋宪章》的原则,保证不与敌人单独媾和,欢迎其他国家加入宣言。1943年12月,中美英苏四国发表宣言,表示要建立一个普遍性的国际组织。1944年8—9月,美英苏三国、中美英三国先后举行敦巴顿橡树园会议,讨论联合国和战后秩序问题。雅尔塔会议发表《关于被解放的欧洲宣言》,决定在旧金山举行联合国会议,并就大国否决权达成共识。1945年6月参加联合国成立大会的各国代表签署《联合国宪章》。联合国在纽约设立总部,标志普遍性国际组织的主导权从欧洲转移到美国。

二战后美国一度倚重以联合国为中心、以美苏战时合作为基础的国际"大"秩序,但是美苏竞争打乱了美国倚重国际"大"秩序的设想,转而另建"小圈子"秩序。美国构建同盟体系,建立以西方国家为主、宣扬美国理念的"自由主义国际秩序"。

联合国成立初期,苏联频繁使用否决权(不到4年的时间行使了30次否决权),[1] 联合国机制瘫痪。1945—1946年,苏联加紧控制东欧,在伊朗、中国东北夺取势力范围,对土耳其提出领土要求。苏联势力席卷东欧,大军抵近西欧。美国担心欧洲和亚洲将处于苏联共产主义统治下,这将导致美国生活方式面临灭绝。1946年3月,丘吉尔发表"铁幕演说",提出美英联合抵制苏联的扩张。美国外交官乔治·凯南发表长文,提出"遏制"苏联扩张的大战略,主张美国放弃孤立主义,介入欧洲安全事务。美国要求苏联从伊朗北部撤军,反对苏联对土耳其提出的共管黑海海峡、租借军事基地、领土声索等要求,管控与苏联集团的贸易。1947年3月,杜鲁门总统对国会参众两院会议发表演讲,表示要接过英国的防御职责,支援受到共产主义威胁的土耳其和希腊。1947年6月5日,美国国务卿马歇尔提出帮助西欧经济复苏的计划。1948年6月11日,美国参院通过"范登堡决议",支持美国参加地区组织和其他集体安排,履行《联合国宪章》赋予的集体自卫权。决议强调集体防御协定必须以持续且有效的"自助"和"互助"为前提,必须与美国的安全息息相关。一旦美国确立结盟

---

[1] Lawrence S. Kaplan, *NATO and the UN: A Peculiar Relationship*, Columbia, Missouri: University of Missouri Press, 2010, p. 19.

政策，缔结条约同盟便顺理成章。

1950年6月25日朝鲜战争爆发，美国决定向"自由世界"更多国家提供安全保护。此前，美国签订了《里约条约》和《北大西洋公约》，"不确定是否要将承诺延伸到西半球和北大西洋地区之外，对如何保卫西欧举棋不定，朝鲜战争结束了这些不确定性"。[①] 朝鲜战争推动美国在远东和中东构建防御带，在中东组建巴格达条约组织。

第二节 地区同盟组成的全球同盟体系

美国同盟体系由地区同盟组成，这些地区同盟的建立是美国势力深入拉美、欧洲、亚太、中东地区和主导地区秩序的过程。从成员构成看，美国同盟体系比德、法同盟体系具有全球性。从数量看，美国盟友的数量大大超过苏联。从实力看，美国是当之无愧的盟主，享有对盟友的实力优势，引导同盟的军事和政治方向，对同盟体系具有全局性的影响。盟友对美国只有局部的影响，许多国家的盟友只有美国一个。美国同盟体系为"轴辐"模式，以美国为轴心，各个同盟像辐条，受美国战略调整的牵引而动。美国在亚太和中东地区的同盟由一系列的双边和多边同盟构成，形成了地区同盟体系。亚太同盟体系和中东同盟体系自成一体，影响各自地区的秩序变革。美国没有缔结过一个全球范围的同盟条约，而是通过地区结盟主导地区秩序，进而主导全球秩序。美国的地区同盟情况各不相同，同盟关系有时紧密，有时松散，呈现阶段性差异。同盟合作有的深入，有的"有名无实"，缺乏实质内容。有的同盟骤然瓦解，迫使美调整地区战略布局。

一、里约：美国主导西半球防御

美国与拉美国家签订《里约条约》，维护"后院"安全，将美洲地区纳入美国设计的"战后国际新秩序"。[②] 美洲国家在独立初期，便萌发了建

---

① Robert E. Osgood, *Alliances and American Foreign Policy*, Baltimore: The Johns Hopkins Press, 1968, pp. 46–47.

② 许海云：《北大西洋公约组织》，社会科学文献出版社，2021年版，第27页。

第三章 美国同盟体系的构建

立西半球联合防御的构想。在拉美独立运动著名领袖西蒙·玻利瓦尔的倡导下，摆脱殖民统治的美洲国家 1826 年在巴拿马城举行了首次美洲国家大会，讨论建立一个西半球防御同盟，保卫新生的美洲共和国，抵御欧洲殖民主义干涉。

崛起的美国以美洲为战略依托，推动泛美合作。1889 年 10 月—1890 年 4 月，美国在华盛顿召集第一次美洲国家国际会议，17 个拉美国家与会，成立了美洲共和国国际联盟，常设机构为美洲共和国商务局。美国从构建机制入手重塑地区秩序，扩大对拉美的政治和经济影响。1901—1902 年美国主办第二次美洲国家会议，将美洲共和国商务局改组为美洲共和国国际局。美国从排挤欧洲势力出发，反对英国的自治领——加拿大加入。1910 年美洲共和国国际局改名为泛美联盟，总部设在华盛顿。

美国与拉美国家在防止域外势力武装干涉、维护西半球安全上拥有共同利益。美国参加一战后，鼓动大多数拉美国家对德宣战或断交。二战爆发后，美洲国家宣布中立，开展联合巡逻，美国借机扩大在拉美的军事活动。美国宣布反对欧洲国家转让在美洲的殖民地，以阻止德国取得被占领欧洲国家的殖民地。1942 年 1 月美洲防务理事会（IADB）建立，成为二战期间美洲国家加强防御的多边军事合作平台。美国与巴西签署军事协定，在巴西东北部建立了空军基地，向北非战场运送补给，防范德军战机袭击美洲；培训拉美军官，借机削弱拉美军队与欧洲的传统联系；帮助拉美国家增强内部安全，防范"第五纵队"的颠覆活动。美国扩大与拉美的经济联系，提供贷款和技术援助，控制战略资源。二战末期，拉美国家派遣远征军与美军一起战斗，由美国装备的巴西远征军赴意大利作战，墨西哥空军参与美军收复菲律宾。

美洲国家的联合防御延续到战后。1945 年 2—3 月，美洲国家在墨西哥城举行会议，通过了《查普泰皮克议定书》，提出对一个美洲国家的攻击，应被视为对所有美洲国家的攻击。一旦发生攻击行为，将采取使用武力在内的必要措施。杜鲁门总统提出建立"美洲国家防御体系"，由美国统一指挥西半球各国军队。1947 年 9 月 2 日，美国与 20 个拉美国家在巴西里约热内卢签订互助条约，条约规定"对一个美洲国家的武装攻击即是对所有美洲国家的攻击"，确立了"一国为全体、全体为一国"的集体防御原则，这一"安全不可分割"原则为《北大西洋公约》所效仿。《里约条约》是美国缔结的第一个集体防御条约，将门罗主义法律化和多边化。

二、北约：美国对欧洲作出安全承诺

里约的缔结早于北约，但美国同盟政策转变的最大标志是北大西洋公约组织。① 美国在《里约条约》中承担的义务未超出门罗主义，北约则超出美国传统的安全承诺范围。

一战期间，美国国内就出现了构建"大西洋共同体"的主张，但并未发展到美国要对欧洲提供安全承诺的程度。李普曼撰文指出，"在大西洋两岸已经形成把西方世界联结在一起的深度利益之网，英国、法国、意大利，甚至西班牙、比利时、荷兰、斯堪的纳维亚国家和整个美洲就其最深刻的需要和最深远的目标而言，大体上都属于同一个共同体"，即"大西洋共同体"，而美国是这一共同体的一部分。德国已经威胁了这一共同体赖以生存的大西洋海上通道，美国不能继续"袖手旁观"，而应该为这一共同体的安全而战。② 美国国务卿蓝辛赞成建立"大西洋民主联盟"（Atlantic Union of Democracies），这是北约的先驱。③ 北大西洋沿岸的国家初步形成了北大西洋国家共同体的概念，但美国在一战结束后拒绝参与大西洋共同体的建设。④

两次世界大战的教训使美国认识到，美国与欧洲的安全不可分割。如果西欧的上亿人口和巨大物质资源处于苏联支配之下，将危害美国利益。杜鲁门总统不允许敌视美国的大国支配欧洲，⑤ 承诺保障欧洲安全，但是欧洲国家要求美国作出法律承诺。美国被批参加两次世界大战太晚，参加一战时，大战持续近3年，盟友精疲力竭，遭受惨重损失；参加二战时，

---

① Robert E. Osgood, *Alliances and American Foreign Policy*, Baltimore, The Johns Hopkins Press, 1968, p. 41.

② 王立新："美国国家身份的重塑与'西方'的形成"，《世界历史》，2019年第1期，第16页。

③ Michael Kimmage, *The Abandonment of the West: The History of an Idea in American Foreign Policy*, New York: Basic Books, 2020, p. 66.

④ [美] 詹姆斯·斯塔夫里迪斯著，蒋宗强译：《海权：海洋帝国与今日世界》，中信出版集团，2019年版，第73页。

⑤ *The North Atlantic Treaty Organization: Facts and Figures*, NATO Information Service, 1989, p. 7.

第三章　美国同盟体系的构建

大战持续两年多，轴心国势力肆虐，欧洲生灵涂炭，满目疮痍，经历两次世界大战的英国和法国都竭力希望美军留驻欧洲。

英国吸取一战后未与法国结盟的教训，1947年3月，英法签订针对德国侵略、为期50年的《敦刻尔克同盟条约》。英国率先提出跨大西洋联盟设想，呼吁美国对西欧提供安全保护。法国希望美国留在欧洲，避免重蹈一战后美国撤出欧洲的错误。美国不愿无条件地背负保卫欧洲安全的重担，提出只有欧洲联合起来，才向欧洲提供军事支持。[①] 1948年3月17日，英、法、比利时、荷兰、卢森堡五国签订《布鲁塞尔条约》，朝美国所期望的西欧联合防御迈出了关键一步。《布鲁塞尔条约》前言表示要维护和巩固民主原则、个人自由和政治自由、宪法传统和法治等"共同遗产"，这些理念宣示成为《北大西洋公约》的参照样本。《布鲁塞尔条约》成员国建立"西方联盟"（WU）组织，在法国枫丹白露建立司令部，任命总司令和陆海空司令，展现了西欧国家集体自卫的决心。《布鲁塞尔条约》成员国仍无力防御苏联进攻，签订条约的目的是用"小虾钓大鱼"，把美国拉进来。

西欧联合防御的进展为杜鲁门政府说服国会和公众提供了有力证据，欧洲形势的发展推动美国政策加速调整。1948年2月，捷克发生"二月事件"，资产阶级政府辞职，共产党人执掌政权。苏联向挪威探寻其外交取向，提议两国签订互不侵犯条约，引起挪威不安。二战后美英法苏四国分割占领德国，德国首都柏林也被一分为二，东柏林由苏联占领，西柏林由美、英、法占领。1948年6月，苏军切断进出西柏林的通道，第一次柏林危机爆发。柏林危机成为美欧结盟的催化剂。《布鲁塞尔条约》成员国担心苏联的领土扩张，游说美国建立跨大西洋联盟。美国有意扶植德国重新武装对抗苏联，但西欧各国对德国心存疑惧，美国需要安抚西欧。马歇尔计划通过后，美国认识到经济援助不足以提振欧洲的信心，对欧洲还需要提供安全保护。

在《北大西洋公约》谈判过程中，围绕成员国资格、集体防御条款等问题，在是否包括意大利、西班牙、葡萄牙及北欧国家，是否将殖民地纳

[①] NATO Public Diplomacy Division, *NATO Encyclopedia 2019*, December, 2019, p. 243.

美国同盟体系：新时代的旧秩序

入集体防御范围上，美欧讨价还价激烈。1949年4月4日，美国、加拿大、英国、法国、比利时、荷兰、卢森堡、葡萄牙、意大利、丹麦、挪威、冰岛12国在美国首都华盛顿缔约，这是美国首次在和平时期承担保护欧洲安全的义务。如果欧洲发生战争，美国将第一时间介入，欧洲终于钓到了美国这条"大鱼"。从美国方面看，美国下定决心保护西欧更多是出于对苏冷战的需要，以"小圈子"合作应对美苏竞争。

《北大西洋公约》为二战后的同盟条约提供了一个模版，1950年6月，阿拉伯联盟主要成员仿照北约签署了中东第一个集体安全公约，[①] 东南亚条约组织（SEATO）、中央条约组织、华沙条约组织的法律条文都参照了《北大西洋公约》。

三、亚太同盟：美国构筑岛链防御

继里约和北约后，美国编织了亚太同盟体系。美国在太平洋构筑了三层岛链防御，第一岛链从阿留申群岛、日本本土、冲绳、中国台湾地区延伸到菲律宾群岛，防御前沿抵近到东亚大陆海岸线。第二岛链以关岛为中心向南北延伸。第三岛链以夏威夷为中心。亚太同盟沿着第一岛链分布，体现了美国的岛链防御战略。美国分两批次缔结了亚太同盟，第一批是朝鲜战争爆发后，美国与菲律宾、澳大利亚、新西兰、日本签订同盟条约。第二批是朝鲜停战协定签署、法国在印度支那溃败后，美国谋建反共反华包围圈，与韩国、中国台湾地区缔约，建立东南亚条约组织。与北约一样，美国缔结亚太同盟，维护对美国有利的地区秩序。缔结北约和亚太盟约后，美国承担了两洋防御义务，安全防线推进到欧亚大陆边缘地带。美国构建的亚太同盟体系以双边同盟为主，包括美日、美韩、美菲、美泰、美台同盟以及美澳新三边同盟、东南亚条约组织。

美日同盟是战胜国与战败国的同盟。美国将日本视为必须要控制的势力范围，对日政策从推进民主化改革转为将日本打造为反共堡垒。1949年10月中华人民共和国成立改变了东亚均势，美国扶植日本制衡中国。此后，日本的战略地位获得进一步提升。美国意识到如果没有日本这个后勤

---

① Douglas M. Gibler, *International Military Alliances, 1648－2008*, Vol. 2, Washington, D. C.：CQ Press, 2009, p. 387.

基地，联合国军甚至无法维持在朝鲜半岛的作战。① 对美国来说，日本是重要的工业基地，② 经济和军事潜力大，控制日本将增加西方阵营力量。对日本来说，由于被解除了武装，除依赖美国的安全保护，日本别无选择。1951年9月8日对日和平条约《旧金山和约》签订当天，美日缔结安保条约。日本与美国缔约，换取结束被占领状态，重获主权。条约允许美军干涉日本内政，有损日本主权，且没有美国保卫日本安全的条款，因此日本提出修改条约。1960年1月19日，日本首相岸信介与美国国务卿赫脱签订新的安保条约，删除了干涉内政条款，规定美国有义务保卫日本，使用驻日美军基地需征得日本同意，这些条款增加了条约的平等性。

战争催生了美韩同盟。1948年8月，美军在占领的朝鲜半岛南半部扶植建立韩国。美军撤走后，留下为数不多的军事顾问帮助韩国建军。1950年1月12日，美国国务卿艾奇逊在国家记者俱乐部演讲，没有提韩国，被解读为韩国不受美国的安全保护。1950年1月26日，美韩签署共同防御援助协定，未涉及美国提供安全保护的问题。战争爆发后，美国出兵拯救了韩国，但是万一朝鲜再次进攻，韩国是否还能指望美国救兵？韩国李承晚政府认为，与美国签署具有法律约束力的同盟条约才是答案。李承晚政府将朝鲜停战协定与美韩签订共同防御条约挂钩，发起大规模的反停战运动，私自释放大量战俘，威胁单独推进"北进统一"。为迫使顽固不化的李承晚政府支持停战协定，尽早结束战争，艾森豪威尔政府答应签订共同防御条约，美国会两党议员做了批准条约的承诺。1953年10月1日，美韩在华盛顿签订《美韩共同防御条约》，将美韩战时同盟以书面形式予以延续。从条约的缔结过程看，韩国一心谋求与美国缔约，美国则极不情愿做出正式的安全保障。

美菲同盟是美国与前殖民地的同盟。菲律宾被西班牙殖民300多年，未能利用美西战争实现独立，沦为美国的殖民地。美国镇压菲律宾独立运动，对菲律宾的控制逐渐从台前转到幕后。二战期间日本占领菲律宾，战

---

① ［日］五百旗头真主编，吴万虹译：《新版战后日本外交史（1945—2005）》，世界知识出版社，2007年版，第52页。

② 提出遏制战略的乔治·凯南认为，世界有五个关键的"工业—军事中心"：美国、英国、德国、日本和苏联，西方控制四个，美国不能允许欧洲或亚洲的工业中心落入共产主义手中。

美国同盟体系：新时代的旧秩序

后美军重返。美国允许菲律宾独立，但保留了一系列特权。1949 年初，菲律宾提出缔结《太平洋公约》、按照北约模式建立太平洋联盟（Pacific Union）的设想。① 澳大利亚也提议签署《太平洋公约》，成员包括美、英、澳、菲、新西兰、加拿大，澳反对法国、荷兰两个殖民国家和日本加入。美国对签署《太平洋公约》反应消极，不愿承担安全保护义务。1950 年 6 月朝鲜半岛爆发战争后，美国调整政策，起草《太平洋公约》草案，核心是将日本纳入太平洋集体防御体系，建立亚太多边同盟。澳大利亚、新西兰、菲律宾对日本侵略记忆犹新，更担心日本军国主义复活，都反对拟议的同盟接纳日本参加。英国对《太平洋公约》没有包括印度支那国家表达关切，反对签署美、澳、新、菲四边条约，认为仅选择菲律宾而排除其他国家，将对东南亚其他国家产生极坏的影响。② 英国不愿对菲律宾提供安全保障，美国与澳、新、菲、英组建多边同盟的设想受阻，确定了与澳、新缔结三边条约，与菲、日分别缔结双边条约的方案。1951 年 8 月 30 日，美菲缔结同盟条约。

澳大利亚和新西兰主动寻求与美国结盟。澳大利亚从 20 世纪初就寻求美国的安全保护。日本赢得日俄战争的胜利震惊了澳大利亚，澳大利亚担心日本南侵，产生寻求美国保护的想法。1937 年日本发动全面侵华战争，地区紧张局势升级，澳大利亚提出缔结《太平洋公约》，寻求美国保护。二战期间，英军在日本攻势下节节败退，大英帝国神话破灭。珍珠港事件爆发后，澳对日宣战。日军轰炸达尔文港，澳国土首次遭到外敌空袭。日本对新几内亚、新不列颠和所罗门群岛的占领，危及澳大利亚和新西兰的国土安全和海上生命线。

二战结束后英国更多专注于欧洲、中东事务，澳大利亚推动与美国签订正式的条约。美国将苏联视为主要威胁，对西南太平洋地区缺乏关注，澳大利亚和新西兰将日本视为主要威胁，美国与澳、新缺乏共同威胁，缔约不具有紧迫性。美国国务卿艾奇逊表示，如果澳、新遭进攻，即使没有

---

① 王秋怡：《美菲联盟缔结研究》，世界知识出版社，2020 年版，第 104—106 页。

② 谷雪梅：《冷战时期美澳同盟的形成与发展（1945—1973）》，中国社会科学出版社，2013 年版，第 63 页。

缔约，美国也保证作出反应。① 澳、新以对日媾和为筹码，将与美国缔约作为接受对日和约的前提条件，遭到美国拒绝。② 美国国务卿艾奇逊在国家记者俱乐部的演说不仅将韩国排除在外，也未提到澳大利亚和新西兰。1950年6月爆发的战争为澳、新与美国缔约带来转机。澳大利亚和新西兰派兵参战，获得美国缔结同盟条约的奖赏。美国加快对日本单独媾和步伐，也需要澳、新支持。③ 美国与澳、新结盟，在南太平洋上获得了"牢靠的战略后方"，④ 排挤了英国在澳、新的影响。1951年9月1日，澳新美缔结《澳新美安全条约》（ANZUS）。

法国在越南的失败、美国对东南亚民族独立斗争的干涉催生了东南亚条约组织。1945年9月2日，越南宣布独立。法国对越南发动武装干涉，企图恢复殖民统治。美国总统杜鲁门称"印度支那是全球遏制共产主义战线的一个战略枢纽"，越南反法抵抗运动"只是共产主义占领整个亚洲计划的一部分"。⑤ 美国将东南亚视为遏制苏联和中国的前哨阵地，将印度支那民族解放运动视为共产主义扩张，支持法国重返越南。1954年3月，杜勒斯国务卿提出"联合行动"倡议，呼吁美、英、法及东南亚国家应该联合起来。1954年4月7日，艾森豪威尔政府抛出多米诺骨牌理论，称边缘地区落入共产主义统治将产生多米诺骨牌效应。一旦印度支那陷入共产党统治，将导致缅甸、泰国、马来半岛和印度尼西亚的丧失，接下来日本、中国台湾地区、菲律宾将受到威胁，再进一步就是向南威胁到澳大利亚和新西兰，因此失去印度支那可能对"自由世界"造成无法估量的损失。1954年5月，奠边府战役结束，法国惨败，越南人民抗法斗争取得重大胜利。1954年7月21日，中、苏、英、法及相关当事国签署《日内瓦协定》，越南以北纬

---

① "The Australia, New Zealand and United States Security Treaty（ANZUS Treaty）, 1951," https://history.state.gov/milestones/1945–1952/anzus.（上网时间：2022年5月1日）

② John Ravenhill, ed., *No Longer An American Lake? Alliance Problem in te South Pacific*, Institute of International Studies, University of California, 1989, p. 3.

③ John Ravenhill, ed., *No Longer An American Lake? Alliance Problem in the South Pacific*, Institute of International Studies, University of California, 1989, pp. 41–42.

④ 王帆：《美国的亚太联盟》，世界知识出版社，2007年版，第15页。

⑤ ［美］迈克尔·亨特、史蒂文·莱文著，宗端华译：《躁动的帝国2：太平洋上的大国争霸》，重庆出版社，2015年版，第239页。

美国同盟体系：新时代的旧秩序

17度线为界分为南北两部分，是否统一由全国投票决定。协定承认南越、老挝、柬埔寨三国独立，三国不参加任何军事同盟，不允许外国设立军事基地。东南亚条约组织是美国针对中国建立的一个政治、军事集团组织，目的"就是为了破坏日内瓦会议的协议，组织分裂亚洲的军事同盟，敌视中华人民共和国，干涉亚洲国家的内政，制造新的紧张局势"。[1]

在邀请哪些国家加入东南亚条约组织上，英国反对邀请韩国、中国台湾地区、南越、老挝、柬埔寨加入，提出邀请摆脱殖民统治的亚洲国家印度、巴基斯坦、缅甸、锡兰（今斯里兰卡）、印度尼西亚参加，增强代表性，但亚洲国家不愿卷入两大阵营的斗争，只有巴基斯坦同意参加。杜勒斯声称中立"不道德"，呼吁亚洲国家站在美国一边。1954年9月8日，美、英、法、澳、新、菲、泰、巴基斯坦八国在菲律宾首都马尼拉签订《东南亚集体防御条约》（简称《东南亚条约》）。八国签署了特别议定书，邀请柬埔寨、老挝、南越参加，三国不是条约的正式成员，但处于条约的覆盖范围内。

东南亚条约组织只有菲律宾和泰国两个东南亚国家，加上巴基斯坦，只有三个亚洲国家，其余五国是西方国家。除了泰国和巴基斯坦，英、法、澳大利亚、新西兰、菲律宾都已与美国签订同盟条约。英法两国都曾殖民东南亚，美国拉拢菲、泰加入以平息外界对该组织的殖民主义指责。

美泰并未缔结双边同盟条约，泰国加入《东南亚条约》，成为美国的条约盟友。[2] 英法曾在中南半岛竞逐，将泰国作为缓冲，泰国得以勉强维持名义上的独立，成为东南亚唯一没有受西方殖民统治的国家。二战期间，泰国未能维持中立地位，而是屈从日本对英、美宣战，战后面临清算。英国将泰国视为敌国，迫使泰国归还了二战时期占领的英属缅甸和英属马来亚领土。美国从反对共产主义渗透东南亚考虑，说服英国改变惩罚泰国的政策。[3] 泰国派兵参加朝鲜半岛1950年6月爆发的战争，获得美国

---

[1] 姚椿龄："美国与东南亚条约组织的建立"，《美国研究》，1995年第3期，第110页、第124页。

[2] Emma Chanlett-Avery, Ben Dolven and Wil Mackey, *Thailand：Background and U. S. Relations*, Congressional Research Service, RL32593, July 29, 2015, p. 1.

[3] Kitti Prasirtsuk, "An Ally at the Crossroads：Thailand in the US Alliance System," in Michael Wesley, ed., *Global Allies：Comparing US Alliances in the 21st Century*, Canberra：ANU Press, 2017, p. 117.

的军事援助。1960年以来老挝危机愈演愈烈,泰国强烈要求东南亚条约组织出兵干涉,但成员国未能达成一致。泰国担心自己的安全受到威胁时,东南亚条约组织袖手旁观,故威胁退出该组织。①

1962年3月泰国外长他那叻访美,与美国国务卿腊斯克发表联合公报,美国表示如果泰国遭受"共产主义武装攻击"时将予以协防,意味着美国单独承担对泰国的安全保护承诺。东南亚条约组织瓦解后,美国延续对泰国的安全保护承诺,1978年12月越南入侵柬埔寨,美国重申了这一承诺,加大对泰国的军事援助。

日本投降后,台湾回到祖国怀抱。中华人民共和国成立后,美国将台湾地区视为美国在西太平洋的屏障、第一岛链防御的组成部分、维护日本和菲律宾安全的必要基地。美国派第七舰队巡航台湾海峡,对台提供军事援助。台湾当局提出与美国缔结共同防御条约。美国担心被重新拖入中国内战,没有立即同意。为了打消美国疑虑,台湾当局承诺在实施重大行动前,需征得美国的同意。1954年9月第一次台海危机爆发,艾森豪威尔政府决定与台缔约。1954年12月1日签订了共同防御条约。1958年8月第二次台海危机爆发,美国用核武器威胁中国大陆,派遣包括7艘航母在内的100多艘战舰赶赴台湾海峡。②

四、中东同盟:美国构建事实同盟

美国与以色列、海合会成员国、约旦、埃及等国是"非正式的同盟关系"。③ 冷战前期,美国与沙特、伊朗、以色列结盟;冷战后期,美国与埃及结盟。海湾战争后与海合会国家结盟,结盟过程也是美国取代英国主导中东地区秩序的过程。美国与阿拉伯国家缺乏共同的威胁,阿拉伯国家将以色列而不是域外国家苏联视为威胁,美国在中东地区的同盟并不稳固。美国在中东的同盟经历瓦解和重组,美国与伊朗的同盟瓦解沉重打击了美

---

① 曹筱阳:"美泰同盟的合作形式、机制及其前景",《东南亚研究》,2015年第5期,第51页。
② [美]孔华润主编,张振江等译:《剑桥美国对外关系史(下)》,新华出版社,2004年版,第320页。
③ Kurt M. Campbell, "The End of Alliances? Not So Fast," *Washington Quarterly*, Spring, 2004, p. 157.

国在中东的地位。伊拉克战争后，美国与伊拉克成为事实同盟。除了伊朗外，中东地区重要国家土耳其、沙特、埃及、伊拉克均为美国的盟友，美国势力得以深入中东，主导地区和平进程。

二战后英国在中东的主导地位下降，有意延续二战时期建立的中东司令部，防止苏联势力南下中东。美国则希望中东国家像西欧国家那样先行建立军事和政治框架，美国再加入，避免中东的同盟被看作是美国强加。[1] 1955年2月24日，土耳其与伊拉克签订《巴格达条约》，同年英国、巴基斯坦、伊朗相继加入。1955年11月，上述五国成立巴格达条约组织。美国没有正式加入，是该组织"有实无名"的成员。[2] 巴格达条约组织是连接北约和东南亚条约组织的桥梁，通过英国和土耳其与北约相连，通过巴基斯坦与东南亚条约组织相连，由此北约、巴格达条约组织及亚太同盟在欧亚大陆的边缘地带连成了一条线。

美国通过代理人组建巴格达条约组织，动员阿拉伯国家反苏反共，但不愿疏远与伊拉克争夺阿拉伯主导权的埃及，美国也担心这一同盟针对以色列。[3] 中东地区民族矛盾和宗教矛盾交织，阿拉伯国家四分五裂，与域外大国关系亲疏不同。美国想拉拢埃及加入，但埃及与叙利亚、也门等国签署双边或多边防御条约，建立反巴格达条约阵线。

1956年苏伊士运河危机削弱了英法在中东的影响。美国加大投入，填补英法留下的真空。1957年1月，艾森豪威尔发表中东政策特别咨文，提出对受到共产主义威胁的中东国家提供经济和军事援助，必要时使用武力抵御苏联支持的武装侵略，相当于对中东国家提供单方面的安全保护，这一承诺大大超过《巴格达条约》，得到国会两院联合决议的支持。1958年5月黎巴嫩局势动荡，亲西方的黎巴嫩政府向美国求援。1958年7月14日，伊拉克亲西方的费萨尔政权被推翻后，美国立即发兵干涉黎巴嫩，阻

---

[1] Raymond C. Kuo, *Following the Leader: Interantional Order, Alliance Strategies, and Emulation*, Stanford: Stanford University Press, 2021, p. 107.

[2] 美国总统艾森豪威尔表示，除了没有列上名字，美国是巴格达条约组织的成员。参见 Raymond C. Kuo, *Following the Leader: Interantional Order, Alliance Strategies, and Emulation*, Stanford: Stanford University Press, 2021, p. 112。

[3] *Global Defense: U. S. Military Commitments Abroad*, Congressional Quarterly Service, September 1969, p. 11; Dennis Kux, *The United States and Pakistan, 1947 - 2000: Disenchanted Allies*, Washington, D. C.: Woodrow Wilson Center Press, 2001, p. 73.

止黎巴嫩变成第二个伊拉克。在苏伊士运河危机和黎巴嫩危机中,巴格达条约组织并未发挥美国所期望的反苏反共作用。

伊拉克新政府退出了巴格达条约组织,该组织没有一个成员国是阿拉伯国家,改名为中央条约组织。1959年3月5日,美国与伊朗、土耳其和巴基斯坦分别签署双边防御协定,承诺在三国遭受侵略或颠覆时提供军事保护,与三国结成了双边同盟。1960年后中央条约组织日趋涣散,政治意义大于军事意义。伊朗伊斯兰革命后,中央条约组织彻底瓦解。

截至1979年,伊朗一直是美国的忠实盟友,和沙特一道构成美国维护波斯湾稳定的两大支柱。伊朗与苏联接壤,人口众多,石油资源丰富,地缘战略地位高于沙特。英国和沙俄曾划分在伊朗的势力范围,伊朗引入德、美势力制衡两国。二战时期英、苏两国因抗德需要进军伊朗,控制了经伊朗通往苏联的战略物资运输通道。美国提供军事援助,派军事顾问团进驻伊朗,美伊关系加强。二战结束后苏联拖延撤军,在伊朗北部开采石油,支持伊朗境内的阿塞拜疆分离主义势力。美国支持伊朗向联合国控诉苏联,迫使苏联撤军。伊朗游说美国将对土耳其和希腊的军事援助扩大到伊朗,寻求加入马歇尔计划和北约,均未得到美国的积极回应,美国对伊朗的经济和军事援助数额有限。

1949年1月,美国提出"第四点计划",承诺向亚非拉不发达地区提供经济和技术援助,将伊朗纳入援助对象。1950年美伊签署军事援助协定。1953年8月,美国中央情报局策动政变,推翻将西方石油公司国有化的伊朗首相摩萨台,扶植伊朗国王巴列维执掌大权。伊朗国王巴列维认为"具有战略地位的伊朗采取中立政策不现实",[1] 加入巴格达条约组织。伊拉克费萨尔政权被推翻后,美国加大对伊朗的投入,承诺军事保卫伊朗,伊朗承诺支持美国的地区战略目标。尼克松政府推动盟友承担更大防御责任,大幅增加对伊朗军事援助和军售,推动伊朗在波斯湾发挥"警察"作用。伊朗巴列维政权支持美国的中东政策,与以色列关系密切。

1979年1月伊朗国王巴列维流亡,11月伊朗新政权扣留美国人质,美国和伊朗从盟友变为不共戴天的敌人。伊朗对以色列政策大逆转,将以色列视作仇敌,大力支持中东反美势力。美国将伊朗列入支持恐怖主义的国

---

[1] 范鸿达:《伊朗与美国:从朋友到仇敌》,新华出版社,2012年版,第32页。

美国同盟体系：新时代的旧秩序

家名单，对与伊朗做生意的外国公司实施制裁，称伊朗为"邪恶轴心"，以伊朗核开发为由出台新制裁，谋求建立针对伊朗的"中东版北约"或"阿拉伯北约"，成员拟包括海合会成员、埃及、约旦、巴基斯坦等国。

美国与以色列的同盟是典型的事实同盟。美国若与以色列缔约可能得罪广大的阿拉伯国家，不利于美国在对苏冷战中获得阿拉伯国家的支持，阻碍美国斡旋阿以冲突。以色列面临周围阿拉伯国家的威胁，与美国没有共同的敌人，但美国对以色列的安全保障承诺水平高，坚决捍卫以色列的生存权。

1948年5月14日以色列宣布建国当天，美国即予以承认，成为首个承认以色列的国家。杜鲁门政府向以色列提供贷款和军事支持。艾森豪威尔政府在阿拉伯国家和以色列之间搞平衡，给予以色列经济援助，但拒绝以色列的军购请求以及获得美国安全保证的请求。[①] 1962年肯尼迪政府承诺保护以色列的安全，向以色列出售防空导弹，美以非正式结盟。[②] 1965年，美国通过联邦德国向以色列转让美制坦克。在第三次中东战争中，美国向以色列源源不断地提供武器和情报支持。以色列占领大片阿拉伯领土，阿拉伯国家对美国怒火中烧，埃及、叙利亚、伊拉克、也门、阿尔及利亚、毛里塔尼亚纷纷与美国断交。在第四次中东战争中，美国又一次拯救了以色列。1976年以来以色列成为美国最大的外援对象国，这一地位一直保持至今。[③]

里根政府时期，美以军事合作有了质的飞越。以色列获邀参加"星球大战"计划，获得"非北约主要盟友"地位。2014年12月，美国国会通过《美国—以色列主要战略伙伴法》，以色列成为美国的"主要战略伙伴"，地位高于"非北约主要盟友"。在美国与以色列发表的联合宣言中，

---

① 陈效卫主编：《合作与冲突：战后美国军事联盟的系统考察》，军事科学出版社，2001年版，第208页；[美] 约翰·米尔斯海默、斯蒂芬·沃尔特著，王传兴译：《以色列游说集团与美国对外政策》，上海人民出版社，2009年版，第28页。

② [美] 约翰·米尔斯海默、斯蒂芬·沃尔特著，王传兴译：《以色列游说集团与美国对外政策》，上海人民出版社，2009年版，第29页；戴维逊将1962年作为美国以非正式结盟的时间，参见Jason W. Davidson, *America's Entangling Alliances: 1778 to the Present*, Washington, D. C.: Georgetown University Press, 2020, p.10。

③ [美] 约翰·米尔斯海默、斯蒂芬·沃尔特著，王传兴译：《以色列游说集团与美国对外政策》，上海人民出版社，2009年版，第30页。

美国一般都要重申"对以色列安全的持久承诺"。① 以色列在海湾战争、伊拉克战争上配合美国,但在巴勒斯坦被占领土问题上与美国产生分歧。双方政治关系密切,以色列领导人频繁访美。在美国会两院联席会议发表演讲是美国给予盟友和伙伴的一项殊荣,以色列领导人发表演讲的次数远超过其他盟友。

埃及被视为美国的盟友,② 埃及经历了从英国保护国、与苏联结盟再到与美国结盟的转变。1869年苏伊士运河通航,英国先是控制苏伊士运河公司,确保了通往印度的海上通道安全,接着1882年控制埃及内政外交,在埃及、阿拉伯半岛、海湾地区到印度次大陆的广大区域占据主导地位。一战后英国被迫承认埃及独立,但仍在埃及驻军,控制苏伊士运河。1952年7月,埃及"自由军官组织"发动政变,废黜国王。埃及总统纳赛尔提倡泛阿拉伯主义,反对美国干涉阿拉伯事务,与支持民族解放运动的苏联关系密切。1956年7月,埃及将苏伊士运河公司收归国有,与经营运河的英法两个殖民大国矛盾尖锐。1956年10月,英国、法国和以色列侵略埃及,遭到苏联和广大阿拉伯国家坚决反对,苏联在中东影响扩大。

美国既反共、也反对泛阿拉伯主义,对纳赛尔在黎巴嫩和约旦搞"颠覆"活动不满,指责纳赛尔企图建立一个从大西洋到波斯湾的"阿拉伯帝国"。美国在第三次中东战争中支持以色列,埃及与美国断交。埃及未能以武力收复西奈半岛,对苏联不满的萨达特总统与美国复交,转向依靠美国重振埃及实力地位。1974—1975年,美埃首脑互访,两国关系急速升温。美国取消对埃及的武器禁售,大幅增加对埃及经济和军事援助。埃及从与苏联结盟转向与美国结盟。③ 1978年9月17日,在美国斡旋下,埃及与以色列签署《戴维营协议》。1979年3月,埃及撇开其他阿拉伯国家与

---

① "The Jerusalem U. S. – Israel Strategic Partnership Joint Declaration," July 14, 2022, https: //www. whitehouse. gov/briefing – room/statements – releases/2022/07/14/the – jerusalem – u – s – israel – strategic – partnership – joint – declaration/. (上网时间:2022年7月16日)

② 有美国学者将埃及视为美国的正式盟友,参见 Matthew Kroenig, *The Return of Great Power Rivalry: Democracy versus Autocracy from the Ancient World to the U. S. and China*, New York: Oxford University Press, 2020, p. 150。

③ [美]斯蒂芬·沃尔特著,周丕启译:《联盟的起源》,北京大学出版社,2007年版,第122页。

美国同盟体系：新时代的旧秩序

以色列单独媾和，签订和约。此后美埃关系发展迅速，签署军事合作协定，美国增加对埃及军售、转让军事技术、联合生产军备、举行联合军演，在埃及的美军顾问增至万人以上。1976—2006 年，美国对埃及的军事援助累计达 580 亿美元。[1] 埃及在非洲之角、苏联入侵阿富汗、两伊战争中配合美国的政策，与美国合作反恐。[2] 2011 年 1 月，埃及爆发街头政治运动，执政 30 年的穆巴拉克政权被推翻，美埃关系并未像美国与伊朗关系那样出现大波折。

美国与海合会成员国建立了事实同盟，海合会成员提供军事基地，接受美军进驻，美国承担安全保护义务。海合会国家实行君主专制，与美国意识形态分歧深刻，双方抛开政治制度差异结盟。美国国防部在计算盟友对共同防御的贡献时，统计北约、亚太盟友、海合会成员国，表明美国把海合会成员视作与北约、亚太盟友一样地位的盟友。

海合会成员国曾处于英国的保护下。19 世纪英国与海湾地区各酋长签署防务协定，承担军事安全义务，形成英国治下的保护国体系。[3] 20 世纪 60 年代以来，科威特、巴林、卡塔尔、阿联酋相继独立，英国的保护国体系瓦解。伊朗伊斯兰革命令海湾国家压力倍增，沙特面临伊朗输出伊斯兰革命、争夺地区主导权的挑战。阿联酋与伊朗存在领土争议，有三座岛屿在英国退出阿联酋之际被伊朗占领。巴林曾属于波斯，什叶派人口占多数。巴林独立之际，伊朗一度要夺占巴林。1981 年 5 月，海湾六国沙特、阿联酋、卡塔尔、巴林、科威特、阿曼成立海合会，谋求应对伊朗革命和两伊战争（1980—1988 年伊拉克和伊朗之间的战争）的冲击，协调外交与国防政策。除了沙特外，海合会成员国小人少，军事力量薄弱。海合会关注地区内部的安全威胁，无意卷入美苏竞争，成立伊始与美国的军事关系有限。当伊朗和伊拉克攻击中立国的运输船只时，海合会国家不得不求助美军护航。

1990 年 8 月伊拉克入侵科威特，成为海合会国家与美国结盟的转折性

---

[1] 陈天社：《当代埃及与大国关系》，世界知识出版社，2010 年版，第 60 页。

[2] Jason Brownlee, *Democracy Prevention: The Politics of the U. S. – Egyptian Alliance*, New York: Cambridge University Press, 2012, p. 38, p. 41.

[3] 岳晓勇：《动荡中的盟友与对手——美国与海湾国家关系的建立与演进》，世界知识出版社，2013 年版，第 24 页。

事件。海合会国家认识到即使联合自强也不足以免遭侵略。海合会国家参与海湾战争，开放领空、提供基地、分担战争费用。科威特、巴林、卡塔尔、阿联酋、阿曼与美国签署双边军事协定，美国可以驻军、预置装备和补给，使用有关国家的军事基地。美国解放了科威特，科威特自此成为美国的忠实盟友。科威特接纳的美军人数较多，与美国建立了联合作战司令部。2003年3月美国发动伊拉克战争，科威特提供国土的1/3供美军使用。[1] 其他国家顾忌民众反美情绪，未公开支持伊拉克战争，但向美国开放领空、默许美军使用军事设施。

沙特是海合会最大成员，与美国在政治制度、意识形态、宗教传统等方面差异巨大，沙特既憎恨美国支持以色列，又需要美国的安全保护。美沙军事关系可追溯至二战时期，美国对沙特适用租借法，美军进驻沙特。1951年6月18日，沙特与美国签署共同军事援助协定，美派遣军事顾问团。1957年初沙特国王访美，加强对美国的安全合作，抵制埃及的泛阿拉伯主义和苏联共产主义。20世纪60年代以来，沙特逐渐成为美国军火的大买家。沙特在第四次中东战争中领导了针对美国及部分西方国家的石油禁运，但与美国的军事合作并未受禁运影响。伊朗伊斯兰革命后，沙特对美国的重要性上升。美国和沙特都将伊朗视为威胁，阻止伊朗扩大影响。2001年"9·11"事件的恐怖分子大多来自沙特，凸显了美沙深刻的意识形态分歧。2011年"阿拉伯之春"席卷大中东地区，但美国与沙特的关系受中东民主化浪潮冲击不大。2017年5月，特朗普总统将沙特作为首次外访的首站，受到沙特的隆重接待以及签署千亿美元军售大单的回报。

伊拉克位于中东的心脏地区，战略地位重要，人口众多，资源丰富，与美国的关系起起伏伏。亲西方的费萨尔政权被推翻后，伊拉克与苏联关系走近，与美国关系疏远。美国在波斯湾地区推行依靠沙特和伊朗的"双支柱"战略，没有做出实质性努力阻止伊拉克投入苏联阵营。[2] 两伊战争爆发后，美国偏袒伊拉克，将伊拉克从支持恐怖主义国家名单除名，提供军备和情报支持，阻止联合国安理会通过谴责伊拉克使用化学武器的决

---

[1] 孙德刚：《冷战后欧美大国在中东的军事基地研究》，世界知识出版社，2015年版，第145页。

[2] 高祖贵：《美国与伊斯兰世界》，时事出版社，2005年版，第246页。

议，帮助伊拉克逃脱了联合国制裁。

伊拉克入侵科威特后美伊关系逆转，美国利用联合国决议对伊拉克实施严厉制裁。2003年3月美国发动伊拉克战争，推翻萨达姆政权，解散了伊拉克军队，重兵驻扎伊拉克，维护伊拉克国内稳定和国家安全，伊拉克成为与美国关系最密切的阿拉伯国家。美国对伊拉克承担的保护义务高于对盟友的保护。美国对伊拉克实行民主改造，企图像改造德、日一样，建立一个对美"友好而稳定"的民主国家，但西式民主水土不服，伊拉克局势动荡。2008年11月，美伊签署战略框架协定、驻军地位协定，美国削减了大部分战斗部队，2011年底美军作战部队全面撤出伊拉克，仍留下部分美军培训伊拉克安全部队。2014年美军以打击"伊斯兰国"为名重返伊拉克，至今伊拉克仍驻留数千名美军。美国总统上任后优先与盟友领导人通话，伊拉克领导人位列其中。

五、美国在南亚的同盟

美国冷战前期与巴基斯坦结盟，"9·11"事件后与阿富汗结成了同盟。[①] 巴基斯坦和阿富汗地理上属于南亚，但美国与两国的结盟较少受到地缘政治因素的影响，而是从反共和反恐的全球战略考虑与两国结盟。

巴基斯坦是伊斯兰国家，人口数量庞大，军队人数众多，与土耳其相当，[②] 是连接美国与伊斯兰世界的桥梁。1954年5月19日，美巴签署共同防御援助协定。9月，巴签署《东南亚条约》。美国鼓动巴基斯坦加入巴格达条约组织，企图借重巴基斯坦军力防御中东，服务美国遏制战略。1959年3月，美巴签署双边防御协定，美国承诺在巴基斯坦受到"共产主义国家攻击"时提供援助。美国对巴基斯坦提供军事和经济援助，培训大量巴基斯坦军人。巴基斯坦临近苏联，美国在巴边界地区设立情报、电子监听设施，监控苏联导弹试验场信号、拦截敏感的通信情报，部署 U-2 间谍飞机。

---

① 有美国学者将巴基斯坦和阿富汗视为美国的正式盟友，参见 Matthew Kroenig, *The Return of Great Power Rivalry: Democracy versus Autocracy from the Ancient World to the U. S. and China*, New York: Oxford University Press, 2020, p. 150。

② 陈效卫主编：《合作与冲突：战后美国军事联盟的系统考察》，军事科学出版社，2001年版，第224页。

第三章　美国同盟体系的构建

美国对巴基斯坦的安全保护限定于"共产主义国家攻击",不介入印巴克什米尔争端,将印度视为遏制中国的潜在伙伴。巴基斯坦希望借重美国对抗印度,参加东南亚条约组织出于防御印度侵略的需要。美巴双方缺乏共同威胁和共同的意识形态,同盟基础薄弱。1962年10月中印边界冲突,美国偏袒印度,对印度提供军事支持,美印走近促使巴基斯坦向中国靠拢。在1965年的第二次印巴战争中,美国保持中立,对巴、印都实行武器禁运,巴基斯坦遭到美国背叛。1971年东巴基斯坦局势动荡,美国禁止对巴基斯坦售武。在事关巴基斯坦领土完整和主权问题上,美国都没有提供军事支持,巴基斯坦怒而疏远中央条约组织和东南亚条约组织,加入不结盟运动。

伊朗伊斯兰革命、苏联入侵阿富汗后,巴基斯坦对美国的战略重要性上升。美巴加强军事合作,支持阿富汗抗苏斗争。美国向巴基斯坦提供巨额军事援助,用于购买美国的先进军备。1988年4月,解决阿富汗问题的《日内瓦协定》签署,苏联从阿富汗撤军,巴基斯坦战略地位陡然下降。两国在巴核武问题上分歧加剧,美国要求巴基斯坦遵守《不扩散核武器条约》(NPT)。1990年10月,美国以巴基斯坦发展核武器为由,切断对巴基斯坦的援助,两国关系急转直下。此后两国关系一度缓和,美国恢复对巴基斯坦提供经济援助。1998年5月印度、巴基斯坦相继进行核试验,美国对两国实施制裁,中断对巴基斯坦所有援助。"9·11"事件后,巴战略地位再次受到美国重视。美国发动阿富汗战争,巴基斯坦提供空军基地和后勤补给。美国对巴基斯坦提供巨额军事和经济援助,并将巴基斯坦列为"非北约主要盟友"。2011年5月,美国特种部队突入巴基斯坦境内杀死"基地"组织领导人本·拉丹,美国侵犯巴基斯坦主权的做法令美巴关系紧张。美国国会议员以巴基斯坦反恐不力、支持阿富汗塔利班为由,提出撤销巴基斯坦"非北约主要盟友"地位。

2001—2021年,美国与阿富汗结成了事实同盟。冷战时期,美国忽视同苏联直接接壤的阿富汗,与伊朗和巴基斯坦结盟。苏联入侵阿富汗后,美国才从对苏战略出发重视阿富汗。苏联撤军后,美国对阿富汗关注急剧下降。直到"9·11"事件,阿富汗才第一次真正成为美国家安全和对外战略的重点。① 美国重兵驻扎阿富汗，与阿富汗签署驻军地位协定，2004年美阿达成了《物资劳务相互提供协定》（ACSA），保障了美军在阿富汗境内的后勤支援行动。②

2012年5月，美阿签署战略伙伴关系协定，两国承诺促进民主价值观、维护阿富汗和平、安全与和解。美国承诺筹集资金、支持阿富汗安全部队，保护阿富汗免受外来侵略，阿富汗则承诺向美军提供军事设施，打击"基地"恐怖组织和极端主义。2021年8月阿富汗塔利班进入首都喀布尔，美国及盟友军队匆匆撤离。外界质疑美国抛弃了盟友，表明外界普遍将美阿视为同盟关系。2022年7月，美国撤销了阿富汗的"非北约主要盟友"地位。

美国在拉美及在欧亚大陆边缘地带建立同盟，在全球范围与苏联竞争。非洲与苏联之间隔着欧亚大陆边缘地带的国家，冷战初期非洲大部分地区尚未摆脱殖民统治。除了利比里亚、埃塞俄比亚、南非等个别国家，美国与撒哈拉以南非洲国家的安全联系较少。

第三节 从条约到组织

从条约变为组织需要建立相应的机构和机制。同盟机制将纸上的同盟实体化，确保同盟关系不是一种"单次"互动。同盟机制建设保障了同盟合作的可持续性，具有溢出效应，推动同盟合作从军事合作向其他领域延伸。美国同盟是机制化的同盟，美国与盟友定期会晤，协调立场，凝聚共识。《里约条约》《北大西洋公约》《澳新美安全条约》《东南亚条约》都提出建立"理事会"（Council）落实条约内容。有的同盟机制化程度高，有的同盟机制化程度低。

美国各同盟根据形势变化新建、重组同盟机制，有的机制强化，有的机制则弱化和消失。同盟机制可分为军事合作机制、政治协商机制、战略对话机制三类，军事合作机制由军方人员参加，军事合作机制化水平高的

---

① 钱雪梅：《阿富汗的大国政治》，中国社会科学出版社，2017年版，第36页。
② 迄今美国与100多个国家签署了《物资劳务相互提供协定》，这些国家包括盟友、驻扎美军的国家、预置美军装备的国家、允许美军在本国境内活动的国家等。

第三章　美国同盟体系的构建

同盟建立联合作战司令部，制定作战方案；政治协商机制确定同盟的大政方针，可分为首脑级、部长级、司局级等；战略对话机制将军方和文职官员混搭在一起，加强对同盟的综合管理，发挥同盟的政治和军事合力，以国防部长和外交部长参加的"2+2"对话机制为代表。

美国对各同盟的机制建设态度不一，重视北约机制建设，对东南亚条约组织的机制建设态度消极，东南亚条约组织成员要求参照北约建立一体化的联合司令部，遭到美国的抵制。机制建设产生了一套复杂的决策程序和繁文缛节，一些机制交叉重叠，人浮于事，决策多方角力，效率低下。

一、停留于纸上：《里约条约》

《里约条约》没有发展为一个组织，更多是一个停留于纸上的同盟条约。美国有意将其变为对苏联冷战的工具，但遭到拉美国家的抵制。

拉美国家远离美苏冷战的前线，遭受苏联入侵的可能性微小，与担心遥远的苏联威胁相比，拉美国家更担心近在咫尺的美国干涉。拉美国家利用《里约条约》牵制美国，《里约条约》第17条规定，决策需获得2/3多数票，这是美国与其他国家缔结的同盟条约所没有的条款，如此高的门槛使美国很难获得里约成员国的授权。《里约条约》规定，在使用武力对付来自内部或外部的侵略时，在不经当事国同意的情况下，不得使用武力。美洲国家组织章程也包含禁止直接或间接干涉内政的多项条款。美国与拉美各国是"一只猫和20只老鼠"的关系，[①] 如果《里约条约》建立军事机构，将受到美国的支配，为美国干涉拉美提供便利，因此拉美国家抵制建立受美国控制的西半球安全体系，将美洲的军事安全问题纳入地区组织——美洲国家组织讨论，而不是将《里约条约》发展为一个军事组织。

拉美国家关心国内稳定，认为维护西半球安全的关键是解决经济与社会问题，希望美国提供经济援助，消除共产主义滋生的土壤。美洲国家组织多次修订章程，增补经济和社会发展条款，淡化美国关心的政治和安全议题。由于拉美国家反对，美洲国家组织没有建立有效的军事机构。二战时期建立的美洲防务理事会是美洲国家讨论集体防御的机构，美国本有意

[①] 陈效卫主编：《合作与冲突：战后美国军事联盟的系统考察》，军事科学出版社，2001年版，第243页。

美国同盟体系：新时代的旧秩序

将其发展为《里约条约》的组织机构。1950年6月朝鲜半岛爆发战争后，美洲防务理事会制定了一个宽泛的军事计划就无下文。① 遇到需要军事应对的危机事态，拉美国家绕开现成的美洲防务理事会，建立临时机构，一俟任务完成就解散。

美洲防务理事会是美洲国家体系的组成部分，作用被大大弱化。美洲国家体系机构庞大，以美洲国家组织为中心，美洲国家组织理事会下设美洲国家会议、外长会议、经济和社会理事会、法学家理事会、文化理事会等机构；美洲国家体系的专门机构包括美洲儿童、农业科学、地理和历史方面的研究所、泛美卫生组织；特殊机构和委员会包括美洲人权委员会、统计研究所、安全委员会、核能委员会、和平委员会、美洲开发银行、防务理事会等。② 如同联合国总部机构、联合国专门组织、特殊机构组成联合国体系一样，美洲国家组织、专门组织、特殊机构、委员会组成了美洲国家体系。美洲国家体系如此庞大，使得美洲防务理事会成了一个不起眼的机构。

拉美国家远离欧亚大陆，且不愿卷入美苏冷战，在美国的全球战略中处于次要地位，美国也就不愿投入太多资源。《里约条约》对获得成员国授权设置了高门槛，加上多边军事行动效率低，因此美国军方偏好与美洲国家进行双边军事合作，在一对一打交道中可以掌握主导权。1952—1955年，美国与12个拉美国家——古巴、哥伦比亚、多米尼加、海地、洪都拉斯、危地马拉、厄瓜多尔、尼加拉瓜、巴西、秘鲁、智利和乌拉圭签署了双边军事协定。③ 美国提供军事援助，派遣军事顾问团，帮助拉美国家提升防务能力，扩大在拉美地区的军售份额。在美拉双边军事合作中，较重要的是美国与巴西的军事合作。双方二战时期军事合作密切，战后美国关注全球冷战，巴西追求地区主导权，寻求压倒老对手阿根廷。1964年巴西发生军事政变，建立了右翼军政府独裁统治。美巴在人权问题上分歧增

---

① John Child, *Unequal Alliance: The Inter-American Military System, 1938–1978*, Boulder, Colorado: Westview Press, 1980, p. 127.

② 美洲国家体系架构参见 *The Inter-American System: Its Evolution and Role Today*, Department of Public Information, Pan American Union, 1963。

③ Lester D. Langley, *America and the Americas: The United States in the Western Hemisphere*, Second Edition, Athens and London: The University of Georgia Press, 2010, p. 176.

多，美国削减对巴西军事援助，阻挠巴西拥核，1977年巴西废除美巴共同防御援助协定，但仍通过商业方式购买美国武器装备。

20世纪60年代美国与拉美国家在巴拿马运河区召开陆、海、空各兵种会议，与拉美国家举行小规模的联合演习，在首都华盛顿特区附近的麦克奈尔堡建立美洲防务学院，培训美洲国家军官，削弱古巴对拉美输出革命的影响。美国提议将美洲国家防务理事会整合进美洲国家组织，建立常设的防务顾问委员会，但拉美国家反对美洲国家组织军事化，这一顾问委员会变成美洲外长会议的下设机构，比预期的作用大打折扣，美国整合《里约条约》和美洲国家组织的尝试失败。

二、北约军事和政治机制

北约是机制化程度最高的军事同盟，机制化水平超过历史上的任何同盟。北约建立了一套庞大的军事和政治机制，形成了极其复杂的决策程序。有的机制下设不同层级的委员会或工作小组，有的机制超越军事合作，向经济、文化、人文、环保、气候、海洋保护领域拓展，这些机制在美国和盟友之间织起了一张绵密的关系网，增强了同盟关系的韧性。

朝鲜战争推动北约军事一体化建设。之前，《北大西洋公约》只是一个条约，不是一个组织。法国带头提出美欧军队完全一体化、建立统一的司令部主张，呼吁美国驻留欧洲，把对欧安全承诺落到实处。美国未确定是否驻军欧洲，美欧对是否建立联合司令部尚有分歧。美军方担心西欧借条约对美国的战略施加过多的影响，向美国提出过多的资源要求。[①] 朝鲜半岛战争爆发"迫使仍处于犹豫中的美国改变了对《北大西洋公约》的纸面承诺，将其变成一个实实在在的组织"。[②] 美国提议建立一支在美国领导下的统一的跨大西洋联盟军队，[③] 构建统一的军事和政治机构。

二战时期担任盟军最高司令的艾森豪威尔将军负责筹建北约军事指挥机构，1951年建立了欧洲盟军司令部（ACE）和欧洲盟军最高司令部

[①] 赵怀普：《当代美欧关系史》，世界知识出版社，2011年版，第63页。
[②] 许海云编著：《挑战与应战：新世纪的北约——北约战略转型与发展研究文献汇编》，世界知识出版社，2013年版，第3页。
[③] 许海云：《锻造冷战联盟——美国"大西洋联盟政策"研究（1945—1955）》，中国人民大学出版社，2007年版，第420页。

美国同盟体系：新时代的旧秩序

（SHAPE），艾森豪威尔出任欧洲盟军最高司令（SACEUR）。欧洲盟军司令部是北约最重要的军事指挥机构，下设次一级的司令部，在每个地区司令部之下，按照地区和军种设立战术司令部。欧洲盟军司令部管辖近200万平方千米的陆地和300多万平方千米的海洋。① 1952年建立了大西洋盟军司令部（ACLANT）和大西洋盟军最高司令部（SACLANT），设在美国弗吉尼亚州诺福克。欧洲盟军司令部和大西洋盟军司令部是北约的两大军事指挥机构，属于战略层面的司令部。欧洲盟军最高司令一直由美国将领担任，指挥北约的所有军事行动。最高司令由美国总统提名，参议院确认，北大西洋理事会批准，没有固定任期，从一年到八年不等。美国将军担任欧洲盟军最高司令，节制盟友军事力量，体现了美国对欧洲安全的压倒性影响。

北约军事一体化机构汇集了一流的参谋人员，制定作战计划，调配各国资源，规划联合演习和训练，共享军事情报。美国国防部长麦克纳马拉认为，北约军事一体化有三要素：建立一体化的指挥总部，如欧洲盟军最高司令部设有一体化的军事参谋机构；战时成员国军队受北约统一指挥，而不是受本国指挥；和平时期制定一体化的军事行动计划。② 北约军事一体化"打破了过去横亘于军事指挥体制中的民族界限与疆域限制，大量选用跨国工作人员，将各成员国武装力量混同使用，体现了北约的超国家特性"。③ 军事一体化使各国军队混编演习和作战。比如，荷兰侦察单位可以配属给德国坦克单位，而西班牙战斗机为其提供近距离空中掩护。北约的常备海军力量也是由不同成员国的舰艇在北约一体化司令部的指挥下组成的。④ 军事一体化促进成员国的深度军事交流，"北约的集体军事计划过程

---

① *NATO Handbook*: *An Alliance for the 1990's*, NATO Information Service, 1989, p. 70.
② Henry M. Jackson, ed., *The Atlantic Alliance*: *Jackson Subcommittee Hearings and Findings*, New York: Frederick A. Praeger, 1967, p. 266.
③ 许海云编著：《挑战与应战：新世纪的北约——北约战略转型与发展研究文献汇编》，世界知识出版社，2013年版，第108—109页。
④ [美]布莱恩·J. 科林斯著，唐永胜、李志君译：《北约概览》，世界知识出版社，2013年版，第6页。

第三章　美国同盟体系的构建

增进了成员国的信任和信赖,也有助北约内部的和平与稳定"。①

冷战结束后,北约陆续精简军事指挥机构,各级各类司令部从78个精简到20个。② 北约军事指挥机构从应对苏联作战转为适应反恐战争需要,突出灵活性和特种作战能力。2002年11月召开的北约布拉格峰会决定重组军事指挥体制,按照地理区域划分的两大战略司令部改为按照职能划分,欧洲盟军司令部改名为盟军作战司令部(ACO),负责北约所有的作战,原来属于大西洋盟军司令部的作战职能也划归盟军作战司令部。大西洋盟军司令部改为盟军转型司令部(ACT),负责战略设计、作战规划、教育和培训,关注长期的军力规划,确保北约打赢未来的战争。2003年北约组建阿富汗国际安全援助部队(ISAF),负责阿富汗维和行动,将如此复杂的多国部队组织在一起开展维和与重建行动,对北约军事指挥机构是一大考验。2010年11月召开的北约里斯本峰会再次改革北约军事指挥机构,提高对突发事件的应急与快速反应能力。2011年6月北约国防部长会议批准实施一套新的、更为精简的军事指挥体制,军事指挥机构人员从1.3万人削减到8800人。③ 因应大国竞争新形势,北约对军事指挥机构做调整和补充,如在德国乌尔姆建立新司令部提升欧洲盟军的机动性,建立新的网络防御行动中心,在诺福克建立新的司令部确保海上通道安全。

北约军事指挥机构处于军事委员会的管辖下,军事委员会是北约的最高军事权力机构,由各国参谋长组成,负责北约共同防御、政策和理论规划,对盟军军事指挥机构下达指令,为北大西洋理事会、防务计划委员会(DPC)和核计划小组(NPG)提供军事意见。国际军事参谋部处理日常事务,是连接北约政治决策机构与欧洲盟军司令部、大西洋盟军司令部的枢纽,在很大程度上成为北约的军事行政权力中心,④ 下设情报、规划、作战、通信、后勤支持等部门。

---

① [美]布莱恩·J.科林斯著,唐永胜、李志君译:《北约概览》,世界知识出版社,2013年版,第102页。

② NATO Public Diplomacy Division, *NATO Encyclopedia 2019*, December, 2019, p.40.

③ NATO Public Diplomacy Division, *NATO Encyclopedia 2019*, December, 2019, p.40.

④ 许海云:《北大西洋公约组织》,社会科学文献出版社,2021年版,第88页。

美国同盟体系：新时代的旧秩序

北约政治机构主要有北大西洋理事会、防务计划委员会、核计划小组。北大西洋理事会是最高的权力机构，审议和制定北约的大政方针，分为首脑级、部长级、常驻代表（大使级）级别，外长和防长会议一年各举行两次。各国驻北约大使每周例会，实际开会次数更多，根据形势需要随时召开。[①] 如2022年2月俄乌冲突爆发后，北约举行峰会、外长会议和防长会议的频次超过以往。北约峰会不定期举行，地点的选择富有深意，峰会议题涉及制定新战略概念、邀请新成员、发起新倡议等。北约峰会引领北约发展方向，比如1990年北约伦敦峰会提出与中东欧国家建立伙伴关系，1991年罗马峰会发布冷战后的第一个战略概念文件，1997年的北约马德里峰会决定扩员。冷战时期北约举行11次峰会，冷战结束后北约峰会频次增加，迄今北约峰会已举办30多次。每逢欧洲安全的重大时刻，北约都举办峰会磋商，统一认识，共商对策。1989年东欧剧变之际，北约举行了两次峰会。2022上半年北约史无前例地举办了三次线上和线下峰会。

北大西洋理事会下设数量众多的政府间委员会，涵盖北约事务各方面。防务计划委员会由各国国防部长组成，制定北约总体防御政策，下设大量专业委员会。北约机构改革后，该委员会重组为防务政策和计划委员会（DPPC），负责军事转型、防务能力建设、共同采购和导弹防御、监督北约防务规划进程。核计划小组运作模式与防务计划委员会一样，讨论北约核战略，涉及核武器的贮存、部署、使用、核不扩散等方面。北约还建立了针对特定议题的工作小组，如针对美苏消除两国中程导弹谈判的特别磋商小组。这些专业委员会、工作组都处于北大西洋理事会的统一领导之下。北约秘书长和国际秘书处是北约的执行机构，秘书长职位一直由欧洲人担任，主持北约总部的日常工作，主持北大西洋理事会、核计划小组、防务计划委员会以及北约与俄罗斯、乌克兰、格鲁吉亚的双边机制。秘书处设立一位副秘书长和若干助理秘书长，负责政治和安全政策、防务政策和规划、公共外交、防务投资、行政管理等。

北大西洋理事会是成员国政治协商的平台，成员国可以提出任何需要讨论的问题，比如土耳其要求讨论叙利亚问题，波兰要求讨论乌克兰危

---

① *The North Atlantic Treaty Organization: Facts and Figures*, NATO Information Service, 1989, p. 324.

机。"对大盟友来说,协商是将其外交政策倡议合法化、强化的途径;对小盟友来说,协商是参与重要辩论和讨论的途径。"① 美国驻北约大使克利夫兰认为,协商可以让美国的决策及早获得盟友理解,迫使美国更深入思考美国做什么及这样做的原因。②

北约决策不是由投票表决决定,而是由成员国协商一致达成,每个国家都对北约的决策有否决权。在北约各层级会议上,成员国日复一日、年复一年的交流沟通,消弭分歧,打破僵局,达成一个可接受的集体决定。美国对北约的影响超过其他成员国,但从决策程序上看,美国受成员国的约束,单边主义行不通。美国要想获得所有成员国支持,就需要耐心细致地做工作,才能将本国立场转化为北约成员国的集体立场。美欧对亚洲、中东、拉美政策存在分歧,在无法获得盟友支持的情况下,美国绕开盟友单独行事。如法、德反对伊拉克战争,美国绕开北约,拉拢其他盟友和伙伴参加。一些成员国在北约扩员问题上讨价还价。2008年北约布加勒斯特峰会原本计划邀请马其顿加入,但是希腊要求马其顿修改国名才能加入,理由是希腊有一部分领土叫马其顿,马其顿国名侵犯了希腊的主权,希腊的立场相当于对马其顿加入北约投了反对票。2022年5月18日,芬兰和瑞典提交加入北约的申请书,土耳其以两国支持库尔德恐怖主义为由予以反对,还要求两国解除对土耳其的武器出口限制,土耳其的反对立场拖延了两国的入盟进程。

机制化进程一旦启动,就如脱缰的野马停不下来,出现过度的机制化问题。在装备生产、武器标准、通信、后勤、维修、运输、空防等方面,北约都设有相应的机构;面对网络、气候等新挑战,北约增设了新机构。北约军事和政治机构分布在各成员国,增加了协调和整合难度。北约总部有300多个委员会处理各种事务。③ 冷战末期,北约33个司令部就有工作

---

① Manlio Brosio, "Consultation and the Atlantic Alliance," *Survival*, May/June, 1974, p. 117.
② Harlan Cleveland, *NATO: The Transatlantic Bargain*, New York: Harper and Row, 1970, Chapter "The Golden Rule of Consultation".
③ Ivo Daalder, "Special Briefing on the Future of NATO," February 23, 2010, https://2009-2017.state.gov/p/eur/rls/rm/2010/137121.htm.(上网时间:2020年2月3日)

人员2.2万名。① 各国驻北约使团、国际军事和文职人员每年举行很多会议,"文山会海",蔚为大观。美国总统、国务卿、国防部长以及相关部门各层级官员每年都要奔赴欧洲参加北约大大小小的会议,与盟友开展面对面的沟通合作,维持同盟的运转。

三、亚太同盟军事和政治机制

美国无意与更多盟友建立军事一体化机构,承担太多军事义务,亚太同盟的机制化程度不如北约。美韩同盟建立了联合作战司令部,美国与亚太其他盟友未建立联合作战机构。美国与亚太盟友较少建立单独的政治机制,通过频密的峰会、外长会议、防长会议磋商同盟政策。

美韩同盟是军事一体化程度最高的亚太同盟,同盟军事机制以美韩安全协商会议(SCM)、美韩军事委员会会议(MCM)、美韩联合司令部(CFC)为代表。1968年1月朝鲜特种部队偷袭韩国总统府所在地青瓦台、美国间谍船"普韦布洛"号被朝鲜扣押,半岛局势紧张,美韩加强安保磋商。1968年5月,美韩建立国防部长级的磋商机制,此后两国外交部门也派出高级干部参会,使得会议的规格升级,成为美韩同盟体制中的骨干性机制,会议更名为美韩安全协商会议。② 安全协商会议为年度会议,在美韩轮流举行,总管美韩同盟的战略与军事,如对朝军事威慑、作战指挥权移交、驻韩美军费用分担、基地搬迁、反导部署、美日韩三边合作机制等。1978年7月美参联会主席与韩参谋长主持首次美韩军事委员会会议,议题与美韩安全协商会议交叉,侧重点不同,由两国军方人员参加。军事委员会根据两国元首、国防部长、参谋长达成的共识,制定同盟军事合作计划,向美韩联合司令部下达作战指示。

美韩联合司令部延续了美国在战争时期建立的作战指挥体制。1950年6月战争爆发后,美国利用苏联代表缺席联合国安理会、中国席位被台湾当局非法窃取之际,操纵联合国安理会通过决议,组建联合国军。战争初

---

① "The NATO Command Structure," February 2018, https://www.nato.int/nato_static_fl2014/assets/pdf/pdf_2018_02/1802-Factsheet-NATO-Command-Structure_en.pdf.(上网时间:2020年2月3日)

② 韩献栋:"美韩同盟的运行机制及其演变",《当代美国评论》,2019年第3期,第84页。

期，韩军节节溃败，频遭美军误炸，死伤严重，美韩军队统一指挥势在必行。1950年7月，美韩达成《大田协定》，韩国主动向以美国为首的联合国军移交了韩军作战指挥权，建立了美韩联合作战指挥体制，名义上美韩联军属于联合国军。1957年7月联合国军司令部由日本东京迁至韩国，将7个驻日美军基地（横田、座间、佐世保、横须贺、普天间、嘉手纳和白滩）作为联合国军司令部的后方基地。1975年联合国大会通过呼吁解散联合国军司令部的决议，美国抵制落实联合国大会决议。1978年11月美韩建立联合司令部，接管联合国军司令部对驻韩美军和韩军的作战指挥权。美韩联合司令部司令由驻韩美军司令担任，副司令由韩国将领担任。美韩联合司令部下设各军种司令部和特种作战司令部，美韩战斗部队混合编制训练，与通常的联合训练相比更紧密。美国迄今仍未解散联合国军司令部，美国认为联合国军司令部是"国际公认"的对驻韩美军负责的合法政治机构，假如朝鲜违反停战协定，联合国军司令部可使用7个美驻日基地。①

冷战结束后，韩军作用上升。1991年韩军接替由美军担任的朝鲜军事停战委员会联合国军方面的首席代表职务；接管板门店地区警戒，至此"三八线"前沿防御全部由韩军承担。1992年12月1日，韩军首次担任美韩联合司令部地面部队司令官、美韩海军陆战队司令官和新成立的美韩联合特种作战部队司令官。② 1994年美国向韩国移交了"平时"作战指挥权，但移交"战时"作战指挥权一波三折。韩国内对于是否要收回战时作战指挥权意见不一，保守派和军方人士担心移交削弱美韩同盟。卢武铉政府与美国达成2012年4月移交战时作战指挥权的协定。李明博政府认为韩军指挥、控制、通信、情报、监视、侦察、运输、网络安全、两栖运输等各方面能力都欠缺，没有做好收回战时作战指挥权的准备，与美国达成协定，将移交时间推迟到2015年12月。朴槿惠政府再次提出延迟移交问题，与美国达成协定，设置了移交作战指挥权的条件，移交时间取决于朝鲜半岛的安全环境、韩军核心军事能力、韩军在局部冲突和全面战争初期的能

---

① *U. S. Force Posture Strategy in the Asia Pacific Region: An Independent Assessment*, Center for Strategic and International Studies, June 27, 2012, p. 29.

② 陈效卫主编：《合作与冲突：战后美国军事联盟的系统考察》，军事科学出版社，2001年版，第79页。

力等条件。迄今韩军仍未获得单独的作战指挥权，这意味着双方仍延续战争时期形成的指挥体制，未经美国的同意，韩国军事上难以自行其是。

美日安全保障协商委员会（SCC）统揽同盟合作，是综合性的同盟管理机构，制定同盟合作的路线图，指导其他同盟机构的运作。安全保障协商委员会起初由日本外相、防卫厅长官、美国驻日大使、太平洋司令部司令参加，美日参加人员级别不对等，1990年美方级别提升到部长级，成为美日部长级的"2+2"机制。"2+2"机制议题广泛，包括重申同盟意义及同盟承诺；推进外交政策对接、建立共同战略目标；设定同盟角色、任务和能力；设定同盟安保合作范围；磋商驻日美军基地的部署、财政支持等内容。[①]

美日还设立了防卫合作小组委员会（SDC），这是安全保障协商委员会的日常运作机构。美日联合委员会（JC）是驻日美军和日本政府的沟通平台，就驻日美军地位协定、基地设施的翻新、搬迁、环境等后勤保障问题磋商。美日安全小组委员会（SSC）就两国共同关心的具体安全保障问题交换意见。这些机制侧重点不同，参与人员和讨论议题交叉重合。2015年4月美日修订《美日防卫合作指针》，新设"同盟协调机制"（ACM），担负着从平时到危机时期各个时段的协调功能。

美国对澳大利亚构建同盟军事机制的诉求反应冷淡。美国认为威胁在抵达南太平洋之前将被阻挡住，与澳大利亚军事合作缺乏紧迫性。美国军方不愿受"正式"的理事会束缚，抵制澳新美同盟建立类似北约的军事指挥机构。1952年8月在夏威夷召开的首次澳新美部长级理事会上，美国拒绝澳新美同盟与北约建立联系的提议，拒绝澳大利亚越过美军太平洋司令部与五角大楼建立直接联系。[②] 美澳成立军事代表会议，下设参谋会议，讨论联合训练、后勤保障问题，双方参会级别不对等，澳方代表为澳国防军司令，美方代表为太平洋司令部司令。

澳新美同盟理事会一度中断，澳新美三方在东南亚条约组织的框架下磋商，之后三方会议重新单独举行。1985年美国将新西兰踢出同盟，澳新

[①] 包霞琴、崔樱子："冷战后日美同盟的制度化建设及其特点——兼论日本在同盟中的角色变化"，《日本学刊》，2019年第1期，第26—27页。

[②] 汪诗明：《1951年〈澳新美同盟条约〉研究》，世界知识出版社，2008年版，第206页、第212页、第214—216页。

美理事会改为澳美理事会，举行了首次部长级磋商。1996年7月，美澳外长参加的年度理事会扩大为防长参加，升格为"2+2"机制，成为美澳同盟的综合性机制，讨论双边和亚太安全议题，宣示共同立场。

东南亚条约组织是冷战时期亚太地区的多边同盟，这一"亚太版北约"在机制建设上无法与北约相提并论。东南亚条约组织成员复杂，战略优先次序不同，军事合作先天不足。尽管泰国、澳大利亚等国积极推动军事机制建设，但未得到美、英、法的响应，三国都无意划拨部队用于防御东南亚。美国的战略重点在欧洲，在欧洲和东北亚驻军负担很重，不愿承担太多军事义务，无意在东南亚移植北约的军事一体化模式。英国除了派驻马来亚的部队外，没有多余部队可派驻东南亚其他地区。法国在奠边府战役溃败后，军事力量撤出东南亚。菲律宾和泰国军力较弱，巴基斯坦军队几乎全部用于对付印度，澳、新能提供的军队数量有限。东南亚条约组织建立了一个松散的协商安排，发挥危机反应功能，① 这不同于北约的联合作战司令部，也就谈不上制订联合作战计划。东南亚条约组织缺乏军事资源和政治共识，无力开展大规模军事行动，"在宣告成立时活像一只狮子，而后来的表现却是一只十足的绵羊"。②

东南亚条约组织仿照北约建立了代表理事会、部长理事会、军事顾问小组，代表理事会是主要的政治机构，但参加理事会的代表并非专任，而是由成员国驻泰国大使兼任。部长理事会发挥决策作用，由成员国外长组成，每年举行一次会议，在成员国轮流举行。常设工作组相当于秘书处，由成员国专员加上泰国外交部代表组成，向代表理事会负责，处理行政事务。秘书处设在泰国首都曼谷，秘书处的人员和预算都很少，比美国驻泰国新闻处的人员和预算还要少。③ 东南亚条约组织的主要军事活动是举行联合军演。东南亚条约组织从建立到解散都未举行过峰会，美、英、法并未将东南亚条约组织置于优先议程。

---

① Leszek Buszynski, *SEATO: The Failure of an Alliance Stratgey*, Singapore: Singapore University Press, 1983, p. 45.

② 姚椿龄："美国与东南亚条约组织的建立"，《美国研究》，1995年第3期，第122—123页。

③ George Modelski, "SEATO: Its Function and Organization," in George Modelski, ed, *SEATO: Six Studies*, Melbourne: F. W. Cheshire Ply Ltd, 1962, p. 18.

四、同盟战略对话机制

战略对话机制是美国与盟友建立的综合性对话机制。美国与日本、澳大利亚、韩国、菲律宾都建立了"2+2"战略对话机制,其中与澳、日、韩、菲的"2+2"机制属于部长级,美澳"2+2"机制每年定期举行,其他"2+2"机制时间不固定。"2+2"对话机制并不是美国与亚太盟友的独有对话形式,美国曾与俄罗斯举行过"2+2"对话机制,比如2007年10月12日,美防长盖茨和国务卿赖斯赴莫斯科参加美俄"2+2"对话,美国与印度也启动了外长和防长参加的"2+2"对话机制。

美韩同盟设立了一些针对具体问题的磋商机制,"9·11"事件后,美国重组海外基地和驻军,美韩就同盟转型和驻韩美军重组建立对话,如通过美韩同盟政策构想会议(FOTA)达成了重组驻韩美军协议。2006年1月,美韩举行首次战略对话,就驻韩美军"战略灵活性"达成协议。2010年7月举行了首次外长和防长参加的"2+2"会议,两年举行一次,2016年"2+2"会议中断。2021年3月,美韩时隔五年重启"2+2"对话。

"9·11"事件后,美军"重返"东南亚反恐。2003年7月,美国与菲律宾成立"防务政策小组",加强反恐及地区安全政策协调。[①] 奥巴马政府实施"亚太再平衡"战略,加大对东南亚投入。2011年1月,美菲启动双边战略对话,建立"2+2"战略对话机制,美方层级相对较低,参加的官员为司局级,菲方为外长和防长。2012年4月,美菲举行外长和防长级别的"2+2"对话。美泰同盟建立了司局级的战略对话。

美国与盟友和伙伴的"2+2"对话机制被日本所效仿,日本与澳大利亚、印度、菲律宾、印度尼西亚,甚至与俄罗斯都建立外长和防长参加的"2+2"对话机制,同时与法国、英国、德国也相继建立"2+2"对话机制,密切安全磋商与合作,截至2022年日本建立了9个"2+2"对话机制。

在正式的对话机制外,美国与盟友建立了不计其数的各层级非正式对话,军方日常交流密切。2019年美国国防部长埃斯珀与60多个国家的盟

---

① 黄莺:"'9·11'事件后的菲美军事关系",《国际资料信息》,2004年第5期,第23页。

友和伙伴开了200多场会,① 有例行的机制会晤,也有临时的出访和来访,从国防部长的对外接触中可一窥美国军事交流的活跃程度。美国与盟友利用参加联合国、亚太经济合作组织（简称"亚太经合组织"）、东盟地区论坛、香格里拉对话、二十国集团、慕尼黑安全政策会议等多边活动举行峰会、外长和防长会议,保持战略沟通和政策协调,各种层级的双多边对话与合作机制夯实了同盟关系。

第四节　充满差异性的同盟体系

美国同盟体系充满差异性。各盟友对美国的重要性不同,与美国关系亲疏不一,有些盟友有多重身份定位,美国要让盟友为己方立场站台、调动同盟资源为己所用并非易事。

一、战略重要性差异

美国各盟友的实力地位不同,战略价值差异大,美国与欧洲和亚太国家缔结的同盟更重要。同一地区的盟友战略价值不同,美国与地区大国的同盟更重要,在亚太地区的双边同盟中,美日同盟最重要。同一个同盟不同时期的战略重要性也会波动。美国同盟体系是一种等级体系,最重要的同盟处于体系的最高等级,次重要的则处于次一等级,美国与它们的军事、政治、经济及文化纽带体现了战略重要性差异。

北约和亚太同盟分布在欧亚大陆的东西两端,处于欧亚大陆的边缘地带。美国地缘政治家斯皮克曼的"边缘地带理论"认为,谁控制了边缘地带,谁就控制了欧亚大陆;谁控制了欧亚大陆,谁就控制了世界的命运。斯皮克曼认为,"美国最重要的对外关系是与大西洋和太平洋对岸的旧大陆建立起来的。这些地区的发展影响了世界政治的走向,也决定了美国在

---

① "Secretary Esper Discusses Strengthening Allies and Partners at the Atlantic Council," October 20, 2020, https://www.defense.gov/Newsroom/Transcripts/Transcript/Article/2389097/secretary-esper-discusses-strengthening-allies-and-partners-at-the-atlantic-cou/.（上网时间：2020年11月22日）

美国同盟体系：新时代的旧秩序

世界政治中的地位"。① 欧、亚盟友如此重要，美国不允许其落入对手的势力范围。2001年美国国防部发表的《四年防务评估》报告指出，防止敌对势力支配的五个关键地区，依次为欧洲、东北亚、东亚滨海地带、中东和西南亚，② 这与冷战期间美国要控制的战略重点地区大体一致。美国至关重要的利益仍然是防止任何国家或国家集团控制欧亚大陆，欧、亚同盟的地位依然重要。

北约是美国同盟体系的核心，欧洲盟友落入美国对手的势力范围将决定性地改变全球均势。北约内部也有重要性差异，冷战时期北约分为三个集团，第一集团是由拥有重要军事资源的国家——英国、法国、德国组成。第二集团由南欧人均收入很低的国家——意大利、希腊、葡萄牙和土耳其组成。第三集团包括几个相对实力较小却富裕的国家——比利时、荷兰、卢森堡、加拿大、丹麦、冰岛、挪威。③ 时至今日，美国仍然最重视北约，拜登总统表示，"北约是美国国家安全的核心、自由民主理想的堡垒、由价值观结成的同盟，比那些通过胁迫或金钱建立的伙伴关系更为持久、可靠和强大"④。北约成员增加很多，最重要的成员仍是英国、法国、德国大盟友，三国是七国集团（G7）成员，在联合国和其他国际组织中发挥重要作用。

英、法、德拥有军事资源，具有重要的政治和经济影响，增强了西方的总体实力。英国、法国是联合国安理会常任理事国，仍借助昔日的帝国余晖发挥全球影响。英国在国力鼎盛的"日不落帝国"时期，在全球获得的殖民地是本土面积的160多倍，控制地中海和印度洋，殖民地遍布北美、加勒比海、非洲、南亚、东南亚、太平洋地区。英国将政治体制输出到世界各地，许多殖民地独立后仍沿袭英国建立的政治体制，将英语作为通用语言，国家治理延续"英国模式"，英国的影响依然深厚。

---

① [美]尼古拉斯·斯皮克曼著，王珊、郭鑫雨译：《世界政治中的美国战略：美国与权力平衡》，上海人民出版社，2018年版，第332页。

② Department of Defense, *Quadrennial Defense Review Report*, September 30, 2001, p. 2.

③ James R. Golden, *NATO Burden – Sharing: Risks and Opportunities*, The Washington Papers, No. 96, 1983, p. 29.

④ Joseph R. Biden, Jr., "Why America Must Lead Again? Rescuing U. S. Foreign Policy After Trump," *Foreign Affairs*, March/April, 2020, p. 73.

第三章　美国同盟体系的构建

法国殖民领土的分布范围不亚于英国，遍及加勒比海、非洲、印度洋、太平洋。有一些殖民地仍未独立，变成了法国属土，在南美洲有法属圭亚那；在加勒比海有法属西印度群岛；在印度洋有留尼汪岛和其他散落的岛屿；在南太平洋有法属波利尼西亚、新喀里多尼亚、富图纳群岛等，海外属地面积一共有50多万平方千米，几乎与法国本土面积一样大，专属经济区面积达到1100万平方千米。① 法国积极向殖民地输出"法国模式"、法语和法国文化。

德国是欧洲第一经济大国，统一后的德国低调做"欧洲的德国"，将自身发展寓于欧洲发展中，悄然增加地区和国际影响。德国协助美国维护欧洲秩序和国际秩序，推动中东欧国家转型、参加在原南斯拉夫地区、阿富汗的维和行动，积极应对叙利亚危机、反对"伊斯兰国"行动。克里米亚入俄事件后，德国在北约框架下加强在立陶宛的军事部署。2022年2月俄乌冲突爆发，德国认为这是具有"时代转折"意义的事件，德国的外交安保政策出现转折性变化，一改不卷入冲突地区的安全政策，对乌克兰提供的武器数量和质量不断突破；一改低水平军费开支政策，设立1000亿欧元的联邦国防军基金，拟将军费开支占国内生产总值（GDP）② 的比重提高到2%以上，这将对欧洲乃至国际安全格局产生深远影响。

排在北约后面的是美国的亚太同盟，美日同盟排在第一位，美韩、美澳同盟次之。美国前助理防长帮办卡尔·福特表示，没有美日同盟，美国将不能够保持为一个全球性大国。③ 虽然有点言过其实，但反映了美国高度重视美日同盟。美国政要和国防部报告用"基石"来形容美日同盟的重要性，美国战略界人士将日本誉为一艘"不沉的航空母舰"和"东亚的英国"。日本经济总量长期占据世界第二，目前仍是世界第三大经济体，是

---

① Hall Gardner, "The Impact of the US 'Re-Balancing' to Asia on French Strategic Thinking," in Greg Kennedy and Harsh V. Pant, eds., *Assessing Maritime Power in the Asia-Pacific: The Impact of American Strategic Re-balance*, Surrey: Ashgate, 2015, p. 51; p. 68.

② 冷战时期的数据大多使用军费占国民生产总值（GNP）的比重，冷战后的数据使用占国内生产总值（GDP）。如果数据出处使用GNP，本书引用时也使用GNP；数据出处使用GDP，引用时也使用GDP。

③ Yoichi Funabashi, *Alliance Adrift*, New York: Council on Foreign Relations Press, 1999, p. 275.

美国同盟体系：新时代的旧秩序

联合国、国际货币基金组织及其他国际机构的主要出资国。日本驻扎着美军唯一设在海外的航空母舰编队，为美国提供重要的海空基地，对美国维持亚太秩序至关重要。日本是追随美国最久、出手最大方、最忠心不二的盟国。①

美韩同盟使美国在欧亚大陆东端建立了"桥头堡"。对美国来说，韩国"有独特的示范意义：实现了经济腾飞，跻身经济合作与发展组织（OECD）；实现了由军人独裁向民主国家的平稳过渡；作为典型的亚洲国家，韩国对异质的美国文化所表现出的接受和吸纳态度，足可成为亚洲国家和发展中国家效仿的楷模"②。韩国经济总量和贸易额位居世界前列，积极参与国际组织。美国重视提升美韩同盟的地位，称赞美韩同盟是"维护亚太乃至全球稳定、安全、繁荣的中流砥柱"。③

同一个同盟不同时期的重要性不同。越南战争期间，美国大军驻扎泰国。越南战争结束后，美军撤出泰国，美泰同盟弱化。美军撤出菲律宾后，美菲同盟的重要性下降。在科索沃战争、阿富汗战争、伊拉克战争三次战争中，北约均未发挥有效军事作用，甚至未能与美国保持政治上的一致。无论是从军事还是从政治上看，北约对美国的重要性不可避免地下降了。④

二、亲疏性差异

美国与盟友的关系亲疏各异。美国前助理国防部长帮办坎贝尔将美国的盟友分为三类：核心家庭、延伸家庭、朋友和熟人。核心家庭成员包括北约成员以及四个亚太盟友：日本、韩国、菲律宾和澳大利亚。这些成员

---

① ［澳］加文·麦考马克著，于战杰、许春山译：《附庸国：美国怀抱中的日本》，社会科学文献出版社，2008 年版，第 1 页。

② 陈效卫主编：《合作与冲突：战后美国军事联盟的系统考察》，军事科学出版社，2001 年版，第 86 页。

③ "Remarks by President Obama and President Lee Myung‐Bak of the Republic of Korea after Bilateral Meeting," June 26, 2010, http：//www.whitehouse.gov/the‐press‐office/remarks‐president‐obama‐and‐president‐lee‐myung‐bak‐republic‐korea‐after‐bilateral‐.（上网时间：2010 年 8 月 10 日）

④ 中国现代国际关系研究院美欧研究中心编：《北约的命运》，时事出版社，2004 年版，第 173 页。

第三章　美国同盟体系的构建

处于美苏对峙的前沿，受到美国的核保护，有大量美军驻扎，与美国军事合作程度高，制订联合作战计划、联演联训。美国与这些国家的外交、技术、军事、文化、人民之间的深度互动持续了几代人，建立了合作习惯、行为准则和行为预期。冷战时期的延伸家庭成员在中东地区有以色列、埃及、沙特、巴林，亚太地区有新加坡、泰国、印度尼西亚、巴基斯坦、中国台湾地区，还有南非和哥伦比亚。这些国家获得美国的大量援助，但美国驻军相对少。美国与第三类国家没有签署正式的安全安排，美国从全球反苏斗争出发与这些国家发展双边关系。① 冷战后亲疏性差异依然存在，比如 1996 年 9 月，美国空袭伊拉克，美国防情报局只向英国、法国、德国、日本、意大利、加拿大和澳大利亚七国做了通报。②

一般来说，亲密性和重要性呈现正相关关系，美国最亲密的盟友也是重要盟友。这些盟友与美国价值观一致，以英语国家和北约成员国为主，与美国人种、宗教、文化相似，有共同的身份认同，形成了安全共同体意识。

英国是美国最亲密的盟友。美国是英国的"后代"，独立前的 170 多年是英国的殖民地，独立后在英国主导的国际秩序中发展壮大。美英在一战和二战期间并肩战斗，形成了"特殊关系"。英国参与战后秩序擘画，担任联合国安理会常任理事国，扮演美欧之间的桥梁角色，对美国的军事干涉支持最积极。英国还将殖民时期占据的海外战略基地，如印度洋的迪戈加西亚岛、北大西洋的百慕大群岛、南大西洋的阿森松岛提供给美军使用。美国称英国为"不沉的航空母舰"，③ 在英国部署核武器、核潜艇、导弹防御系统、轰炸机、战斗机等，这些军事部署未遇到异议，而美国在欧洲大陆或日、韩的军事部署曾招致民众抗议。英美历史、文化、政治和经济联系紧密，英国与美国隔着宽阔的大西洋，与欧洲大陆只隔着狭窄的英吉利海峡，但英国与欧陆国家的政策差异往往大于英美差异，出现了"英

---

① Kurt M. Campbell, "The End of Alliances? Not So Fast," *Washington Quarterly*, Spring, 2004, pp. 156 – 157.

② Yoichi Funabashi, *Alliance Adrift*, New York: Council on Foreign Relations Press, 1999, p. 456.

③ Henry M. Jackson, ed., *The Atlantic Alliance: Jackson Subcommittee Hearings and Findings*, New York: Frederick A. Praeger, 1967, p. 59.

美国同盟体系：新时代的旧秩序

吉利海峡宽于大西洋"的形象说法。英美就危机处理沟通最多，在古巴导弹危机中，美国向盟友通报的顺序是：英国、法国、德国、加拿大、意大利、土耳其、北大西洋理事会，肯尼迪总统每天和英国首相麦克米伦联系。① 其他盟友没有获得英国那样的待遇。

英语使民族内部深度交融，丘吉尔首相撰写英语民族史，美国学者米德也将英、美对世界的影响视为一体。美国、英国、澳大利亚、新西兰、加拿大组成了"五眼联盟"，从最初的情报合作扩展到其他领域。五国语言、民族、文化、宗教、法律、价值理念相近，民众来往密切，互信程度高。英国、澳大利亚、新西兰、加拿大对美国忠心耿耿，积极参加美国发动的军事干涉。澳大利亚、新西兰协助美国维护在太平洋岛国的影响，在南太平洋地区发挥"副警长"作用。

三、双多边差异

美国在欧洲构建多边同盟，在亚洲构建美日、美韩、美菲、美台双边同盟。东南亚条约组织是一个多边同盟，持续20多年就瓦解了。由于新西兰与美国的核政策分歧，澳新美三边同盟转变为美澳双边同盟。北约的多边性和亚太同盟的双边性形成了鲜明对比，欧亚的同盟形态差异源于同盟产生的时代背景、集体认同、地理条件差异及地区多样性等因素。

二战结束初期，一些国家希望与美国结盟，获得美国的安全保护，但不愿与日本结盟。澳大利亚、新西兰和菲律宾尚未忘记日本侵略的创伤，不愿缔结一个包括日本的多边安全条约，对日本侵略的担心更甚于对苏联或中国的担心，希望美国将未来的日军限制在陆地，以防止日本侵略海外。② 摆脱殖民统治的印度、印度尼西亚、缅甸等国，珍视来之不易的民族独立，不愿与大国结盟而受约束。亚太国家意见不一，美国难以组建多边同盟，选择与日本单独结盟。美国占领日本，不需要征得其他国家的同

---

① Thomas Risse‐Kappen, *Cooperation among Democracies*: *The European Influence on U. S. Foreign Policy*, Princeton: Princeton University Press, 1995, p.150; Elizabeth D. Sherwood, *Allies in Crisis*: *Meeting Global Challenges to Western Security*, New Haven: Yale University Press, 1990, p. 116.

② John Foster Dulles, "Security in the Pacific," *Foreign Affairs*, No. 2, 1952, p. 182.

第三章 美国同盟体系的构建

意就将日本纳入美国的战略轨道。

美国国务卿杜勒斯认为,同盟反映了共同命运感。《里约条约》反映了美洲国家之间的共同命运感,北约反映了西方人的共同命运感,美国与澳大利亚、新西兰、菲律宾、日本的安全条约反映了美国和这些国家之间产生了一种共同命运感的事实,但这个要素在太平洋其他地方不存在。[1] 美国与欧洲、亚洲盟友的共同命运感程度不一样。有学者认为,基于文明、民族、种族、宗教的纽带以及共同的历史记忆,美国与欧洲有共同的身份认同,与亚洲国家的共同身份认同脆弱。这导致美国在欧洲组建多边同盟,在亚洲偏好双边主义。[2] 也有学者认为,美国在欧洲构建多边同盟、在亚洲构建双边同盟的原因在于美国在欧、亚地区的权力优势差异。美国在太平洋享有"极端霸权",权力优势远远超过美国在大西洋的优势,促使其偏好以双边主义与亚洲国家打交道。[3] 美国在亚洲更享有支配地位,对亚洲的索求更少,没必要放弃政策自主性以换取亚洲的制度性合作,多边主义将对美国政策自主性施加更大的限制。[4] 还有学者认为,亚太地区的极端多样性,而不是美国的极端霸权,阻碍了亚太出现多边制度。[5] 尽管亚太同盟以双边为主,但这种双边形态正在发生改变。21世纪以来,以美日同盟为核心的亚太同盟三边化、四边化发展迅速,"亚太版北约"态势明显。

---

[1] John Foster Dulles, "Security in the Pacific," *Foreign Affairs*, No. 2, 1952, pp. 183 – 184.

[2] Christopher Hemmer and Peter J. Katzenstein, "Why Is There No NATO in Asia? Collective Identity, Regionalism, and the Origins of Multilateralism," *International Organization*, Vol. 56, No. 3, Summer 2002, pp. 592 – 593, p. 598.

[3] Donald Crone, "Does Hegemony Matter? The Reorganization of the Pacific Political Economy," *World Politics*, No. 4, 1993, pp. 501 – 525.

[4] G. John Ikenberry, "State Power and the Institutional Bargain: America's Ambivalent Economic and Security Multilateralism," in Rosemary Foot, S. Neil MacFarlane & Michael Mastanduno, eds., *U. S. Hegemony and International Organizations: The United States and Multilateral Institutions*, Oxford: Oxford University Press, 2003, p. 58.

[5] Amitav Acharya, "Ideas, Identity, and Institution – building: From the 'ASEAN Way' to the 'Asia – Pacific Way'?" *Pacific Review*, No. 3, 1997, p. 322.

四、"盟中盟"与"盟外盟"

美国根据需要灵活组建多国联合,这些联合基于特定任务。"盟中盟"指美国与盟友关系的重新组合,英国、加拿大、澳大利亚、新西兰均是美国的条约盟友,美国与这些国家组成的"五眼联盟"为"盟中盟",密切了五国情报合作。2021年9月,美国与英国、澳大利亚建立"三边安全伙伴关系"(AUKUS)也是"盟中盟",三国在网络、人工智能、量子技术等领域加强合作,美国向澳大利亚转让核潜艇技术,澳大利亚成为继英国之后美国转让核潜艇技术的第二个国家。美国亚太盟友之间的双多边合作,如日澳、日菲、美日澳、美日韩、美日韩澳建立双边或小多边对话与合作可视为"盟中盟"合作,欧亚盟友之间的双多边合作,如日英、日法、日德、日本与北约的合作也可视为"盟中盟"合作。

"盟外盟"指美国与非同盟成员关系的重新组合。在军事干涉、危机管理、维和行动上,美国组织广泛的"自愿者联合",纠集尽可能多的国家参加,最大限度地争取国际支持。美国发动的军事干涉都纠集盟友和伙伴参加,如组建联合国军投入朝鲜战场,动员盟友和伙伴参加海湾战争、波黑和科索沃维和行动、阿富汗战争等。阿富汗战争之初,美国领导的"自愿者联合"规模庞大,136个国家提供了不同形式的军事援助,20国部署了1.6万军队,5国派遣战机在阿富汗上空巡逻,阿拉伯湾有来自15个国家的80艘船只。[①] 2011年3月17日开始的利比亚战争参加者不限于北约盟友,而是"自愿者联合",由英法牵头的北约欧洲成员和一些阿拉伯国家组成。

"自愿者联合"是针对特定议题而聚拢在一起的国家之间的松散联合。在应对恐怖主义、气候变化、核武器扩散等非传统安全和全球性挑战上,美国对传统军事同盟的依赖下降。美国国防部长拉姆斯菲尔德提出"任务决定联合",重视"自愿者联合"。美国发起的安全合作倡议,如"防扩散安全倡议"(PSI)、"集装箱安全倡议"都是针对特定议题的联合。美国领

---

① Paolo Pasicolan and Balbina Hwang, "The Vital Role of Alliances in the Global War on Terrorism," October 24, 2002, http://www.heritage.org/Research/Reports/2002/10/The-Vital-Role-of-Alliances-in-the-Global-War-on-Terrorism. (上网时间:2003年10月22日)

导的反"伊斯兰国"的多国联合有80多个成员，反对委内瑞拉马杜罗政府的多国联合有50多个国家。2019年波斯湾局势再度紧张，为保护伊朗和也门海域的海上交通安全和航行自由，2019年6月美国召集了60余国政府代表，就组建护航联盟的构想进行了说明，7月美军中央司令部在佛罗里达州坦帕总部商讨美军与各国军队的任务分工。

与正式同盟比，"自愿者联合"具有灵活性和广泛性，有利于美国占领道义制高点，更广泛地分担军事负担。美国发起的军事干涉如果获得联合国的授权，较容易争取其他国家的支持，但"自愿者联合"成员不固定，更难协调行动。

五、结盟还是不结盟

冷战时期，面对社会主义和资本主义两大阵营对抗，南斯拉夫、埃及、印度、印度尼西亚、阿富汗等国发起不结盟运动，反对集团政治，反对大国军备竞赛，追求独立自主和经济自立自强，要求平等参与国际事务。1961年9月，20多个国家在南斯拉夫首都贝尔格莱德举行首次不结盟运动首脑会议，发表宣言，反对任何形式的"殖民主义、帝国主义和新殖民主义"，支持亚非拉民族解放运动，提出裁军、消除经济不公等主张。1970年9月在赞比亚首都卢萨卡举行的不结盟运动首脑会议发表宣言，顶住苏联压力，批评苏联和美国一样搞霸权主义，指责美苏两个超级大国粗暴干涉别国内政，甚至武力颠覆别国政府，没有给世界带来和平与安全。

不结盟运动要求申请国奉行独立自主的政策，与不同制度国家实现和平共处；支持民族独立运动；不参加与大国竞争有牵连的军事同盟；如果与一个大国签订军事协定或防御条约，则该协定或条约不应与大国竞争有任何牵连；如该国将军事基地出租给外国，则此种租让不应与大国竞争有任何牵连。这些成员国资格要求表明不结盟运动远离大国竞争、以不结盟方式维护世界和平的愿望。

亚非拉国家纷纷加入不结盟运动。一些国家既与美国结盟，也是不结盟运动成员，具有既结盟又不结盟、相互矛盾的多重身份，这些国家加入不结盟运动的时间早晚不同，里约条约成员国智利、秘鲁、哥伦比亚、巴拿马、厄瓜多尔、玻利维亚、委内瑞拉等国冷战时期就参加不结盟运动，

美国同盟体系：新时代的旧秩序

有些国家冷战结束后加入，如危地马拉、洪都拉斯等国。菲律宾和泰国是美国的条约盟友，冷战结束后加入不结盟运动。巴基斯坦先加入东南亚条约组织和巴格达条约组织，退出后加入不结盟运动，小布什政府时期又获得"非北约主要盟友"地位，还是北约的全球伙伴之一。有些国家先加入不结盟运动，后来与美国结盟，获得"非北约主要盟友"地位，比如埃及、摩洛哥、突尼斯、海合会成员国等。埃及是不结盟运动的发起国之一，为收复第三次中东战争中被以色列占领的领土，先与苏联结盟，后与美国结盟，在结盟和不结盟之间切换身份。在不结盟运动成立初期，伊拉克、约旦、海合会成员国就已加入，但是随着地区和国际局势的发展，这些国家在不同时期成为美国的盟友，向美国提供军事基地。以上可以看出，亚非拉国家追求独立自主和对外关系多元化，竭力避免受制于任何一个大国，与美国结盟只是其中的一项政策选项。美国同盟体系的核心成员——北约盟友、日本、韩国、澳大利亚、新西兰没有加入不结盟运动，与亚非拉国家的不结盟政策差异显而易见。

第四章

美国提供安全保护：军事纽带之一

美国靠什么维持同盟体系？盟友为何甘于受美国的调遣？本章阐述了美国对盟友提供安全保护的方式。美国保持世界"老大"地位，以超强的军事实力为后盾，满足盟友的安全保护需要。美国提供核与常规力量保护，发挥威慑和防御双重作用，威慑外部侵略，在威慑失败后实行集体防御，平时向盟友提供安全援助、售卖军备、与盟友合作提升联合作战能力。

第一节 安全保护承诺

美国拥有雄厚的军事实力，为履行安全保护承诺奠定基础。美国多管齐下维持安全承诺的可信性，但不做无限承诺，不愿对盟友的国家安全大包大揽，对各地区盟友的安全承诺水平不同。

一、安全保护承诺的物质基础

美国保持着世界第一军事大国地位。二战末期，美国军力扩张达到顶峰，军队总人数近1200万人，陆军达600万人，海军达300万人，海军陆战队达48万人，拥有40艘航母，数百艘战舰和潜艇，2.4万架战机；空军拥有230万人，达6.8万多架战机。① 美国将大西洋和太平洋变成了"内湖"，军事基地和设施遍布全球。战后美国军人解甲归田。1950年6月战争爆发后，美国扩军备战，军费大涨。美国卷入和发动一系列战争，军事干涉未停歇，消耗了国力，陷入越南战争泥潭，实力从二战顶峰跌落。

美国从维护全球均势出发制定军事战略，以全球版图划分作战区域，配置兵力，建立太平洋司令部、欧洲司令部、中央司令部（覆盖中东地

---

① Richard L. Kugler, *Commitment to Purpose: How Alliance Partnership Won the Cold War*, RAND, 1993, pp. 34-35.

区)、非洲司令部、南方司令部(南美地区)、北方司令部(北美地区),驻军遍布世界。美国拥有庞大的核武库,核动力航母、携带核弹头的战略轰炸机、核潜艇在全球活动;拥有先进的常规军备,利用军事干涉和代理人战争测试和改进武器性能。美国陆军在不间断的战争中积累了丰富的实战经验,空军拥有各类型号的先进战机,保持着制空权。海军掌握制海权,控制世界咽喉要道,现拥有11艘航母战斗群和无可匹敌的远征作战能力。技术革新助力美国维持军事优势,美国是新军事变革的"领头羊",在研发高科技武器上不遗余力。

经济实力支撑着美国的军力建设。1945年美国国民生产总值占世界的50%,[①] 此后美国经济总量占世界的比重呈现下降趋势,但仍保持世界头号经济大国地位。庞大的军费挤占民生福利开支,对美国也是沉重的负担,"大炮"和"黄油"难以兼得。艾森豪威尔时期一架重型轰炸机可建30所学校、建设供6万人使用的两个发电站、两所配备齐全的医院、50英里的高速公路。一架战斗机可买50万蒲式耳[②]小麦,一艘驱逐舰可建造容纳8000人的住房。现在军备建设更昂贵,一架B-2轰炸机可建171所初级学校,一架轰炸机可铺设150英里的高速公路。一架F-22战斗机价值3.56亿美元,可买660万蒲式耳小麦。一艘阿利·伯克级的驱逐舰建造费需要10亿美元,如果一栋房子价值19.16万美元,可买5200栋房子,供2.1万人居住。[③]

尽管军备建设很烧钱,美国仍相信有"大炮"才有"黄油",维持军事优势才能确保美国的繁荣,进而维护"美国治下的和平"。苏联解体后,美国成为唯一的超级大国,综合实力优势明显,进入"单极时刻"。[④] 美国大幅削减军费,军费开支占国内生产总值的比重下降到3%以下。"9·11"

---

① *Defense Burdensharing: The Costs, Benefits, and Future of U. S. Alliances*, Hearings before the Defense Burdensharing Panel of the Committee on Armed Services, House of Representative, February 2, March 1 and 2, 1988, p. 8.

② 蒲式耳为英制容量单位,类似中国的斗;1蒲式耳小麦约等于27.2公斤小麦。

③ Christopher A. Preble, *The Power Problem: How American Military Dominance Makes US Less Safe, Less Prosperous and Less Free*, Ithaca and London: Cornell University Press, 2009, p. 76.

④ Charles Krauthammer, "The Unipolar Moment," *Foreign Affairs*, No. 1, 1990/1991.

第四章　美国提供安全保护：军事纽带之一

事件后，美国发动阿富汗战争和伊拉克战争，军费开支攀升。2008年国际金融危机爆发，美国从单极巅峰跌落。奥巴马政府削减军费开支、欲重振实力地位。2011年美国国会通过预算控制法，拟定未来10年削减军费4800多亿美元。美国国防部砍掉部分作战项目，应对国内削减赤字的压力。美国调整军事战略，2012年1月发布新版《防务战略指南》，实行"小型、集约、灵活"的军力建设方针，决定调整军力结构，削减地面部队规模，在预算吃紧的情况下经费投入向海、空军倾斜，推动海、空作战一体化。美军提升关键能力，确保技术优势，增加在网空、太空领域的投入，提高特种部队作战能力和情报侦察能力，大力发展无人作战系统。《防务战略指南》放弃"同时打赢两场大规模战争"理论，提出美军只需具备赢得一场大规模常规作战的能力，在另一场突发冲突中发挥"干扰、破坏"潜在敌人的作用。

美国实力相对下降，但"瘦死的骆驼比马大"。从门罗主义提出在西半球建立势力范围、到二战后主导构建国际秩序、再到二战后维持霸权，美国扩张和称霸200多年，在无数征伐和战争中积累了护霸经验。美国军费一直高居全球榜首，根据斯德哥尔摩国际和平研究所的报告，2021年美国军费开支8010亿美元，占全球军费开支总和的38%。军费开支排名前10的国家除了中国、俄国，其余均为美国的盟友和伙伴。[1]

二、安全保护承诺的内容

各同盟存在战略重要性、亲疏性差异，美国所作的安全保护承诺水平不同。即使是具有法律约束力的条约同盟，在集体防御、覆盖的地理范围、适用情形上也有不同规定。每一个同盟条约的缔结都经历了成员国字斟句酌、据理力争的博弈过程，美国行政当局缔约必须考虑国会因素，如果国会不批准，则条约无法生效。行政当局签署、国会束之高阁的条约不乏先例，因此行政当局对条约措辞十分审慎，对条约最大限度地做了有利于美国的解释，在涉及动武的问题上，尽可能地保留行动自由。

---

[1] 根据斯德哥尔摩和平研究所的数据，2021年军费排名前10的国家为：美国、中国、印度、英国、俄罗斯、法国、德国、日本、沙特、韩国，中国军费开支2930亿美元，占全球军费开支总和的14%，其余国家占比均为个位数，排名前10的国家军费开支占全球的75%。

美国同盟体系：新时代的旧秩序

同盟条约在冠冕堂皇的大话之外，蕴含着深奥的法律内涵和解释。在核心的集体防御条款上，美国对不同的条约表述用语有别，《北大西洋公约》和《里约条约》措辞一致，《北大西洋公约》第五条规定，对一国的武装攻击即是对所有缔约国的攻击，其他缔约国将提供包括武力在内的援助，这是集体防御的最强措辞。欧洲盟友认为，《北大西洋公约》第五条意味着一旦欧洲遭到攻击，美国将"自动卷入"战争，美国则强调并非"自动卷入"战争。① "范登堡决议"将"自助"和"互助"原则作为美国参加集体安全安排的先决条件，强调美国不会作出"自动承诺"。美国国会担心欧洲让美国背负保卫欧洲的重担，不接受欧洲盟友对美国"自动卷入"战争的解释。在《北大西洋公约》审议过程中，有的参议员认为，美国"自动卷入"战争扩大了总统的职责和权限，将引发宪法争议。美国国务卿艾奇逊作证时表示美国不会"自动卷入"战争，② 不会损害国会的宣战权，美国的反应取决于未来的情形。

美国签订的亚太同盟条约都没有使用与《北大西洋公约》《里约条约》一样的措辞，《澳新美安全条约》《东南亚条约》、美日、美菲、美韩、美台条约都没有使用"对一国的武装攻击即是对所有缔约国的攻击"的措辞，而是规定成员国遭遇武装攻击时，将根据各国的"宪法程序"采取行动，应对共同的危险。美国国务卿杜勒斯辩解称，如果使用跟《北大西洋公约》第五条同样的表述，国会审议条约时将再次出现总统和国会的宪法权限争议，"没有必要也不明智"。③ 亚太同盟条约的法律条文弱于《北大西洋公约》和《里约条约》，澳大利亚和新西兰抱怨它们获得的是"二等条约"。④

尽管美国表示不会"自动卷入"战争，但美国驻军欧洲，难以在欧洲

---

① NATO Public Diplomacy Division, *NATO Encyclopedia 2019*, December, 2019, p. 244.

② *Global Defense: U. S. Military Commitments Abroad*, Congressional Quarterly Service, September, 1969, p. 16; David Fromkin, "Entangling Alliances," *Foreign Affairs*, No. 4, July, 1970, p. 690.

③ John Foster Dulles, "Security in the Pacific," *Foreign Affairs*, No. 2, January, 1952, p. 180.

④ John Ravenhill, ed., *No Longer an American Lake? Alliance Problem in the South Pacific*, Institute of International Studies, University of California, 1989, p. 4.

第四章 美国提供安全保护：军事纽带之一

盟友遭受武装攻击时置身事外。驻韩美军做好了"今夜就战"的准备，表明美国将"自动卷入"针对韩国的武装攻击。

美国的安全保护承诺强调针对特定大国侵略的情形，无意卷入地区内部纷争和国内冲突，美国不介入希腊和土耳其、韩国和日本、巴基斯坦和印度的冲突，也不介入土耳其、菲律宾、泰国等国内部的民族和宗教冲突。美国坚持在《东南亚条约》中附加条件，明确将美国的条约义务限定于国际共产主义的侵略和颠覆活动。

1960年1月修订的美日安保条约①规定美国保卫日本"行政管辖"下的领土，却没有规定日本承担保卫美国领土的义务。条约签订有特定的背景，根据美国起草的日本"和平宪法"，日本被禁止在海外承担军事义务。② 条约文字上没有出现"互助"，这一"漏洞"被美国用来敲打日本。特朗普总统2019年6月在大阪二十国集团峰会期间，在记者会上言之凿凿地称，美日安保条约"不公平"，美国承诺保卫日本，但如果美国受到攻击，日本却不必保卫美国。③ 日本则认为，从日本有义务给美军提供基地这一条款看，美日安保条约是"互负义务"的条约。冷战后美日两次修订《美日防卫合作指针》，规定日本无论平时还是战时都向美军提供支持。日本解禁集体自卫权，变相突破了宪法束缚，军费连年增加，与美国加强协同作战能力，加强了同盟的"互助"性质。

在条约适用的地理范围上，《里约条约》确定了详细的经纬度，防御范围超过成员国的领土范围，覆盖格陵兰岛、加拿大及其他尚未独立的殖民地。1975年7月，里约成员国在哥斯达黎加举行的会议上通过修订案，对条约覆盖的地理区域加以限制，从覆盖西半球调整为对非缔约国——加拿大、巴哈马、巴巴多斯、格林纳达、圭亚那、牙买加等国不承担军事援助义务。

---

① 美日安保条约，除非特别指出，文中所指美日安保条约均为1960年条约的条款。
② [美]迈克尔·H. 阿马科斯特著，于铁军、孙博红译：《朋友还是对手——前美驻日大使说日本》，新华出版社，1998年版，第71页。
③ "Remarks by President Trump in Press Conference," June 29, 2019, http://trumpwhitehouse. archives. gov/briefings－statements/remarks－presidertt－trump－press－conference－osaka－Japan/. （上网时间：2022年5月24日）

美国同盟体系：新时代的旧秩序

《北大西洋公约》覆盖北约成员国的领土、北回归线以北的成员国管辖的岛屿。在法国的坚持下，条约覆盖阿尔及利亚，但排除防御其他成员国的殖民地。1962年阿尔及利亚独立，被排除在条约适用的范围外。随着新成员的加入，北约的领土防御范围扩大。

亚太同盟条约也限定地理范围。美国将柬埔寨、老挝和南越政权纳入条约的覆盖范围，但柬埔寨无意接受保护。1962年7月《关于老挝中立的宣言》发表，老挝政府宣布不接受任何同盟的保护。《澳新美安全条约》和《美菲共同防御条约》覆盖的是"司法管辖"下的领土，但美韩和美台条约使用的表述是"行政控制"下的领土，将朝鲜半岛北半部和中国大陆排除在条约适用范围外。美国参院在批准《美韩共同防御条约》的决议中强调，条约覆盖范围限于缔约方"行政控制"下的领土，适用于外部武装攻击，不适用于缔约方发动的武力攻击。[①] 决议意在阻止韩国政府擅自推进武力统一，避免把美国拖入战争。美国将可能引起台海冲突的金门和马祖排除在外，阻止台湾当局把美国拖入战争。美国提出"美台共同防御条约"仅适用于外部武装攻击，对从台湾当局控制下的领土发动的军事行动不应包括在内。条约适用于部署在上述地理区域的武装部队、船只或飞机，如果后者受到了武装攻击，缔约方同样可以引用集体防御条款。

美国缔结的同盟条约针对的是成员国领土受到攻击的情形，冷战时期美苏全方位竞争，形成了一定默契，美国没有一次援引集体防御条款。"9·11"事件后，北约集体防御条款才首次被援引，距条约生效过去了半个多世纪。

有的条约授予美国驻军权，如美日、美韩、美台同盟条约都授权美国驻军。美国参院在批准美韩条约的决议中均称，美国没有义务驻军，但根据条约有权利驻军，表明美国驻军当地不是去尽义务，而是去留自由。有的条约规定了有效期，但变成无限期有效，除非缔约国提出退约。

三、安全保护承诺的维持

维护安全保护承诺的可信性（credibility）至关重要。美国国务卿腊斯

[①] *Collective Defense Treaties with Maps*, *Texts of Treaties*, *A Chronology Status of Forces Agreements*, *and Comparative Chart*, U. S. Government Printing Office, April 21, 1969, p. 2.

第四章　美国提供安全保护：军事纽带之一

克称，"美国的同盟是维护和平的核心，如果发现美国的承诺毫无价值，和平的结构就会崩溃，我们将面临可怕的灾难"。① 对北约来说，如果没有美国的真正承诺，北约就是一个"波将金村庄"、② 一个虚假的同盟。美国需要让对手相信在军事威慑失败时，将使用武力击退侵略，否则美国承诺的可信性就会荡然无存。美国通过政要口头宣示、演讲、官方战略文件，如《国家安全战略》《国家军事战略》《核态势评估》《四年防务评估》等报告来表达维持承诺的政治决心，依靠核保护、驻军、安全援助、军售、联合演习、情报共享等多样化的手段维持承诺的可信性，本章后面将对这些手段展开论述。

美国对盟友反复重申恪守安全保护承诺。每次朝鲜核试验后，美国总统都要重复一遍防御韩国的承诺，此类宣示已成惯例。2013年2月12日，朝鲜第三次核试验，美国表示将采取必要措施防御盟友，对韩国安保承诺不会动摇。2014年3月克里米亚入俄事件后，美国副总统拜登访问与俄罗斯接壤的波罗的海国家和波兰，重申对北约任何一国的攻击等同于攻击所有成员国。2016年美国总统大选期间，特朗普抛出"同盟无用论""北约过时论"，引发盟友高度关注。2017年4月特朗普会见北约秘书长斯托尔滕贝格时，没有援引《北大西洋公约》第五条，③ 引起盟友不安，直到特朗普把《北大西洋公约》第五条重复一遍，才缓和了盟友的疑虑。美国前驻北约大使伯恩斯指出，特朗普公开批评盟友，但是对克里米亚入俄、俄罗斯在英国使用神经毒剂、支持叙利亚阿萨德政权、对美国总统大选发动网络攻击却没有公开批评，成为第一个在维持同盟承诺上模棱两可的总

---

① ［美］斯蒂芬·沃尔特著，周丕启译：《联盟的起源》，北京大学出版社，2007年版，第3页。

② "波将金（Potemkin）村庄"指用来骗人的村庄。俄国女沙皇叶卡捷琳娜二世出巡克里米亚的途中，俄将军格利戈里·波将金在第聂伯河两岸布置了可移动的村庄来欺骗女皇，后来"波将金村庄"指专门用来给人虚假印象的建设和举措。Andrew A. Michta and Paal Sigurd Hilde, eds. , *The Future of NATO: Regional Defense and Global Security*, Ann Arbor: University of Michigan Press, 2014, p. 78.

③ "Joint Press Conference of President Trump and NATO Secretary General Stoltenberg," April 12, 2017, https://www.whitehouse.gov/the-press-office/2017/04/12/joint-press-conference-president-trump-and-nato-secretary-general. （上网时间：2017年4月20日）

美国同盟体系：新时代的旧秩序

统，引发盟友对美国领导北约的信心和信任危机，这是北约成立70周年来出现的首次信任危机。①

除了口头宣示和官方文件表态，美国根据形势变化调整威慑态势。2008年8月俄罗斯和格鲁吉亚爆发冲突，之后美国宣布在波兰、捷克部署导弹防御系统，缓解东欧盟友的担忧。克里米亚入俄事件后，东欧盟友对俄罗斯威胁的担忧上升，北约重新重视领土防御。奥巴马政府推出"欧洲威慑倡议"，加大对欧洲军事投入，增加士兵轮驻，加大双多边训练，加强预置装备，改善基础设施，加强北约新成员和伙伴的能力建设。② 保持一定数量的驻军是美国维持安全承诺的重要方式，美国在与俄罗斯接壤的波兰和罗马尼亚驻军上千人，欧洲盟友派军队在波罗的海三国轮驻。特朗普政府加强亚太军事部署，提出"太平洋威慑倡议"，用于加强导弹防御、情报、监控、侦察、基础设施建设和人员培训等项目。

美国对盟友提供政治和外交支持，展示动武决心来维持承诺的可信性。在朝韩发生军事冲突时，美国摆出一副与朝鲜战斗到底的架势。1997年6月，朝、韩巡逻艇在黄海交火，当天美国宣布驻韩美军处于战备状态，增派飞机巡逻事发海区。2009年5月25日朝鲜第二次核试验，6月16日美韩峰会发表联合声明，美国总统首次书面承诺对韩提供核保护在内的延伸威慑。2010年3月韩国舰艇"天安舰"蹊跷沉没，美国派员参与调查，支持韩国所做的朝鲜攻击导致舰艇沉没的调查结论，将事件提交给联合国安理会。美国参众两院通过决议，表达对遇难者家属的慰问。美国高官分批访问韩国，为韩国撑腰打气。美、韩决定推迟移交战时作战指挥权，举行大规模演习，出动"乔治·华盛顿"号航母和F-22战斗机参演，加大对朝鲜军事威慑力度。

当中日钓鱼岛争端转为对美国安全承诺可信性的测试时，美国从不介入转向高调介入，一再明确表态美日安保条约适用于钓鱼岛，对日本提供

---

① Nicholas Burns, Testimony at the Senate Foreign Relations Committee, "Assessing the Value of the NATO Alliance," September 5, 2018.

② "Fact Sheet: U. S. Assurance and Deterrence Efforts in Support of NATO Allies," July 8, 2016, https: //obamawhitehouse. archives. gov/the – press – office/2016/07/08/fact – sheet – us – assurance – and – deterrence – efforts – support – nato – allies. （上网时间：2018年5月3日）

第四章 美国提供安全保护：军事纽带之一

政治和外交支持，展示履行条约义务的决心。1996年10月7日，中国台湾和香港的保钓船登上钓鱼岛，美国国务院发言人在谈及美日安保条约是否覆盖钓鱼岛时，称不评论"假设性问题"。美驻日大使蒙代尔表示不会干涉钓鱼岛冲突。① 2010年9月中日钓鱼岛撞船事件后，美国一改不介入地区领土争端的立场，国务卿希拉里·克林顿明确表示美日安保条约第五条的集体防御条款适用于钓鱼岛。2012年9月日本政府"购买"钓鱼岛引发中日对峙，美国再次重申美日安保条约适用于钓鱼岛，反对任何危及日本行政管辖权的单方面行动。2013年11月，中国划设东海防空识别区，涵盖钓鱼岛空域，美国重申美日安保条约适用于钓鱼岛。2014年4月奥巴马总统访日，表示美日安保条约适用于钓鱼岛，这是首次由美国总统出面表达协防承诺。此后美国高官和总统重复美日安保条约适用钓鱼岛常态化。特朗普政府一上台，国务卿、国防部长便联袂访日，公开承诺协防钓鱼岛。2017年2月11日，美日峰会发表联合声明称，美日安保条约适用于钓鱼岛。拜登政府重视同盟关系，在与日本首相菅义伟首次通话中就确认美日安保条约第五条适用于钓鱼岛，给日本吃了颗"定心丸"。

当承诺的可信性受到质疑时，美国及时调整政策。1969年7月美国总统尼克松发表关岛讲话，提出盟友承担维护本国安全的首要责任，引起盟友对美国从亚洲脱身的担心。美国总统、国务卿接连出访亚太，重申美国的安全保护承诺，打消盟友疑虑。美国撤军问题牵动盟友的神经，影响盟友对美国的信任。驻韩美军具有"强大的心理威慑效果"，日本将驻韩美军视为"美国在东亚防共承诺的象征"。② 卡特政府宣布撤走全部驻韩美军，引起韩国、日本不满和疑虑，卡特政府在撤走部分美军后停止撤军，里根政府宣布停止撤军计划，修复了同盟关系。20世纪90年代前期，美国宣布分阶段大幅削减驻亚太军力，再次引发地区盟友的担忧，在撤出部分美军后，美国削减亚太驻军计划不了了之。1995年2月美国发表亚太战略报告，承诺在亚太地区维持10万驻军，消除了地区盟友对美军撤离亚洲的担忧。"9·11"事件后，驻韩美军启动新一轮重组，主力部队拟撤退到

---

① Yoichi Funabashi, *Alliance Adrift*, New York: Council on Foreign Relations Press, 1999, pp. 401-402.

② *U. S. Defense Policy: Weapons, Strategy and Commitments*, Congressional Quarterly Inc., April, 1978, p. 42.

美国同盟体系：新时代的旧秩序

"三八线"以南，引发韩国的担心。美国一再重申对韩国安全保护承诺不变，宣布投资110亿美元，加强驻韩美军情报、反导等能力建设，[①] 确保威慑能力不因美军调整部署而下降。

美国陷入战争泥潭时，引发盟友对美国安全保护承诺的担忧。1950年6月战争爆发后，英国、加拿大、法国担心美国以牺牲欧洲安全为代价，在亚洲过度承诺。[②] 盟友提出，战争不应损害欧洲防务，在与盟友磋商之前，不将战争扩大到朝鲜半岛以外。越南战争期间，美国抽调驻德、意美军转到越南战场，挫伤了北约盟友的防御信心，[③] 盟友担心美国的注意力集中在亚洲，削弱北约防御，使苏联攻击欧洲有机可乘。

美国安全保护的可信性屡屡受损，受到盟友的怀疑。美苏就古巴导弹危机达成交易，苏联从古巴撤走导弹，美国保证移除部署在土耳其的"朱庇特"导弹，但美国做此保证之前未与土耳其磋商，令土耳其对美国承诺的可信性产生怀疑。美国接连抛弃第三世界盟友。美国派50多万美军到越南打仗，力图死保南越政权，但最终还是抛弃南越，一走了之。美国抛弃台湾当局、与中国大陆建交，令一些盟友担心未来美国牺牲盟友，与对手发展关系。[④] 伊朗伊斯兰革命期间，美国抛弃了亲美的巴列维国王，与反对派接触以保全美国利益，损害了美国威信。美国经常不顾盟友利益单方面行动，安全承诺缺乏连贯性，令盟友不满。2018年12月特朗普总统突然宣布，因对"伊斯兰国"的清剿行动结束，将撤走驻叙利亚的2000名美军地面部队。2019年10月，特朗普宣布撤出驻扎土耳其和叙利亚边界的美军，遭到国内外批评后，美军重返叙利亚北部，但是美国抛弃叙利亚库尔德武装的举动让中东盟友寒心。2022年7月拜登总统在上任后的首次中东之行中，强调美国不会"离开"中东，"不会把真空留给中国、俄罗

---

① Norman Levin, *Do the Ties Still Bind? The U.S. - ROK Security Relationship After 9/11*, RAND, 2004, p.57.

② Thomas Risse - Kappen, *Cooperation among Democracies: The European Influence on U.S. Foreign Policy*, Princeton: Princeton University Press, 1995, p.43.

③ 许海云：《北约简史》，中国人民大学出版社，2005年版，第122页。

④ Simon Serfaty, *Fading Partnership: America and Europe after 30 Years*, New York: Praeger Publishers, 1979, p.47.

第四章　美国提供安全保护：军事纽带之一

斯或伊朗来填补",① 试图修复与中东盟友的关系。

美国在阿富汗苦心经营20年,最终抛弃了阿富汗。2021年8月15日,阿富汗塔利班进入首都喀布尔,美国仓皇撤军。媒体报道美国安全保护承诺不可靠。美国官方及时灭火,2021年8月17日美国国家安全顾问沙利文强调美国对盟友的承诺神圣不可侵犯,对盟友的承诺一如既往的坚实。拜登总统亲自上阵,8月18日接受美国广播公司新闻网独家专访,表示阿富汗和韩国、北约有根本差异,强调美国一向信守承诺。此后拜登多次重申美国的承诺可靠。

美国国内不时出现美国安全保护承诺是否太多的争论。美国深陷越南战争泥潭后,国内争论美国承担的安全保护承诺是否过多、是否促进美国安全、是否阻碍美国国内经济发展等问题。陷入阿富汗战争和伊拉克战争泥潭以及遭受国际金融危机打击后,美国战略界围绕安全承诺争论激烈。"接触派"认为,美国安全承诺维护了全球海上通道安全和一个开放的全球经济,确保美国处于有利地位。战后国际秩序建立在美国的权力和影响力基础上,如果美国不支持这一秩序,将会导致全球失序,要想恢复秩序,美国将付出更大代价。②"收缩派"认为,美国承担的负担并没有产生预期的效果,反而给予盟友"搭便车"机会,建议美国从欧洲大陆撤军,将北约从军事组织转变为政治组织;从中东撤出作战部队,削减对以色列的安全承诺;从亚洲全部撤军,允许日本开发核武;从阿富汗撤军等。③特朗普政府以来,"美国优先"论、孤立主义思潮沉渣泛起,但美国并未从欧亚盟友领土大幅撤军。

---

① "Remarks by President Biden at the GCC + 3 Summit Meeting," July 16, 2022, https://www.whitehouse.gov/briefing-room/speeches-remarks/2022/07/16/remarks-by-president-biden-at-the-gcc-3-summit-meeting/. （上网时间：2022年7月26日）

② Stephen G. Brooks, G. John Ikenberry, and William C. Wohlforth, "Don't Come Home America: The Case Against Retrenchment," *International Security*, Vol. 37, No. 3, Winter 2012/2013, pp. 7 – 51; Robert Kagan, "The Fiscal Crisis Puts National Security at Risk," *Washington Post*, November 12, 2012.

③ Barry Posen, *Restraint: A New Foundation for U. S. Grand Strategy*, Ithaca: Cornell University Press, 2014, pp. 89 – 90, pp. 107 – 113.

四、安全保护承诺的限度

结盟可能使美国卷入与自己利害无关的战争,为此美国设置条件,防止被拖入不想要的战争。迈克尔·贝克利认为,1948—2010 年,美国对 60 多个同盟的承诺未导致美国被迫卷入战争,在一些情况下美国约束盟友卷入冲突。[1] 地区领土争端可能将美国拖入战争,对于盟友实际控制的领土,美国维持同盟承诺,如将钓鱼岛列入美日同盟的防御范围,但是对于不受日本行政管辖的南千岛群岛(日本称"北方四岛")则不作协防承诺。

美国对有统一抱负的韩国严加约束。美国在朝鲜打"有限战争",拒绝台湾当局派遣军队参战、开辟第二战场的请求,防止战争扩大化。[2] 战争结束后,美国与韩国正式缔约,约束韩国李承晚政府进攻朝鲜,避免将美国拖入与苏联、中国的战争。《美韩共同防御条约》规定了防御区域,一旦韩国当局以武力改变现状,则条约不起作用。[3]

美国软硬兼施制约盟友的行动。为阻止李承晚政府发动第二次朝鲜内战,美国会在审议《美韩共同防御条约》过程中,强调美军参战只适用韩国受到武装侵略的情形。美国满足了韩国的一些政治诉求,在朝鲜停战谈判、缔结美韩同盟、日内瓦会议、经济政策争端以及中立国监察委员会问题的处理过程中,美国被迫在韩国政府提出的各种条件面前作出让步。[4] 美国对韩国提供大规模军事和经济援助,助力"汉江奇迹"。美国既支持韩国,也阻止韩国轻举妄动。1968 年 1 月,相继发生了朝鲜特种部队偷袭青瓦台事件、美国间谍船"普韦布洛"号被朝鲜扣押的事件,韩国朴正熙政府扬言报复朝鲜,并对美国与朝鲜直接交涉强烈不满,宣称要撤出参加越南战争的韩军,美国则以撤出驻韩美军相威胁。美国邀请朴正熙访美,

---

[1] Michael Beckley, "The Myth of Entangling Alliances: Reassessing the Security Risks of U. S. Defense Pacts," *International Security*, Vol. 39, No. 4, Spring 2015, pp. 7 – 48.

[2] Victor D. Cha, *Powerplay: The Origins of the American Alliance System in Asia*, Princeton: Princeton University Press, 2016, p. 75.

[3] Victor D. Cha, *Powerplay: The Origins of the American Alliance System in Asia*, Princeton: Princeton University Press, 2016, p. 4, p. 80;陈波:《冷战同盟及其困境:李承晚时期美韩同盟关系研究》,上海世纪出版集团,2008 年版,第 368 页。

[4] 陈波:《冷战同盟及其困境:李承晚时期美韩同盟关系研究》,上海世纪出版集团,2008 年版,第 369 页。

与韩国建立安保协商会议机制，缓和韩国的不满。"天安舰"事件不久，2010年11月又发生朝鲜炮击延坪岛造成人员伤亡的事件，韩国对朝鲜军事报复的情绪高涨。在朝韩冲突可能升级失控、战争一触即发的关键时刻，美国派参谋长联席会议主席访韩、出动航母与韩国举行联合军演，美日韩加强三边安保互动。美国既展示捍卫韩国的决心，又力劝韩国克制，防止因韩国报复朝鲜令半岛生战。

美国约束大盟友的军事行动，促使危机降级。在苏伊士运河危机中，美国对英国经济施压，导致英镑暴跌，英格兰银行损失惨重，英国迫切需要国际货币基金组织的帮助。受美国控制的国际货币基金组织提出，只有英国支持联合国安理会停火决议才予以支持。美国第六舰队出击到英国海军行动区域，严重阻碍英法军事行动，英法被迫接受停火。[①]

盟友与美国实力相差悬殊，美国可以约束盟友的行为，盟友却很难约束美国的行为，美国享有更大的行动自由。美国进入"单极时刻"后，盟友更难约束美国。在单极体系下，美国拥有更大的行动自由，不太需要盟友的支持，盟友对美国的影响比在两极格局下对美国的影响弱。由于没有约束，美国更容易发动战争。[②] 尽管法国和德国两大盟友反对美国发动伊拉克战争，北约分裂公开化，美国未能获得联合国的授权，但美国仍执意发动伊拉克战争。

第二节 核保护

美国依靠核力量与非核力量为欧洲和亚太盟友"量身打造"延伸威慑。英法跻身核俱乐部，核武数量少，美国核武数量占美英法三国核武总和的95%以上，北约和亚太盟友至今仍依赖美国的核保护。

一、核威慑战略

核威慑在美国保护盟友安全、维护全球战略稳定中发挥重要作用。北

[①] Thomas Risse‑Kappen, *Cooperation among Democracies: The European Influence on U. S. Foreign Policy*, Princeton: Princeton University Press, 1995, p. 96.

[②] Stephen M. Walt, "Alliances in a Unipolar World," *World Politics*, January, 2009, pp. 94–100.

美国同盟体系：新时代的旧秩序

约成立初期对国际形势估计严峻，提出北约的首要任务是威慑侵略，核武器的威慑作用受到重视。艾森豪威尔政府从削减军费开支、节省资金考虑，提出"大规模报复"战略，依靠优势核武力量威慑苏联，希望以可承受的成本获得最大限度的威慑，弥补北约常规力量劣势。1957年5月北约采纳"大规模报复"战略，核武被大规模部署到欧洲。苏联核导能力的突破削弱了美国的核优势，降低了"大规模报复"战略的可信性。"大规模报复"战略设想与苏联打核战争，不适合针对低烈度冲突、苏联实施"切香肠"战术的情形。1958年和1961年的柏林危机表明，过于依赖核武器的"大规模报复"战略局限凸显。

肯尼迪政府提出"灵活反应"战略，增加常规力量威慑，降低对核武器的依赖，灵活运用核力量与常规力量组合，对威胁逐步"升级"应对。1967年北约通过"灵活反应"战略，这一战略包括"灵活性"和"升级"两个要素，提出对侵略做出三种类型的反应：直接防御，击败敌人的侵略；精心升级，在危机升级时采取威胁使用核武器在内的步骤击退侵略；总体的核反应，这是最后的威慑手段。

20世纪60年代末，美苏形成了核恐怖平衡，美国寻求以质量优势抵消苏联在核与常规力量上的数量优势。尼克松政府提出"有限核战争"战略，有选择地使用核武，提高使用核武器的门槛，控制战争升级，而不是"相互确保摧毁"、与苏联同归于尽。北约追求核力量"够用"，加强常规力量建设，缩小与华约的常规力量差距。卡特政府的"抵消"战略与"有限核战争"战略一样，都主张打击苏联的战略核力量，并且将打击苏联的常规力量包括在内。[①] 里根政府谋求打破美苏"相互确保摧毁"的核僵局，1983年3月提出"战略防御倡议"（SDI，又称"星球大战"计划），加紧核力量现代化，追求"打赢核战争"，这一计划得到北约支持，部分北约盟友参加了研发项目。美国在增强核威慑的同时，施压盟友加强常规力量建设。

苏联解体后，核战争的阴云消散，核武器在保护盟友安全中的作用下降。老布什政府宣布撤回前沿部署的核武，更多依靠非核威慑。与此同时，美国核威慑针对的对象多元化，不仅有俄罗斯和中国这样具备第二次

---

① 张沱生主编：《核战略比较研究》，社会科学文献出版社，2014年版，第51—52页。

核打击力量的核大国,还有朝鲜、印度和巴基斯坦等这样不被国际社会所承认的实际拥核国,以及伊朗等潜在拥核国,甚至还包括可能通过非法途径获得核武器的恐怖组织。①

冷战结束后历届美国政府都发表《核态势评估》报告,阐述核战略,重申对盟友的核保护。克林顿、小布什和奥巴马政府在维护核优势的前提下,降低对核武的依赖,缩减核武库。1994年《核态势评估》报告称核武器的作用比任何其他时候都要小,核武威慑对象从苏联转向防范不确定性,重视防范"无赖"国家和大规模杀伤性武器扩散。2002年《核态势评估》报告将中国、俄罗斯、朝鲜、伊朗等国列为潜在的核打击对象,但认为核大战的可能性更小。报告降低核武器使用门槛,提出核武器小型化、战术化。美国发起"防扩散安全倡议",防止核武器落入恐怖分子手中。奥巴马政府提出"无核世界"倡议,2010年《核态势评估》报告进一步降低核武的作用,寻求核武、导弹防御、常规力量三种威慑手段的平衡。2010—2014年,奥巴马政府推动在华盛顿、首尔、荷兰海牙举办了三次核安全峰会,加强核安全、预防核扩散和和核恐怖主义。特朗普政府挑动大国竞争,重新重视核威慑,2018年2月发表的《核态势评估》报告提出研发新型核武器,加快核武器现代化。

二、核威慑力量

美国依靠核威慑力量保护欧亚盟友,维护战略稳定。"三位一体"的战略核力量包括:陆基洲际弹道导弹(ICBM)、装备潜射战略导弹(SLBM)的潜艇、载有重力炸弹和空射巡航导弹(ALCM)的重型轰炸机。核力量的使用离不开核指挥、控制、通信系统,这一系统包括预警卫星和雷达,通信卫星、飞机及地面站,固定的和机动的指挥部,以及核系统的控制中心等。战术核力量爆炸当量小、射程短、机动性强。冷战后美国的战术核武数量大大减少,只剩下一小批由F-16战斗机和F-35战斗机携带的B61重力炸弹。

美国建立了庞大的核武库,1967年拥有的核弹头数量达到31225枚的

---

① 孙逊、韩略:"冷战后美国延伸威慑战略模式探析——基于地缘政治的视角",《当代亚太》,2017年第5期,第8页。

美国同盟体系：新时代的旧秩序

峰值，1989 年核弹头数量削减到 22217 枚。① 在美苏都具备第二次核打击能力的情况下，制造更多的核武器并不能带来更多的安全，反而只会造成一场昂贵又不切实际的军备竞赛。② 军备竞赛对美苏来说都是沉重负担，裁军可以降低核威慑成本，以较低的成本达到维护安全的目的。1972 年 5 月，美苏签署《反导条约》（ABM），限制反导部署。1979 年 6 月，美苏在维也纳签署《限制进攻性战略武器条约》，对美苏战略核武数量的上限作了规定，条约因苏军入侵阿富汗而被搁置。1987 年 12 月美苏签署《美苏消除两国中程和中短程导弹条约》（INF，简称《中导条约》），解决了欧洲国家担忧的中导问题。与限制战略武器数量上限不同的是，《中导条约》是第一个"裁减"核军备的条约，规定美苏销毁射程在 500~5500 千米之间的弹道导弹和巡航导弹，并首次建立了严格的核查机制，被称赞为以较低水平的军力实现更大安全的里程碑。③

《中导条约》销毁的核武数量占美苏核武的比重很小，美苏核武库仍很庞大。1990 年美国在 1875 件战略运载工具上共部署了 1.2 万枚核弹头。1991 年 7 月美苏签署《第一阶段削减战略武器条约》（START I），规定双方战略核弹头总数削减至 6000 枚，洲际导弹、潜射导弹、重型轰炸机在内的战略运载工具总数削减至 1600 件，双方首次大幅削减了战略核武数量。1993 年 1 月美俄签署《第二阶段削减战略武器条约》（START II），将远程核弹头分别削减至 3500 枚和 3000 枚。2002 年 5 月，美俄签订《莫斯科条约》，规定未来 10 年美俄战略核弹头数量削减到 1700~2200 枚。截至 2009 年 12 月，美国实战部署的核弹头为 1968 枚。

2010 年 4 月，美俄在布拉格签署《新削减战略武器条约》（New START），将双方实战部署的战略核弹头上限设定为 1550 枚，发射装置总

---

① 美国国防部 2010 年首次公开了美国核弹头数量，"DOD Background Briefing with Senior Defense Official from the Pentagon," May 3, 2010, http://www.defense.gov/transcripts/transcript.aspx?transcriptid=4619，（上网时间：2010 年 6 月 3 日）；另据 2018 年 2 月特朗普政府发布的《核态势评估》报告称，美国核武储备与冷战时期的最高峰相比，减少了 85%。

② [美] 布莱恩·J. 科林斯著，唐永胜、李志君译：《北约概览》，世界知识出版社，2013 年版，第 82 页。

③ *The North Atlantic Treaty Organization: Facts and Figures*, NATO Information Service, 1989, p. 168.

第四章 美国提供安全保护：军事纽带之一

数量上限设定为800件，条约有效期10年，2021年美俄同意将条约延长5年。截至2021年9月，美国洲际导弹、潜射导弹、重型轰炸机的数量总共有800件，其中665件处于实战部署状态，共装载1389枚核弹头。① 美国共部署了400枚"民兵－3"洲际导弹，拥有14艘俄亥俄级核潜艇，每艘潜艇携带20枚"三叉戟"导弹，一枚导弹可携带多颗核弹头，部署的核潜艇总共携带约1100枚核弹。核潜艇9艘部署在太平洋，5艘部署在大西洋。② 执行核任务的重型轰炸机包括20架B－2轰炸机、40架B－52轰炸机，B－1轰炸机不再执行核任务，战略轰炸机携带322枚B61和B83炸弹。③ B－52轰炸机是主要的战略轰炸机，可搭载的炸弹和导弹重量超过31吨，最大航程超过1.4万千米，空中加油后飞行范围可达世界各地。

2019年2月，美国以俄罗斯违反《中导条约》为由退约，宣称与俄罗斯交涉6年，进行了30多次会谈，无法阻止俄罗斯违约，美国还以条约没有约束中国和伊朗作为退约理由。④ 美国退出《中导条约》得到北约支持，北约宣布俄罗斯部署的9M729新型导弹（机动性、隐蔽性强，能够携带核弹头）对北约成员国构成重大威胁，直接违反《中导条约》。⑤ 美国退约得到跟《中导条约》利害攸关的欧洲盟友支持，北大西洋理事会发表声明支持美国退约决定。

近年来，美国更新升级核武库，利用核武保护盟友安全、威慑对手的核与非核攻击、防范风险和不确定性。美国拟用"哨兵"洲际导弹全面替换"民兵－3"洲际导弹，哥伦比亚级核潜艇替换俄亥俄级战略核潜艇，

---

① *U. S. Strategic Nuclear Forces：Background，Developments，and Issues*，Congressional Research Service，RL33640，December 14，2021，p. 9.

② *U. S. Strategic Nuclear Forces：Background，Developments，and Issues*，Congressional Research Service，RL33640，December 14，2021，Summary；p. 25.

③ *U. S. Strategic Nuclear Forces：Background，Developments，and Issues*，Congressional Research Service，RL33640，December 14，2021，Summary；p. 38.

④ "President Donald J. Trump to Withdraw the United States from the Intermediate－Range Nuclear Forces（INF）Treaty，" February 1，2019，https：//www.whitehouse.gov/briefings－statements/president－donald－j－trump－withdraw－united－states－intermediate－range－nuclear－forces－inf－treaty/.（上网时间：2020年1月9日）

⑤ "Remarks by Vice President Pence at NATO Engages：The Alliance at 70，" April 3，2019，https：//www.whitehouse.gov/briefings－statements/remarks－vice－president－pence－nato－engages－alliance－70/.（上网时间：2019年4月10日）

B-21战略轰炸机替换B-2和B-52轰炸机。在完成升级换代后,美军新型"三位一体"战略核力量的突防能力、打击精度、毁伤效果都将得到大幅提升。伴随装载低当量弹头的核武器陆续列装,美军核力量运用门槛将降低。为确保核指挥、控制、通信系统的生存能力,美国加强网络和太空防御,强化战术预警,整合规划与运营。

美国在升级核武库的同时,也做出不愿意打核战争的表态。2022年1月,中、俄、美、英、法五个有核国共同发表《关于防止核战争与避免军备竞赛的联合声明》,强调"核战争打不赢也打不得",重申不将核武器瞄准彼此或其他任何国家,维护和遵守双多边军事协议,避免军事对抗,防止军备竞赛。五国领导人首次就核武器问题发表声明,有助于维护全球战略稳定,防止核扩散。

三、核保护与核分歧

美国维持核威慑力量优势地位,坚持"首先使用核武器"原则、前沿部署核武器、开放盟友参与核决策,维持核威慑的可信性。

美国宣称在"极端情况"下将核武器作为"最后一招"使用,坚持"首先使用核武器"的战略原则,认为不首先使用核武是作茧自缚,牺牲威慑的有效性,只有展示使用核武器的决心,才能达到吓阻对手发动战争的效果。欧亚盟友依赖美国的核保护,敦促美国坚持"首先使用核武器"的原则,以便最大限度发挥核威慑作用。2020年美国总统大选期间,拜登总统发表"不首先使用核武器"的言论,引起盟友的不安。2022年3月美国发表《国防战略》报告,重申"首先使用核武器"的立场。

美国在欧亚地区部署核武器,履行核保护承诺。冷战时期美国至少在23个国家和5个美国海外属土部署过38种、共计1.2万枚核武器以及部件。① 美国核武大量部署到欧洲,在英国、德国、意大利、荷兰、比利时和土耳其部署核武器,部署的核武数量最高达7000多枚。20世纪70年代末,东西方对抗再度加剧,面对苏联部署多弹头、机动性、生存能力强的SS-20导弹,北约加强核武现代化,减量提质,部署在西欧的核弹约有6000

---

① Robert S. Norris, William M. Arkin and William Barr, "Where They Were," *The Bulletin of the Atomic Scientist*, November/December, 1999, pp. 26-35.

第四章　美国提供安全保护：军事纽带之一

枚。美国在亚太部署的核武最多时有3000多枚，分布在韩国、菲律宾、冲绳、关岛、夏威夷等地，其中部署在韩国和冲绳的数量占多数。冷战结束后美国撤走前沿部署的绝大部分核武器，从海军水面舰艇和潜艇上撤下核武器。与冷战高峰相比，部署在北约成员国的核武数量减少了90%以上。[1]

美国不愿将核武器的控制权交给盟友，同时又要满足盟友参与核决策的要求，对此肯尼迪政府提出"多边核力量"（MLF）构想。美国以负有"全球责任"、英法负有"地区责任"为由，提出将本国的"部分"核力量纳入北约指挥，英法"全部"核力量上交北约，借此控制英法核力量，防止德国发展核武。法国认为这一计划损害主权，断然拒绝参加"多边核力量"计划，英国也拒绝自废武功，向北约上交全部核武，"多边核力量"计划破产。1966年12月，北约成立了所有成员国（法国除外）参加的核计划小组，共商北约核战略，军事上美国仍负责核武的安全，政治上非核成员国可以参与核决策。盟友参与欧洲盟军司令部的涉核决策，欧洲盟军司令部向位于美国内布拉斯加州奥马哈的美军战略司令部派遣常驻人员。

美国与亚太盟友的核对话起步晚，与日、韩建立了核对话机制。2010年美日启动"延伸威慑对话"（EDD），就核保护问题举行磋商，美国重申对日本提供以核保护为主的延伸威慑，日本通过对话影响美国的核政策。2006年10月朝鲜第一次核试验后，美韩决定将核保护伞、常规打击能力和导弹防御能力都作为延伸威慑的手段，2010年启动"延伸威慑政策委员会"（EDPC）。

英国前国防大臣丹尼斯·希利指出，"美国威慑苏联只需要5%的报复能力可信性，但却需要95%的可信性来安抚盟友"。[2] 让盟友相信美国核保护的可信性并不容易。盟友担心美国与对手做交易，牺牲盟友的安全。美苏两个超级大国在防止核扩散、维护核垄断上有共同利益，双方惧于核战争的毁灭性，不愿爆发核战争。1973年6月，美苏达成防止核战争协定，欧洲盟友担心美国以牺牲欧洲安全为代价与苏联做交易。为安抚盟

---

[1] NATO Public Diplomacy Division, *NATO Encyclopedia 2019*, December, 2019, p. 48.

[2] David S. Yost, "Assurance and US Extended Deterrence in NATO," *International Affairs*, Vol. 85, No. 4, 2009, p. 756, 转引自：程志寰、李彬："导弹防御与美国延伸威慑政策"，《国际安全研究》，2021年第6期，第137页。

美国同盟体系：新时代的旧秩序

友，北约核计划小组设立新的委员会，加强美国在欧洲军事部署。1985年11月美苏日内瓦峰会宣布核战争打不赢、不能打。1986年10月的美苏雷克雅未克峰会达成了消除世界核武器的共识。美苏的核表态引发盟友担心，欧洲盟友担心美苏达成"不首先使用核武器"的协定，反对美国放弃核报复手段。

在《中导条约》谈判过程中，北约成立了"特别磋商小组"。盟友利用磋商小组表达关切，影响美苏谈判，美国借磋商小组争取盟友对谈判的支持，维护北约团结。美苏日内瓦峰会后，北约举行特别会议，里根总统向北约领导人通报峰会成果。美苏雷克雅未克峰会后，北约举行特别会议，美国通报了峰会成果。1987年4月和10月，美国国务卿舒尔茨两次参加北约外长会议，通报美苏日内瓦谈判进展，美国起草的条约核查措施得到了北约特别磋商小组的同意，北约国防部长会议表达了对《中导条约》的支持。

欧洲盟友担心美苏打仗、欧洲遭殃。古巴导弹危机使欧洲盟友认识到核大战的真实风险，如果美国使用核武器还击苏联的武装进攻，苏联可能对欧洲进行核报复。里根总统执政初期美苏关系紧张，欧洲担心爆发一场欧洲没有发动、战火却在欧洲燃烧的战争。欧洲也担心美国放弃核报复手段。在苏联拥有第二次核打击能力的情况下，美国可能不会冒险对苏联发动核打击，不会"牺牲纽约来保护德国汉堡"，只在北美遭受攻击的情况下才使用大规模核报复。如果美国从打"全面核战争"改为在欧洲打一场"有限核战争"，将令欧洲人口和经济毁于核浩劫。欧洲盟友希望一旦发生战争，就应升级为核战争，这样美国将不得不使用核武器保卫欧洲。

苏联在东欧部署可打击西欧、但打不到北美的SS-20中程导弹，在欧洲再度引发了美国是否会为了纽约而牺牲德国汉堡的疑问，考验美国核威慑承诺的可信性。为对抗苏联部署SS-20导弹，1979年12月北约决定部署108枚"潘兴II"导弹和464枚陆基巡航导弹，[①] 在德国部署"潘兴"导弹，在英国、意大利、比利时、荷兰部署陆基巡航导弹。对于欧洲盟友提出的保卫纽约还是德国汉堡的假设性问题，美国一再保证维持可信的核

---

① *The North Atlantic Treaty Organization: Facts and Figures*, NATO Information Service, 1989, p. 102.

第四章 美国提供安全保护：军事纽带之一

威慑，但直到苏联解体，笼罩在欧洲上空的核战争阴云才消散。

盟友担心美国太快使用核武器。① 在朝鲜战争、印度支那战争、两次台海危机、柏林危机、古巴导弹危机中，美国多次威胁要发动先发制人的核打击，秘密制订使用核武器的计划，但最终都没有付诸实施。这固然有多种因素制约，但盟友的劝阻也是重要原因之一。② 1950年11月30日，杜鲁门在记者招待会上表示正在"积极考虑使用原子弹"。美国对中国进行核讹诈，引起世界舆论哗然。盟友反对美国升级"有限战争"，英国首相艾德礼紧急访美，要求美国澄清核表态。在西柏林问题上，美国威胁使用核武器，欧洲盟友抱怨美国蛮干。1961年8月，民主德国修建柏林墙，美苏对抗升级，但是慑于核战争的灾难性后果，双方都没有下定打仗决心。在古巴导弹危机中，英国敦促肯尼迪政府避免核战争，找到给苏联领导人赫鲁晓夫留面子的解决办法。③

美国与盟友在更多依靠核威慑还是常规威慑上存在分歧。核保护是纯粹的公共物品，盟友可以"搭便车"，常规力量不是纯粹的公共物品，跟防御的领土面积有关，盟友"搭便车"的机会减少，因此盟友不愿将投入民生的资源和资金转投到扩充常规军备，倾向于依赖美国的核保护。肯尼迪政府提出更多依靠常规力量的"灵活反应"战略，要求西欧盟友加大常规军力建设，减少"搭便车"机会。盟友担心这会使苏联误以为北约放弃使用核武器，④ 也担心美国从欧洲脱身，让盟友独立承担欧洲范围的有限战争，因此对"灵活反应"战略比较抵触，⑤ 几乎所有盟友都坚决要求在

---

① William Lee Miller, "The American Ethos and the Alliance System," in Arnold Wolfers, ed., *Alliance Policy in the Cold War*, Baltimore: The Johns Hopkins Press, 1959, p. 37.

② 崔磊:《盟国与冷战期间的美国核战略》，世界知识出版社，2013年版，第106页。

③ Thomas Risse – Kappen, *Cooperation among Democracies: The European Influence on U. S. Foreign Policy*, Princeton: Princeton University Press, 1995, p. 155.

④ Richard L. Kugler, *Commitment to Purpose: How Alliance Partnership Won the Cold War*, RAND, p. 134.

⑤ Thomas Risse – Kappen, *Cooperation among Democracies: The European Influence on U. S. Foreign Policy*, Princeton: Princeton University Press, 1995, p. 185; 许海云:《北约简史》，中国人民大学出版社，2005年版，第155页。

威慑非核攻击时保留核报复,① 实行"灵活反应"战略不能以削弱战略核力量为代价。

四、美国阻挠盟友拥核

美国对盟友提供核保护,以防止核扩散为由阻挠盟友拥核,维持核垄断地位。美国对英国拥核网开一面,却排除与法国的核合作。1952年英国爆炸了第一个核装置,成为继美苏之后的第三个拥核国。1958年美国修改《原子能法》,为美英核合作开了绿灯,双方加强核技术、核材料及核情报合作,降低核武器研发费用。法国将独立核力量视为大国地位标志,认为在美国、苏联、英国拥核后,法国拥核很正常。② 法国认为核武器可以降低对美国的安全依赖,增强自主性。1960年法国进行核试验,跻身有核国。美国限制与法国的核合作。直到尼克松政府将法国核力量作为西方阵营核威慑的一部分,才对法国提供核技术支持,帮助法国核弹头小型化。

美国担心德国、日本拥核将导致同盟瓦解。截至20世纪60年代末,德国都没有像英法那样追求核武器,美国对德国拥核的担心才消失。德国国内涌现反核和平运动,反对美国在德国领土部署核武器。日本1967年提出"无核三原则",但是受国际和地区环境影响,拥核论不时抬头,大平正芳首相、中曾根康弘首相都声明日本的"和平宪法"不禁止日本拥核。2002年5月,内阁官房副长官安倍晋三也声称,宪法并不禁止日本拥有核武器,如果这些核武是小型的话。③ 朝鲜核试验、洲际导弹发展刺激日本的敏感神经,"拥核论"影响扩大。2022年2月俄乌冲突爆发,日本"核共享"论抬头,主张重新引入美国的核部署,就使用核武共同磋商。

一些盟友拥核并不能威慑对手,反而招致核打击的风险,拥核尝试遭到美国打压。韩国朴正熙政府企图拥核,以便在对朝军事较量中占据上风。美国认为韩国拥核可能招致与朝鲜结盟的苏联和中国的核打击,将美

---

① Richard L. Kugler, *Commitment to Purpose: How Alliance Partnership Won the Cold War*, RAND, p. 194.
② Robert L. Rothstein, *Alliances and Small Powers*, New York: Columbia University Press, 1968, p. 297.
③ [澳] 加文·麦考马克著,于占杰、许春山译:《附庸国:美国怀抱中的日本》,社会科学文献出版社,2008年版,第217页。

国拖入核战争。美国威胁撤销对韩国安全保护,韩国权衡利弊,放弃拥核。近年来,面对朝鲜提升核导能力,韩国"拥核论"抬头,美国与韩国加强了延伸威慑对话,美国可携带核弹头的战略轰炸机进入半岛参加演习,缓解韩国对朝鲜提升核导能力的担心。

美国阻挠巴西拥核。1975年巴西与德国签署核技术协定,由于巴西没有签署拉美地区禁止核武器的条约,因此美国怀疑巴西企图拥核,施压德国取消了协定。日、韩、沙特等盟友都具备拥核的技术能力和财力,美国阻挠盟友拥核,客观上维护了国际核不扩散机制。如果美国取消核保护,日、韩可能以朝鲜核威胁为由拥核,沙特也可能以伊朗核开发为由拥核。

美国阻止韩国、巴西拥核,但未阻止以色列拥核。以色列建国初期即启动核计划,20世纪60年代跨越了核门槛。1969年9月,美以达成默契,只要以色列不公开进行核试验,美国将不施压以色列加入《不扩散核武器条约》。美国不把以色列视为威胁,像容忍英法拥核一样容忍以色列拥核。[1] 美国阻挠巴基斯坦拥核未果。1974年5月印度进行核试验,美国阻挠巴基斯坦步印度后尘。里根政府增加对巴基斯坦军事援助,但是国会对巴基斯坦核开发疑虑挥之不去,1985年通过了针对巴基斯坦的"普雷斯勒修正案",将美国对巴基斯坦援助与巴核武开发挂钩,提出美国军援的条件是总统认证巴基斯坦没有进行核武开发。苏联从阿富汗撤军后、巴基斯坦地位下降,美国以巴基斯坦核武开发为由冻结对巴援助。1998年5月,印度和巴基斯坦相继核试验,巴基斯坦成为事实上的有核国。

第三节 海外驻军

驻军是美国对盟友提供安全保护的重要方式。美国位于西半球,与欧亚盟友隔着两大洋,一旦战争爆发,美国很难第一时间驰援,美国驻军当地成为选择。美国海外驻军可分为常驻、轮驻和临时部署,冷战时期以常驻为主,冷战后轮驻和临时部署增多,驻军从大规模、重装备的静态防御转向注重机动性、灵活性的动态防御。美国在北约新成员国、中东、澳大

---

[1] 张沱生主编:《核战略比较研究》,社会科学文献出版社,2014年版,第186页。

美国同盟体系：新时代的旧秩序

利亚的驻军以轮驻为主。轮驻增强了美军的灵活性，节省了驻军费用。美国在不同地区的驻军数量、发挥的作用不同。苏联解体后，驻欧美军数量大幅减少，转向增强多国安全合作，提升行动能力。驻亚太美军仍以发挥威慑作用为主，驻军数量减少有限。

一、海外驻军总体态势

美国海外驻军人数约占美军总人数的1/5～1/4，20世纪90年代美国海外驻军人数最少，占美军总人数的15%左右。① 美国海外驻军人数最多时达100多万人，最低时美国海外驻军20多万人，平均每年有50多万美军驻扎海外。② 冷战后美国海外驻军人数下降到20多万人。海外美军分布范围广，但很不平衡，在大多数国家美军人数很少。驻军超过25人的大约有50个国家，30个国家驻扎有美军的作战单位。③ 美国海外驻军人数、地区分布、兵力结构均发生很大变化，这与大国竞争态势、美国对威胁的评估、局部战争、同盟关系等诸多因素有关。

二战结束后，美国大规模裁军。1945年美军人数1200万人，1948年春骤减到140万人，军事预算降低到100亿美元。1948年苏军大约400万人，有20～30个师部署在东欧。④ 朝鲜半岛的战争驱使美国重整军备，1953年美军人数达到350万人。⑤ 朝鲜停战协定签署后，美军总人数下降。越南战争升级后，美军总人数从1965年的260万人增至1970年的300万人。1988年12月，苏联领导人戈尔巴乔夫在联合国大会讲话，宣布单方

---

① Tim Kane, "The Decline of American Engagement: Patterns in U. S. Troop Deployments," *Economics Working Paper 16101*, Hoover Institution, January 11, 2016, p. 4.
② Tim Kane, *Global U. S. Troop Deployment, 1950 - 2005*, May 24, 2006, http://www.heritage.org/research/reports/2006/05/global-us-troop-deployment-1950-2005?ac=1.（上网时间：2017年5月3日）
③ Defense Manpower Data Center, "Total Military Personnel and Dependent End Strength by Service, Regional Area, and Country," Spreadsheet, December 31, 2014.
④ James E. King, Jr., "Collective Defense: The Military Commitment," in Arnold Wolfers, ed., *Alliance Policy in the Cold War*, Baltimore: The Johns Hopkins Press, 1959, p. 125.
⑤ Tim Kane, "The Decline of American Engagement: Patterns in U. S. Troop Deployments," *Economics Working Paper 16101*, Hoover Institution, January 11, 2016, pp. 3 - 4.

第四章 美国提供安全保护：军事纽带之一

面裁军 50 万人，驻东欧苏军将削减 5 万人、减少 1 万辆坦克、8500 个火炮系统和 800 架战斗机。① 此举缓和了大国对抗，赢得国际赞誉，也刺激美国进行裁军。苏联解体后，大国战争可能性下降，美军总人数进一步下降。1990 年美军总人数降至 200 万人，2015 年降至 130 万人，② 与二战结束初期的人数相当。

美国海外驻军人数总体上呈现下降趋势，减轻了美国的军事负担和财政负担。1953 年美国海外驻军达 100 多万人，在朝鲜半岛作战的美军 30 多万人，常驻其他国家和地区的美军 60 多万人。1968 年美国在越南战争投入 50 多万兵力，驻其他地方美军 50 多万人。1969 年驻外美军总数达 122 万人，海外美军基地还有 2.6 万文职人员、35 万家属、25.5 万外国雇员。③ 冷战结束之际，美国国会施压政府削减军费开支，海外驻军人数骤减，1989—1995 年，美国海外驻军从 51 万人下降到 23.8 万人。④ 美国发动阿富汗战争和伊拉克战争后，海外驻军人数攀升。2011 年美军在欧亚常驻 16 万人，在伊拉克和阿富汗共部署 20 多万作战部队，加上其他地区驻扎的美军，一共约 50 万人，仍比冷战高峰期减少一半。1953 年美国在海外驻军 100 万时，美国总人口只有 1.6 亿。当海外驻军为 50 万人时，美国人口为 3.13 亿人。国家的人口翻了一番，而海外驻军则是过去的一半。⑤

美国海外驻军的地区分布很不平衡。1950—2000 年，美国海外驻军的 52% 分布在欧洲，41% 在亚洲，1/3 以上的海外美军驻扎在德国。⑥ 美军重

---

① Simon Duke, *United States Military Forces and Installations in Europe*, New York：Oxford University Press, 1989, p. 1.

② *Global Defense*：*U. S. Military Commitments Abroad*, Congressional Quarterly Service, September 1969, p. 37; Tim Kane, "The Decline of American Engagement: Patterns in U. S. Troop Deployments," *Economics Working Paper 16101*, Hoover Institution, January 11, 2016, p. 1.

③ *Global Defense*：*U. S. Military Commitments Abroad*, Congressional Quarterly Service, September 1969, p. 37.

④ Christopher Sandars, *America's Overseas Garrisons*：*The Leasehold Empire*, New York：Oxford University Press, 2000, p. 19.

⑤ ［美］罗伯特·卡根著，刘若楠译：《美国缔造的世界》，社会科学文献出版社，2013 年版，第 195 页。

⑥ Tim Kane, "Global U. S. Troop Deployment, 1950－2005," http：//www.heritage.org/research/reports/2006/05/global－us－troop－deployment－1950－2005？ac＝1.

美国同盟体系：新时代的旧秩序

兵驻扎在与苏联对峙的前线地区——西欧和东北亚，以冷战行将结束的1989年为例，驻海外美军总人数约51万人，其中驻欧美军34.1万人，驻亚太美军13.5万人，驻非洲、近东和南亚美军1.2万人，迪戈加西亚基地驻扎上千美军，驻西半球美军2.1万人，其中驻巴拿马美军1.3万人。朝鲜战争和越南战争时期，部署在亚太的美军数量超过驻欧美军。

冷战结束后，驻欧洲和亚太地区的美军数量急剧下降，驻其他地区的美军人数上升。1990年8月伊拉克入侵科威特，当年驻沙特美军人数猛增到3万人，[1] 海湾战争后驻沙特美军人数骤减，其他海湾国家邀请美军进驻，驻科威特、卡塔尔、巴林、阿联酋的美军数量增加。科索沃战争后，美军在巴尔干腹地获得立足点。在欧亚地区，美国驻军分布的国家没有太大变化，驻欧美军仍以驻德国美军人数最多，其次是意大利、英国，再次是比利时、土耳其、西班牙、葡萄牙等国。驻亚太美军仍集中分布在日本、韩国。美国国防部在统计驻亚太美军时，曾将驻东北亚、东南亚、太平洋地区的美军分别统计，将夏威夷、关岛、加罗林群岛、马绍尔群岛的驻军计入驻太平洋地区的美军。如果将驻上述地方的美军以及驻阿拉斯加的美军计入驻亚太美军，那么20世纪90年代驻亚太美军数量就已超过驻欧美军，比如1994年，驻欧美军13.75万人，驻东亚和太平洋地区美军9.8万人，驻阿拉斯加、夏威夷、关岛、马绍尔群岛、密克罗尼西亚联邦、约翰斯顿岛、中途岛、威克岛的美军有6.7万多人，后两者加起来超过驻欧美军数量，这与美国战略重点东移的态势一致。

"9·11"事件后，驻海外美军从保护盟友免受侵略的静态部署转向增强机动性，在其他地方开展行动。[2] 美国提出先发制人的安全战略，应对恐怖袭击和不对称威胁，对非洲、中亚、中东、南亚和朝鲜半岛的关注度上升。与此同时，军事技术的发展增强了美军的全球打击能力，美国驻军海外的必要性下降。美国海外军力调整突出"小、快、灵"，增加机动性和灵活性，提高对突发事件的处置和快速反应能力。美军减少对海外大型基地的依赖，增加小规模、临时性的军事设施。

---

[1] Department of Defense, *Active Duty Military Personnel Strengths by Regional Area and by Country*, September 30, 1990.

[2] Kurt M. Campbell and Celeste Johnson Ward, "New Battle Stations?" *Foreign Affairs*, No. 5, September/October, 2003, p. 100.

驻欧亚地区的美军数量进一步下降,中东成为海外美军人数最多的地区。"9·11"事件之前的2000年,美国海外驻军总人数为26.3万人,其中驻欧美军11.7万人,驻亚太美军11.1万人。截至2008年,美国海外驻军总人数28.3万人(不含驻伊拉克和阿富汗美军),其中驻欧美军人数下降到8.16万人,驻亚太美军为6.68万人。[1] 2000年驻非洲、近东和南亚美军加起来有1.8万人,其中驻科威特和沙特加起来近1万人。阿富汗战争和伊拉克战争以来,部署在中东的美军数量是其他地区美军的两倍。2008年部署在伊拉克的美军达17.8万人,部署在阿富汗的美军3.14万人。[2] 奥巴马政府增兵阿富汗后,驻伊拉克美军下降至9.28万人,驻阿富汗美军则增至11.1万人。[3]

美国海外驻军的地理分布范围更分散,"9·11"事件后,美国在非洲的军事存在扩大,在非洲吉布提建立了基地,驻军2000多人,在埃塞俄比亚、塞舌尔群岛、南苏丹、塞内加尔、乌干达、布基纳法索、肯尼亚,美军可以使用这些国家的军事设施。[4] 2007年10月小布什政府设立了非洲司令部,非洲的战略地位上升。20世纪50年代美军在拉美"后院"驻军人数很多,此后人数呈现下降趋势,且日益分散。随着大国竞争回归,美国海外驻军出现新一轮调整。拜登政府从阿富汗撤军,加强了在亚太和欧洲的军事部署。

二、海外驻军的地区分布

美军在各地区的分布经历变化,体现了美国地区战略调整及与地区盟友关系的变化。一战后期,美军奔赴欧洲战场,战争结束后全部撤回。二战后期,美军再度奔赴欧洲,此次美军没有完全撤出欧洲。1945年,驻欧

---

[1] Department of Defense, *Active Duty Military Personnel Strengths by Regional Area and by Country*, December 31, 2008.

[2] Department of Defense, *Active Duty Military Personnel Strengths by Regional Area and by Country*, December 31, 2000; Department of Defence, *Active Duty Military Personnel Strengths by Regional Area and by Country*, December 31, 2008.

[3] Department of Defense, *Active Duty Military Personnel Strengths by Regional Area and by Country*, March 31, 2011.

[4] Michael J. Lostumbo, et al., *Overseas Basing of U. S. Military Forces: An Assessment of Relative Costs and Strategic Benefits*, RAND, 2013, p.29.

美国同盟体系：新时代的旧秩序

美军人数261万人，1946年降至27.8万人，1950年降至7.9万人。① 朝鲜半岛爆发战争后，欧洲担心苏联突袭西欧，期望美国驻军欧洲，承担有效的保护责任。美国驻军欧洲也是回应法国的安全关切，法国担心德国重新武装，成为潜在的军事大国。② 美国国内对是否驻军欧洲经历一番短暂的"大辩论"，支持驻军派占了上风。1951年，驻欧美军增至12.2万人，1952年增至25.6万人，1955年增至35.6万人的高点。③ 美国首次在和平时期大规模驻军欧洲，成为欧洲大陆的支配性军事力量。此后驻欧美军人数有下降和波动，大体维持在30万人的规模。德国是驻欧美军的大本营，驻欧美军以驻德美军人数最多。1955年，驻德美军26.1万人，占驻欧美军数量的70%以上。20世纪50年代后半期，驻欧美军人数减少。1958年和1961年的柏林危机期间，驻欧美军人数增多，驻德美军数量占驻欧美军比重的80%以上。④ 越南战争期间，美国可用兵力捉襟见肘，从驻欧美军抽走上万兵力。1966—1973年，约10万美军撤出欧洲，6万从德国撤军。⑤

冷战结束后，驻欧美军人数大幅减少。原南斯拉夫地区冲突结束后，美军在波黑、科索沃开展维和行动。在北约东扩后，美军进驻"新欧洲"成员如保加利亚、罗马尼亚、波兰。驻欧美军的地理分布从西欧扩大到东欧和巴尔干地区，驻军人数较多的国家仍是德国、意大利、英国、土耳其、西班牙等国。德国在北约东扩后成为美俄对峙的"大后方"，美国像冷战时期那样重兵驻守德国已无必要，驻德美军人数下降幅度惊人。1991年，驻德美军降至20.3万人，2001年下降至7.1万人，2011年降低到5.3

---

① Daniel J. Nelson, *A History of US Military Forces in Germany*, Boulder, Colo：Westview Press, 1987, p. 45.

② Simon Duke, *United States Military Forces and Installations in Europe*, New York：Oxford University Press, 1989, p. 7.

③ Daniel J. Nelson, *A History of US Military Forces in Germany*, Boulder, Colo：Westview Press, 1987, p. 45.

④ Christopher Sandars, *America's Overseas Garrisons：The Leasehold Empire*, New York：Oxford University Press, 2000, p. 206；Daniel J. Nelson, *A History of US Military Forces in Germany*, Boulder, Colo：Westview Press, 1987, p. 45.

⑤ Simon Duke, *United States Military Forces and Installations in Europe*, New York：Oxford University Press, 1989, p. 67.

万人。① 驻德美军人数少于驻日美军人数,表明美国地缘战略重点已经从欧洲转移到亚太。2020年6月,特朗普总统宣布削减驻德美军,将驻德美军从3.6万人减少到2.4万人,裁减的5600人重新部署到其他北约国家,6400人将返回美国。② 拜登政府取消了特朗普政府的撤军决定,安抚欧洲盟友。

欧洲盟友对美军的保护习以为常,产生了心理依赖,美国通过调整驻欧美军部署维持可信的安全保护承诺。克里米亚入俄事件后,美国减少驻英国、葡萄牙的美军人数,加强了在东欧的前沿部署,在波兰、罗马尼亚等国驻军。北约增加演习频次,强化快速反应部队,预存重型军事装备,加强在波罗的海和黑海的威慑态势。2020年8月美国和波兰签署《加强防务合作协定》,美国增加在波兰驻军人数,在波兰部署美陆军第五军司令部前沿指挥所。③ 2022年2月俄罗斯对乌克兰发动"特别军事行动",与俄罗斯毗邻的中小国家不安全感强烈,拜登政府宣布增加驻欧美军人数。

美国在亚太地区驻军由来已久。美国吞并夏威夷、殖民菲律宾后,在亚太地区的军事部署抵达第一岛链南部。二战后美国占领日本,与亚太多国缔结同盟条约,巩固了在第一岛链北部和中部的军事存在。驻亚太美军主要分布在日本和韩国,威慑对手在日本周边地区和朝鲜半岛挑起冲突。

冷战时期驻亚太美军人数和地理分布受朝鲜战争和越南战争的影响很大。1953年驻韩美军高达32.7万人,驻日美军18.5万人,驻冲绳美军2.3万人(在日本收回冲绳行政管辖权之前,美国将驻日美军与驻冲绳美军分开统计),驻菲美军1.5万人,驻泰美军上百人。朝鲜停战协定签署后,驻韩美军人数骤减,1955年降至7.5万人,驻日美军人数也减少。

20世纪60年代,驻东北亚美军数量相对稳定,驻韩美军大约五六万人,驻日美军大约四五万人,驻冲绳美军三四万人。驻东南亚美军数量增

---

① 参见美国国防部年度海外驻军数据, Department of Defense, *Active Duty Military Personnel Strengths by Regional Area and by Country*。

② "U. S. European Command Force Posture Policy Press Conference: Secretary Esper's Opening Statement," July 29, 2020, http://www.defense.gov/News/Speeches/Artide/2292081/us-european-command-force-posture-policy-press-conference-secretary-espers-opan/.(上网时间:2020年8月5日)

③ 鞠豪:"美国增兵波兰:波美军事合作不断深化",《世界知识》,2020年第17期,第48页。

美国同盟体系：新时代的旧秩序

加，1961年部署在南越和泰国的美军分别不到1000人，1962年驻南越美军增至8000人，驻泰美军增至2000人。越南战争全面升级后，驻东南亚美军数量迅速增加，驻越美军骤增至近13万人，驻泰美军增至8000多人。1968年，驻越美军人数增至顶峰，达53.7万人，驻泰美军增至4.8万人，驻菲美军达到2.8万人。① 尼克松政府推行战争"越南化"，从南越撤军，1971年底驻越美军骤减到17.5万人。随着美国从越南脱身，印度支那只剩零星美军。

20世纪90年代，驻亚太美军数量削减。1990年美国国防部发表报告，提出三阶段撤军计划。第一阶段，未来1~3年削减1.5万人，其中驻韩美军削减7000人，驻日美军削减5000~6000人，从菲律宾撤走2000人。第二阶段，未来3~5年将再削减驻日美军700人。第三阶段，未来5~10年进一步削减美军。② 当时美国太平洋司令部统辖36.2万人，13.5万美军属于前沿部署，其中驻日美军5万人，驻韩美军4.4万人，驻菲律宾美军1.48万人，还有2.58万海上部署的美军。③ 1992年底，美国从亚太地区撤军1.5万人。1993年3月第一次朝核危机爆发，美国以应对朝鲜军事威胁为由，决定中止从韩国撤军。美国也以中国的核导扩散、俄罗斯在远东地区的海空战力为由，决定维持美日同盟的战斗力。1995年美国国防部发表的亚太战略报告宣布驻亚太地区的美军保持10万人规模，三阶段撤军计划不了了之。

21世纪以来，美国应对地区热点问题和防范中国崛起并举，调整在亚太的军事部署，将美军海空力量的60%转移到亚太。驻韩美军以陆军为主，空军次之，驻韩海军、海军陆战队的人数有所增加。驻日美军则以海军、空军、海军陆战队为主。驻日、韩美军处于中国大量精确制导导弹的打击范围内，美军面临遭受灾难性失败的风险。美国一方面加固防御，重组基地，在靠近中国的军事基地部署先进装备；另一方面从集中部署转向分散部署，驻冲绳美军向第二岛链后撤，在菲律宾、澳大利亚和新加坡的轮驻美军数量增加，美军亚太军事部署地理上更加分散、行动上更加灵

---

① 参见美国国防部年度海外驻军数据，Department of Defense, *Active Duty Military Personnel Strengths by Regional Area and by Country*。

② Department of Defense, *East Asia Strategic Initiative*, April, 1990, pp. 10–14.

③ Department of Defense, *East Asia Strategic Initiative*, April, 1990, p. 9.

第四章 美国提供安全保护：军事纽带之一

活、政治上更可持续，加强制空权、远程打击、海上进入、网空、情报、监视与侦察能力。美军分散部署减少了脆弱性，提高了生存能力，但美军远离冲突地区，在运输、燃料、弹药及其他支持上面临挑战。

驻日美军的重要性不言而喻。冷战结束后，驻日美军人数减少，维持在相对稳定的水平。1991年，驻日美军人数为4.4万人，2001年，驻日美军为4万人，① 数量变化不大。驻日美军经历多轮重组，美日加强军事一体化，提升预警、危机反应、动员及生存能力。根据2005年10月的驻日美军重组中期报告、2006年5月的驻日美军整编路线图，驻日美军提高应对地区危机的能力；横田空军基地成为驻亚太美军的指挥中枢和后勤基地；美国在日部署新型X波段雷达，美日共享雷达的侦测数据；部署"爱国者-3"防空导弹；美日加强共同训练；转移美军航空母舰舰载机基地；驻冲绳美军整编，建立普天间机场替代设施，将8000名海军陆战队及9000名家属撤离到关岛。② 此轮重组有助于加强驻日美军和自卫队的联合作战能力，优化指挥系统和兵力结构，提高驻日美军在亚太及全球的危机反应能力。2012年4月27日，美日修订重组计划，进一步分散部署，驻日美军向第二岛链和第三岛链后撤，降低美军遭受打击的脆弱性。美军决定撤离驻冲绳的9000名海军陆战队员，其中5000人将撤到关岛，2500人撤到澳大利亚轮驻，1500人撤到夏威夷。驻日美军重组计划的落实旷日持久，一拖再拖。

驻韩美军是美国履行对韩安全保护承诺的象征。战争结束后，驻韩美军稳定在六七万人的规模。尼克松政府为减轻军事负担，从韩国撤走一个美军师，驻韩美军人数减少到4万余人。卡特政府提出从韩国撤退所有美国地面部队，因半岛形势及苏联入侵阿富汗后的国际形势变化，美国只撤退了小部分美军就停止了撤军计划。冷战结束后，驻韩美军人数维持在相

---

① 参见美国国防部年度海外驻军数据，Department of Defense, *Active Duty Military Personnel Strengths by Regional Area and by Country*。
② "United States – Japan Roadmap for Realignment Implementation," May 1, 2006, https://www.mofa.go.jp/region/n-america/us/security/scc/doc0605.html；王志坚：《战后日本军事战略研究》，时事出版社，2014年版，第76页。

美国同盟体系：新时代的旧秩序

对稳定的水平。1991年驻韩美军4万人，2001年驻韩美军3.7万人。[①]"9·11"事件后，驻韩美军经历新一轮重组。美国决定将驻韩美军后撤到"三八线"以南，驻军人数削减到2.5万人。为弥补撤军留下的力量真空，美国宣布提升驻韩美军战斗力，为其配备"爱国者-3"防空导弹，部署"阿帕奇"攻击直升机。2008年上台的韩国李明博政府积极修复对美关系，美国承诺驻韩美军维持在2.85万人的水平，增加对韩核保护的可信性。特朗普以撤军要挟韩国增加对驻韩美军的分摊费用，引发美韩关系紧张。

驻韩美军沿着"三八线"驻扎，威慑朝鲜并发挥阻止朝鲜第一波攻击的"绊网"（tripwire）作用。如果朝鲜半岛发生第二次战争，美军将"自动卷入"战争。重组后的驻韩美军撤退到汉江以南，处于朝鲜火炮的射程之外，不再是遭受朝鲜打击的"人质"。后撤的驻韩美军具有机动性、灵活性，可以发动先发制人的打击并减少伤亡。美韩对驻韩美军是否发挥超越半岛的地区作用存在分歧，美国将驻韩美军视作"亚太军"，有意让驻韩美军更多介入亚太安全事务，干涉台海和南海事态，韩国担心驻韩美军挪作他用可能引火烧身，坚持驻韩美军应以保护韩国安全为主。

菲律宾沦为美国的殖民地后，美军即驻扎菲律宾，太平洋战争初期驻菲美军撤退，继而重返。冷战时期，驻菲美军人数一般在1万~1.6万人，越南战争期间驻菲美军高达2.8万人。1991年菲律宾决定关闭美军基地，美军被迫撤走。1995年美济礁事件后，菲律宾重新向美国靠拢，与美国恢复联合军演。1998年美菲签署了《访问部队协定》（VFA），为美军重返菲律宾提供了法律框架。美军可依照协定在菲参加演习、人道主义援助、救灾以及应对其他紧急情况，协定类似于与日、韩签署的驻军地位协定。"9·11"事件后，美军以反恐为名重返菲律宾，美国特种部队在菲律宾南部的棉兰老岛协助菲军打击恐怖主义。美菲签署了后勤相互支持协定，菲律宾允许美军使用菲港口、机场和其他设施，为美军提供军需物资、住宿、交通、通信和医疗等服务。与过去不同的是，美军不是常驻，"美国可以在保持大量军事存在的同时，无须承担巨大的经济和政治成本来维持

[①] 参见美国国防部年度海外驻军数据，Department of Defense, *Active Duty Military Personnel Strengths by Regional Area and by Country*。

像堡垒一样的大型基地"。①

越南战争时期,美军大量进驻泰国,从五六千骤增至四五万人。越南战争结束后,泰国不愿美军继续留驻,美国也不愿像保护南越政权那样保护泰国。1976年7月,美泰发表美军撤出泰国的联合声明,美军撤出泰国,留下270人的顾问团,美国对泰国的援助也锐减。②

二战期间,美军进驻澳大利亚。冷战期间美军利用澳军事基地和设施,但谈不上成规模地驻军,这一状况直到21世纪头10年才真正改变。奥巴马政府分散部署驻亚太美军,加强第二岛链建设。与日韩相比,澳大利亚距中国大陆较远,距离南海相对较近,提供了美国分散部署所需要的战略纵深,降低美军遭受军事打击的风险,有助于美国及时应对西太平洋地区的紧急事态。2011年11月,美国与澳大利亚达成在澳北部城市达尔文轮驻2500名海军陆战队的协定。2012年4月,首批250名海军陆战队员进驻达尔文,这是二战后美国作战部队首次在澳部署,美国B-52轰炸机、F/A-18战斗机和"全球鹰"无人机等随之进驻。

在美国国防部的驻军统计中,对地区的划分多次变化,土耳其、希腊、意大利、西班牙等国一度被纳入"地中海、非洲和中东"地区,驻这些国家的美军没有被计入驻欧洲和北大西洋地区的美军。之后美国国防部把驻扎地中海沿岸北约成员国的美军计入驻欧洲美军,将驻"中东、北非和南亚"的美军合并在一起统计。美军在利比亚、摩洛哥、伊朗、巴基斯坦驻军上千人,在埃及、以色列、沙特驻军数百人。③ 利比亚与美国关系亲近,驻利比亚美军人数一度达5000人左右。1969年9月卡扎菲上校发动军事政变,推翻利比亚国王,关闭美军基地。埃及与以色列建交后,接受美国军事援助,美军随之进驻。伊朗伊斯兰革命之前,驻伊美军从数百人到上千人不等。驻土耳其美军数量从5000人到1万人不等,冷战后驻土耳其美军减少。

---

① [美]大卫·韦恩著,张彦译:《美国海外军事基地:它们如何危害全世界》,新华出版社,2016年版,第357页。

② 费昭珣:《大盟友与小伙伴:美菲与美泰同盟研究》,世界知识出版社,2014年版,第137页。

③ 参见美国国防部年度海外驻军数据,Department of Defense, *Active Duty Military Personnel Strengths by Regional Area and by Country*。

美国同盟体系：新时代的旧秩序

伊朗伊斯兰革命、苏联入侵阿富汗后，美国总统卡特承诺保护海湾君主国的安全。1983年里根政府设立了中央司令部，加大对中东的军事投入。1991年海湾战争结束，美军在海湾地区的军事存在持续。留驻当地的美军达上万人，驻沙特、科威特等国的美军人数上千。美军与海合会成员国举行联合演习，修建军事设施，预置了大量军事装备。美国驻军伊斯兰国家激化了当地民众的反美情绪，驻军成为恐怖分子袭击目标。对海湾君主国来说，美军入驻提供了安全保护，能帮助应对伊朗和恐怖主义威胁、维护海上通道安全，同时防止国内极端分子发动政变，维护政权稳定。海湾君主国并未因民众不满就要求美军撤离，而是要求美军保持低调，远离公众视线。

美国发动阿富汗战争、伊拉克战争以及反对"伊斯兰国"的军事行动，使得驻中东美军人数居高不下。伊拉克战争后，驻沙特美军大量减少，在科威特、卡塔尔和巴林则维持或增加美军。美国在中东的军事存在以伊拉克为中心，截至2008年12月，美国在中东一共部署29.4万人，绝大部分驻军伊拉克，美国国防部在伊拉克雇佣了14.8万合同人员，在阿富汗雇佣了7.2万人。① 奥巴马政府誓言结束伊拉克战争，从伊拉克撤出所有一线作战部队，只保留军事顾问人员。2011年3月叙利亚爆发内战，美军进入叙利亚。2021年美军从阿富汗完全撤退，部署在大中东地区的美军减少。

三、驻军地位协定

美国海外驻军在一些国家形成了规模不等的"小美利坚"，建立了"国中之国"。海外驻军的犯罪问题在德国、日本、韩国、意大利等美军大量驻扎的国家引发强烈的反美情绪，影响驻军所在国的稳定及同盟关系。美国与接受美军驻扎的盟友和伙伴国签署驻军地位协定（SOFA），以法律形式保障美驻军的权益，驻军所在国借此约束美军的行为，维护本国的司法主权。

驻军地位协定可分为三类：第一类协定美国拥有完全的治外法权；第

---

① *When Less is More: Rethinking U. S. Military Strategy and Posture in the Middle East*, Center for a New American Security, November, 2021, p. 8.

二类对美国治外法权规定了适用范围,如美军对基地内的犯罪有管辖权,驻军东道国对基地外的美军犯罪有管辖权;第三类是美国和东道国都有管辖权的情形,双方商定谁有优先管辖权。① 美国与盟友的驻军地位协定大多修改过,美军的治外法权受到削弱。韩国、利比亚、西班牙等国曾赋予美军很大的治外法权,有的国家对赋予美军治外法权限定条件,如规定战时状态下重新谈判驻军地位协定。每一类驻军地位协定又分具体情形,每个协定都留下了模糊操作空间,执行起来涉及复杂的法律程序。一些国家虽收回了治外法权,但经常给予美军豁免。有的盟友对美军士兵的犯罪情况做了区分,对执勤时犯罪的美军,美国有司法管辖权,不执行公务时犯罪的美军则受到驻在国的司法管辖,美国与盟友对于是否执行公务的认定经常出现分歧,一些案件引起轩然大波。

美国与世界115个国家签署了驻军地位协定。② 有的国家不是美国盟友,也接受美军驻扎,冷战前期美国与缅甸、印度尼西亚、南斯拉夫、埃塞俄比亚等国签署驻军地位协定。1953年美国签署了《北约驻军地位协定》(NATO SOFA),目前这一多边协定适用于北约成员国、北约"和平伙伴关系"(PFP)计划成员国,美国与近58个国家适用北约驻军地位协定,占签署驻军协定的国家一半。驻德美军人数最多,适用《北约驻军地位协定》,并增加了补充条款,对穿戴制服、税收和收费、携带武器、电台波段、关税等做了详细规定,覆盖驻德美军和人员的方方面面。

1952年2月28日,美日签署行政协定,赋予美军治外法权,1960年改为《驻日美军地位协定》,此后多次修改协定。1995年9月发生冲绳少女被美国士兵强奸事件,当地民众掀起反美抗议浪潮,迫使美国政府道歉,承诺修改涉及美军严重刑事犯罪的引渡条款。美韩签署驻军地位协定经历了一番波折。1955年4月韩国起草了《驻韩美军地位协定》,但美方称美军是以联合国军身份驻扎韩国,对签署协定态度消极,不愿受法律约束。直到1966年7月美韩才签署《驻韩美军地位协定》。韩国多次与美国

---

① George Stambuk, *American Military Forces Abroad: Their Impact on the Western State System*, Columbus: Ohio State University Press, 1963, pp. 53 – 56.

② Chuck Mason, *Status of Forces Agreement (SOFA): What Is It, and How Has It Been Utilized*, CRS Report for Congress, RL34531, March 15, 2012, p. 2.

交涉，修订驻军地位协定，仍十分不满，认为韩国获得的待遇不如日本。[1]韩国认为在刑事裁判权、环境、劳务、军事设施返还、民事诉讼程序等条款上仍有许多需要修改的地方。菲律宾关闭美军基地后，美菲协定中使用美军"访问"菲律宾而不是"驻扎"菲律宾，[2] 以免违反菲律宾宪法禁止外国驻军的条款。

四、海外驻军的作用

海外驻军在维持同盟关系及对美国有利的地区秩序中发挥了重要作用。美国称"海外驻军是美国国家安全战略的基石"，[3] 自诩海外驻军是像"氧气"一样的存在，不可或缺。海外驻军体现了美国对盟友的保护承诺，没有什么比海外驻军更能展示美国保卫盟友的决心，它向盟友和对手发出清晰的信号，减少了盟友被抛弃的担忧。和平时期美国驻军当地，表明美国卷入战争的意志，警告对手如果发动战争，美国势必介入，从而发挥威慑作用。

海外驻军促进了同盟深度互动。美国与盟友军事部门的互动对盟友的军事理念产生潜移默化的影响，美国驻军与盟友军队联演联训促进了联合作战能力的提高。美国把促进美军与东道国的友好亲善关系作为海外驻军的一项工作，[4] 海外美军发挥军事外交的作用。美军基地的环境破坏、噪声污染、美军的违法犯罪行为引发美国和盟友摩擦。美军通过一些土木工程为当地经济做贡献，参与人道主义援助、救灾，加强与当地民众的互动，缓解当地民众的反美情绪。

美国海外驻军可以预防盟友之间的武装冲突。法国和德国曾是死对头，美国在欧洲的军事存在使法德两国开战的可能性几乎不存在，因而消

---

[1] Yoichi Funabashi, *Alliance Adrift*, New York: Council on Foreign Relations Press, 1999, p. 306.

[2] Chuck Mason, *Status of Forces Agreement (SOFA): What Is It, and How Has It Been Utilized*, CRS Report for Congress, RL34531, March 15, 2012, p. 14.

[3] Department of Defense, *United States Security Strategy for the East Asia – Pacific Region*, 1998, p. 9.

[4] Department of Defense, *United States Security Strategy for the East Asia – Pacific Region*, 1998, p. 60.

第四章　美国提供安全保护：军事纽带之一

除了彼此间相互恐惧的主要根源。①韩日因历史和领土争端不时发生冲突，美国驻军东北亚有利于防止日韩冲突失控。

　　海外驻军还可以帮助美国克服大西洋和太平洋带来的距离障碍，及时干预地区危机。美国通过海外驻军进入地缘战略争夺要地，一旦欧洲、亚太、中东发生紧急事态，在后续的海陆空支持到来之前，驻扎当地的美军可以先行做出快速反应。如果美国驻军能够预防战争和冲突，即便维持驻军花费很多，对美国和盟友来说也好过承受战争的灾难性后果。海外驻军将美国的防线推至欧亚大陆及其边缘地带，"御敌于国门之外"。如果爆发战争，战火在别的国家燃烧，美国本土可保无虞。

　　海外驻军维持了对美国有利的地区力量平衡。美国驻军遏制地区冲突爆发和蔓延，维护地区稳定，防止现状向对美国不利的方向演变。驻军塑造地区安全环境，减少地区国家间的纷争，促进自由民主、市场经济和共同安全的发展。②美国驻军日本、德国，防止两国重建独立的军事能力，预防两国发动地区军备竞赛。驻军保护海上通道和空中路线安全，维护从海湾地区到欧洲和日本的石油运输安全，为盟友发展经济灌输了信心，也有利于其他能源进口国获得稳定的油气供应，稳定地区和全球经济发展。

　　另外，美国驻军的存在制约盟友的安全政策选择，发挥着控制盟友的作用。美国在德国和日本驻军，防止盟友背叛美国，倒向对手阵营。美国驻军为地区争端当事国撑腰打气，分化了地区国家，反而成为地区国家改善关系的障碍。如果地区国家关系紧张，美国就可以挑拨离间，坐收"渔翁之利"，以提供安全保护为名继续赖在当地。

第四节　安全援助

　　安全援助是美国提供安全保护的手段之一。美国向盟友提供安全援

---

①　[美] 克里斯托弗·莱恩著，孙建中译：《和平的幻想：1940年以来的美国大战略》，上海人民出版社，2009年版，第40页。

②　Department of Defense, *A Strategic Framework for the Asian Pacific Rim: Report to Congress*, 1992, p. 17; Department of Defense, *United States Security Strategy for the East Asia – Pacific Region*, 1995, p. 23; Department of Defense, *United States Security Strategy for the East Asia – Pacific Region*, 1998, pp. 9 – 10.

美国同盟体系：新时代的旧秩序

助，增强盟友的防御能力，减轻美国的负担。接受美国援助的盟友需要接受美国附加的苛刻条件，援助只能用于指定的用途。美国安全援助的重点地区呈现阶段性变化：1940—1960 年的西欧和亚太、20 世纪 70 年代的中东、20 世纪 80 年代的中美洲、20 世纪 90 年代的东欧地区、"9·11"事件后的阿富汗、伊拉克以及非洲地区为重点受援地区，重点受援地区的变化折射了大国竞争态势的变化。

一、安全援助及其分类

安全援助是"对和平的廉价保险"。① 1949 年 7 月美国国会批准《北大西洋公约》后，杜鲁门总统就要求国会通过安全援助法案，国会先后通过《共同防御援助法》（MDAA）、《共同安全法》（MSA），以立法形式规范对外安全援助，成立了共同安全署，加强对援助的协调、监督和管理。1961 年美国通过《对外援助法》（FAA），重组外援项目，完善体制机制，设立国际开发署，组建与第三世界国家加强人文交流的志愿者组织"和平队"。1976 年美国通过《武器出口管制法》（AECA），进一步限定武器转让的条件，规范对外安全援助。

国会还在年度国防授权法案设定安全援助项目，如针对中南美国家的禁毒援助、对乌克兰安全援助倡议、印太海上安全倡议、反恐伙伴关系基金、伊拉克安全部队基金、阿富汗安全部队基金等。美国国会每年都拨款安全援助，但它几乎从未提供过官方指导，各机构在安全援助的落实上有交叉重叠。安全援助计划由美国作战司令部、国务院、国防部以及驻受援国的美国大使馆之间相互协调，由国防部防务安全合作局（DSCA）落实。②

美国确立了对军事援助计划及其实践的绝对控制权，从计划细节到具

---

① ［美］迪安·艾奇逊著，上海《国际问题资料》编辑组、伍协力合译：《艾奇逊回忆录》（上），上海译文出版社，1978 年版，第 197 页。
② Jeremy Gwinn, "Sweeter Carrots and Harder Sticks: Rethinking U. S. Security Assistance," April 19, 2022, https://warontherocks.com/2022/04/sweeter-carrots-and-harder-sticks-rethinking-u-s-security-assistance/. （上网时间：2022 年 5 月 10 日）

第四章　美国提供安全保护：军事纽带之一

体实践步骤完全由美国掌握。① 美国严格限定军事援助用途，要求受援国采取配套措施，增强自卫能力，如欧洲国家每接受美国 1 美元的军事援助，需配套 6 美元的军费开支。② 受援国需与美国签署双边军事援助协定，保证不把军事援助资源用于其他目的，不得转让美国的物资、器材、情报、劳务，接受美国军事援助顾问团的技术服务和监督核查。受援国必须保守美国军事援助的秘密，有效地使用美国援助，遵守美国的禁运政策，禁止向社会主义阵营国家输出战略物资和装备，否则美国将全面停止援助。受援国还需向美国提供战略原材料，提供情报信息、军事基地等支持。美国军事援助"肥水不流外人田"，受援国只能从美国购买军事装备和后续服务。1949—1982 年，美国对外军事援助累计 540 亿美元，受援国购买的军备大部分是美军淘汰下来的。③ 1990 年以来，五角大楼提供了约 80 亿美元的军事装备，包括 4000 辆重型坦克、500 架轰炸机和 30 万枪支，④ 受援国为北约成员国、东欧、中东、北非、中南美和加勒比地区的国家。

美国对外安全援助名目繁多，分类缺乏统一的标准。冷战初期，安全援助涵盖的范围比较广，没有严格区分军事援助和经济援助，两类援助的预算打包在一起。军事援助占安全援助的大头，主要为受援国提供武器、装备，培训受援国军事人员。军事援助细分为对外军事资助（FMF）、国际军事教育与培训（IMET）等类别。经济援助用于建设军事设施，下设经济支持基金（ESF）、技术合作、发展援助等类别。经济支持基金与军事援助相配套，对受援国购买的军备提供后勤支持和服务，占安全援助的比重较大。1961 年《对外援助法》将发展援助与安全援助剥离，增加发展援助金额，与苏联争夺在亚非新独立国家的影响力。安全援助根据形势不断调整相关名目，目前可分为"军事援助"和"非军事安全援助"两大类，军事援助细分为对外军事资助、国际军事教育与培训、联合国框架以外的维

---

① 许海云：《锻造冷战联盟——美国"大西洋联盟政策"研究（1945—1955）》，中国人民大学出版社，2007 年版，第 354 页。

② Phil Williams, *The Senate and U.S. Troops in Europe*, London: The Macmillan Press, 1985, p. 31.

③ Duncan L. Clarke, Daniel B. O'Connor, and Jason D. Ellis, *Send Guns and Money: Security Assistance and U.S. Foreign Policy*, Westport, Connecticut: Praeger, 1997, p. 13.

④ *United States Arms Sales to Foreign Countries Handbook*, Washington, D.C.: International Business Publications, 2006, p. 19.

美国同盟体系：新时代的旧秩序

和行动三类，非军事的安全援助用于应对反恐、反毒、防扩散、有组织犯罪等威胁。

对外军事资助是最主要的军事援助项目，用于受援国购买军机、舰船、武器、弹药、通信设备、修理装备费用、技术援助等装备和服务。① 大部分对外军事资助以贷款形式提供，令盟友背上债务。美国对外军事资助逐步转向以无偿援助为主、贷款为辅，减免盟友军购所欠债务。接受美国对外军事资助最多的国家有以色列、埃及、约旦、伊拉克、巴基斯坦、阿富汗等国，它们从美国政府渠道购买军备，一些受援国被允许与美国军火公司直接商洽军购。

国际军事教育与培训被誉为"最有效的安全援助"项目，投入少，成效大。美国提供专业的军事教育和技术培训，加强盟友和伙伴的军队专业化，训练使用和维护美式装备，加强联合军事行动能力。1950—1995 年，美国培训了 140 个国家的 58.5 万人，花费 26 亿美元，仅相当于一年的经济支持基金的数额。② 美国为外国军人开设了 2000 门课程，③ 每年为 100 多个国家的军人提供培训。美军现役部队对外国军官提供专业军事教育，国防大学、后勤战争学院、陆军、海军和空军各自的战争学院培训更高级的军官及文职人员，向外国军事人员灌输美国的价值观，培训他们尊重文官掌握军队原则。培训地点位于美国本土、巴拿马运河区、驻冲绳及驻德美军基地，也有相当一部分培训由美国驻扎当地的军事顾问团负责。④ 21 世纪以来，美国发起"全球和平行动倡议"（GPOI），培训外国军人执行国际维和任务，涵盖民众保护、人权培训、后勤支持、医疗和工程培训等方面。在大国竞争回归的背景下，美国决定加强国际军事教育与培训项

---

① Department of Defense, *Foreign Military Sales and Military Assistance Facts*, December 1979, p. 34.

② Duncan L. Clarke, Daniel B. O'Connor, and Jason D. Ellis, *Send Guns and Money: Security Assistance and U. S. Foreign Policy*, Westport, Connecticut: Praeger, 1997, pp. 20 – 21.

③ Duncan L. Clarke, Daniel B. O'Connor, and Jason D. Ellis, *Send Guns and Money: Security Assistance and U. S. Foreign Policy*, Westport, Connecticut: Praeger, 1997, p. 21.

④ Harold A. Hovey, *United States Military Assistance: A Study of Policies and Practices*, New York: Frederick A. Praeger, 1965, pp. 172 – 173.

目，2021—2025 年拟将外军学员数量增加 50% 以上。①

反毒、防扩散、反恐、反海盗、执法援助属于"非军事的安全援助"。美国早就关注毒品走私对国家安全的影响，发起"反毒战争"，向国外禁毒机构提供培训和装备支持。美军向墨西哥、哥伦比亚和其他安第斯共同体国家提供夜视仪、雷达等设备，向阿富汗提供禁毒援助。苏联解体后，美国建立"合作减少威胁计划"，防止核扩散。国务院、国防部、能源部和国安会的人员定期举行防扩散援助协调会。在防止常规武器扩散方面，美国启动"常规武器销毁项目"，斥资近 20 亿美元，向 80 多国提供援助。②

"9·11"事件后，美国国防部设立"反恐伙伴关系计划"，培训从事反恐行动的外国军官和文职官员，建立国际反恐网络，帮助外军增强反恐能力。"跨撒哈拉反恐伙伴关系计划"协助阿尔及利亚、尼日利亚、摩洛哥、突尼斯和塞内加尔增强军事和执法能力，对抗激进思想，推动公共外交。美国国务院反恐协调办公室建立跨部门战略小组，协调地中海、东非、撒哈拉以南地区、东南亚、中东、南亚和西半球的反恐活动。美国向印度尼西亚和孟加拉国等国提供安全援助，用于反海盗活动。

安全援助占美国对外援助总额的比重呈现下降趋势。苏联解体后，美国大幅削减国际开发署的资金和人员。安全援助占外援总额比重不足一半，这既与军事因素在国际关系中的地位下降有关，也与安全援助的分类变化有关，原来属于安全援助下的名目被划入其他类别，如经济支持基金被单列为战略经济援助。2019 财年美国对外援助预算总额 481.8 亿美元，安全援助占 35%，其中军事援助 139 亿美元，占外援预算总额的 29%；非军事安全援助为 28 亿美元，占外援预算总额的 6%。③

---

① "Secretary Esper Discusses Strengthening Allies and Partners at the Atlantic Council," October 20, 2020, https://www.defense.gov/Newsroom/Transcripts/Transcript/Article/2389097/secretary – esper – discusses – strengthening – allies – and – partners – at – the – atlantic – cou/.

② Andrew J. Shapiro, "A New Era for U. S. Security Assistance," *Washington Quarterly*, Fall, 2012, p. 29.

③ Emily M. Morgenstern and Nick M. Brown, *Foreign Assistance: An Introduction to U. S. Programs and Policy*, Congressional Research Service, R40213, January 10, 2022, summary, pp. 9 – 10.

二、安全援助的地区分布

美国安全援助的对象以盟友和伙伴为主。冷战时期，美国向近120个国家提供了600多亿美元的军事援助；向60个国家转让了4000多艘舰船；花费20亿美元培训了50多万名外国军事人员。① 欧洲、亚太和中东盟友处于对苏冷战的前线，获得的军事援助多，20世纪60年代，美国2/3的军事援助分配给了11个与苏联和中国接壤的国家。② 拉美和非洲国家获得的安全援助较少，美国认为撒哈拉以南非洲和拉美的主要问题是经济发展，1961年国会规定每年对非洲武器转让额不得超过2500万美元，③ 对拉美加大了经济援助力度。迄今为止，美国仍优先向欧亚盟友提供先进军事装备。

1940—1960年，美国向欧洲盟友提供巨额军事援助。美国从英国手中接过"保护"希腊和土耳其的责任。杜鲁门总统提出对希腊、土耳其提供4亿美元援助，其中援助陷入内战的希腊2.5亿美元。美国派出军事代表团，建立美希联合司令部。驻希腊美军顾问团人数多、权力大，通过参加希腊最高国防理事会会议，帮助希腊政府军镇压共产党领导的游击队，最终将希腊纳入西方的势力范围。

艾森豪威尔总统认为养一个盟友士兵比养一个美国兵的成本少很多，加大利用安全援助装备、训练盟军，减轻美国的财政负担。1950—1957年，美国提供了近200亿美元的军事援助，一半以上用于援助北约盟友。④ 获得军事援助较多的国家是英国、法国、意大利、比利时、希腊、土耳其、荷兰等国，这些国家参加美国军事教育与培训项目的人员众多。1950—1966年，欧洲接受美国军事援助最多的国家是法国，其接受美国军

---

① William H. Mott IV, *United States Military Assistance: An Empirical Perspective*, Westport, CT: Greenwood Press, 2002, p. 20.

② Robert E. Osgood, *Alliances and American Foreign Policy*, Baltimore: The Johns Hopkins Press, 1968, p. 92.

③ William H. Mott IV, *United States Military Assistance: An Empirical Perspective*, Westport, CT: Greenwood Press, 2002, p. 256.

④ James E. King, Jr., "Collective Defense: The Military Commitment," in Arnold Wolfers, eds., *Alliance Policy in the Cold War*, Baltimore: The Johns Hopkins Press, 1959, p. 130.

事援助42.36亿美元，接下来依次是：土耳其25.7亿美元，意大利22.89亿美元，希腊14.28亿美元，比利时和卢森堡加起来12.56亿美元，荷兰12.21亿美元，英国10.35亿美元，德国9.01亿美元。① 20世纪70年代后，美国仅向提供军事基地的盟友希腊、西班牙、葡萄牙及土耳其提供军事援助。

苏联东欧剧变后，美国对希腊、土耳其和葡萄牙的援助减少，援助重点转向东欧国家，国会相继通过《支持东欧民主法》《支持自由法》《加入北约法》《北约扩大促进法》等法案，授权总统向东欧转让多余的武器装备。东欧和原苏联国家将美国军事援助用于购买美式军备，这些国家广泛参与国际军事教育与培训项目。

1950年6月战争爆发后，美国增加对亚太盟友和伙伴的安全援助。1950—1966年，接受美国军事援助的10大受援者中，亚洲占了4个，包括韩国和日本等，这一时期韩国获得美国军事援助24.11亿美元，日本9.02亿美元。韩国等国获得的经济支持基金最多。越南战争期间，美国提供经济支持基金用作南越政权购买战时物资，投入南越的资金占经济支持基金总额的比重高达90%。②

在美军占领时期，美国就要求日本重建防卫能力。1954年3月美日签署共同防御援助协定，美国施压日本扩编陆海空自卫队，加强自主防御能力，减轻美国保护日本的军事负担。1956年3月签署了涉及军备生产的美日技术协定。日本实行重经济、轻军事的"吉田茂路线"，抵制美国重整军备的压力，利用美援采购美国剩余农产品，而非采购美国的军备。1946—1968年，美国对日本的军事和经济援助达41.4亿美元，③ 其中对日经济援助占3/4以上。

1954年11月，美韩签署军事援助协定。1950—1981年，美国对韩军事援助共计53.4亿美元，占韩国军费开支的大部分。1954—1968年，美

---

① Department of Commerce, *Statistical Abstract of the United States*, 1966, p. 257.
② 周弘主编：《对外援助与国际关系》，中国社会科学出版社，2002年版，第170页。
③ *Global Defense: U. S. Military Commitments Abroad*, Congressional Quarterly Service, September 1969, p. 39.

美国同盟体系：新时代的旧秩序

国军事援助占韩国军费开支的比重超过100%。① 在韩国财政困难的情况下，美国军事援助极大缓解了韩国要"黄油"还是要"大炮"的困境，助推了韩国的经济起飞。20世纪60年代末，日本跻身世界第二大经济体、中国台湾和韩国实现经济起飞，美国对其援助趋于停止。

在美国国会通过共同防御援助法案之前，美国就与菲律宾签署了军事援助协定。1947年3月21日，美菲签署军事援助协定，美国在菲律宾设立军事顾问团，装备和训练菲军，这是二战后美国签署的第一个对外军援协定。1946—1968年，美国对菲军事和经济援助达20.2亿美元，军事援助约5.4亿美元。② 在菲律宾关闭基地后，美国对菲军援数额骤减。"9·11"事件后，美国对菲律宾提供军事援助，用于帮助菲军加强反恐能力。随着南海争端升温，美国增加对东南亚的军事援助，向越南、印度尼西亚、马来西亚等国提供军援，2011年5月向菲律宾转让二手军舰，以增强菲律宾海上巡逻能力。1950年10月，美国与泰国签署军事援助协定，截至冷战结束，美国对泰国提供了60多亿美元援助，其中37亿美元为军事援助，有2万泰国军官接受美军培训。③ 对美国来说，与澳大利亚、新西兰结盟几乎不用承担成本，美国没有对两国提供过安全援助，澳大利亚还是美国军备的重要买家，令美国经济受益匪浅。

在中东和南亚地区，美国向伊朗、巴基斯坦提供双边军事援助。1954—1961年，美国向巴基斯坦提供军事援助18亿美元，向伊朗提供9.96亿美元，④ 20世纪70年代末对两国的军事援助几乎停止。

美国对中东国家的军事援助首先考虑维护以色列的安全，对以色列的援助数额远远高于对阿拉伯国家的援助数额。美国"以援助换和平"，为了以色列的安全，对埃及、约旦及其他温和派阿拉伯国家提供援助。以色

---

① Chung–In Moon and Sang–Young Rhyu, "Rethinking Alliance and the Economy: American Hegemony, Path Dependence, and the South Korean Political Economy," *International Relations of the Asia–Pacific*, 2010, No. 3, p. 446.

② *Global Defense: U. S. Military Commitments Abroad*, Congressional Quarterly Service, September 1969, p. 39.

③ William H. Mott IV, *United States Military Assistance: An Empirical Perspective*, Westport, CT: Greenwood Press, 2002, p. 236.

④ Duncan L. Clarke, Daniel B. O'Connor, and Jason D. Ellis, *Send Guns and Money: Security Assistance and U. S. Foreign Policy*, Westport, Connecticut: Praeger, 1997, p. 40.

第四章　美国提供安全保护：军事纽带之一

列和埃及获得的经济支持基金和军事援助占比很大。1975—1981年，以色列和埃及获得了100亿美元的援助，占经济支持基金总额的75%。1977—1995年，以色列和埃及获得的军事援助数额占美国军事援助总额的60%以上。① 1980—2005年，以色列获得了近280亿美元，埃及获得了190亿美元的无偿军事援助。② 美国军事援助一度占埃及50%以上的国防预算，美国军事援助机构被称为埃及的"影子内阁"。③ 2015财年美国对外军事资助57亿美元，其中以色列占31亿美元，埃及占13亿美元。④ 军事援助密切了美国与受援国的军事合作，埃及和以色列率先获得"非北约主要盟友"地位。由于通货膨胀因素，同样数额的军事援助购买力不断缩水。

在阿富汗战争和伊拉克战争后，美国设立了专门针对阿富汗和伊拉克的安全援助，提供军备，训练两国安全部队，修建军事设施。2001—2006年，美国对阿富汗提供142亿美元援助，其中90亿美元为安全援助，52亿美元为重建、人道主义和治理援助。⑤ 美国国会每年还单独拨款10亿美元，用于支持盟友军队在伊拉克和阿富汗执行任务。在2015财年美国135亿美元的军事援助中，对阿富汗和伊拉克的军事援助占40%。⑥

与欧洲、亚太、中东国家相比，拉美国家远离美苏对峙前沿地区，获得的安全援助数额较少。美国对拉美的军事援助通过双边渠道提供，而不是通过美洲国家组织或者美洲防务理事会等多边机构。美国与拉美国家签署了双边共同安全援助协定，拉美国家同意将美国的军事援助专门用于西

---

① Duncan L. Clarke, Daniel B. O'Connor, and Jason D. Ellis, *Send Guns and Money: Security Assistance and U. S. Foreign Policy*, Westport, Connecticut: Praeger, 1997, pp. 16 - 17.

② *United States Arms Sales to Foreign Countries Handbook*, Washington D. C.: International Business Publications, 2006, p. 21.

③ Duncan L. Clarke, Daniel B. O'Connor, and Jason D. Ellis, *Send Guns and Money: Security Assistance and U. S. Foreign Policy*, Westport, Connecticut: Praeger, 1997, p. 171.

④ Nina M. Serafino, *Security Assistance and Cooperation: Shared Responsibility of the Departments of State and Defense*, Congressional Research Service, May 26, 2016, p. 44.

⑤ "U. S. Support for Afghanistan: Fact Sheet on Assistance Efforts," January 26, 2007, https://2001 - 2009. state. gov/p/eur/rt/nato/79549. htm. （上网时间：2017年5月3日）

⑥ Curt Tarnoff and Marian L. Lawson, *Foreign Aid: An Introduction to U. S. Programs and Policy*, Congressional Research Service, R40213, June 17, 2016, p. 10.

美国同盟体系：新时代的旧秩序

半球防御，承诺提供美国所需要的战略原材料，并限制与苏联集团的贸易关系。对此，拉美民族主义者和左翼人士谴责向美国提供战略原材料、限制拉美与苏联集团贸易的规定出卖了主权。① 美国利用军事援助增加对拉美的武器销售，排挤欧洲国家；向拉美国家派遣近千名军事顾问，训练拉美军队；在巴拿马运河区设立美洲军事学校，培训拉美军官。1950—1975 年，美洲军事学校和美国本土的其他军事院校培训了 7.1 万名拉美和加勒比地区的军人。② 古巴革命胜利后，美国调整对拉美的援助政策，1961 年 3 月宣布建立"进步联盟"（Alliance for Progress），这一"拉美版"的马歇尔计划谋求推动拉美国家经济和社会发展，反对颠覆活动。美国设立美洲国家警察学院，帮助拉美国家镇压国内"暴乱"和异议分子。

20 世纪 60—70 年代，巴西、玻利维亚、阿根廷、秘鲁、巴拿马、厄瓜多尔、智利、乌拉圭等国接连发生军事政变，美国以保护人权为由，提出削减对拉美国家的军援数额，对拉美国家的军售不得超过 7500 万美元。③ 美国派驻拉美的军事顾问从 20 世纪 60 年代中期的 800 多人下降到 1979 年的不到 100 人，无偿军事援助下降到 300 万美元。④ 美国削减对拉美的军售，欧洲国家对拉美的军售额增加。

里根政府将与古巴关系密切的尼加拉瓜桑地诺政权视为眼中钉，向尼加拉瓜邻国萨尔瓦多、洪都拉斯、危地马拉、哥斯达黎加提供大量军事援助和经济支持基金。1990 年 2 月尼加拉瓜桑地诺民族解放阵线下台，1992 年 1 月萨尔瓦多政府和反对派达成和平协定，美苏及其代理人在中美洲的争夺告一段落，美国对中美洲的援助大幅下降。美国转向关注禁毒问题，对哥伦比亚、玻利维亚和秘鲁增加禁毒援助。1999 年美国发起了以禁毒为主的"哥伦比亚计划"，与哥伦比亚加强禁毒合作，哥伦比亚成为仅次于以色列和埃及的受援国。2000—2016 年，国会拨款 100 亿美元实施"哥伦

---

① John Child, *Unequal Alliance: The Inter-American Military System, 1938-1978*, Boulder, Colorado: Westview Press, 1980, p. 122.
② 林被甸、董经胜：《拉丁美洲史》，人民出版社，2010 年版，第 385 页。
③ Duncan L. Clarke, Daniel B. O'Connor, and Jason D. Ellis, *Send Guns and Money: Security Assistance and U. S. Foreign Policy*, Westport, Connecticut: Praeger, 1997, p. 59.
④ John Child, *Unequal Alliance: The Inter-American Military System, 1938-1978*, Boulder, Colorado: Westview Press, 1980, p. 207.

比亚计划",还向墨西哥提供"黑鹰"直升机,加强边远山区的缉毒工作。①

冷战时期美国对非洲援助受到美苏竞争的牵引,对非洲安全援助用于遏制苏联在非影响,受援国主要是埃塞俄比亚、利比里亚、刚果(金)、尼日利亚、利比亚等国。埃塞俄比亚曾是美国对非洲军事援助的最大受援国,欧加登战争后,美国转而支持埃塞俄比亚的敌人索马里。冷战后为应对非传统安全威胁,美国对非洲安全援助大幅增加。

三、安全援助的作用

美国对外安全援助看似"利他"实则"利己",和驻军一样是维系同盟关系、排斥竞争对手的工具。美国利用安全援助帮助受援国发展军力,减轻美国的军事保护负担。在受援国遭受外部攻击时,不至于开战即溃败,从而给美军增援留下时间。美国的军事援助促进了美国与受援国军备的兼容性,增强了联合作战能力。美国利用援助手段维持亲美政权的稳定,防止发生内乱外患,维护有利于美国的地区力量平衡。

在美苏争夺激烈的国家,军事援助是美国施加影响的重要手段,如美国利用援助影响埃及的对外政策走向,艾森豪威尔政府不满埃及向苏联靠近,切断对埃及的援助。福特政府和卡特政府大幅增加援助,推动埃及改变对以色列的敌视政策。美国利用军事援助倾销军火,同时也制约受援国的军事行动。在印巴战争中,美国暂停对巴基斯坦军事援助,使得巴基斯坦武器弹药供应短缺。美国军事装备帮助埃及军队"现代化",使埃及军事装备受制于美国,再也无法发动对以色列的战争。

美国教育和培训受援国军人,灌输美国的价值观,确保枪杆子掌握在亲美军人手中。朝鲜停战协定后美国全面介入韩国军队建设,再造韩军,培养了一支坚定亲美的军事和社会力量。对美国来说,通过安全援助可以低成本获得强大的同盟防御力量和忠诚的盟友,没有比这更划算的了。美国的培训项目以英语授课为主,能掌握英语的军官大多有国际视野,本身就是所在国的精英,美国利用培训项目与这些精英建立紧密关系,维持与

---

① Andrew J. Shapiro, "A New Era for U. S. Security Assistance," *Washington Quarterly*, Fall, 2012, p. 27.

受援国的良好关系。

美国利用安全援助进入盟友的港口和基地。冷战前期美国使用突尼斯、利比亚、摩洛哥的军事设施，以增加军援、提供精密武器系统来"奖励"提供基地的盟友，希腊、土耳其、葡萄牙、西班牙、菲律宾等盟友获得的安全援助较多。关闭美军基地的国家获得的援助随之减少，如美国对菲律宾安全援助从1990财年的2.73亿美元削减到1992财年的7500万美元。[1] 2014年4月美菲签署《加强防务合作协定》（EDCA），菲律宾允许美军轮驻，美国对菲律宾军事援助增加。如果一国允许美国建立新基地，美国会加倍提供军事和经济援助，2001年乌兹别克斯坦提供基地供美军使用，次年美国对乌兹别克斯坦军事援助从290万美元暴涨到3710万美元，经济援助从6230万美元增长到1.673亿美元。[2] 2009年美国与哥伦比亚签署新的防务合作协定，得以使用哥伦比亚的多处军事基地。

美国利用安全援助帮助亲美政权镇压国内反对力量。美国支持"友好的暴君"，从美苏对抗出发支持独裁统治和军人政权，军援希腊、菲律宾等国，帮助执政当局镇压反对力量。美国以军援为杠杆，反对以军事政变方式夺取政权。2006年9月泰国发生军事政变，布什政府停止对泰国提供2400万美元的军事援助。2014年5月泰国再次发生军事政变，奥巴马政府叫停470万美元的军事援助，缩减次年的美泰"金色眼镜蛇"年度演习规模，公开批评泰国民主和人权状况。[3] 美国利用军事援助制约盟友行为的成效有限，如无法制止以色列对黎巴嫩和加沙地带的军事打击。受援国利用大国矛盾，尽可能地获取援助，如埃及穆巴拉克政府改善对苏联关系，利用美苏矛盾来获得更多美国军援。

安全援助仍是美国实现国家安全战略目标的有效工具。冷战结束后，美国援助目标从遏制苏联扩张转向反毒、反恐、核不扩散、有组织犯罪、

---

[1] Duncan L. Clarke, Daniel B. O'Connor, and Jason D. Ellis, *Send Guns and Money: Security Assistance and U. S. Foreign Policy*, Westport, Connecticut: Praeger, 1997, p. 84.

[2] ［美］大卫·韦恩著，张彦译：《美国海外军事基地：它们如何危害全世界》，新华出版社，2016年版，第228页。

[3] Walter Lohman, "Need for Long-term Thinking in US-Thai Alliance," October 5, 2015, http://www.heritage.org/research/commentary/2015/10/need-for-long-term-thinking-in-us-thai-alliance. （上网时间：2017年5月3日）

第四章　美国提供安全保护：军事纽带之一

人口走私、海上安全等非传统安全领域。"9·11"事件后，美国调整援助政策，提出对外援助的六大任务：推进民主制度、促进经济增长、改善人民生活、减少国际冲突、提供人道主义援助、援助非政府组织，最根本的目标是推广美国的意识形态和价值观念，消除产生恐怖主义的根源。① 随着大国竞争回归，美国安全援助侧重点出现新变化。2022年2月俄乌冲突后，美国通过了高达400多亿美元的对乌安全援助法案。

第五节　对外军售

对外军售也是美国维持同盟军事纽带的政策工具。冷战初期，由于大多数受援国没有资金购买美军装备，美国通过无偿军事援助的方式武装盟友。肯尼迪政府以来，美国减少无偿军事援助，增加商业军售，减轻美国财政赤字。尼克松政府减少海外保护承诺，放松军售条件，通过增加军售来提升盟友的军事能力。1970—1971年美商业军售每年为10亿~20亿美元，1975年达到150亿~200亿美元。② 美国对外军售的金额远高于军事援助，早已取代军事援助成为美国转让军事装备的主要方式。军事类产品占美国GDP的1/4，③ 美国稳居世界军火商的头把交椅，对外军售占全球军售总额的1/3左右。遍布世界的盟友和伙伴提供了无限广阔的军火销售市场，让美国大发横财，赚得盆满钵满。

一、对外军售的分类及地区分布

从军售的主体看，可分为两大类。④ 第一类是美国政府的"对外军售"（FMS），由美国国务院与外国政府达成军售案，国防部负责执行。这种对外军售是安全援助的一部分，军售资金来自美国提供的无偿军事援助或贷

---

① Andrew S. Natsios, *Foreign Aid in the National Interest*, U. S. Agency for International Development, 2002, p. 1.
② Duncan L. Clarke, Daniel B. O'Connor, and Jason D. Ellis, *Send Guns and Money: Security Assistance and U. S. Foreign Policy*, Westport, Connecticut: Praeger, 1997, p. 127.
③ [美]查默斯·约翰逊著，罗原译：《反弹：美利坚帝国的代价与后果》，生活·读书·新知三联书店，2008年版，第82页。
④ 从军售的交易方式看，可分为现金军售、贷款军售（美国政府提供担保、外国政府向美国银行贷款购买军备）、使用美国提供的军事援助资金军售等。

美国同盟体系：新时代的旧秩序

款。美国政府的对外军售为"全部打包"模式，即提供武器和售后服务，帮助受援国学习操作和维护武器系统。第二类是"直接商业军售"（DCS），由外国买家与美国军火公司直接谈判，国务院或商务部审核，颁发出口许可证。售后服务不一定包括在军售合同内，这取决于合同的内容。外国买家与军火公司商洽购买特定的军备，这些军备可能不在政府间军售的清单上。这种军售具有一定的灵活性，但是买家需承担更大的风险和售后费用。由于美国军事援助数额有限，对购买大宗军火来说是杯水车薪，因此外国政府自己出资的占比很大，直接商业军售的年度成交额远远超过政府军售额。2016 财年美国对外军售 336 亿美元，其中 29 亿美元军售案为对外军事资助项目，50 亿美元为"伙伴能力建设"项目，257 亿美元由外国买家出资。① 可见美国政府渠道的对外军售额占比很小。美国国防部下设的防务安全合作局负责处理对外军售事务，2019 年该局的日常工作是处理与 185 个国家的 1.4 万件军售案。② 美国军售名目繁多，涵盖各种战斗机、运输机、作战平台、通信装备、弹药、海军舰艇、反导系统、修理部件等，大到飞机、小到军靴，不一而足。

美国军售对象广泛，据美国国防部防务安全合作局网站介绍，美国向 200 多个国家和国际组织售卖军品。美国以人权、恐怖主义、联合国安理会决议等为理由，列出了禁止军售的国家或组织名单，将中国、古巴、朝鲜、白俄罗斯、伊朗等 20 多个国家列入禁售名单。美国军火的大买家以亚太、中东、北约盟友为主，亚太地区买家以日本、韩国、澳大利亚等国家为主，中东地区买家包括沙特、埃及、以色列、伊拉克、阿联酋，欧洲买家有英国、波兰、土耳其、希腊等国。沙特是中东富裕的产油国，依靠美式装备应对伊朗威胁、干涉也门内战。埃及、以色列是美国军事援助的受益者，军事援助被指定用于购买美国军事装备。伊拉克在萨达姆政权被推翻后成为美国军火主要买家，资金主要来自美国的军事援助。土耳其和希

---

① "Fiscal Year 2016 Sales Total ＄33.6B," Novermber 8, 2016, http://www.dsca.mil/news－media/news－archive/fiscal－year－2016－sales－total－336b. （上网时间：2020 年 10 月 10 日）

② Adam Twardowski, "Advancing U.S. Interests through Security Cooperation," June 11, 2019, https://www.brookings.edu/blog/order－from－chaos/2019/06/11/advancing－u－s－interests－through－security－cooperation/. （上网时间：2020 年 10 月 10 日）

腊境内均有美军基地，获得美军援数额较多。波兰作为对抗俄罗斯的北约"前线国家"，大量购买美军装备。2012—2016 年，美国对 167 个国家完成的军售额达 1970 亿美元，前 10 位买家依次为：沙特 258 亿美元、埃及 171 亿美元、以色列 152 亿美元、中国台湾地区 150 亿美元、澳大利亚 105 亿美元、日本 94 亿美元、韩国 93 亿美元、伊拉克 89 亿美元、英国 66 亿美元、阿联酋 63 亿美元，[1] 排名前 10 的国家占美国对外军售总额的大部分。

美国按照重要性、亲疏远近的差异，对军售对象实行差别待遇。北约成员、日本、韩国、澳大利亚、以色列和新西兰享受的待遇一样，美国会对它们的军购审查比对其他国家宽松。这些国家购买价值 2500 万美元以上的军事装备、1 亿美元以上的零部件或服务、3 亿美元以上的设计和建造服务，需要提前 15 天通知国会。其他国家购买价值超过 1400 万美元以上的军事装备、5000 万美元以上的零部件和服务、2 亿美元以上的设计和建造费用需要提前 30 天通知国会。[2]

日本 90% 的进口军备来自美国，在美国对外军售中享受跟北约盟友一样的待遇，可以获得特定的美国国防部合同，参与美国国防部和国务院研发项目，获得特定的国防部贷款担保，获得军备部件优先待遇，参与北约的培训项目。日本公司获得美国许可生产军备，如生产 F-15 战斗机。近年来，日本购买了 F-35 联合战斗机、"全球鹰"无人侦察机、"鱼鹰"运输机、空中加油机、预警机等一批先进战机，升级"宙斯盾"系统。[3] 美国对韩国军售额每年大约 20 亿美元，占韩军武器进口的 80%。[4] 美国提升韩国的军售待遇，对韩国售卖"战斧"巡航导弹。2007 年 6 月和 9 月，美国和英国、美国和澳大利亚分别签署防务贸易合作条约，简化军售手续。美国对英国、澳大利亚的大部分军售不需要美国政府事先批准，两国还可获得美国最机密的武器系统。

---

[1] A. Trevor Thrall and Caroline Dorminey, "Risky Business: The Role of Arms Sales in U.S. Foreign Policy," *Policy Analysis*, Cato Institute, March 13, 2018, pp. 2-3.

[2] Paul K. Kerr, *Arms Sales: Congressional Review Process*, Congressional Research Service, RL31675, July 25, 2017, pp. 1-2.

[3] Emma Chanlett-Avery and Ian E. Rinehart, *The U.S.-Japan Alliance*, Congressional Research Service, RL33740, February 9, 2016, p. 20.

[4] Norman Levin, *Do the Ties Still Bind? The U.S.-ROK Security Relationship After 9/11*, RAND, 2004, p. 49.

美国同盟体系：新时代的旧秩序

美国对中东国家的军售案优先考虑以色列的安全，对以色列的军售待遇明显高于中东其他国家。20 世纪 70 年代美国对中东军售额猛增，对以色列、伊朗和沙特的军售占美国武器出口的一半以上，伊朗一度成为美国军火的最大买家，在伊朗从事售后服务的美国人高达上万人。美国对中东军售猛增的原因与地区形势变化有关：英国撤出苏伊士运河以东，依靠英国保护的海湾君主国不得不军购自保；石油价格猛涨，海湾国家有财力军购；美国减负，不愿卷入地区冲突，通过军售而不是部署驻军的方式提升盟友的军事能力。1970 财年，美国对波斯湾军售订单为 1.28 亿美元，1975 财年猛增至 44.92 亿美元。① 1950—1975 年美国对沙特的军售总额为 46.12 亿美元，仅 1976 年一年对沙特的军售总额就猛增到 75.1 亿美元。②

美国对中东军售的武器种类受到以色列的牵制，以色列阻挠可能影响地区均势的军售案。1981 年 10 月里根政府拟向沙特出售 E-3A 机载空中预警和控制系统（AWACS）和"响尾蛇"导弹，在以色列院外集团游说下，军售案未通过国会关。1986 年 5 月美国国会参众两院否决了对沙特出售"响尾蛇"导弹、"鱼叉"导弹、"毒刺"导弹等 2000 多枚导弹的军售案，在里根总统修改军售内容后，国会才予以放行。③ 奥巴马政府和特朗普政府与沙特签署的军售大单达上千亿美元，包括出售先进的波音 F-15SA "攻击鹰"战斗机、艾布拉姆斯主战坦克和"爱国者""萨德"（THAAD）反导系统等。美国以军售为诱饵推进阿以关系，如阿联酋签署与以色列建交的协议，特朗普政府承诺向阿联酋出售 50 架 F-35 战斗机，这将使阿联酋成为第一个拥有 F-35 战机的阿拉伯国家。

美国对外军售留一手，即便是盟友获得了美国的尖端武器，技术含量也可能大为缩水，使用限制多，与美军使用的同款武器性能无法等量齐观。美国也不轻易向盟友出售先进装备。日本希望能够购买 F-22 "猛禽"

---

① *The Persion Gulf, 1975: The Continuing Debate on Arms Sales*, U.S. Government Printing Office, 1976, p. 19.

② *U.S. Arms Sales Policy On Proposed Sales of Arms to Iran and Saudi Arabia*, Hearings before the Committee on Foreign Relations, United States Senate, September 16, 21, and 24, U.S. Government Printing Office, 1977, p. 75.

③ Paul K. Kerr, *Arms Sales: Congressional Review Process*, Congressional Research Service, RL31675, July 25, 2017, p. 6.

第四章 美国提供安全保护：军事纽带之一

战斗机，重金雇佣华盛顿公关公司，游说美国国会批准军售案，但美国国会基于确保美国空中霸权的考虑，剥夺F-22战斗机的任何出口机会。与美国军备合作无果，日本决定与英国、意大利联合研发下一代战机，这一重大防务合作可能倒逼美国松动F-22战斗机出口禁令。

二、军售的作用

与派遣美军、直接军事干涉造成的美军伤亡相比，军售的风险更小；军售具有灵活性，军售的对象、规模、时间都是可控的；军售是成本极低、容易实施的政策工具。[①] 军售帮助盟友获得先进装备，实现军备的互操作性，加强联合作战能力，减轻美国的军事保护负担。

对外军售支持美国的军火工业，让美国军火商日进斗金，有更多资金来投入新式武器研发，继续享有军事技术优势。军售刺激其他货物和服务的出口，拓展商机，解决美国内就业问题。1992年美国总统大选期间，出于提振国内经济及捞取选票考虑，老布什总统宣布对台军售150架F-16战机。美国经常施压盟友军购来减少贸易逆差，盟友被迫购买不需要的装备。如1995年9月，韩国国防部迫于美国压力，以高价购买了美制火炮雷达系统，该火炮系统基本上是一堆废铜烂铁。[②] 特朗普政府逼迫盟友增加军购，减少美国对外贸易逆差，获取经济利益。特朗普执政首年对外军售额大幅增长，与沙特签署了军售大单。2017年11月特朗普访韩，韩国承诺购买F-35A联合打击战斗机、更新KF-16战斗机、更新"爱国者-3"反导系统、AH-64E阿帕奇攻击型直升机、"全球鹰"无人侦察机、"宙斯盾"攻击系统等。[③]

美国对盟友军售有利于联合作战，美国对日本出售"宙斯盾"作战系统和"爱国者-3"反导系统可使双方在导弹防御上形成联合作战能力，

[①] A. Trevor Thrall and Caroline Dorminey, "Risky Business: The Role of Arms Sales in U.S. Foreign Policy," *Policy Analysis*, Cato Institute, March 13, 2018, p. 10.

[②] 陈效卫主编：《合作与冲突：战后美国军事联盟的系统考察》，军事科学出版社，2001年版，第89页。

[③] "Joint Press Release by the United States of America and the Republic of Korea," November 8, 2017, https://www.whitehouse.gov/the-press-office/2017/11/08/joint-press-release-united-states-america-and-republic-korea.（上网时间：2017年11月10日）

美国同盟体系：新时代的旧秩序

对日本出售 F-35 战斗机加强了美日空军的联合战斗能力。美国对澳大利亚军售"宙斯盾"作战系统、F-35 战斗机、潜艇、重型鱼雷，增强了两国空军和海军的联合作战能力。美国要求盟友加大装备投入，借机推销美国军备，打压盟友的军火工业。尼克松政府、福特政府和卡特政府提出加强北约成员国装备的标准化，欧洲盟友怀疑美国的标准化就是"购买美国货",[1] 要求装备标准化为"双向道"，应给予欧洲军火公司对美国销售军备的平等机会。1976 年欧洲盟友建立了"独立欧洲项目小组"（IEPG），协调军事装备的标准化生产和采购。这一机制不属于北约，而是军备销售方面的"欧洲共同市场"，旨在加强欧洲的武器生产和销售。[2] 美国国会提出驻欧美军装备标准化要求，对美军购买其他国家的武器装备设置障碍。美国也排挤欧洲盟友的对外军售。二战后美国取代英国成为澳大利亚军事装备的供应国，在澳大利亚海军更新潜艇和重型鱼雷方面排挤德国公司。2021 年 9 月，美国的插手搅黄了法国与澳大利亚高达 400 多亿美元的柴油动力潜艇大单。

军售推动美国与受援国发展更广泛的关系，扩大了美国对受援国的政治影响。拉美、中东、亚太地区的受援国军官学习美式装备的操作、系统维护和升级，受到美国潜移默化的影响。1970—1975 年，有 3.5 万名美国专家培训沙特人员，沙特人员到美国学习操作军事系统。[3] 军售与提供安全保护、建立军事基地相辅相成。美军解放科威特后，进驻其他海湾国家，对这些国家的军售猛增。

军售帮助美国促进在各地区的战略目标，维持地区均势。两伊战争期间，美国担心伊朗获胜打破地区均势，对伊拉克出售直升机及一些两用产品，并将在欧洲储存的部分军事装备转让给伊拉克,[4] 对伊朗实行武器禁运。萨达姆政权被推翻后，中东地区均势发生变化，伊朗在中东的影响扩

---

[1] *U. S. Defense Policy: Weapons, Strategy and Commitments*, Congressional Quarterly Inc., April, 1978, p. 29.

[2] *NATO At 40*, Congressional Research Service, U. S. Governmental Printing Office, May 1989, p. 27.

[3] *The Persion Gulf, 1975: The Continuing Debate on Arms Sales*, U. S. Government Printing Office, 1976, p. 257.

[4] 岳晓勇：《动荡中的盟友与对手——美国与海湾国家关系的建立和演进》，世界知识出版社，2013 年版，第 34 页。

第四章　美国提供安全保护：军事纽带之一

大，美国增加对沙特的军售，抵消伊朗的军力优势。2015年7月伊朗核协议达成后，美国向沙特增加军售，减轻其安全担忧。中美建交以来，美国一直通过军售手段来调节台海两岸军力平衡，阻挠中国大陆武力统一台湾。

美国军售引发地区连锁反应，对热点问题火上浇油，损害地区稳定和经济发展。1986—1995年，美国向45个正在发生的冲突提供了420亿美元的军备。1999年向42个冲突中的39个冲突方提供武器或军事技术，比例高达92%。① 俄乌冲突爆发以来，美国持续拱火，对外军售大涨。2022财年美国政府授权的军售总额跃升至约519亿美元，较上一财年激增49.1%。美国国防承包商直接向其他国家和地区的军售总额约为1537亿美元，较上一财年飙升48.6%。② 美国向库尔德武装提供军火，支持库族武装打击"伊斯兰国"。土耳其打击境内库尔德分离主义势力，双方都使用美制装备厮杀。

美国以军售为杠杆，对盟友和伙伴施加人权压力。1961年《对外援助法》规定美国不得向严重侵犯人权的政权提供军援和售卖武器。1968年《对外军售法》禁止向不发达地区出售精密武器，但希腊、土耳其、伊朗、以色列、台湾当局、菲律宾和韩国获得豁免。1976年《武器出口管制法》进一步规定了军售的程序，要求行政部门不得将武器提供给侵犯人权和支持恐怖主义的国家。2002年的"对外行动拨款法"禁止美国将武器转让给发生军事政变的国家。美国法律禁止将美制武器用于镇压受援国国内民众，但人权因素经常让位于安全战略和国内军工集团的利益，韩国朴正熙和菲律宾马科斯政权实行独裁统治，美国依然向其提供援助。卡特政府将军事援助和军售与人权挂钩，里根政府则力避将削减援助作为惩罚手段，虽批评埃及、约旦、沙特、土耳其、巴林、以色列、哥伦比亚、秘鲁、墨西哥等国侵犯人权，但继续售卖武器。1999年巴基斯坦发生军事政变，但"9·11"事件后巴基斯坦战略地位上升，美国仍向巴基斯坦提供了紧急军

---

① *United States Arms Sales to Foreign Countries Handbook*, Washington, D. C. : International Business Publications, 2006, p. 8.
② "乌克兰危机推动美国2022财年军售额激增"，新华网，2023年1月28日，http：//www.news.cn/world/2023-01/28/c_1129315692.htm。(上网时间：2023年2月5日)

美国同盟体系：新时代的旧秩序

事援助。

对盟友和伙伴来说，获得美国军备加剧了对美国的安全依赖，政治和军事选择受到制约。在未经美国同意的情况下盟友难以发动战争，否则将面临后续的武器供应问题。南亚和中东盟友在依赖美国武器供应上教训深刻。1965年印巴战争中，美国对巴基斯坦武器禁运严重影响巴基斯坦作战能力，此后巴基斯坦转向多样化的武器采购。伊朗伊斯兰革命后，美国停止对伊供应武器和零部件，伊朗美制武器维修受到严重影响。

在关键的武器系统上，美国打压盟友绝不手软。土耳其购买俄罗斯S-400防空导弹系统，美国以严重威胁北约安全为由坚决反对，土耳其为捍卫主权和尊严不愿妥协。俄罗斯S-400防空系统是目前世界上最强大的防空系统之一，采购价格只是美国"爱国者"反导系统的1/3。2017年9月，土耳其与俄罗斯签署协议，购买4套S-400系统，这一交易价值25亿美元。北约要求成员国武器装备采用兼容互通的北约制式标准，便于战时统一指挥和行动。美国认定俄制系统无法与北约武器系统兼容，土耳其安装此系统有助于俄罗斯定位和追踪美国及其盟友的F-35隐形战机。[①]当土耳其选择美国供应链之外的武器，可能在北约系统中接入俄罗斯技术时，美国担心俄制S-400系统成为"特洛伊木马"。2019年7月，土耳其接收首批俄罗斯S-400防空导弹系统，美国将土耳其踢出F-35战斗机项目。土耳其订购100多架F-35战斗机，参与了F-35战斗机供应链项目，为F-35战机制造900多个零部件，被踢出F-35项目使土耳其军事上和经济上遭受重大损失。[②] 2020年10月，土耳其测试S-400防空系统，12月14日美国宣布对土耳其制裁，这是美国首次将《以制裁反击美国对手法》相关条款用于北约盟友。[③] 制裁包括：禁止土耳其国防工业局获得美

[①] "被'踢出'F-35战机项目后土耳其仍在制造该机零部件"，凤凰网，2020年5月9日，https：//mil.ifeng.com/c/7wKOX7KjpWy。（上网时间：2020年5月11日）

[②] "美国拿F-35项目'挤兑'土耳其，北约暂无动作"，新华网，2019年7月19日，http：//www.xinhuanet.com/mil/2019-07/19/c_1210203529.htm。（上网时间：2019年7月25日）

[③] "CAATSA Section 231 'Imposition of Sanctions on Turkish Presidency of Defense Industries'," December 14, 2020, https：//2017-2021.state.gov/caatsa-section-231-imposition-of-sanctions-on-turkish-presidency-of-defense-industries/index.html. （上网时间：2022年5月10日）

国产品、技术的出口许可和授权；阻止土耳其从美国或其他国际金融机构中获得贷款；冻结局长及官员财产并实施签证限制等。

第六节　共同安全合作

美国对盟友的安全保护还包括联演联训、部署反导系统、网络和太空防御合作、情报合作、军事技术和装备合作等方面，与欧亚盟友的军事合作更深入。

一、联演联训

美国与盟友联演联训，可提升盟友的作战能力，展示美国保护盟友、与盟友并肩战斗的决心，同时，利用联演联训测试高技术武器的性能、推销军火。美国与主要盟友都有年度联合演习和训练，形成了相对固定的演习科目和训练内容。普通士兵在联合演习和训练中熟悉彼此的作战方式，中高层军官加深理解彼此的战略文化。美国与盟友的演习内容日益丰富，从传统的防御领土入侵扩大到反恐、反海盗等非传统安全方面。除了陆海空域演习，网络和太空成为新的作战域，多域演练增多。

1951年北约举行了首次联合军演，[1] 此后北约的演习和训练推陈出新，建立各类训练学校和项目，如远程侦察巡逻学校、直升机飞行员训练学校、喷气式飞机飞行员训练项目等。北约演习名目繁多，既有面向成员国的演习，也有面向"和平伙伴关系"成员国的演习。克里米亚入俄事件以来，北约以俄罗斯为假想敌，在波罗的海三国、波兰以及黑海沿岸成员国的军事演习增多、规模扩大。2018年北约举行了103次军演，其中51次邀请伙伴国参加。除了北约框架下的演习，北约成员国举行的单独演习或多国演习达183次。2019年北约的演习次数与2018年差不多，计划举行102次演习，39次演习拟开放伙伴国参加，成员国上报的单独演习和多国演习加起来有208次。北约及盟友的演习都有特定的训练目的，2019年演习拟定25次以陆上演练为主，27次为空中作战，12次为海上行动，其

---

[1] NATO Public Diplomacy Division, *NATO Encyclopedia 2019*, December 2019, p. 237.

美国同盟体系：新时代的旧秩序

他演练为网络防御、危机管理决策、生化、核防御、后勤、通信、医疗等名目。① 按照欧洲安全与合作组织的规定，超过9000人的北约军演需要提前40多天通知欧洲安全与合作组织成员国，超过1.3万人的军演需要邀请国际观察员参加。

美国与亚太盟友军演的代号、科目、规模、演习地点根据形势变化调整。美军太平洋司令部组织、参与国家众多的演习有两年一次的"环太平洋"联合演习。美日一直举行联合演练，假想敌从苏联转为中国和朝鲜，向实战化方向发展，由日军战时支持美军向两军并肩作战方向转变，规模较大的演习有"利剑"联合演习。日本自卫队在关岛和北马里亚纳群岛与美军共享训练设施，美日军演的规模和次数增加，日本的军事行动能力获得提升；军演选址设在冲绳、巴士海峡、南海等西太平洋地区；军演重在演练夺岛、防空等，具有明显的指向性。② 美日联合军演呈现多边化态势，日本参加美印"马拉巴尔"联合演习，"马拉巴尔"发展为美日澳印四边军演。美日与韩、澳、菲等国在南海、东海、夏威夷、关岛等地，举行多国联演；英、法、德在美国动员下，以维护"自由开放的印太"及"基于规则的国际秩序"为名，派军舰和战机赶赴东亚海域，加入美、日、澳登陆演习及"航行自由"行动。

美韩同盟每年的联演联训次数有上百次左右，韩军学习美军的作战战术，加强与美军的控制、指挥和通信系统协作。美韩年度大型联合军演有"关键决心"和"鹞鹰"军演及"乙支自由卫士"联合军演。双方根据半岛形势增减演习次数和规模，"天安舰"事件发生后，美韩2010年7月举行了大规模演习震慑朝鲜，"乔治·华盛顿"号航母参加。朝鲜炮击延坪岛事件发生后，美韩再次出动航母，在黄海举行大规模演习。

美菲联合军演提升了菲律宾保卫领土、领海的实力，增强美菲军队的军事和民事协同作战能力，有利于菲律宾应对地区自然灾害、恐怖主义、跨国犯罪等挑战。美菲"肩并肩"年度联合演习规模最大。2012年中菲黄岩岛争端升温，当年的"肩并肩"军演设有夺取油气田的项目，还邀请

---

① NATO Public Diplomacy Division, *Key NATO and Allied Exercises in 2019*, February 2019.

② 包霞琴、崔樱子："冷战后日美同盟的制度化建设及其特点——兼论日本在同盟中的角色变化"，《日本学刊》，2019年第1期，第32页。

第四章　美国提供安全保护：军事纽带之一

日、韩、澳等国观察员，以及来自东盟的相关人员参与指挥所桌面救灾演习。① 美国与菲律宾、泰国、新加坡、马来西亚、文莱等国举行"卡拉特"海上联合训练，增强美国与东南亚国家海军和海岸警卫队的联合行动能力，南海争端升温后增加了海上巡逻、抢滩登陆训练等内容。美泰同盟合作的重要象征是年度"金色眼镜蛇"联合演习，这一演习由双边演习发展为多国演习，以应对非传统威胁为主。美国与澳大利亚举行联合演练，美海军舰艇每年访澳，单是1997年一年美国第七舰队舰艇就停靠澳大利亚港口107次。② 澳大利亚地广人稀，为美国、日本、新加坡等盟友和伙伴提供军事训练场地。

美国与以色列、埃及以及海合会成员国定期举行双边或多边军演。美国与以色列经常举行联演联训，如在以色列和地中海东部海域举行代号为"杜松橡树"的大规模全域联合演习，同时演练海战、陆战、空战、太空战和电子战，美国出动可携带核弹的轰炸机参演。美国与以色列"网络穹顶"双边演习应对网络威胁，导弹防御演习还邀请德国、英国等国参加。以色列与阿联酋、巴林建交后，美国、以色列、阿联酋、巴林举行了四国海上联合演习。

美国与埃及1981年启动的"光明之星"双边联合演习持续至今，参演国家扩大到中东和欧洲国家，演习项目包括应对恐怖主义、海上威胁、水面、水下及空中形势分析、运输演习以及海上安全程序训练等，英国、法国、意大利、希腊、约旦、沙特、阿联酋等国参演。驻波斯湾美军与海合会成员国举行双边或多边联合演习，"迅猛之鹰"多兵种联合军演旨在加强反恐行动能力，埃及、约旦、伊拉克等国派员观摩。美国中央司令部和第五舰队在波斯湾、阿拉伯海、阿曼湾、红海和北印度洋地区举行大规模海军演习，2022年"国际海上演习"（IMX2022）参演国达60多个，此次军演还举行了大规模无人系统演习，来自10多个参演国的80多个无人系统参加了演习。

---

① 宋清润："从'亚太再平衡'战略看美菲军事同盟关系"，《国际研究参考》，2015年第1期，第7页。

② Department of Defense, *United States Security Strategy for the East Asia – Pacific Region*, 1998, p. 26.

二、反导合作

美国在欧洲、亚太、中东地区部署反导系统，作为向盟友提供延伸威慑的一部分。面对苏联远程导弹技术的突破，美国加紧研制导弹防御系统，维持延伸威慑的可信性。约翰逊总统下令部署"哨兵"反导系统，这是美国首次在本土部署反导系统。① 里根政府提出"星球大战"计划，谋求获得对苏联导弹防御优势。美苏签订《反导条约》，对双方发展导弹防御有一定限制。苏联解体、美国军费大幅削减，"星球大战"放缓。克林顿政府将导弹防御系统分为两部分：保护海外美军和盟友安全的战区导弹防御系统（TMD）、保护美国本土的国家导弹防御系统（NMD），积极推进战区导弹防御系统建设。1998年7月，拉姆斯菲尔德领衔的导弹威胁评估委员会发表报告，强调"无赖"国家对美国国土构成威胁，倾向于部署国家导弹防御系统。小布什政府将导弹防御合二为一，统称为导弹防御系统。2001年12月，小布什政府退出《反导条约》，放手发展反导系统。截至2008年，美国在阿拉斯加州格里利堡部署了23枚陆基拦截导弹、在加利福尼亚州范登堡空军基地部署4枚陆基拦截导弹。②

美国推进与盟友的反导合作，在信息共享、雷达预警、多层次拦截上的军工合作加强了同盟相互依赖，有利于提升同盟的凝聚力。③ 美日反导合作最紧密。1986年日本参与美国"星球大战"计划，这是美日反导合作的肇始。④ 克林顿政府积极推进美日反导合作，双方建立了反导研究小组。1998年8月底，朝鲜发射的"大浦洞"远程导弹飞越了日本上空，日本对反导研发态度转变，1998年9月美日"2+2"会议宣布联合研发反导技

---

① 朱锋：《弹道导弹防御计划与国际安全》，上海人民出版社，2001年版，第50页。

② ［美］罗伯特·盖茨著，陈逾前、迟东晨、王正林译：《责任：美国前国防部长罗伯特·盖茨回忆录》，广东人民出版社，2016年版，第396页。

③ 程志寰、李彬："导弹防御与美国延伸威慑政策"，《国际安全研究》，2021年第6期，第146—149页。

④ Emma Chanlett‑Avery and Ian E. Rinehart, *The U. S.‑Japan Alliance*, Congressional Research Service, RL33740, February 9, 2016, p. 19.

第四章 美国提供安全保护：军事纽带之一

术。1999年8月，美日启动联合研究项目。① 21世纪以来，美日反导合作加速推进。2005年10月，美日决定在日本部署X波段（AN/TPY-2）雷达。2007年美日签署《军事情报保护协定》（GSOMIA），共享反导情报。日本自卫队和驻日美军都配备了先进的"爱国者"导弹、"宙斯盾"反导系统。美国要求日本允许将两国共同开发的海基拦截导弹提供给第三国，以便在欧洲部署该型导弹。美澳反导合作起步稍晚，2004年7月美澳国防部长签署备忘录，澳大利亚加入美导弹防御系统。

美国在韩国部署了"爱国者"导弹，拉拢韩国加入美国反导系统，韩国金大中政府认为这一系统耗费巨额资金，对保护韩国安全用处不大，加之顾忌周边国家反应，做出了不参加美国反导系统的决定。此后韩国以朝鲜提升核导能力为借口调整政策，反导政策向美国靠拢。在美国施压及免费部署的诱惑下，2016年7月韩国同意美国在韩国部署"萨德"反导系统。

美欧反导合作进展缓慢，冷战后欧洲盟友削减军费开支，不愿美国削弱《反导条约》和欧俄关系，对建立导弹防御系统态度消极。2006年北约里加峰会决定开展部署反导的可行性研究。2007年1月，美国以伊朗导弹威胁为借口，提出在波兰和捷克部署反导系统（在波兰部署10枚拦截导弹、在捷克部署一座雷达设施）。② 2009年9月17日，美国公布反导新计划，宣布取消在捷克、波兰部署陆基反导系统，代之以在北欧和南欧海域部署海基反导系统，在罗马尼亚、保加利亚部署陆基反导系统。2010年北约里斯本峰会决定建立覆盖全部成员国领土的反导系统。2012年5月北约芝加哥峰会决定在西班牙、土耳其、罗马尼亚、波兰部署拦截设施和雷达；将美国部署于土耳其的X波段雷达作战控制权转交给北约；北约成员

---

① [美]迈克尔·H. 阿马科斯特著，于铁军、孙博红译：《朋友还是对手——前美驻日大使说日本》，新华出版社，1998年版，第196页；Kent E. Calder, *Pacific Alliance: Reviving U.S. - Japan Relations*, New Haven & London: Yale University Press, 2009, p. 145。

② Daniel Fried, "Do the United States and Europe Need a Missile Defense System?" May 3, 2007, https://2001 - 2009.state.gov/p/eur/rls/rm/84258.htm. （上网时间：2018年5月7日）

承诺投入 10 亿美元用于建立指挥、控制和通信设施。①

美国在海湾国家部署了"爱国者"反导系统。2017 年 10 月,美国批准向沙特阿拉伯出售"萨德"反导系统,防范伊朗导弹威胁,这份总价值 150 亿美元的"萨德"导弹防御系统包含 44 个"萨德"发射台、360 个拦截导弹以及 7 个 X 波段陆基雷达等。② 美国与以色列反导合作密切,2020 年 8 月,两国成功测试了拦截中程导弹的"箭-2"防空系统。2022 年 7 月 13 日,拜登总统访问以色列,参观了两国合作研发的"铁穹"反导系统,还视察了一个未投入运作的、被称为"铁束"的新型激光反导系统。美国推动以色列与阿拉伯盟友整合反导系统,共同应对伊朗的导弹威胁。

三、网络防御合作及太空军事合作

美国与盟友的集体防御从陆地、海洋、天空等传统作战域向以网络、太空为代表的新型作战域延伸。网络战与过去的战争不同,网络武器无需像核武器那样使用导弹运载工具和建立发射装置,网络攻击成本相对不高,但造成的后果严重。

美国逐步加强网络威慑和防御能力。小布什政府重视关键基础设施保护,防御网络攻击,阐述了在网络空间行动的军事战略。③ 奥巴马政府将网络防御推进到新阶段,2009 年 6 月成立网络司令部,成为战略司令部下属的一个次级联合司令部。奥巴马政府阐述了网络空间战略,加强与盟友的网络安全合作;④ 将网络空间定义为与陆、海、空、天同等重要的作战

---

① "Fact Sheet: Chicago Summit – NATO Capabilities," May 20, 2012, https://obamawhitehouse.archives.gov/the-press-office/2012/05/20/fact-sheet-chicago-summit-nato-capabilities.(上网时间:2018 年 5 月 7 日)

② "US Clears THAAD Sale to Saudi Arabia," October 7, 2017, https://www.defensenews.com/space/2017/10/06/us-clears-thaad-sale-to-saudi-arabia/.(上网时间:2018 年 5 月 7 日)

③ The White House, *National Strategy to Secure Cyberspace*, February, 2003; Chairman of the Joint Chiefs of Staff, *The National Military Strategy for Cyberspace Operations*, December, 2006.

④ The White House, *International Strategy for Cyberspace*, May, 2011.

领域，并保留使用军事力量回应网络攻击的权利。① 特朗普政府将网络司令部从战略司令部分离出来，成为一个单独的联合司令部。特朗普政府将"保护美国人民、国土及生活方式"，促进美国繁荣，以实力求和平，推动美国影响力作为美国网络战略的四大支柱。②

北约及其成员国日益重视网络防御。2007年爱沙尼亚遭受大面积网络攻击，向北约求助，这是盟友首次因网络攻击事件求助同盟。2008年北约在爱沙尼亚首都塔林设立网络防御卓越中心（CCDCOE）。北约制定网络防御政策，将网络防御纳入北约集体防御。③ 北约成员国英国、法国、德国等国均制定了网络空间军事战略，对网络空间的进攻、防御与威慑能力进行统筹及规划，④ 英国成立国家网络部队，法国成立网络防御司令部，德国联邦国防军将网军作为陆、海、空军之外的第四个军种。

北约、美日同盟、美澳同盟强推网络空间自卫权，宣布网络空间是与陆海空一样的作战区域，将同盟条约适用范围扩大到网络空间，提出对盟友的网络攻击将触发集体防御条款。美国与盟友整合资源，加大网络防御能力建设、网络防御情报交流、培训教育和演习。美日、美韩、美澳都存在不同程度的网络安全对话与合作，⑤ 北约与日本、韩国、澳大利亚、新西兰的网络防御合作和交流增多，日本、韩国加入了北约网络防御卓越中心。美国与盟友网络安全和网络防御演习规模扩大，北约举办全球最大规模网络攻防演习"锁盾"，北约成员国以及日本、韩国等国参演。美国网络司令部和国土安全部主导"网络风暴""网络旗帜"等实战化多国联合演习，与欧洲、亚洲盟友提升情报共享，增强维护关键基础设施的能力，应对网络威胁紧急事态。

美国还推进太空军事化，将太空作为大国竞争的制高点。2019年12月，美国成立了单独的太空军，部署天基卫星预警系统，提升太空监视力

---

① Department of Defense, *Strategy for Operating in Cyberspace*, July, 2011.
② The White House, *National Cyber Strategy*, September, 2018.
③ "NATO Defense Ministers Adopt New Cyber Defense Policy," June, 2011, http://www.nato.int/cps/en/natolive/news_75195.htm.（上网时间：2020年4月25日）
④ 杨楠："网络空间军事化及其国际政治影响"，《外交评论》，2020年第3期，第75页。
⑤ 蔡翠红、李娟："美国亚太同盟体系中的网络安全合作"，《世界经济与政治》，2018年第6期，第52页。

量和空间作战能力。① 北约将太空列为与陆地、海洋、天空、网络空间等同的第五大作战领域，出台太空战略文件，统一成员国对太空威胁的认知，加强太空监视力度。在全球目前运行的约2000颗绕地卫星中，由北约负责操控的数量超过一半，其中美国卫星数量占比超过70%。这些卫星凭借整体技术优势，执行包括天基侦察监视、导弹预警、卫星通信和环境监测等在内的多样化任务。② 北约盟军空军司令部建立太空中心，提高太空态势感知能力，协调盟军的太空活动，通过共享潜在威胁信息保护盟军太空系统。美国还加强与英国、日本等盟友的太空军事合作，推进情报共享和联合作战。

北约就集体防御第五条款适用太空威胁达成共识，提出对成员国卫星或其他航天设施的攻击行为，将触发北约第五条集体防御反应。美国、澳大利亚、加拿大、法国、德国、新西兰和英国共同发布《联合太空作战愿景2031》倡议，企图主导太空国际规则制定，防御敌对太空活动。

四、情报合作

情报部门是国家的核心部门，情报合作属于美国与盟友的深层次合作。美国对盟友的情报支持程度不同，与"五眼联盟"成员国、欧洲、亚太盟友军事一体化程度高，情报合作密切，共用情报设施、共享情报。

北约军事一体化程度高，建立了庞大的情报搜集系统以及覆盖各级司令部的通信系统，设立了地面情报侦察以及联合情报、侦察和监控等项目，③ 使用雷达、卫星、电子系统、地面侦察等手段搜集情报，利用无人机开展情报侦察。俄乌冲突爆发后，美国和北约想方设法搜集战场情报，多种侦察、情报和电子监视特种飞机沿着黑海、乌克兰和白俄罗斯边境密集飞行，包括P-3C反潜巡逻机、EP-3E电子侦察机、RQ-4"全球鹰"

---

① "美国太空军成立两年都干了啥？提升太空监视力量和空间作战能力"，新华网，2021年12月21日，http://www.news.cn/mil/2021-12/21/c_1211494718.htm。（上网时间：2022年12月1日）

② "北约建'太空军事同盟'？难"，新华网，2021年7月20日，http://www.news.cn/globe/2021-07/20/c_1310056354.htm。（上网时间：2022年12月1日）

③ NATO Public Diplomacy Division, *NATO Encyclopedia 2019*, December, 2019, p. 32, p. 67, p. 296.

无人侦察机、P-8A"海神"巡逻机、RC-135系列侦察机、E-8C战场指挥机、E-3C预警机等多种机型,约半数都是美国军机。北约在波兰、罗马尼亚、斯洛伐克等国还部署有"爱国者"和陆基"宙斯盾"等反导系统,其配备的探测雷达同样足以窥探乌克兰上空的动静。①

美国与日本、韩国情报合作紧密。美日建立了情报共享机制,情报侦察体系日趋完善,数据传输方式多样化,情报共享领域逐渐拓宽。日本与"五眼联盟"互动日益密切,分别与美英澳签订情报共享协议。美国与韩国早就签署了《军事情报保护协定》,韩军严重依赖美军的情报,韩国战略情报的100%和战术情报的70%要靠驻韩美军,对朝鲜信号情报和影像情报搜集也基本全靠美军。② 2014年12月,美日韩签署关于朝鲜核与导弹威胁的情报交流协定。迄今三国事实上已形成共享情报的基本架构,共享反导预警数据,通报中国海军舰只在太平洋的活动情况,共享朝鲜核设施和导弹基地的卫星照片、朝鲜部队的无线电通联情报。③

美英吸收加拿大、澳大利亚、新西兰加入情报合作,建立"五眼联盟",从最初的技术情报发展到覆盖所有情报领域的全方位合作。美澳情报合作密切,澳大利亚是美国本土以外最大的导弹情报、潜艇情报和航空技术情报基地。美国在澳大利亚建立海军航空站、通信站等10多处军事情报设施,监视中、俄的核导动向及空间活动,其中3个情报站发挥重要作用。位于澳大利亚西部的西北角情报设施收集在印度洋、西太平洋活动的舰队和潜艇的信号情报。位于澳大利亚北部的松峡情报设施监测中国核导动向及中国海军在西太平洋的活动。松峡设施扩建了地面接收基站,是"美国海外最大的航天监测站、美国导弹防御系统的重要组成部分"。④ 位于澳大利亚南部的努伦加情报站是卫星地面接收设施,监测核导动向,提

---

① "北约战场情报如何影响俄乌冲突",新华网,2022年4月13日,http://www.xinhuanet.com/mil/2022-04/13/c_1211636076.htm。(上网时间:2022年12月1日)

② 韩献栋:"驻韩美军与韩美同盟",《当代亚太》,2004年第11期,第28页;Norman Levin, *Do the Ties Still Bind? The U.S. – ROK Security Relationship After 9/11*, RAND, 2004, p. 35。

③ 赵世兴:"美日韩情报合作:进展与困顿",《解放军报》,2016年8月26日。

④ 樊高月、宫旭平:《美国全球军事基地览要》,解放军出版社,2014年版,第357页。

供导弹发射预警情报。随着美日澳印"四方安全对话"(QUAD)的展开,美印、日印、澳印加强了情报共享。①

五、军事技术合作及装备合作

军事技术研发及装备合作处于同盟安全合作金字塔的顶端,处于金字塔底端的是政治和经济关系,往上依次是防务关系、防务贸易,最顶端的安全合作是研发和装备合作。② 军备合作包括武器系统的研发、测试和评估、合作生产装备和联合采购。美国开展军备合作有多重目标:作战上,通过协同行动提高军事效率;经济上,通过分担研发负担、避免重复研发来减少武器采购费;技术上,通过合作获得世界最好的军事技术,缩小同盟的能力差距;政治上,加强与盟友及友好国家的关系;产业上,加强国内和盟友的防务产业基础。③

美国曾慷慨向盟友转让军事技术,在盟友与美国缩短技术差距甚至超过美国后,美国收紧军事技术出口,对转让军事技术附加苛刻条件,竭力维护美国的技术优势。从1954年美日签署共同防御援助协定到1980年为止,美国国防部总共向日本防卫厅技术研究部提供了110余种军事技术。④ 日本后来居上,在某些领域的军事技术水平超过了美国。美日军技合作由美国单方面提供转向相互出口军事技术。1983年1月,日本被迫修改"武器出口三原则",对美国取消军事技术出口禁令。1984年11月,美日成立军事技术联合委员会。1985年12月,美日签署协定,美国要求日本转让的军事技术有36项之多。⑤ 1987年10月,日本放弃独自研制FSX战斗机计划,同意与美国通用动力公司共同开发该战斗机,让美国公司"分一杯

---

① 屈彩云:"中国崛起背景下'日美澳印民主同盟'的构建",《国际展望》,2015年第3期,第131页;方晓志:"美澳扩大军事合作:亚太安全格局新变量",《当代世界》,2013年第11期,第61—62页;王联合:"美澳安全同盟关系的新变化",《现代国际关系》,2014年第1期,第38页。
② Department of Defense, *International Armaments Cooperation Handbook*, 6th Edition, 2010, p. 6.
③ Department of Defense, *International Armaments Cooperation Handbook*, 6th Edition, 2010, p. 2.
④ 崔丕:《冷战时期美日关系史研究》,中央编译出版社,2013年版,第435页。
⑤ 崔丕:《冷战时期美日关系史研究》,中央编译出版社,2013年版,第436页。

第四章　美国提供安全保护：军事纽带之一

羹"。1988年11月，美日签署FSX战斗机谅解备忘录，日本负担研发所需的全部费用，美国向日本提供F-16战斗机（美日在此战机基础上共同研发FSX战机）技术。日本希望最大限度发展本国军事技术，实现军事装备国产化；美国则希望拴紧日本，扩大美国在日本新一代战机研发和生产中所占份额。美国会担心共同开发FSX可能造成先进技术的外泄，对军事技术转让做了限制。[①]

科技情报交流是装备研发的一环，美国通过科技情报交流获得盟友的防务研发技术，避免重复研发；了解盟友的军购和军事计划；促进美国对外军售和军事交流；与盟友合作攻克技术挑战；传播美国的装备观点。美国国防部设立了行政和专业人员、工程师和科学家、军事人员、情报人员等不同类别的交流项目，将本国与盟友的人员交流到彼此的军事部门工作，推进联合研发，共同维护同盟军事技术优势。

美国与盟友和伙伴的军备合作相当广泛。美国军备合作的对象为北约和亚太盟友，以及具有一定国防工业基础的安全伙伴。欧洲、日本国防产业发达，从避免重复研发考虑，美国也采购盟友的先进装备和零部件，比如手枪、火控雷达、坦克炮等。美国与盟友建立了双多边军备合作机制，如五国军备负责人会议，由美、英、法、德、意大利五国组成。美国、英国、澳大利亚、新西兰、加拿大"五眼联盟"国家除了情报合作，还建立了五国论坛，讨论军备标准化和技术合作，下设陆、海、空、通信和技术五个分论坛。美英建立了双边防务采购委员会和联合作战委员会，美日成立了"指挥、控制、通信（C3）会议"和"系统和技术论坛"，下设工作小组管理特定技术交流。美韩成立防务磋商委员会、防务技术和产业合作委员会、后勤合作委员会。美澳成立防务采购委员会、雷达管理委员会。美国与大部分北约盟友建立了军事采购或防务产业合作机制，与以色列、埃及、巴西、智利、瑞典、芬兰、南非、印度、新加坡建立了类似的采购或产业合作机制，甚至与乌克兰建立军事技术合作联合委员会，与俄罗斯

[①] 尚书：《美日同盟关系走向》，时事出版社，2009年版，第272—283页；[美]迈克尔·H.阿马科斯特著，于铁军、孙博红译：《朋友还是对手——前美驻日大使说日本》，新华出版社，1998年版，第87页。

美国同盟体系：新时代的旧秩序

设立美俄防务技术会议。①

美国和盟友深度的经济融合、密切的军事关系为装备合作打下了基础。据美国国防部统计，美国与29个国家的研发和采购项目超过500项；与26个国家的情报交流项目超过700项；与18个国家开展的"工程师和科学家交流项目"有100多个；每年有40多个比较测试项目；与91个国家和3个北约军事机构达成《物资劳务相互提供协定》。②《物资劳务相互提供协定》包罗万象，包括食品、油气、衣物、医疗服务、弹药、运输、基地行动支持、贮存服务、设施使用、训练服务、零部件、修理和维护服务、后勤通信、转机服务、港口服务、劳务等内容，美国和盟友共享后勤服务，还签署军事空运协定、战争储备协定等。

北约成立伊始就设立了协调军备生产的机构，统一军备标准，推动多国联合生产军事装备，以便更有效地整合资源，增强武器系统的互操性。北约建立了众多军备合作机构，如北约各国军备负责人会议、北约高级后勤人员会议、北约维持和供应机构等，北约标准化组织统一成员国的装备标准，以便开展联合作战和训练。北约通信和信息系统促进了成员国军队指挥和控制一体化，北约成立研究和技术组织，促进成员国之间的研究和技术交流。近年来，美国和北约盟友的重要军备合作项目包括：联合攻击战斗机（JSF）、多功能信息分配系统（MIDS）、多重发射制导火箭系统（GMLRS）、中程扩展防空系统（MEADS）、北约地面监视系统（AGS）等。

---

① Department of Defense, *International Armaments Cooperation Handbook*, 6th Edition, 2010, pp. 41 – 42.

② Department of Defense, *International Armaments Cooperation Handbook*, 6th Edition, 2010, p. 4.

第五章

盟友承担互助义务：军事纽带之二

同盟是互助关系，如果结盟的好处只对一方有利，同盟将难以持续。美国提供安全保护，盟友获得了安全保障，国家的领土完整得以保全，这些好处不是免费的，盟友需要付出代价，分担共同防御负担，向美国提供军事基地，允许美国行使治外法权，牺牲部分主权。盟友需要承担互助义务，由于军力虚弱，盟友难以对美国提供对等的军事互助，盟友的互助更多体现在协助美国发挥"世界警察"作用，出钱出力维护美国主导的国际秩序。美国和盟友都对代价是否公平产生过质疑，但盟主没有解散同盟，盟友也没有退出同盟。本章从美国的分担负担政策、盟友军费投入、分担驻军费用、提供发展援助、提供军事基地和设施、支持美国发动的战争等方面考察盟友的贡献。盟友加大军事投入，将提升战略自主性，产生"脱美"的可能性，但受到盟主的制约，盟友追求军事自主的成效有限。

第一节 分担负担问题

美国缔结的同盟条约是"互助"条约，规定美国和盟友共同承担集体防御义务。缔约初期，美国享有压倒性经济和军事优势，"互助"变成了美国单方面承担军事负担。随着欧日盟友与美国实力差距缩短、贸易摩擦加剧，美国和盟友围绕共同防御的争吵激烈，分担负担（burden-sharing）问题突出。美国认为发挥领导作用不是一切都由美国来做，指责盟友"搭便车"，宣称不愿再当"世界警察"，要求减轻军事负担。美国不愿再支持一个盟友发财、美国经济受损的同盟安排。盟友反驳美国指责，否认"搭便车"。分担负担引发同盟摩擦，削弱了同盟凝聚力。

一、美国施压盟友

国会和行政部门双管齐下施压盟友，国会以减少财政负担、西欧经济恢复等理由，多次提案削减驻欧美军，要挟盟友加强常规力量建设。行政

美国同盟体系：新时代的旧秩序

当局承认海外驻军符合美国利益，从美国对外战略大局出发，在将美国的安全承诺与盟友分担负担挂钩上态度谨慎。

在是否应派美军常驻欧洲的大辩论中，分担负担问题即已出现。前总统胡佛、参议员塔夫脱等人不满美国承担军事负担太重，认为美国对大西洋安全做出了"不成比例"的贡献，提出在欧洲显示自助能力之前，应停止对欧洲援助。① 参院通过决议，支持"公平分担负担"。② 20世纪50—60年代，美国对盟友不再拥有压倒性的经济优势，对外贸易从顺差变逆差，收支平衡问题恶化，黄金外流。西欧国家和日本经济复兴，收支状况改善，增持黄金和美元储备，成为美国的经济竞争对手。美国贸易盈余持续减少，经济压力促使美国1971年宣布将美元与黄金脱钩。

20世纪60年代驻欧美军30多万，家属人数达25万多人，美军每年维持对北约成员的安全保护承诺需花费120亿~140亿美元。③ 西欧有财力分担更大的集体防御负担，却没有相应地加大军事投入，令美国政府及国会的不满与日俱增。美国陷入越南战争的泥潭之后，不满欧洲盟友对越战缺乏支持。国会以削减驻欧美军为杠杆，施压盟友增加军费，减轻美国军事负担。

以参议院多数党领袖迈克·曼斯菲尔德为代表的国会议员批评欧洲盟友军事投入不足，驻欧美军数量过多。1966—1974年，曼斯菲尔德多次提出撤军议案，呼吁从欧洲大规模撤军，理由包括：欧洲盟友经济复苏，可以对集体防御贡献更多；大幅削减美国地面部队不会影响欧洲的安全；美国在越南消耗很多，无法像过去那样投入欧洲等。美国单方面大幅削减驻军的曼斯菲尔德决议案未获得通过，但表达了美国国内对欧洲盟友的不满。由参议员亨利·杰克逊和萨姆·纳恩提出的小幅减少驻军的修正案获得通过，提出撤退1.2万美军，但是美国从欧洲撤退支持部队后，又部署

---

① Phil Williams, *The Senate and U.S. Troops in Europe*, London: The Macmillan Press, 1985, p. 59.

② *Global Defense: U.S. Military Commitments Abroad*, Congressional Quarterly Service, September, 1969, p. 31.

③ *Global Defense: U.S. Military Commitments Abroad*, Congressional Quarterly Service, September, 1969, p. 29.

第五章 盟友承担互助义务：军事纽带之二

了两个战斗旅。①

20世纪80年代初，美国经济总量占全球的比重降到20%左右，赤字高企，国会对盟友的不满达到新高。1981年国防授权法案要求国防部每年报告盟友的分担负担情况，考核盟友对共同防御的贡献。1984年6月，参议员萨姆·纳恩提出国防授权法修正案，如果欧洲盟友军费未达到每年增长3%的目标或将弹药增加到可维持30天的战斗水平，则美国从1987年起每年减少3万驻欧美军，②这一修正案迫使盟友提升常规力量，但未获得通过。国会提出设立驻欧美军最高限额，如果盟友未增加对共同防御的贡献，则禁止增加驻欧美军数量。1987年12月，众议院军事委员会成立"防务分担负担小组"，小组委员会主席施罗德称，美国与盟友进行100%的经济竞争，与苏联进行100%的军事竞争。③ 1988年8月，"防务分担负担小组"发表报告认为，美国承担了"不成比例"的防务负担，日本和欧洲并未承担与其经济能力相应的防务贡献。④

美国国会既敲打欧洲，也敲打日本。由于日本优异的经济表现和对美国大量贸易顺差，美国国内要求日本承担"公平"份额的压力骤然增加。共和党参议员赫尔姆斯要求重新谈判美日安保条约，使其成为一个"对等"的安排；国会议员要求日本向美国支付2%的国民生产总值作为"安全税"。⑤ 1982年，数十名国会议员致信日本首相，要求日本提高军费占

---

① James R. Golden, *NATO Burden-Sharing: Risks and Opportunities*, The Washington Papers, No. 96, 1983, pp. 55–58.

② Paul F. Diehl, "Sharing the Defense Burden in NATO: The Problem of the Free Rider," in Walter Goldstein, ed., *Fighting Allies: Tensions within the Atlantic Alliance*, London, UK: Brassey's Defense Publishers, 1986, p. 25; Simon Duke, *United States Military Forces and Installations in Europe*, New York: Oxford University Press, 1989, p. 4.

③ *Defense Burden Sharing: The Costs, Benefits, and the Future of U. S. Alliances*, Hearings before the Defense Burden Sharing Panel of the Committee on Armed Services, House of Representatives, February 2, March 1 and 2, 1988, U. S. Government Printing Office, 1988, p. 3.

④ GAO (United States General Accounting Office), *U. S.-NATO Burden Sharing: Allies' Contributions to Common Defense during the 1980s*, Report to the Chairman, Committee on Armed Services, House of Representatives, October, 1990, pp. 12–13.

⑤ Susumu Awanohara, "The Burden Sharing Issues in U. S.-Japan Security Relations: A Perspective from Japan," *Occasional Paper*, East-West Center, March, 1990, p. 6.

美国同盟体系：新时代的旧秩序

国民生产总值的比重。美国众议员多次提议，要求日本要么增加军费，要么接受惩罚，美国的惩罚举措将包括对日本产品征收额外关税或安全税，将部分驻日美军搬迁到西太平洋其他地区。[①] 1987年6月，美国众议院通过没有约束力的决议，要求日本将军费占国民生产总值的比重至少提升到3%。美国部分战略界人士批评了国会决议，称日本增加防卫费将引起亚洲邻国对日本复活军国主义的担忧。[②] 1990年秋，美国国会通过决议，提出由日本100%承担驻日美军费用，引发美国驻军成为"雇佣军"的热议。

1991年3月国会通过决议，禁止对德国和其他没有兑现海湾战争费用的盟友军售。参议院修正案警告称，没有对海湾战争做出贡献的盟友对美国关系将受到损害，对那些不兑现援助承诺的国家不得军售。[③] 20世纪90年代美国大幅削减军费开支，享受和平红利，海外驻军减少了一半，驻军负担大为减轻，分担负担问题缓解。特朗普政府施压欧洲盟友增加军费，并以退出北约要挟，国会反而态度谨慎，提出总统必须获得国会同意才能退出北约。

与国会一样，美国行政当局不满盟友在集体防御中出力不够，对欧洲和日本施压。艾森豪威尔担任北约欧洲盟军最高司令时警告欧洲盟友，美国"不成比例"的军事部署不可持续，担任美国总统后抱怨盟友出力不够，没有缩小与华约的常规军力差距。肯尼迪政府施压北约盟友加强常规军力建设，腊斯克国务卿宣称，由于北约常规力量不足导致了柏林危机，只有加强军力建设才可以结束危机。[④] 盟友虽增加军费，但军费占GDP的比重仍不如美国高。

尼克松政府急于减轻美国的军事负担，要求盟友承担更多的常规军力负担，负起维护国内安全和军事防御的首要责任。美国对日本施压，要求

[①] GAO (United States General Accounting Office), *U. S. – Japan Burden Sharing: Japan Has Increased Its Contributions but Could Do More*, Report to the Chairman, Committee on Armed Services, House of Representatives, August, 1989, p. 11.

[②] Susumu Awanohara, "The Burden Sharing Issues in U. S. – Japan Security Relations: A Perspective from Japan," *Occasional Paper*, East – West Center, March, 1990, p. 7.

[③] ［美］迈克尔·H. 阿马科斯特著，于铁军、孙博红译：《朋友还是对手——前美驻日大使说日本》，新华出版社，1998年版，第104—105页，第120页。

[④] Timothy Andrews Sayle, *Enduring Alliance: A History of NATO and the Postwar Global Order*, Ithaca: Cornell University Press, 2019, p. 89.

第五章 盟友承担互助义务：军事纽带之二

日本取消对发展军力的自我设限。卡特政府和里根政府在北约框架下发起多个常规军力建设计划，成效有限。1977年5月的北约伦敦峰会订立了成员国军费每年增长3%的目标，但大部分成员没有实现这一军费增长目标。1978—1985年，北约盟友军费平均年增长2%，同期美国年增长5.7%。[①] 1985年后北约盟友军费年增长仍未达标，投入不足直接制约了军力发展。

20世纪80年代盟友"搭便车"问题严重。1980—1988年，美国GDP的6.2%用于防务，北约其他成员军费占GDP的比重平均为3.6%。1985年美国成为世界最大的债务国，军费占GDP的6.9%，北约其他成员的军费平均占GDP的3.5%。1986年美国贸易赤字为1562亿美元，贸易赤字与美国用于盟友防御的1600亿美元相当。1987年，美国贸易赤字1712亿美元，其中与北约盟友贸易逆差为383亿美元，与亚太盟友贸易逆差为706亿美元，盟友是美国贸易不平衡的主要受益者。[②] 美国对盟友提出加强常规军力、增加驻军费用、在波斯湾实施护航行动、提供维和经费等要求。

2008年美国遭受国际金融危机打击，对盟友的不满再度抬头。奥巴马政府不满盟友"搭便车"，重申北约盟友需要将GDP的2%用于军费，在克里米亚入俄事件后要求北约盟友重整军备。特朗普在总统大选期间，频繁在军费上敲打盟友，称美国"花了数千亿美元帮助很多甚至比美国还富裕的国家""很多国家在搭我们的便车。不能总靠美国一个国家，应该大家合作来搞才行"。[③] 特朗普当选总统后更关心美国维持同盟的成本，而不是维持同盟的团结，认为美国支付数千亿美元保护欧洲，却没有得到经济

---

① *Defense Burden Sharing: The Costs, Benefits, and Future of U. S. Alliances*, Hearings before the Defense Burden Sharing Panel of the Committee on Armed Services, House of Representative, February 2, March 1 and 2, 1988, p. 5.

② *Measure of Defense Burden Sharing and U. S. Proposals for Increasing Allied Burden Sharing*, Hearing before the Defense Burden Sharing Panel of the Committee on Armed Services, House of Representatives, May 10, 1988, p. 42.

③ "特朗普质疑北约'搭便车'：我们美国不是冤大头"，凤凰网，2016年3月23日，http://news.ifeng.com/a/20160323/48157509_0.shtml。（上网时间：2016年11月24日）

回报，相反对盟友逆差巨大，比如，美国对欧盟贸易逆差1510亿美元。①特朗普政府施压盟友增加军费产生效果，北约盟友军费开支增加了1300亿美元。②

二、分担负担争议

美国与盟友围绕分担负担争论不休。在结盟的成本和收益之间取得平衡很难，盟友和美国一样面临权衡。分担负担是"平等地分担作用、风险和责任"，③但评估美国和盟友的贡献如同比较苹果和橘子一样困难，对盟友的贡献进行定量分析很困难。④量化分析涉及采集数据，美国与盟友的预算、财政、税收体系不同，通货膨胀和汇率波动会影响统计结果。各国军事开支的名目不同，有的将对外军事援助、军人养老金都统计在军费内。

根据不同的指标衡量，盟友分担负担的结果不同。美国称1988年财年美国国防预算2850亿美元，其中1710亿美元用于北约。⑤欧洲盟友认为美国的军事投入不只是用于保卫欧洲，不可能精确计算美国用于保护北约盟友的费用，因为美国的军费并不是根据地区来计算。德国和日本的经济总量大，如果比较军费总额，它们对共同防御的贡献较大，但按照军费开支占GDP的比重衡量，两国的贡献就小很多。1980年德国占北约军费总开支的10.4%，占北约欧洲成员国军费总和的21%，但军费占国民生产总

---

① "Remarks by President Trump and NATO Secretary General Stoltenberg before Expanded Bilateral Meeting," May 17, 2018, https：//www.whitehouse.gov/briefings-statements/remarks-president-trump-nato-secretary-general-stoltenberg-expanded-bilateral-meeting/.（上网时间：2018年5月25日）

② "Secretary Esper Discusses Strengthening Allies and Partners at the Atlantic Council," October, 20, 2020, https：//www.defense.gov/Newsroom/Transcripts/Transcript/Article/2389097/secretary-esper-discusses-strengthening-allies-and-partners-at-the-atlantic-cou/.

③ GAO, *U.S.-Japan Burden Sharing：Japan Has Increased Its Contributions but Could Do More*, August 1989, Executive Summary, p.2.

④ James R. Golden, *NATO Burden-Sharing：Risks and Opportunities*, The Washington Papers, No.96, 1983, p.6.

⑤ *Defense Burden Sharing：The Costs, Benefits, and Future of U.S. Alliances*, Hearings before the Defense Burden Sharing Panel of the Committee on Armed Services, House of Representative, February 2, March 1 and 2, 1988, p.5.

值的比重只有3.3%，在北约排名第7位。① 从军费占GDP的比重看，北约盟友比日本的比重高，但日本军费总额并不低，承担的美军驻扎费用数额比德国、意大利高很多。

各国对军费的计算方法不同，军费结果也不同。日本将美军没有缴纳的道路通行费计入防卫费，而美国军费并没有这些名目。汇率变化影响军费计算，德国1980年军费开支按照当年汇率计算折合252亿美元，按照1970年汇率计算只有135亿美元。② 由于关税与非关税壁垒、货币汇率等的差异，对援助的统计结果也不同，难以准确比较盟友的援助贡献。

盟友认为美国太看重军费占GDP比重这一指标，没有考虑盟友的其他贡献，特别是提供基地的贡献。德国认为，美国没有考虑德国贡献了50万国防军归北约指挥，境内驻扎美军在内的北约盟军40万人，还承担数以千计、大大小小的军事演习负担。③ 欧洲和亚洲盟友认为它们向美国提供军事基地，承担了遭受核攻击的风险。法国、英国等国认为，它们参加美国在波斯湾的护航行动是对共同防御做贡献，日本认为它在苏联入侵阿富汗后支持美国制裁、抵制莫斯科奥运会也是为同盟做贡献，美国应认识到日本在提升军力上面临的政治和法律限制。④

盟友认为应把军购计算在分担负担的指标内。北约大部分武器系统来自美国，对美国经济有利。⑤ 1993—1995年，北约成员国65%的武器进口来自美国，对美国武器交易逆差43.8亿美元。⑥ 日本购买了F-35战机、"宙斯盾"反导系统等美国军备，认为日本并没有"搭便车"。

---

① James R. Golden, *NATO Burden-Sharing: Risks and Opportunities*, The Washington Papers, No. 96, 1983, pp. 67-68.

② James R. Golden, *NATO Burden-Sharing: Risks and Opportunities*, The Washington Papers, No. 96, 1983, p. 28.

③ GAO, *U.S.-NATO Burden Sharing: Allies' Contributions to Common Defense During the 1980s*, October, 1990, p. 15.

④ Robert F. Reed, *US-Japan Alliance: Sharing the Burden of Defense*, National Defense University, 1983, pp. 56-57.

⑤ Paul F. Diehl, "Sharing the Defense Burden in NATO: The Problem of the Free Rider," in Walter Goldstein, ed., *Fighting Allies: Tensions within the Atlantic Alliance*, London, UK: Brassey's Defense Publishers, 1986, p. 31.

⑥ Keith Hartley and Todd Sandler, "NATO Burden Sharing: Past and Future," *Journal of Peace Research*, No. 6, 1999, p. 672.

美国同盟体系：新时代的旧秩序

20世纪90年代美国对盟友分担负担的考察指标更多，将危机管理、维和、防止大规模杀伤性武器扩散、促进民主和稳定、提供经济和人道主义援助也纳入分担负担范围，从分担集体防御负担转向分担更广泛的"合作安全责任"。1995年国防部报告设定了五类指标：用于防务的总体资源，用军费占GDP比重作为最重要的指标；用于防务的军事力量，以常备军数量作为指标；危机管理与维和行动；经济和财政援助，包括对发展中国家、中东欧和独联体的援助；盟友分担的美军驻扎费用。① 2001年国防部报告提出了八类指标：军费开支、多国维和行动、多国反应部队、现役军人人数、基础军力、军事现代化开支、分担驻军费用、对外援助，每一类指标下还有更具体的指标。②

美国防部承认只比较盟友的绝对贡献有误导，增加了根据国家的贡献能力进行比较的内容。比如丹麦、比利时和意大利虽未达到国会设定的多国军事活动目标，但根据能力衡量做出了重要贡献，因为三国提供的快速反应部队人数占快速反应部队人数的比重，超过了它们的GDP占北约成员国GDP的比重。③ 美国还增加了人均军费开支指标来比较盟友的贡献，如挪威和土耳其GDP总值差不多，挪威人口比土耳其少很多。如果比较人均军费投入，挪威高，如果比较军费开支占GDP比重，土耳其高。美国设定的指标不时变化，美国国防部的报告陷入对每个盟友的数据收集和复杂的技术统计中，难以从总体上把握各个盟友的贡献。

有的盟友提出，共同防御应发挥同盟各自优势，经济强国应加大军事投入，让弱国将更多的资源用于国内项目。美国国防部报告承认，没有单一的、普遍接受的公式来计算分担负担，军费开支总和、军费开支占GDP比例都不是"完美"指标，其既没有考虑那些未纳入防务预算的努力，也没有考虑更有效使用防务资源的国家。④ 军费开支、军人数量、美军驻扎

---

① Department of Defense, *1995 Report on Allied Contributions to the Common Defense*, http://www.defense.gov/pubs/allied_contrib95/alliedfo.html.（上网时间：2017年2月4日）

② Department of Defense, *Report on Allied Contributions to the Common Defense*, March, 2001, Chapter Ⅲ, pp. 1 – 2.

③ Department of Defense, *Report on Allied Contributions to the Common Defense*, March, 2000.

④ Department of Defense, *Report on Allied Contributions to the Common Defense*, May, 1992, Chapter Ⅱ, p. 14.

第五章　盟友承担互助义务：军事纽带之二

费用容易衡量；但对共同目标的政治和财政支持，驻军的社会、经济和政治代价，对共同防御的实物贡献等很难定量分析。① 领导力、士气等因素也很难衡量。盟友的贡献是政治、经济、军事综合因素作用的结果，深受特定历史和地理环境的影响。尽管美国国防部寻求完善指标，但仍无法平息争议。北约对成员国的军事投入有10多项衡量标准，② 最著名的仍是军费开支占GDP比重、装备及研发费用占军费开支比重两大指标。目前北约要求成员国军费开支占GDP的比重达到2%，装备和研发开支占军费开支的比重达到20%。

三、分担负担问题难解

不论美国怎样软硬兼施，盟友的表现都差强人意。北约出台很多军力建设计划，提出能力建设要求，鼓励成员国维持足够的军事投入，但是成员国的表现好坏参半，有的盟友与预定目标相差甚远。在特朗普政府的猛烈敲打下，北约盟友增加了军费开支，但很多成员国仍未达到北约提出的军费开支占GDP 2%的要求。盟友未达预期，美国无可奈何。美国以削减海外驻军施压盟友，引发盟友对美国安全承诺的怀疑，这一施压做法可能恶化同盟关系，同时不一定能起到增加军费的效果。

盟友是否愿意加大军事投入，跟诸多因素有关。欧洲国家受制于国内舆论和党派博弈，不愿牺牲经济和福利而维持高水平的军费开支。2016年6月皮尤研究中心在北约成员国的调查显示，欧洲民众对增加军费开支几乎没有兴趣，调查的10国中有8国的民众反对增加军费。③ 北约盟友相信只要受到外部武装攻击，美国就会来拯救，加强军力建设缺乏紧迫感。盟友对威胁的判断严重，可能会加大军费投入。1971—1991年，韩国军费持

---

① Department of Defense, *Report on Allied Contributions to the Common Defense*, May 1992, Executive Summary, p. 1.
② Alexander Mattelaer, "US Leadership and NATO: Revisiting the Principles of NATO Burden Sharing," *Parameters*, Vol. 46., No. 1, 2016, p. 26, http://strategicstudiesinstitute.army.mil/pubs/parameters/issues/Spring_2016/6_Mattelaer.pdf.（上网时间：2017年2月4日）
③ Jeffrey P. Bialos, "How to Fix NATO's Chronic Burden Sharing Problem", July 6, 2016, http://nationalinterest.org/feature/how-fix-natos-chronic-burden-sharing-problem-16870.（上网时间：2017年2月24日）

美国同盟体系：新时代的旧秩序

续增长，占 GDP 在 4%～5% 左右。冷战结束后韩国军费开支占比虽有下降，但仍超过许多欧洲盟友，表明韩国对国家安全威胁的判断较严重。2022 年 2 月俄乌冲突爆发，欧洲国家对安全环境的判断趋于严峻，加大了军费投入。

盟友多关注本国、本地区事务，对维护其他地区的均势缺乏意愿和能力。里根时期的助理国防部长理查德·珀尔指出，大部分盟友将对共同防御的承诺限定在维护本国安全和领土完整，不考虑和美国一起承担维护西方整体利益的义务。当西方利益在波斯湾等地区受到威胁时，盟友未必参与美国的行动。由于盟友并不考虑承担比超出北约领土防御更多的义务，保护西方利益的负担就更加不成比例地落到美国身上。[①] 中小盟友军费投入不足，缺乏在本国和本地区之外采取军事行动的能力。两伊战争期间，美国呼吁盟友赴波斯湾护航，除了英法两国，其他盟友缺乏护航能力。

分担负担不是简单的分担费用，而是涉及同盟的内部分工，即美国和盟友如何发挥各自优势，整合同盟内部的资源，避免重复军事建设的问题。美国有军事优势，军费开支高，盟友则在提供军事基地、参与美国发动的军事干涉、提供政治和外交支持方面发挥作用。美国作为盟主，盟友遍布全球，要履行对众多盟友的安全承诺，必然承担比单个盟友沉重得多的军事负担，这是盟主的宿命。即使盟友不增加军费，美国出于维护其全球霸主地位的需要，也要维持高昂的军费开支。"搭便车"问题在任何的集体安全安排中不可避免，美国占据"驾驶员"位置，掌舵同盟体系，被"搭便车"难以避免。

如果美国甩包袱，则面临无法维持同盟的风险。美国欲减轻军事负担，施压盟友加强军力建设，但又不希望欧洲、日本军力强大到可以"脱美"、摆脱对美国安全依赖。分担更多负担可能导致盟友的军事力量加强，盟友独自抵御外部威胁的能力上升；在同盟内部的地位上升，战略自主性

---

① *Defense Burden Sharing: The Costs, Benefits, and the Future of U. S. Alliances*, Hearings before the Defense Burden Sharing Panel of the Committee on Armed Services, House of Representatives, Hearing held February 2, March1 and 2, 1988, U. S. Government Printing Office, Washington, 1988, p. 84.

将得以提升。① 盟友增强"自助"能力，势必增强战略自主，削弱美国的盟主地位。特朗普政府要求日本分担更多的驻日美军费用，日本国内"自主防卫论"者认为，反正都要花钱，与其支付给驻日美军，还不如强化自卫队。美国也担心欧洲国家建设独立防务会削弱北约地位，美国要求盟友"自助"、又防止盟友"自主"的两个目标之间存在内在的张力，难以摆脱两难。

分担负担问题有时很尖锐，但不足以动摇同盟根基。迄今为止，美国仍可以接受承担"不成比例"的负担，不太可能因此问题抛弃盟友。美国军事专家詹姆斯·戈登认为，通过同盟来管理安全常常令人沮丧，但就像民主体制不是最好、但比其他选择更好一样，同盟以可接受的代价实现美国的安全目标，尽管不是令人满意，但已经是比其他选择更好的一种妥协。② 时过境迁，美国民众对北约的支持率依然很高。2016年5月皮尤研究中心调查显示，77%的美国人认为作为北约成员对美国有好处。③ 美国的地区同盟使得美国势力深入各地区，在地区均势中处于有利地位，从而维护对美国有利的地区秩序，这样的收益相较于美国的付出来说仍很合算。

第二节 分担集体防御负担

美国提供了安全保护，盟友也需要承担相应的义务和责任，加强"自助"能力，并承担参与多国维和行动、提供发展援助、促进民主化等任务，后者严格来说并非集体防御内容，而是同盟军事合作向其他领域的延伸，更多是盟友协助美国维护国际秩序。

---

① 左希迎："承诺难题与美国亚太联盟转型"，《当代亚太》，2015年第3期，第14页。

② James R. Golden, *NATO Burden Sharing: Risks and Opportunities*, The Washington Papers, No. 96, 1983, p. 97.

③ Jeffrey P. Bialos, "How to Fix NATO's Chronic Burden Sharing Problem," July 6, 2016, http://nationalinterest.org/feature/how-fix-natos-chronic-burden-sharing-problem-16870. （上网时间：2017年2月24日）

美国同盟体系：新时代的旧秩序

一、同盟军费开支

军费开支占 GDP 比重是衡量同盟成员国分担集体防御负担的主要量化指标，用以衡量美国和盟友的军事投入。军费总额、军费增长率也常用于衡量同盟成员的军事投入和贡献。从军费占 GDP 的比重看，美国军费占 GDP 比重出现过陡升陡降的变化。20 世纪 50—60 年代，美国军费占 GDP 的比重平均为 10% 左右，朝鲜战争时期美国军费占 GDP 的比重高达 16%，此后下降到 8% 以下。越南战争升级后美国军费占 GDP 的比重回升，越战结束后占比下降到 5% 以下。里根政府重振军事力量，军费占比回升。

北约盟友（加拿大和欧洲成员国）军费开支占 GDP 的比重大约是美国的一半，波动曲线和美国大体一致，比如 1955 年美国军费占 GDP 的 10%，北约盟友军费占盟友 GDP 总和的 4.5%；1960 年美国军费占比 8.9%，北约盟友占比 4.1%；1970 年美国军费占比 7.7%，北约盟友占比 3.1%。越战后美国军费占 GDP 比重下降较大，盟友则维持在一定水平，军费占比差距缩小。1975 年美国军费占 GDP 比重为 6.0%，北约盟友占比 3.2%，1980 年美国军费占比 5.1%，北约盟友占比 3.0%。[①] 20 世纪 60 年代末日本军费开支占 GDP 比重在 1% 左右，日本经济体量大，军费总额并不低。美国与北约盟友的军费占 GDP 的比重都呈现总体下降的趋势。1958 年美国、英国、法国、德国的军费开支占 GDP 的比重分别是：美国 11.1%、英国 7.8%、法国 8.0%、德国 3.8%；1970 年四国军费开支占 GDP 的比重分别是：美国 7.8%、英国 4.9%、法国 4.0%、德国 3.3%。[②]

军费增长速度也是衡量同盟军事投入的一个指标，但是军费增长不一定意味着军费开支占 GDP 的比重提高。从军费增长率看，1971—1991 年，美国的军费年均负增长 0.9%，这是美国从越南撤军后大幅削减军费开支

[①] 美国和北约盟友军费占 GDP 比重参见 *Measure of Defense Burden Sharing and U. S. Proposals for Increasing Allied Burden Sharing*, Hearing before the Defense Burder Sharing Panel of the Committee on Armed Services, House of Representatives, May 10, 1988, p. 36; Andrew R. Hoehn, Richard H. Solomon, Sonni Efronand Holm etc., *Strategic Choices for a Turbulent World*, RAND, January 2017, p. 160。

[②] 邢骅、苏惠民、王毅主编：《新世纪北约的走向》，时事出版社，2004 年版，第 59 页。

第五章 盟友承担互助义务：军事纽带之二

所致。在此期间北约盟友军费年均增长1.8%，日本年均增长6.4%，韩国年均增长10.4%。如果截取越战结束后到冷战结束前的时间段，美国军费是正增长，增长率高于北约盟友，比如1978—1991年，美国军费年均增长3.8%，北约盟友年均增长1.7%，日本年均增长5.2%，韩国年均增长6.4%。① 盟友在美国的安全保护下实现了经济繁荣，具备加大军费投入的经济基础，军费都保持了一定增长，日本和韩国军费增长更快。

20世纪90年代是美国和盟友享受和平红利的年代，美国及盟友均削减军费开支，军费开支占GDP的比重普遍下降，双方军事投入的差距缩小。1990—2000年美国军费开支从3944亿美元下降到2964亿美元，军费开支占GDP的比重从5.5%下降到3.0%。同一时期北约盟友（加拿大和欧洲成员国）的军费开支从2067亿美元下降到1726亿美元，军费开支占GDP比重从3.0%下降到2.0%。英国军费开支从495亿美元下降到352亿美元，军费占GDP比重从4.2%下降到2.4%。法国军费开支从383亿美元下降到346亿美元，军费占比从3.5%下降到2.6%。德国军费开支从405亿美元下降到284亿美元，军费占比从2.8%下降到1.5%。②

20世纪90年代美国和北约盟友的军费总额、军费占GDP的比重均下降，且降幅很大，同一时期亚太盟友的军费总和却在缓慢增长，表明亚太地区受苏联解体影响不太明显。受地区热点朝核危机、台海危机影响，日韩军费额不降反升。在美国削减驻韩美军的情况下，韩国加强军力建设。1990—2000年，日本军费开支从391亿美元增加到455亿美元，军费共增长16.3%，军费占GDP的比重仍维持在1%的水平。同一时期韩国军费从101亿美元增长到129亿美元，增加27.7%，军费占GDP的比重从3.8%下降到2.7%。③ 虽然军费增加，但是韩国经济总量增长更快，韩国军费占GDP的比重反而下降。

---

① Departmeng of Defense, *Report on Allied Contributions to the Common Defense*, May 1992, Chapter II, p. 36.
② Department of Defense, *Report on Allied Contributions to the Common Defense*, March 2001, Table E-4 "Defense Spending"; Table E-5 "Defense Spending as a Percentage of GDP".
③ Department of Defense, *Report on Allied Contributions to the Common Defense*, March 2001, Table E-4 "Defense Spending"; Table E-5 "Defense Spending as a Percentage of GDP".

美国同盟体系：新时代的旧秩序

"9·11"事件后，美国发动阿富汗战争和伊拉克战争，军费占 GDP 的比重回升，2001—2008 年，美国军费占 GDP 的比重从 3.31% 攀升至 4.88%。同一时期北约盟友军费占 GDP 的比重延续了 20 世纪 90 年代的下降趋势，跌到 2% 以下，军费占 GDP 比重从 2001 年的 1.94% 下降到 2008 年的 1.65%。① 同一时期，日本军费占 GDP 比重变化不大，韩国军费占 GDP 比重跌到 2.5% 以下。②

2006 年北约里加峰会敦促成员国将 GDP 的至少 2% 用于军费，至少 20% 的军费用于军事装备采购和研发，这是北约成员国军事现代化的基本要求。国际金融危机沉重打击了美欧经济，美国和盟友不同程度地削减军费开支。北约盟友投入不足的问题严重，备战状态下降，在编军人、武器弹药减少，对主要防务项目的采购推迟。③ 奥巴马政府对外战略收缩，削减军事投入，美国军费开支占 GDP 的比重下降趋势明显，主要盟友英国、法国、德国军费开支占 GDP 的比重持续平缓下滑。2009 年美国军费开支占 GDP 比重为 5.32%，达到冷战结束以来的最高点，此后持续下降，到 2014 年克里米亚入俄事件，美国军费开支占 GDP 比重下降到 3.79%。2009—2014 年，英国军费开支占 GDP 的比重从 2.51% 下滑到 2.20%，法国军费占 GDP 比重从 2.02% 下降到 1.84%，德国从 1.39% 下降到 1.19%。④ 北约要求成员国军费开支的 20% 以上用于军事装备及其研发，2009—2014 年美国、英国和法国都超过了这一要求，但德国却一直未

---

① The International Institute for Strategic Studies, *The Military Balance 2010: The Annual Assessment of Global Military Capabilities and Defence Economics*, Routledge, 2010, p. 22, p. 110.
② Rachel Hoff, "Burden Sharing with Allies: Examining the Budgeting Realities," November 1, 2016, https://www.americanactionforum.org/research/burden-sharing-allies-examining-budgetary-realities/. （上网时间：2017 年 2 月 24 日）
③ Jeffrey P. Bialos, "How to Fix NATO's Chronic Burden Sharing Problem," July 6, 2016, http://nationalinterest.org/feature/how-fix-natos-chronic-burden-sharing-problem-16870. （上网时间：2017 年 2 月 24 日）
④ *The Secretary General's Annual Report 2016*, p. 112, http://www.nato.int/nato_static_fl2014/assets/pdf/pdf_2016_01/20160128_SG_AnnualReport_2015_en.pdf. （上网时间：2018 年 2 月 24 日）

第五章 盟友承担互助义务：军事纽带之二

达标。①

克里米亚入俄事件是影响欧洲安全的标志性事件。俄罗斯强势"收回"克里米亚、介入乌克兰东部战事，美欧与俄罗斯陷入冷战后最严重的对抗。北约重新加强集体防御，多管齐下强化前沿军事部署，2014年9月在英国威尔士举行的北约峰会提出成员国停止削减军费、2024年北约盟友（加拿大和欧洲成员国）军费开支占GDP比重达到2%的目标。2016年北约华沙峰会举行之际，21个成员国停止削减国防费用，16个国家增加了军费开支。②

特朗普政府挑起大国竞争，加强对中国和俄罗斯的军事准备，制止美国军费下滑势头，猛烈敲打盟友，要求增加军费开支，使得同盟关系紧张，分担负担问题成为美国与盟友关系中最突出的问题。特朗普政府的高压政策取得一定成效，特朗普上任前的2016年，北约盟友（加拿大和欧洲成员国）军费开支为2610亿美元，占盟友GDP总和的比重为1.44%；2017年，北约盟友军费开支2770亿美元，占盟友GDP总和的比重为1.48%；2019年，北约盟友军费增至2990亿美元，占盟友GDP总和的比重为1.55%。③ 2022年爆发的俄乌冲突成为影响欧洲安全的一个分水岭，欧洲中小国家担心基本的国家生存和领土完整问题，自觉加大军事投入，加紧投靠北约。

北约成员国人口9亿多，美国占北约总人口的1/3，但是美国军费开支占北约成员国军费总和的比重却一度超过3/4。欧洲人口超过美国，GDP总和也超过美国，具有增加军费投入的经济潜力。但是欧洲的军费投入占GDP的比重、人均军事投入等指标都落后于美国，如2014年美国的

---

① *The Secretary General's Annual Report 2016*, p. 118, http://www.nato.int/nato_static_fl2014/assets/pdf/pdf_2016_01/20160128_SG_AnnualReport_2015_en.pdf.（上网时间：2018年2月24日）

② Jeffrey P. Bialos, "How to Fix NATO's Chronic Burden Sharing Problem," July 6, 2016, http://nationalinterest.org/feature/how-fix-natos-chronic-burden-sharing-problem-16870.

③ NATO Public Diplomacy Division, *Defence Expenditure of NATO Countries* (2011–2018), March 14, 2019, p. 5.

美国同盟体系：新时代的旧秩序

人均军费开支是欧洲盟友的5倍多。①

从美欧军费比较看，欧洲盟友的军费开支占美国军费开支的比重起伏较大。1950—2010年，欧洲盟友的军费开支占美国军费开支的比重最低时为43%，最高时达78%。② 20世纪90年代，美国军费削减幅度比欧洲盟友大很多，欧洲军费开支占美国军费开支的比重增加明显。"9·11"事件后美国军费增加，欧洲军费开支占美国军费开支的比重呈下降趋势。尽管美国对欧洲盟友的军事投入不满，但从绝对值上看，欧洲盟友的军费总和并不低，2018年北约欧洲成员国的军费开支约是中国的1.5倍、俄罗斯的4倍。③

从美国军费开支占北约军费总和（美国、加拿大、欧洲成员国军费相加）的比重看，1951—1971年，美国军费开支占北约军费总和的70%以上，最高时美国军费开支占北约军费总和的近80%。随着美国从越南撤军及削减军费开支，美国军费占北约军费总和的比重下降，卡特政府时期占比跌到60%以下。里根政府时期增加军费，美国军费占北约军费的比重在60%~70%。④ 20世纪90年代美国军费占北约军费的比重下降，但此后美国的占比又上升。据北约秘书长发表的报告，2007年美国军费开支占北约军费总和的68%，剩下的32%为盟友军费开支所占比重，其中英国占7.3%，法国6.6%，德国4.7%。2012年美国军费开支占比上升到72%，盟友占28%，其中英国占6.9%，法国4.9%，德国4.6%。⑤ 随着盟友军

---

① Jeffrey P. Bialos, "How to Fix NATO's Chronic Burden Sharing Problem," July 6, 2016, http://nationalinterest.org/feature/how-fix-natos-chronic-burden-sharing-problem-16870.

② Hans Binnendijk, *Friends, Foes and Future Directions: U. S. Partnership in a Turbulent World*, RAND, 2016, p. 85.

③ "NATO At 70: A Strategic Partnership For The 21st Century," Statement of Dr. Karen Donfried, President, German Marshall Fund of the United States, Committee on Foreign Relations, United States Senate, April 2, 2019.

④ James R. Golden, *NATO Burden Sharing: Risks and Opportunities*, The Washington Papers, No. 96, 1983, p. 25; Wallace J. Thies, *Friendly Rivals: Bargaining and Burden-shifting in NATO*, Armonk, New York: M. E. Sharpe, 2003, pp. 197–206.

⑤ *The Secretary General's Annual Report 2013*, p. 10, http://www.nato.int/nato_static/assets/pdf/stock_publications/20130131_Annual_Report_2012_en.pdf.（上网时间：2018年2月24日）

第五章　盟友承担互助义务：军事纽带之二

费增加，美国军费开支占北约的比重降到67%，英国、法国、德国军费开支加起来占北约盟友（加拿大和欧洲成员国）的50%，[1] 这使得北约的集体防御既过度依赖美国，也过度依赖欧洲大国英国、法国、德国。

二、同盟军力建设

美国施压盟友加强军力建设，减轻美国的安全保护负担。北约成立至今，制定过各种名目的军力建设计划，增强集体防御能力。1950年5月，北约拥有的军队不到15个师，战机不到1000架。1950年6月朝鲜半岛爆发战争后，美国推动北约成员国扩军备战。1951年12月，北约增加到35个师，近3000架战机。1952年2月的北约里斯本会议通过军力建设目标，呼吁当年年底达到50个师、4000架飞机的目标。[2] 北约提出总体战略目标是"确保防御北约地区，摧毁苏联及其'卫星国'发动战争的意愿和能力"。[3] 北约实行前沿防御，把军队和作战装备尽可能部署到与苏联和华约成员国接壤的地区。

"大规模报复"战略依赖核威慑力量，但美国并未放弃施压盟友加强常规军力建设，"灵活反应"战略提出灵活运用核威慑与常规威慑，推动盟友加强常规军力建设。苏军入侵捷克斯洛伐克后，北约加强常规军力建设，通过了四年军力计划。苏军入侵阿富汗后，北约通过了未来五年军力建设目标，要求盟友每年军费增长3%，加强防务能力投资。美国发表苏联军力年度报告，渲染苏联威胁，增强公众对扩军备战的支持。1982年马尔维纳斯群岛（英国称"福克兰群岛"）战争爆发，北约加强快速危机反应能力建设。北约通过了1987—1992年军力目标及军力计划。盟友的军力建设不尽如人意，如北约规定盟友每年军费开支实际增长3%的目标，但许多盟友没有达到这一目标，1990年5月北约防长会议取消了这一目标，

---

[1] NATO Public Diplomacy Division, *NATO Encyclopedia*, 2019, December 2019, p. 247.

[2] *The North Atlantic Treaty Organization: Facts and Figures*, NATO Information Service, 1989, p. 41; Wallace J. Thies, *Why NATO Endures*, New York: Cambridge University Press, 2009, p. 107.

[3] NATO Public Diplomacy Division, *NATO Encyclopedia 2019*, December, 2019, p. 660.

美国同盟体系：新时代的旧秩序

改为要求维持一个可信和有效的防御态势。①

冷战结束后，北约提出加强新能力建设，以便执行集体防御以外的多样化任务。北约出台了许多军力倡议。1994年1月的北约布鲁塞尔峰会决定建立"混合特遣部队"（CJTF），由两个或更多兵种、两个或更多国家组成，执行北约防区以外的任务，满足冷战后的维和需要。"混合特遣部队"允许非欧盟、非北约成员国加入，在美国不参加的情况下，可使用北约资源。1995年11月《代顿和平协议》签署，北约领导的波黑维和部队即是"混合特遣部队"。多国联合特遣部队难以满足快速部署的要求，北约布拉格峰会宣布建立"北约快速反应部队"（NRF），建成后预计一周内能部署两万多人，军事行动能持续30天。北约快速反应部队在应对美国"卡特里娜飓风"灾害、巴基斯坦地震中发挥了作用。由于成员国之间的低水平协作，北约快速反应部队停滞不前。克里米亚入俄事件后，北约威尔士峰会决定加强快速反应部队建设。

北约对波黑和科索沃的军事干涉暴露了美国、欧洲的军力差距，欧洲盟友增强了军力建设的紧迫感。1999年北约华盛顿峰会通过了"防御能力倡议"（DCI），增强盟友军力的可部署性、机动性、可持续性，提出盟友需要填补能力的58个方面。②"9·11"事件后，大部分欧洲盟友的军事能力有限，无法对美国领导的反恐战争做出更大贡献。布拉格峰会提出了"布拉格能力承诺"（PCC），要求成员国在以下领域提高能力：预防大规模杀伤性武器攻击、情报和侦察、指挥、控制和通信、精确打击、空中和海上战略运输能力、空中加油、对持久战争的后勤保障等。北约创建化学、生物、放射性和原子武器多国防卫营，加强防扩散能力。北约里加峰会提出"特殊行动力量倡议"（SOF）、"战略空运倡议"（SAI）等新倡议，确保北约成员国能够迅速将部队运输到欧洲之外；"北约训练合作倡议"（NTCI）是北约培训中东国家反恐、防扩散能力的倡议。北约布加勒斯特峰会决定强化快速反应部队，加强空运能力。2010年北约里斯本峰会提出"联通军力倡议"（CFI），加强军事教育、培训、演习，增强联合作战能

---

① Department of Defense, *Report on Allied Contributions to the Common Defense*, May, 1992, Chapter II, p. 32.

② 赵俊杰、高华主编：《北狼动地来？北约战略调整与欧盟共同防务及其对中国安全环境的影响》，中国社会科学出版社，2011年版，第41页。

力。利比亚战争后，北约发起了"同盟地面监视""联合情报、监视和侦察能力"等项目，弥补欧洲盟友在情报、侦察和监视能力方面的严重不足，建设地面基础设施和卫星通信设备。

2012年北约芝加哥峰会通过"巧防务"军事能力发展计划，是冷战后北约军力提升计划的"集大成者"①。"巧防务"通过成员国发挥各自优势，实现资源利用最大化；提高作战行动效率和资源使用效益，增进北约各国军队之间的横向联系。"巧防务"提出各国协调武器采购政策，整合资源，加强优势互补。荷兰解散其坦克部队，并依赖德国和其他国家部队保卫荷兰国土，荷兰用节约下来的资金投资反导雷达系统，用于装备驱逐舰，惠及其他盟友。②芝加哥峰会还通过"联合力量"计划，加强盟友军队的相互沟通与合作，确保使用共同的指令、概念、程序及可兼容的装备。各国部队还需要加强多国联合训练和演习，将其军事技能标准化，同时更好地利用技术。C4（指挥、控制、通信和计算机）、情报、监视和侦察（C4ISR系统）在"联合力量"计划中居于最重要的位置，它的作用就像胶水一样，将北约部队黏合在一起。"联合力量"计划另一个重要组成部分是利用教育、训练和演习加强成员国军队的联合作战能力。

北约出台各种名目的军力建设计划，维持同盟的军事投入和战备水平，效果差强人意。欧洲国家不愿和平时期维持人数众多的多国快速反应部队，联合训练和实战演习难以持续。北约各成员国对于同盟的轻重缓急、资源调配存在分歧。一些成员国只在事关自身的紧要问题上有兴趣和投入，拒绝参加同盟的其他行动。波罗的海三国关注俄罗斯威胁、北大西洋公约集体防御条款、网络安全，很少关心阿富汗、非洲、地中海事务；③北约南欧成员国更关注难民、气候变化等挑战，对北约过度关注俄罗斯不满。

二战后日本实行专心发展经济、安全靠美国的"吉田茂路线"，国内

---

① 孔刚："北约'冷战基因'难以改变"，《世界知识》，2014年第20期，第41页。

② Robert D. Kaplan, "NATO's Ordinary Future," May 9, 2012, https://worldview.stratfor.com/article/natos-ordinary-future. （上网时间：2018年5月7日）

③ 许海云编著：《挑战与应战：新世纪的北约——北约战略转型与发展研究文献汇编》，世界知识出版社，2013年版，第15页。

美国同盟体系：新时代的旧秩序

和平主义思潮流行，1960年新美日安保条约签署引发日本国内大规模的示威抗议。日本抵制美国压力，不愿大张旗鼓地重整军备，提出了一系列限制军力发展的原则："武器出口三原则"禁止武器出口；"无核三原则"规定不制造、不拥有、不运进核武器；"专守防卫"原则规定禁止向海外派兵；不参加集体自卫安排；不发展投送能力；防卫费不超过国民生产总值的1%；① 禁止获取进攻性武器；禁止在军事上利用外层空间等。日本人对核武器很敏感，为应付可能携带核武器的美国军舰要求过境和停泊的问题，各种煞费苦心的遁词应运而生。②

日本1957年出台了基本防卫政策、1958—1976年多次出台防卫建设计划。在美国接连敲打下，日本制定了军力建设计划。1976年日本通过首份《防卫计划大纲》，系统阐述了日本的防卫理念和构想。1981年日本宣布负责西太平洋1000海里海上通道的安全，加强海上作战能力和反潜能力，监视苏联海军和潜艇部队动向，准备战时对苏联进出鄂霍次克海予以封锁。日本首相中曾根康弘提出将日本列岛建成"不沉的航空母舰"设想，防卫费占国民生产总值的比重一度超过1%。

日本对美国军事合作逐步加强。1978年11月首份《美日防卫合作指针》发表，标志美日朝着联合军事行动迈出第一步。《美日防卫合作指针》规定两国可举行联合演习、情报交换、联合研究，双方就联合防御、有事法制、共同作战、远东有事、海上通道防卫等问题开展联合研究。此时美日没有制订任何的"联合作战计划"，不管是在远东爆发冲突，还是日本遭到武装进攻，美日都没有联合应对的计划，自卫队和驻日美军的合作仍然建立在"各自为政"的单边基础上。③《美日防卫合作指针》赋予日本承担本土防御、海峡封锁，以及在关岛以西、菲律宾以北的反潜护航作战任务，意味着日本的防御范围从日本领土扩大到周边地区。20世纪80年

---

① 1976年11月三木武夫内阁曾做出"防卫费每年不得超过当年国民生产总值的1%"的规定。中曾根康弘上台后，表示"防卫费的限额和内容都是变动的"，并在1986年底正式取消了这一规定，从而使防卫费自1987年起连年突破1%。

② [美]迈克尔·H.阿马科斯特著，于铁军、孙博红译：《朋友还是对手——前美驻日大使说日本》，新华出版社，1998年版，第72页。

③ 焦世新："美日同盟的机制化与战略转型"，《美国研究》，2019年第3期，第102页。

第五章 盟友承担互助义务：军事纽带之二

代日本松动"武器出口三原则"，对美国解禁武器出口限制，参加"星球大战"计划。日本支持美国在欧洲部署中程核武器以应对苏联部署 SS-20 导弹。对苏联在远东部署 100 枚 SS-20 导弹，日本支持美国在阿拉斯加部署中程核武器的权利。[①]

冷战结束后，美日同盟经历了一段缺乏方向的"漂流期"。1993 年朝核危机、1995—1996 年台海危机促使美日重新审视同盟的作用，以 1996—1997 年美日同盟"再定义"为标志，美日强化同盟互助，提升日本的安全作用，同盟由美国单方面保卫日本的体制转向双向"互助"的军事合作体制，日本的作用从"盾"转变为协助美国打赢局部战争的"矛"。1997 年 9 月美日发表了新的防卫合作指针，设定平时合作、日本有事时的合作和日本周边有事时的合作三种情形，对同盟合作做了分工，规定了联合军事行动的标准和程序。

尽管日本宪法禁止集体自卫权，但是美国要求日本自我松绑，发挥与经济实力相称的作用，日本逐一突破限制军力发展的"专守防卫"原则，安全战略"由守转攻"，对美国的支持力度增大。21 世纪以来，日本国会连续通过"反恐怖特措法""有事法制"等十几个军事法案，为海外派兵、动员国民参与战争制造了法律依据。日本进一步松动"武器出口三原则"和"无核三原则"，对美从"被动的受保护者"向"积极的合作者"身份转变，对美国的协防范围突破日本领土，扩大到日本周边及中亚、中东、南亚和东南亚所构成的"动荡弧"地区，在印度洋向美军供油，参与伊拉克的战后行动，主办"防扩散安全倡议"多国海上演习等，发挥更大的安全作用。

2005 年美日发表"共同战略目标"、签署驻日美军重组协议，围绕联合作战这一核心问题加快合作。美国将负责亚太陆上指挥作战的司令部转移到日本，双方共享训练设施，设立了美日联合作战协调所，联合司令部初具雏形。2007 年日本防卫厅升格为防卫省，日本在发展军力上不再遮遮掩掩，放弃行使集体自卫权的日本"和平宪法"一步步被架空。

---

① Susumu Awanohara, "The Burden-Sharing Issues in U.S.-Japan Security Relations: A Perspective from Japan," *Occasional Paper*, East-West Center, March, 1990, p. 15.

美国同盟体系：新时代的旧秩序

2012年12月安倍晋三首相第二次执政，日本军力建设进入快车道。安倍政府大力推进防卫改革，为美日军事一体化提供法律和制度保障。日本成立国家安全委员会（NSC），通过首份《国家安全保障战略》报告，修改基本防卫政策；修订《防卫计划大纲》，提出"动态联合防卫力量"新概念；制定《特定秘密保护法》，加强美日情报共享；松动"武器出口三原则"等。日本部分解禁集体自卫权，提出当美国遭受武力攻击时，只要判定"日本的存亡受到威胁"，即便冲突发生在海外，自卫队也可以行使武力。日本自卫队平时就可以对美军舰船等提供防护，美日同盟的双向合作得到加强。日本建造可起降直升机的"小型航母"，充当美国作战部队及物资的"海上集散基地"，提升对美国后勤支持能力。2015年4月美日第三次修订《美日防卫合作指针》，不再区分平时和战时军事合作，两者无缝衔接。日本在防御本土上发挥主要作用，美军提供支持和补充作战。在太空、网络、特种作战中，日本对美军提供支持。近年来，美日频繁在朝鲜半岛、东海、南海联合演练，已实现"事实上的联合作战"。[①]

2022年2月俄乌冲突爆发以来，日本借题发挥，强化军力建设。日本出台国家安保战略新文件，提出要拥有"对敌基地攻击能力"，将自行研制巡航导弹及高超声速武器，强化电子战、卫星与无人机侦察能力。日本宣布未来5年将大幅增加防卫费，预计防卫费占GDP比重将达到2%，向北约标准看齐，这将极大增强日本的军事实力。日本扩军备战减轻了美国协防盟友及维持地区秩序的军事负担，受到美国的热烈欢迎。

三、分担美国驻军费用

分担美国驻军费用也是盟友对共同防御贡献的一部分。美军以保护盟友安全的理由驻扎，要求盟友交"保护费"，盟友在分担什么费用、分担多少费用上讨价还价。美军常驻海外初期，盟友无需承担美军驻扎费用。在欧洲、日本经济恢复后，美国要求盟友承担驻军费用，先是与德国、继而与韩国、日本等国签署分担驻军费用的协定。盟友各自承担的费用和名目不同，德国、意大利、日本、韩国是美军驻扎人数最多的国家，驻德美军人数多，

[①] 焦世新："美日同盟的机制化与战略转型"，《美国研究》，2019年第3期，第120页。

但德国承担的驻军费用比重并不高。2002 年美国国防部发表盟友对共同防御的年度报告，指出德国、意大利分别承担了美军驻扎费用的 21% 和 37%，日本承担驻日美军费用的 79%，韩国承担驻韩美军费用的 42%。① 欧洲盟友分担驻军费用比亚洲盟友少，但是欧洲盟友增加本国的军费开支也是对共同防御做贡献，如果将军费开支挪作支付美军驻扎费用，对共同防御并无帮助。

德国陆续与美国签署了 8 个"抵消"协定，通过购买美军装备等方式，抵消部分驻德美军费用，之后"抵消"协定被承担驻军费用的协定取代。② 1961 年美国、德国达成首个为期两年的"抵消"协定，德国同意采购 14.25 亿美元的军备，减轻美国的财政紧张。③ 1965 年，德国采购的军备达到饱和，勉强同意购买美国财政部债券以缓解美国的收支困难。1967 年购买了 5 亿美元，1969—1971 年购买的债券和军备价值 20 亿美元。④ 德国承诺支持美元地位，不将德国持有的美元兑换黄金，但不愿承担更多的驻军费。德国认为驻德美军是保护所有欧洲盟友的安全，并不仅仅是保护德国一国的安全。德国分担的驻军费绝大部分以实物支付，美军免费使用德国土地和设施、美军税收、关税、消防费用的减免等税费，都被德国计入美军驻扎费用，美国则在统计中略去这一部分费用。

日本免费向美军提供基地和设施，政府向土地所有者支付租金并提供一定补偿。日本从 1978 年起向驻日美军提供直接支持，为在美军基地工作的日本籍雇员支付薪水，分担基地设施建设费用。伴随美国对日本贸易逆差剧增、日元大幅升值，日本承担的驻军费用持续增加。1981—1987 年日本提供的驻军费用按照美元计算，增加了 137%，但按照日元计算，只增

---

① Department of Defense, *Report on Allied Contributions to the Common Defense*, June, 2002, pp. 1 – 3.

② James R. Golden, *NATO Burden Sharing: Risks and Opportunities*, The Washington Papers, No. 96, 1983, pp. 57 – 58; Peter Kent Forster and Stephen J. Cimbala, *The US, NATO and Military Burden Sharing*, London: Frank Cass, 2005, p. 18.

③ James R. Golden, *NATO Burden Sharing: Risks and Opportunities*, The Washington Papers, No. 96, 1983, pp. 57 – 58.

④ Christopher Sandars, *America's Overseas Garrisons: The Leasehold Empire*, New York: Oxford University Press, 2000, p. 212.

美国同盟体系：新时代的旧秩序

加了44%。① 1987年两伊战争升级，国际油轮在波斯湾屡屡受袭，美国动员欧亚盟友护航。日本承诺增加对驻日美军的经费支持，替代向波斯湾派遣扫雷艇。美国借机提出日本承担所有以日元支付的驻军费，日本拒绝支付，提出重新谈判驻日美军地位协定，为日本分担驻军费用提供法律依据。② 20世纪90年代，日本承担驻日美军费用的3/4，相当于每年承担约50亿美元，是承担驻军费用最多的美国盟友，这些费用涵盖雇员薪水、向土地所有者支付租金、训练转移费、消音装置、污水处理、办公楼、家属楼、军人宿舍以及基地内娱乐设施的建设与维持费等。驻日美军费用协定一般5年续签一次，美国根据形势酌情减少日本承担的费用。根据2016—2020年的美日协定，日本每年大约提供17亿～21亿美元（跟日元兑美元汇率有关）支持驻日美军。③

日本还要承担驻冲绳美军搬迁和整编费用、冲绳新基地建设及关岛美军设施的建设费用。按照驻日美军重组方案，一部分美军搬迁到冲绳县内其他地方，还有一大部分搬迁到关岛、夏威夷等地。2009年2月美日签署《关岛国际协议》，重申了各自承担的费用。由于驻日美军搬迁方案的改变，要搬迁的美军人数和搬迁费用屡次改变。2012年4月美日修订搬迁计划，决定将驻冲绳美军5000人搬迁到关岛，搬迁费用86亿美元。④ 虽然驻日美军人数下降减少了冲绳当地的负担，但美国海军陆战队在日本境外建设军事设施、学校、医院和道路费用由日本支付，这样的做法却没有先

---

① GAO (United States General Accounting Office), *U. S. - Japan Burden Sharing*, Report to the Chairman, Committee on Armed Services, House of Representatives, August, 1989, Executive Summary, p. 3.

② Joseph E. Kelley, Testimony on U. S. Defense Burden Sharing with Japan and NATO Allies before the Defense Burden Sharing Panel, Committee on Armed Services, House of Representatives, May 10, 1988, http：//www.gao.gov/assets/110/102112.pdf. （上网时间：2017年2月21日）

③ Emma Chanlett - Avery and Ian E. Rinehart, *The U. S. - Japan Alliance*, Congressional Research Service, RL33740, February 9, 2016, p. 21.

④ "Joint Statement of the Security Consultative Committee," April 27, 2012, https：//www.mofa.go.jp/region/n - america/us/security/scc/pdfs/joint_120427_en.pdf; "United States and Japan Sign Protocol to Amend the Guam International Agreement," October 3, 2013, https：//2009 - 2017.state.gov/r/pa/prs/ps/2013/10/215071.htm. （上网时间：2019年3月21日）

第五章 盟友承担互助义务：军事纽带之二

例。驻冲绳美军的搬迁属于美国全球军力重组的一部分，符合美国的战略利益，不完全是为了防御日本考虑，却由日本承担一大部分搬迁费用，日本对此不满。驻日美军搬迁成了"胡子工程"，日本到底该承担多少搬迁费用仍是一个问号。

韩国从1982年对美国贸易出现顺差并逐年增加，美国要求韩国承担更大的防御责任。① 1991年6月美韩签署《防卫费分担特别协定》。韩国每年提供1.5亿美元驻军费用。② 韩国将美驻军费用分为直接和间接两大类，直接费用包括劳务费，用于支付韩国雇员的薪水；军事建设费用，用于支持驻韩美军军营、污水处理设施建设等，修建美韩共同使用的军事设施，如飞机跑道、军火供应站、码头、飞机库；后勤支持费，如弹药储藏、飞机维修、道路和交通费用。对美军的间接支持包括减免供美军使用的不动产费用，减免或免除美军使用的公共设施费。③ 2007年韩国分担的直接费用为7.7亿美元，占美军驻留费用的41%。美国提出韩国像日本一样承担更多的驻军费用，被韩国拒绝。此后韩国分担的驻军费用比重大体维持在这一水平。韩国也承担了驻韩美军基地重组的重担，驻韩美军大部分搬迁到汉江以南的平泽基地，基地建设费用高达108亿美元，韩国出资97亿美元。④

在防卫费分担上，美韩为各自应承担多少份额展开"拉锯战"。2014年美韩达成《防卫费分担特别协定》，韩国议员称协议是"羞辱性"的，因为议员们只知道总的费用，不知道每一类项目的费用，对美国花韩国纳

---

① Christopher Sandars, *America's Overseas Garrisons: The Leasehold Empire*, New York: Oxford University Press, 2000, p. 193.

② Department of Defense, *A Strategic Framework for the Asian Pacific Rim: Report to Congress* 1992, p. 33.

③ Won Gon Park, "A Challenge for the ROK – U. S. Alliance: Defense Cost – Sharing," *East Asia Security Initiative Working Paper 30*, July 2013, pp. 3 – 4.

④ Scott A. Snyder, "Is Trump's Hard Bargaining Fraying U. S. – South Korean Ties?" February 21, 2019, https://www.cfr.org/in – brief/trumps – hard – bargaining – fraying – us – south – korean – ties; "Joint Press Release by the United States of America and the Republic of Korea," November 8, 2017, https://www.whitehouse.gov/the – press – office/2017/11/08/joint – press – release – united – states – america – and – republic – korea. （上网时间：2020年2月1日）

美国同盟体系：新时代的旧秩序

税人的钱、却缺乏透明度大为不满。韩国对美国的统计数字提出质疑，认为韩国提供的土地费用、美军基地对当地环境的破坏费用、公共费用的减免、免除的道路和港湾使用费等未纳入统计。2012年韩国花费了8361亿韩元（7.112亿美元）支持美军，日本为44万亿韩元，德国为6000亿韩元。虽然日本分担的驻军费用绝对数额高，但日本分担的驻日美军费用占GDP的比重是0.064%，韩国达到0.068%，德国分担的美军费用只占GDP的0.016%。① 2015年韩国国防白皮书指出，韩国军费占GDP的比重为2.4%，高于日本的1%和德国的1.09%。韩国人均国防开支681美元，是日本人均323美元的两倍多。② 韩国宣称将GDP的一大部分用于国防，没有"搭便车"。韩国也认为需要将韩国对美国军购统计在内，韩国是购买美军装备的大户，军购金额远超过其他国家。

特朗普政府"狮子大开口"，要求像韩国这样的富裕国家承担更多驻军费，致使美韩防卫费分担协定"难产"。2019年初美韩达成防卫费临时协定，韩国同意将分担费用上调8%，增加到9.23亿美元。③ 2020年协定到期后，特朗普政府要求韩国每年承担50亿美元费用，美韩谈判陷入僵局。拜登政府快刀斩乱麻，2021年3月与韩国签署《防卫费分担特别协定》。拜登虽然不像特朗普那样"勒索"盟友，但规定韩国承担的费用与韩国军费增速保持一致，而此前协定是与韩国内物价增速一致。由于韩国军费增速远超过物价增幅，因此韩国承担的费用还是增长较快。

在前沿军事装备部署上，美国要求盟友分担负担。如美国曾在日本部署"奈基"防空导弹和"鹰式"导弹，迫使日本池田政府同意承担大部分部署费用。在部署"萨德"导弹系统上，特朗普政府要求韩国承担10亿美元的部署费，遭到韩国抵制，美国不得不按当初的约定独自承担部署费用。

---

① "S. Korea Mulls Disclosing Defense Spending to Deflect U. S. Calls for Burden Sharing," *The Korea Herald*, January, 15, 2017, http：//www.koreaherald.com/view.php?ud=20170115000185．（上网时间：2017年2月21日）

② "President Trump's Imaginary Numbers on Military Aid to South Korea," February 25, 2019, https：//www.washingtonpost.com/politics/2019/02/25/president-trumps-imaginary-numbers-military-aid-south-korea/．（上网时间：2020年2月1日）

③ Scott A. Snyder, "Is Trump's Hard Bargaining Fraying U. S.-South Korean Ties?" February 21, 2019．

德国、日本和韩国仍是美军驻扎数量最多的国家,根据 2016 年的数据,美国在三国驻军 10 多万人,超过美国海外驻军的 50%,其中驻德美军 3.5 万人,驻日美军 4.5 万人,驻韩美军 2.5 万人。美国每年承担的海外驻军费用为 100 亿美元(不包括驻军的军事活动和人力成本费用),其中约 70 亿美元用于维持驻德、日、韩三国的美军。美国与盟友承担的数额和比重分别为:美国承担驻德美军费用 40 亿美元,占驻德美军费用的 82%,德国承担 9.07 亿美元,占驻德美军费用的 18%;美国、日本分别承担驻日美军费用 20 亿美元,各自占比 50%;美国承担驻韩美军费用 11 亿美元,占驻军费用的 59%,韩国承担 7.75 亿美元,占驻军费用的 41%。[①] 此外,沙特、科威特、卡塔尔承担的美军驻扎费占比也较高。

四、分担集体防御之外的负担

盟友参与危机管理和维和行动,支持民主化、防扩散,提供发展援助,这些也被美国纳入分担负担的考核内容,这些领域严格来说不属于集体防御范畴,而是帮助美国分担"世界警察"责任,维护对美国有利的国际秩序。

盟友配合美国维持海上通道安全。两伊战争期间,美国为科威特油轮武装护航,欧洲和日本作为波斯湾石油的主要进口方分担维护海上通道安全的责任。英国、法国、意大利派出了巡逻艇和扫雷艇,日本没有派舰艇,但提供了财政支持。[②] 英国建立海上快速机动部队,强化跨海远洋作战能力;法国、意大利加强了地中海舰队的军事威慑能力,与美国的新中东政策相配合。[③] 欧洲盟友承担更多的防御欧洲的任务,以便美国腾出手来,将更多资源用于波斯湾地区。

苏东剧变后,美国将推进东欧国家和原苏联地区民主转型的负担甩给

---

① Rachel Hoff, "Burden Sharing With Allies: Examining the Budgeting Realities," November 1, 2016, https://www.americanactionforum.org/research/burden-sharing-allies-examining-budgetary-realities/.

② GAO (United States General Accounting Office), *U.S. - Japan Burden Sharing*, Report to the Chairman, Committee on Armed Services, House of Representatives, August, 1989, p. 25.

③ 许海云:《北约简史》,中国人民大学出版社,2005 年版,第 202 页。

美国同盟体系：新时代的旧秩序

欧洲盟友。德国与东欧国家毗邻，在支持中东欧向民主和市场经济转型方面发挥了带头作用，1990—1996年，德国提供650亿美元用于支持中东欧和独联体国家转型（占所有国家贡献的60%）。① 德国为防扩散和维和行动做贡献，单是1996年一年就提供了1300万美元用于销毁原苏联境内的核与生物武器，提供430万美元用于销毁乌克兰导弹发射井，向帮助朝鲜建设民用核设施的机构——朝鲜半岛能源开发组织（KEDO）提供100万美元，提供1400万美元用于帮助世界排除地雷危险。②

美国及其盟友是提供联合国维和经费的大户。冷战结束初期，美国及其盟友热衷参与维和，在索马里、卢旺达、海地等地领导维和行动。1994年北约、亚太盟友参加了17个联合国维和行动，提供2.1万人，一共向联合国维和行动提供16亿美元。③ 美国、英国、法国、德国、日本、加拿大对联合国维和行动出人或出钱较多。德国基本法禁止在其他国家部署德军。在美国施压下，两德统一后德军走出国门，参加北约领导的多国军事行动，在波黑、科索沃部署德军参与维和行动。德国是阿富汗国际安全援助部队的主要出兵国，这是二战后德军首次在欧洲之外参加战斗与维和行动。

为消除美国及其他盟友对日本"支票外交"、只出钱不出兵的不满，日本在海湾战争结束后通过了《联合国维和行动法》，陆续派兵参加联合国在柬埔寨、安哥拉、莫桑比克、萨尔瓦多、东帝汶、戈兰高地、尼泊尔、海地、南苏丹等地的维和行动。韩国参加东帝汶国际部队，这是韩国首次派战斗部队参加国际维和行动。美国和联合国签署协定，降低美国分摊的维和行动费用，减少的费用主要由欧洲国家承担。

美国认为保卫"自由世界"不能只靠军事防御，出台了"第四点计划""进步联盟"等倡议，利用发展援助与苏联争夺第三世界。美国及其盟友借此输出西方治理模式和价值观，促进法治和人权建设。经济合作与发展组织由发达国家组成，是美国及其盟友协调对第三世界发展援助政策的主要机构。荷兰、丹麦、挪威等北约中小盟友提供的发展援助总额不如

---

① Department of Defense, *Responsibility Sharing Report*, March, 1998.

② Department of Defense, *Report on Allied Contributions to the Common Defense*, March, 1997.

③ Department of Defense, *1995 Report on Allied Contributions to the Common Defense*.

第五章 盟友承担互助义务：军事纽带之二

美国、日本等国，但援助占 GDP 的比重较高。欧洲、日本盟友以发展援助为杠杆，配合美国争夺对第三世界的影响。

美国要求经济富裕的盟友对其他盟友提供发展援助，推动日本将发展援助用于对美国有战略意义的国家和地区，如菲律宾、泰国、埃及、土耳其、巴基斯坦、中美洲地区。日本外援预算从 1980 年的 16 亿美元增加到 1987 年的 47 亿美元。[①] 日本增加外援数额有助于减轻美国在海外派兵问题上的对日压力。1987 年美国要求日本参加波斯湾油轮护航行动，日本没有派遣扫雷艇，代之以提供更多援助。日本对约旦提供 2 亿美元经济援助，向阿曼提供 3 亿美元，向海湾国家提供了 1700 万美元的导航装备。[②]

1990—1993 年，美国对发展中国家、中东欧和原苏联国家提供的无偿援助约 600 亿美元，日本、德国各提供约 500 亿美元，法国提供 300 多亿美元。[③] 1990—2001 年，北约成员国的对外援助数额超过了 5600 亿美元，美国提供近 1500 亿美元，盟友外援总和近 4100 亿美元。[④]

"9·11"事件后，美国及其盟友重新认识到对外援助作为战略工具的重要性。美国设立"千年挑战账户"，对符合民主、善政标准的发展中国家提供发展援助。欧洲盟友也宣布增加发展援助。美日建立了"战略发展同盟"，协调对外援助。奥巴马政府重视综合解决阿富汗、巴基斯坦问题，欧、日盟友主办了关于阿富汗问题的国际会议及"巴基斯坦之友"峰会，欧洲和日本对阿富汗、巴基斯坦的援助大幅增加。盟友在气候变化、传染病议题上配合美国议程，在温室气体排放等问题上与美国协调立场。

在解决地区热点问题上，美国、欧洲、日本协调一致。克里米亚入俄事件后，美欧对俄罗斯立场一致，要求俄罗斯停止支持乌克兰东部分离主

[①] Joseph E. Kelley, Testimony on U. S. Defense Burden Sharing with Japan and NATO Allies before the Defense Burden Sharing Panel, Committee on Armed. Services, House of Representatives, May 10, 1988, p. 12；[美] 迈克尔·H. 阿马科斯特著，于铁军、孙博红译：《朋友还是对手——前美驻日大使说日本》，新华出版社，1998 年版，第 148 页。

[②] Joseph E. Kelley, Testimony on U. S. Defense Burden Sharing with Japan and NATO Allies before the Defense Burden Sharing Panel, Committee on Armed. Services, House of Representatives, May 10, 1988, p. 13.

[③] Department of Defense, *1995 Report on Allied Contributions to the Common Defense*.

[④] Benjamin Zyla, *Sharing the Burden? NATO and Its Second-Tier Powers*, Toronto: University of Toronto Press, 2015, p. 222.

义，尊重乌克兰主权和领土完整。2014年7月马来西亚航空公司一架飞机在乌克兰东部上空被击落，美欧借机加大对俄罗斯金融、国防和能源部门制裁，限制俄罗斯进入欧盟资本市场，禁止欧盟对俄罗斯出口军备和原材料，禁止对俄罗斯销售军民两用技术和物品、油气开发技术和设备。美欧还冻结俄罗斯实体和个人资产，对个人实施旅行禁令，对在克里米亚投资、贸易和旅游加以限制。

在伊朗核问题上，欧洲盟友调整立场，配合美国对伊朗实施经济制裁。2015年7月，美国、英国、法国、德国、俄罗斯、中国与伊朗达成了题为"联合全面行动计划"的伊朗核协议，伊朗承诺限制其核计划，国际社会解除对伊朗制裁。在朝核问题、缅甸、苏丹达尔富尔等重大地区和国际热点问题上，美国、欧洲、日本进行沟通和协调。欧洲、日本与美国在推行民主人权方面步调一致，在乌克兰、格鲁吉亚、吉尔吉斯斯坦等地的"颜色革命"中扮演推手。

美国经历阿富汗战争、伊拉克战争两场战争的持续消耗，遭受国际金融危机、新冠病毒感染疫情的接连打击，实力衰退，颓势明显，维护国际秩序的意愿和能力下降。奥巴马政府减少国际投入和军事干涉，在利比亚战争中"从后面领导"，让盟友冲锋在前。特朗普政府奉行"美国优先"，不愿意承担维护国际秩序的成本，反复强调不当"世界警察"。美国在阿富汗、叙利亚、朝核问题、伊朗核问题等热点问题上甩包袱，在气候变化、传染病、难民、粮食安全等全球性问题上无所作为，不愿提供国际公共物品，对多边贸易谈判及国际组织投入减少，拖欠联合国、世界卫生组织会费。盟友遭受"特朗普冲击"，同盟关系恶化，在解决地区热点问题和全球治理上裂痕加深。拜登政府在甩包袱的同时，积极修复同盟关系，依靠同盟合力应对挑战。

第三节 提供军事基地

古罗马帝国及近现代的殖民帝国均建立过海外军事基地，但与美利坚帝国相比都逊色一筹。美国在五大洲、四大洋都建立了军事基地，军事基地数量之多、覆盖的地区之广前所未有，令其他所有的帝国黯然失色。除了在加勒比海和太平洋属土的军事基地，美国的绝大多数军事基地和设施

第五章　盟友承担互助义务：军事纽带之二

由盟友提供，盟友拥有基地的主权，美国实际上是一个"租借帝国"（leasehold empire）。① 盟友需要提供军事基地和设施供美军驻扎和部署各种军备，这是盟友获得美国安全保护所付出的代价。

美国本土与欧亚大陆被辽阔的太平洋和大西洋水体所隔开，在靠近欧亚大陆的地区设立军事基地可以克服距离障碍，确保美国对盟友遭受入侵作出快速有效的军事反应。海外军事基地占据世界战略要地，便利了美国对外军事干涉。朝鲜半岛发生战争期间，驻日美军基地成为美军作战的大后方。越南战争期间，美国利用冲绳、菲律宾、泰国的基地执行作战任务。科索沃战争期间，与南斯拉夫隔海相望的意大利美军基地便利了北约的轰炸行动。海外军事基地增强了美军的投送能力，美军从驻德美军基地到阿富汗、伊拉克执行任务比从本土基地出发距离缩短很多。美国军机从海外基地起飞搜集情报比从美国本土基地起飞便利很多，如利用挪威、巴基斯坦、土耳其的军事基地抵近侦察苏联，利用日本的军事基地搜集中国情报。如果美国将海外驻军撤回美国本土部署，则花费更大。尽管军事科技的发展增强了美国的远程投送能力和全球即时打击能力，但美国仍保留着众多的海外基地，争取最有利的前沿部署。

一、美国攫取海外军事基地

在西半球和西太平洋地区，美国通过领土扩张、殖民统治、军事占领、租借等方式早已抢夺了一批海外军事基地。美国在 19 世纪上半期就向太平洋扩张，企图维持在太平洋的持久存在。美国探险队勘探了威克岛、菲律宾群岛、苏禄群岛、新加坡、波利尼西亚等太平洋岛屿。② 美国海军上将佩里率领的舰队在琉球建立了加煤站，③ 作为海军补给设施。继获取加利福尼亚、在太平洋沿岸获得永久据点后，美国购买了阿拉斯加，占领中途岛，太平洋沿岸的领土迅速扩大。

---

① Christopher Sandars, *America's Overseas Garrisons: The Leasehold Empire*, New York: Oxford University Press, 2000.

② Michael J. Green, *By More Than Providence: Grand Strategy and American Power in the Asia Pacific Since* 1783, New York: Columbia University Press, 2017, p. 31.

③ Stanley B. Weeks and Charles A. Meconis, *The Armed Forces of the USA in the Asia-Pacific Region*, New York: I. B. Tauris & Co Ltd, 1999, p. 7.

美国同盟体系：新时代的旧秩序

夏威夷处于"太平洋的十字路口"①，早在19世纪40年代，美国就将夏威夷群岛变成了"太平洋的新英格兰"，② 美国移民建立商贸、学校、教会机构，控制了夏威夷内政、外交和经济。美国与夏威夷签署条约，获得在珍珠港建立军事基地的特权。美国购买阿拉斯加、吞并夏威夷、瓜分萨摩亚，在浩瀚的太平洋北部、中部和南部取得立足点，占领菲律宾、关岛后，美国又获得西太平洋的战略要地。

美西战争后美国占领波多黎各，控制了进出加勒比海的交通要道。美国与古巴签约，迫使古巴将关塔那摩湾永久租借给美国，建立了关塔那摩军事基地。美国以维护巴拿马运河安全为由建立军事基地，将运河区变成了"国中之国"。美国趁英国受到希特勒德国狂轰滥炸、急需军援之际，攫取了英国在西半球的重要海空基地。1940年9月2日，美英签署了驱逐舰换基地协议，用50艘超龄服役的驱逐舰换取了英国在西半球的8个重要基地（纽芬兰、百慕大、巴哈马、牙买加、安提瓜、圣卢西亚、特立尼达和英属圭亚那）。美国扩大西半球防御范围，获得格陵兰岛、冰岛、亚速尔群岛的军事基地，控制了进出美洲的咽喉要道。

英国殖民统治瓦解后，仍占据着许多海外领地和飞地，部分战略要地成为与美国共享的军事基地。在塞浦路斯的英军基地位于东地中海的战略要冲，监视黑海、地中海和中东地区的军事活动，在美国对中东的军事干涉中发挥作用。迪戈加西亚岛位于印度洋中部，地理位置优越，可驻扎包括战略轰炸机在内的上百架战机，停靠航母、核潜艇和预置作战物资，是美军在大中东地区活动，监视和控制印度洋，对东、西半球进行军事干涉的基地。

太平洋战争时期，美国趁机占领了英国、澳大利亚和新西兰托管的部分太平洋岛屿，将日本占领的600多个太平洋岛屿据为己有，夺取马绍尔群岛、加罗林群岛、马里亚纳群岛等日本的托管地。这些岛屿陆地面积虽然极小，却从太平洋北部向南部的赤道地区延伸了1200英里，从东向西延

---

① [美] 詹姆斯·布拉德利著，刘建波译：《1905帝国巡游：美国塑造亚太格局的伏笔》，北京联合出版公司，2016年版，第126页。

② Michael J. Green, *By More Than Providence: Grand Strategy and American Power in the Asia Pacific Since* 1783, New York: Columbia University Press, 2017, p. 32.

第五章 盟友承担互助义务：军事纽带之二

伸了2500英里，可支配的海域面积达300万平方英里。① 美国占领了太平洋众多岛屿和战略要地，将太平洋变成了美国的"内湖"。二战期间，美国在太平洋建立了256个军事基地，在大西洋建立了228个基地。② 据统计，二战顶峰时期，美国控制着超过2000个海外军事基地和3000个站点，堪称历史上由单一国家所掌控的最大范围。③ 二战结束后，美军占领德国和日本，建立了一批大型军事基地，至今仍发挥重要作用。

二、海外军事基地总体态势

美国海外基地的数量、结构、规模随着美国的全球战略调整而变。二战结束后，大批美军撤回本土，海外基地和设施数量急剧减少。1950年6月战争爆发后，美国在欧亚地区的海外基地和设施增加，形成了海外基地分布在欧洲、亚太地区的基本格局。越南战争高峰期，美国有海外基地1014个，其中673个基地分布在欧洲，273个基地分布在亚太地区。④ 在伊朗伊斯兰革命、苏联入侵阿富汗后，美国支持海湾国家和阿富汗抵抗运动，在中东地区的军事存在增加。美国与苏联及其代理人争夺非洲、中美洲，在相关国家和地区保持军事存在。

冷战末期，美苏关系缓和，面临财政压力的美国宣布裁撤与合并海外基地。1988年12月，美国关闭基地委员会发表第一份报告，建议关闭或重组145个海外基地，一年可节约6.936亿美元。苏联解体后，美国进一步削减海外军事基地数量。1993年关闭基地委员会发表报告，建议关闭130个海外基地，重组45个基地，可节约40亿美元。⑤ 美国撤退了近30

---

① George Marion, *Bases and Empire: A Chart of American Expansion*, New York: Fairplay Publishers, 1949, pp. 15—17.

② George Marion, *Bases and Empire: A Chart of American Expansion*, New York: Fairplay Publishers, 1949, p. 20.

③ [美] 大卫·韦恩著，张彦译：《美国海外军事基地：它们如何危害全世界》，新华出版社，2016年版，第22页。

④ Maria Hohn and Seungsook Moon, eds., *Over There: Living with the U.S. Military Empire from World War Two to the Present*, Durham and London: Duke University Press, 2010, p. 8.

⑤ David E. Lockwood and George Siehl, *Military Base Closures: A Historical Review from 1988 to 1995*, CRS Report for Congress, October 18, 2004, p. 4.

美国同盟体系：新时代的旧秩序

万驻外美军，向盟友一共归还了60%的海外军事设施。①

小布什政府对外战略重心转向反恐，2004年8月其宣布对海外基地进行冷战结束以来的最大规模调整。美国国防部发布了《全球防御态势评估》（GDPR）报告，涉及美国海外基地、设施、驻军、军事装备、后勤能力及驻军地位协定等内容，该报告提出削减35%的海外军事设施，增加在中东和非洲的军事设施，削减和重组驻日、韩美军，将关岛打造为美军的地区枢纽。奥巴马政府对外战略重心从反恐向应对大国竞争回摆，加大对亚太地区的军事投入，2012年1月发表的《防务战略指南》提出亚太战区是美军首要关注，要求美军事部署向亚太倾斜。根据2012财年的基地报告，美国共有基地及设施5211个，其中本土4451个、海外属土94个、海外基地有666个，主要分布在德国（232个）、日本（109个）和韩国（85个）。②据美国国防部2018年发布的报告可知，美国海外基地数量从鼎盛时期的2000多个裁撤至514个，数量创下历史最低。此后海外基地和设施数量有所增加，2021年美国有800多个大小不等的海外基地和设施、22万美军及文职人员分布在150个国家之中。③

在减少基地数量的同时，美国调整基地结构。海外美军在当地横行霸道，民众反美情绪强烈，不时引起同盟摩擦。美国逐步将军事基地从人口稠密的地区迁出，建立与当地民众隔绝或减少接触的"轻脚印"设施。大型的海外基地相对静态，遭受对手导弹袭击或恐怖袭击的风险较大。美国将中国视为潜在对手，随着中国导弹的射程更远、打击精度更高，美国将前沿军事部署分散化，在澳大利亚建设新基地，将驻日美军基地后撤到第二岛链。美国减少并重组在西欧和东北亚的军事基地，在从非洲、中东延伸到中亚一线的"不稳定弧"地带，增加了具有机动性和灵活性的中小型

---

① Carnes Lord and Andrew S. Erickson, eds., *Rebalancing U. S. Forces: Basing and Forward Presence in the Asia – Pacific*, Annapolis, Maryland: Naval Institute Press, 2014, p. 2.

② *U. S. Force Posture Strategy in the Asia Pacific Region: An Independent Assessment*, Center for Strategic and International Studies, June 27, 2012, p. 50.

③ Kim Hjelmgaard, "'A Reckoning is Near': America Has a Vast Overseas Military Empire. Does It Still Need It?" *USA Today*, February 26, 2021, http://www.usatoday.com/in – depth/news/world/2021/02/25/us – military – budget – what – can – global – bases – do – us – cyber – attacks/6419013002/.（上网时间：2021年7月13日）

军事设施。2003—2012 年，美军获得了 300 多亿美元经费来进行海外基地建设；还获得了 926 亿美元用于国内外"未具名站点"的建设。① 美国新建立的军事设施多位于经济和政治上相对弱的国家，这些国家很容易被美军基地所带来的经济利益和政治回报吸引。在更为贫穷的国家，环境法规并不那么严苛，这使得美军基地的运营更加便宜和容易。②

美国的海外基地规模不等，分为大、中、小三类：大型的"主要作战基地"设施完善，美军战斗部队及其家属常驻，设在德国、日本、韩国、意大利等国的大型基地，如德国拉姆斯泰因空军基地就设有住宅、学校、超市、医院、俱乐部、警察局、便利店、剧院等，一应俱全，俨然成了海外的"小美国城"。中型的"前沿作战点"，如在伊拉克战争期间建立的中型基地，美军不带家属驻扎，用于临时军事部署或训练目的，预储了军事装备，设施不如大型基地那样齐全。"合作安全点"是简易的军事设施，又称"睡莲"基地。由美军与当地国家共享，美军预置装备、贮存物资并设立监听与通信站，但驻军人数很少或者不驻军。这一类军事设施多隐藏在东道国的民用机场和军事基地旁，秘而不宣，广布于非洲、美洲、太平洋地区。为防止当地民众的反对，美国否认此类军事设施在泰国、菲律宾、中亚地区的存在。"合作安全点"为美军行动提供更大的灵活性，对当地产生的政治冲击小。有的"前沿作战点"和"合作安全点"只是小型军事设施，也被笼统地称为"军事基地"，但驻军人数和发挥的作用与大型军事基地相去甚远。

美国海外基地"大的更大、小的更小"，驻德国、韩国、日本、意大利等国的基地进一步整合，压缩数量、突出重点，而大型基地规模更大。与此同时，美国在东欧、中亚、非洲建立了小型军事设施，满足反恐战争需要。从全球范围来看，美国军事基地的地理分布范围更广，不像冷战时期那样集中在欧洲和亚太地区。小布什政府缩减了在"老欧洲"国家的基地，在波兰、罗马尼亚、保加利亚等"新欧洲"国家建立了基地。美国优化亚太地区军事基地布局，重组驻日、驻韩美军基地，将关岛打造为美国

---

① ［美］大卫·韦恩著，张彦译：《美国海外军事基地：它们如何危害全世界》，新华出版社，2016 年版，第 284 页。

② ［美］大卫·韦恩著，张彦译：《美国海外军事基地：它们如何危害全世界》，新华出版社，2016 年版，第 347—348 页。

美国同盟体系：新时代的旧秩序

在亚太地区前沿部署的枢纽，在新加坡、泰国、菲律宾、越南、马来西亚、印度尼西亚、澳大利亚获得军事设施的使用权。在中东、南亚、中亚地区，美军军事设施数量增加。除伊朗外，美国在其他所有波斯湾国家都建立了军事基地，在阿富汗、巴基斯坦、也门、约旦等国新设军事基地，使用乌兹别克斯坦、塔吉克斯坦、吉尔吉斯斯坦等国军事设施。美国以"反恐"为名进入加纳、乌干达、肯尼亚、赞比亚等非洲国家，在巴西、阿根廷、智利、秘鲁、哥伦比亚等国新增军事设施。

三、海外军事基地的地区分布

美国海外军事基地仍以欧洲和亚太地区为主，海湾战争后美国在波斯湾地区获得军事基地和设施，"9·11"事件后美国在中亚、非洲等地区取得新的立足点。在各个地区内部，美国军事基地的分布及功能随着美国全球军力态势调整而变。

驻欧洲美军基地以德国为中心，向"新欧洲"辐射。美国、苏联、英国、法国四国分割占领德国，美国驻德国军事基地至今仍集中在之前的美占区，美军欧洲司令部设在德国斯图加特，驻欧洲美军空军司令部设在德国拉姆斯泰因基地。驻德国美军基地还是美军向中东和非洲地区中转物资的枢纽、调兵遣将的集结地。意大利美军基地较多，驻意大利美军基地有利于美国对巴尔干地区和地中海事态作出反应。美国还在英国、比利时、希腊、土耳其、葡萄牙、西班牙保有较大规模的基地。美国帮助希腊镇压国内游击队、支持土耳其抵制苏联压力，在两国建立了基地。美国支持葡萄牙加入北约，继续使用亚速尔群岛的军事基地。美国与西班牙佛朗哥独裁政权发展关系，在西班牙建立美军基地。法国退出北约军事一体化，迫使美国撤退7万名军事和文职人员，放弃了近200处军事设施，[1] 将北约总部和欧洲盟军司令部搬迁至比利时。

冷战结束后，美国裁撤驻欧军事基地，驻欧洲美军基地和设施从1400个减少到500个以下。[2] 美国向德国归还的军事基地和设施最多，2021年

---

[1] Michael J. Lostumbo, et al., *Overseas Basing of U. S. Military Forces: An Assessment of Relative Costs and Strategic Benefits*, RAND, 2013, p. 105.

[2] Department of Defense, *Allied Contributions to the Common Defense* 1995.

驻德国美军基地数量已骤降到 119 处，① 驻德国、意大利和英国的军事基地数量加起来已少于驻日本、韩国、关岛的军事基地数量，反映了美国战略重点向亚太地区转移的趋势。美军在科索沃战争后进驻当地，在巴尔干地区获得军事基地，在罗马尼亚、保加利亚、波兰、匈牙利等"新欧洲"国家获得 10 多处军事基地，扩大了北约的战略纵深，影响力深入到原苏联势力范围。

在亚太地区，美国构筑了以日本横须贺海军基地为核心的东北亚基地群、以菲律宾苏比克海军基地为核心的东南亚基地群和以关岛基地为核心的密克罗尼西亚基地群，这三大基地群呈"三足鼎立"状，构成美军在西太平洋的作战体系。② 菲律宾关闭美军基地后，美国在东南亚丧失大型基地。

美日同盟的一个显著特征是"人与物"的合作，即日本提供军事基地、物资和资金，而驻日美军为日本提供安全保障。③《旧金山和约》生效时，美国在日本共有大大小小的军事基地 2824 处，占地 1300 多平方千米。④ 经过合并与重组，1969 年驻日本本土的美军基地减少到 149 处，在冲绳还有 120 处美军基地和设施，占冲绳面积的 25%。⑤ 据美国国防部 2011 年发布的《基地结构报告》，驻日美军基地共有 108 个，其中大中型基地 30 多个，还有 42 个与日本自卫队共同使用的基地。截至 2021 年，驻日美军基地和设施大约 120 个。⑥

美国在日本的基地位置优越，可以将美军迅速部署到几乎该地区的任何地方。⑦ 在朝鲜战争、台海危机和越南战争中，驻日美军基地都发挥了

---

① "A Weary Superpower," *The Economist*, December 11, 2021, p. 16.
② 樊高月、宫旭平编著：《美国全球军事基地览要》，解放军出版社，2014 年版，第 53 页。
③ 刘星："试论日美同盟的生命力"，《世界经济与政治》，2007 年第 6 期，第 40 页。
④ 尚书：《美日同盟关系走向》，时事出版社，2009 年版，第 267 页。
⑤ *Global Defense: U. S. Military Commitments Abroad*, Congressional Quarterly Service, September 1969, p. 34.
⑥ "A Weary Superpower," *The Economist*, December 11, 2021, p. 16.
⑦ Department of Defense, *United States Security Strategy for the East Asia – Pacific Region*, 1995, p. 25.

美国同盟体系：新时代的旧秩序

极其重要的作用，是美军作战、通信、运输、后勤供应的保障。驻日美军横田、三泽和岩国等基地是对整个亚太地区进攻、侦察的基地，横须贺、佐世保等基地是美国第七舰队补给、修理的海港设施，稚内、上濑谷和对马等32处设施是收集情报的通信设施，驻日美军还设有演习场、弹药库、仓库、兵营、办事处、工厂、住宅、医疗等设施。①

冷战后美军基地合并重组，目前驻日美军有8个大型基地：位于日本本土的三泽、横田、厚木、岩国空军基地，横须贺、佐世保海军基地以及位于冲绳的普天间、嘉手纳空军基地。厚木空军基地是美国在西太平洋最大的海军航空设施，可容纳近百架航母战斗机训练和维护。岩国空军基地曾部署美国海军陆战队F-35B战斗机中队，F-35B战机性能超强、装备现代化，拥有隐形能力、先进雷达、传感技术以及电子战系统。横须贺是美国海军在西太平洋的最大基地、第七舰队司令部驻地、驻扎美军唯一前沿部署的航母战斗群。在朝鲜半岛或台海局势紧张时，美国可从日本出动航母战斗群前往周边海域。佐世保是美国在日本的第二大海军基地，两栖登陆舰队常年在此驻扎。基地位处黄海与日本海交通要冲，扼朝鲜海峡咽喉，和中国东部沿海地区只有一海之隔。冲绳嘉手纳基地是美国在东亚最大的空军基地，部署着近百架美空军先进战机。嘉手纳基地距离台湾海峡不远，美国战机不需要在空中加油就能直抵海峡上空活动，从这里起飞的P-3C、P-8等大型侦察机几乎每天前往南海巡航。速度快、航程远、载重大的美国"鱼鹰"运输机、F-22隐形战斗机在冲绳定期部署。普天间基地部署着美国海军陆战队第三远征师，这是美国唯一部署在海外的海军陆战队师级战斗单位。美国在日本基地估价超过450亿美元，约占美国所有海外基地全部价值的1/3。②

驻日美军基地的突出问题是驻冲绳美军基地的搬迁问题。1972年美国将冲绳行政权返还日本，但继续保留在冲绳的军事基地。冲绳位于第一岛链中段，地理位置重要。冲绳面积不到日本陆地面积的1%，但驻日美军

---

① 《美日反动派复活日本军国主义资料汇编》，新华社参编部，1971年版，第262页。
② Carnes Lord and Andrew S. Erickson, eds., *Rebalancing U. S. Forces: Basing and Forward Presence in the Asia-Pacific*, Annapolis, Maryland: Naval Institute Press, 2014, p. 42.

第五章　盟友承担互助义务：军事纽带之二

数量的50%、基地和设施数量的25%集中在冲绳。[1] 越南战争期间，美国太平洋舰队司令表示"没有冲绳就无法继续越南战争"。[2] 驻冲绳美军犯罪与交通事故频发，对当地民众的正常生产生活造成严重影响，当地民众反美情绪强烈。

普天间基地位于冲绳人口稠密的宜野湾市中心，美军基地污染环境，训练噪声很大、事故不断，危害当地居民的生命安全。冲绳历任知事访美，均提出让美军归还普天间基地的要求。1995年9月驻冲绳美军强奸当地少女的事件引发抗议示威浪潮，冲绳民众反美情绪高涨，迫使美日当局成立了冲绳特别行动委员会（SACO）。1996年冲绳特别行动委员会发表报告，提出美军归还普天间基地，前提条件是日本为美国海军陆战队修建新军事基地以及配套住宅和医院。

2006年5月达成的驻日美军整编路线图规定，普天间机场迁移至冲绳县内人口相对稀少的名护市边野古地区，一部分海军陆战队员迁往关岛，日本承担搬迁费用的60%。美国提出基地搬迁与日本修建新机场、提供搬迁费相挂钩。2009年9月上台的日本首相鸠山由纪夫提出将普天间基地搬到冲绳县外，减少冲绳当地的负担，并将此作为摆脱"对美追随"、实现"对等"关系的指标，美国则要求日本遵守驻日美军整编路线图，坚持既有的县内搬迁协议。日本国内其他地方都拒绝将普天间基地搬迁至本地，由于鸠山政府在冲绳县外找不到替代基地，加之日本判断周边形势严峻，仍需要美军保护，因此不得不对美国妥协。2010年5月美日就普天间基地问题发表联合声明，基本维持了原有协议，即普天间基地仍将迁往名护市，但在细节方面略有调整，照顾了日本要求，如为减轻冲绳负担，计划将部分训练迁往冲绳县外，并探讨美军与日本自卫队共同使用普天间替代设施等。普天间基地搬迁久拖不决，从提出搬迁至今已近30年。冲绳当地政府抵制县内搬迁计划，与日本中央政府、美国政府三方博弈。新军事基地选址和建设受到当地民众反对，进展缓慢，普天间基地依旧位于原地。

---

[1] Emma Chanlett-Avery and Ian E. Rinehart, *The U. S. Military Presence in Okinawa and the Futenma Base Controversy*, Congressional Research Service, R42645, January 20, 2016, p. 10.

[2] ［澳］加文·麦考马克、［日］乘松聪子著，董亮译：《冲绳之怒：美日同盟下的抗争》，社会科学文献出版社，2015年版，第83页。

美国同盟体系：新时代的旧秩序

朝鲜停战协定签署后，驻韩国美军基地基本保持原地不动。冷战结束并未带动朝鲜半岛冷战结构的瓦解，紧接而来的朝核危机迟滞了驻韩国美军基地调整。"9·11"事件后，美国启动全球基地大调整，驻韩国美军基地进入大规模调整阶段。美韩就驻韩国美军基地合并重组达成协议，双方决定将龙山基地搬迁到首尔以南。龙山基地位于寸土寸金的首尔繁华地段，日益被韩国民众视为韩国被外国占领的象征。重组后的美军基地形成"两大枢纽"，一个是位于首尔以南的"乌山—平泽"枢纽，平泽基地可容纳4万多人，被称为美军在世界范围内规模最大、军事设施最完善的海外基地。乌山空军基地是美国在韩国最大的空军基地和空军作战指挥中心，与中国隔黄海相望，可容纳数百架战斗机，部署有F-16战斗机、U-2高空侦察机、C-17运输机等，可起降B-52等战略轰炸机。另一个是位于韩国东南部的"大邱—釜山"枢纽，设有大邱空军基地和镇海海军基地等。驻韩国美军基地建设主要由韩国承担，美军基地合并重组后数量缩减，总面积减少。截至2021年，驻韩国美军基地为73处。[1]

菲律宾美军基地被称为"美国的直布罗陀"，[2] 扼守从东北亚到波斯湾的海上交通要道，有利于美军对北到朝鲜半岛、南到大洋洲、西至中东的危机和突发事件作出快速反应。1947年3月14日，美菲签署了为期99年的《美菲军事基地协定》，美国强租23个菲律宾军事基地，其中最大的两个基地是苏比克湾海军基地和克拉克空军基地。苏比克湾海军基地可容纳多艘航母编队、上百艘各型舰艇，设有修理和维护设施以及大量燃油、弹药储备。该基地是第七舰队在太平洋和印度洋活动的中继站，负责第七舰队65%的修理和维护工作，可以同时修理27艘舰艇，储藏24万桶燃油、5万吨弹药。[3] 克拉克空军基地可容纳各种型号的美国战机，包括最大的轰炸机和运输机，预置了大量弹药。

---

[1] "A Weary Superpower," *The Economist*, December 11, 2021, p. 16.

[2] Richard Fisher, "A Strategy for Keeping the U. S. Bases in the Philippines," May 20, 1988, http://www.heritage.org/research/reports/1988/05/a-strategy-for-keeping-the-us-bases-in-the-philippines. （上网时间：2017年2月4日）

[3] Richard Fisher, "A Strategy for Keeping the U. S. Bases in the Philippines," May 20, 1988, http://www.heritage.org/research/reports/1988/05/a-strategy-for-keeping-the-us-bases-in-the-philippines.

第五章　盟友承担互助义务：军事纽带之二

菲律宾为维护主权和民族尊严展开对美国斗争，迫使美国缩减军事基地租期，对《美菲军事基地协定》进行了至少40次修改。① 1966年9月16日，美菲签署协定，将美军租用菲律宾基地的期限从99年缩短为25年。1979年美菲签署新协定，在基地租金金额、削减基地面积等方面做了有利于菲律宾的修改，同意每5年评估一次基地协定。1987年菲律宾通过的新宪法禁止外国在菲律宾设立永久军事基地。菲律宾民族主义者将美军基地视为殖民主义的残余而加以抨击，东南亚其他国家希望菲律宾保留美军基地，菲律宾认为这些国家以牺牲菲律宾主权为代价"搭便车"。② 1991年9月菲律宾参议院拒绝美国续租基地，在菲律宾持续90年、象征着美国殖民统治遗产的美军基地被关闭。

1992年11月，美军撤出了苏比克湾海军基地和克拉克空军基地。美国与泰国、马来西亚、印度尼西亚、澳大利亚等国签署协定，美国舰艇和飞机可以临时停靠上述国家的基地、港口进行维修和补给。新加坡改造樟宜海军基地，接待美国航母、舰艇和潜艇来访。"9·11"事件后，美菲加强反恐合作，美军重返菲律宾。随着南海局势升温，美国强化在菲律宾的军事存在。2014年4月美菲签署《加强防务合作协定》，允许美军使用更多菲律宾基地，进行更大规模、更长时间的部署。2016年3月，美菲宣布选中菲律宾5处基地供美军轮驻，为美军执行南海"航行自由"行动提供便利。2023年2月，菲律宾宣布再对美军开放4处基地，此次基地选址明显针对台海事态，为美军应对台海可能爆发的战争预做准备。

美军驻泰国基地主要有乌塔堡和梭桃邑两个基地，在越南战争时期其发挥重要作用。越战结束后美军撤离泰国，仍使用泰国基地为美国战机加油和补给。在海湾战争、阿富汗战争、伊拉克战争与应对2004年12月的印度洋大海啸中，驻泰国美军基地均发挥了作用。这两大基地作为不驻扎美军的"合作安全点"，成为五角大楼全球基地大调整的样板。

美国在澳大利亚的军事基地包括设在当地的美国海军情报站点、舰艇

---

① Andrew Yeo, *Activists, Alliances, and Anti - U. S. Base Protests*, New York: Cambridge University Press, 2011, p. 38.

② Hans H. Indorf, "The 1988 Philippine Base Review in the Context of U. S. Security," in George K. Tanham and Alvin H. Bernstein, eds., *Military Basing and the U. S. /Soviet Military Balance in Southeast Asia*, New York: Taylor & Francis New York Inc., 1989, p. 102.

美国同盟体系：新时代的旧秩序

活动监测及核导情报收集设施。澳大利亚靠近马六甲海峡和南海，位于印度洋和太平洋之间，为美国提供进出两大洋的海空基地，弥补美军从菲律宾撤退后在东南亚缺乏常驻基地的不足，有利于美军分散部署，增强美军的灵活性。自奥巴马政府实施"亚太再平衡"战略以来，澳大利亚的地缘战略地位上升。美国获得了更多使用澳大利亚海空基地的权利，美军在澳大利亚轮驻人数增加，美国、日本、澳大利亚军队在澳大利亚北部共同训练。澳大利亚设施对美军的开放既赋予美方更大的战略和战役纵深，又助推了美国亚太战略部署，也使澳大利亚因美军驻扎而得到实际的安全保障。[①]

关岛位于第二岛链中部，是第一岛链美军的后方依托。关岛距离日本、韩国、台湾海峡、菲律宾及印度尼西亚的距离都在2000～3000千米之间。从美国西海岸起飞的战机需要很长时间才能抵达朝鲜半岛，而从关岛出发只需要短短几小时，如果地区发生紧急事态，驻关岛基地的美军可以较快前出至第一岛链。美国向菲律宾归还军事基地后，关岛的战略地位凸显。关岛是美国属土，美国不必担心遭遇菲律宾或冲绳民众那样的反美抗议。

小布什政府调整全球军力部署，投巨资建设关岛基地，关岛成为美军在西太平洋地区最重要的战略枢纽，集情报、监控、侦察、战略轰炸功能于一体。关岛有安德森空军基地和阿普拉海军基地两大基地，安德森空军基地是美军在全世界范围内最强大的远距离投送平台，[②] 也是美国在西太平洋规模最大、设施最完善的战略轰炸机基地，美国战略轰炸机定期从美国本土部署到关岛。美国在关岛部署"全球鹰"无人战略侦察机，该战略侦察机能在高空连续飞行，准确识别地面的各种飞机、导弹和车辆的类型，甚至能清晰分辨出汽车轮胎的纹路，是美国对中国东海和南海地区实施侦察的主力。美国还在关岛附近的天宁岛扩建机场，以便部署大型空中加油机。关岛是美军在西太平洋最大的弹药库，贮存着巡航导弹、航空燃油、常规弹药与核弹。阿普拉海军基地的规模和设施与横须贺海军基地不

[①] 王联合："美澳安全同盟关系的新变化"，《现代国际关系》，2014年第1期，第36—37页。

[②] ［美］罗伯特·D.卡普兰著，鲁创创译：《大国威慑：不为人知的美军海陆空全球运作》，四川人民出版社，2015年版，第59—60页。

第五章 盟友承担互助义务：军事纽带之二

相上下，是美军在亚太地区唯一的核潜艇基地。一旦在西太平洋发生大规模地区性战争，美国太平洋司令部的指挥位置将前出至关岛，向西前进约6000千米。① 根据美日达成的重组基地协议，驻扎日本冲绳的部分美国海军陆战队部署到关岛。美国启用了在关岛新建的海军陆战队布拉兹基地，该基地占地4000英亩，在耗资86亿美元的基地建设费中，日本出资31亿美元。

美国在中东地区的军事基地数量缓慢增加，阿富汗战争和伊拉克战争时期基地数量达到最多。冷战时期，美国在土耳其、约旦、摩洛哥、沙特、伊朗等国获得了军事基地和设施。美国使用英国在巴林的军事设施。英国从苏伊士运河以东撤军后，美国与巴林签署军事协定，保留了一支规模非常小的海军舰队（3艘军舰）。② 第四次中东战争后，巴林和其他海湾产油国一道，拿起石油武器制裁支持以色列的美国，取消了美国军舰的港口访问权。苏军入侵阿富汗为美国加强在波斯湾的军事存在带来转机。1983年美军中央司令部建立，管辖范围覆盖中东和中亚地区。在海湾战争中，美军展示高精尖武器和强大的实战能力，海湾君主国决定出让更多基地以寻求美军保护，科威特、巴林、卡塔尔、阿曼同美国签署协定，接纳更多美军进驻。1995年美国第五舰队恢复活动，巴林成为美国第五舰队司令部的总部。③

美国获取沙特的基地使用权历经波折。1951年6月，美国与沙特签署军事合作协定，承诺帮助沙特军事现代化，沙特允许美国使用宰赫兰空军基地。在阿拉伯民族主义冲击下，美国停止使用该基地。④ 伊朗伊斯兰革命、两伊战争增加了沙特的不安全感，促使沙特恢复向美军提供基地。美

---

① 樊高月、宫旭平编著：《美国全球军事基地览要》，解放军出版社，2014年版，第62—63页。

② [美] 詹姆斯·斯塔夫里迪斯著，蒋宗强译：《海权：海洋帝国与今日世界》，中信出版集团，2019年版，第107页。

③ [美] 詹姆斯·斯塔夫里迪斯著，蒋宗强译：《海权：海洋帝国与今日世界》，中信出版集团，2019年版，第89页；Michael J. Lostumbo, et al., *Overseas Basing of U. S. Military Forces: An Assessment of Relative Costs and Strategic Benefits*, RAND, 2013, p. 9.

④ 孙德刚、邓海鹏："美国在沙特军事基地的战略演变"，《阿拉伯世界研究》，2014年第6期，第55页。

国在海湾地区的军事存在引发当地民众强烈的反美仇美情绪，1995年11月和1996年6月，美军在沙特的基地接连遭到炸弹袭击，造成美军人员伤亡。2000年10月12日，美国导弹驱逐舰"科尔"号停泊也门亚丁港时遭到炸弹袭击，再度造成美军士兵死伤。沙特拒绝美军使用其境内的军事基地发动伊拉克战争，美军转到卡塔尔建立空军指挥和控制中心。沙特、埃及、约旦等国公开反对美国发动伊拉克战争，私下却默许美国使用军事基地。伊拉克战争后，美国在伊拉克获得众多陆空基地和设施，美国国会拨款数10亿美元加强军事基地建设。美国在海合会成员国、伊拉克的军事基地成为美国遏制伊朗、打击"伊斯兰国"的前哨阵地。

"9·11"事件后，美国军事力量在中亚实现历史性的进入。美军对中亚国家提供军事援助，在乌兹别克斯坦、吉尔吉斯斯坦获得基地。2005年乌兹别克斯坦爆发反政府示威，美军撤出乌兹别克斯坦，继续使用吉尔吉斯斯坦玛纳斯基地。

美国至今仍强租古巴关塔那摩基地，在拉美多国设有军事基地。1999年巴拿马收回运河区，美国关闭在巴拿马的大型基地，在萨尔瓦多、厄瓜多尔（2009年关闭）、加勒比海阿鲁巴等地建立了"前沿作战点"。美国在拉美国家的军事设施主要用于缉毒行动，在哥伦比亚进行的缉毒行动规模最大，但双方没有签署军事基地协定。哥伦比亚官方否认境内有美军设施，但美国《基地结构报告》列出了哥伦比亚境内的44处建筑属于美国空军所有。由于签署基地协定面临的国内障碍较多，美国在拉美国家的基地大多没有签署正式协定，如美国在洪都拉斯的基地就没有签署正式协定，也没有规定使用期限。

冷战时期美国在非洲大陆的军事设施较少，只在埃塞俄比亚、埃及、肯尼亚、利比里亚、摩洛哥等个别国家有军事基地或设施。"9·11"事件后，美军以反恐为名进入许多非洲国家，在非洲大陆的军事存在明显增多。

四、围绕基地的分歧

基地问题引起同盟摩擦，盟友对美军使用基地设置条件，限制美军的行动自由，与美国在租金、环境保护等问题上产生争执。

盟友受国内政治及公众舆论影响，从考虑与第三国关系出发，将基地的使用限于美国履行安全保护承诺，限制美国使用基地打击与盟友国土安

第五章　盟友承担互助义务：军事纽带之二

全无关的第三国，拒绝美国战机飞越领空或战舰通过本国领水干涉第三国事务。盟友限制美国使用基地的例子不胜枚举，1958年美国出兵干涉黎巴嫩，希腊、利比亚、沙特拒绝美国军机飞越领空。1962年美国干涉刚果（金）内政，葡萄牙和法国拒绝美军飞越。1967年第三次中东战争中，西班牙拒绝美军使用西班牙境内的基地。1973年第四次中东战争中，除了葡萄牙，其他北约盟友拒绝美国使用本国境内的基地向以色列提供补给。英国拒绝美国使用驻塞浦路斯英军基地空运物资和搜集情报，令美国恼火，临时中止两国情报交流。① 1986年美国空袭利比亚，意大利、德国、法国和西班牙拒绝与美国合作。② 1998年12月美国空袭伊拉克，沙特和阿联酋禁止美军使用基地，美军只好使用设在科威特和阿曼的美军基地。土耳其经常对美国使用基地予以限制，在1967年和1973年两次中东战争中拒绝美国使用土耳其境内的基地。伊拉克战争前，土耳其反对盟军借道其领土。2008年美国和伊拉克签署《驻伊美军地位协定》，规定驻伊美军不得跨境攻打周边国家。如果美国未经盟友同意、利用盟友基地打击第三国，将引发同盟关系紧张。由于盟友众多，美国可以找到愿意为美国效劳的盟友，有的盟友对美军使用其基地几乎未说过"不"字。

盟友在基地的使用上考虑本国利益，美国的利益则要广泛得多。美国认为，驻菲美军基地不能仅用于防御菲律宾，但菲律宾坚持如果美军干涉其他冲突，需要与菲律宾事先协商。③ 盟友要求美军使用基地前事先协商，但实际情况复杂，执行起来是另一回事。根据美日安保条约的"事先协商"条款，美国在利用驻日美军基地从事作战行动之前应与日本协商，但操作起来难度大，这一条款形同虚设。日本希望获得美国事先通报，但不愿为美军的行动承担责任。美国欲保持最大限度的灵活性，虽然接受了

---

① Elizabeth D. Sherwood, *Allies in Crisis: Meeting Global Challenges to Western Security*, New Haven: Yale University Press, 1990, p. 139.

② Michael J. Lostumbo, et al., *Overseas Basing of U. S. Military Forces: An Assessment of Relative Costs and Strategic Benefits*, RAND, 2013, p. 103.

③ Hans H. Indorf, "The 1988 Philippine Base Review in the Context of U. S. Security," in George K. Tanham and Alvin H. Bernstein eds., *Military Basing and the U. S. /Soviet Military Balance in Southeast Asia*, New York: Taylor & Francis New York Inc., 1989.

美国同盟体系：新时代的旧秩序

"事先协商"的原则，但从未主动与日本协商。① 1995年6月美国允许中国台湾地区领导人李登辉窜访美国，引发台海局势紧张。在1996年3月的台海危机中，美国并未与日本"事先协商"，美日没有举行政策会谈和军事联系，美国海军"独立行动"。② 当时的日本政府不愿介入台海争端，回避"事先协商"问题，假如美国提出与日本"事先协商"，要求美日联合应对台海紧急事态，无异于给日本政府出难题。

盟友限制美军在基地预置装备的类别。许多盟友禁止美军部署和存储核武器，不允许美国核舰艇过境。戴高乐出任法国总统后，禁止美军在法国领土贮存核武。1976年西班牙与美国续签基地协定时，要求美国部署的核潜艇离开西班牙。菲律宾宪法禁止在本国领土部署核武，促使美国同意不在菲律宾领土贮存核武。日本虽确立"无核三原则"，却与美国达成"核密约"，同意在"发生重大紧急状况"时，允许装载核武的美国军舰靠岸或通过日本领海；也允许在冲绳的核武贮存设施保持可使用的状态，以便美国再度将核武运进冲绳。

提供基地的盟友可以获得美国的援助和其他"奖励"。西班牙和美国续签基地协定，向美国提供4个海军和空军基地，美国在1977—1981财年向西班牙提供12亿美元的无偿援助和贷款。海湾战争中土耳其开放基地供美军使用，1991—1992财年美国大幅增加对土耳其的军事和经济援助，土耳其出口美国的纺织品配额翻倍。③

美国发动阿富汗战争后，与乌兹别克斯坦签署基地协定，乌兹别克斯坦同意美军驻扎，美国对乌兹别克斯坦援助显著增加，从2001年的8500万美元增加到2002年的3亿美元，美国进出口银行向乌提供5500万美元

---

① [美]迈克尔·H. 阿马科斯特著，于铁军、孙博红译：《朋友还是对手——前美驻日大使说日本》，新华出版社，1998年版，第75页；崔丕：《冷战时期美日关系史研究》，中央编译出版社，2013年版，第244页。

② Yoichi Funabashi, *Alliance Adrift*, New York: Council on Foreign Relations Press, 1999, p. 399.

③ Duncan L. Clarke, Daniel B. O'Connor, and Jason D. Ellis, *Send Guns and Money: Security Assistance and U. S. Foreign Policy*, Westport, Connecticut: Praeger, 1997, p. 156.

第五章 盟友承担互助义务：军事纽带之二

信贷。① 美国租借吉尔吉斯斯坦玛纳斯基地后，对吉尔吉斯斯坦援助大增。2006 年 7 月双方达成使用玛纳斯基地的新协定，美国租借玛纳斯基地的费用及对吉尔吉斯斯坦提供的双边援助达 2 亿美元。②

美国基地的存在滋生了"基地经济"。美国在德国、日本、韩国、意大利亚、菲律宾等国的大型基地给当地民众带来可观的就业机会。驻冲绳美军通过基地的承包合约、工作岗位、在当地的采购和其他花销，每年为当地经济做出约 20 亿美元的贡献。③ 20 世纪 60 年代末，美国军事基地雇佣大约 5.3 万名菲律宾籍工作人员，基地雇员人数仅次于菲律宾政府的雇员人数。苏比克湾海军基地和克拉克空军基地直接或间接为近 10 万菲律宾人提供就业机会，对菲律宾经济贡献达 15 亿美元。1985—1989 年美国对菲律宾军事和经济援助达 9 亿美元。④ 美国专家将菲律宾军费负担较轻归结为美军的存在，如 1986 年菲律宾军费占国民生产总值的比重为 1.6%，当年印度尼西亚军费开支占比 2.8%，马来西亚为 8.5%，泰国为 4%，新加坡为 4.4%，文莱为 6.6%。⑤ 另外一种观点认为，没有美军基地，这些国家的就业和经济会更好。如认为菲律宾的经济起飞是在美国撤军后才开始，外国军队的存在与经济增长之间关系很少甚至没有关系。⑥

盟友和美国围绕基地租金问题产生纠纷。20 世纪 70—80 年代，基地

---

① Carnes Lord and Andrew S. Erickson, eds., *Rebalancing U. S. Forces: Basing and Forward Presence in the Asia - Pacific*, Annapolis, Maryland: Naval Institute Press, 2014, pp. 184 - 185.

② Carnes Lord and Andrew S. Erickson, eds., *Rebalancing U. S. Forces: Basing and Forward Presence in the Asia - Pacific*, Annapolis, Maryland: Naval Institute Press, 2014, p. 191.

③ Yoichi Funabashi, *Alliance Adrift*, New York: Council on Foreign Relations Press, 1999, p. 49.

④ Hans H. Indorf, "The 1988 Philippine Base Review in the Context of U. S. Security," in George K. Tanham and Alvin H. Bernstein eds., *Military Basing and the U. S. /Soviet Military Balance in Southeast Asia*, New York: Taylor & Francis, New York Inc., 1989, p. 97.

⑤ Robert J. Hanks, "The Strategic Importance of U. S. Bases in the Philippines," in George K. Tanham and Alvin H. Bernstein eds., *Military Basing and the U. S. /Soviet Military Balance in Southeast Asia*, New York: Taylor & Francis New York Inc., 1989, p. 142.

⑥ [美]查默斯·约翰逊著，罗原译：《反弹：美利坚帝国的代价与后果》，生活·读书·新知三联书店，2008 年版，第 58 页。

美国同盟体系：新时代的旧秩序

问题困扰美国与部分盟友的关系。这些盟友民族主义情绪高涨，不满美国提供的援助数额少，要求美国为使用基地支付可供盟友自由支配的租金，而不是提供有使用限制的援助。菲律宾、希腊等国认为美国支付租金理所应当，威胁美国如果不交租金，就关闭基地。菲律宾抱怨获得的援助待遇比其他盟友差，1988年土耳其获得5.22亿美元援助，巴基斯坦获得4.8亿美元，希腊获得3.43亿美元，菲律宾只获得2.99亿美元。1989年美国对菲律宾援助2.366亿美元，菲律宾国会议员提出美国应每年支付租金12亿美元。[1] 美国向盟友提供军事和经济援助，否认这些援助是支付使用基地的租金。美国认为美军使用基地是为了同盟的共同利益，不应支付租金，且以得不到国会批准为由拒绝支付。

希腊和土耳其都向美国提供基地，两国因历史和领土争端积怨甚深，希腊在获得美国援助上要求与土耳其看齐。在希腊游说下，美国国会规定对希腊和土耳其的援助分配比例为7∶10，对希腊援助要达到对土耳其援助数额的70%。1946—1993年，美国对希腊军事援助累计82亿美元，对土耳其累计125亿美元。[2] 苏联解体后，希腊基地的战略价值下降，美国援助数额大幅下降。土耳其作为伊斯兰国家和突厥语国家，在中东、巴尔干、高加索、中亚地区具有重要影响，希腊则缺少类似的战略价值，因此美国仍对土耳其提供援助。

盟友和美国围绕基地产生的环境问题和社会问题发生摩擦。驻韩美军向汉江倾倒有毒物质引发韩国民众不满和抗议。驻日美军基地附近的日本居民饱受美军战机噪音侵害之苦，美国战斗机坠毁、舰船漏油污染环境，美军撞车翻船等恶性事故殃及无辜平民，美国军人的恶性犯罪事件屡禁不绝，招致当地民众的强烈不满。

---

[1] Richard Fisher, "A Strategy for Keeping the U. S. Bases in the Philippines," May 20, 1988, http://www.heritage.org/research/reports/1988/05/a-strategy-for-keeping-the-us-bases-in-the-philippines.

[2] Duncan L. Clarke, Daniel B. O'Connor, and Jason D. Ellis, *Send Guns and Money: Security Assistance and U. S. Foreign Policy*, Westport, Connecticut: Praeger, 1997, p. 160.

第四节 协助美国军事干涉

同盟在血与火的考验中发展、巩固，盟友对美国的军事支持是考验同盟关系的试金石。美国常常挑起战争，以军事手段维护国际秩序。这些战争都远离美国本土，不属于同盟条约的防区范围。有的战争获得联合国授权，如海湾战争；有的战争获得北约成员国支持，如科索沃战争。这些战争有别于大国战争，更多是地区冲突。这些战争没有一个是美国"单干"，都找了数量不等的盟友"合伙干"，以此表明战争不是为了美国"一己私利"，而是为了维护国际秩序的运转。盟友参与的军事干涉与盟友的主权和领土完整关系不大，而是为美国充当"世界警察"提供支撑。美国组建的多国联合成员包括条约盟友及被美国临时动员参与的伙伴国，它们的参与使军事干涉多边化、多国化。

一、美国发动军事干涉

二战后没有爆发世界大战，但美苏竞争激烈，在热点问题上各支持一方，打代理人战争。美国以"自由世界"的领袖自居，遏制苏联共产主义势力及其"代理人"的扩张，带头军事干涉朝鲜的"祖国解放战争"和越南的民族统一战争，妄图扼杀古巴革命，武装干涉多米尼加、格林纳达，阻止西半球出现"第二个古巴"。美国军事干涉黎巴嫩、刚果（金），在非洲之角、阿富汗与苏联对抗。对不涉及苏联因素的领土争端和地区冲突，如印巴冲突美国则尽量置身事外。

苏联解体后，美国一超独大。没有了苏联的牵制，美国动辄发动对外军事干涉。美国发动的军事干涉远离美国本土，比如原南斯拉夫地区冲突对欧洲稳定的影响更大，而与美国没有直接利害关系。[①] 美国以反对侵略为由发动海湾战争，以反对种族杀戮、反对大规模杀伤性武器扩散、恢复民主和秩序、保护人权为借口干涉索马里、海地、波黑、伊拉克、科索沃等国家和地区，这些借口与国际规则规范有关，维护这些规则规范即是维

---

① Lawrence S. Kaplan, *NATO and the UN: A Peculiar Relationship*, Columbia, Missouri: University of Missouri Press, 2010, p. 135.

美国同盟体系：新时代的旧秩序

护"自由主义国际秩序"。

美国每次对外军事干涉都尽可能找盟友参加或国际组织背书，争取"合法性"，占领国际道义制高点。美国把干涉包装成为"公益"事业，为弱小国家和民族主持公道和正义，以此化解国际社会的批评，淡化美国军事干涉的强权色彩。支持的国家越多，美国的军事干涉越有"合法性"，因此海湾战争比伊拉克战争更有"合法性"。[①] 美国以恢复弱小国家的领土和主权为由发动海湾战争，获得埃及与海合会国家支持，令伊拉克无法利用美国与阿拉伯国家、伊斯兰世界的矛盾。在欧盟依靠外交手段无法解决波黑冲突的情况下，美国利用军事手段推动冲突解决，利用北约出面执行安理会武器禁运决议和禁飞区决议，出动战机轰炸波黑塞族军事目标，"以打促谈"，迫使波黑塞族回到谈判桌。在联合国安理会无法就科索沃问题达成一致的情况下，美国打着人权和人道主义旗号，以北约名义发动干涉。美国变相解读联合国保护利比亚平民的禁飞区决议，推动北约发动利比亚战争，纠集海合会国家支持，化解其他阿拉伯政府和民众的反对。

美国在不介入地区冲突时，通过向冲突方提供军火发战争财。在亲自下场、直接发动对外军事干涉时，美国很难发战争财，反而可能陷入泥潭难以自拔。对外军事干涉成为美国"流血的伤口"，造成美国扩张过度，国力衰落。美国发动的战争耗资巨大，美军在阿富汗呆了20年，投入2万亿美元，平均每天花费超过3亿美元。即使按照事后的估算，在阿富汗投入1万亿美元，平均每天花费也有1.5亿美元。[②] 伊拉克战争同样耗费巨资，被称为"3万亿美元的战争"。[③] 陷入对外战争泥潭使得美国无钱投入国内，基础设施破败，国内要求美国大兵回家的孤立主义思潮泛起。美国对阿富汗、伊拉克、叙利亚的干涉造成大量无辜平民的伤亡，受到国际社会的广泛谴责。

---

① Jason W. Davidson, *America's Allies and War: Kosovo, Afghanistan, and Iraq*, New York: Palgrave Macmillan, 2011, pp. 6 – 7.

② "Remarks by President Biden on the End of the War in Afghanistan," August 31, 2021, http://www.whitehouse.gov/briefing – room/speeches – remarks/2021/08/31/remarks – by – president – biden – on – the – end – of – the – war – in – afghanistan/. (上网时间：2021年9月2日)

③ [美] 约瑟夫·E. 斯蒂格利茨、琳达·J. 比尔米斯著，卢昌崇、孟韬、李浩译：《三万亿美元的战争：伊拉克战争的真实成本》，中国人民大学出版社，2013年版。

第五章　盟友承担互助义务：军事纽带之二

二、同盟对美国军事干涉的支持

迄今尚未发生盟友遭受武装攻击、要求美国履行条约义务的情形，相反的是，美国发动军事干涉，动员盟友参加防区外的军事行动，如动员欧洲盟友在波斯湾护航，动员欧、亚盟友参加美国发动的战争不断发生。

有的盟友在维护地区秩序和国际秩序上与美国看法相似，认同西方价值观和"人权高于主权论"，主动出钱出兵参与人道主义干涉，提供军事基地供美军使用，分担战费，减轻了美国的战争负担。有的盟友参加军事干涉，以此作为对本国安全的长远投资。波兰冒着惹怒"老欧洲"的风险，派兵参加伊拉克战争，以便将来国家安全遇到威胁时，能获得美国的保护。有的盟友屈服于美国压力被迫参战。如加拿大只考虑北美和大西洋地区的防御，从未考虑参加亚洲的战争，但是抵不住美国施压，派兵参加了朝鲜半岛的战争。美国在战争中拯救了韩国，美韩建立了"血盟"关系。越南战争升级后，美国以撤退驻韩美军威胁韩国出兵，韩国无法抵御美国压力，不愿冒被美国抛弃的风险，被迫出兵越南。海湾战争时期，德国不愿参与北约防区外的行动，但还是在美国施压下出力，将美军从驻德美军基地运送到海湾地区，允许美军使用驻德美军基地运送补给物资。当美国国会得知德国准备出资80亿美元用于遣送驻民主德国苏军后，要求德国为海湾战争分担更多战费。[①] 美国要求日本为海湾战争提供后勤支持，日本以受到国内法律约束为由推脱；又要求日本提供运送军需品的运输机，日本以自卫队境外行动缺乏法律依据而婉拒，招致美国强烈不满。

参与美国军事干涉的盟友并不是无偿做贡献，通过与美国的讨价还价，盟友可以获得多重好处。盟友可以获得更多的军事援助，出兵参加朝鲜战争的盟友和伙伴都不同程度地获得美国的军事援助。韩国派兵参加越南战争，美国对派到越南的韩军提供装备，承担韩军的海外津贴费及伤残费用。[②] 美国还承诺帮助韩国军队现代化，保证在与韩国协商之前不抽调

---

① Lawrence S. Kaplan, *NATO and the UN: A Peculiar Relationship*, Columbia, University of Missouri Press, 2010, p. 124.

② Stanley Robert Larsen and James Lawton Collins, Jr. *Allied Participation in Vietnam*, United States Department of the Army, 1975, p. 17.

美国同盟体系：新时代的旧秩序

驻韩美军赴越南。对于派兵参加越南战争的泰国，美国提供了装备、训练、津贴、后勤支持，承诺对泰军的待遇与韩军一样。菲律宾派遣医疗队和非战斗部队参加越南战争，美国为菲律宾反走私行动提供巡逻艇，并训练和装备菲军3个工程营，对菲军提供津贴、后勤补给，甚至为菲军配给大米和盐。①

在一次又一次的实战中，盟友获得了作战经验，加强了与美国的联合作战能力。韩军第一次踏出国门参加越南战争，获得了在朝鲜半岛以外的作战经验。在海湾战争中，北约成员国把在欧洲的联合演练用于实战，获得了混编作战和联合作战的经验。② 澳大利亚一直是美国的忠实追随者，获得了参与美国军事决策的奖励。在伊拉克战争中，澳大利亚深度参与美军作战计划的制订，而此前参与美国军方作战计划制订的只有英国，澳大利亚总理霍华德强调这是"澳大利亚作为一个盟友所获得的巨大好处"。③ 澳大利亚还获得分享美国国防高科技、共享后勤保障的地位。冷战结束后，阿联酋参加了美国的历次军事干涉行动，美国提高对阿联酋的军售待遇，深化情报共享。

盟友参战可以获得相应的政治回报。1950年6月朝鲜半岛爆发的战争与大多数联合国军成员国利害无关，希腊、土耳其积极参战的动机更多是以此邀功，谋求加入北约。追随美国的忠实盟友可以获得政治奖赏，美国给予盟友领导人在美国参众两院联席会议演讲的高规格待遇，如给予澳大利亚、日本、韩国、意大利等盟友的领导人此类殊荣。

盟友支持美国可以获得经济好处。埃及出面召集阿拉伯国家支持海湾战争，帮助美国孤立了萨达姆政权。1990年11月美国一笔勾销了埃及67亿美元债务。1991年5月债权国组织"巴黎俱乐部"免除了埃及101亿美元的外债，占埃及所有债务额的一半。"巴黎俱乐部"还重组了剩余一半

---

① Stanley Robert Larsen and James Lawton Collins, Jr. *Allied Participation in Vietnam*, United States Department of the Army, 1975, pp. 56 – 58.

② Richard L. Kugler, *Commitment to Purpose: How Alliance Partnership Won the Cold War*, RAND, 1993, p. 509.

③ 岳小颖：《从"保障安全"到"提升地位"：第二次世界大战后澳大利亚对美国追随政策之分析》，上海社会科学院出版社，2013年版，第167、169页。

第五章 盟友承担互助义务：军事纽带之二

的债务，埃及每年可减少支付 10 亿美元的债务利息。① 在阿富汗战争中，巴基斯坦开放领空、为美国提供情报，允许美国地面部队进入，因此美国解除了对巴基斯坦核试后的经济制裁，同意巴基斯坦购买美国武器，减免巴基斯坦债务。美澳在农产品方面存在纠纷，澳大利亚欲通过签署自由贸易协定减少此类纠纷。澳大利亚参加伊拉克战争后，美国答应尽快与澳大利亚签署自由贸易协定。美国允许参加伊拉克战争的盟友和伙伴参加伊拉克战后重建，优先获得重建项目。

盟友出钱出力帮助美国打仗，还要接受美国的考核。美国对盟友历来是"亲兄弟、明算账"，在战争结束后对盟友的贡献进行评估总结。下面以朝鲜战争、越南战争、海湾战争、波黑冲突和科索沃战争、阿富汗战争、伊拉克战争、利比亚战争为例，简述盟友对美国的支持。

1950 年 6 月战争爆发后，美国操纵联合国安理会通过了组建联合国军的决议，十六国组成了联合国军。除了美国外，北约盟友有英国、法国、荷兰、比利时、卢森堡、加拿大，加上希腊、土耳其共八国，亚洲有澳大利亚、新西兰、菲律宾、泰国四国，美洲有哥伦比亚一国，非洲有埃塞俄比亚、南非两国。丹麦、意大利、挪威、瑞典与印度提供了医疗队。美国希望得到拉美国家的广泛支持以便显示西半球的团结，② 但拉美国家对美国的支持远远不及二战时期。拉美国家认为战争是美苏冲突，与拉美无关，仅仅在联合国安理会、美洲国家组织表达了对美国的政治支持，提供了象征性的医疗队物资、原材料和军事志愿者。唯一派兵去朝鲜的拉美国家是哥伦比亚，派了 1000 人的步兵营和 1 艘护卫舰，参加了为期两年的战斗行动。当时陷入内战的哥伦比亚当局派兵参战，获得了美国的经济援助和军事装备。

联合国军以美军为主，截至 1951 年底，联合国军有 60 万人，美国提供了 50% 的地面部队、86% 的海军和 93% 的空军，韩军地面部队占 40%、

---

① Jason Brownlee, *Democracy Prevention: The Politics of the U. S. - Egyptian Alliance*, New York: Cambridge University Press, 2012, pp. 57—58.
② John Child, *Unequal Alliance: The Inter - American Military System, 1938 - 1978*, Boulder, Colorado: Westview Press, 1980, p. 116.

美国同盟体系：新时代的旧秩序

海军占7%、空军占5%。① 其他联合国军成员国的贡献有限，出兵较多的英国有1.4万人，加拿大有6100人，土耳其有5400人，其他国家出兵数量更少。由此可见，盟友和伙伴国的作用是给美国"装点门面"，增加美国干涉朝鲜的"合法性"。

1950年6月爆发的战争让美国对卷入亚洲陆地的战争很警惕，但美国还是重蹈覆辙，在越南越陷越深。美国违反《日内瓦协定》，向南越政权提供军火。20世纪50年代末，南越吴庭艳政权全部军费预算的85%来自美国。② 1961年1月，苏联领导人赫鲁晓夫发表了支持民族独立解放战争的讲话，给正在追求独立的亚非人民很大鼓舞。美国遏制苏联在亚非扩张，竭力扶植南越政权，向南越派遣更多军事顾问、划拨更多援助和武器装备，建立军事援助司令部。1963年南越吴庭艳政权倒台，美国加大干涉南越事务。1964年8月发生"东京湾"（北部湾）事件，美国国会通过联合决议，以美国军舰受到北越攻击为借口，授权总统采取所有必要措施进行反击。1965年美国大规模轰炸北越，派遣地面部队参战，越南战争全面升级。

美国要求盟友出兵，欧洲盟友虽支持美国的立场，但对出兵越南无动于衷，美国对此强烈不满。美国发动盟友对南越政权提供经济和技术援助，驻拉美各国的美国大使们晓之以利，提出对南越提供援助的费用由美国国际开发署予以补偿。亚太、中东、非洲、欧洲和拉美地区的40多个盟友和伙伴向南越政权提供了经济、技术、人道主义、医疗、食品等非军事援助，对于各国提供的援助金额、类别、人员数量等，美国都做了详细记录，澳大利亚、日本、德国、英国、荷兰提供的援助数额较大。③ 出兵支持美国的国家以亚太地区盟友为主，韩国、澳大利亚、新西兰、泰国、菲律宾等国家派遣了战斗部队、医疗队和军事顾问。

澳大利亚将在马来亚作战的丛林战专家派遣到南越，接着派正规军参

---

① Elizabeth D. Sherwood, *Allies in Crisis: Meeting Global Challenges to Western Security*, New Haven: Yale University Press, 1990, p. 35.

② [美]迈克尔·亨特、史蒂文·莱文著，宗端华译：《躁动的帝国2：太平洋上的大国争霸》，重庆出版社，2015年版，第254页。

③ Stanley Robert Larsen and James Lawton Collins, Jr. *Allied Participation in Vietnam*, United States Department of the Army, 1975, p. v., pp. 160 – 169.

第五章 盟友承担互助义务：军事纽带之二

战。韩国派遣军队人数最多，一共派兵近 30 万人，① 人数最多时有 5 万韩军在南越参战，其次是澳大利亚，人数最多时有 7000 多人。韩国、澳大利亚 1965 年即派兵参战，泰国 1967 年派兵参战，最多时超过 1 万人。菲律宾派兵最多时超过 2000 人，新西兰派兵人数不多，最多时有 500 多人。② 盟友不愿派军队到前线作战，主要执行训练南越军队、警戒后方安全和民事建设的任务。

海湾战争时期，美国获得盟友和伙伴的广泛支持。伊拉克萨达姆政权吞并科威特领土，这一赤裸裸的侵略行径遭到国际社会的一致反对。1990年 11 月，联合国安理会通过决议，授权采取"所有必要手段"将伊拉克驱逐出科威特。美国打着解放科威特的旗号发动海湾战争，赢得普遍的国际支持。34 国做出了重大军事贡献，17 国提供了地面战斗部队。③ 38 国部署了陆、海、空部队，提供 20 万人、60 艘战舰、750 架飞机和 1200 辆坦克参战。④ 盟友出钱出兵，极大减轻了美国军事干涉的负担。英国和法国部署了大规模地面部队，英国提供了 3.5 万兵力、300 辆坦克。意大利和加拿大派出空中作战单位，有海军部队的北约盟友部署了海军。⑤ 土耳其、希腊、葡萄牙等国允许美军使用其境内的基地。埃及提供了政治和军事支持，减轻了沙特接受美军进驻所遭受的政治压力。埃及出动一个装甲师，由美军装备和训练，还开放领空和苏伊士运河供美军使用。⑥

---

① *U. S. Defense Policy: Weapons, Strategy and Commitments*, Congressional Quarterly Inc., April, 1978, p. 41.

② 各国提供军力人数参见 Stanley Robert Larsen and James Lawton Collins, Jr. *Allied Participation in Vietnam*, United States Department of the Army, 1975, p. 23。

③ Bruno Tertrais, "The Changing Nature of Military Alliances," *Washington Quarterly*, Spring, 2004, p. 138.

④ Department of Defense, *Conduct of the Persian Gulf War: Final Report to Congress*, 1992, p. 59.

⑤ Department of Defense, *Report on Allied Contributions to the Common Defense*, May 1992, Executive Summary, pp. 2 – 3; Lawrence S. Kaplan, *NATO and the UN: A Peculiar Relationship*, Columbia, Missouri: University of Missouri Press, 2010, p. 122.

⑥ William H. Mott IV, *United States Military Assistance: An Empirical Perspective*, Westport, CT: Greenwood Press, 2002, p. 161.

美国同盟体系：新时代的旧秩序

在610亿美元的战争费用中，欧洲、亚洲、中东盟友支付了540亿美元。① 德国支付了65亿美元，日本支付135亿美元，其中为美国组建的多国部队提供114亿美元，向埃及、土耳其、约旦等国提供经济援助20亿美元，对叙利亚贷款5000万美元，为安置难民提供6000万美元。② 日本没有出兵参战，科威特在美国媒体刊登的感谢信中，所列致谢国家名单中没有提到日本，令日本深受震动，感到出钱再多也不如出兵重要。战后日本向波斯湾地区派出扫雷船，这是1950年以来日本首次向国外派出扫雷船。韩国在海湾战争中提供资金支持，派出医疗队和5架C-130运输机。③ 澳大利亚海军参与多国海上拦截行动，派遣医疗队。泰国和菲律宾提供了后勤支持。埃及、叙利亚、摩洛哥、海合会成员国均提供了支持，海合会成员国出兵又出钱，沙特提供了170亿美元，科威特提供160亿美元，阿联酋提供40亿美元，巴林、阿曼和卡塔尔共提供200万美元。④ 拉美国家支持联合国安理会决议，要求伊拉克无条件从科威特撤军。阿根廷宣布同伊拉克处于交战状态，派兵300人前往，洪都拉斯派兵150人前往。巴拿马、乌拉圭等国明确支持以美国为首的多国部队，拉美产油国表示保证向美国供应石油。

南斯拉夫解体过程中民族和宗教矛盾加剧。南斯拉夫实行联邦制，由6个加盟共和国组成，在缔造南斯拉夫联盟的领导人铁托去世后，维持联盟团结日益困难。1991年6月斯洛文尼亚和克罗地亚率先宣布独立。波黑穆斯林、塞尔维亚、克罗地亚三族鼎立，在斯洛文尼亚和克罗地亚独立后爆发了民族和宗教冲突。1995年11月有关方签署结束波黑冲突的《代顿和平协议》，北约领导了6万人的执行部队（IFOR），由30多国组成，美国出兵2万人，英法共出兵万人以上，1996年12月北约部署3万多人的稳定部队（SFOR）取代执行部队。美军人数大幅减少，其他北约成员国

---

① Alan Tonelson, "NATO Burden Sharing: Promises, Promises," in Ted Galen Carpenter, ed., *NATO Enters the 21st Century*, London: Frank Cass Publishers, 2001, p. 44.

② Tatsuro Yoda, *Recalibrating Alliance Contributions: Changing Policy Environment and Military Alliances*, RAND, 2005, p. 178.

③ Department of Defense, *Report on Allied Contributions to the Common Defense*, May 1992, p. 6.

④ 岳晓勇：《动荡中的盟友与对手——美国与海湾国家关系的建立与演进》，世界知识出版社，2013年版，第239页。

第五章 盟友承担互助义务：军事纽带之二

和伙伴国向波黑稳定部队提供了80%的兵力，① 俄罗斯在内的17个非北约国家派兵参加。随着波黑局势改善，稳定部队人数持续减少。波黑稳定部队帮助清除地雷，参与战后重建，逮捕"战犯"并移交给设在荷兰海牙的前南斯拉夫问题国际刑事法庭（简称"前南法庭"），协助前南法庭调查。2004年12月，北约领导的稳定部队结束任务，1995—2004年，先后有来自43个国家的50万军人，其中有9万美军参与了波黑维和行动。②

科索沃与波黑情况不同，波黑具有加盟共和国地位，科索沃只是塞尔维亚共和国下面的一个自治省。科索沃是塞尔维亚的发祥地，但随着塞族人口的流散，信仰伊斯兰教的阿尔巴尼亚族占绝对多数。南斯拉夫解体之时，科索沃阿尔巴尼亚族趁机宣布独立。阿尔巴尼亚族建立的科索沃解放军与塞尔维亚政府军冲突逐渐升级，美欧对南斯拉夫联盟实行新的制裁，在科索沃设立禁飞区，要求南斯拉夫联盟从科索沃撤出军队和警察，允许北约部队进驻科索沃，遭到南斯拉夫联盟拒绝。

1999年3—6月，北约对南斯拉夫联盟狂轰滥炸了78天，出动飞机超过3.8万架次。除了希腊、冰岛、卢森堡及刚加入的波兰、捷克、匈牙利，共6国未参战，13个北约成员国（美国、英国、比利时、加拿大、丹麦、法国、德国、意大利、荷兰、挪威、葡萄牙、西班牙、土耳其）参加了对南斯拉夫联盟的空袭行动。希腊立场与其他北约成员国不同，冰岛、卢森堡没有军队或空军，提供了资金支持。奥地利、瑞士和瑞典等中立国也支持北约军事干涉南斯拉夫联盟。盟友参战国家众多，但作战能力很差，欧洲盟友和加拿大出动的战机架次占北约总和的40%，投掷的精确制导炸弹占北约总和的20%，侦察、电子战贡献不到10%。美国出动的战机架次占北约总战机架次的60%，投掷的精确制导炸弹占北约总和的80%，电子战贡献占北约总和的90%，情报和侦察贡献占北约总和的90%，巡航导弹贡

---

① Department of Defense, *Report on Allied Contributions to the Common Defense*, March 1999; Department of Defense, *Report on Allied Contributions to the Common Defense*, March 2000, pp. 1-3.

② "NATO's Role in Bosnia and Herzegovina," December 6, 2004, https://2001-2009.state.gov/p/eur/rls/fs/39436.htm. （上网时间：2017年2月4日）

美国同盟体系：新时代的旧秩序

献占北约总和的95%。①

欧洲盟友打仗不行，但在战后维和中出力甚多。在北约领导的波黑和科索沃维和部队中，欧洲国家提供了大部分兵力。2008年2月，科索沃当局在美欧支持下单方面宣布独立，遭到塞尔维亚坚决反对。科索沃问题并未彻底解决，北约继续驻军科索沃。美国在波黑和科索沃的军事干涉和维和行动得到部分阿拉伯国家的支持，埃及、摩洛哥、突尼斯等国派兵参与维和。

"9·11"恐怖袭击事件造成大量无辜平民死亡，这使得美国在阿富汗战争初期得到了国际社会一定程度上的同情和支持。联合国安理会通过第1368号决议，为美国发动阿富汗战争开了绿灯。盟友纷纷援引与美国的同盟条约作为支持美国的正当理由，北约援引第五条"集体防御条款"，批准情报共享、部署空中预警和控制部队等措施驰援美国。北约成员国和9个提出加入北约的国家给予美军领空飞越权、基地和港口准入权；北约派遣战机巡航和保护美国领空。② 北约协助美国在地中海东部、非洲之角开展反恐行动。2001年9月14日，澳大利亚首次援引《澳新美安全条约》，声称对美国的攻击就是对澳大利亚的攻击。9月19日，美洲国家组织常设理事会举行会议，援引《里约条约》，并通过紧急措施支持美国。③

2001年10月7日，美国发动阿富汗战争，20多国出兵参加战斗并参与印度洋海上联合行动和提供空中支持。英国和法国部署地面部队、提供空中支持，向印度洋派遣了海军。加拿大、意大利、荷兰、丹麦、挪威、德国等北约成员国向印度洋派遣海军或特种部队。日本吸取海湾战争"只出钱不出人"的教训，部署海上自卫队提供后勤和情报支持，在印度洋无偿向美军供油，派遣1200名军人前往，出动3艘驱逐舰、2艘供应船、6

---

① Ivo H. Daalder and Michael E. O'Hanlon, *Winning Ugly: NATO's War to Save Kosovo*, Washington, D. C.: Brookings Institution Press, 2000, pp. 149–150.

② "NATO: Coalition Contributions to the War on Terrorism," October 31, 2002, https://2001-2009.state.gov/p/eur/rls/fs/14627.htm. （上网时间：2018年5月7日）

③ "The Western Hemisphere's Response to the September 11 Terrorist Attack on the U. S.," https://2001-2009.state.gov/p/wha/rls/rm/2001/5299.htm. （上网时间：2017年2月4日）

第五章 盟友承担互助义务：军事纽带之二

架 C-130 运输机。① 2002 年 2 月小布什总统访日，称赞了日本的贡献。韩国提供了 150 人的野战医院、4 架 C-130 运输机和两栖登陆舰，向美国中央司令部派遣协调员，协调韩国的支持行动。日本和韩国向阿富汗、巴基斯坦和其他毗邻国家提供了紧急财政和人道主义援助，加强对驻日和驻韩美军的支持，日本主办了阿富汗重建国际会议。② 澳大利亚部署 1550 名士兵，派遣 4 架 F-18 "大黄蜂" 战斗机、两架空中加油机参战。菲律宾、泰国都允许美军使用境内基地。

美国推翻塔利班政权容易，但是稳定阿富汗局势难，不得不发动盟友和伙伴参与战后维和与重建。2001 年 12 月联合国安理会通过决议，成立驻阿富汗国际安全援助部队（ISAF），帮助"阿人治阿"，防止阿富汗再度沦为恐怖分子庇护所。2003 年美国将维护阿富汗安全、培训安全部队、战后重建的担子甩给盟友，由北约负责国际安全援助部队。2003 年 8 月到 2014 年 12 月，北约所有成员国都派兵参加了国际安全援助部队，英国、法国、德国、加拿大、意大利、荷兰、波兰派兵较多，还有 22 个亚太盟友和伙伴派兵参加，一共有 13 万人，这是北约领导的"最大国际危机管理行动"。③ 阿富汗战争前，阿富汗只有 90 万儿童接受教育，塔利班政权禁止女童进入学校；只有 8% 的阿富汗人口有医疗保险；全国只有里程总长为 31 英里的公路。2008 年阿富汗 65% 的人口获得医疗保险，道路里程增加到 2500 英里，600 万儿童入学，其中 25% 为女童。④ 阿富汗重建任务繁重，局势动荡不定，盟友与美国围绕对阿富汗政策分歧增多，出现"阿富汗疲劳症"，不愿派遣更多军队前往阿富汗。日本 2007 年 11 月停止在印度

---

① Paolo Pasicolan and Balbina Hwang, "The Vital Role of Alliances in the Global War on Terrorism," *Backgrounder*, October 24, 2002, http://www.heritage.org/Research/Reports/2002/10/The-Vital-Role-of-Alliances-in-the-Global-War-on-Terrorism, pp. 1-2.（上网时间：2003 年 2 月 10 日）

② Department of Defense, *Report on Allied Contributions to the Common Defense*, June 2002; Department of Defense, *Report on Allied Contributions to the Common Defense*, July, 2003.

③ NATO Public Diplomacy Division, *NATO Summit Guide*, 2016, p. 168, p. 166.

④ Daniel Fried, "The Bucharest Summit and the Way Forward for NATO," April, 23, 2008, https://2001-2009.state.gov/p/eur/rls/rm/103935.htm.（上网时间：2018 年 5 月 7 日）

美国同盟体系：新时代的旧秩序

洋向美国舰艇供油，以向阿富汗提供基础设施援助和职业培训代之。

2011年5月，美国海豹突击队击毙"基地"组织领导人本·拉丹。2012年北约芝加哥峰会上，奥巴马宣布将逐步撤退美军和北约军队。2014年12月国际安全援助部队结束任务，北约转向执行"非战斗性"任务，培训阿富汗陆军、空军和警察部队，截至2019年，有39个北约和伙伴国的1.6万名人员参加这一任务。2017年8月，特朗普总统发表对南亚的新战略，不再谈国家重建，推卸战后重建的重担，目标缩减为反恐，重点放在消灭"基地"组织和"伊斯兰国"组织。2018年5月，北约通过反恐行动计划，所有北约盟友都加入了美国领导的打击"伊斯兰国"的"全球联合"。美国推翻塔利班政权后，在阿富汗开展战后重建，对阿富汗资金投入也成了无底洞，最后一走了之，将维护地区稳定的重担甩给阿富汗及其邻国。

小布什政府酝酿推翻伊拉克萨达姆政权，但师出无名。面对法国和德国的反对，美国无法打着联合国或北约的旗号发动战争，小布什政府仍我行我素，发动伊拉克战争。美国宣称有40多国参加伊拉克战争，但提供地面战斗部队的只有英国、澳大利亚、波兰3个盟友，英国出兵4.6万人，澳大利亚出兵2000人，波兰出兵180人。① 遭受国际制裁的萨达姆政权受到严重削弱，对美军的打击毫无还手之力。美军推翻萨达姆政权出乎意料地顺利，且伤亡比海湾战争还少。美国作战上可以"单打独斗"，但战后的伊拉克乱局还得靠盟友和伙伴来应对。参加伊拉克多国行动的国家最多时有38国，一共有30万军队进入伊拉克。② 2003年10月，日本宣布向伊拉克提供15亿美元的重建资金，12月派遣550名陆上自卫队士兵赴伊拉克和科威特执行非战斗任务，这是二战后日本陆上自卫队首次走出国门。韩国向伊拉克派兵700多名，后增加到上千人。参加伊拉克战后维和的盟友数量不断变化，2007年有15国从伊拉克撤军，2009年参加伊拉克多国行动的国家只剩下7个，2010年只剩下英国1个盟友。北约承担了培训伊拉克军队的任务，2004—2011年，北约培训伊拉克军官5000多名、警察

---

① Jason W. Davidson, *America's Allies and War: Kosovo, Afghanistan, and Iraq*, New York: Palgrave Macmillan, 2011, p. 1.

② Rajan Menon, *The End of Alliances*, New York: Oxford University Press, 2007, p. 64.

10000多名。

2011年，利比亚爆发反对卡扎菲统治的大规模示威，遭到卡扎菲当局镇压，利比亚局势恶化。2011年3月联合国安理会通过决议，授权建立禁飞区，保护平民。对外实行战略收缩的奥巴马政府将军事行动甩给了盟友，由北约盟友打头阵。北约所有成员国对利比亚实施海上封锁和空中轰炸，直接和间接参加了利比亚战争。英国、法国、意大利、比利时、丹麦、挪威比较积极，北约伙伴国瑞典也参加了军事行动。中东阿拉伯国家首次在军事打击行动中发挥关键作用，[①] 阿联酋和卡塔尔派战机前往地中海、摩洛哥和约旦参战。利比亚战争持续7个月，推翻了卡扎菲政权，英法出动的战机架次占总架次的1/3，攻击了40%的目标，发挥了政治上和外交上的领导作用。[②] 德国在联合国授权建立禁飞区的决议中投了弃权票，之后调整立场，参与北约的军事行动。美国及其盟友的军事力量远远超过中小国家，轻易就能赢得军事干涉的胜利，但未必能赢得和平，迄今利比亚国内局势仍未实现和解与稳定。

三、盟友对美军事干涉支持的限度

盟友对美国军事干涉的支持程度可分为高、中、低水平。高度支持表现为盟友直接派兵参战，部署海空力量参加海上封锁、空袭等作战行动；中度支持为提供海空运输和后勤支持，分担战争费用，参与战后维和、民事重建以及平叛行动等；低度支持为政治支持，盟友口头表态或者在国际场合表态挺美，开放境内的军事设施或领空给美军使用。

一般来说，盟友派陆军比派海空军对美国的支持力度更大，盟友派兵规模占本国兵力总规模的比重越大，对美国的支持力度越大。有的盟友支持程度逐渐加深，如澳大利亚最初派军事顾问到南越训练军官，接着派步兵参战。与美国关系密切、价值观一致的国家，对美国的支持力度大。英国是美国历次军事干涉中出兵最多的盟友，对美国使用英国境内及海外属

---

① Elizabeth Sherwood-Randall, "Revitalizing NATO: From Lisbon to Chicago," April 30, 2012, https://2009-2017.state.gov/p/eur/rls/rm/2012/189093.htm.（上网时间：2018年5月7日）

② Magnus Petersson, *The US NATO Debate: From Libya to Ukraine*, New York: Bloomsbury Academic, 2015, p. 51.

美国同盟体系：新时代的旧秩序

土的军事设施几乎从未说"不"。澳大利亚对美国亦步亦趋，对美国从酝酿战争到战后重建的各个环节都予以支持。法国对美国的支持力度没有英国大，总要凸显自己的独立性，但是法国与美国价值观一致，在大多数情况下支持美国进行人道主义干涉。安全上越需要美国保护的国家，对美国的军事支持力度越大，比如东欧中小国家和海合会大多数成员国。盟友在不同战争中的支持程度不同。澳大利亚参加越南战争派出较多兵力，参加伊拉克战争的兵力规模相对少。沙特在海湾战争中支持美国，但对伊拉克战争则态度模糊，不愿公开支持。

盟友的军事能力影响对美国的支持力度。盟友军事能力不足，对美国的军事支持是辅助性的。欧洲盟友发挥的作用多限于在美国独自完成军事打击行动、控制局势后，派驻维和部队。欧洲人称美国与欧洲的现实分工是：美国"制作晚餐"，欧洲"清洗盘子"。[1] 科索沃战争暴露了欧洲与美国的军力差距鸿沟，空袭南斯拉夫联盟的所有精确制导武器几乎都是美国制造，欧洲情报搜集能力与美国相差甚远，99%的打击目标是根据美国提供的情报来确定的。[2]

盟友的军事力量相对弱小，拖美国的后腿，干扰美国的军事打击部署。拿破仑·波拿巴曾说，"如果必须进行战争，我选择与一个联合（coalition）作战"。[3] 由于多国军事行动效率堪忧，组织不同国家军队的联合作战很困难，一国可以对军事联合各个击破。科索沃战争以北约的名义发动，但北约的作战程序拖沓繁琐，美国和盟友在轰炸哪些目标、是否联合空袭上难以达成一致，延误了作战进度。美国不得不在战争的每个重要阶段与其他18个盟友磋商、达成协议，欧洲盟友不满美国的部分打击行动由不受北约指挥的驻欧美军司令部进行。美国则认为北约的程序是"负资产"，深感盟友不给力，反而"帮倒忙"。尽管北约盟友支持美国发动阿富汗战争，但美国选择绕开北约单独行动，由美国中央司令部指挥阿富汗战

---

[1] ［美］罗伯特·卡根著，肖蓉、魏红霞译：《天堂与实力：世界新秩序下的美国与欧洲》，新华出版社，2004年版，第32页。

[2] ［美］罗伯特·卡根著，肖蓉、魏红霞译：《天堂与实力：世界新秩序下的美国与欧洲》，新华出版社，2004年版，第70页。

[3] Ole R. Holsti, P. Terrence Hopmann, and John D. Sullivan, *Unity and Disunity in International Alliances: Comparative Studies*, New York: Wiley, 1973, p. 22.

第五章　盟友承担互助义务：军事纽带之二

争，提升作战效率。

盟友在战后维和上搞不定局势，对美国帮助有限。驻阿富汗国际安全援助部队以盟友为主组成，执行维和、稳定和战后重建三大任务，但恐怖活动和叛乱频发，阿富汗局势动荡不安。小布什政府要求盟友在平叛和反恐中承担更大责任，敦促将国际安全援助部队与美国作战部队合并到一个司令部，英国、法国、德国反对，英国、德国希望国际安全援助部队以维护稳定为主，而不是投入作战；法国担心美军司令官利用北约盟友的军事资源来实现更大的全球目标。① 德国和挪威部队部署在相对安全的阿富汗北部，而英国、加拿大、丹麦、荷兰的部队部署在阿富汗南部，伤亡较大。各国派遣的人数不等，盟友在谁出力更多的问题上争吵不休。有的盟友面临着国内反对派的猛烈抨击，为缓和国内压力，其限制本国参加国际安全援助部队的人数，从而影响了部队的战斗力。奥巴马政府希望北约盟友增兵阿富汗，但盟友受到国际金融危机冲击，削减了军事预算，增兵未达预期。②

国内出现政权更迭的盟友常常撤销对美国的军事支持、退出美国为首的军事联合。1965 年 1 月，英国首相威尔逊撤出了设在越南西贡的军事顾问团。美国要求英国派兵越南，遭英国拒绝。③ 越南战事吃紧，美国需要英国在苏伊士运河以东地区发挥作用，帮助美国维护中东稳定和亚太地区秩序。英国却实行战略收缩，1968 年 1 月英国首相威尔逊宣布退出苏伊士运河以东地区，激怒了急需盟友支持的美国。1972 年上台的澳大利亚工党政府从东南亚收缩，惠特拉姆总理表示，"澳大利亚不是美国的一个州"，④与前任政府的对美政策拉开距离。美国发动伊拉克战争的正当性引发广泛争议，一些盟友在国内政权更迭后，从伊拉克撤军。2004 年 3 月西班牙大选后，新首相萨帕特罗宣布从伊拉克撤军。2006 年 4 月，普罗迪领导的政

---

① Vincent Morelli and Paul Belkin, *NATO in Afghanistan: A Test of the Transatlantic Alliance*, Congressional Research Service, RL33627, December 3, 2009, p. 22.

② Vincent Morelli and Paul Belkin, *NATO in Afghanistan: A Test of the Transatlantic Alliance*, Congressional Research Service, RL33627, December 3, 2009, p. 20.

③ 谷雪梅：《冷战时期美澳同盟的形成与发展（1945—1973）》，中国社会科学出版社，2013 年版，第 185 页。

④ 岳小颖：《从"保障安全"到"提升地位"：第二次世界大战后澳大利亚对美国追随政策之分析》，上海社会科学院出版社，2013 年版，第 132 页。

党联合赢得大选，出任意大利新总理，宣布从伊拉克撤军。2007年12月陆克文出任澳大利亚总理，宣布从伊拉克撤军。美日关系也围绕伊拉克战争出现龃龉，日本防卫大臣久间章生、外交大臣麻生太郎相继发表批美言论，久间章生批评美国发动伊拉克战争是个"错误"，美国罕见地通过外交渠道表达抗议，推迟了美日防长会晤，美国副总统切尼在2007年2月访日期间拒见久间章生。

第五节 军事自主问题

对盟友来说，军事自主与美国的安全保护如同鱼与熊掌一样难以兼得，要获得美国的安全保护，就需要付出军事自主或独立防务受限的代价，在军力发展和部署、对外军事行动等方面无法自主。韩国、日本拥核受到美国的阻挠，研发战略运载工具受制于美国。盟友加强军力建设、实现军备多元化可以减少对美国的安全依赖，在同盟内部获得更大的发言权和行动自由。但如果盟友不退出同盟，就难以获得"完全"的军事自主。如果盟友退出同盟，本国军力又不足以维护其主权和领土完整，则国家最基本的生存面临危险。盟友在对美国安全依赖与独立防务之间"走钢丝"，需要小心翼翼地保持平衡。军事自主是战略自主的支撑，国家军事上不自主，就难以做到战略自主。盟友追求军事自主受多种因素影响，军事自主的程度不同。有的盟友经济实力雄厚，有较强的军工产业，具备军事自主的可能性；有的盟友虽然实力不强，但独立自主意识强烈。

对美国来说，盟友加大军力建设具有双刃剑效应。盟友提升军力可以对共同防御做出更大贡献，减轻美国的军事负担，但盟友增加在同盟内部的发言权，将削弱美国的主导地位。美国既抱怨盟友"搭便车"，施压盟友加大军事投入，又利用地区矛盾，阻碍盟友军事强大到"脱美"的地步。

一、盟友追求军事自主

下面主要以欧洲盟友为例来阐述盟友追求军事自主之难。欧洲国家经济发达，军费开支总额较高，部分国家军工企业基础雄厚，欧洲国家联合自强取得了很大成就，欧洲盟友追求军事自主具备有利条件。但是欧洲不是一个国家，各国防务的优先次序不同，对哪个国家发挥军事领导作用存在意见分歧。各国缺乏军事信任，弱小盟友更依赖美国的安全保护，在军事自主与美国安全保护之间，选择后者。时至今日，欧洲盟友依然离不开美国的安全保护。

英法都追求独立的核力量，彰显大国地位，增强对美国的发言权，但是都不具备像美国一样建设门类齐全的军力条件。英国以牺牲常规力量为代价追求核力量，但经济条件不允许英国增加军费开支，结果独立核力量和常规力量领域都没有实现军事自主。① 奠边府战役失败、苏伊士运河危机遇挫刺激法国追求独立核力量，遭到美国反对，使法国在北约内部处境孤立。戴高乐和蓬皮杜时期，法国在核力量和常规力量的平衡发展上捉襟见肘，维持核力量对法国来说是一笔不小的财政负担，1971年仅维护核力量的费用就占法国国民生产总值的0.7%。② 军力建设很"烧钱"，对其他欧洲国家来说，维持常规军力都存在国内反对的声音，或存在经济困难，发展核武不仅经济上不可行，还可能引发核扩散和地区不稳定。

欧洲国家很早就进行防务联合，这一过程磕磕绊绊、步履维艰。"欧洲防务共同体"（EDC）的失败表明，即使美国支持加强防务联合，欧洲国家也难以克服内部矛盾。冷战初期，面对苏联在欧洲的常规力量优势，美国提出重新武装德国、加强欧洲防御能力建设的要求。法国提出"欧洲防务共同体"方案，应对重新武装德国的问题，得到美国支持。1950年10月法国总理普利文提出组建一支"超国家"的"欧洲军"，将德军混合编入接受统一指挥的多国军队。"欧洲军"成员国可以保留本国的军事架构，但不允许德国建立独立的总参谋部、国防部和军事装备工业。"欧洲防务共同体"倡议满足了美国武装德国的要求，同时又限制德国单独建军。美国需要德国对北约的前沿防御做贡献，减轻美国保护欧洲的军事负担，也要打消其他欧洲国家对德国重新武装的担忧，因此支持将德国军队编入"欧洲军"。1952年5月，法国、德国、意大利、荷兰、比利时、卢森堡6国签署了建立"欧洲防务共同体"条约，这些国家恰好都是欧洲煤

---

① Simon Serfaty, *Fading Partnership: America and Europe after 30 Years*, New York: Praeger Publishers, 1979, p. 37.

② Simon Serfaty, *Fading Partnership: America and Europe after 30 Years*, New York: Praeger Publishers, 1979, p. 38.

美国同盟体系：新时代的旧秩序

钢联营（欧盟前身）的成员，这是法国在北约框架之外主导欧洲防务联合的重要尝试。

法国国内对德国政策有分歧，民众对德国侵略记忆犹新，无法接受德国与法国平起平坐。右翼反对放弃对法军的主权控制，对美英缺席"欧洲军"表示担忧。1954年8月29日，法国国民议会否决了法国自己提出的"欧洲防务共同体"条约。法国既想在德国问题上掌握主动，又对美英缺席、法国自己主导"欧洲军"的前景缺乏信心。缺乏美国的直接参与，西欧各国无法化解由于德国重新武装问题而引起的现实矛盾，也无法克服欧洲力量不平衡发展的历史症结。[①] 法国对德国的疑虑挥之不去，在欧洲安全防御上选择了包括美国的"大西洋方案"而不是排美的"欧洲方案"，导致"欧洲军"出师不利。

在法国否决"欧洲防务共同体"后，德国加入北约和西方阵营成为替代选择。德国承诺不制造核、生物和化学武器，不在北约之外独立发挥军事作用，不使用武力改变欧洲边界，谋求缓解欧洲国家对德国重新武装的担心。1954年10月，美国、英国、法国、德国四国签署《巴黎协定》，结束对德国近10年的占领。三国占领军改为北约盟军驻扎德国，特别是美国和英国军队没有像一战后撤出欧洲大陆，而是继续驻扎德国，消除了法国对德国重新武装的恐惧。

欧洲国家也尝试将西欧联盟作为欧盟的"军事臂膀"，这一尝试无疾而终。英国、法国、比利时、荷兰、卢森堡五国根据《布鲁塞尔条约》建立了多边同盟组织"西方联盟"，建立了统一的指挥机构。"西方联盟"建立之初，英法在指挥权问题上矛盾尖锐，法国将军在一战时期担任协约国军队总司令，不满陆军相对薄弱的英国将军出任"西方联盟"总司令一职。在北约军事机构建立后，"西方联盟"的军事机构并入北约，其总司令职责、陆海空参谋人员及设施移交给欧洲盟军最高司令。

1954年9月，联邦德国和意大利加入了修改后的《布鲁塞尔条约》。1955年5月，"西方联盟"重组为西欧联盟（WEU），但在北约的笼罩下，西欧联盟处于休眠状态。随着欧洲经济一体化建设向防务领域的推进，欧

[①] 许海云：《锻造冷战联盟——美国"大西洋联盟政策"研究（1945—1955）》，中国人民大学出版社，2007年版，第552页。

洲国家谋求发挥更大的安全和军事作用，西欧联盟作为全部由欧洲国家组成的集体防御组织受到重视。1984年《布鲁塞尔条约》签署30周年之际，西欧联盟被激活。此后西欧联盟积极推进欧洲防务能力建设，法德签署建立"法德旅"协议，迈出了建立欧洲军团（Eurocorps）的第一步。

苏联解体和华约解散后，欧洲在美苏两个超级大国的夹缝中求生存的局面有了根本改善，独立自主意识上升。在从欧洲经济共同体、欧洲共同体再到欧洲联盟的演进过程中，欧盟的安全作用扩大。1991年《马斯特里赫特条约》、1997年《阿姆斯特丹条约》都强调欧盟发挥更大的安全作用，提出建设"欧洲安全与防务特性"（ESDI）、组建联合特遣部队等主张。欧盟加强安全和军事职能，积极推动西欧联盟发挥作用。1992年6月，西欧联盟成员国在德国彼得斯贝格举行会议，确定西欧联盟执行人道主义救援、危机处理、维和、在冲突地区缔造和平的任务。西欧联盟在监督原南斯拉夫地区的武器禁运、执行人道主义任务方面发挥了作用。

美国推动在北约框架内发展"欧洲安全与防务特性"，试图让欧洲盟友承担更大的责任。西欧联盟既是欧盟的防务支柱，也是北约加强"欧洲安全与防务特性"的手段。1996年6月，北约柏林外长会议同意在美国不参加的情况下，西欧联盟领导的维和行动可以使用北约的资源。英国经常对欧洲独立防务建设唱反调，但布莱尔政府对欧洲防务建设态度趋于积极，1998年12月，英国与法国签署《圣马洛宣言》，支持发展欧洲安全与防务政策，建设一支能够单独行动的欧洲军事力量。科索沃战争暴露了美欧军事能力鸿沟，刺激欧盟加快建设独立防务。1999年6月，在德国科隆举行的欧盟峰会整合安全建设，把西欧联盟的职能融入欧盟，将欧洲"共同安全与防务政策"（CSDP）作为欧盟的"军事臂膀"，虚化了西欧联盟。当年12月的欧盟赫尔辛基峰会宣布组建一支6万人的欧盟快速反应部队（ERRF），执行彼得斯贝格任务。在西欧联盟职能并入欧盟、欧盟精简机构的情况下，2011年6月西欧联盟宣布解散。

欧洲防务联合的方向没有改变，加强军力成为欧洲一体化建设的既定方针。2016年英国"脱欧"公投后，"法德轴心"成为欧洲军力建设的发动机。2017年6月，欧盟启动新的"欧洲防务基金"，金额高达130亿欧元。2017年12月欧盟通过"永久结构性合作"（PESCO）倡议，在欧洲防务联合上迈出新步伐。欧盟成员国在"永久结构性合作"倡议框架下推进共同项目，加强资源配置，整合军事培训、网络安全、后勤保障、战略指挥领域，加强联合军事行动能力，协调军事采购和军备生产。2019 年 1 月，德法签署《亚琛条约》，重申两国合作推动欧洲一体化建设。

欧盟的"永久结构性合作"倡议不是为了和北约竞争，也与北约推动欧洲盟友加强军力的目标并不冲突。为了打消美国疑虑，欧盟称其为辅助北约而设计，目的是让成员国的军事力量既能以欧盟、又能以北约或联合国的名义投入部署。欧盟成员国在"永久结构性合作"的战略目标设定上存在严重分歧，法国、意大利希望欧盟今后能独立应对欧洲南部周边地区的难民和人道主义危机，波兰和波罗的海国家更关注欧洲东部局势，更依赖北约来应对传统的军事威胁。鉴于各个国家优先考虑不同，"永久结构性合作"防务联合建设能走多远仍是个未知数。

二、美国阻挠盟友发展独立防务

美国施压盟友建设军力，减轻美国的负担，同时以避免重复建设为借口，维持美国的常规军力及核武优势，对盟友发展军力设限，阻挠盟友"脱美"。在盟友加强军事"自助"能力与走向"脱美"之间并没有一个清晰的界限，增加了美国管理同盟的难度。

美国支持欧洲经济一体化建设，一个联合的、强大的欧洲有利于抵御苏联及后续的俄罗斯威胁，承担更大的防御责任，减轻美国保卫欧洲的军事负担。从北约建立之日起，美国就施压欧洲加大军事投入，强调只有加强"自助"才能获得美国的帮助。美国推动欧洲盟友在北约框架下发挥更大的安全作用。1967 年 12 月北约发表《哈默尔报告》，提出在北约内部建立一个欧洲支柱，加强欧洲对共同防御的贡献。1968 年 11 月，欧洲成员国在北约框架内建立了欧洲小组（Eurogroup），作为欧洲国防部长交流的"非正式"论坛。欧洲小组建立了众多次级小组，推进欧洲后勤、通信、军备等领域的务实合作，对美国开展公共外交，增加美国国会和公众对欧洲防务贡献的了解，缓解美国国内对欧洲盟友"搭便车"的不满。欧洲小组比较松散，协调成员国防务和军购政策，提升军事效率，并非要建设独立的欧洲防务。

美国对冷战后欧洲加强独立防务建设心态矛盾，担心欧洲独立防务架空北约，削弱跨大西洋关系，只允许在北约框架内提升军力，反对"另起

第五章　盟友承担互助义务：军事纽带之二

炉灶"。美国利用欧洲内部英国、法国、德国之间的矛盾及"老欧洲"和"新欧洲"的矛盾，阻挠欧洲发展独立的后勤供应、情报能力以及其他关键军事能力，对欧盟使用北约资源设置条件，使欧洲防务联合在政治上、财政上、军事上难以持续。

对于法国、德国组建欧洲军团，美国促使法国、德国宣布，在遭受外部攻击或向防区外派遣维和部队时，欧洲军团可以置于北约的指挥下。1993年1月21日欧洲军团与北约达成合作条件，化解了欧洲军团削弱北约的风险。与此同时，美国接受了"欧洲安全与防务特性"概念，将其纳入北约框架，允许西欧联盟使用北约的"混合特遣部队"（CJTF）资源开展维和行动。美国既满足了建立"欧洲安全与防务特性"的要求，又确保其在北约框架内发展。

对于欧盟推动西欧联盟发挥更大作用，美国不愿自动向西欧联盟出借北约资产，阻挠西欧联盟发展为另一个北约。西欧联盟缺乏发挥作用所需要的军事资源，因为欧洲国家不可能建立两套军事力量，一套提供给北约，一套提供给西欧联盟使用。[1]

英法签署《圣马洛宣言》、欧洲加快独立防务建设的动向引起美国警惕，美国国务卿奥尔布赖特对欧洲防务建设附加条件，提出"三D原则"，欧洲防务建设不得与北约搞重复（duplication）建设，不得与北约"脱钩"（decoupling），不得歧视（discriminaiton）不属于欧盟的北约成员国。[2] 按照美国要求，欧洲防务建设不得歧视土耳其、挪威等没有加入欧盟的北约成员国。为维护北约在欧洲安全架构中的中心地位，美国国会通过决议，提出只有在北约不采取行动之后，欧盟才可采取军事行动；欧洲应提高军事能力，而不是在北约之外建立新机构；欧洲盟友应加强与美国的联合行动能力；欧盟在跨大西洋安全问题上的做法不得与北约冲突；不应重复建

---

[1] Robert E. Hunter, *The European Security and Defense Policy: NATO's Companion or Competitor?* RAND, 2002, p. 13.

[2] Madeleine K. Albright, "Statement to the North Atlantic Council," December 8, 1998, http://1997-2001.state.gov/statments/1998/981208.html（上网时间：2021年1月9日）; Madeleine K. Albright, "The Right Balance will Secure NATO's Future," *Financial Times*, December 7, 1998.

美国同盟体系：新时代的旧秩序

设；欧洲盟友不应减少对北约的贡献等。①

按照奥尔布赖特的三原则和国会要求，特别是落实不重复原则，美国就能够阻止欧盟实现军事自主，因为美国对北约的军事能力拥有垄断地位，如在情报、高级监视和侦察系统、力量投送、精确制导武器等关键领域。② 在美国不搞重复建设的要求下，欧洲国家不能在北约框架外发展这些关键能力，意味着欧洲国家无力发展独立于北约的军力，军事上无法摆脱对美国的依赖。

美国坚持"北约优先"（NATO First）原则，提出欧洲防务建设只能是对北约的补充，否定任何可能削弱北约地位的计划。2003年9月20日，英国首相布莱尔、法国总统希拉克、德国总理施罗德在柏林举行三边峰会，提出加强欧洲安全与防务政策建设，发展不依赖于北约的军事行动能力。这一大动作引起美国警惕，美国召集北约特别会议，要求盟友表明对北约的立场，英、法、德三国澄清欧盟防务建设不会取代北约，而是对北约的补充。美国对英法德三边峰会的强烈反应使得欧洲大盟友不得不小心翼翼，避免在欧洲防务建设上激怒美国。

美国利用北约体制机制束缚欧洲盟友。北约成员国需要执行北约的军事和政治决定，指定本国军队归北约统一指挥，向北约提供基地和港口。在北约框架之外发展单独的军事力量，绝大多数国家力不从心。北约成员国共享各自的军事、经济和财政信息，以供相互审核与评议。北约军事当局发布指南，在军力结构、装备、后勤、基础设施等方面对各国军力建设下达目标和任务，将成员国的军力建设纳入统一轨道。各成员国每年将军事计划发送到北约，由北约军事当局审核，提出意见和建议。北约建立了一套军事评估检查机制，成员国要接受北约的监督审核。国家加入北约前，要遵照北约的要求进行改革，自愿套上北约的"紧箍咒"。

美国控制德国、日本两个战败国的军力建设，迄今为止德国、日本军力发展都未超过美国允许的范围。1990年签署的《关于最终解决德国问题的条约》中，德国同意其军队总人数永久限定在37万人以内，陆军和空

---

① Robert E. Hunter, *The European Security and Defense Policy: NATO's Companion or Competitor?* RAND, 2002, p. 60.
② ［美］克里斯托弗·莱恩著，孙建中译：《和平的幻想：1940年以来的美国大战略》，上海人民出版社，2009年版，第204页。

军总人数不超过34.5万人。德国还重申放弃制造、拥有和控制大规模杀伤性武器的权利，继续遵守《不扩散核武器条约》，德国以克制军力发展交换美国、苏联、英国、法国同意德国重新统一。

美国支持和鼓励日本发挥更大的政治和安全作用，但不愿接受日本成为一个独立的大国，不会放弃二战后在日本获得的特权和对日本的控制权。① 美日同盟发挥着抑制日本军力发展的"瓶盖"作用。美国派军队驻扎日本，防止日本与地区其他大国为抗衡美国而加强联合，约束日本的"脱美"倾向，将日本的独立自主外交以及在地区的政治军事影响力限制在美国允许的范围内，防止其军国主义死灰复燃，再度对美国构成威胁。② 驻冲绳的第三海军陆战师司令亨利·斯塔克波尔将军接受《华盛顿邮报》采访时说，美军像一个"瓶盖"，③ 阻止重新武装的、复活的日本军国主义从瓶子里跳出来威胁其他东亚国家。美日同盟对日本野心勃勃的重整军备发挥了抑制作用，这对地区其他国家是一种安慰。④

从战后日本军力的发展轨迹来看，日本处在美国的牢牢掌控中。美国通过同盟框架阻挠日本发展独立的战略性军事力量。美国提供核保护，阻挠日本拥核。日本军力必须配合和支持美国的海外军事部署，不能背着美国另搞一套，更不能同美国对着干，与美国争夺亚太地区的安全主导权。对日本研制美国不掌握的先进技术武器，美国采取军事技术合作的方式，加强对日本军备的控制。对日本要购买美国先进武器一事，则加以限制出售。2007年4月，日本首相安倍晋三与美国小布什总统会晤时，就日本购买F-22隐形"猛禽"战机一事，专门向美国提出请求，却遭到了美国国务院和国防部反对。

---

① 廉德瑰:《日美同盟实相》，上海社会科学院出版社，2017年版，第10页；Muthiah Alagappa, "International Politics in Asia: The Historical Context," in Muthiah Alagappa, ed., *Asian Security Practice: Material and Ideational Influence*, Stanford: Stanford University Press, 1998, pp. 85-86.

② 尚书:《美日同盟关系走向》，时事出版社，2009年版，第265页。

③ Fred Hiatt, "Marine General: U. S. Troops Must Stay in Japan," *Washington Post*, March 27, 1990, https://www.washingtonpost.com/archive/politics/1990/03/27/marine-general-us-troops-must-stay-in-japan. （上网时间：2021年1月9日）

④ Victor D. Cha, "Winning Asia: Washington's Untold Success Story," *Foreign Affairs*, November/December, 2007, p. 103.

美国同盟体系：新时代的旧秩序

20 世纪 70 年代韩国总统朴正熙提出"自主国防"，企图秘密开发核武，遭到美国威胁后被迫放弃。美国对韩国的导弹发展设限。1979 年美韩签署《导弹谅解备忘录》，规定韩国不能发展射程超过 180 千米、弹头超过 300 千克的弹道导弹。1990 年 10 月，美国要求把射程限制扩大到民用和科研火箭上，韩国被迫接受限制。1999 年 7 月，美国允许韩国将导弹射程放宽到 300 千米、弹头放宽到 500 千克以下，但坚持韩国导弹发展计划必须受美国控制。2012 年 10 月美韩以朝鲜加快核导开发为由修改导弹协定，美国同意韩国导弹射程从 300 千米延长到 800 千米。2017 年 11 月，美国取消对韩国导弹弹头载重的限制。2020 年 7 月，美国解除了对韩国运载火箭固体燃料的使用限制。2021 年 5 月美韩峰会发表联合声明，美国完全解除了对韩国发展导弹的射程和弹头重量限制。

三、盟友实现军事自主任重道远

冷战后美欧都大幅裁军，欧洲战力下降。1991—1999 年，驻欧美军从 35 万人削减到 10 万人，北约盟友裁军 50 万人。盟友指定用于北约的资产削减了 40%，盟友 30 天内可以投入战斗的军力削减了 60%，而冷战时期北约盟友 90% 的兵力可以在两天内投入战斗。[1] 波黑和科索沃的作战行动表明，在离开美国的情况下，大部分欧洲盟友无法进行有效的军事行动。[2] 科索沃战争暴露了欧洲盟友在指挥和控制系统、情报搜集、侦察、力量投送、精确制导武器等关键领域落后，军队无法快速部署，只有一小部分飞机能精确轰炸。时任美国国防部长科恩指责北约盟友军费开支"大约是美国的 60%，但军事能力只有美国的 10%"[3]。由于欧洲盟友作战不利，2001 年阿富汗战争开打后，美国限制盟友参战，担心其参与作战削弱美军的行动效率。北约接手驻阿富汗国际安全援助部队后，许多盟友缺乏足够

---

[1] Tom Lansford, *All for One: Terrorism, NATO and the United States*, Burlington, VT: Ashgate, 2002, p.42.

[2] Ellen Hallams and Benjamin Schreer, "Towards a 'post–American' Alliance? NATO Burden Sharing after Libya," *International Affairs*, No.2, 2012, p.316.

[3] Alan Tonelson, "NATO Burden Sharing: Promises, Promises," in Ted Galen Carpenter, ed., *NATO Enters the 21st Century*, London: Frank Cass Publishers, 2001, p.52.

第五章　盟友承担互助义务：军事纽带之二

的直升机支持、夜视仪装备或必要的探测道路炸弹的技术。①

尽管欧洲加强防务联合建设力度，但美欧军力差距鸿沟并没有明显改善。2011年利比亚战争中，北约不到1/3的国家参加空袭行动，一些国家不是不想参与，而是缺乏军事能力。美国本想推卸责任，但被迫发挥幕后领导作用，因为盟友情报收集、空中加油、精确制导、搜救、指挥控制系统、监控和侦察等作战的关键领域的能力都很缺乏。利比亚战争使用的汽油80%来自美国，大多数空袭是由欧洲盟友的飞机实施，但战争的后勤工作却是美国负责。美国空军规划人员称，北约盟友与美国的军力差距"就如同是白雪公主和27个小矮人（指27个盟友），他们站起来最高只到她的膝盖"。②

盟友与美国的军力差距是美国打压盟友的结果，美国阻挠盟友发展独立防务，导致盟友永远无法缩小与美国的军力差距。但美国倒打一耙，指责欧洲盟友军事投入不够，极大限制了美欧协同行动的能力，成为"跨大西洋关系持续紧张的根源"。③ 受国际金融危机打击，欧洲盟友军事投入下降，美国国防部长盖茨哀叹，"欧洲的去军事化成为实现真正安全和21世纪持久和平的障碍"。④ 盖茨公开抱怨北约变成两个梯次的联盟：一些成员擅长执行"软的"人道主义、发展、维和与会谈任务，另一些成员从事"硬的"战斗任务；一些成员愿意并能够承担同盟承诺的代价和负担，另一些则享受北约成员带来的好处，但不想分担风险和代价。⑤

除了美国对欧洲发展独立防务的打压，欧洲防务建设还面临内部挑

---

① Vincent Morelli and Paul Belkin, *NATO in Afghanistan: A Test of the Transatlantic Alliance*, Congressional Research Service, RL33627, December 3, 2009, pp. 33-34.

② Robert D. Kaplan, "NATO's Ordinary Future," May 9, 2012, https://worldview.stratfor.com/article/natos-ordinary-future. （上网时间：2018年5月7日）

③ [美]罗伯特·卡根著，肖蓉、魏红霞译：《天堂与实力：世界新秩序下的美国与欧洲》，新华出版社，2004年版，第26页。

④ "NATO Strategic Concept Seminar," Remarks by Secretary of Defense Robert M. Gates, National Defense University, February 23, 2010, http://www.defense.gov/speeches/speech.aspx?speechid=1423. （上网时间：2010年3月20日）

⑤ "Reflections on the Status and Future of the Transatlantic Alliance", June 10, 2011, http://www.securitydefenceagenda.org/Contentnavigation/Activities/Activitiesoverview/tabid/1292/EventType/EventView/EventId/1070/EventDateID/1087/PageID/5141/Reflections-onthestatusandfutureofthetransatlanticalliance.aspx. （上网时间：2012年7月10日）

战，盟友对是否"另起炉灶"建设单独的防务力量缺乏共识。在是否撇开北约、建设欧洲独立防务问题上，欧洲国家存在根本分歧。"老欧洲"大国英国、法国、德国政策有分歧，欧洲大国与小国也有分歧，主张独立防务的"欧洲派"和主张拉紧美国的"大西洋派"意见不统一。"欧洲派"以法国为代表，希望降低欧洲对美国的安全依赖，实现军事和战略自主。其他欧洲国家不同程度地依赖美国的安全保护，对军事和战略自主的理解差异较大。英国属于"大西洋派"的代表，反对撇开北约另搞一套。荷兰、比利时、丹麦、葡萄牙、挪威等国不愿增加军费，对美国安全保护产生惯性依赖。德国介于"欧洲派"和"大西洋派"之间，但不会从依赖美国转向依赖法国，安全上依赖法国将降低德国在欧洲的地位，德国也未必相信法国的军事能力。北约东扩后的"新欧洲"成员国比"老欧洲"国家更亲美，企图通过拉紧美国平衡"老欧洲"的影响，对欧洲发展独立防务态度消极。在欧洲防务联合是政府间合作还是欧盟领导的问题上，欧洲两个军事大国——英、法两国政策分歧严重。英国认为国防事务应由民族国家主导，赞成政府间防务合作，反对交给像欧盟一样的"超国家"机构。法国期待加强欧盟的军事力量，企图以欧盟为依托强化法国的地位。法国有意建立欧洲的核威慑，但英国和德国都不感兴趣，不愿脱离北约的核威慑。

本书前文"分担负担"部分指出，欧洲国家不愿牺牲经济和民生维持高水平的军费开支。除了军事投入不够，欧洲防务建设还存在一些结构性的痼疾，如军备标准化问题。欧洲盟友竞相保护和发展本国军事工业，为军队装备本国军工企业生产的装备，造成北约武器系统五花八门，损害了装备的标准化，影响同盟联合军事行动的效率。北约盟友每年投入很多资金用于武器研制，但大多是重复研制。欧洲中小国家发展门类齐全的军种在经济上不太现实，需要放弃一些军种，朝专业化方向发展，但个别国家宁愿牺牲效率，也不愿裁撤某些军种和机构。

欧洲旧的地缘政治矛盾被欧洲一体化建设压制和掩盖，但并未完全消失。欧洲各国发展军力可能激发民族主义情绪，重新引燃欧洲大国之间、大小国家之间、小国之间的旧有矛盾和冲突，与维护安全的目标背道而驰。欧洲的军事自主离不开德国的财政和军事支持，但德国的军力增长将引发俄罗斯和法国的担忧。

英国"脱欧"削弱了欧盟的军事实力，有利于加强北约在欧洲安全中的地位。英国不必承担支持欧盟军事行动的义务，只需在北约框架下派遣军舰和军机，执行北约任务。另外，"脱欧"后的英国失去在美欧之间的桥梁角色，不利于美国利用英国对欧盟施加政治影响。

二战结束至今，欧洲国家并未解决"互助"和"自助"的两难，欧洲防务联合仍是对北约的"补充"而不是"取代"北约。欧洲国家围绕军事自主问题的分歧难以弥合，接受美国的安全保护，则要忍受不平等的同盟军事关系。欧洲发展联合防务、追求军事自主面临内部与外部、历史和现实的制约，使欧洲"经济巨人、军事矮子"的状况难有改变。尽管美国仍主导同盟的关键军事能力，但欧洲国家也有自己擅长的领域，美欧价值观一致，欧洲盟友仍有意愿和能力在危机管理、维和领域发挥积极作用。

第六章

从军事同盟到全面的同盟

美国与盟友的关系从军事关系发展为一种全方位的关系。同盟合作产生外溢效应，推动合作从军事领域向政治、经济、科技、人文领域延伸，从军事同盟走向全面的同盟。军事与非军事纽带相互交织，盘根错节，产生了千丝万缕的联系，增强了同盟关系的韧性。在非军事领域，美国同样恩威并施，限制盟友的政策选择，确保同盟在美国设定的轨道上运行。

第一节 认同纽带

美国的同盟可分为西方同盟和非西方同盟。西方同盟以北约为代表，成员国"来自全球两个（美国和欧洲）生产率最高、技术最先进、社会最现代化、经济最繁荣和政治最民主的地区"。[①] 美欧具有共同的身份认同，结成了安全共同体。美国将欧洲视为"我们"的一员，不担心英法拥核，但对于"他者"的伊朗拥核却很担心。非西方同盟成员本身并不是西方国家，但是选择西化和"脱亚入欧"，有的盟友在政治制度、治理模式、国际规则规范上认同西方理念，将现代化等同于西方化。美国盟友对西方的认同程度不一样，有的自诩为"西方一员"，有的只是"西学为体"，借西方之力维护本国利益。

一、西方认同

西方不是一个地理名词，在地图上找不到西方。西方理念的核心原则包括政治自由、有限政府、宗教宽容、科学理性、个人权利，与地理无关。[②]

[①] Zbigniew Brzezinski, "An Agenda for NATO: Toward a Global Security Web," *Foreign Affairs*, September/October, 2009, pp. 9 – 10.

[②] Douglas Porch, "Conflict within Cooperation: Western Security Relations, Past and Present," in William Anthony Hay and Harvey Sicherman, eds., *Is There Still a West: The Future of the Atlantic Alliance*, Columbia and London: University of Missouri Press, 2007, p. 156.

第六章　从军事同盟到全面的同盟

美国政要宣称，西方不以一个地方或一片土地上的国家来界定，任何国家采纳尊重个人自由、经营自由、国家主权的模式，都是西方的一部分。[1] 对西方概念在文明和价值观层面讨论较多，有学者认为，西方文明发轫于欧洲，从古希腊、古罗马、基督教诞生，沿着文艺复兴、宗教改革、启蒙运动、英、美、法的资产阶级革命、工业革命的脉络，一直延续到美国领导的北约，从"柏拉图一路走到了北约"[2]。西方的历史是自由霸权的火炬从雅典传递到罗马、威尼斯、阿姆斯特丹、伦敦，再到目前歇息地华盛顿的历史。[3] 卡赞斯坦认为，西方是多层次的，既包括英美文明，还包括欧洲和美洲的变体，西方文明的来源是希腊—罗马文明和其他文明影响因素的混合。[4] 慕尼黑安全会议发表的报告认为，"西方"从来不是一个单一的概念，而是不同传统的混合体，这一混合体随着时间的推移而变化。对于什么使西方团结在一起这个问题，答案直截了当，即致力于自由民主、人权、市场经济和国际合作。[5] 慕尼黑安全会议报告中的西方概念强调了价值观层面的西方。

亨廷顿依据西方理念的核心原则划定了西方的地理范围，认为西方包括欧洲、北美，加上其他有欧洲人居住的国家，如澳大利亚和新西兰。[6] 美国独立初期与欧洲的认同对立，认为美国是一片充满了自由、平等、机会和未来的土地；欧洲则代表了压迫、阶级斗争、等级制和落后。[7] 美国属于"新世界"，而不是腐败邪恶的"旧世界"；美国是共和政体，欧洲国

---

[1] Michael R. Pompeo, "The West is Winning," February 15, 2020, https://www.state.gov/the-west-is-winning/. （上网时间：2020年4月25日）

[2] David Gress, *From Plato to NATO: The Idea of the West and Its Opponents*, New York: The Free Press, 2004.

[3] Matthew Kroenig, *The Return of Great Power Rivalry: Democracy versus Autocracy from the Ancient World to the U.S. and China*, New York: Oxford University Press, 2020, p. 4.

[4] ［美］彼得·J. 卡赞斯坦主编，魏玲、王振玲、刘伟华译：《英美文明与其不满者：超越东西方的文明身份》，上海人民出版社，2018年版，第275页。

[5] *Munchi Security Report*, 2020, p. 6.

[6] ［美］塞缪尔·亨廷顿著，周琪等译：《文明的冲突与世界秩序的重建（修订版）》，新华出版社，2010年版，第25页。

[7] ［美］塞缪尔·亨廷顿著，周琪等译：《文明的冲突与世界秩序的重建（修订版）》，新华出版社，2010年版，第25页。

美国同盟体系：新时代的旧秩序

家绝大多数是君主制；欧洲国家推行殖民主义，而美国反对殖民主义。美国人将欧洲视为美国的对立面和文化"他者"，信奉的是"美国例外论"。新旧大陆在价值观、政治制度、行为方式等方面截然不同，美国是一个崭新的国家，是对欧洲的否定和超越，代表着人类发展的新方向。[①] 美国远离欧洲纷争，不愿意与欧洲帝国主义、殖民主义沆瀣一气，通过传教、教育和医疗来扩大国际影响。1884年美国一改从不参加欧洲会议的惯例，参加了在德国柏林举办的非洲问题会议，并签署了条约。美国参院认为该条约抹杀了新旧大陆的区别，破坏了门罗主义，1885年取消了该条约。[②] 参与一战使美国增加了对欧洲的理解和认同。二战后美国把实施马歇尔计划和建立北约描述为保卫"西方文明"和"大西洋共同体"、维护美国自身文化存续与国家安全的重要步骤，成功将美国与西欧凝聚成文化、意识形态与安全共同体，最终打造出一个新西方。[③]

美国把理性、自由、民主、宪政、法治、私人财产、个人主义和宗教宽容视为西方的核心理念，宣称这些理念代表着人类历史的发展方向。这一关于西方文明的宏大叙事忽视或有意忽视了美欧历史上与自由和民主的不一致，甚至相对立的史实和观念，包括阶级压迫、殖民掠夺、宗教迫害和种族清洗，以及帝国主义、种族主义和极权主义。[④] 美国将西方的核心理念作为普世价值加以推广，反对共产主义意识形态，认为它对西方国家的生存构成威胁。1950年4月，美国国家安全委员会出台第68号文件称"苏联与先前的那些野心勃勃成为霸权的政权不同"，美国"面临的不仅仅涉及共和国的存亡而且涉及文明自身的存亡"。[⑤]

[①] 王立新："美国国家身份的重塑与'西方'的形成"，《世界历史》，2019年第1期，第1—26页。

[②] ［美］孔华润主编，王琛等译：《剑桥美国对外关系史（上）》，新华出版社，2004年版，第359页。

[③] 王立新："美国国家身份的重塑与'西方'的形成"，《世界历史》，2019年第1期，第21—26页。

[④] 王立新："美国国家身份的重塑与'西方'的形成"，《世界历史》，2019年第1期，第16页。

[⑤] National Security Council Report, *United States Objectives and Programs for National Security*, NSC 68, April 14, 1950, http://digitalarchive.wilsoncenter.org/document/116191.（上网时间：2020年12月20日）

二、同盟与西方认同

自15世纪末地理大发现以来,葡萄牙、西班牙、荷兰、英国、法国、德国、美国争霸征战,西方内部战争频仍。美国学者米德指出,世界上最古老最尖锐的文明冲突是盎格鲁-撒克逊人与欧陆持续数世纪的战争。盎格鲁-撒克逊人和他们的欧陆对手在争执中使用的墨水几乎和溅的鲜血一样多,笔墨之战甚至日益超过真正的战事。① 一战是广义的西方内部的战争,二战也是"西方的内战"。② 二战后美国把英国、法国、德国等老牌欧洲强国纳入西方阵营,与欧洲众多中小国家结盟,与英国自治领加拿大、澳大利亚、新西兰结盟,把四分五裂的西方整合起来,成为西方世界的领导国。

北约是西方国家组成的同盟,成员国具有历史、宗教、文化、人文方面的深层次联系。《北大西洋公约》前言称,缔约国"决心捍卫各国人民所享有的自由、共同传统和文明,并且遵循民主、个人自由和法治的原则"。北约被称为"保护文明的联合",以武力确保"大西洋和平"(Pax Atlantica),③ 是捍卫西方文明的军事机构。基于共同的西方认同,美欧在危机时刻相互支持,美国总统肯尼迪在柏林危机期间到访西柏林,宣称"我们都是柏林人"。"9·11"事件后,法国大报《世界报》发表社论称"我们都是美国人"。对美国人和欧洲人来说,"9·11"事件是对自由的攻击,因而也是对西方的攻击。④ 由于美欧都是西方成员,有学者认为,美欧在伊拉克战争中的分歧在很大程度上是战术性的,甚至是个人的,而不是关于根本价值观的分歧。⑤

---

① [美]沃尔特·拉塞尔·米德著,涂怡超、罗怡清译:《上帝与黄金:英国、美国与现代世界的形成》,社会科学文献出版社,2017年版,第109页。
② [美]塞缪尔·亨廷顿著,周琪等译:《文明的冲突与世界秩序的重建(修订版)》,新华出版社,2010年版,第122页。
③ Timothy Andrews Sayle, *Enduring Alliance: A History of NATO and the Postwar Global Order*, Ithaca: Cornell University Press, 2019, p. 3.
④ Michael Kimmage, *The Abandonment of the West: The History of an Idea in American Foreign Policy*, New York: Basic Books, 2020, p. 272.
⑤ Douglas Porch, "Conflict within Cooperation: Western Security Relations, Past and Present," in William Anthony Hay and Harvey Sicherman, eds., *Is There Still a West: The Future of the Atlantic Alliance*, Columbia and London: University of Missouri Press, 2007, p. 157.

美国同盟体系：新时代的旧秩序

基于意识形态差异，美欧将苏联及东欧社会主义国家放在西方的对立面。尼尔·弗格森持不同的观点，认为苏联是一个西方国家，是统治亚洲大片土地的最后一个欧洲帝国。将苏联称作"东方"的自负理念是在冷战期间被提出的。[1] 东欧国家从历史、文化来说，属于欧洲文明，是西方的一部分。沙俄帝国是欧洲的强国，苏联及后继的俄罗斯也认为自己属于欧洲文明，叶利钦执政初期欲以"西方一员"身份参与欧洲安全事务。[2] 冷战结束后，美欧通过北约东扩和欧盟东扩，将西方的自由民主标准向东欧国家扩展，扩大了西方的地理范围。

美国同盟体系成员国不仅包括西方国家，还包括拉美、亚太、中东地区国家。有的成员国近代以来与西方深度互动，深受西方影响；有的成员国曾是欧洲国家的殖民地和势力范围，独立后延续殖民统治时期的政治经济制度，仍与前宗主国联系密切。

中东和北非地区受到西方文明和伊斯兰文明的交替影响。古希腊、古罗马时期，西方统治环地中海地区。公元前4世纪，马其顿国王亚历山大东征，建立了一个西起希腊、马其顿，东至印度河流域，南到埃及，北至中亚、黑海的大帝国，东西方文明相互碰撞，中东、南亚、中亚受到希腊化影响。公元前3世纪以来，古罗马在环地中海地区征战扩张。公元元年前后，罗马帝国将东起幼发拉底河、南至撒哈拉沙漠、西至大西洋、北抵多瑙河的领土纳入，当今的中东大部分地区受到罗马帝国及后来的拜占庭帝国的统治。

7世纪伊斯兰教兴起，西方文明与伊斯兰文明既有合作又有竞争，在交流交战中留下许多共有的文化遗产。阿拉伯帝国强盛时疆域西起大西洋、东至中国边界、南至尼罗河、北到黑海和里海南岸，形成横跨欧、亚、非三大洲的大帝国。欧洲封建诸侯联合意大利的城市共和国多次发动"十字军东征"，占领中东部分地区。14世纪奥斯曼帝国兴起，向西征服巴尔干半岛及多瑙河流域，这些地方成为帝国的人口和财富中心。奥斯曼帝国横跨欧、亚、非三大洲，对东地中海的控制迫使西欧国家寻找到达东方

---

[1] [英]尼尔·弗格森著，米拉译：《西方的衰落》，中信出版社，2013年版，第5页。

[2] 中国现代国际关系研究院美欧研究中心编：《北约的命运》，时事出版社，2004年版，第148页。

第六章　从军事同盟到全面的同盟

的新航线。18世纪奥斯曼帝国开始衰落，成为"欧洲病夫"，中东地区陆续沦为西方的殖民地和势力范围。拿破仑入侵埃及后的一个半世纪里，大部分阿拉伯领土受到欧洲大国的控制和影响，北非沦为法国、英国、意大利的殖民地，波斯湾地区沦为英国的保护国，一战后奥斯曼帝国的阿拉伯地区成为英法的托管地，英国扶植沙特、伊拉克、约旦建国，法国把持黎巴嫩、叙利亚内政外交。奥斯曼帝国饱受西方列强欺辱，1923年诞生的土耳其是穆斯林人口占多数的国家，但立国方向却是西化，吸收欧洲文明，谋求融入欧洲。土耳其国父凯末尔的目标是通过现代化、工业化和世俗化改革，使土耳其成为一个"西方"国家和"欧洲"国家，[1]这为土耳其加入北约提供了一定的思想基础。欧盟拒绝土耳其的入盟申请，西化受挫，伊斯兰化重新受到青睐，但土耳其并未退出北约，伊斯兰化与西化势力相互撕扯。

葡萄牙、西班牙、荷兰、英国、法国在亚太地区建立殖民地，美国后来居上，打败西班牙、殖民菲律宾，接着打败本地区的强国日本。二战后西方殖民体系瓦解，欧洲国家在亚太地区的影响消退，美国站稳脚跟，填补英国、法国、荷兰殖民势力溃退的空白，与亚太地区国家建立同盟，维持西方的影响。日本从地理、人种、宗教、文明等方面都不属于西方，明治维新后"脱亚入欧"，借鉴西方国家的现代化经验富国强军，二战后确立"西方一员"的身份，加入了西方阵营。美国占领朝鲜半岛南半部，扶持建立韩国，令韩国在"亚洲国家"身份之外，多了一层对西方的身份认同。

二战后亚非国家摆脱殖民统治，西方国家直接统治的地理范围大大缩小，但是西方几百年殖民统治的影响尚未根本消除。美国同盟体系吸收了世界上最富裕的西方发达国家加入，也吸收了一些深受西方影响的国家加入。对于摆脱西班牙、葡萄牙殖民统治的拉美国家，美国宣示门罗主义，将拉美地区纳入势力范围，提供免受西半球以外国家威胁的安全保证。美国与中东、亚太地区部分国家结盟，同盟体系成员国超越了西方范围。

---

[1] James A. Kuhlman, et al. *Strategies, Alliances, and Military Power: Changing Roles*, U. S. Army War College, 1977, p. 155；[英] E. H. 卡尔著，徐蓝译：《两次世界大战之间的国际关系1919—1939》，商务印书馆，2009年版，第184页。

三、西方认同面临挑战

苏联威胁的消失削弱了西方的凝聚力,"西方的内部分歧暴露出来"①,西方从一个统一性的理念变成一个分裂性的或消失的概念。② 处于"单极时刻"的美国推动经济全球化和普世价值观,随着经济全球化的高歌猛进,地球村、同舟共济的概念流行开来,出现了大国合作反恐和应对国际金融危机挑战的局面。

经济全球化并未带来美国理念的全球化,美国所期望的民主国家一统天下的"历史终结"并未出现,受到阿富汗战争和伊拉克战争的长期消耗、国际金融危机及新冠病毒感染疫情的接连打击,西方资本主义模式遭遇危机,以美欧为代表的西方实力和国际影响力下降,西方本身面临挑战。美欧国家内部人口构成的变化冲击着这些国家的认同。从美国看,来自世界各地的移民改变美国的种族构成,黑人及其他族裔与盎格鲁-撒克逊白人清教徒(WASP)存在认同差异,种族多元化揭示美国自身"非西方"的一面。从欧洲看,由于欧洲的人口出生率下降,北非、中东地区的穆斯林移民欧洲,人口出生率高的穆斯林正在改变欧洲的面貌。对于西方面临的挑战,西方国家的民族主义者强调西方种族、文化、宗教的独特性,认为西方正受到宗教和文化背景不同的"外来者"威胁,反对政治正确、多元化、赋权女性和外来移民。自由主义者没有那么担心移民或社会变革带来的威胁,更关注维护西方价值观和民主制度,防范外部势力渗透。自由主义者担心西方内部出现"非自由"势力,充当外国"非自由"势力渗透的"特洛伊木马"。③ 慕尼黑安全会议报告认为,如果一些盟友的行为像"东方",那么保卫"西方"也很困难。北约面临的最大危险既不是其他大国的崛起,也不是其周边地区的不稳定,而是"非自由主义的崛起"和西方集体认同的不稳定。④

---

① Owen Harries, "The Collapse of 'the West'," *Foreign Affairs*, Vol. 72, September/October, 1993, pp. 41 – 53.

② Michael Kimmage, *The Abandonment of the West: The History of an Idea in American Foreign Policy*, New York: Basic Books, 2020, p. 19.

③ *Munchi Security Report*, 2020, pp. 6 – 10.

④ *Munchi Security Report*, 2020, p. 10.

第六章　从军事同盟到全面的同盟

在大国竞争背景下，美国重新诉诸西方团结，联合志同道合的国家应对非西方国家的挑战。在《大西洋宪章》发表80年后，2021年6月，美国总统拜登与英国首相约翰逊签署《新大西洋宪章》，重申民主和开放社会的原则和制度，致力于维持国际合作、遵守国际法律和规范，坚持主权、领土完整、和平解决争端原则，维护集体安全和国际稳定，建设包容、公平、气候友好、可持续、基于规则的全球经济。1941年美英签署的《大西洋宪章》推动建立世界反法西斯统一战线，引领战后国际秩序的构建。美国生搬硬套《大西洋宪章》，重构"民主与专制"叙事，谋求重组国际统一战线，维护西方的优势地位和"自由主义国际秩序"。

第二节　价值观纽带

国家"物以类聚"，民主国家倾向于与民主国家结盟，[①] 民主国家的同盟比非民主国家的同盟更长久。[②] 价值观一致意味着共同的威胁消失后，同盟也可以延续下去。美国与价值观相同的盟友关系更亲近。美国并不讳言同盟的价值观基础，1990年美国《国家安全战略》报告宣称，将美国与欧洲、亚洲及其他地区盟友维系在一起的是一种共同的价值观，这种价值观是"由英国《大宪章》、美国《独立宣言》和《权利法案》、《人权和公民权宣言》、《联合国宪章》、《世界人权宣言》和《赫尔辛基最后文件》塑造的"[③]，"即使欧洲的军事对抗戏剧性地消失，这些民主盟友的自然伙伴关系将继续下去，因为其基础是它们的道德和政治价值观"[④]。对于特朗

[①] Randolph M. Siverson and Juliann Emmons, "Birds of a Feather: Democratic Political Systems and Alliance Choices in the Twentieth Century," *Journal of Conflict Resolution*, Vol. 35, No. 2, 1991; Brian Lai and Dan Reiter, "Democracy, Political Similarity, and International Alliances, 1816 – 1992," *Journal of Conflict Resolution*, Vol. 44, No. 2, 2000, pp. 203 – 227.

[②] D. Scott Bennett, "Testing Alternative Models of Alliance Duration, 1816 – 1984," *American Journal of Political Science*, Vol. 41, No. 3, 1997, pp. 846 – 878; Kurt Taylor Gaubatz, "Democratic States and Commitment in International Relations," *International Organization*, Vol. 50, No. 1, 1996, pp. 109 – 139.

[③] The White House, *National Security Strategy*, March, 1990, p. 1.

[④] The White House, *National Security Strategy*, March, 1990, p. 10.

· 275 ·

美国同盟体系：新时代的旧秩序

普政府指责德国军费投入少，德国外长海科·马斯在承诺加大军费投入的同时，批评美国只看军费开支数字的做法，称"北约首先是一个价值观同盟"①，正是因为价值观契合，美欧才不会轻易地"一拍两散"。

一、价值观同盟

美国第二任总统托马斯·杰斐逊提出建立一个"自由帝国"（Empire of Liberty），将美国的价值观推广到美洲大陆和全世界。美国构建同盟体系、在世界其他国家和地区输出美国价值观，是构建"自由帝国"的一部分。美国推崇和倡导自由、民主、平等、公正、自治、法治、人权等理念，其中核心理念是"自由"，"以'自由'为核心的意识形态是美国的立国之本，通过《独立宣言》、美国宪法、《权利法案》、《联邦党人文集》等经典著作化为文本"。② 建国 200 多年来，美国一以贯之地遵循其基本理念。特朗普总统称，美国捍卫的核心权利和价值观都见诸于美国的建国文件。③ 2017 年《国家安全战略》报告称，《独立宣言》和《权利法案》中阐述的美国核心原则包括个人自由、自由企业、平等的法律地位以及所有人的尊严，构成了美国特性的核心。④

美国对其理念高度自信，自认为其价值观和社会制度最优越，放之四海而皆准，将美国价值观等同于普世价值观，适用于世界所有国家。这种优越感与基督教"救世主"教义浑然一体，使得美国自诩为尘世间的"理想国"、独一无二的"山巅之城"、指引全世界前进的"灯塔"，于是捍卫和推广输出这些理念成为美国义不容辞的道德责任。美国《国家安全战

---

① Matthew Karnitschnig, "NATO's Germany Hatefest: Donald Trump Uses Alliance Anniversary Event to again Shame Berlin on Defense Spending," April 5, 2019, https://www.politico.eu/article/nato-germany-hatefest-defense-spending-row-donald-trump/.（上网时间：2020 年 12 月 20 日）

② 王缉思："美国霸权的逻辑"，《美国研究》，2003 年第 3 期，第 11 页。

③ "Remarks by President Trump to the 74th Session of the United Nations General Assembly," September 24, 2019, https://www.whitehouse.gov/briefings-statements/remarks-president-trump-74th-session-united-nations-general-assembly/.（上网时间：2020 年 4 月 25 日）

④ The White House, *National Security Strategy of the United States*, December, 2017, p. 41.

第六章 从军事同盟到全面的同盟

略》报告等战略文件一再重复"灯塔说",称美国是"民主和人权的灯塔""全世界人民希望的灯塔""自由和机遇的灯塔"①,政要讲话也毫不掩饰地宣传美国理念和制度的优越性。特朗普总统称,美国"无论在国外还是在国内,都必须持续地捍卫和保障自由与民主"②;彭斯副总统称美国的价值观"符合美国和全球利益",是"最佳的政府模式"③;蓬佩奥国务卿称,"自由的国家比人类文明史上尝试过的其他模式的国家都更成功"④。

美国人眼中的世界一直就有两个,以美国为代表的"自由世界"和以美国的敌人为代表的"邪恶世界",美国的使命就是"捍卫自由世界"和"消灭邪恶势力",灰色地带是不存在的。⑤ 面对理念不同的竞争对手,美国总是将自己包装为正义的一方,而将对手污名化,透过黑与白、光明与黑暗、善与恶、文明与野蛮、"不是支持我们、就是反对我们"的二分法抹黑对手。威尔逊总统宣称美国参加一战是为了民主安全,强调德国是全人类的敌人。⑥ 美国国务卿鲁特将一战称作"基督教文明原则与异教残忍行为和野蛮武力原则之间的伟大战争"。二战时期,美国反对法西斯暴政,罗斯福总统称美国要成为"民主国家的兵工厂"。杜鲁门总统认为"拯救世界于极权主义之中"的唯一出路是"全世界都采用美国体系",而美国

---

① The White House, *National Security Strategy of the United States*, August 1991, p. 9; *A National Security Strategy of Engagement*, February, 1995, p. iii; *National Security Strategy of the United States*, May, 2010, p. 2; *National Security Strategy of the United States*, December, 2017, p. 41.

② "Remarks by President Trump to the 74th Session of the United Nations General Assembly," September 24, 2019, https://www.whitehouse.gov/briefings-statements/remarks-president-trump-74th-session-united-nations-general-assembly/.(上网时间:2020年4月25日)

③ "Remarks by Vice President Pence at the Frederic V. Malek Memorial Lecture," October 24, 2019, https://www.whitehouse.gov/briefings-statements/remarks-vice-president-pence-frederic-v-malek-memorial-lecture/.(上网时间:2020年8月24日)

④ Michael Pompeo, "The West Is Winning," February 15, 2020, https://www.state.gov/the-west-is-winning/.

⑤ 王缉思:"美国霸权的逻辑",《美国研究》,2003年第3期,第12页。

⑥ [美]沃尔特·拉塞尔·米德著,涂怡超、罗怡清译:《上帝与黄金:英国、美国与现代世界的形成》,社会科学文献出版社,2017年版,第47页。

美国同盟体系：新时代的旧秩序

体系"只有成为世界体系才能幸存下来"。① 艾森豪威尔总统用"十字军东征"形容反法西斯和反共斗争。② 里根总统称苏联为"邪恶"帝国，小布什总统用"十字军东征"来讨伐恐怖主义，将伊朗、伊拉克和朝鲜称为"邪恶轴心"，称伊斯兰激进主义为"黑暗的意识形态"。美国的自由民主理念与基督教正义战争论混杂在一起，认为美国的选择代表全人类前进的方向。

美国将与苏联的较量称之为"自由"与"暴政"的历史性较量，将反恐战争称之为"自由"和"暴政"的斗争。特朗普政府故伎重演，将欧洲在中美之间的选择歪曲为在"自由"和"暴政"之间的选择。③ 美国将冷战的胜利视为自由民主制度的胜利，排斥任何削弱美国优越感和自信心的制度模式。

北约是价值观同盟，在北约缔约谈判过程中，美欧双方一致承认，北大西洋公约组织远不只是一种军事、政治联合，同时还是一种政治、思想与意识形态联合。④ 部分亚太同盟也是价值观同盟，美日、美韩、美澳发表的双边共同声明称赞同盟反映了"尊重自由、民主和人权的共同价值"，美日两国"不仅要反对共同的威胁，而且要推进核心的普世价值，如自由、人的尊严和人权、民主、市场经济和法治"。⑤ 共同的价值观驱使美国和盟友在地区和国际多边机构协调一致，将民主人权理念贯穿于解决地区热点问题、维持国际和平与安全的过程。

---

① ［英］尼尔·弗格森著，李承恩、相蓝欣译：《巨人》，中信出版社，2013 年版，第 53 页。

② 艾森豪威尔二战回忆录用的标题是《在欧洲的十字军东征》（Crusade in Europe）。1952 年接受共和党总统候选人提名时，艾森豪威尔表示要领导反共的"十字军东征"。参见 Michael Kimmage, *The Abandonment of the West*: *The History of an Idea in American Foreign Policy*, New York: Basic Books, 2020, p. 4.

③ Michael R. Pempeo, "Europe and the China Challenge," June 19, 2020, https: // www. state. gov/secretary – michael – r – pompeo – at – the – virtual – copenhagen – democracy – summit/. （上网时间：2020 年 7 月 30 日）

④ 许海云：《北大西洋公约组织》，社会科学文献出版社，2021 年版，第 50 页。

⑤ "The Japan – U. S. Alliance of the New Century," June 29, 2006, http: // www. mod. go. jp/e/ d_act/us/dp15. html. （上网时间：2018 年 5 月 7 日）

第六章　从军事同盟到全面的同盟

二、价值观同盟的虚实

价值观并非美国结盟的必要条件。美国从反苏反共出发，与实行独裁统治的国家结盟，所谓的"自由世界"国家并不自由。在北约缔约谈判中，对是否接纳萨拉查独裁统治下的葡萄牙存在争论。荷兰、比利时等国认为葡萄牙加入会削弱大西洋联盟的民主制度，美国力排众议吸纳葡萄牙为北约创始国。美国看重葡萄牙的战略和军事价值，特别是亚速尔群岛的重要地理位置，为美国提供了掌控北大西洋的海空基地。葡萄牙参加了马歇尔计划，对苏联和共产主义意识形态表现出强烈的排斥与反对。更重要的是，葡萄牙积极支持美国建立大西洋防御安全体系的设想，甚至毫无保留地同意美国驻军并建立军事基地。① 西班牙佛朗哥政权不仅是独裁政权，而且二战期间与德国、意大利两个轴心国关系密切，战后处境孤立。美国没有吸纳西班牙为正式成员，但从反共需要出发与西班牙复交，向佛朗哥政权提供军事援助，缔结双边事实同盟。北约成立之初，英国、法国、荷兰、比利时、葡萄牙还是殖民主义国家，没有在殖民地建立民主政治，犯下的殖民主义暴行罄竹难书，这并未妨碍美国与其结盟。

美国对占领国进行民主改造，美国占领日本7年、占领德国10年，对其民主改造广泛深入，有效防止了两国日后"复仇"。美国在日本推行民主改革，解散财阀、审判战犯、制定"和平宪法"，但是在美苏冷战开启后，美国对日本民主改造中断，转向扶植日本，将日本打造为远东地区的反共防波堤。美国对德国实行"去纳粹化、去卡特尔化、去军事化"，审判战犯，打破大公司的垄断地位，打倒发动战争的经济基础，这一民主改造政策也因冷战而调整，美国利用德国的经济力量来对抗苏联，停止解散大公司、重新武装德国。美军占领伊拉克后，小布什总统表示，美国不会留下驻军，只留下宪法和议会。美国趁势推出"大中东民主计划"，试图在中东地区推进美式民主。

在拉美、亚太、中东地区，美国支持独裁政权。韩国李承晚、朴正

---

① 许海云：《锻造冷战联盟——美国"大西洋联盟政策"研究（1945—1955）》，中国人民大学出版社，2007年版，第278页；[美]布莱恩·J.科林斯著，唐永胜、李志君译：《北约概览》，世界知识出版社，2013年版，第5页。

美国同盟体系：新时代的旧秩序

熙、全斗焕政权、菲律宾马科斯政权、智利皮诺切特政权、南非白人种族隔离政权、拉美地区右翼独裁政权、阿拉伯专制君主国家等，都获得了美国的大量军事援助。美国袒护希腊、土耳其、韩国、菲律宾、泰国以及拉美地区通过军事政变上台的政权，对有关政权倒行逆施、侵犯人权和扼杀言论自由的行为听之任之。对于韩国民主运动，美国虽然口头支持民主人权，但默许韩国全斗焕政府调动军队镇压光州民主化运动。

苏联解体后出现了新一波民主化浪潮。美国以北约东扩为抓手，既推进地缘政治利益、填补安全真空，也推动东欧国家的民主转型、扩大民主国家共同体的范围。北约多轮扩张，吸收的成员国绝大部分是中小国家，像波罗的海三国、黑山、北马其顿，国小人少，对增进北约军事实力贡献有限，更多是价值观同盟的扩大。北约在波黑和科索沃的干涉并非成员国的安全受到直接威胁，而是干涉塞尔维亚内政，实践"人权高于主权论"。

土耳其、匈牙利和菲律宾都是美国的条约盟友，对于多次赢得大选的土耳其埃尔多安政权、匈牙利欧尔班政权，以及菲律宾杜特尔特政权，美国批评这些强人政权侵犯人权、压制国内公民社会。2016年7月，土耳其发生未遂军事政变，埃尔多安政府指控居住在美国的土伊斯兰学者居伦为"幕后黑手"，要求美国予以遣返，被美国拒绝，美土关系产生嫌隙。2021年12月拜登政府召集首次全球民主峰会，邀请100多个国家参加，但未邀请土耳其、匈牙利、菲律宾等国的领导人。

美国指责土耳其、沙特、埃及等地区盟友的人权状况，但人权问题不足以影响同盟关系大局。海湾君主国人权状况普遍糟糕，与美国缺乏共同的价值观，但人权问题并未妨碍同盟安全合作。与军人执政和独裁统治相比，美国更不愿意伊斯兰势力掌权，担心通过选举上台的伊斯兰势力退回到政教合一的统治，像伊朗那样鼓动反美主义。"阿拉伯之春"期间，美国对巴林、沙特等君主专制国家镇压示威反应温和，对埃及军方罢黜有"穆斯林兄弟会"背景的民选领导人，美国并未以军事政变为由中断对埃及的援助。

第六章 从军事同盟到全面的同盟

第三节 政治纽带

美国与盟友之间政治关系密切，分歧和摩擦也是常态。在涉及主权和安全、对第三国政策上，有时同盟矛盾异常尖锐，维持同盟团结很困难。

一、密切的政治关系

美国与盟友建立了全方位、机制化的联系，保持高层交往，互通重要信息。北约成员国利用峰会、部长级会议、北大西洋理事会等机制协调政策，发表共同声明，宣示一致立场。1957年12月北约首次峰会前夕，苏联发动外交攻势，对北约成员国雪片般地发送信件，提出暂停核试验、放弃使用核武、建立欧洲无核区、北约和华约签署互不侵犯条约等主张，北约成员国在北约总部举行磋商，起草对苏联的回复。① 北约领导人访问苏联、东欧或中国前后，经常通过北约机制或双边渠道共享访问印象和信息，在涉及同盟安全的问题上交流看法。② 美国和盟友各自的新政府上台后，也会率先与对方通话。美国新政府上台后的"电话外交"一贯是盟友优先，总统、国务卿、国防部长、国家安全顾问、财政部长等政要的首批通话通常打给盟友。美国新总统的通话顺序一般是欧洲盟友优先，率先跟欧洲盟友通话，或者跟加拿大、墨西哥领导人通话，然后再跟亚太和中东盟友通话。总统及内阁成员的首次外访也是盟友优先，通常是北约盟友优先，从访问加拿大或欧洲开始。个别时候也有变化，比如特朗普总统首次外访行程罕见地将沙特排在第一位，然后再访问欧洲。特朗普此举得到回报，沙特高规格接待，并宣布了军购大单，令推销军火的特朗普满载而归。美国对外战略日益重视亚太地区，内阁成员将亚太盟友作为首个外访对象国。奥巴马总统第一任期的国务卿希拉里·克林顿首次出访对象国为日本，这是时隔近半个世纪后，美国国务卿再次将日本作为首访对象。特朗普政府的国防部长马蒂斯首访目的地也是日本。拜登政府将日本确定为

---

① *The North Atlantic Treaty Organization: Facts and Figures*, NATO Information Service, 1989, p. 53.

② *The North Atlantic Treaty Organization: Facts and Figures*, NATO Information Service, 1989, p. 193.

美国同盟体系：新时代的旧秩序

内阁高官首访对象，且派遣国务卿布林肯和防长奥斯汀联袂访日，折射了美国重视日本的战略地位。

美国新政府接待的来访政要同样是盟友优先，一般是加拿大、墨西哥两个邻国和欧洲盟友优先，但是亚太盟友捷足先登已成常态。小布什总统第一任期接待的首位外国政要是韩国总统金大中，奥巴马总统接待的首位外国领导人是日本首相麻生太郎。盟友为了成为美国新政府的首位座上宾暗自铆劲。特朗普政府上任后，英国和日本首相都想率先访美，特朗普决定"女士优先"，让英国首相特雷莎·梅成为首位来访的外国领导人。美国通常选择盟友发表新政府的地区政策，比如小布什、奥巴马在日本发表亚洲政策演讲。

对许多国家来说，美国是其唯一的盟友，与美国的关系是最重要的双边关系，远大于盟友对美国的重要性。盟友新领导人上任后首次电话、外访通常为美国，这是拜见"盟主"的通常做法。日本首相就职后将美国作为首访对象，但也有个别例外，比如2006年接替小泉纯一郎担任首相的安倍晋三首访对象为中国，当时中日关系在小泉纯一郎任内陷入新低，美日关系则达到新高度，安倍晋三有意借访华修补陷入低谷的中日关系。2020年9月菅义伟出任首相，美国国内总统大选选情胶着，于是首访东南亚。韩国的亲美情绪浓厚，无论是进步势力还是保守势力执政，都将对美关系放在首位，总统外访的第一个国家雷打不动的是美国。

美国与盟友高层交流顺畅，保持高频次的沟通和协调。北约建立了峰会、防长会议和外长会议机制，确保美国总统、防长和外长每年访问欧洲大陆，与欧洲盟友举行面对面的会晤。美国高官参加北约会议时通常顺访其他盟友。北约成员国众多，访美的北约盟友络绎不绝。美国与亚太盟友建立了各层级机制化的交流，在双多边场合保持密切沟通，如2017年1月特朗普就任总统到2020年8月底安倍晋三首相辞职，美日领导人会谈共51次，其中14次为一对一会谈。美国与盟友之间的经常性沟通有助于及时消除误会，防止对手分化同盟。各层级官员的密切接触增加了相互了解，织密了两国关系网络，增加了同盟关系的抗压性。美国在起草战略文件过程中征求盟友意见，盟友竭力塞进本国私货。1994年底克林顿政府将亚太战略报告草稿提交给日本，征求日本意见，也向韩国、澳大利亚和菲

第六章　从军事同盟到全面的同盟

律宾作了简报。① 美国发表《国家安全战略》《核态势评估》等报告之前，也征求欧洲、亚洲盟友的意见和建议。

美国与盟友保持密切的人文联系，与许多盟友相互免签证，便利了人员往来。美国设立了各种名目的学生、学者交流项目，对盟友开展公共外交，一些美国大学接受盟友学生或在盟友设立分校。二战后美国利用剩余的战略物资资金，设立富布赖特交流项目，为访美的学者、研究人员、学生提供资助。美国组建"和平队"，为参加海外志愿活动的美国人提供培训，促进受援国更好地理解美国，在互动中增加美国人对世界的了解。盟友中的一些精英都选择在美国或其他西方国家受教育，比如海湾国家的王子和公主在美欧接受高等教育，一些美国大学在海湾国家设立分校。沙特政府机构和企业的中层和高层管理人员、专业技术人员，以及高等院校的教师，基本上都接受过美国的高等教育。②

北约建立了议员大会，促进成员国相互理解，成员国和伙伴国都派代表参加，每年举行40多次活动。③ 北约议员大会仿照各国议会职能，监督北约决策，增加北约的民意基础。北约还建立了北约协会及其附属机构——青年北约协会，在各成员国、伙伴国建立分会，促进普通公众、年轻一代对北约目标和活动的了解，支持北约的价值观，促进成员国之间的政治家、外交官、学者、记者、工商界等人士的交流。美国与其他盟友间交流广泛，在州和地方政府一级与盟友省市缔结姐妹省州和城市关系。

美国与盟友联合救灾，密切同盟关系。2011年3月11日，日本发生大地震，驻日美军紧急动员，出动2.4万人、189架飞机和24艘海军船只，④ 大规模的救援行动让日本民众第一次亲眼目睹了驻日美军的作用。美国核安全管理委员会派遣50多名专家帮助日本应对福岛核电站事故，确保日本核电站安全。奥巴马总统与日本首相菅直人通话表示慰问，并赴日

---

① Yoich Funabashi, *Alliance Adrift*, New York: Council on Foreign Relations Press, 1999, p. 264, p. 266.
② 高祖贵:《美国与伊斯兰世界》, 时事出版社, 2005年版, 第331页。
③ NATO Public Diplomacy Division, *NATO Encyclopedia 2019*, December, 2019, p. 388.
④ Sheila A. Smith, *Japan's New Politics and the U. S. - Japan Alliance*, Council on Foreign Relations, July, 2014, p. 14.

美国同盟体系：新时代的旧秩序

本驻美国使馆吊唁。副总统拜登、国务卿希拉里·克林顿、防长帕内塔、参联会主席马伦等高官相继访日，给日本加油打气。美国还联合其他西方国家共同干预汇市，帮助稳定日元，在日本民众中拉抬了好感。

二、同盟政治分歧

美国同盟体系并非铁板一块，同盟内部危机迭起。从英法侵略埃及的苏伊士运河危机、法国退出北约军事一体化、新西兰拒绝美国军舰入港，到法德两国反对美国发动伊拉克战争，再到美国特朗普政府粗暴敲打盟友，同盟关系跌宕起伏。

有时美国与盟友的摩擦冲突激烈，同盟濒临解体。即使如英国这样最亲密的盟友也曾与美国发生冲突。英国对美国肢解英帝国特惠关税制、撇开英国打造布雷顿森林体系机构不满，对英美国际地位的逆转无可奈何。埃及领导人纳赛尔宣布苏伊士运河收归国有沉重打击了英国威望，英国、法国伙同以色列，背着美国策划实施了对埃及的军事打击行动。美国担心英法军事行动扩大苏联在中东的影响，对英国施加经济压力，英镑危机浮现，内外交困的英国首相艾登被迫辞职，英美特殊关系遭遇危机，北约团结受到重创。苏伊士运河危机是英美关系遭遇的最大危机，北约面临解体风险。在波黑问题上，美英一度分歧严重。英国对波黑冲突态度谨慎，既反对美国对波黑塞族发动空中打击，也反对美国单方面取消对波黑的武器禁运。

美国与法国、德国围绕是否对伊拉克动武的问题，观点尖锐对立。美国主张对伊拉克发动先发制人的打击，实行政权更迭；欧洲盟友认为通过武器禁运、设立禁飞区、空袭等手段就可以达到目标，法国、德国带头反对动武。美国动员其他盟友反对法国、德国，2003年1月30日，英国、西班牙、意大利、葡萄牙、丹麦、波兰、匈牙利、捷克八国发表公开信挺美。2月5日，十个中东欧国家签署公开信再次支持美国对伊拉克动武。法国、德国反对未能阻止美国发动伊拉克战争，但引发了北约危机。

同盟面临的大部分问题未升级为同盟危机，但这些问题日积月累、反复出现，考验同盟团结。冲击同盟关系的问题可分为几类：平等问题、历史问题、盟友纠纷、美国和盟友各自政府更迭带来的冲击等。

第六章　从军事同盟到全面的同盟

平等问题高度敏感。美国宣称其是"平等国家自愿联合的领导者",[①]但盟友与美国实力差距悬殊,"美主盟从"是美国与盟友不平等关系的一种现实写照,美国以强凌弱、以大压小的做法屡见不鲜。对盟友来说,平等意味着美国尊重盟友的主权。新美日安保条约删除了旧约中美军镇压日本内乱、禁止第三国驻军的条款,体现了美国对日本主权的尊重。有的盟友积极争取与美国修改驻军地位协定,迫使美国取消了损害盟友司法主权的条款。

平等意味着美国与盟友相互尊重,在重大问题上充分磋商。北约决策实行协商一致,但盟友抱怨美国要么与其磋商不充分,要么绕开行事。只要任何一个盟友感到美国没有与自己充分磋商,或者对自己的观点没有给予足够的支持,怨恨情绪就会产生,并构成紧张与压力的根源。[②] 法国戴高乐政府认为北约的决策由美英把持,提出了平等分享北约领导权的要求,以受到不平等对待为由退出北约军事一体化。戴高乐政府还批评美国没有与北约盟友磋商就升级越南战争,损害了北约在不结盟国家的形象,削弱了"自由世界"的道德立场。[③] 德国施密特政府抱怨美国对苏联的反应不可预测,出台措施之前不与盟友磋商。[④] 在空袭波黑塞族问题上,盟友抱怨美国"先斩后奏",将波黑和平谈判的地点从欧洲转移到美国,由美国掌控谈判全局;在北约东扩这一重大问题上,欧洲盟友抱怨美国协商不够;拜登政府从阿富汗匆忙撤军,北约盟友不满美国撇开盟友单独行动。

在其他同盟中同样存在美国与盟友缺乏协商的问题,尼克松总统派遣国家安全顾问基辛格访华、接着对华展开"破冰之旅",令追随美国反华政策的日本佐藤荣作政府黯然下台。韩国一再抱怨美韩协商更多是美国做

[①]　The White House, *National Security Strategy*, January, 1987, p. 20.

[②]　[美]阿诺德·沃尔弗斯著,于铁军译:《纷争与协作:国际政治论集》,世界知识出版社,2006年版,第187页。

[③]　Lawrence S. Kaplan, *NATO and the UN: A Peculiar Relationship*, Columbia, Missouri: University of Missouri Press, 2010, p. 85.

[④]　Lawrence S. Kaplan, *NATO and the UN: A Peculiar Relationship*, Columbia, Missouri: University of Missouri Press, 2010, p. 108.

美国同盟体系：新时代的旧秩序

决定后对韩国下达"通知"，而不是双方共同"协商"决定。① 盟友提出美国做决定时需要与盟友更多协商，1996年4月14日，日本首相桥本龙太郎会见美国防部长佩里时表示，美国一定不能认为"日本只是充当一个沉默的伙伴"。② 不同盟友的平等诉求不一样，同一个盟友不同时期的平等诉求也不同。

同盟存在战略重要性、亲疏性差异，美国对盟友的安全保护条款、提供的安全援助和军售待遇不同。即使同是北约成员，美英是"特殊伙伴关系"，美国对英国转让核技术，却拒绝转让给法国，法国不满美国没有对英法两国一视同仁。美国对北约内部大盟友和小盟友的待遇不同，在核威慑上忽视小盟友，引发其不满。对韩国来说，平等就是和日本享有一样的待遇。在军售、军事技术转让、驻军地位协定、访问次序等问题上，韩国不满其获得的待遇低于日本。美国政要访问东亚，通常安排是日本在前、韩国在后，韩国媒体对此常发牢骚。美国政要偶尔将访韩排在访日之前，以安抚韩国。存在类似争斗的国家还包括希腊和土耳其，希腊要求获得和土耳其一样的援助待遇。

美国认为各国主权一律平等，否认对盟友的不平等待遇，提出"对等"（reciprocal）要求回应盟友的平等诉求，要求盟友承担更大的责任，对美国的付出做出同等的回报。有的盟友通过军购来源多样化、减少对美安全依赖来追求平等地位；有的盟友通过加强对美国合作的方式推进平等和自主。日本小泉政府推行"世界中的美日同盟"路线，采取前所未有的措施配合美军在阿富汗、伊拉克的军事行动和重建，参与"防扩散安全倡议"多国海上演习。日本"借船出海"，借助与美国的同盟关系推进政治大国化，在对美关系中争得了更大发言权。

日本鸠山政府的平等诉求却遭到美国的打压。2009年9月，日本民主党领导人鸠山由纪夫出任首相，提出建立"紧密而平等"的对美关系。2009年11月，奥巴马总统在亚洲政策演讲中，特意援引艾森豪威尔总统会见日本首相的发言，称美日关系是基于"平等和相互理解"的伙伴关

---

① Norman Levin, *Do the Ties Still Bind? The U.S. – ROK Security Relationship After 9/11*, RAND, 2004, p. 19.

② Yoichi Funabashi, *Alliance Adrift*, New York: Council on Foreign Relations Press, 1999, p. 81.

系，回应鸠山政府的平等诉求。鸠山政府的平等诉求并非质疑美日同盟，而是要求美国平等对待日本，这一要求引起美国对鸠山政府的排斥，同盟关系跌入冰点。在2009年12月的哥本哈根气候峰会上，奥巴马拒绝与鸠山由纪夫会晤，在2010年4月的华盛顿核安全峰会期间也未安排与鸠山由纪夫单独会晤。2010年6月菅直人继任首相，积极修复对美关系，重申美日同盟是日本外交政策的基石。2010年9月发生日本海警撞击中国渔船的事件，日本逮捕中国渔民，中国反应强烈，采取反制措施，中止联合开发东海油气的谈判、取消高层交流、取消1000名日本大学生参观上海世界博览会、禁止对日本出口稀土等，中日关系骤然紧张，日本重新倚重美国，对美国的平等诉求销声匿迹。

历史问题是同盟关系的雷区，政要讲话表态不慎就可能引爆民众愤怒情绪，给历史积怨火上浇油。美国的盟友既有殖民大国英国、法国、荷兰，也有摆脱殖民统治的拉美国家、菲律宾、韩国等。20世纪50—60年代，美国与北约盟友围绕殖民主义这一历史遗留问题内部失和。一些盟友希望北约帮助维护殖民统治，荷兰、葡萄牙和法国都希望在印度尼西亚、果阿和北非问题上得到北约的帮助，[①] 美国、加拿大、北欧国家反对北约承担防御殖民地安全的责任。为防止苏联利用反殖民主义运动扩大影响，拉拢亚非新独立国家，美国与盟友拉开距离，在苏伊士运河危机中反对英法两个殖民大国。20世纪60年代初刚果危机中，[②] 美国在要求比利时军队撤出刚果的联合国安理会决议中投了赞成票，英法对决议投了弃权票，美英法三国在关键时刻都没有维护比利时的殖民利益。美国既要求比利时从刚果撤军，又要求比利时购买美国军备增加对北约集体防御的贡献，比利时深感国小受欺、主权受损，但又无胆量退出北约。1961年印度进攻葡萄牙的殖民地果阿，美国袖手旁观，没有支持葡萄牙。

时至今日，历史的伤疤仍不时被揭开，冲击同盟关系。美国对一战期间亚美尼亚人遭受屠杀的认识引发美土外交争端。据估计，在1915—1917年，有多达150万亚美尼亚人被杀。在奥斯曼帝国废墟上诞生的土耳其承

---

① Timothy Andrews Sayle, *Enduring Alliance: A History of NATO and the Postwar Global Order*, Ithaca: Cornell University Press, 2019, p. 32.
② 各方围绕刚果危机的博弈参见 Lawrence S. Kaplan, *NATO and the UN: A Peculiar Relationship*, Columbia, Missouri: University of Missouri Press, 2010, pp. 49 – 70。

美国同盟体系：新时代的旧秩序

认可能有 30 万亚美尼亚人死亡，但强烈否认存在"种族灭绝"，称亚美尼亚人和土耳其人一样死于战争和饥荒。美国国会 2019 年以压倒性多数票承认亚美尼亚人遭受"种族灭绝"大屠杀。拜登总统 2021 年 4 月称奥斯曼帝国军队杀害亚美尼亚人的事件是一场"种族灭绝"大屠杀，成为使用"种族灭绝"一词来形容这一事件的首位美国总统。拜登向土耳其总统埃尔多安通报了这一决定，土耳其召见美国大使以示愤怒，指出拜登的决定对两国关系的损伤难以修复。

美日对二战历史态度复杂，美国认为日本偷袭珍珠港挑起太平洋战争，日本则认为自己是美国原子弹轰炸的"受害者"。珍珠港事件 75 周年之际，美日领导人互访事件发生地，但回避历史责任，都不对过去的行为道歉和谢罪，而以面向未来的表述实现"和解"，将历史问题翻篇。2016 年 5 月美国总统奥巴马打破禁忌，成为前往核爆地广岛的首位美国总统。美日领导人的演说中并未提及是否应该投掷原子弹，而是提出了"不能让悲剧重演"和"追求无核世界"等双方一致认可的观点。2016 年 12 月 8 日美日在珍珠港首次联合举行追悼仪式，接着安倍晋三首相与奥巴马总统一起访问珍珠港，安倍晋三讲话参照奥巴马访问广岛的讲话基调，不对当年日本偷袭珍珠港道歉，而是悼念战殁者，重申不让战争悲剧重演。双方还围绕日本于二战期间在菲律宾对战俘实施的巴丹死亡行军、美日冲绳海战造成的历史伤疤寻求和解。

对于盟友之间的纷争，美国一般不介入，但反对冲突失控，危及同盟合作大局。希腊和土耳其矛盾复杂难解，两国都是美国的盟友，彼此却是"敌人"。希腊憎恨奥斯曼帝国对希腊持续近 400 年的统治，土耳其对希腊在 1912—1913 年巴尔干战争的血腥报复、一战后对土耳其西部沿海地区的侵略记忆犹新，双方在塞浦路斯、爱琴海岛屿和色雷斯地区争夺激烈。希土两国围绕塞浦路斯主权归属多次冲突，削弱了北约的南部防线。1974 年 7 月土耳其出兵塞浦路斯，扶植少数民族土族建立了分离主义政权，希腊抗议北约对土耳其入侵反应不够，愤而退出北约军事指挥一体化。土耳其出兵塞浦路斯后，美国对土耳其禁运武器，土耳其采取报复措施，关闭美国情报设施和军事基地，与苏联改善关系。

日本和韩国是美国的盟友，彼此却不时爆发摩擦和冲突，双方在日本殖民统治、强征慰安妇、劳工、参拜靖国神社等问题上矛盾深刻，制约美

第六章　从军事同盟到全面的同盟

日韩三边安保合作。美国总统为两国牵线搭桥，撮合日韩建交。美国让日本分担对韩国援助的负担，当时韩国朴正熙政府需要引进日本资金，日本也需要扩大出口市场，在美国的斡旋下，日韩在未能解决历史问题的情况下建交。历史问题仍不时冲击两国关系，甚至成为日韩关系发展的主要障碍。2013年日韩因历史问题再起争端，时任美国总统奥巴马从中斡旋，促成安倍晋三首相与韩国总统朴槿惠的首次会谈，并促成两国于2015年12月就慰安妇问题达成协议。接着两国围绕强征劳工问题再起冲突，韩国法院做出裁决，要求日本对强征韩国劳工做出赔偿，引燃了日本对韩国报复的导火索。2019年7月，日本对韩国发起"贸易战"，对出口韩国的战略物资及技术实施出口管制。韩国寄望美国调停，美国没有对日本施压，但也不希望日韩经贸摩擦失控。韩国有意废除与日本签署的《军事情报保护协定》作为报复，美国高官政要接连访韩施压，迫使韩国宣布推迟退出《军事情报保护协定》，避免贸易摩擦波及美日韩安全合作。

在中东地区以色列、土耳其、埃及、海合会国家都是美国盟友，但是这些国家之间矛盾重重。以色列在巴勒斯坦问题上与大多数阿拉伯国家矛盾深刻。土耳其和沙特都是美国的盟友，但是围绕政治伊斯兰问题矛盾激化。2017年沙特联合埃及、阿联酋、巴林，对土耳其的地区盟友卡塔尔断交封锁，海合会国家内部分裂。2018年土耳其炒作沙特记者卡舒吉在土耳其被杀一事，重创沙特国际形象。

同盟关系常常因美国和盟友的政府更迭而受到冲击。特朗普总统要求盟友交更多"保护费"，对盟友钢铝出口征收关税；一改美国支持欧洲一体化的一贯立场，支持一个"没有欧盟的欧洲"，公开支持英国"脱欧"，指责德国默克尔总理的难民收容政策。特朗普总统欣赏强人政治，对俄罗斯总统普京态度友好，欧洲盟友不满，美欧关系遭遇"特朗普冲击"。

盟友的政局变化同样引发同盟关系波动，影响程度不一。戴高乐第二次执政后，法美关系接连遭受冲击。西班牙民众对美国支持佛朗哥独裁统治不满，1982年10月西班牙左翼政党——工人社会党执政，一度宣布冻结西班牙与北约的军事合作，关闭美军基地。[①] 西班牙就是否留在北约举

---

① 许海云：《北大西洋公约组织》，社会科学文献出版社，2021年版，第195—196页。

行公民投票。虽然西班牙留在北约,但并没有参加北约的军事一体化。法国总统希拉克、德国总理施罗德反对伊拉克战争,法国、德国两国与美国的关系降到冰点,但是在法、德两国新政府上台后,同盟关系转暖。日本政局变动频繁,美国抱怨与日本打交道缺乏稳定性。20 世纪 90 年代,日本政局变动频繁,换了 7 位首相。① 在 2001—2006 年小泉纯一郎作为首相的 5 年期间,美日政府在同盟政策目标上实现了连贯性。② 小布什总统和小泉纯一郎首相私交良好,美日关系进入"黄金时代"。③ 2006—2012 年,日本首相基本一年一换,美日同盟的稳定性受到影响。

美国与盟友的关系也受到突发事件的冲击,驻日美军犯罪事件引爆当地民众的反美情绪。1995 年 9 月驻冲绳美军强奸少女事件引发民众大规模反美示威,迫使美国道歉并答应重组美军基地。2002 年 6 月驻韩美军辗压韩国女学生身亡事件,在韩国掀起了反美怒火。韩国总统金大中和卢武铉时期,许多韩国人将美国看作是比朝鲜更大的安全威胁。④ 李明博上台初期,民众大规模静坐,抗议韩国进口可能含有疯牛病病毒的美国牛肉,迫使美国同意就牛肉问题与韩国重新谈判。

三、对外政策合作与分歧

美国与盟友的对外政策合作与分歧并存,双方相互拆台的例子比比皆是。美国对盟友"拖后腿""掉链子"感到不满,限制盟友的自主外交。美国的惩罚措施包括削减经济和军事援助,威胁在冲突中不履行同盟承

---

① 这 7 位首相先后是海部俊树、竹下登、羽田孜、细川护熙、村山富市、桥本龙太郎、小渊惠三。2006—2012 年出任日本首相先后的是安倍晋三、福田康夫、麻生太郎三位自民党领导人与鸠山由纪夫、菅直人、野田佳彦三位民主党领导人。

② Sheila A. Smith, *Japan's New Politics and the U. S. – Japan Alliance*, Council on Foreign Relations, July, 2014, p. 5.

③ James A. Kelly, "George W. Bush and Asia: An Assessment," in Robert M. Hathaway and Wilson Lee, eds., *George W. Bush and East Asia: A First Term Assessment*, Washington, D. C.: Woodrow Wilson Center for Scholars, 2005, p. 17.

④ Francis Fukuyama, "Re – envisioning Asia," *Foreign Affairs*, January/February, 2005, pp. 77 – 78.

第六章 从军事同盟到全面的同盟

诺,暂停军备交易、技术合作、高层对话等合作。① 盟友追求独立自主,不愿对美国俯首帖耳。阿根廷等里约成员国在联合国投票时与不结盟国家一致,跟美国唱反调。北约成员众多,永远都有一些盟友与美国协调,达成一致,而另一些盟友与美国政策有分歧,一些大盟友(如法国等)更是在几乎所有问题上发出自己的不同声音。

美国抑制盟友的外交自主倾向,以说服、奖励、惩罚等手段来影响盟友的选择。日本前外交官孙崎享认为,日本的外交存在"对美追随"与"自主"两种路线的斗争。"对美追随"是主线,"自主"路线随着日本的发展而不断成长,但它始终不能突破美国战略所提供的底线和空间。来自美国的压力和秘密工作是真实存在的,从日本首相到一般高官,谁不合美国的利益,美国就压制谁。② 伊拉克战争作战行动结束后,反对战争的美国盟友都被排除在伊拉克重建项目之外。韩国卢武铉政府谋求充当东北亚的"力量均衡者"、周旋于东北亚各大国,但是美国指责卢武铉政府亲疏不分,对韩国的"等距离"外交及疏远美国的做法泼冷水。

盟友最担心美国与对手的"越顶外交"。"越顶外交"发生在美国与第三国打交道过程中,在重大问题上越过盟友与对手沟通和交易,造成敌友界限模糊,引发盟友不安。1971 年 7 月,美国家安全顾问基辛格访华,日驻美大使仅在公开宣布基辛格访华之前的 20 分钟获得消息。1972 年 2 月尼克松访华,只提前 3 天告知日本,对日本造成了"尼克松冲击"。尼克松访华也引起韩国不安,担心中美达成牺牲韩国的交易。20 世纪 70—80 年代,日本对美国将中国拉入亚洲的反苏联合感到不安,担忧美国支持中国军事现代化、帮助中国发展能威胁日本的海空能力,甚至担心中美密切安全关系将降低日本对美国的重要性。③ 1998 年 6 月克林顿总统访华而没有访日,对日本造成"第二次尼克松冲击",此后的美国总统均把访日安

---

① 刘丰:"美国的联盟管理及其对中国的影响",《外交评论》,2014 年第 6 期,第 96—98 页;刘若楠:"美国权威如何塑造亚太盟国的对外战略",《当代亚太》,2015 年第 4 期,第 62 页。

② [日]孙崎享著,郭一娜译:《日美同盟真相》,新华出版社,2014 年版,第 4—10 页。

③ Mike M. Mochizuki, "Japan and the Strategic Quadrangle," in Michael Mandelbaum, ed., *The Strategic Quadrangle: Russia, China, Japan, and the United States in East Asia*, New York: Council on Foreign Relations Press, 1995, p.135.

美国同盟体系：新时代的旧秩序

排在访华之前。美国彼得森经济研究所经济学家博格斯滕提出了中美两大国加强磋商与协调的"两国集团（G2）"论，得到美国战略家布热津斯基的支持。美国战略界人士的主张并未成为官方政策，但引起了日本对中美"越顶外交"的担心。中国提出构建中美"新型大国关系"，得到美国国家安全顾问赖斯和副总统拜登的积极回应，日本对此很担忧。[①]

1994年10月21日，美朝达成《关于解决朝鲜核问题的框架协议》，在攸关朝鲜半岛安全的问题上美国撇开韩国，与朝鲜举行双边谈判，令韩国强烈不满。第二次朝核危机爆发后，美国提出让韩国加入朝核问题谈判，缓和了韩国被越顶的担忧。小布什政府后期，中美在朝核问题上协调增多，引发日本、韩国被越顶的担忧。2008年小布什政府将朝鲜从支持恐怖主义国家的名单移除，日本对绑架问题未解决、自身关切被忽视感到不满，美日关系疏远。

美国和盟友对第三国的政策分歧集中在重点国家和地区。在对苏联政策上美欧分歧始终存在。美国更重视冷战的意识形态维度，认为冷战是"共产主义的东方"和"反共的西方"之间的竞争，欧洲更多从大国权力之争看待美苏冷战。对美国来说，冷战是意识形态战争；对欧洲来说则是很"古典"（指大国权力争夺）的战争。冷战对美国人来说是对抗苏联共产主义，对欧洲人来说是对抗俄国人以及德国人。[②]

美苏既对抗又合作。美苏都不愿爆发核战争，都反对核扩散，双方合作达成了《部分禁止核试验条约》，在解决二战遗留问题、欧洲安全架构、军控与裁军、地区热点以及经济和文化等领域开展对话与合作。美苏缓和时期双方高层会晤频繁，达成了一系列协定。西欧盟友不满美苏"越顶外交"，担心美苏一系列的军控谈判会牺牲欧洲利益，对苏联政策分歧削弱了北约团结。欧洲也不满美苏两个超级大国包办中东事务。美国与盟友的分歧有时是阶段性的，呈现阶段性紧张；有时是问题性的，问题解决了，分歧也就消失了。美法在戴高乐执政时期关系紧张，在戴高乐辞职后，美法关系缓和，双方合作应对苏军入侵阿富汗，在波兰团结工会问题、美国

[①] 廉德瑰：《日美同盟实相》，上海社会科学院出版社，2017年版，第155—156页。

[②] Julian Lindley-French, *The North Atlantic Treaty Organization: The Enduring Alliance*, Second Edition, London and New York: Routledge, 2015, p.31.

第六章 从军事同盟到全面的同盟

部署"潘兴II"导弹、东欧剧变上立场一致。

卡特总统上任初期,猛烈抨击苏联的人权状况,欧洲盟友担心东西方关系紧张。苏联入侵阿富汗后,美国宣布对苏联实施粮食禁运,终止与苏联的双边贸易协定,抵制1980年在莫斯科举办的奥运会,禁止美国公司及其欧洲子公司向苏联出口高科技产品。① 盟友谴责苏联侵略阿富汗,加拿大、挪威、德国响应美国号召,抵制莫斯科奥运会,其他盟友仍参加了奥运会。欧洲盟友对苏联政策相对温和,没有中断与东欧国家和苏联的经贸往来,与里根政府的强硬政策保持距离。里根政府试图阻止其中最大的一笔交易,即阻止开通一条从苏联输往西欧的天然气管道,担心西欧国家在经济上依赖苏联,从而造成政治上软弱无力。② 西欧国家不顾美国反对,与苏联达成了该天然气管道协议。美国禁止盟友向苏联出口天然气管道装备,对法国和德国公司实施制裁,指责欧洲公司违反对苏联禁运、欧洲商业银行向苏联提供巨额资金。

欧洲指责美国对第三世界的政策过于依赖军事手段,忽视了根本的经济和社会问题。美国指责欧洲对苏联或苏联代理人试图使用暴力推翻第三世界非共产主义政权没有给予足够关注,③ 在古巴、尼加拉瓜问题上站在对手一边。美国也指责欧洲没有援助处于抗苏联前线的土耳其,却援助尼加拉瓜反美的桑地诺民族解放阵线。④

在针对中东的政策上,欧洲盟友试图以"一个声音"说话,欧洲和日本在巴以问题上与美国偏袒以色列的政策拉开距离。在第四次中东战争中,欧洲和日本拒绝支持美国抵制阿拉伯产油国的计划,土耳其默许苏联军机借道飞往阿拉伯国家,土耳其、希腊、意大利、西班牙等盟友禁止美军机借道向以色列提供补给。伊朗扣押美国人质后,美国推动对伊朗制裁,盟友响应寥寥。1998年12月,克林顿政府未经联合国安理会授权,

---

① 许海云:《北约简史》,中国人民大学出版社,2005年版,第201页。

② [美]韩德著,马荣久等译:《美利坚独步天下:美国是如何获得和动用它的世界优势的》,上海人民出版社,2011年版,第271页。

③ *NATO: Can the Alliance be Saved*? Report of Senator Sam Nunn to the Committee on Armed Services, United States Senate, 1982, pp. 1 – 2.

④ *Defense Burden Sharing: The Costs, Benefits, and the Future of U. S. Alliances*, Hearings before the Defense Burden Sharing Panel of the Committee on Armed Services, House of Representatives, 1988, pp. 86 – 88.

美国同盟体系：新时代的旧秩序

轰炸伊拉克的行动未得到欧洲盟友的支持。

在对伊朗的政策上，美国滥用"长臂管辖"权，对在伊朗投资的外国公司挥舞制裁大棒。法国不顾制裁威胁，投资伊朗天然气大型项目。小布什政府和奥巴马政府时期，美欧对伊朗政策分歧缩小，欧洲国家加入对伊朗制裁行列，美欧合作迫使伊朗回到谈判桌，达成伊朗核协议。2018年5月，特朗普政府单方面退出伊朗核协议，重新制裁伊朗，与英法德三国对伊朗的政策产生分歧。海合会盟友与美国对伊朗政策拉开距离，保持与伊朗的正常经贸和社会往来，要求美国尊重海湾国家的伊斯兰属性，反对美国在巴以冲突中偏袒以色列。特朗普政府宣布将美国驻以色列大使馆迁至耶路撒冷，欧洲和阿拉伯盟友批评美国对阿以争端火上浇油。

在对朝政策上，韩国与朝鲜争夺对朝鲜半岛统治的正统性与合法性，韩国自认是朝鲜半岛的唯一合法政府，担心美国单独与朝鲜打交道损害韩国利益，对朝鲜政策分歧影响美韩同盟的团结。韩国总统金大中和卢武铉时期，韩国希望通过实施接触政策，促使朝鲜发展经济，逐渐融入国际社会，为统一奠定基础。美国将朝鲜看作是拥有核导能力、制造恐怖主义活动的"流氓国家""极权主义国家"，没有排除"政权更迭"、对朝鲜核导设施进行先发制人的军事打击的政策选项。美日在对朝鲜政策上也有分歧。日本以朝鲜绑架日本公民的问题未解决为由，反对美国将朝鲜从支持恐怖主义国家的名单除名，日本舆论认为美国的做法伤害了日本。奥巴马政府派遣希拉里·克林顿国务卿赴日，安排会见被绑架者的家属，缓和日本的不满。

美国与盟友的分歧超出了地缘范畴，延伸到全球性挑战和非传统安全领域。盟友反对小布什政府的单边主义、以暴易暴的反恐政策，积极维护多边主义和国际合作，对美国单边主义形成一定制约。小布什总统上任初期频频"退群"，美国退出《京都议定书》、拒绝加入《禁止地雷公约》《国际刑事法院规约》《儿童权利公约》。2001年5月，欧洲国家带头投反对票，导致美国首次落选联合国人权委员会。欧洲对美国设立"黑狱"、虐囚的做法提出质疑。伊拉克战争折射了在武力的使用、预防性战争、联合国的作用、恐怖主义根源等问题上，美欧存在分歧深刻。在气候变化上，欧、日盟友对解决气候变化问题态度积极，对特朗普政府退出有关气候变化的《巴黎协定》感到不安，直到拜登政府重返《巴黎协定》才缓和了同盟分歧。

第六章　从军事同盟到全面的同盟

第四节　经济纽带

同盟条约包含经济合作内容，但经济合作不是同盟合作的重点领域。《北大西洋公约》第二条提出要发展成员国的经济合作，1956年加拿大、意大利、挪威三国外长领衔的"三智者委员会"发表"非军事合作"的报告，提出北约应加强政治磋商，扩大成员国的政治、经济、文化、科技合作。美国前国务卿艾奇逊提出北约合作应以军事和政治合作为主，在北约框架下做经济工作对中立国来说不可接受，而且大部分跟经济有关的事情涉及不发达国家。如果想讨论货币问题，可以在国际货币基金组织下讨论。[1] 泰国、菲律宾、巴基斯坦期待东南亚条约组织提供经济援助，美国认为经济问题可在联合国亚洲和远东经济委员会讨论，不希望该组织偏离反共反华的轨道。

同盟关系和经济合作相辅相成，同盟关系促进安全相互依赖，为经济合作上了"保险"，促进了可持续的经贸关系；经贸关系的加强反过来夯实了同盟基础。北约遏制了成员国之间的军事冲突、消除了成员国的不安全感，使成员国可以放心地开展经贸合作。美国是同盟经济关系的枢纽，赋予盟友特殊经济待遇，对盟友提供丰厚的经济好处，加深了盟友对美国的经济依赖。美国提供的不是"免费午餐"，援助盟友大大促进了美国商品和资本输出。美国给予盟友经济好处可以减轻美国的保护负担，盟友经济状况改善也有能力购买更多美国军火，增加其自卫能力。

一、密切的经贸关系

自19世纪末美国就跻身世界第一大经济体，经济影响渗透到拉美地区和远东地区，开展"金元外交"，鼓励对外投资，一战期间借钱给欧洲国家打仗，一战后深度介入德国赔款问题，对欧洲经济影响扩大。1929年世界经济危机爆发，老牌欧洲国家建立排他性的经济集团，迫使美国寻求打破贸易保护主义的藩篱。二战后美国构建了促进自由贸易的国际经

---

[1] Henry M. Jackson, ed., *The Atlantic Alliance: Jackson Subcommittee Hearings and Findings*, New York: Frederick A. Praeger, 1967, p. 92.

美国同盟体系：新时代的旧秩序

济秩序，帮助盟友恢复经济，率先在同盟体系范围内推进国际分工与合作。

美国将欧洲实力的增强视为整个西方力量的增强，支持欧洲恢复经济。美国出台马歇尔计划，向经济凋敝的西欧国家注资130多亿美元，帮助这些国家渡过经济难关，促进了欧洲经济联合，拉紧了美欧经济联系，美国与西欧国家形成了一个"北大西洋贸易体系"。[1] 二战结束之初亚太和中东盟友贫穷，对盟友来说获得美国的经济援助比安全保护更重要，伊拉克加入巴格达条约组织，以及巴基斯坦、泰国、菲律宾加入东南亚条约组织更多是为了获得美国的经济援助。1950年11月美菲签署经济和技术合作协定，美国向菲律宾派顾问和专家，所有援助的分配都需要顾问团同意。美国对菲律宾援助指定款项用途，85%的经济援助用于购买美国商品。[2] 1944—1958年，美国对菲律宾提供20亿美元的无偿援助和贷款，[3] 并推动国际货币基金组织、世界银行向菲律宾提供贷款。1950年9月，美国与泰国签署经济技术援助协定，增加对泰国的经济援助。

美国对日本提供巨额援助，武装干涉朝鲜期间的军购订单优先考虑日本。1951—1952年盟军对日本采购达8亿美元，1954年达30亿美元。[4] 美国的军需采购大单拯救了千疮百孔的日本经济。美国对韩国援助助推了"汉江奇迹"，韩国学者文正仁称，"韩国经济奇迹在很大程度上是美韩双边同盟的产物，这并非夸大其词"[5]。美国提供安全保护使韩国可以节约军费，将有限的资金用于经济发展。1945—1971年，美国对韩国经济援助45亿美元。日韩建交后，日本加大对韩国投资。1967—1971年，日本对韩国

---

[1] [美] 保罗·肯尼迪著，梁于华等译：《大国的兴衰——1500年到2000年的经济变化和军事冲突》，世界知识出版社，1990年版，第423页。

[2] 金应熙主编：《菲律宾史》，河南大学出版社，1990年版，第669页。

[3] [美] 迈克尔·亨特、史蒂文·莱文著，宗端华译：《躁动的帝国2：太平洋上的大国争霸》，重庆出版社，2015年版，第229页。

[4] Christopher Sandars, *America's Overseas Garrisons: The Leasehold Empire*, New York: Oxford University Press, 2000, p. 157.

[5] Chung-In Moon and Sang-Young Rhyu, "Rethinking Alliance and the Economy: American Hegemony, Path Dependence, and the South Korean Political Economy," *International Relations of the Asia-Pacific*, No. 3, 2010, p. 448.

第六章 从军事同盟到全面的同盟

投资占韩国获取外资的60%以上。①

拉美国家二战期间低价向美国供应原材料,二战结束后美国却没有出台"拉美版"马歇尔计划。② 美国称欧洲和拉美经济情况不同,欧洲战后重建需要援助,拉美国家发展经济可以转向私人资本求助。古巴革命后,美国推出"进步联盟"倡议,加大对拉美的经济援助,抵制古巴革命的影响。冷战后美国构建区域性经济集团,与加拿大、墨西哥签署了《北美自由贸易协定》。1994年12月,克林顿政府在迈阿密主办了首次美洲国家首脑会议,倡导建立美洲自由贸易区,但并未得到拉美国家的积极响应。

美国与盟友保持密切的贸易和投资关系,对盟友开放市场,允许盟友对美国贸易保持顺差。美国的前10大贸易伙伴以盟友为主,对外投资集中于欧洲和亚太盟友,带动了盟友之间的相互投资。美欧保持密切和稳定的经贸关系,欧洲盟友是美国的最大贸易伙伴。1989年美国对欧洲经济共同体(欧盟前身)出口占美国总出口额的25%,对欧盟直接投资占美国对外直接投资的40%。③ 2000年,美欧贸易额达到5571.46亿美元,占美国对外贸易额的22.2%,占欧盟对外贸易的18.8%。④ 美欧互为最大的投资伙伴。2001年美国对外投资的53%(7260亿美元)流向欧盟,欧盟对美投资占美国所获外资的72%(9470亿美元)。⑤ 2020年美欧仍互为最大的贸易和投资伙伴,美国对欧盟的投资额是对亚洲投资额的3倍,欧盟对美国

---

① Chung–In Moon and Sang–Young Rhyu, "Rethinking Alliance and the Economy: American Hegemony, Path Dependence, and the South Korean Political Economy," *International Relations of the Asia–Pacific*, No. 3, 2010, pp. 446–447.

② John Child, *Unequal Alliance: The Inter–American Military System, 1938–1978*, Boulder, Colorado: Westview Press, 1980, p. 117.

③ *NATO At 40*, Congressional Research Service, U. S. Governmental Printing Office, May 1989, p. 33.

④ Jeffrey J. Schott and Gary C. Hufbauer, "Transatlantic Trade Relations," in Werner Weidenfeld, Caio Koch–Weser, C. Fred Bergsten, eds., *From Alliance to Coalitions: The Future of Transatlantic Relations*, Bertelsmann Foundation Publishers, 2004, p. 252.

⑤ Jeffrey J. Schott and Gary C. Hufbauer, "Transatlantic Trade Relations," in Werner Weidenfeld, Caio Koch–Weser, C. Fred Bergsten, eds., *From Alliance to Coalitions: The Future of Transatlantic Relations*, Bertelsmann Foundation Publishers, 2004, p. 253.

美国同盟体系：新时代的旧秩序

投资额是欧盟对印度和中国投资总和的8倍。①

20世纪50—60年代，日本经济严重依赖美国，对美贸易占日本对外贸易的1/3左右，日本引进的外资和技术绝大多数来自美国，石油和天然气进口也主要依赖美国。② 美日建立了经贸对话，1961年11月，美日贸易经济联合委员会建立并举行了首次会议。③ 截至2020年，美日仍互为重要的贸易伙伴，日本是美国的第三大投资来源国，美国就业的第二大贡献国，④ 日本对美贸易保持顺差，顺差额居美国贸易伙伴的前列。

美国曾容忍盟友对美国商品实行不公平的准入待遇。美国几乎完全对日本开放市场，却允许日本实行贸易保护主义。美国前驻日大使阿马科斯特认为，从20世纪50年代初到20世纪80年代末，美国迁就日本重商主义的贸易政策以换取日本默认美国在冷战中的战略领导地位。⑤ 查默斯·约翰逊认为，美国在东亚最有效的非军事手段就是用美国市场准入来交换当地人民容忍美国士兵、飞机和舰船的长期驻扎。⑥ 韩国获得《关税及贸易总协定》的普遍优惠待遇（GSP）地位，1976年韩国获得普遍优惠待遇的对美出口商品总额为3.27亿美元，1986年增加到22亿美元，占韩国对美出口总额的20%，⑦ 但美国商品出口韩国并未享受同等待遇。

---

① "EU Trade Relations with the United States: Facts, Figures and Latest Developments," https://policy.trade.ec.europa.eu/eu-trade-relationships-country-and-region/countries-and-regions/united-states_en. （上网时间：2022年2月16日）

② 《美日反动派复活日本军国主义资料汇编》，新华社参编部，1971年版，第15页。

③ [日] 吉泽清次郎主编：《战后日美关系》，上海人民出版社，1977年版，第66页。

④ "President Donald J. Trump and Prime Minister Shinzo Abe Advance the United States' and Japan's Global Partnership," May 27, 2019, https://www.state.gov/president-donald-j-trump-and-prime-minister-shinzo-abe-advance-the-united-states-and-japans-global-partnership/. （上网时间：2020年4月25日）

⑤ [美] 迈克尔·H.阿马科斯特著，于铁军、孙博红译：《朋友还是对手——前美驻日大使说日本》，新华出版社，1998年版，第229页。

⑥ [美] 查默斯·约翰逊著，罗原译：《反弹：美利坚帝国的代价与后果》，生活·读书·新知三联书店，2008年版，第22页。

⑦ Chung-In Moon and Sang-Young Rhyu, "Rethinking alliance and the Economy: American Hegemony, Path Dependence, and the South Korean Political Economy," *International Relations of the Asia-Pacific*, No.3, 2010, p.447.

第六章　从军事同盟到全面的同盟

盟友依赖美国的市场、投资、技术，加深了与美国的利益交融。澳大利亚与美国结盟后，对英国的经济依赖下降，对美经济依赖上升。1949—1950年，从英国的进口额占澳大利亚进口总额的51.9%，从美国的进口额占其进口总额的9.7%，对英国出口额占澳大利亚出口总额的38.7%，对美国出口额占其出口总额的8.1%。1969—1970年，澳大利亚从英国进口额占比下降到21.8%，从美国进口额占比上升到24.9%，澳大利亚对英国出口额占比下降到11.8%，对美国出口额占比上升到13.5%。①

美国优先与盟友签署贸易、投资、货币协定。1992年8月12日，美国、加拿大和墨西哥三国签署了《北美自由贸易协定》。布什政府通过签署自由贸易协定来奖赏反恐战争中的忠实盟友，与以色列、约旦、摩洛哥、巴林、阿曼、澳大利亚、韩国等国签署了自由贸易协定。2007年签署的《美韩自由贸易协定》巩固了双边关系，被誉为"经济同盟"，标志美韩关系从政治、军事同盟扩大至经济同盟。② 2019年10月，美日达成"自由、公平和对等"的自由贸易协定和《美日数字贸易协定》。美国也与盟友和伙伴达成一揽子货币安排。2008年10月，美国与韩国、新加坡、墨西哥和巴西达成货币互换协定，韩国可从美国获得300亿美元用于稳定外汇和股市。

奥巴马政府推进与盟友和伙伴的多边高水平经贸协定，主导《跨太平洋伙伴关系协定》（TPP）谈判，拉紧美国与盟友的经贸关系。美国防长卡特表示，《跨太平洋伙伴关系协定》的重要性如同另一艘航母。③ 奥巴马任内推动《跨大西洋贸易与投资伙伴关系协定》（TTIP）谈判，美国和欧盟经济总量占世界GDP的一半，双方贸易额占世界贸易总额的1/3，服务贸

---

①　John Ravenhill, ed., *No Longer An American Lake? Alliance Problem in the South Pacific*, Institute of International Studies, University of California, 1989, pp. 141–142.

②　"Remarks by President Obama and President Lee of the Republic of Korea in a Joint Press Conference," October 13, 2011, http://www.whitehouse.gov/the-press-office/2011/10/13/remarks-president-obama-and-president-lee-republic-korea-joint-press-con. （上网时间：2011年10月15日）

③　Secretary of Defense Ashton Carter, "Asia-Pacific Remarks," McCain Institute, Arizona State University, April 6, 2015, http://www.defense.gov/News/Speeches/Speech/Article/606660/remarks-on-the-next-phase-of-the-us-rebalance-to-the-asia-pacific-mccain-instit/. （上网时间：2017年5月10日）

易额占全球总额的40%，金融交易占全球金融市场交易总额的3/4，谈判达成后将建立"经济北约"，但是特朗普政府时期美欧谈判停滞。

美国和盟友协调经济政策，共同应对世界经济挑战。20世纪70年代西方发达国家的经济形势恶化，接连发生"美元危机""石油危机"、通货膨胀、失业率上升，为共同应对世界经济和货币危机，美国与盟友构建"小圈子"经济机制。1975年11月，美国、德国、英国、法国、意大利和日本六国领导人开会，讨论国际金融、贸易、能源、债务、汇率、宏观经济等问题，次年加拿大加入其中，组成七国集团，七国集团的关注议题从世界经济扩大到世界政治领域，涵盖全球治理的各方面，巩固了西方在全球经济秩序中的地位。

美国和盟友形成了互惠的经贸关系。盟友从美国获得经济援助，获得进入美国市场的机会，美国也能获得巨大的经贸好处。如果美国条约盟友的数量和海外驻军数量都削减50%，美国的对外贸易额将下降18%，根据2015年的贸易数据，这意味着美国每年的货物贸易和服务贸易损失5770亿美元，美国GDP每年损失4900亿美元。[①]

盟友还帮助美国维护美元霸权。1944年7月，美国召集40多国召开布雷顿森林会议，决定建立国际复兴开发银行、国际货币基金组织，使美元成为事实上的全球储备货币。1971年8月美国宣布美元与黄金脱钩，美元大幅贬值。1973—1974年，石油输出国组织（简称"欧佩克"）大幅提价，欧佩克国家持有的美元储备大幅增加。在欧佩克讨论使用特别提款权作为石油标价时，美国与沙特达成了协议，继续使用美元给石油定价，支持了美元地位。只要各国进口石油，持有美元作为外汇储备就会降低因汇率变动导致的风险。美国承诺给石油美元优惠利率，让这些美元以投资或债券方式回流美国，成为美国经济的资金来源。

二、同盟经贸摩擦

美国对欧洲、日本的经济援助促进了盟友的经济快速恢复，也给自己

[①] Daniel Egel, Adam R. Grissom, John P. Godges, Jennifer Kavanaugh and Howard J. Shatz, *Estimating the Value of Overseas Security Commitments*, RAND, 2016, Summary, pp. x – xi.

制造了经济竞争对手。西欧、日本与美国的经济差距缩小，对美国贸易顺差扩大，美国不再容忍欧洲、日本歧视美国商品的做法，从支持自由贸易转向贸易保护主义，削弱了美国一手缔造的战后国际经济秩序。

美国认为西欧和日本安全上受美国保护，节省了军费，可以腾出手来发展经济。美国军事负担重，补贴欧洲的军费开支拖累了美国的经济竞争力。1971年5月，美国财长康纳利在慕尼黑演讲，提醒欧洲人：美国二战结束后本可以退回到"美国堡垒"（Fortress America），① 但是财政上支持了"军事盾牌"——北约，因此面临如何支付"军事盾牌"费用的问题。欧洲从美国支持和捍卫的全球经济体系获益，美国有权期待更平等的贸易安排。美国首次将贸易安排与保卫欧洲挂钩。② 1974年3月，美国总统尼克松发表讲话时表示，欧洲不能既在安全方面要求美国合作，又在经济和政治方面与美国唱对台戏，如果西欧继续对立，那么美国在安全合作上就不可能在欧洲继续保持目前的水平。③

早在1962年，美国就通过《扩大贸易法》，要求欧洲经济共同体（欧盟前身）削减关税，欧洲则针锋相对地提出"高关税多减、低关税少减"的原则。西欧认为美国的经济问题是自身造成的，美国不应推卸经济竞争力下降的责任。美国对欧洲经济大国德国施压，要求德国纠正美欧贸易和投资的不平衡，在维护美元霸权地位上做贡献。德国1963—1965年推动欧洲经济共同体达成协定，为美国资本大举进入欧洲提供便利；帮助推动关贸总协定"肯尼迪回合"谈判；购买美国战斗机、海军舰艇和其他武器系统，抵消驻德美军驻扎费；同意购买美国国债；同意不在国际市场抛售美元，以免削弱美元地位。④

---

① "美国堡垒"与美国的自由国际主义主张相悖，指美国狭隘地界定国家利益，实行经济民族主义，不再维护国际经济秩序；保卫美国本土安全，不再向其他国家提供安全，退回到不结盟状态；不再积极输出民主人权价值观等，与孤立主义思潮主张一致。

② Timothy Andrews Sayle, *Enduring Alliance: A History of NATO and the Postwar Global Order*, Ithaca: Cornell University Press, 2019, p. 175.

③ 方连庆、王炳元、刘金质主编：《国际关系史（战后卷）上册》，北京大学出版社，2006年版，第462页。

④ Richard L. Kugler, *Commitment to Purpose: How Alliance Partnership Won the Cold War*, RAND, 1993, p. 181.

美国同盟体系：新时代的旧秩序

1974年美国通过新的贸易法，规定当美国的国际收支出现困难时，总统有权征收附加税，该法案矛头对准欧洲和日本，企图扭转美国贸易地位的下滑趋势。随着对外贸易逆差进一步增大，美国提出"公平贸易"主张，反击盟友的贸易保护主义措施，报复盟友的"不公平"贸易行为。

美欧在钢铁、航空制造、高新技术、农产品、文化产品等领域贸易摩擦不时发酵，甚至列出清单威胁报复对方，但是美欧经济深度依赖，双方尽可能避免打两败俱伤的贸易战，优先寻求谈判解决。美日围绕钢铁、纺织品等商品贸易摩擦激烈。日本20世纪60年代对美国贸易出现顺差，美国以市场准入要挟日本实行自愿出口限制。根据1971年底美日签署的纺织品协定，日本承诺未来两年削减对美纺织品出口。1976年日本承诺限制对美国出口钢铁。美国还威胁对日本启动"超级301条款"，1985年与日本及英法德签署"广场协议"，迫使日本同意日元升值，在对美出口汽车上自愿设限。日本对美国形成了安全和贸易两大依赖，难以抵挡美国压力，被迫"自愿"减少对美国贸易顺差数额。1993年7月，美国总统克林顿和日本首相宫泽喜一签署经济伙伴关系框架协议，美国要求日本开放市场，取消对美国产品的歧视待遇。对美国挑起贸易摩擦，欧洲、日本盟友积极应对，利用世界贸易组织规则维护自身利益，如在欧盟和加拿大等国对美国征收报复性关税后，2005年8月，日本也对美国征收报复性关税，以抗议被世界贸易组织裁定为非法的美国《伯德修正案》，[①] 这是日本首次对美国征收报复性关税。

特朗普政府更加强调维护美国的经济利益，以"对等贸易""公平贸易"、维护国家安全为由，接连出台贸易保护主义措施，对欧盟、日本出口的产品征收保护性关税，迫使韩国再次修订了《美韩自由贸易协定》。

三、美国限制盟友的经贸选择

美国限制和干涉盟友与对手的经贸和科技合作，组建排他性的出口管制集团，维护美国在经济、金融和科技领域的霸权地位。美国发动"经济

[①] 美国国会2000年通过《伯德修正案》，要求美国政府把在反倾销和反补贴案中征收的惩罚性税款直接补给利益受到损害的美国公司，而不是上缴美国财政部。世界贸易组织曾于2003年1月判定美国《伯德修正案》违反全球贸易规则，并要求美国于当年12月27日前予以废除，但美国并没有执行世界贸易组织的裁决。

第六章 从军事同盟到全面的同盟

冷战",限制盟友与社会主义国家的经贸和科技联系。1950年1月美国主导成立巴黎统筹委员会(简称"巴统",COCOM),限制向社会主义国家出口技术和战略物资,成员包括北约盟友、日本、澳大利亚。1952年7月,美国游说盟友在"巴统"成立"中国委员会",对中国的出口管制清单比对苏联东欧国家更严厉。

在对苏联社会主义阵营的贸易问题上,盟友认为"苏联就是俄国的另一个名字,是一个像其他国家一样可以讨价还价的国家",① 主张"政经分开",与苏东集团发展经贸联系。美国坚持搞"小圈子"合作,与西欧盟友签署协定,限制盟友同苏联和东欧国家的贸易。② 美国在东南亚和南亚试图建立排斥社会主义国家的经济合作,但遭到新独立国家的拒绝。1955年5月,13个亚洲国家在印度西姆拉举行会议,拒绝像欧洲一样成立一个经济合作组织,③ 以此分配美国的援助。

美国滥用"长臂管辖"权,制裁盟友与对手的经济联系,迫使盟友在美国与对手之间做非此即彼的选择。1961年6月,加拿大第一批粮食正准备运往中国,美国财政部以违反美国制定的《与敌国贸易法》为由,禁止美国公司向加拿大出口装卸粮食用的真空泵,还禁止美国一家公司向运输小麦的船只提供燃料,理由是美国对华实行贸易禁运。④ 美国对违反"巴统"出口管制的企业进行制裁,如美国1987年对日本东芝公司实施严厉制裁。东芝公司向苏联出口高精密的数控机床,极大降低了苏联潜艇的噪声,使苏联潜艇可以有效躲避美国潜艇的追踪,严重损害了美国的军事优势,对此美国政府和国会大加挞伐,国会通过严厉的制裁决议,对东芝公司处以巨额罚款。

美国干涉盟友与它眼中不遵守国际规则的"流氓国家"的经贸往来和科技交流。1996年3月,克林顿总统签署《赫尔姆斯-伯顿法》(《古巴

---

① Timothy Andrews Sayle, *Enduring Alliance: A History of NATO and the Postwar Global Order*, Ithaca: Cornell University Press, 2019, p. 151.
② 方连庆、王炳元、刘金质主编:《国际关系史(战后卷)上册》,北京大学出版社,2006年版,第57页。
③ 参加马歇尔计划的西欧盟友成立了经济合作会议(经济合作与发展组织的前身),协调分配美国的援助。
④ 杨令侠:《战后加拿大与美国关系研究》,世界知识出版社,2001年版,第113页。

美国同盟体系：新时代的旧秩序

自由和民主声援法》），禁止第三国在美国销售古巴产品；禁止给与古巴做生意的外国人发放入美签证；允许被古巴没收财产的个人对在古巴利用这些财产经营的外国公司提出诉讼；禁止国际金融机构向古巴提供贷款等。1996年8月克林顿总统签署《达马托法》（《伊朗和利比亚制裁法》），对在伊朗和利比亚投资的外国公司实行制裁，禁止美国与这些外国公司贸易，禁止对这些公司提供贷款及相关金融服务等。2010年1月，美国通过《对伊朗全面制裁、问责、撤销投资法案》，加强对伊朗的石油和金融制裁。特朗普退出伊朗核协议后，重新对伊朗实施制裁。

美国对外国人和外国公司的"长臂管辖"引起盟友的强烈不满，欧盟和加拿大诉至世界贸易组织争端解决小组，欧盟通过《阻断法》，保护与伊朗和古巴做生意的欧盟公司，对进行合法交易而受到损失的公司予以补偿。但慑于美国的经济和金融霸权，一些遭到霸凌的外国公司被迫做出相应的调整。

从地缘战略、军事、经济多重考虑出发，美国限制盟友与对手开展大项目合作，对欧洲盟友与俄罗斯能源合作设置障碍。德俄天然气管道合作大项目"北溪2号"一波三折。"北溪2号"天然气管道项目不经陆路，跨越波罗的海直接连接德国与俄罗斯两国本土，大部分路段沿用2011年11月开通的"北溪1号"线路的走向。德国政府一再强调，"北溪2号"项目是出于单纯的经济考虑，但美国指责德国对俄罗斯天然气的依赖削弱了北约的集体防御，令俄罗斯对其施加"不当"影响，发动波兰、乌克兰、丹麦等国围攻"北溪2号"项目。美国成为石油和天然气出口国后，限制欧洲盟友夹带本国的经济利益考虑。2018年7月，特朗普总统指责德国因建设"北溪2号"而成为"俄罗斯的俘虏"。2019年4月，在北约成立70周年会议上，美国副总统彭斯警告德国，对俄罗斯能源依赖是"错误"，称"欧洲最大经济体持续忽视俄罗斯的侵略威胁，并忽视自身防御和我们的共同防御，完全不可接受"。[①] 2019年12月美国制裁参与"北溪2号"工程建设的承建商，冻结这些公司的在美资产，禁止其高管和股东

[①] "Remarks by Vice President Pence at NATO Engages: The Alliance at 70," April 3, 2019, https://www.whitehouse.gov/briefings-statements/remarks-vice-president-pence-nato-engages-alliance-70/. （上网时间：2020年4月25日）

入境美国。特朗普签署了国防授权法案,将制裁"北溪2号"内容包括在内。在美国看来,"北溪2号"一旦开始投产输气,德国作为欧洲第一大经济体,能源将完全依赖俄罗斯。拜登政府修复对德关系,2021年7月美德发表联合声明,美国取消对涉及"北溪2号"工程建设的承建商的部分制裁。2022年2月,俄罗斯对乌克兰发动"特别军事行动",美欧对俄罗斯发动史无前例的经济、金融、能源制裁,"北溪2号"受到波及,投产遥遥无期。

第七章

美国同盟体系的局部瓦解及转型

美国的双多边同盟并非坚不可摧,在战后历史长河中经历摩擦、裂变及瓦解。有的同盟因盟友国内政权更迭而瓦解,如美国与伊朗的同盟、美国与阿富汗的同盟。有的同盟缺乏实质性的军事合作,如《里约条约》。苏联解体后,美国同盟体系由盛而衰,同盟军事合作虚化、弱化,但是同盟体系没有全部瓦解。美国趁机将更多国家纳入北约,扩大"自由主义国际秩序"的范围。欧、亚同盟转型升级,因应战后国际秩序面临的新挑战。北约和亚太同盟都到防区外活动,打破了条约原有的地理限制。北约、美日、美韩、美澳开展地区和全球层面的合作,朝"世界同盟"迈进。地区同盟越来越多地应对非传统安全威胁和全球性挑战,既带动了同盟转型,也使得地区秩序和全球秩序的界限淡化。

第一节 同盟纽带松懈断裂

美国同盟体系骨架仍在,但并非完好如初,法国退出北约军事一体化、东南亚条约组织瓦解、美国与伊朗的同盟瓦解、美澳新三边同盟局部瓦解等都不同程度地削弱了美国的地区优势地位。美国同盟还没有被对手击破的经历。[①] 同盟瓦解的原因主要不是源于对手分化,而是源自盟友政权更迭或政策大调整。

一、北约军事一体化:法国的退出与重返

法国退出北约军事一体化重创了北约。法国二战后担任联合国安理会常任理事国,自认是全球大国,不愿在美英支配的西方阵营内屈居次要地

---

① Mira Rapp-Hooper, "Literature Review: Theories of Alliances and Alignments," in Michael J. Green, ed., *Ironclad: Forging a New Future for America's Alliances*, Lanham, MD: Rowman & Littlefield, 2019, p. 38.

第七章 美国同盟体系的局部瓦解及转型

位，要求与美英平起平坐。法国对军事上受制于北约不满，决心维护法国的主权和战略自主，为此不惜退出北约军事一体化机构。

法国对美国一家独大、美英合作支配北约的局面不满。1951年9月，法国总理普利文访美，提出美英法三国建立协商机构，遭到杜鲁门总统拒绝。[①] 1958年6月法国领导人戴高乐第二次执政，9月法国提出美英法三国建立"三方指导机构"（tripartite directorate）作为北约最高决策机构，取代北大西洋理事会。美英认为三方指导机构将成员国划分等级，使北约其他成员国处于二等地位，拒绝了法国提议。1960年8月刚果（金）危机爆发，法国提出北约讨论非洲问题，美国未予响应，认为北约应聚焦苏联威胁。

法国对依靠美国的安全保护存在疑虑。一战爆发三年后，美国才出兵欧洲。二战期间法国还没有等到美国出兵就已沦陷，遭受被德国打败的耻辱。美国迟迟不承认戴高乐领导的"自由法国"运动，而与被占领地区的傀儡政权——维希政权保持关系，令戴高乐不满又无奈。在奠边府战役中，美英没有给予法国所需的军事支持，法国被盎格鲁-撒克逊人抛弃。在苏伊士运河危机中，法国感到再次被美国抛弃。戴高乐认为安全依赖导致政治依附，没有独立的防务就没有民族独立，拥核才能实现独立自主，维护法国的尊严和大国地位。戴高乐宣称，如果没有原子弹，法国就不成其为法国，法国就不再是一个欧洲的强国，不再是一个主权国家，而只是一个被一体化了的"卫星国"。

戴高乐政府追求获得独立核力量，将拥核视为与美国平起平坐的象征。法国认为，美国在法国领土部署核武，使法国成为苏联的核打击对象，法国却对核武器没有控制权，处于不平等地位。[②] 1960年2月，法国在阿尔及利亚沙漠爆炸了第一个核装置。美国担心戴高乐政府的独立核计划导致核扩散，急于控制法国核力量，提出"多边核力量"倡议，愿意通过将美国配备"北极星"导弹的部分核潜艇调派北约来换取法国将全部核力量上交北约；法国坚持独立拥核，并拒绝在部分禁止核试验条约上签字。戴高乐政府追求战略自主，公开提出"欧洲是欧洲人的欧洲"口号，

[①] Elizabeth D. Sherwood, *Allies in Crisis: Meeting Global Challenges to Western Security*, New Haven: Yale University Press, 1990, p. 42.

[②] Timothy Andrews Sayle, *Enduring Alliance: A History of NATO and the Postwar Global Order*, Ithaca: Cornell University Press, 2019, p. 47.

美国同盟体系：新时代的旧秩序

推动欧洲共同市场建设，企图使欧洲成为独立于北约和华约的第三种政治力量。1963年1月《法德合作条约》签订，夯实了欧洲经济一体化的基础。1964年中法建交，法国在西方大国中率先承认中国，彰显了外交自主。

在履行北约义务上，美法发生分歧。法国提出只有在遭遇无端攻击（unprovoked aggression）[1]的情况下才履行对北约的义务，并自主判断是否遭遇了这种侵略。法国认为这种表述是一战结束以来讨论欧洲安全问题的传统术语，并非要修改北约条文。美国则认为，《北大西洋公约》第五条规定的是"武装攻击"（armed attack），反对法国另作新的解释。

法国分阶段退出北约军事一体化。1959年以来，法国陆续宣布收回对地中海舰队和大西洋舰队的指挥权，退出北约海军司令部，收回本国空军的指挥权。1966年3月，法国宣布退出北约军事一体化机构，法军不再接受北约指挥，取消美军驻法并限期离开法国，要求北约总部迁出法国。美国提议划归北约军事一体化的法军由法国将军指挥，戴高乐政府仍拒绝，认为由北约指挥法军损害了法国的主权和尊严。对于戴高乐主张的独立自主，美国认为法国独立自主和北大西洋合作之间没有必然的冲突，北约没有侵犯法国主权，成员国的合作是践行主权。法国退出北约军事一体化造成的损害比北约成立以来所有共产主义活动造成的危害还大，[2]迫使7万多名美军撤出法国，价值10亿美元的后勤和供应仓库迁到德国，北约政治和军事总部搬迁到比利时。

法国在西方阵营内闹独立，通过退出北约军事一体化的大动作，达到了彰显大国地位的目的，但法国政治上没有退出北约，也没有倒向苏联阵营。法国在第二次柏林危机、古巴导弹危机，以及一些热点问题上支持美国。法国退出北约军事一体化并不彻底，仍参与北约防空预警系统，允许盟军飞机使用法国领空，允许部分盟友使用法国的训练区域，北约继续使

---

[1] 法国在一战后将"无端攻击"概念载入其与中东欧国家的军事同盟条约，但这一概念存在争论，如果捷克斯洛伐克不接受希特勒割让日耳曼人占多数的领土要求，从而招致了希特勒侵略，是否属于无端侵略？当时英法接受希特勒割占领土的侵略要求，显然并不将此假定情形视为捷克斯洛伐克无端遭受侵略，反而怪罪于后者不妥协而引发了侵略。

[2] Mira Rapp-Hooper, *Shields of the Republic: The Triumph and Peril of America's Alliances*, Cambridge, Massachusetts: Harvard University Press, 2020, p. 95.

第七章 美国同盟体系的局部瓦解及转型

用从大西洋港口经法国到德国的石油管道。在北约框架之外，法国继续扩大与德国、美国的双边军事合作。[①] 法国一只脚在北约内，一只脚在北约外，既要享受美军的安全保护，又不愿承担美军驻扎本国领土的代价。法国要求美军撤出本国领土，但并未要求美军撤出欧洲。法国清醒地认识到维护法国安全和欧洲安全需要美军，欧洲除了接受美军驻扎和美国核保护，没有其他可供选择的办法。[②] 法国与苏联不接壤，处于美苏对峙的后方地区，地理位置为法国退出北约军事一体化创造了客观条件。

法国退出北约军事一体化机构有利有弊，法国维护了独立自主，但丧失了对北约军事决策的影响，美英、美德安全合作巩固了北约在欧洲安全中的地位，不利于法国推进法德安全合作和欧洲防务联合。面对海湾危机、德国统一、苏联解体、波黑内战、欧盟防务建设的新发展，法国退出北约军事一体化的军事弊端显现。海湾战争期间，法国发现自身的武器装备、通信和行动计划等不适应北约的标准，甚至可能对北约的行动构成危险。[③] 欧洲在解决波黑内战中软弱无力，直到美国和北约使用武力"以打促谈"，才迫使波黑塞族回到谈判桌，达成了《代顿和平协议》。法国认识到北约仍然在欧洲安全中占据主导地位，发展欧洲独立防务绕不开北约，只有与北约搞好关系，才能推进欧洲"共同安全与防务政策"。法国逐步恢复参加北约军事机构的活动，法国防长参加北约国防部长会议、各军种参谋长恢复参加北约军事委员会，重返北约欧洲盟军司令部和转型司令部。1995年法国总统希拉克做出重返北约军事一体化的决定，条件是北约"欧洲化"，要求北约进行必要改革、加强北约内部的欧洲防务支柱，还提出法国担任北约南欧司令部司令一职，遭到美国断然拒绝，法美多次谈判未果，法国未能重返。法国国内对是否重返北约军事一体化争论激烈。2009年3月，法国总统萨科齐不顾国内反对，宣布法国回归北约军事一体化。法国调整思路，通过进入北约内部，寻求对欧洲安全事务发挥更大影响。

---

① Richard L. Kugler, *Commitment to Purpose: How Alliance Partnership Won the Cold War*, RAND, 1993, p. 223.

② [西德] 约翰内斯·施泰因霍夫著，张连根等译：《北大西洋公约组织向何处去？——西欧的防务问题》，商务印书馆，1977年版，第73页。

③ 钟振明：《超越现实主义？——冷战后的北约及美欧联盟关系》，上海社会科学院出版社，2014年版，第135页。

二、东南亚条约组织的瓦解

东南亚条约组织未实现美国期望的战略目标，是美国在亚太地区组建多边同盟的失败先例。东南亚条约组织先天不足，美国和盟友缺乏共同的威胁，战略优先次序不同。东南亚国家国内政治不稳，更关心清理殖民主义留下的遗产、维护国内稳定、发展经济，而不是大国竞争。美国反华反苏优先，不愿意受条约束缚，在老挝危机和越南战争时期对东南亚条约组织弃之不用。越南战争后，美国主动放弃经营该组织。

美英法三国在东南亚条约组织中处于支配地位，但三国的政治和军事投入远远不如对北约的投入。美国从未打算将东南亚条约组织建设为"亚洲版北约"，① 反对照搬北约模式建立统一的司令部和军队。英法两个殖民大国从东南亚收缩力量，在政治上对东南亚条约组织缺乏重视，1954—1961年东南亚条约组织部长级理事会举行8次会议，法国只参加了4次，英国参加了5次。② 英法都不愿投入军事资源，法国奠边府战役失败、在印度支那的殖民统治瓦解后对东南亚的投入大大减少。英国实力不济，从苏伊士运河以东地区收缩军力。

美英法三国在东南亚条约组织的目标和任务分工上分歧严重。1960—1962年老挝危机期间，美国试图利用东南亚条约组织武装干涉老挝，英国和法国反对。美国欲打着东南亚条约组织的旗号干涉越南，遏制共产主义扩张，英法两国拒绝派兵。英国寻求维持现状，软化对立，缩小而不是扩大该组织的承诺和活动。③ 英国将该组织作为连接美国和英联邦防务的平台，不愿在印度支那投入兵力、对防御共产主义威胁毫无兴趣。法国在印度支那军事溃败后，寻求发挥经济和文化影响，也不愿继续投入兵力。法国退出北约军事一体化后，公开批评东南亚条约组织的军事活动，不再参加该组织举办的军事演习，撤出了军事参谋人员。此后法国承办了解决越

---

① Leszek Buszynski, *SEATO: The Failure of an Alliance Stratgey*, Singapore: Singapore University Press, 1983, p. 222.

② George Modelski, "SEATO: Its Function and Organization," in George Modelski, ed, *SEATO: Six Studies*, Melbourne: F. W. Cheshire Ply Ltd, 1962, p. 24.

③ George Modelski, "SEATO: Its Function and Organization," in George Modelski, ed, *SEATO: Six Studies*, Melbourne: F. W. Cheshire Ply Ltd, 1962, p. 4.

第七章 美国同盟体系的局部瓦解及转型

南问题的和平谈判，在北越和美国之间保持中立。在对华政策上，美英法政策分歧，英国因香港问题对华保持接触，法国率先与中国建交。尼克松政府也寻求改善对华关系。在促进地区发展、消除叛乱根源上，美英法三国都不愿对小盟友增加经济援助，美国认为建立经济机构是重复建设，不愿将东南亚条约组织变成一个提供援助的经济机构。

美英法三国的政策分歧和投入不足导致该组织软弱无力，三国干涉本地区事务受到新独立国家的抵制。反对集团政治、倡导不结盟运动的印度不愿意与该组织发生联系，英国和美国鼓动独立后的马来亚加入，未获得响应。南越政府有兴趣加入，但英法以违反《日内瓦协定》为由反对。

除了美英法三个西方国家，东南亚其他成员之间也存在分歧。菲律宾与美国签订双边同盟条约，泰国与美国签署了双边联合公报，东南亚条约组织对两国的重要性降低。对巴基斯坦来说，该条约不介入克什米尔争端，对巴基斯坦的用处不大。菲律宾、泰国和巴基斯坦都期望签署《东南亚条约》能获得更多的援助，美国虽增加了援助，但远未达到三国的预期。在1962年中印边界冲突中，美英提供军备给巴基斯坦的对手印度，批评巴基斯坦改善对华关系。1965年的印巴战争中美国没有支持巴基斯坦，令巴基斯坦失望和愤怒。1971年12月印巴战争爆发，东巴基斯坦分离出去，成立为孟加拉国，美国置身事外的反应再次令巴基斯坦强烈不满。1972年11月，巴基斯坦宣布退出东南亚条约组织和中央条约组织。

在解决老挝问题、维护地区稳定上，东南亚条约组织未发挥作用。1955年7月，老挝局势升温，成员国态度分歧。泰国受老挝局势影响大，主张通过东南亚条约组织解决老挝问题，英法两国主张由老挝问题国际委员会来处理，东南亚条约组织没有就老挝问题发表声明，首次介入地区热点问题就遇挫。1960年8月老挝发生军事政变，美英法三国无法就军事干涉达成一致。在1956年的中缅边界争端中，东南亚条约组织对介入争端态度谨慎。1958年印度尼西亚发生叛乱，叛乱组织要求东南亚条约组织武装干涉印度尼西亚，有成员国担心干涉将引起苏联和中国援助印度尼西亚政府，该组织未能就处理印度尼西亚问题达成共识。① 在1958年台海危机

---

① George Modelski, "SEATO: Its Function and Organization," in George Modelski, ed., *SEATO: Six Studies*, Melbourne: F. W. Cheshire Ply Ltd, 1962, p. 10, p. 29.

中，美国向东南亚条约组织吹风，动员成员国支持美国，但是成员国保持沉默，英国、泰国和新西兰拒绝扩大条约的承诺。① 1970年3月18日柬埔寨发生政变，西哈努克政权被亲西方的军人政权推翻，东南亚条约组织并未发挥作用。

1973年1月，解决越南问题的《巴黎协定》签署，美国实行战略收缩，从东南亚撤军。1975年美国支持的南越和柬埔寨军人政权垮台。1975年9月，东南亚条约组织理事会会议决定中止该组织。1977年东南亚条约组织秘书处关门并举行了最后一次理事会会议，从此悄无声息。

三、从美澳新三边同盟到美澳同盟

南太平洋距离欧亚大陆遥远，并不是美苏对峙的前线地区。南太平洋岛国1985年8月签署了《南太平洋无核区条约》，禁止在南太平洋地区测试和贮存核武器。苏联签署了条约，美国没有签署，还从增加西方阵营的核威慑力量出发，支持法国在南太平洋地区进行核试验，引起太平洋岛国的不满。

澳大利亚和新西兰都关心核试验对环境的破坏，澳大利亚更看重与美国的安全关系，新西兰更担心核事故引发的环境灾难。② 新西兰被大洋环绕，处在澳洲大陆的后方，面临共产主义国家威胁的可能性微乎其微，法国在南太平洋的核试验、美国的核活动对新西兰的生存和安全威胁更大。

新西兰反对大气层核试验，支持核禁试。1984年7月上台的工党政府反核政策激进，禁止外国核动力舰艇或携带核弹的舰艇来访，要求美军舰艇提供无核证明，否则禁止来访。新西兰声称澳新美同盟是一个常规力量同盟，不是"核同盟"，新西兰只打算承担常规力量防御义务。美国拥有核动力潜艇不是秘密，许多舰艇携带不同种类的核武游弋。美国认为在保障地区安全时，无法区分核手段与非核手段。美国亚太事务助理国务卿沃尔福威茨表示，"美国只有一支海军，而不是常规海军或核海军；也无法

---

① George Modelski, "SEATO: Its Function and Organization," in George Modelski, ed., *SEATO: Six Studies*, Melbourne: F. W. Cheshire Ply Ltd, 1962, p. 11.

② John Ravenhill, ed., *No Longer An American Lake? Alliance Problem in the South Pacific*, Institute of International Studies, University of California, 1989, p. 18.

第七章　美国同盟体系的局部瓦解及转型

专门配备只适合一个国家的海军,而另一支海军适应其他国家"。[1] 美国奉行"既不肯定也不否定"的政策,拒绝新西兰要求其提供无核证明的要求。新西兰对美国缺乏战略重要性,"如果新西兰不存在,也没必要创造出来"。[2] 美国舰艇访问新西兰的次数不多,不访问新西兰港口对美国影响不大。当时欧洲盟友反核和平运动高涨,部分北约盟友对美国的核军备政策不满,抵制美国在其境内部署巡航导弹和"潘兴Ⅱ"导弹,也不愿美国核舰艇入港。美国更担心新西兰的禁令被其他盟友效仿,损害其核威慑的可信性。

美国对新西兰"杀鸡吓猴",单方面中止与新西兰的同盟关系,将新西兰从盟友地位降为友好国家,禁止新西兰军舰访问美国港口,切断对新西兰的情报共享,降低同新西兰的一切防务合作,取消培训新西兰军官、联合军演和澳新美三边会议。1986年8月,美澳两国撇开新西兰召开外长会议,称由于新西兰禁止美国核舰入港的政策违背了《澳新美安全条约》,美国将中止承担对新西兰安全保护的责任。[3] 美国没有废除《澳新美安全条约》,担心单独与澳大利亚谈判新条约充满变数,难以获得美国国会批准,还可能遭到澳大利亚国内的反对。

新西兰仍继续对美国提供军事支持,坚定留在西方阵营,参与海湾战争及在原南斯拉夫的维和行动。1997年新西兰获得"非北约主要盟友"待遇,双边关系回暖。新西兰参加"防扩散安全倡议",参加阿富汗、伊拉克的维和行动和战后重建,且仍禁止外国核舰艇访问本国港口。2010年4月,奥巴马总统邀请新西兰参加在华盛顿举行的核安全峰会。美新双方决定搁置核政策分歧,在海上安全、气候变化、人道主义援助、救灾、维和等领域加强安全合作。2010年6月,新西兰时隔28年后参加"环太平洋军演",2012年9月,美国解除了对新西兰海军访问美国港口的禁令。[4]

---

[1] 王帆:《美国的亚太联盟》,世界知识出版社,2007年版,第60页。

[2] John Ravenhill, ed., *No Longer An American Lake? Alliance Problem in the South Pacific*, Institute of International Studies, University of California, 1989, p. 68.

[3] 汪诗明:《1951年〈澳新美同盟条约〉研究》,世界知识出版社,2008年版,第217页。

[4] Bruce Vaughn, *New Zealand: U.S. Security Cooperation and the U.S. Rebalancing to Asia Strategy*, Congressional Research Service, March 8, 2013, p. 4.

四、同盟纽带不时松懈

美国与盟友龃龉不断，各同盟都不同程度地经历过关系紧张和同盟虚化、弱化的情形。除了法国退出北约军事一体化，希腊也曾退出北约军事一体化。1974年土耳其出兵占领塞浦路斯北部，希腊对北约反应不满，宣布退出北约军事一体化。希腊退出对北约影响不大，却对希腊影响更大，1975年希腊军费开支比1974年增加了46%，[1]让希腊认识到单独自卫很"烧钱"。1980年在美国施压下，希腊重返北约军事一体化。

土耳其出兵塞浦路斯后，美土关系紧张。美国切断对土耳其军事援助，土耳其则限制美军使用土耳其境内的军事基地。土耳其成立了一个委员会检讨与北约的关系，该委员会在报告中指出结盟的种种弊端：美国在土耳其部署核武器，使土耳其成为苏联核打击的目标；土耳其可能被迫卷入与己无关的战争；在遭受外来入侵时北约可能不会保卫土耳其；由于土军被纳入北约军事一体化、军事装备由美国提供，土耳其的行动自由受到限制；加入北约恶化了土耳其与苏联、土耳其与阿拉伯国家的关系。该委员会建议土耳其废除设在土耳其境内的美军电子情报网络，取消美军驻扎和美军的轰炸机基地，令土耳其非核化、发展独立的军事力量。[2]但是该委员会的报告并未被采纳，土耳其继续留在北约。

北约成立以来，涌现过各种各样的"北约危机论"，诸如北约"危机深化"、陷入"深度危机""根本性危机""总危机""前所未有的危机""真正的危机"等，不一而足。[3]苏联宣称1969年是北约的终结年，但是1968年发生了以苏联为首的华约入侵捷克斯洛伐克事件，欧洲中小盟友对北约的依赖反而上升。法国与德国反对美国发动伊拉克战争，美国与其关系恶化，民众互怼，有美国民众将"法国薯条"改称"自由薯条"。特朗普总统不按常理出牌，同盟关系遭遇"特朗普冲击"，2019年法国总统马

---

[1] [西德]约翰内斯·施泰因霍夫著，张连根等译：《北大西洋公约组织向何去？——西欧的防务问题》，商务印书馆，1977年版，第90页。

[2] James A. Kuhlman, et al., *Strategies, Alliances, and Military Power: Changing Roles*, U. S. Army War College, 1977, p. 161.

[3] 北约每年都面临最坏情形，关于"北约危机论"的梳理和评述，参见 Wallace J. Thies, *Why NATO Endures*, New York: Cambridge University Press, 2009, pp. 2–9。

克龙称北约"脑死亡",但其他盟友并不赞同法国总统的惊人之语,德国总理默克尔并未附和马克龙的说法。另一派观点认为,北约的问题是成功带来的问题,认为北约是当代最成功的和平时期的同盟(peacetime alliance),北约的问题是强大带来的问题,不是虚弱带来的问题。① 这一派至今影响仍很大,认为北大西洋地区越安全,北约就越不安全,因为一个安全的地区对北约的需求下降。按照这一派的观点,欧洲地区越动荡不定,盟友越需要安全保护,北约就越重要。

美日、美韩同盟都曾因美军犯罪案件而引发轩然大波,大批民众上街抗议驻地美军暴行。苏联解体后,亚太同盟一度进入失去方向的"漂流期",同盟纽带松懈。美日双方都不太在乎维护同盟的团结,美国将世界第二大经济体日本作为潜在的大国竞争对手,借海湾战争敲打日本,对日本发动贸易战。日本民族主义情绪升温,对美国说"不",许多日本人主张日本外交政策减少依赖美国,更多关注亚洲地区的事务。② 受德国统一鼓舞,韩国对美国离心倾向滋长,主张改善对朝鲜关系、实现自主统一的呼声高涨。美澳同盟一度处于低迷状态。澳大利亚总理基廷实行融入亚洲政策,加速向亚洲靠拢。美国从亚太地区撤军,实行战略收缩,美澳军事合作降温。美军撤出苏比克湾海军基地和克拉克空军基地后,美菲同盟关系冷却。

美国与中东盟友的摩擦断续发酵,美国驻军当地激发当地民众的反美情绪,迫使美军避开民众视线。美国与有关盟友关系不时紧张。奥巴马政府批评以色列在巴勒斯坦被占领土的定居点活动、改善对伊朗关系,与以色列关系冷淡。拜登总统抨击沙特人权状况,俄乌冲突后又施压沙特增产石油,遭到沙特抵制,美沙同盟纽带松懈。

第二节　同盟体系的延续

美国构建同盟体系以遏制苏联的挑战,苏联解体后,美国同盟体系却

---

① Senator Henry M. Jackson, ed., *The Atlantic Alliance: Jackson Subcommittee Hearings and Findings*, New York: Frederick A. Praeger, 1967, p. 10, p. x.
② [美]迈克尔·H. 阿马科斯特著,于铁军、孙博红译:《朋友还是对手——前美驻日大使说日本》,新华出版社,1998年版,第93—94页。

美国同盟体系：新时代的旧秩序

未瓦解，没有因冷战结束而伤筋动骨，同盟体系框架犹存。如何看待美国同盟体系延续这一现象？本书从国际秩序的角度予以解释。美国同盟体系是一种维护国际秩序的交易安排，美国提供安全保护，盟友提供国际秩序支持，双方各取所需。竞争对手消失了，但大国竞争并未消失。只要国际体系存在多个大国，就会有大国竞争。苏联解体了，后继的俄罗斯仍是一个大国，国际体系内还存在其他大国，美国仍需要利用同盟体系防范"潜在"对手，维护对己有利的国际秩序。在大国竞争消退后，对国际秩序的新威胁接踵而来，维持既有的同盟体系成为盟主的路径选择。应对新威胁成为同盟合作的增长点、维系同盟的新纽带。新、旧威胁性质不同，在维系同盟方面的作用也不同，传统安全威胁在维系同盟方面的作用更大。

对盟友来说，结盟动力并未在苏联解体后消失。地区国家存在着领土争端和民族宗教矛盾，一些国家寻求域外势力的支持，选择与美国结盟以影响地区均势。对盟友来说，结盟的主要驱动力并不是大国竞争，而是来自邻国的威胁。苏联解体后，地区国家间的领土争端仍然存在，有关国家竞争地区主导权的斗争并没有消失，地区安全困境依然存在。沃尔特认为，大部分国家最担心邻国威胁。美国既足够强大，可以威慑苏联，又远在天边，不会像邻国那样构成威胁。① 各地区国家都存在领土争端，而国家实力有强弱之分，只要地区强国不放弃以武力解决争端，就会有"强权即公理""真理在大炮的射程内"的危险，地区弱国就不会放弃结盟的选项。

对于美国和盟友来说，同盟就像"氧气"，感觉不到它的存在，但不可或缺。只要地区国家间的纷争存在，盟友就需要美国的安全保护。国家寻求安全保护存在着路径依赖，依赖已经建立的同盟框架。同盟威慑对手、管理成员国之间的纷争、缓解地区安全困境，这些作用并未因苏联解体而消失，同盟的延续意味着有利于美国的地区秩序延续。同盟的军事和非军事纽带织密了同盟关系，双方形成了"一荣俱荣、一损俱损"的全方位关系，增加了同盟纽带的韧性，与美国价值观一致的欧洲和亚太盟友，与美国的同盟纽带更不容易断裂。盟友也没有其他的替代选择，抛弃同盟

---

① Stephen M. Walt, "Alliances in a Unipolar World," *World Politics*, January, 2009, pp. 111-114.

的安全选项更差，同盟瓦解的损失及产生的不确定性令盟友不敢轻易放弃与美国的同盟。美苏竞争结束后，各国尽享和平红利，应对大国战争的同盟军事资源遭闲置，同盟的集体防御功能弱化。

一、北约经受德国统一的考验

二战战败后德国遭肢解，联邦德国和民主德国分别被纳入北约和华约，成为战胜国未解决的最大的遗留问题。德国位居欧洲中心，地理位置、人口、经济实力、工业资源等因素叠加，意味着德国统一将改变两大军事集团的力量对比，重塑欧洲安全秩序。美苏在德国问题上各不相让，美国主张统一的德国留在北约，苏联主张统一的德国中立，双方都不希望德国落入对方的势力范围。

苏联欲借西柏林问题掌握主动。1958年11月，苏联发出最后通牒，指责西方将西柏林作为对民主德国颠覆活动的基地，要求美英法三国军队6个月内撤出西柏林，第二次柏林危机爆发。苏联威胁将东柏林交给民主德国管辖，以迫使美英法三国承认民主德国政权。1959年9月，苏联领导人赫鲁晓夫访美，美苏举行戴维营峰会，赫鲁晓夫放弃最后通牒，美国承诺在巴黎举办四国峰会解决柏林问题，但因发生美国间谍飞机侵入苏联的事件，四国峰会未能举办。

苏联推动两个德国合并，分化西方阵营。美英法三国反对从西柏林撤军，一致主张统一后的德国必须加入北约。北约秘书长斯巴克（Paul-Henri Spaak）和部分盟友希望在北约框架下协调政策，提出承认民主德国的问题。1961年苏联威胁与民主德国签署和平条约，消除以联邦德国为主统一民主德国的可能性。美国两手应对柏林危机，对苏联一手谈判，另一手则是经济惩罚和战争威胁。1961年6月，肯尼迪与赫鲁晓夫在维也纳会晤，双方未能缓解柏林紧张局势。1961年8月，苏军环绕西柏林，民主德国修建了柏林墙，切断东西柏林的人员联系。肯尼迪增派上千名美军去西柏林，美苏关系再度紧张，核战争的风险上升。1961年10月，苏联撤销美英法军队限期撤离西柏林的要求，危机降级。在美苏缓和时期，四国在柏林问题上达成正式协定，但是德国统一问题悬而未决。

美国及欧洲盟友对德国的未来走向抱有疑虑。两次世界大战的阴霾仍笼罩欧洲，欧洲国家担心德国复活军国主义，收复战后被强行划归其他国

美国同盟体系：新时代的旧秩序

家的领土，也担心德国像英法那样拥核。盟友仍需要北约来约束德国，北约使德国无需建立自己的参谋部、拥核、发展独立的军事行动能力。① 法国退出北约军事一体化后，荷兰、丹麦、卢森堡等小盟友担心德国废除1954年的《巴黎协定》，摆脱二战后被战胜国施加的军事限制，退出北约。

欧洲盟友也担心联邦德国为了实现德国统一的目标，与苏联达成不利于西方的协定，这些盟友仍未走出德苏交易的历史阴影。1918年3月德国和苏俄签订和约，苏俄退出"帝国主义战争"，使德国腾出手来在西线负隅顽抗。1922年4月德国和苏联在热那亚郊外签署《拉巴洛条约》，打破了两国的国际孤立处境。1926年4月，德苏签署《中立条约》，规定任何一方如遭到第三国攻击时，另一方严守中立，这一条约提升了德国与英法两国讨价还价的地位。1939年8月苏德签订互不侵犯条约，对西方安全造成了灾难性的后果。1969年出任德国总理的勃兰特实行"新东方政策"，与苏联和东欧国家改善关系，美欧担忧德国与苏联做交易，转向中立主义或者倒向苏联。

1989年11月9日，柏林墙倒塌，联邦德国主导德国统一的势头难以阻挡。美苏英法四国对德国统一犹豫不决，波兰也担心统一后的德国要求修改两国边界。布什政府确立了一个根本性的外交原则：统一后的德国必须留在北约内部。德国留在北约可以消除西欧国家的恐惧、消除德国的拥核需要，也有助于防止德苏竞争。美国提出德国统一应以和平、渐进的方式实现，搭建了"2+4"（两个德国加上美苏英法四国）会谈，防止德苏撇开西方国家私下达成协议。1990年1月，德国总理科尔表示，北约无需担心，德国的家在西方。② 1990年2月，美德举行戴维营峰会，科尔表示一个统一的德国将是北约的完全成员，打消了美国在德国未来走向上的疑虑。

苏联要求统一后的德国保持中立，维护苏联对欧洲安全秩序的主导权，但华约成员国匈牙利、捷克斯洛伐克、波兰反对统一后的德国中立。北约将规范德国的军力发展，对担忧统一后德国军事走向的苏联来说，也符合其利益。联邦德国承诺统一后不会改变边界、将不会在民主德国领土

---

① Timothy Andrews Sayle, *Enduring Alliance: A History of NATO and the Postwar Global Order*, Ithaca: Cornell University Press, 2019, p.147.

② Timothy Andrews Sayle, *Enduring Alliance: A History of NATO and the Postwar Global Order*, Ithaca: Cornell University Press, 2019, p.224.

驻扎外国军队或核武器、不会重建昔日"帝国"。苏联立场逐渐软化，同意统一后的德国可自由选择结盟对象，即留在北约。1990年9月在莫斯科签署了"二加四"条约批准德国统一，统一后的德国将军队人数削减到37万人，不在原民主德国领土部署核武器。德国与苏联签署为期20年的友好条约，德国答应向苏联提供巨额经济援助，提供76亿美元供苏联从原民主德国领土撤军。[1]

德国统一对北约和华约都是巨大挑战，作为华约重要成员国的民主德国消失，削弱了华约实力。统一的德国留在西方阵营，增强了北约在欧洲安全秩序中的地位。

二、苏联解体后北约的延续

苏联解体后，欧洲、亚洲同盟面临的外部威胁消失，还有存在的必要吗？如果美国同盟体系解体，同盟国之间的和平是否能得以维持？这里着重从地区纷争、单独防御成本因素阐述同盟延续的动因。

北约"排斥俄国人、压制德国人、留住美国人"的使命并未终结。东欧国家和原苏联的一些加盟共和国都排队想挤进北约，[2] 这些"新欧洲"成员与俄罗斯接壤，与俄罗斯积怨深，将俄罗斯视为潜在威胁；自身军力弱小，拼命寻求美国保护。这些国家加入了欧洲安全与合作组织等地区安全机构，但仍坚决要求加入北约，这与它们的威胁认知以及一战后寻求英法安全保护的失败经历有关。在原苏联空间诞生的独立国家波罗的海三国、乌克兰、格鲁吉亚也提出加入北约。对一些"老欧洲"成员来说，核战争的危险并未解除。俄罗斯国土面积比原苏联小很多，但仍是联合国安理会常任理事国和核大国，对欧洲安全的影响不可忽视。英法两国核力量无法与俄罗斯相匹敌，欧洲国家仍需要美国的核保护。

北约仍肩负约束德国、维护同盟内部和平的重任。北约防止德国、法国及其他国家重燃战火。法德两国实现了和解，管控分歧，但法德竞争并没有消失。几百年来，法国一直追求主导欧洲大陆事务，这一目标迄今没

---

[1] Richard L. Kugler, *Commitment to Purpose: How Alliance Partnership Won the Cold War*, RAND, 1993, p. 509.

[2] 赵怀普：《当代美欧关系史》，世界知识出版社，2011年版，第379页。

美国同盟体系：新时代的旧秩序

有改变，实现目标的手段从军事征服转向和平手段，将大国梦寓于欧洲联合之中。拿破仑·波拿巴的滑铁卢之败、普法战争、两次世界大战接连粉碎了法国以军事手段主导欧洲事务的大国梦。法国与德国接壤，普法战争和二战沦陷的耻辱使法国更担心德国而不是苏联带来的威胁。法国认识到，单靠西欧国家尚不足以完全遏制德国，必须引进美国力量以帮助维持欧洲秩序，① 北约在很大程度上是美国保证法国不会受到德国复兴威胁的产物。② 北约建立以来，英国、法国与德国之间没有再爆发大国战争，欧洲西半部实现了自从"罗马治下的和平"以来最长时间的和平。③ 北约帮助欧洲治愈战争创伤，为欧洲大国和解创造了条件，缓和了法德安全竞争，为欧洲经济一体化托底。

法国推动欧洲经济一体化进程，利用法德和解将德国拴住，达到在法德竞争中占据上风、主导欧洲事务的目的。面对德国实力的增长、德苏关系改善，法国调整政策，同意英国加入欧洲共同体以便平衡德国的影响。法国追求战略自主和主导欧洲事务，对美国霸权行径不满，但又利用美国制约德国，利用驻欧美军牵制德国的军事动向。德国统一后军力发展受到限制，仍依赖美国的核保护。如果北约解散，德国除了扩军或拥核之外别无选择，但法国在内的周边邻国无一希望德国摆脱北约的约束。没有哪个欧洲国家真的希望美国彻底撤出欧洲，因而北约的延续也就自然而然。

欧洲大国之间、大国与小国的争端为北约的延续提供了理由。德国与东欧邻国的争端并未彻底解决，德国与波兰仍存在历史遗留问题。二战后波兰边界向西移动，占据德国东部大片领土，德波边界问题成为悬案。德国统一后承认与波兰的边界现状，1991 年德波签订《睦邻友好合作条约》，消除了波兰的担心。2015 年以来，波兰执政党多次向德国索要二战赔偿款。2022 年 9 月，波兰政府提出了天价索赔数额，要求德国就侵略波兰造成的人员伤亡和财产损失支付 6.2 万亿兹罗提（约合 1.3 万亿美元）的战

---

① 赵怀普：《当代美欧关系史》，世界知识出版社，2011 年版，第 134 页。
② [美] 克里斯托弗·莱恩著，孙建中译：《和平的幻想：1940 年以来的美国大战略》，上海人民出版社，2009 年版，第 150 页。
③ Daniel Fried, "The Future of NATO: How Valuable an Asset?" June 22, 2007, https: //2001 - 2009. state. gov/p/eur/rls/rm/87096. htm. （上网时间：2018 年 5 月 7 日）

第七章　美国同盟体系的局部瓦解及转型

争赔款。① 德国表示，由于波兰在1953年放弃了战争赔款，因此关于赔款问题的讨论已经结束。波兰提出赔偿问题，可能引起其他欧洲国家效仿，影响欧洲国家间关系稳定，进而影响欧洲安全。

一战、二战的浩劫虽成云烟，但民族主义并未销声匿迹。欧洲国家并未忘记民族主义引燃的战火，这也让它们不敢冒解散北约的风险。欧洲盟友担心北约解散后，被压制的民族主义恶魔卷土重来，摧毁欧洲经济一体化，颠覆欧洲二战后的总体和平状态。如果各国在安全问题上自行其是，欧洲将退回到敌对和冲突的过去，因此成员国不愿从北约收回军事规划权和决策权，反对将军事参谋部门重新"国家化"。

从自主防御的成本考虑，欧洲盟友习惯"搭便车"，不愿承担单独防御的重担。北约集体防御可以发挥合力，产生比较优势，避免单独研发和重复建设，集体防御比各国单独防御便宜。② 如果美军撤出欧洲，欧洲国家的防务预算需要增加50%～100%。③ 如果在"大炮"和"黄油"的问题上可以做选择，盟友会选择"黄油"，以便将更多资金和资源用于发展经济，改善民生福祉。冷战结束初期，驻欧美军数量大幅减少，引起欧洲盟友的担忧。盟友认为美军继续驻留对欧洲的稳定必不可少，不希望美军撤走。原南斯拉夫地区爆发冲突后，盟友要求美军留下的理由更加充分。

北约在欧洲安全中的作用受到重视。前北约欧洲盟军最高司令诺斯塔特（Lauris Nordstadt）将军在国会作证，谈到北约取得的进展时说道：北约建立后没有一个成员国变为苏联"卫星国"，捷克斯洛伐克"二月事件"没有在成员国重演；北约为欧洲经济的增长提供了信心，马歇尔计划的愿景在北约建立后才完全实现；北约盟友的支持帮助美英法应对柏林危机；北约在关键地区维持了和平；北约为北大西洋地区带来了稳定和福祉。④

---

① "波兰就二战赔款事宜向德国发出外交照会"，新华网，2022年10月4日，http://www.xinhuanet.com/2022-10/04/c_1129050188.htm。（上网时间：2022年11月5日）

② Wallace J. Thies, *Why NATO Endures*, New York: Cambridge University Press, 2009, pp. 115-116.

③ Richard L. Kugler, *Commitment to Purpose: How Alliance Partnership Won the Cold War*, RAND, 1993, p. 558.

④ Henry M. Jackson, ed., *The Atlantic Alliance: Jackson Subcommittee Hearings and Findings*, New York: Frederick A. Praeger, 1967, p. 122.

美国同盟体系：新时代的旧秩序

美国助理国务卿帮办沃克尔认为北约取得了三大成就。一是北约帮助结束了冷战，实现了一个统一、自由、和平的欧洲。北约保证了欧洲基本的安全，使欧洲的政治和经济发展成为可能。二是北约维护了中东欧的稳定和自由。北约东扩填补中东欧"安全真空"，给一亿人带去了自由民主和市场经济。三是北约自身实现转型，从领土防御的静态同盟转变为终结冲突、促进安全、稳定、人道主义的动态同盟。①

三、苏联解体后亚太同盟的延续

苏联解体后，亚太同盟处于失去方向的"漂流"状态，盟友的离心倾向滋长，同盟纽带松懈，但同盟并未瓦解。"留住美国人"是欧洲盟友的基本政策，也是亚洲盟友的基本政策。亚太地区同样有难解的历史和领土争端，存在地区大国竞争主导权的斗争。亚洲中小国家惧怕受到地区大国的支配，希望美国发挥制衡作用。它们惧怕中日竞争领导地位，不愿美军撤出亚洲。② 日本和韩国都担心中国挑战以美国为中心的东北亚秩序，担心中国重建一个现代版的"朝贡秩序"。③ 对亚太盟友来说，与美国的同盟仍是其战略资产。

日本从美日同盟获益很多，解除同盟关系将遭受难以承受的损失。日本环顾周边，具有超级大国的实力、能够圆日本政治大国之梦，同时又与日本拥有相同价值观的国家唯有美国。④ 日本与美国结盟可以节省大量的军费开支，日本每年的军费占国内生产总值的1%左右，如果"脱美"，日本的军费开支要翻倍才能维持同样的防卫水平，需要投巨资采购军备。如果日本军费大幅攀升，必然引起曾遭受日本殖民和侵略的亚洲邻国的担忧，维持美日同盟不仅可以节约军费，而且不会引起亚洲邻国的担忧。日

---

① Kurt Volker, "NATO: Where Is It Headed?" March 28, 2006, https://2001-2009.state.gov/p/eur/rls/rm/63860.htm. （上网时间：2018年5月7日）

② Paul H. Kreisberg, Daniel Y. Chiu, and Jerome H. Kahan, *Threat Perceptions in Asia and the Role of the Major Powers: A Workshop Report*, East-West Center, 1993, p. 2, p. 9.

③ Balbina Y. Hwang, "Impact of the US Pivot on ROK Naval Power," in Greg Kennedy and Harsh V. Pant, eds., *Assessing Maritime Power in the Asia-Pacific: The Impact of American Strategic Re-balance*, Surrey: Ashgate, 2015, p. 160.

④ 陈效卫主编：《合作与冲突：战后美国军事联盟的系统考察》，军事科学出版社，2001年版，第71页。

第七章 美国同盟体系的局部瓦解及转型

本与邻国存在历史和领土争端，将中国、朝鲜、俄罗斯视为安全威胁，担心中国军力建设。日本自卫队战斗力有限，没有核武和其他战略武器，需要倚重美国的安全保护牵制中国。

在美国的安全保护、经济援助及对日本开放市场的条件下，日本实行"贸易立国""技术立国"，集中精力发展经济，与美国经济关系密切，虽然对华出口超过对美出口，但其高附加值消费品的终极目标仍是美国市场。日本仍是美国在亚洲的最大投资对象国。如果美日解除同盟关系、美国对日本关闭市场，日本的出口工业可能垮掉。日本资源匮乏，在一些战略资源的进口上仰赖美国，也仰赖美国提供的海上通道安全。

对日本来说，除了维系美日同盟，没有其他有吸引力的替代选择。英日同盟瓦解后，日本对外发动侵略战争，构建"大东亚共荣圈"，独自构建亚太新秩序，惨遭战败。二战后与美国结盟，日本再次"与强者为伍"，从战败恢复，实现经济繁荣。日本担心脱离强者，在国家方向上再次陷入迷途。日本认为，依靠中国、俄罗斯、欧洲或多边机构都不如依赖美国，中国不是日本的选择，俄罗斯不是日本的经济伙伴，欧洲心理上、地理上距离日本遥远，脱离了美国的日欧联系将很脆弱。[1] 冷战后东盟地区论坛、六方会谈等地区安全机制建立，日本将多边安全合作作为同盟的补充，而不是替代美日同盟的政策选项。

日本侵华战争和太平洋战争遗产制约日本发挥大国作用，美日同盟约束日本，减轻了亚洲国家对日本军国主义复活的担忧。[2] 美国政治学者福山认为，德国和日本都需要让邻国相信自己不再是威胁。德国通过把主权交给一系列多边组织做到了这一点；日本将安全事务方面的主权交给了美国，美国提供核保护、在日本驻军让亚洲其他国家相信日本不会大规模地重新武装。[3] 冷战结束初期，日本经济实力强大，如果脱离美国发展军力，

---

[1] Mike M. Mochizuki, "Japan and the Strategic Quadrangle," in Michael Mandelbaum, ed., *The Strategic Quadrangle: Russia, China, Japan, and the United States in East Asia*, New York: Council on Foreign Relations Press, 1995, p. 115.

[2] Koji Murata, "Do the Guidelines Make the Japan – US Alliance More Effective?" in Masashi Nishihara, ed., *The Japan – U. S. Alliance: New Challenges for the 21st Century*, Japan Center for International Exchange, 2000.

[3] Francis Fukuyama, "Re – envisioning Asia," *Foreign Affairs*, January/February 2005, p. 76.

美国同盟体系：新时代的旧秩序

亚洲邻国担心日本再造"大东亚共荣圈"。① 日本借助美日同盟走向政治大国，在美日同盟框架下"借船出海"，既能扩大国际影响，又能缓解其他邻国对日本政治走向的疑虑。

美日都对同盟予以高度评价。2010 年 1 月 19 日是修订后的新美日安保条约签署 50 周年，鸠山由纪夫首相和奥巴马总统分别发表声明，两国也发表"2＋2"联合声明，高度赞扬同盟在确保日本安全及亚太地区和平稳定方面发挥了"不可或缺"的作用，是亚太地区的"公共物品"。② 鸠山由纪夫表示，"日美安保体制的存在使日本得以从战后至今尊重自由和民主、维护和平并实现经济发展"③。奥巴马称赞同盟"为美日及亚太地区带来史无前例的繁荣与和平"④。从维护日本安全、应对大国崛起和安全挑战、消除亚洲邻国的疑虑等因素来说，日本仍将维持美日同盟作为本国战略选择。

韩国历届政府都倚重美韩同盟维护国家安全。虽然韩国存在"自主外交派"和"韩美同盟派"的争论，但韩国的基本立场是维持美韩同盟。美韩同盟维护了韩国安全，帮助韩国节省了军费开支，如果美军从韩国撤

---

① Richard H. Solomon, "Who Will Shape the Emerging Structure of East Asia?" in Michael Mandelbaum, ed., *The Strategic Quadrangle*: *Russia*, *China*, *Japan*, *and the United States in East Asia*, New York: Council on Foreign Relations Press, 1995, p. 199; Sheldon W. Simon, "Regional Security Structures in Asia: The Question of Relevance," in Sheldon W. Simon, ed., *East Asian Security in the Post - Cold War Era*, Armonk, New York: M. E. Sharpe, 1993, p. 13; 王志坚：《战后日本军事战略研究》，时事出版社，2014 年版，第 276 页。

② "Joint Statement of the U. S. - Japan Security Consultative Committee Marking the 50th Anniversary of the Signing of the U. S. - Japan Treaty of Mutual Cooperation and Security," January 19, 2010, https：//www.mofa.go.jp/region/n - america/us/security/joint1001.html.（上网时间：2010 年 1 月 22 日）

③ "Statement by Prime Minister Yukio Hatoyama on the Fiftieth Anniversary of the Signing of the Treaty of Mutual Cooperation and Security of Japan and the United States of America," January 19, 2010, https://japan.kantei.go.jp/hatoyama/statement/201001/19danwa_e.html.（上网时间：2010 年 1 月 22 日）

④ "Statement by the President on the 50th Anniversary of the Signing of the U. S. - Japan Treaty on Cooperation and Mutual Security," January 19, 2010, http://www.whitehouse.gov/the - press - office/statement - president - 50th - anniversary - signing - us - japan - treaty - cooperation - and - mutual.（上网时间：2010 年 1 月 22 日）

第七章　美国同盟体系的局部瓦解及转型

退，韩国军费开支将增加1.43倍。① 在解决朝核问题、构建半岛和平机制乃至推进半岛统一上，韩国都离不开美国。从韩国对移交战时作战指挥权的态度看，韩国对独自应对朝鲜挑战缺乏自信，军事指挥和作战仍离不开美国。

美韩同盟为韩国应对"强邻"提供了保证，韩国宣称历史上饱受中日的"侵略"，自称是"鲸鱼中的小虾"，引入美国因素可以制衡"强邻"。韩国学者称，"韩国是在美韩同盟基础上实现民主化与经济繁荣的"，"夹在中日之间、军事力量弱小的韩国若与美国分离，还怎么搞自主？"② 韩国总统金大中称，驻韩美军是维持东北亚均势的"核心要素"和"决定性因素"，③ 主张朝鲜半岛统一后还要维持美韩同盟和美国驻军。美国防部发表的报告表示，在朝鲜不再构成威胁后，美韩同盟将继续支持朝鲜半岛及整个地区的稳定。④ 有学者系统阐述了朝鲜半岛统一后美韩同盟延续的重要性。一是提供再保证。防止统一后的韩国发展核武器、中远程导弹及其他进攻性军力，防止日韩、中韩、中日对抗，维护地区稳定。二是维持地区和全球安全。驻韩美军可以维护韩国安全，执行地区和全球任务，从事反恐与维和行动。三是有助于美日同盟的长期稳定。美日、美韩同盟有一个被废除，另外一个就无法以政治理由加以维持。四是防止中国崛起为"侵略性"大国。美日同盟、美韩同盟是抵抗中国潜在"威胁"的最佳机制，可牵制中国在台海或南海地区的行动。五是维护东亚"民主国家"的安全。美韩同盟和美日同盟可以发挥互补作用，是支持东亚"民主国家共同体"的基础。⑤

---

① Won Gon Park, "A Challenge for the ROK – U. S. Alliance: Defense Cost – Sharing," *East Asia Security Initiative Working Paper* 30, July, 2013, p. 12.

② 汪伟民：《美韩同盟再定义与东北亚安全（修订版）》，上海辞书出版社，2013年版，第9页。

③ Norman Levin, *Do the Ties Still Bind? The U. S. – ROK Security Relationship after 9/11*, RAND, 2004, p. 21.

④ United States Department of Defense, *United States Security Strategy for the East Asia – Pacific Region*, 1998, p. 62.

⑤ Narushige Michishita, "Security Arrangements after Peace in Korea," in Masashi Nishihara, ed., *The Japan – U. S. Alliance: New Challenges for the 21st Century*, Japan Center for International Exchange, 2000.

美国同盟体系：新时代的旧秩序

美澳同盟是与美英关系相似的另一对"特殊关系"，① 两国同属盎格鲁－撒克逊种族，存在深厚的种族、宗教、文化、价值观联系。美澳结盟使澳大利亚获得了安全保护和经贸好处，节约了军费开支。只有美国能向澳大利亚提供情报、防务技术和职业军事训练，澳大利亚在军事技术装备和情报搜集方面，还无法摆脱对美国的依赖。② 没有美国的支持，澳大利亚无法防御任何一个对手。美澳两国在政治、战略、安全、经济等方面建立了机制化的合作，为同盟延续提供了制度保障。

菲律宾从美国获取巨额的军事援助和经济援助，推动菲律宾武装力量现代化。美军培训菲律宾军队，协助菲律宾打击恐怖主义，有利于菲律宾实现国内和平与经济发展。与美国结盟有助于菲律宾提升在东南亚的地位和影响，在南海争端中获得安全保护。

以上阐述了美国在欧亚地区的同盟延续动因，如果说苏联解体后北约及亚太同盟面临何去何从的问题，美国与海合会成员国的结盟与全球大国竞争关联性甚少，更多与地区纷争有关。伊拉克入侵科威特成为波斯湾小国与美国结盟的催化剂，伊朗的大国梦和拥核追求则驱使沙特继续依赖美国。海合会国家与美国结盟可以获得美国的安全保护，威慑地区大国，但需要和其他盟友一样交"保护费"，采购美国军火，被绑在美国的"战车"上，参与美国的对外军事干涉。

四、维护国际秩序与同盟延续

美国利益遍布全球，维护各地区的和平与稳定符合美国利益。地区国家间维持和平状态，有利于美国输出资本和商品，获得经济利益。解散一个同盟可能制造权力真空，引发地区不稳定，甚至重燃战火。欧洲和亚太盟友需要美国的安全保护，美国也需要与盟友一道共同维护地区秩序。美国国防部报告宣称，同盟不针对第三方，而是服务于地区稳定和安全，③

---

① 李凡：《冷战后的美国和澳大利亚同盟关系》，中国社会科学出版社，2010年版，第215页。

② 岳小颖：《从"保障安全"到"提升地位"：第二次世界大战后澳大利亚对美国追随政策之分析》，上海社会科学院出版社，2013年版，第38页。

③ Department of Defense, *United States Security Strategy for the East Asia – Pacific Region*, 1998, p. 19.

第七章　美国同盟体系的局部瓦解及转型

将同盟的延续与维护地区秩序挂钩。

盟主和盟友都有延续同盟的需求，但是这种相互需求很难保持不变。冷战初期，美苏尖锐对立，欧亚盟友经济虚弱，担心领土遭遇入侵，对美国的安全依赖大。美苏缓和时期，世界大战的可能性下降，欧洲、日本对世界大战的担心下降，降低了对美国安全依赖。军事技术的发展增强了美国的全球打击能力，降低了美国对欧洲、亚洲军事基地的依赖。

苏联解体对美国同盟体系的主干——北约和亚太同盟产生了巨大冲击，同盟关系处于十字路口。美苏核大战的风险消失，盟友面临的传统威胁普遍降低，对美国军事保护的需求下降，不愿像过去那样对美国言听计从，敢于对美国说"不"。欧盟携积聚的经济实力，寻求发挥更大的安全作用。在解决原南斯拉夫地区冲突上，欧洲国家冲锋在前，试图主导欧洲安全事务。苏联解体使美国成为仅存的超级大国，对国际秩序的掌控能力增强。海湾战争使美国产生一统天下的错觉，以为美国成了"全球共主"，对盟友的倚重下降。另外，美国虽成为冷战的"赢家"，但在美苏竞争中消耗了国力。面临来自欧洲、亚洲盟友的经济竞争、非传统安全威胁和全球性挑战，美国传统的军事优势难以发挥，军事同盟作用下降。

苏联解体后，要求美国大兵回家的孤立主义思潮、"美国优先"论泛起，这一派提出美国不应该承担"无限的责任"，应该把原南斯拉夫地区冲突、苏联解体的乱摊子留给欧洲去处理。美国从欧洲、亚洲地区大幅撤军，重振国内经济，与盟友经贸摩擦增多。但不论哪个党派上台，美国都选择延续同盟，没有彻底退回到不结盟状态。

2008年国际金融危机后，美国实行新一轮的战略收缩，减少对国际事务的投入。在利比亚战争中，奥巴马政府不愿投入军力维护欧洲的"后院"安全。受国际金融危机打击，美国实力地位和全球领导力下降，世界进入了"后美国时代"。北约朝着"后美国同盟"迈进，这意味着美国对北约事务的介入和领导处于低水平。[①] 从官方文件看，奥巴马政府仍强调同盟的重要性，《国家安全战略》报告指出"美国、地区及全球安全的基

[①] Magnus Petersson, *The US NATO Debate: From Libya to Ukraine*, New York: Bloomsbury Academic, 2015, p. 67.

美国同盟体系：新时代的旧秩序

础仍然建立在美国与盟友的关系之上",美国对盟友的"安全承诺不可动摇"。① 美国国防部《四年防务评估》报告将美国的实力优势、强大的联盟和伙伴网络、美军的人力资本与尖端技术并列为美国可以依靠的三大比较优势。②

尽管美国的国家利益超越党派、超越领导人的更替，但是不同党派、不同总统对外战略的轻重缓急存在差异，对同盟政策出现调整。特朗普总统奉行"美国优先"，参选总统及执政期间，贬低同盟的作用，看重维持同盟的成本，敲打盟友增加军费开支，偏离了历届政府的同盟政策轨道。

美国国内"维持同盟派"仍是主流，认为同盟的价值不能用交易成本来衡量，应看到同盟在威慑侵略、预防战争上的价值；同盟是一个现成的联合，赋予美国在世界行动的合法性；同盟预防了核扩散，美国的安全保护阻止了日本、韩国、沙特发展核武器。③ 美国布鲁金斯学会专家奥汉隆认为，美国领导的西方国家联合占世界 GDP 的 2/3，占全球军费开支总额的 2/3，这种状况对美国尤其有利。这比由强国组成的两个和多个竞争性的集团彼此争夺，展开军备竞赛或公开冲突好很多，"美国的同盟极大地减少了当代国家间战争的蔓延"。④ 如果美国不在日本驻扎一个航母战斗群，就需要再建 3 个航母战斗群（花费 500 亿美元）维持在西太平洋同样水平的存在。⑤

"维持同盟派"从各个方面论述北约对美国的重要性。美国驻北约前大使尼古拉斯·伯恩斯认为，北约是美国安全不可取代的资产，北约对美国的重要性包括以下五部分。一是建立了长期和平，这是美国历史上取得

---

① The White House, *National Security Strategy of the United States*, 2010, p. 41.
② Department of Defense, *Quadrennial Defense Review*, March, 2014, p. III.
③ Daniel Benaim, "What Donald Trump Doesn't Get About Alliances," March, 28, 2016, https：//newrepublic.com/article/132093/donald－trump－doesnt－get－alliances.（上网时间：2017 年 2 月 4 日）
④ Michael E. O'Hanlon, "The Art of the Military Deal," May 10, 2016, https：//www.brookings.edu/blog/order－from－chaos/2016/05/10/the－art－of－the－military－deal/.（上网时间：2017 年 2 月 4 日）
⑤ Michael E. O'Hanlon, "The Art of the Military Deal," May 10, 2016, https：//www.brookings.edu/blog/order－from－chaos/2016/05/10/the－art－of－the－military－deal/.（上网时间：2017 年 2 月 4 日）

第七章　美国同盟体系的局部瓦解及转型

的最重要的外交政策成就。一战期间，美国军费开支占其 GDP 的 14%，二战期间军费开支占其 GDP 的 37.5%，武装干涉朝鲜时期占其 GDP 的 13.2%，但此后美国军费开支占比下降，很大程度上源于北约维持了和平。二是北约对美国实现军事目标、采取海外行动提供了额外好处。北约是保卫北美和欧洲免受核与常规威胁的核心；欧洲盟友提供关键的美军基地，为美国反恐及阿富汗军事行动提供了行动平台；美国发展反导网络依靠盟友，与土耳其、罗马尼亚、波兰、德国、西班牙、荷兰、丹麦、英国等国开展反导合作；盟友参加美国领导的反"伊斯兰国"联合，在其他反恐行动中发挥领导作用，如法国在马里的反恐行动中发挥领导作用；盟友与美军一起在阿富汗战斗，训练阿富汗军队；北约继续维持科索沃的和平。三是在美国面对反恐、网络威胁、气候变化、传染病风险、大规模移民等跨国挑战上，欧洲盟友是最亲密的力挺美国的全球伙伴。北约是维护美国利益的力量放大器。四是北约盟友多数是欧盟成员，欧盟是美国的最大贸易伙伴和最大投资者。美欧联手可能是美国对俄罗斯和对伊朗制裁取得成效的主要原因。五是欧洲国家是促进和维护民主的最忠实伙伴。[1] 北约研究专家斯隆认为，美国作为北约成员的好处很多：北约成员国与美国共享同样的价值观，并愿意与美国一起捍卫它们，增强了美国政治制度的合法性，为美国提供了强大的安全联合；北约的协商框架、一体化指挥结构、日常的防务磋商和防御计划进程促进了共同作战行动，盟友为美国在欧洲、中东和非洲行动提供军事设施；北约为威慑俄罗斯提供了一个强大的统一战线；欧洲国家为加入北约进行了政治和经济改革，解决与邻国分歧，这稳定了国际关系，扩大了民主；北约伙伴关系扩大了美国影响，加强了国家安全；除了北约，没有其他实际的选择可以服务美国的利益。[2]

特朗普时期军方和国会重视同盟的作用。特朗普政府的首任国防部长马蒂斯表示，美国的力量与美国"独一无二和全面的同盟与伙伴体系不可分割。当美国仍是自由世界不可或缺的国家时，不维持强大的同盟并且尊

---

[1] Nicholas Burns, Testimony at the Senate Foreign Relations Committee, "Assessing the Value of the NATO Alliance," September 5, 2018.

[2] Stanley R. Sloan, Testimony at Senate Foreign Relations Committee Hearing "Assessing the Value of the NATO Alliance," September 5, 2018.

重那些盟友，就无法捍卫美国的利益或有效发挥作用"。① 2020 年 10 月美国国防部长埃斯珀在大西洋理事会演讲时，称美国盟友和伙伴网络提供了对手无法比拟的"不对称优势"，提出加强同盟关系两项新倡议："同盟和伙伴关系发展指针"（GDAP）拟优化安全合作，增强伙伴能力。"防务贸易现代化"拟改进对外军售与安全合作，与中俄抢夺军火市场。②

如果北约解体，美国将失掉一个有价值的资产。③ 特朗普总统威胁退出北约，但美国国会表达了对北约的坚定支持。2018 年 3 月美国国会激活了已停止活动 10 年之久的"北约观察小组"，在履行承诺上安抚盟友。特朗普多次发话要退出北约，在 2018 年 7 月北约布鲁塞尔峰会后，美国退出北约的报道频频出现。2019 年 1 月，美国众议院以 357∶22 票通过《北约支持法案》，拒绝美国退出北约。④ 同月，美国参议院提出联合决议案，要求总统退出北约之前要征得参议院同意。2019 年 4 月北约成立 70 周年之际，美国邀请北约秘书长斯托尔滕贝格在国会两院联席会议上演讲，这是获此殊荣的第一个北约秘书长和第一个国际组织领导人。

第三节　北约转型

同盟转型指同盟性质、战略、体制机制、功能、活动范围、形态发生了比较显著的变化。冷战后美国的欧洲、亚洲同盟面临与美苏竞争截然不同的国际环境，从"冷战同盟"向"后冷战同盟"转型。"冷战同盟"为

---

① Michael J. Green, "Introduction: Why Allies," in Michael J. Green, ed., *Ironclad: Forging a New Future for America's Alliances*, Lanham, MD: Rowman & Littlefield, 2019, p. 3.

② "Secretary Esper Discusses Strengthening Allies and Partners at the Atlantic Council," October 20, 2020, https://www.defense.gov/Newsroom/Transcripts/Transcript/Article/2389097/secretary-esper-discusses-strengthening-allies-and-partners-at-the-atlantic-cou/.

③ Svein Melby, "NATO and U. S. Global Security Interests," in Andrew A. Michta and Paal Sigurd Hilde, eds., *The Future of NATO: Regional Defense and Global Security*, Ann Arbor: University of Michigan Press, 2014, pp. 43-44.

④ "US House Votes Overwhelmingly to Bar US Exit from NATO," January 23, 2019, https://www.defensenews.com/congress/2019/01/23/us-house-votes-overwhelmingly-to-bar-us-exit-from-nato/. （上网时间：2020 年 4 月 25 日）

第七章　美国同盟体系的局部瓦解及转型

大国战争做准备,同盟针对对象较为明确,以军事合作为主;冷战结束后,大国战争的可能性下降,非传统安全威胁上升,大国从竞争为主转向合作为主。美国与盟友军费开支下降,军事因素在国际关系中的作用下降,军事同盟向全面的同盟转变更加明显。

北约多次调整战略,改革军事体制,执行新任务,吸收新成员,建立伙伴关系,"由地区性军事集团演变为一个复合型的全球政治军事同盟"。① 本书从北约战略概念、活动范围和职能、扩员、伙伴关系网方面简述北约转型。北约经历了从集体防御为主、到危机管理与合作安全为主、再到回归集体防御的战略转变,在此过程中,北约承担了诸多新任务。北约东扩扩大了"自由主义国际秩序"的影响。北约"走出欧洲",从维护欧洲秩序扩大到维护全球秩序。俄乌冲突促使北约退守欧洲,重新关注集体防御和欧洲安全。

一、北约战略调整

冷战时期北约战略围绕履行集体防御职能展开,以威慑和防御苏联入侵为主,为打大国战争做准备。苏联解体后,北约重新确定了目标和任务,军事性质减弱,政治作用扩大。克里米亚入俄事件以来,北约战略重点向威慑大国竞争对手转变,从应对非传统安全挑战向应对大国竞争回归。1991—2022年,北约发表了4份公开版的战略概念文件,以指导北约的军事和政治活动。

1989年苏东剧变,欧洲安全形势急剧变化,北约接连举行峰会,调整军事部署,与苏联和东欧国家加强对话和接触,支持这些国家向民主制度和市场化转型。1991年11月举行的北约罗马峰会出台了冷战后的第一份战略概念文件,提出建立一个具有包容性的欧洲安全新架构,与前对手合作;将对核武器的依赖减少到最低水平,关注核扩散问题;调整北约军力结构和指挥结构,重视发挥危机管理和预防冲突的作用。② 北约将俄罗斯视为"潜在威胁"而不是现实威胁,集体防御功能弱化。北约干涉波黑冲

---

① 高华:《透视新北约——从军事联盟走向安全—政治联盟》,世界知识出版社,2012年版,第65页。
② "The Alliance's New Strategic Concept (1991)," November, 1991, https://www.nato.int/cps/en/natolive/official_texts_23847.htm. (上网时间:2022年7月6日)

美国同盟体系：新时代的旧秩序

突、发动科索沃战争，这些军事行动与针对外部攻击的集体防御任务无关，而是打着反对种族清洗、人道主义的旗号介入国内冲突。

1999年4月北约华盛顿峰会更新了战略概念文件，认为北约成员国遭受大规模入侵的可能性极小，北约职能进一步转向危机管理。北约对安全的界定趋于宽泛，将政治、经济、社会和环境因素都纳入安全的范畴；关注恐怖主义、种族和宗教矛盾、侵犯人权、大规模杀伤性武器扩散、经济脆弱性等非传统安全威胁和全球性挑战。北约功能和任务泛化，稀释了同盟的军事性质。

"9·11"事件驱动北约加快转型。美国全球战略以反恐为重点，深陷阿富汗和伊拉克的战争泥潭，期待北约调整职能，帮助美国稳定阿富汗和伊拉克局势。2002年北约布拉格峰会决定建立北约快速反应部队（NRF），2004年北约伊斯坦布尔峰会致力于扩大北约在"大中东"地区的影响，2006年北约里加峰会着眼于构建全球伙伴关系，2008年4月的北约布加勒斯特峰会内容也与转型有关，北约转型的最大任务是阿富汗战后稳定和重建问题。2003—2014年北约领导国际安全援助部队期间，阿富汗局势一直位列北约的优先议程。

2008年8月，俄罗斯与格鲁吉亚冲突促使北约重视几乎被遗忘的集体防御。2009年4月，北约60周年峰会发表《同盟安全宣言》，称基于同盟安全的不可分割性，集体防御仍是同盟的基石。[①] 北约尚未将俄罗斯视为威胁，仍表示要与俄罗斯建立"强大的、合作性伙伴关系"，应对共同的挑战。2010年11月北约里斯本峰会通过冷战后的第三份战略概念文件，将集体防御、危机管理、合作安全并列为北约的三大核心任务，提出北约可实施先发制人的打击，在全球展开军事行动，加强网络战能力，同时强调只要核武器存在，北约就是一个"核同盟"。2012年北约芝加哥峰会通过《威慑和防御态势评估》（DDPR），提出综合运用核力量、常规力量和反导系统，维护成员国安全。

克里米亚入俄事件后，北约重新加强集体防御，敦促成员国加大军事投入。2014年9月北约威尔士峰会要求成员国逆转军费开支下降的趋势，

---

① "Declaration on Alliance Security," April 4, 2009, https://www.nato.int/cps/en/natohq/news_52838.htm. （上网时间：2022年12月6日）

要求各国军费开支占GDP的比重达到2%，军费开支中至少20%用于装备开支。北约威尔士峰会发起了"备战行动计划"（RAP），提高军事机动能力和备战水平。北约扩大在波兰、波罗的海和黑海地区的前沿军事存在，部署了4个多国战斗营。美军增加在波兰的轮驻人数，建立师级司令部及空军情报、监控和侦察分队，美国与波兰军队建立了联合训练中心。

2018年北约布鲁塞尔峰会启动"四个30"战备倡议，即确保北约拥有在30天或更短时间内部署30个机械化营、30个空军中队和30艘作战舰艇的能力。为确保快速调遣部队，在美国诺福克和德国乌尔姆建立新的司令部。2018年8月，美国恢复了被解散的海军第二舰队，加强控制从北极到加勒比海、从美国东岸到大西洋中部广阔的水域。

特朗普政府将中国视为头号竞争对手，推动北约关注中国挑战。2022年6月29日北约马德里峰会通过的最新战略概念文件首次提及中国、关注中俄战略合作，这一新战略重新聚焦大国竞争。与此同时，北约仍重视恐怖主义、极端主义、难民问题等非传统安全威胁。北约参与打击"伊斯兰国"，在突尼斯设立侦察中心，以便协调反恐工作。北约回归集体防御并非简单地退回到冷战，前文提到北约加强网络防御和太空防御，这使得北约的集体防御将不同于冷战时期。

二、北约新任务

北约新任务主要指北约执行集体防御任务以外的任务，是北约转型的重要内容。美国极力推动北约承担起全球责任，把北约组织发展成为一个全球性的政治军事机构，以应对全球威胁、实现全球利益。[①] 北约从实行集体防御的军事组织发展为兼具维和、危机管理职能的机构，从军事同盟走向集军事、政治、经济、科技合作于一体的"全面同盟"。北约参与阿富汗战争、伊拉克战争、波斯湾护航，超出领土防御的活动范围，从地区同盟走向"全球同盟"。

冷战时期北约和华约两大军事集团紧张对峙，北约制订过诸多作战计划、进行了不计其数的联合演练，实则没有对苏联和华约放过一枪一弹。

---

① 冯绍雷主编：《构建中的俄美欧关系——兼及新帝国研究》，华东师范大学出版社，2010年版，第78—79页。

美国同盟体系：新时代的旧秩序

冷战后欧洲地区发生大国战争的可能性降至最低，北约要求成员国提升冲突预防和危机管理能力。北约走出防区，在波斯尼亚和黑塞哥维那、科索沃、马其顿、阿富汗、苏丹、利比亚、波斯湾、地中海、亚丁湾等地执行维和、人道主义干涉、战后重建、培训等任务。这些任务不属于集体防御的范畴，更多与维持地区和国际秩序有关。盟友参加北约多国行动，与美国建立新的同盟合作。

北约第一次走出防区外的行动是在原南斯拉夫地区。原南斯拉夫地区不属于北约的防区，也没有危及美国的安全。欧洲带头解决地区热点的努力受挫，为北约进行危机管理提供了契机。在联合国对原南斯拉夫各共和国实行武器禁运后，北约海军负责执行任务。1994年4月，北约对波黑塞族实施大规模空袭，介入原南斯拉夫冲突，在波黑的行动创下北约历史上多个首例：首次防区外的行动、首次使用武力支持联合国决议、首次战斗行动、首次在成员国领土之外部署北约地面部队、首次有伙伴国（俄罗斯）参加。[①] 1999年3月，北约在未得到联合国授权的情况下空袭南斯拉夫联盟，防区外的干涉进入新阶段。科索沃战争结束后，北约领导的维和部队进驻科索沃，实施边境检查、警察训练和协助当地政府体制建设工作。2001年马其顿爆发族群冲突，北约向马其顿部署了维和部队。除巴尔干地区外，北约另一项旷日持久的行动是在阿富汗部署国际安全援助部队，执行维和、反恐、反暴乱和重建任务，向北约全球化迈出了关键一步。

北约的新任务十分广泛，维和、军事培训、人道主义救援、反恐、反海盗、防止核扩散、反毒、维护网络安全、能源安全等都被纳入。美国战略重点转向反恐，北约随之将反恐作为重点任务，加强能力建设，防范恐怖分子发动生化或核武攻击，在地中海区域监控恐怖主义活动。北约通过反恐行动计划，加入了击败"伊斯兰国"的"全球联合"（Global Coalition），提供预警和情报，为伊拉克提供反恐培训。北约与联合国、欧盟、欧洲安全与合作组织交流反恐情报。北约对非洲联盟派往苏丹达尔富尔地区的维和部队提供支持，还应成员国的请求应对难民危机。2005年8月美

---

① James Sperling and Mark Webber, "NATO: From Kosovo to Kabul," *International Affairs*, Vol. 85, No. 3, 2009, p. 494.

第七章　美国同盟体系的局部瓦解及转型

国遭"卡特里娜"飓风袭击、同年10月巴基斯坦发生大地震，北约均参与救援并空运物资和医疗设备。2008—2016年，北约还在亚丁湾执行反海盗任务。

三、北约扩员：扩大民主国家共同体

北约成立至今8次扩员，冷战时期3次扩员，冷战后5次扩员。北约每次扩员都是扩大西方阵营的力量，每次都伴随着反对声音。冷战时期的扩员主要是消化二战成果，稳定西欧。由于北约扩员的对象不属于苏联阵营，因此扩员对欧洲安全秩序的影响有限。冷战后的东扩则是消化冷战成果，深入到原苏联的势力范围。

1952年北约吸收希腊和土耳其加入，1955年吸收联邦德国，1982年吸收西班牙，成员增至16国。希腊、土耳其从一战后，就处于西方政治、经济和意识形态的影响和控制下，这构成了两国完全融入西方冷战阵营的政治和历史基础。① 土耳其二战期间保持中立，战后面临苏联领土声索和共管黑海海峡的要求，寻求美国的安全保护。土耳其地理位置重要，可遏制苏联在东南欧的影响，战时可直接威胁苏联的工业、运输和通信中心，阻止苏联舰队进出地中海。土耳其是伊斯兰国家，其加入北约将成为美国在伊斯兰世界的支点。美国有意吸纳两国成为北约创始国，但西欧各国普遍反对，认为土耳其、希腊两国在政治、经济体制上与西欧各国存在着巨大差距，而且在社会文化、宗教信仰上也大相径庭，更何况两国长期以来一直为政治混乱、经济凋敝、民族冲突等问题所困扰。② 参加"联合国军"为希腊、土耳其两国加入北约迎来转机，两国参加"联合国军"，土耳其派兵数量超过一些北约成员国。土耳其称，如果北约不接纳土耳其，土耳其就中立，或者转向另一边。③ 希腊、土耳其的加入使北约活动范围从西欧、地中海西部推进到东南欧和地中海东部。

---

① 许海云：《锻造冷战联盟——美国"大西洋联盟政策"研究（1945—1955）》，中国人民大学出版社，2007年版，第478页。
② 许海云：《锻造冷战联盟——美国"大西洋联盟政策"研究（1945—1955）》，中国人民大学出版社，2007年版，第481页。
③ Timothy Andrews Sayle, *Enduring Alliance: A History of NATO and the Postwar Global Order*, Ithaca: Cornell University Press, 2019, p. 22.

美国同盟体系：新时代的旧秩序

北约吸收德国是美英法三个战胜国为解决德国问题而妥协的结果。德国位于欧洲的心脏地带、与苏联对抗的前沿，具有强大的工业基础、人口资源。美国力主重新武装德国，并将德国纳入西方阵营。1948年6月柏林危机爆发后，美国对被封锁的西柏林空投食品和物品，持续一年多时间，美国从占领者变成了德国人眼中西柏林和国家安全的保护者。在"欧洲防务共同体"方案被否决后，德国被允许加入北约。

在北约成立之初，就出现了吸收西班牙加入的问题，美国、葡萄牙力主吸收西班牙，英国、法国等国以西班牙佛朗哥政权与纳粹德国合作为由加以反对。西班牙未加入北约并未妨碍美国和西班牙合作。美国与西班牙签署了双边共同防御协定，向西班牙提供军事援助、在西班牙驻军。1975年佛朗哥独裁统治结束，为北约接纳西班牙扫除了障碍。苏联入侵阿富汗后，北约从加强地中海地区的防御考虑，决定吸收西班牙加入。1982年5月西班牙加入北约，但禁止美国在西班牙境内储存和部署核武器。

东欧国家与俄罗斯恩怨纠纷长达千年，对俄罗斯的帝国情结和"征服野心"的担忧挥之不去。苏东剧变后，东欧国家寻求加入北约。1991年3月，捷克斯洛伐克总统哈维尔访问北约总部，成为第一位访问北约总部的华约成员国领导人。1991年12月，阿尔巴尼亚成为第一个申请加入北约的原华约成员国。1993年1月，捷克斯洛伐克解体，"维谢格拉德"集团（波兰、匈牙利、捷克、斯洛伐克）成员国将加入北约列为头等大事。这些国家竭力摆脱"雅尔塔梦魇"，[①] 不愿再出现其国家命运被大国决定的第二个《雅尔塔协定》。克林顿政府向全世界扩展自由民主和市场经济制度，推动中东欧民主转型，通过北约东扩将这些国家牢牢锚定于西方阵营，属于落实"扩展战略"的题中之义。

对于北约东扩及东扩的步伐，美国战略界争论激烈，支持者认为东扩好处多多，有利于巩固新兴的民主国家、防止俄罗斯势力再次深入中东欧、防止俄德对抗、开启新欧洲安全结构等。反对东扩者认为东扩代价昂贵、损害俄罗斯与西方关系、削弱北约等。反对东扩者主张避免刺激俄罗斯，优先考虑俄罗斯的安全关切；支持东扩者则优先考虑东欧国家。美国

---

① James M. Goldgeier, *Not Whether but When: The U. S. Decision to Enlarge NATO*, Washington, D. C. : Brookings Institution Press, 1999, p. 52.

第七章 美国同盟体系的局部瓦解及转型

国务院官员主张北约东扩,以便激励中东欧国家继续改革。[①] 北约成员国对东扩也有不同意见,英国反对区分中东欧国家和原苏联加盟共和国,法国担心北约东扩将加强美国在欧洲安全中的地位。德国则支持北约东扩,认为可以防止军备竞赛,也可以使德国不再处于东西方夹缝中。[②]

1994 年 1 月,美国总统克林顿表示北约将吸收新成员,吸收新成员的标准主要是民主加市场经济。1995 年 9 月,北约提出了入盟条件:建立市场经济、民主政治体制、善待少数民族、承诺和平解决冲突、对北约行动作出军事贡献。文官控制军队,增强军事预算和军事计划透明度等。[③] 1997 年 2 月 24 日,克林顿政府向国会递交报告,阐述了北约扩大的理由、好处、花费以及与俄罗斯的关系等问题。报告提出,北约扩大将有助于推进实现一个和平的、不可分割的、民主的欧洲这一战略目标。北约扩大的好处有:在整个欧洲地区培育民主改革,赋予北约更强大的集体防御能力,改善该地区国家间关系,推动北约各成员国更有效地分摊费用,促进欧洲的总体稳定和安全,在中东欧为贸易、投资和经济增长创造一个更好的环境,使欧洲所有国家成为美国在政治、经济和安全事务上的更强有力伙伴,北约东扩可以在俄罗斯西部边界建立一个稳定的区域。[④] 1997 年 7 月北约马德里峰会决定吸收波兰、捷克、匈牙利三国加入。1999 年 4 月,北约华盛顿峰会出台了"成员国行动计划"(MAP),为希望加入的成员制定清晰的入盟路线图。2002 年爱沙尼亚、立陶宛、拉脱维亚、保加利亚、罗马尼亚、斯洛文尼亚、斯洛伐克 7 国加入北约。2009 年阿尔巴尼亚和克罗地亚也加入北约。

2006 年黑山独立,加入"和平伙伴关系"计划,接着加入"成员国行动计划",2017 年获准成为北约第 29 个成员国。北约邀请南斯拉夫加

---

① James M. Goldgeier, *Not Whether but When: The U. S. Decision to Enlarge NATO*, Washington, D. C.: Brookings Institution Press, 1999, p. 31.

② 刘军、李海东:《北约东扩与俄罗斯的战略选择》,华东师范大学出版社,2010 年版,第 107—110 页,第 133—148 页;钟振明:《超越现实主义?——冷战后的北约及美欧联盟关系》,上海社会科学院出版社,2014 年版,第 68—81 页。

③ NATO Public Diplomacy Division, *NATO Encyclopedia 2019*, December, 2019, p. 216.

④ 刘军、李海东:《北约东扩与俄罗斯的战略选择》,华东师范大学出版社,2010 年版,第 181 页。

盟共和国马其顿加入，但因国名问题，而遭到希腊反对，直到 2019 年 1 月马其顿与希腊达成协议，更改国名为北马其顿，才于 2020 年加入北约。俄乌冲突爆发后，毗邻俄罗斯、奉行中立的芬兰和瑞典政策急剧转变，2022 年 5 月 18 日向北约递交了入盟申请。"和平伙伴关系"计划未加入北约的国家还有 18 个，包括 12 个原苏联加盟共和国、2 个原南斯拉夫联盟成员（波黑、塞尔维亚），以及奥地利、爱尔兰、马耳他、瑞士 4 个中立国。

冷战结束至今，北约吸收了 14 个新成员，其中 7 个曾为华约成员（波兰、匈牙利、罗马尼亚、保加利亚、阿尔巴尼亚、捷克、斯洛伐克），3 个为原苏联加盟共和国（爱沙尼亚、拉脱维亚、立陶宛），4 国为原南斯拉夫联盟成员（斯洛文尼亚、克罗地亚、黑山、马其顿）。立陶宛是苏联波罗的海舰队总部所在地，有空军基地和雷达，在苏联的国防中发挥重要作用，波罗的海三国加入北约，表明北约势力已深入原苏联空间。

北约东扩擦掉了北约与华约的分界线，却又划出了新的分界线。美国填补欧洲安全"真空"，使俄罗斯失去了对东欧"缓冲区"的控制，与西方的分界线退回到一战后的分界线，对欧洲安全的影响下降。北约东扩巩固了美国在欧洲安全上的主导权，防止西欧国家的独立自主倾向，阻止了西欧联盟、欧洲安全与合作组织、欧盟在欧洲安全中发挥更大的作用。北约东扩扩大了"民主国家共同体"，吸收的成员国都是中小国家，国小力弱，缺少战略和经济重要性，对提升北约的军事力量用处不大，反而是北约的军事包袱。

四、北约编织伙伴关系网

冷战后北约建立了名目繁多的伙伴关系："和平伙伴关系"、北约—乌克兰委员会、北约—格鲁吉亚委员会、地中海对话、伊斯坦布尔合作倡议（ICI），与其他地区国家和国际组织也建立了伙伴关系，这些伙伴关系是北约应对 21 世纪挑战的"战略工具"。[1]

---

[1] Jaap de Hoop Scheffer, "Keynote Speech at the NATO Riga Conference," November 28, 2006, https: //2001 – 2009. state. gov/p/eur/rls/rm/77025. htm. （上网时间：2018 年 5 月 7 日）

第七章　美国同盟体系的局部瓦解及转型

1991年12月，北约建立北大西洋合作理事会（NACC），为北约与华约前成员国搭建对话平台，苏联加盟共和国独立后相继加入。北大西洋合作理事会是一个多边平台，成员无法与北约建立一对一的双边关系。它对待俄罗斯和其他国家一视同仁，其他国家与俄罗斯平起平坐，挫伤了俄罗斯自身的大国优越感。[1] 中东欧国家和原苏联加盟共和国也不满，感到在北大西洋合作理事会被边缘化，与北约建立联系的积极性受到打击。北大西洋合作理事会成员组成受到质疑，理事会包括中亚国家，却没有包括欧洲国家，如瑞典。1994年1月，北约布鲁塞尔峰会推出"和平伙伴关系"倡议，满足成员国与北约组织建立一对一关系的需求，确立双边合作的优先领域。北约设定了加入"和平伙伴关系"需要遵循的民主法治标准，要求成员国遵守《联合国宪章》，不使用武力改变领土现状，尊重各国政治独立，和平解决争端等，北约对申请加入的国家提出了军事改革要求：军事计划和预算透明化、军队国家化、开放军事设施、参加北约联合军演等，这些改革要求按照北约模式改造"和平伙伴关系"成员国的军队。东欧国家、原苏联加盟共和国大多先加入"和平伙伴关系"计划，将其作为加入北约的"中转站"。

北约组织与成员国建立双边关系，也给北约各个成员国与中东欧国家搭建多边对话与合作平台，1997年5月29日，北约建立欧洲—大西洋伙伴关系理事会（EAPC）取代了北大西洋合作理事会，理事会成员需签署"和平伙伴关系"文件，承诺遵守国际法、《联合国宪章》、《世界人权宣言》、《赫尔辛基最后文件》、国际军控协定；反对使用武力；和平解决争端等。这是北约成员国与"和平伙伴关系"成员国的多边安全论坛，成员国每月举行一次大使级会晤，每年举行一次外长或防长会晤，不定期举行峰会，磋商危机管理、维和、军控、防扩散、反恐、培训、科学合作等诸多议题，大多数伙伴国成员在北约总部建立了联络处。欧洲—大西洋伙伴关系理事会成员来自欧洲、中亚和高加索地区，伴随中东欧国家纷纷成为北约正式成员，理事会的虚化不可避免。

1999年4月的北约华盛顿峰会决定加强"和平伙伴关系"成员与北约

---

[1] 刘军、李海东：《北约东扩与俄罗斯的战略选择》，华东师范大学出版社，2010年版，第105页。

美国同盟体系：新时代的旧秩序

的联合行动、政治磋商、培训和教育项目。"和平伙伴关系"成员参加了北约在波黑、科索沃、阿富汗、亚丁湾的一系列行动，与北约制订联合军事计划、举行联合军演，提升联合行动能力，与北约的军事合作深化。北约为"和平伙伴关系"成员国量身定制了"单独伙伴关系行动计划"（IPAP），细化双边合作。塞尔维亚和黑山分家后宣布中立，加入了北约"和平伙伴关系"计划、欧洲—大西洋伙伴关系理事会、"单独伙伴关系行动计划"，北约在塞尔维亚首都贝尔格莱德设立了联络处，双方就科索沃问题、落实联合国相关决议开展对话。

乌克兰独立后向北约靠拢，成为率先加入"和平伙伴关系"的原苏联加盟共和国。1997年7月北约与乌克兰签署《特殊伙伴关系宪章》，建立了北约—乌克兰委员会（NUC），由北约所有成员国和乌克兰代表组成。与北约—俄罗斯理事会一样，其对话分为大使级、部长级和首脑级。北约—乌克兰委员会下设的军事委员会定期举行北约和乌克兰的军事交流。2002年7月，乌克兰表示要加入北约，北约布拉格峰会通过了"北约—乌克兰行动计划"，对乌克兰国内治理、选举、民主制度建设和防务改革提出要求。2004—2005年乌克兰"郁金香革命"后，北约与乌克兰加强对话。乌克兰积极参加北约在巴尔干、阿富汗的维和行动，希望早日加入北约。2008年北约布加勒斯特峰会表达了欢迎乌克兰加入的立场，但表示乌克兰还未达到加入北约的标准。美欧对北约是否吸收乌克兰加入产生意见分歧，美国力挺乌克兰加入北约，北约部分盟友态度谨慎。克里米亚入俄事件后，北约与乌克兰的安全关系快速升温。"北约—乌克兰委员会"多次发表外长联合声明，支持乌克兰的主权和领土完整。每逢北约峰会之际，成员国领导人都要与乌克兰领导人举行会晤，表达对乌克兰的政治支持。北约外长、防长和大使会议定期讨论乌克兰局势，北约和乌克兰在培训乌克兰军人、应对混合战、网络防御等方面加强合作。

格鲁吉亚和乌克兰一样积极谋求加入北约，加入了北大西洋合作理事会、"和平伙伴关系"及"单独伙伴关系行动计划"。2003年11月"玫瑰革命"后，格鲁吉亚提出加入北约的申请。格鲁吉亚参与北约在科索沃、地中海的军事行动，在阿富汗、伊拉克部署了上万名军人，对北约的贡献超过了部分北约成员国。北约布加勒斯特峰会欢迎格鲁吉亚加入，但认为它还没有达到加入北约的标准。格鲁吉亚和俄罗斯冲突后，北约与格鲁吉

第七章　美国同盟体系的局部瓦解及转型

亚关系迎来转折，2008年8月北约—格鲁吉亚委员会建立，双方定期举行大使级会晤和军事代表会晤，北约帮助格鲁吉亚提升军事能力、推进国内改革。

"和平伙伴关系"成员国主要面向原华约成员国和原苏联加盟共和国，未包括地中海东部和南部国家，维护北约南部地区的安全环境也很重要。1994年北约启动了"地中海对话"，以政治对话和务实合作为两大支柱与7个国家：阿尔及利亚、摩洛哥、毛里塔尼亚、突尼斯、埃及、以色列、约旦建立"一对一"关系，与这些国家举行多边对话（"北约+7"对话），对话级别有大使级、部长级及工作组层面等，军事代表会议一般两年举行一次。北约邀请"地中海对话"成员国参加军事演习、培训，开展反恐、危机管理、边界安全、防务改革等领域合作，扩大北约在地中海的影响。

2004年6月，北约伊斯坦布尔峰会发起"伊斯坦布尔合作倡议"，成员有巴林、科威特、阿联酋和卡塔尔4个国家，合作内容和其他伙伴关系类似，都是加强对安全部门和部队的民主控制，开展联合作战演习、教育培训、反恐、救灾、能源安全等合作。2005年12月，北约秘书长夏侯雅伯参加在卡塔尔举行的海合会高级军事官员会议，这是北约与海合会的第一次正式接触，此后双方举行海军联合演习，支持"防扩散安全倡议"。北约在科威特设立了地区中心，深化与海合会成员国的合作。

北约与周边国家建立伙伴关系的同时，与远隔重洋的国家结成"全球伙伴"（PAG）。2006年北约里加峰会发起"全球伙伴关系倡议"，提出与日本、澳大利亚、韩国、瑞典、芬兰、新西兰等具有共同价值观和安全利益的国家结成全球伙伴，共同讨论防御计划，开展联合军事行动。法国等欧洲盟友对此反应消极，法国提出与全球伙伴的合作应限定在特定领域，避免建立正式的机制，防止削弱跨大西洋关系。尽管有反对声音，北约与全球伙伴的关系仍逐渐深化。

目前北约的全球伙伴包括9个成员：日本、韩国、澳大利亚、新西兰、蒙古、巴基斯坦、阿富汗、哥伦比亚、伊拉克，这些国家为美国的盟友和伙伴，都与美国安全合作密切。北约与亚太四国（日本、韩国、澳大利亚、新西兰）很早建立了伙伴关系，四国或派军队或出资参加了北约在波黑和科索沃的维和行动。以阿富汗问题为牵引，北约与四国关系迈上新台

美国同盟体系：新时代的旧秩序

阶。在政治对话方面，北约与四国高层互动增多，四国向北约派驻大使，建立了制度化联系。澳大利亚、日本与北约关系相对密切，两国总理、外长、防长均访问过北约总部。澳大利亚参加北约领导的多国维和行动最积极，获得北约的"增强机会伙伴"（EOP）地位，与芬兰、瑞典、格鲁吉亚、乌克兰、约旦一样，深度参与北约的军事活动。在务实合作方面，阿富汗问题是北约与亚太伙伴合作的主要动力。澳大利亚、新西兰、韩国派兵参加阿富汗国际安全援助部队，澳大利亚是非北约国家中派兵最多的国家，日本在印度洋为北约供应油料，主办阿富汗问题国际捐助会议，为阿富汗战后重建提供资金支持，四国多次获邀参加北约峰会和外长会议涉阿富汗问题的讨论。2014年阿富汗国际安全援助部队结束任务后，四国参与北约领导的"坚定支持"后续行动，帮助培训阿富汗军队，向阿富汗军队信托基金提供资金。北约与四国签署了"单独伙伴关系与合作项目"（IPCP）协议，合作领域从阿富汗和伊拉克扩展到网络安全、海上安全、防扩散、气候变化等领域，韩国、日本均加入了总部设在爱沙尼亚首都塔林的北约网络防御中心。

阿富汗国际安全援助任务结束后，北约与亚太伙伴的合作弱化。北约以中国挑战为借口，为北约与亚太伙伴合作注入新动能。2020年12月，日本、韩国、澳大利亚、新西兰四国外长首次获邀参加北约外长视频会议，讨论中国崛起带来的全球力量对比变化及影响。2021年6月，北约峰会公报提出加强与亚太伙伴的合作。俄乌冲突刺激北约与四国加强协调与合作，北约和四国都谴责俄罗斯"侵略"，对乌克兰提供军事援助，参加了美国在德国拉姆斯泰因军事基地发起的援助乌克兰协调机制。2022年3月，日本首相岸田文雄到访北约总部；4月初日本、韩国、澳大利亚、新西兰四国外长赴布鲁塞尔参加北约外长线下会议；5月四国参加了北约参谋长会议；6月底，四国领导人首次联袂参加北约峰会。亚太伙伴国与北约启动扩大合作的路线图，密切政治磋商和领域合作。

从北约与亚太四国的双边关系看，北约与日本、澳大利亚的双边合作相对深入。2010年6月，日本与北约签署《情报保护协定》，共享阿富汗和东亚安全情报。2013年4月，北约与日本发表加强合作的政治宣言，加强网络防御、海上安全、人道主义救援、救灾、防扩散、军事科技等领域合作，日本在北约海上司令部设立了联络官，对阿富汗重建提供资金支

第七章　美国同盟体系的局部瓦解及转型

持。近年来，日本与北约盟友的横向联系增加，日本与英国、法国签署了《物资劳务相互提供协定》，与英国、法国、德国都启动外长和防长参加的"2+2"对话。澳大利亚积极参与北约在巴尔干、阿富汗的维和和重建行动，在反恐、反导、防扩散、联合军演、网络防御等领域开展务实合作，双方建立对话机制。2012年6月，北约与澳大利亚签署了《联合政治宣言》，密切政治关系和安全合作。

蒙古推行"第三邻国"外交，与美国加强安全合作，参与北约的维和活动。2005年巴基斯坦地震后，北约向巴基斯坦提供援助，双方在阿富汗问题上加强合作。2012年，北约与伊拉克、蒙古、新西兰和韩国签署了"单独伙伴关系与合作项目"。哥伦比亚是北约在拉美的唯一伙伴，与北约在网络安全、反恐、反腐败领域开展合作。

2011年4月，北约柏林外长会议通过新的伙伴关系政策，决定改革伙伴关系，让伙伴国发挥更大的作用：伙伴国在训练和安全部门改革上可以共享北约资源；北约成员国和伙伴国磋商特定议题；北约和伙伴国在特定行动上更早开展合作。[1] 这一改革目的是打通北约各个伙伴关系之间的藩篱，比如北约"和平伙伴关系"成员国可以参加其他伙伴关系的活动，"和平伙伴关系"项目下的活动也对北约其他伙伴关系成员开放。北约成立了政治和伙伴关系委员会，负责所有的伙伴关系。北约还发起了"伙伴关系一体化行动倡议"，加强北约成员与伙伴国的军事行动，为澳大利亚、芬兰、格鲁吉亚、约旦和瑞典等国量身制订行动计划。

北约执行新任务过程中，与地区组织、国际组织、国际非政府组织建立工作关系，与联合国、欧盟、欧洲安全与合作组织签署了伙伴关系协定。

北约和欧盟是二战后西欧稳定和发展的两大支柱，北约提供军事安全，欧盟提供经济基础，两者结合起来构成了西欧的政治稳定。[2] 北约和欧盟总部都在布鲁塞尔，但是"井水不犯河水""老死不相往来"，在应对

---

[1] Elizabeth Sherwood – Randall, "Revitalizing NATO: From Lisbon to Chicago," April 30, 2012, https://2009 – 2017.state.gov/p/eur/rls/rm/2012/189093.htm.（上网时间：2018年5月7日）

[2] 高华：《透视新北约：从军事联盟走向安全—政治联盟》，世界知识出版社，2012年版，第485页。

波黑、科索沃冲突过程中，北约与欧盟才开始探讨合作。21世纪以来，北约与欧盟的合作机制化。2001年5月，在布达佩斯举行了首次北约—欧盟外长会议，北约秘书长和欧盟主席发表了西巴尔干联合声明。2002年12月，北约和欧盟发表关于欧洲安全与防务政策的宣言，重申欧盟在危机管理和预防冲突中可以使用北约的资源，对于土耳其等非欧盟成员国参与欧洲安全与防务政策给予方便。2003年3月，北约和欧盟签署协议，规定欧盟在美国不参加的危机管理行动中，可以利用北约资产，如作战指挥与控制措施、远程运输、信息搜索等资源。欧盟接掌北约在马其顿和波黑的维和行动时，仍利用其成员国划定给北约指挥的军事力量，北约向欧盟移交指挥权，只需换臂章（将北约臂章换成欧盟臂章，仍是同一支部队）即完成移交。北约与欧盟在科索沃、波黑和阿富汗并肩工作，人员联系频繁，信息共享。北约与欧盟举行非正式的部长级会议，欧盟主席访问北约总部，北约秘书长在欧洲议会演讲，并且出席欧盟非正式外长会议。

北约和欧盟都建立了快速反应部队，加强危机管理能力。北约和欧盟进行了分工：欧盟开展维和、人道主义援助和冲突后的稳定工作，更多承担起欧洲内部处理危机使命；北约则主要针对国际恐怖主义和大规模杀伤性武器之类、涉及快速部署、高烈度战斗的行动，更多地投入到欧洲以外的军事行动中。[1] 大多数成员国资源有限，不可能建立两套快速反应部队，对欧盟和北约快速反应部队贡献的是同一支队伍。

克里米亚入俄后，北约和欧盟就乌克兰问题举行非正式讨论。2016年7月北约和欧盟首次发表联合宣言，决定整合双方的资源，应对难民潮、混合战威胁及网络威胁。2016年12月，北约外长会议批准42项与欧盟的合作举措。2017年12月北约推出32项举措，提出与欧盟共同落实上述74项合作举措。[2] 2018年7月，北约和欧盟发表第二份联合宣言，在军事动

---

[1] 高华：《透视新北约：从军事联盟走向安全—政治联盟》，世界知识出版社，2012年版，第505页。

[2] "Sixth Progress Report on the Implementation of the Common Set of Proposals Endorsed by EU and NATO Councils on 6 December 2016 and 5 December 2017," June 3, 2021, https://www.nato.int/nato_static_fl2014/assets/pdf/2021/6/pdf/210603-progress-report-nr6-EU-NATO-eng.pdf.（上网时间：2022年7月6日）

第七章　美国同盟体系的局部瓦解及转型

员、反恐、生化及核风险领域加强合作。① 俄乌冲突爆发后，北约和欧盟合作提速。

北约与欧洲安全与合作组织在预防冲突和危机管理上功能互补，保持经常性的联系。在巴尔干地区，北约负责保护欧洲安全与合作组织人员的人身安全。北约与国际红十字会等非政府组织建立关系，与非盟开展合作，聚焦行动支持、能力建设、非洲常备军领域，邀请非盟军官参加北约的培训课程，为非盟在苏丹达尔富尔、索马里的行动提供后勤、空中和海运支持。北约与非盟签署了技术协定，在非盟总部设立高级军事联络官，双方启动年度军事会谈，与非盟在阿尔及尔举行了首次反恐联合训练，在非洲的影响扩大。

第四节　亚太同盟的转型

冷战在欧洲和亚洲的表现不同，亚洲不是泾渭分明的美苏阵营对立：许多亚洲国家实行不结盟政策，对威胁的认识更多样。亚洲的同盟结构是双边的，美国、苏联在亚洲的力量态势不对称，美国前沿部署战略依赖海军，而苏联防御态势更多依赖陆军。② 冷战结束对欧洲的冲击更大，德国统一、苏联解体、南斯拉夫解体，欧洲版图发生巨变，同时欧洲常规武装力量条约签署、华约解散。"东亚既没有类似的谈判裁军，也没有大的军事同盟的解散"。③ 朝鲜半岛仍处于分裂状态，成为冷战的"活化石"。亚洲没有一个国家突然解体；没有爆发内战；没有共产主义政权垮台。在亚太地区，特别是在东亚，冷战时期和后冷战时期没有明确的区分。④ 由于冷战结束对欧洲和亚洲的冲击程度不一样，亚太同盟的变化不如北约那样

---

① "Relations with the European Union," November 24, 2022, https://www.nato.int/cps/en/natohq/topics_49217.htm. （上网时间：2022年12月6日）

② Amitav Acharya, "Ideas, Identity, and Institution-building: From the 'ASEAN way' to the 'Asia-Pacific Way'?" *Pacific Review*, Vol. 10, No. 3, 1997, p. 328.

③ Michael Mandelbaum, ed., *The Strategic Quadrangle: Russia, China, Japan, and the United States in East Asia*, New York: Council on Foreign Relations Press, 1995, p. 7.

④ Susumu Yamakage, "Japan's National Security and Asia-Pacific's Regional Institutions in the Post-Cold War Era," in Peter J. Katzenstein and Takashi Shiraishi, eds., *Network Power: Japan and Asia*, Ithaca and London: Cornell University Press, 1997, p. 275.

美国同盟体系：新时代的旧秩序

明显，传统的集体防御功能没有弱化，反而在强化。美韩同盟借第一次朝核危机加大军事联合应对，美日同盟借 1995—1996 年台海危机加强军事合作。亚太同盟并行推进传统安全和非传统安全合作，同盟合作超越双边，向亚太和全球层面拓展。同盟之间的横向联系加强，出现了美日韩、美日澳等小多边同盟合作，"轴辐"结构向"网状"结构演化。

一、亚太同盟的"再定义"

亚太同盟进行了不同程度的"再定义"，重新定义同盟的目标、任务和具体步骤。亚太地区安全形势与欧洲不同，亚太同盟与北约的转型相比是一种"弱转型"，呈现传统安全合作和非传统安全合作并进的态势，既强化集体防御合作，又拓展危机管理、合作安全功能。盟友承担的责任增大，横向联系增加。

从冷战后美日同盟的演变轨迹看，美日双方都高度重视同盟，将美日同盟定义为"亚太地区和平与繁荣的基石"。美日同盟的战略目标广泛，1996 年 4 月 17 日，美日发表安保联合宣言，称美日同盟"仍是实现共同安全目标、维持一个稳定和繁荣的亚太地区环境的基石（cornerstone）"，[①]将美日同盟定义为在双边、亚太和全球层面上发挥作用的平台。1997 年 9 月 23 日，美日发表《美日防卫合作指针》，对同盟进行"再定义"，将同盟合作分为平时、日本遭受武装攻击时、日本周边有事时三种事态合作，对同盟任务做了重新分工，提出日本有事时，应对以日本为主，美日联合应对为辅。该指针提出"周边事态"概念，同盟防御范围从日本本土扩大到应对"周边事态"，提出对日本的和平与安全造成重大影响的周边事态发生时，应对以美国为主，日本支援美国行动。美日同盟的"再定义"推动日本发挥更大作用，美国战略界人士更设想把日本打造为"亚洲的英国"，[②] 与日本建立成熟的伙伴关系。

[①] "U. S. ‑Japan Joint Declaration on Security: Alliance for the 21st Century," April 17, 1996, http://1997‑2001.state.gov/www/regions/eap/japan/jointsec.html.（上网时间：2018 年 5 月 7 日）

[②] *The United States and Japan: Advancing toward a Mature Partnership*, INSS Special Report, October, 2000, http://www.ndu.edu/inss/strforum/SR_01/SR_Japan.htm.（上网时间：2011 年 10 月 10 日）

第七章　美国同盟体系的局部瓦解及转型

《美日防卫合作指针》对"周边事态"概念模糊处理，此后美日对同盟超出双边防御范畴的意图不再遮掩。2005年2月，美日发表"共同战略目标"，关注范围从日本本土扩大到朝鲜半岛等，详细罗列了两国在亚太地区的12项共同战略目标，并确定联合国改革及维护能源安全等六大全球共同策略目标，将打造美日"世界同盟"作为目标。此后美日同盟进一步扩大共同战略目标，从威慑中国与朝鲜、关注地区热点问题扩大到太空、海洋、网络等全球公域。2011年6月，美日"2+2"会议提出24项"共同战略目标"：威慑朝鲜挑衅；加强美日澳三边安全合作；促进美日印三边对话；鼓励与中国在全球议题上合作，遵守国际行为规范；不鼓励发展导致地区不稳定的军事能力；维持航行自由；在太空、海洋、网络领域加强美日合作；通过解决北方领土问题实现日俄关系完全正常化等。

美日加大联演联训、军事设施共享、情报共享、联合监视和侦察活动，升级军事装备和技术合作，在太空、海洋、网络等全球公域上拓展对话与合作。2013年5月美日举行首次网络安全综合对话，2014年美日举行关于太空的全面对话，在监视太空、卫星定位系统等方面加强合作。2015年4月，美日发表新版《美日防卫合作指针》，对1997年《美日防卫合作指针》进行了修订。修订后的同盟合作不再区分三种事态，而是实现从平时状态、到"灰色"状态，再到战时状态的"无缝"合作。此次修订明确将太空、网络、反导纳入同盟合作范围，使两国安全合作领域和内容大幅扩充，同盟从传统安全合作扩展为全方位安全合作。2015年《美日防卫合作指针》不再将日本对美国支援局限于周边，而是扩大到全球范围，同盟"从区域性同盟转变为全球性同盟"。[①] 在反恐、防扩散、救灾、维和、反海盗、清洁能源、能源安全、气候变化等非传统安全和全球性议题上，美日合作日益深化。

美韩同盟仍以威慑朝鲜为主，核心任务延续。美韩调整军事威慑，针对朝鲜的"挑衅"完善相应的作战计划，举行大规模年度联合演习，维持驻韩美军规模和战力，制订实施延伸威慑的具体方案。美国推动驻韩美军执行地区和全球任务，美韩同盟从双边同盟向地区和全球同盟、从军事同

[①] 黄大慧、赵罗希："日美强化同盟关系对中国周边安全的影响"，《现代国际关系》，2015年第6期，第26—27页。

美国同盟体系：新时代的旧秩序

盟向全面同盟转变。[①] 2002 年 12 月，美韩安全协商会议启动美韩同盟"再定义"进程，决定召开未来美韩同盟政策构想会议。2003 年 10 月，美国提出要实现驻韩美军"战略灵活性"，希望能将驻韩美军的作用与任务扩展到朝鲜半岛以外。由于美韩意见不一，加上驻韩美军的裁减与重新部署、向伊拉克派兵等问题，驻韩美军"战略灵活性"的讨论被拖延。2005 年 11 月美韩达成初步协议。[②] 2008 年 4 月李明博访美，双方决定构建"面向 21 世纪美韩战略同盟"。2009 年 6 月 16 日，美韩发表联合宣言，对政治、经济、文化、社会四大领域及朝鲜半岛、亚太、全球三个层面的合作目标予以具体化。美韩在反恐、防扩散、反海盗、维护海上通道安全、阿富汗问题、气候变化、传染病、绿色增长等领域对话与合作加强，韩国参加了在泰国举行的"金色眼镜蛇"联合演习，并派军舰赴亚丁湾护航，同盟合作从双边向亚太地区和全球拓展。

美澳同盟与美日、美韩同盟一样，既升级同盟军事合作，加强反导、太空、网络、海上安全等领域的合作，又推进在气候变化等全球性议题上的合作，同盟视野向地区和全球扩展。美菲同盟经历了从弱化、停顿到复苏、发展的过程。[③] "9·11"事件后，反恐为美菲同盟合作注入动力，美国大幅增加对菲律宾援助，给予菲律宾"非北约主要盟友"地位。奥巴马政府"重返亚太"，加大介入南海争端。2012 年中菲黄岩岛事件后，美国向菲律宾出售巡逻艇，美菲传统安全合作重新加强。

美泰同盟以非传统安全合作为主，在反恐、禽流感、反毒、小武器非法贸易、贩卖人口、救灾、人道主义救援等领域合作。美泰同盟合作缺乏动力，泰国的主要安全威胁是毒品、人口走私以及与周边邻国的领土争端，不像菲律宾那样需要借助美军镇压国内伊斯兰反叛势力，所以美国几乎未将美泰同盟置于安全政策的重要地位。1997—1998 年亚洲金融危机期间，美国对泰国几乎没有提供支持，令泰国十分不满。对美国退出《京都

[①] 汪伟民：《美韩同盟再定义与东北亚安全（修订版）》，上海辞书出版社，2013 年版，第 8—13 页。

[②] 李军："驻韩美军'战略灵活性'的内涵及影响"，《现代国际关系》，2006 年第 4 期，第 50 页。

[③] 曹云华、费昭珣："同盟理论视角下的菲美同盟构建"，《东南亚纵横》，2010 年第 5 期，第 39 页。

议定书》、侵略阿富汗和伊拉克的单边主义行动,泰国没有给予支持。① 在美国压力下,泰国向阿富汗派遣了工程和医疗队伍,派兵赴伊拉克维和。2006年泰国发生军事政变,美国中断了援助。泰国外交部召集美国、泰国专家讨论是否以"战略伙伴关系"取代正式的同盟,未能达成共识。② 美国与泰国的安全合作程度不如美国与越南、新加坡、印度尼西亚等伙伴国,太平洋司令部司令威拉德在任期间从未访问过泰国,可见美国军方对泰国的忽视程度。

二、同盟网络化

亚太各同盟之间、亚太同盟与北约的横向联系在冷战期间业已出现,越南入侵柬埔寨、苏联入侵阿富汗、苏联加强在亚太的军事部署等事态,促使日本与北约成员国以及其他亚太盟友开展互访和联合演习。③ 这种横向联系断断续续,合作有限。冷战后亚太各同盟加强协调与合作,同盟"轴辐"结构向纵横交错的"网状"结构转变,亚太盟友小多边合作增多。④ 以美日同盟为基础的三边和四边安全对话与合作、亚太盟友和伙伴之间的横向安全合作,以及美国与亚太伙伴国的安全合作不同程度地加强。同盟形态发生变化,盟友和伙伴的界限模糊,如美国与印度、亚太盟友与印度的安全合作加强。

以美日韩、美日澳、美日印、美日澳印为代表的三边和四边对话与合作弥补了美国双边同盟的不足,有利于美国整合同盟资源。美日韩三国率先开展三边对话与合作。日本、韩国都是美国的盟友,但是历史争端阻碍双边军事合作。在应对第一次朝核危机过程中,美日韩三国共商对策。此后在落实美朝核框架协议、朝鲜半岛能源开发组织运转、为建立半岛和平

---

① Kitti Prasirtsuk, "An Ally at the Crossroads: Thailand in the US Alliance System," in Michael Wesley, ed., *Global Allies: Comparing US Alliances in the 21st Century*, Canberra: ANU Press, 2017, p. 120.
② Catharin E. Dalpino, *An Old Alliance for the New Century: Reinvigorating the U. S. - Thailand Alliance*, NBR Special Report, No. 40, 2012, p. 7.
③ William T. Tow, "Asian – Pacific Alliance Systems and Transnational Linkages," *Naval War College Review*, Vol. 34, No. 5, 1981, pp. 32 – 54.
④ 孙茹:"美国亚太同盟体系的网络化及前景",《国际问题研究》,2012年第4期。

美国同盟体系：新时代的旧秩序

机制而举行的中美朝韩"四方会谈"、应对朝鲜发射"大浦洞"远程导弹期间，美日韩保持了协调合作，1999年6月建立了对朝鲜协调机制"三边协调与监督小组"（TCOG）。美日韩在这一机制下保持定期磋商，举行了美日韩外长会。

由于韩国对朝鲜政策与美日产生分歧，"三边协调与监督小组"机制停顿，六方会谈成为解决朝核问题的平台。朝鲜第一次核试验后，美日韩三方磋商恢复。2008年12月六方会谈机制停顿，美日韩对重启六方会谈态度消极，转向"小圈子"磋商。三国一致谴责朝鲜核导弹试验，要求朝鲜遵守停战协定、遵守2005年达成的六方会谈"9·19共同声明"及联合国安理会制裁决议，履行弃核承诺。美日韩磋商议题从朝鲜半岛问题向防扩散、亚太热点问题、经济安全等领域扩展。美日韩三边合作机制化程度加深，建立从司局级、部长级到首脑级的各层级三边对话机制，三国外长、防长、总参谋长、国家安全顾问举行会晤，三国首脑利用东亚峰会、亚太经合组织、联合国大会等多边场合会晤。

日本和澳大利亚之间没有日韩那样的历史争端，在亚太和国际事务上立场趋同，共同利益广泛，美日澳三边对话与合作进展顺利。2002年美日澳启动三边安全对话。2006年3月，美日澳外长举行首次三边战略对话。2007年6月，美日澳在香格里拉对话会间隙举行首次三边防长会议。2007年9月，美日澳领导人利用在澳大利亚举行的亚太经济合作组织峰会间隙，举行了首次三边峰会。三国保持外长、防长磋商，在亚太及全球安全问题上协调政策。美日澳在反导、军事情报、物资劳务相互提供方面合作紧密，并举行联合训练。美日澳三边合作机制旨在巩固亚太地区现有的国际秩序和基本价值观，体现了很强的稳定性和持续性。①

美日印三边对话起步晚，发展快。2007年4月，美日印在日本附近海域举行首次海上联合演习，2011年12月，美日印三边"二轨"对话升格到官方层面，举行了首次司局级对话。2015年9月，美日印举行了首次三边外长会晤，三国以"维护自由开放的印太"为由，加强海上安全合作，协调对华政策。

---

① 包霞琴、崔樱子："冷战后日美同盟的制度化建设及其特点——兼论日本在同盟中的角色变化"，《日本学刊》，2019年第1期，第37页。

第七章　美国同盟体系的局部瓦解及转型

美日韩、美日印、美日澳均举行三方联合军演，提升协同军事行动能力。2010年日、韩首次派员观摩对方与美国的联合军演。日本派员观摩美韩"不屈的意志"联合军演，韩国观摩美日"利剑"联合军演，美国、日本参加在釜山附近海域举行的"防扩散安全倡议"演习。美日澳三边联合军演覆盖海陆空三军，日本参加美澳联合军演，澳大利亚也参加美日联合军演。日本、韩国、澳大利亚均参加美国主办的"环太平洋军演"，参加在泰国举办的"金色眼镜蛇"联合演习、在菲律宾举办的"肩并肩"联合军演等。美国、日本、澳大利亚拉拢英国、法国、德国、荷兰赴亚太开展联合军演及"航行自由"行动，在东海、南海的联合演练有明显的针对性。美国与日本、韩国、澳大利亚、印度开展了不同程度的反导合作。美日澳三国共享导弹预警和发射情报，美日韩共享涉朝核导情报。美日韩、美日澳、美日印均开展反恐合作，美日澳举行反恐事务磋商，协助东南亚国家反恐。在美日澳印"四方安全对话"重启后，美日澳、美日印三边机制弱化。美国与其盟友还结成了美日澳韩合作组合，四国在关岛海域举行联合军演，但美日澳印"四方安全对话"影响更大。

2004年12月印度洋大海啸造成惨重伤亡，美日澳印组建"四国集团"开展救灾，日本首相安倍晋三在其所著的《迈向美丽之国》一书中提出了美日澳印"四方安全对话"构想，企图延续"四国集团"合作。2007年5月，美日澳印四国在马尼拉东盟地区论坛高官会期间举行了一次司局级磋商。2007年9月福田康夫取代安倍晋三担任首相、年底澳大利亚陆克文政府上台、接着印度总理辛格访华，美日澳印"四方安全对话"停顿。

2017年11月在菲律宾马尼拉举行东亚合作领导人系列会议期间，美日澳印重启司局级官员会晤。2019年9月26日，四国在纽约举行首次外长会，将美日澳印"四方安全对话"提升至部长级。2020年10月6日，四国外长在东京举行第二次线下外长会。拜登政府延续了特朗普政府时期的美日澳印"四方安全对话"，2021年2月18日，美国国务卿布林肯以视频方式召集第三次四方外长会，表明美日澳印"四方安全对话"不会因美国政府更迭而中断。2021年3月12日，美日澳印以视频方式举行首次峰会，体现了拜登政府对"印太"地区的重视。四国一直是各自在媒体发布会上谈要点，此次峰会一改惯例，首次发表联合声明。2021年9月，四国在美国举行首次线下峰会。美日澳印"四方安全对话"日益机制化，美国

美国同盟体系：新时代的旧秩序

亚太同盟体系网络化取得突破。

四国合作趋于深入，冲击亚太安全秩序，日本与中国钓鱼岛争端持续，中印边境突现"洞朗对峙"，澳大利亚对中国"经济胁迫"不满，日本、印度、澳大利亚三国认同美国主导的地区秩序和国际秩序，美国借机以维护"自由开放的印太"为名，反对中国改变地区"现状"。四国虽不会像北约那样签署多边同盟条约，但对话层级提升，合作面扩大。四国双边层面美日、美澳、美印、日澳、日印、澳印全部建立了外长和防长级的"2+2"对话，四国举行双边、三边或四边联合演习，加强海上安全合作，在地区安全和热点问题上协调立场。四国合作扩大到经济、气候、科技等领域，在高质量基础设施、能源安全、数字互联互通上推进合作，联手构建稀土供应链，研发稀土技术，起草与稀土出口相关的国际规则。四国成立气候工作组和关键与新兴技术工作组，承诺推进低碳排放技术，联合开发新兴技术，推动通信装备多元化，在5G、稀土、医疗供应链等领域减少对华依赖。四国还建立"疫苗伙伴关系"，增加疫苗产能，巩固印度的"全球疫苗工厂"地位。

亚太盟友之间、亚太盟友与伙伴之间的横向安全合作加强，如日本深化与韩国、澳大利亚、印度、越南、菲律宾、印度尼西亚等国安全合作。日本与这些国家安全合作程度不一，与澳大利亚、印度安全合作相对密切，发表安保合作联合宣言，建立"2+2"对话机制，签署《军事情报保护协定》《物资劳务相互提供协定》，举行联合军演等。

澳大利亚支持日本发挥更大的安全作用，日澳安全合作密切。1996年2月25日，日澳在东京举行首次双边安全对话。2003年9月，日澳防长签署加强军事合作的谅解备忘录。2004年底，澳大利亚同意日本自卫队在澳大利亚领土进行军事训练。2007年3月，日澳签署《日澳安全保障联合宣言》，这是日本首次与美国之外的国家签署集体防御性质的协定。2007年6月6日，日澳举行首次外长和防长参加的"2+2"部长会议，至此美日、美澳、日澳三对双边关系均建立"2+2"机制。日澳首脑批准行动计划，落实联合宣言，在后勤补给、情报交流、军事装备和技术、部队互惠准入方面细化合作。2010年日澳签署《物资劳务相互提供协定》，2012年签署《军事情报保护协定》，2014年签署了《转让防务装备和技术的协定》。2022年1月签署的《互惠准入协定》（RAA）被认为具有里程碑意义，简

第七章　美国同盟体系的局部瓦解及转型

化军事人员、武器、装备入境手续，便利日本自卫队与澳大利亚军队到对方境内开展联合训练。2022年10月，日澳时隔15年签署了新的《日澳安全保障联合宣言》，指导两国的安全合作。该宣言表示倘若发生可能影响两国及其周边地区的紧急事态，双方会相互协商并讨论应对措施，加强联合演练、情报共享、军事设施共享以及太空和网络防御能力，使两国"特殊战略伙伴关系"进一步走深走实。

日印安全关系日益密切。21世纪以来，日印安全对话与合作进入快车道，高层互访、防务磋商、舰艇互访明显增多。2006年日印将双边关系提升为"全球战略伙伴关系"，在经济、海上安全、能源、高科技、联合国安理会改革等诸多议题上合作。2007年3月22日，日印举行首次部长级"战略对话"。安倍政府推行"价值观外交"，积极拉拢印度，谋求构建美日澳印"四边合作机制"。2008年10月，日印签署《安全合作联合宣言》，印度成为继美国和澳大利亚后第三个与日本签署防御协定的国家。2015年12月，日印签署《军事情报保护协定》和《防卫装备与技术转让协定》，便利了双方的军备合作和情报共享。2020年日印签署《物资劳务相互提供协定》，此类协定一般限于同盟国之间或军事关系密切的国家，而该协定的签署标志日印安全合作进入新阶段。

在美日韩三边合作框架下，日韩防务交流深化。2012年日韩签署《军事情报保护协定》《物资劳务相互提供协定》，可在维和、救灾乃至战争时期提供军需物资和其他支持。两国历史问题、领土争端不时起波澜，阻碍双边安全合作。如围绕独岛（日本称"竹岛"）的领土争端，双方民族主义情绪高涨。韩国总统曾亲自登临独岛捍卫韩国主权，日本则确立"竹岛日"，宣传竹岛是日本领土。2018年12月两国军方对峙事件加剧紧张关系，日本指控韩国军舰用火控雷达照射日本海上自卫队侦察机。2022年5月上台的尹锡悦政府向美日靠拢，日韩关系趋于缓和。在日朝关系上，韩国对日本越过韩国与朝鲜直接打交道保持警惕。对于日本可能协助美国干涉半岛紧急事态，韩国要求日本事先征得韩国同意。

日本与菲律宾、越南、印度尼西亚等国加强安全合作，利用东盟地区论坛、东盟防长扩大会议在南海问题上协调立场。日本与菲律宾、越南签署协定，向两国提供海上巡逻舰艇，举行联合军演。澳大利亚、韩国、印度之间的横向合作也在加强。2006年3月，澳印签署防务合作备忘录。

美国同盟体系：新时代的旧秩序

2007年8月，澳大利亚改变只向《不扩散核武器条约》成员国出售铀的立场，向印度出口铀材料。澳韩建立战略对话、澳大利亚与菲律宾签署了《访问部队协定》，澳韩、澳菲都举行了联合军演。

美国与一些亚太国家没有结盟，但是着眼于地区均势，积极拉拢这些国家。冷战期间印度与苏联关系密切，美国与巴基斯坦关系密切。20世纪90年代美国国防部发表的四份亚太战略报告并没有谈到印度，美国尚未将印度纳入亚太博弈的大棋局。1998年印度核试验受到美国制裁，美印关系陷入低谷。2000年3月美国总统克林顿访印，将印度视为"天然盟友"，[①]松动对印度制裁，双方关系改善。21世纪以来美国日益重视印度的作用，将其视为"净安全提供者"。印度谋求在亚太地区发挥更大作用，2005年印度加入"东亚峰会"，跻身东亚合作的重要机制，"东进"政策取得标志性突破。印度推进与东盟关系，双方签署自由贸易协定，建立"东盟+1"对话机制。印度还与新加坡、马来西亚、越南、印度尼西亚签署军事合作协议。

印度"东进"与美国在牵制中国上不谋而合。2003年美印建立战略伙伴关系，2005年6月签署为期10年的防务框架协议，涉及反导、联合训练、情报共享、军事技术转让等方面。2006年3月，美国总统布什访印，决定联合开展民用航天合作和探月计划，美印签署核合作协议，消除了双边关系发展的一大障碍。美国参议院批准核合作协议，默认了印度梦寐以求的有核国家身份。2007年4月，美印在新德里举行首次防务联合小组会议，讨论中国反卫星试验、反恐、海上安全、国防技术合作等问题。2009年7月，美印签署协定，美国可向印度出售先进武器装备、转让军事技术。

进入21世纪第二个10年，美印安全合作提速，美国欲利用印度维护对美国有利的地区均势，从民用核合作和对印军售中捞取巨额商业利益，开拓印度市场。印度则倚赖美国开展对华竞争，"对冲"中国的地区影响力，增大国际回旋空间。美印突出民主共性，反复强调两国是"世界上最古老、最伟大的两大民主国家"，将共同价值观作为两国战略合作的重要

[①] K. Alan Kronstadt, *U.S.–India Security Relations: Strategic Issues*, Congressional Research Service, January 24, 2013, p.2.

第七章　美国同盟体系的局部瓦解及转型

基础。2010年6月，美印举行首次战略对话，2014年10月建立防务政策对话机制。2015年1月美印峰会发表联合声明，在航行自由、海上安全等领域共同发声。2018年美印对话再度升级，建立外长和防长级的"2+2"对话机制。美国与盟友之间建立"2+2"对话不久就与印度建立"2+2"对话，凸显了美国对印度战略地位的重视。美印建立反恐和网络安全对话机制，2020年9月举行首次网络对话，合作向新公域推进。

美印联合军演频繁，美国太平洋司令部超过1/3的演习都有印度参演，美印海陆空三军种既分别举行联合演习，也举行三军联合演习，印度购买的俄罗斯苏-30MKI战斗机与美军F-22战斗机同场竞技。2016年8月两国签署《后勤交换协议备忘录》、2018年签署《通信兼容性与安全协议》、2020年签署《地理空间合作基本交流与合作协议》，军事合作细化。美印防务贸易增长迅速，印度成为美国军火的大买家。美国对印度大量军售，但对于装备的使用、零件的补充都有限制规定，印度担心受制于美国，避免从美国购买敏感军备，军购以运输机和侦察机为主，如C-130J和C-17运输机、P-8I海上监视飞机及"阿帕奇"直升机等装备。印度并未完全放弃不结盟原则，仍追求"战略自主"，从美国的竞争对手俄罗斯购买大量军事装备。

新加坡扼守太平洋和印度洋的国际航道，是"马来人世界的华人飞地"，国土面积微小，资源匮乏，缺乏战略纵深。处于马来西亚和印度尼西亚夹缝中的新加坡危机感强烈，英国宣布撤出苏伊士以东后，新加坡就加强了与美国的军事联系。"新加坡不是美国的正式盟友，但与美国伙伴关系的战略重要性超过美国与菲律宾和泰国的同盟关系。"[1] 1999年4月，美新签署协议，允许美国使用樟宜海军基地，解决了美军撤出菲律宾后在东南亚缺乏航母维修和后勤补给设施的问题。2000年3月美新签署《物资劳务相互提供协定》，安全合作更趋密切。新加坡积极反恐，加入美国发起的"集装箱安全倡议""防扩散安全倡议"。2005年7月，美新签署扩大防务与安全合作关系的《战略框架协定》，新加坡一跃成为美国在东南

---

[1] Carnes Lord and Andrew S. Erickson, eds., *Rebalancing U. S. Forces*: *Basing and Forward Presence in the Asia – Pacific*, Annapolis, Maryland: Naval Institute Press, 2014, p. 7.

美国同盟体系：新时代的旧秩序

亚的支点国家，为美国舰艇、飞机、人员提供设施和服务，协助美军部署。美新举行双多边演习，共同举行军事训练。新加坡已成为美军在东南亚的后勤补给中心，太平洋司令部下属的远东军事海运司令部从日本迁到新加坡，每年美国有 150 多艘舰艇、400 架战机及 3 万多军人到访新加坡。① 2012 年以来美国在新加坡轮换部署机动性强的濒海战斗舰，以便对南海紧急事态做出快速反应。

美国与越南安全对话与合作升温，2008 年 6 月启动政治、安全与防务对话，2010 年 8 月启动副部长级的"国防政策对话"。2010 年 8 月举行海上联合演习，成为美越关系从敌对向合作转变的标志性事件。越南 2011 年成为美国的"战略伙伴"，这一地位仅次于美国的盟友。美越防务部门定期举行高层对话，双方在海上安全、搜救、维和、人道主义援助、救灾领域加强合作。2014 年 10 月，美国宣布部分解除对越南的军售禁令。2016 年 5 月，奥巴马总统访越，宣布取消美国对越南长达 50 年的武器禁运。美国、日本与越南加强安全合作的指向性不言自明。

印度尼西亚是人口最多的东南亚国家和伊斯兰国家，经济体量大，资源丰富，美国将印度尼西亚视作东南亚和伊斯兰世界的"民主典范"。两国消除了在东帝汶问题上的分歧，2002 年美国和印度尼西亚启动年度"安全对话"，2006 年美国解除对印度尼西亚的军售禁令。年少时居留过印度尼西亚的奥巴马总统上任后，美国与印度尼西亚关系热络，2010 年建立"全面伙伴关系"，2015 年升级为"战略伙伴关系"。双方举办联合军演，在海上安全、维和、救灾等领域合作，2021 年启动"战略对话"，美国进一步重视印度尼西亚的地位。

美国亚太同盟体系的网络化使美国与盟友的安全关系从双边到多边，从各自为战走向联合，有助于降低美国维护地区秩序的成本。在朝鲜半岛、东海、台海、南海问题上，美国亚太同盟的网络化有助于协调各国的立场，加强各国之间的互助，提升各国的应对能力，形成各国联动的效

---

① Carnes Lord and Andrew S. Erickson, eds., *Rebalancing U. S. Forces: Basing and Forward Presence in the Asia – Pacific*, Annapolis, Maryland: Naval Institute Press, 2014, p. 122, p. 123.

第七章 美国同盟体系的局部瓦解及转型

应,这有利于增强美国塑造亚太地区安全态势的能力。① 网络化有利于增加盟友之间的横向交流,防止同盟被分化。由于亚太盟友间差异较大,因此涉及集体防御的部分,仍以双边同盟为主、多边为辅。

---

① 左希迎:"承诺难题与美国亚太联盟转型",《当代亚太》,2015 年第 3 期,第 20 页。

第八章

美国同盟体系与国际秩序

在"不列颠治下的和平"时期,英国遍布全球的殖民地成为其秩序支撑。在"美利坚治下的和平"时期,美国依靠同盟体系支撑国际秩序。同盟也是一种地区机制或机构,比如北约与欧盟、欧洲安全与合作组织等都是影响欧洲地区秩序的主要机构,美国的亚太同盟与东盟地区论坛、亚太经济合作组织等量齐观,共同影响亚太秩序的发展演变。由于同盟的排他性质,同盟在包容性国际秩序中的作用消极。同盟帮助维护美国理念及美国在国际机构中的地位,阻碍盟友与地区其他国家开展深度安全合作。

第一节 同盟助美维护国际秩序

美国建立了以联合国为代表的政治机构和以国际复兴开发银行(世界银行)、国际货币基金组织、《关税及贸易总协定》为代表的国际经济机构。特朗普政府时期担任国务卿的蓬佩奥提出改革"自由主义国际秩序",具体指改革联合国、世界贸易组织(《关税及贸易总协定》是其前身)、国际货币基金组织和世界银行等机构。[1] 显然,美国把这些机构都作为"自由主义国际秩序"的组成部分。盟友支持美国发动的对外军事干涉,协助美国发挥"世界警察"作用,同时还接受美国理念(欧亚盟友与美国价值观一致)、维护上述国际机构的运转,作为盟友分担维护"自由主义国际秩序"负担的一部分。

一、维护美国理念

国际秩序体现了秩序构建者的理念,二战后的国际秩序体现了美国理

---

[1] Michael R. Pompeo, "Restoring the Role of the Nation – State in the Liberal International Order," December 4, 2018, https://www.state.gov/restoring – the – role – of – the – nation – state – in – the – liberal – international – order – 2/. (上网时间:2020年7月25日)

第八章　美国同盟体系与国际秩序

念。美国的国际秩序理念和国内秩序理念高度一致，其所要构建的国际秩序不过是美国"国内秩序的国际化"。① 美国自诩为"山巅之城"，寻求用美国理念照亮世界，将世界"美国化"。建国初期，美国推行门罗主义力有不逮。随着美国成为世界第一大经济体，美国更有底气将其理念推向全球。威尔逊提出"十四点计划"，谋求主导构建战后秩序。一战后美国实行"有限的国际主义"政策，主导签署《非战公约》。二战时期，富兰克林·罗斯福总统提出"四大自由"（言论自由、信仰自由、免于匮乏的自由、免于贫困和恐惧的自由），推动制定《大西洋宪章》《联合国家宣言》《联合国宪章》等文件，为战后国际秩序擘画蓝图。

美国将自由、民主、人权、法治、自由贸易、开放市场、多边合作、尊重国家主权、大小国家一律平等、和平解决国际争端等理念融入国际秩序，"1950年以来每份美国国家安全战略中的国际秩序都遵循了这些理念"②，美国建立联合国、国际货币基金组织、世界银行、《关税及贸易总协定》等国际机构并缔结北约、亚太同盟来落实上述理念。③ 战后秩序"多元和自由程度都是空前的"，"让所有人都在国际论坛上有平等的发言权"。④ 在北约东扩过程中，美国附加了一系列入盟条件，将美国理念在"新欧洲"落地生根。

美国理念兼具手段和目的两重性。一方面，理念是手段。美国打着自

---

① 杨卫东："国际秩序与奥巴马政府的外交遗产"，《太平洋学报》，2017年第7期，第22页。

② Michael J. Mazarr, "The Real History of the Liberal Order Neither Myth Nor Accident," August 7, 2018, https：//www.foreignaffairs.com/articles/2018-08-07/real-history-liberal-order.（上网时间：2020年4月25日）

③ 对于美国的国际秩序理念和国际秩序特征的阐述，参见 Stepeh A. Kocs, *International Order: A Political History*, London: Lynne Rienner Publishers, 2019, pp. 22-23; Michael J. Mazarr, "The Real History of the Liberal Order Neither Myth Nor Accident," August 7, 2018, https：//www.foreignaffairs.com/articles/2018-08-07/real-history-liberal-order; Paul D. Miller, "American Power and Liberal Order," September 14, 2016, https：//nationalinterest.org/feature/american-power-liberal-order-17715。（上网时间：2020年4月25日）

④ David R. Stilwell, "The U.S., China, and Pluralism in International Affairs," December 2, 2019, https：//www.state.gov/the-u-s-china-and-pluralism-in-international-affairs/.（上网时间：2020年4月25日）

美国同盟体系：新时代的旧秩序

由民主的旗号占领道义制高点，追求一己私利。美国对国际规则和机制采取"合则用、不合则弃"的实用主义态度，通过武装干涉、经济制裁、外交胁迫、单边主义、保护主义等手段来谋取地缘政治和经济利益，美国的霸道、傲慢、残忍、伪善本质在此过程中暴露无遗。据统计，二战结束后美国干涉了80多个国家的选举和内政。①

另一方面，理念是美国维护国际秩序的目的。美国参与的历次战争都塑造着美国是为自由而战的神话：一战是为了"使民主更安全"和建立永久和平，二战则旨在实现"四大自由"和《大西洋宪章》的原则，冷战是为了抵御极权主义的进攻和保卫自由世界。② 美国深信"民主和平论"，这一论调认为民主国家之间无战争，相互很少打仗或几乎不打仗；民主国家与非民主国家之间容易发生暴力冲突。美国认为世界上自由民主国家越多，和平越有保障，美国就越安全。

美国理念所体现的理想主义色彩在美国对外战略中始终存在。克林顿总统实行"扩展民主"战略，将自由民主、安全、繁荣并列为国家安全战略的目标。小布什总统声称，"在全世界传播自由是世界实现和平的最大希望所在，也是美国国家安全提出的迫切要求"，③ 推出"自由议程"。奥巴马总统声称，美国支持民主和人权也是"国家安全的一个考虑"，"民主国家是我们最亲密的朋友，卷入战争的可能性要小得多。基于自由和开放的市场经济体表现更好并能成为我国产品的市场。尊重人权能够平息不稳定局面"。④ 特朗普政府淡化意识形态和价值观、强调"美国优先"，实行

---

① Ted Galen Carpenter, "Trump Didn't Wreck the 'Liberal International Order'," November 17, 2018, https: //nationalinterest. org/feature/trump – didnt – wreck – liberal – international – order – 36177. （上网时间：2020 年 4 月 25 日）

② 王立新：《意识形态与美国外交政策：以 20 世纪美国对华政策为个案的研究》，北京大学出版社，2007 年版，第 190 页。

③ "Inaugural Address by President George W. Bush, " January 20, 2005, https: //georgewbush – whitehouse. archives. gov/news/releases/2005/01/20050120 – 3. html. （上网时间：2020 年 7 月 30 日）

④ "Remarks by the President at the United States Military Academy Commencement Ceremony, " May 28, 2014, http: //www. whitehouse. gov/the – press – office/2014/05/28/remarks – president – united – states – mihtary – acaclemy – commencement – ceremony. （上网时间：2015 年 4 月 30 日）

第八章　美国同盟体系与国际秩序

以结果为导向的"有原则的现实主义"外交，挑起大国竞争。拜登政府延续前任政府的大国竞争战略，注入意识形态内容，将大国竞争描述为"民主与专制的对决"。

盟友与美国在是否采取军事手段维护国际秩序上有分歧，但是盟友分担了集体防御负担，在维和、民主和人权、对外援助、热点问题上与美国方向一致，维护了现有的国际秩序理念和国际规则。

二、维护国际经济秩序

曾任美国国务院政策规划室主任的保罗·尼采认为"美国构建同盟，与苏联在国际秩序问题上展开竞争"[1]，将同盟作为美苏国际秩序博弈的手段。美国为盟友提供安全保证和经济好处，换取盟友支持战后国际规则和规范，维护国际机构的运转。美国及其盟友是二战后国际组织的重要参加者和出资国，美国缴纳联合国的会费和维和费用最多，欧洲和日本缴纳的会费占比高，是国际发展援助的主要提供国。美欧日担任了众多国际组织的"掌门人"，影响了这些组织的发展方向。

盟友帮助维护美国主导的布雷顿森林体系。世界银行、国际货币基金组织和世界贸易组织是三大世界性的经济、金融和贸易组织，成立初衷是打破封闭的地区经济集团，反对重商主义，成立后一直为西方发达国家所主导。国际货币基金组织提供临时资金帮助各国政府改善收支平衡，世界银行向各国提供发展援助，是解决全球发展问题的机构。世界银行成立了两个附属机构：国际金融公司和国际开发协会，前者刺激对发展中国家的私人投资，后者为最不发达国家提供特殊的财政需要。

布雷顿森林体系机构中，世界银行和国际货币基金组织总部都设在华盛顿，受美国影响很深。"世界银行的领导作风、机构发展哲学、选录工作人员的标准都是由美国确立的。"[2] 在联合国，美国长期缴纳25%的会费，但在投票时只有一票，而在国际货币基金组织中，投票权与所占资本

---

[1] Paul H. Nitze, "Coalition Policy and the Concept of World Order," in Arnold Wolfers, ed., *Alliance Policy in the Cold War*, Baltimore: The Johns Hopkins Press, 1959, p. 16, p. 17.

[2] 周弘主编：《对外援助与国际关系》，中国社会科学出版社，2002年版，第202页。

美国同盟体系：新时代的旧秩序

份额成正比。美国占有最大的份额，拥有近20%的投票权。10个主要发达国家占有整个组织总投票权的50%左右，而这些发达国家均为美国盟友。100多个发展中国家所占的投票权只占总投票权的1/3。按照该组织规定，重大表决要有80%或85%以上的投票数方可通过。如无美国同意，任何重大问题都不能通过。

在世界银行也存在同样情况。美国享有的支配地位使其能够以最小代价发挥巨大影响，并获得可观的经济收益。美国在两大国际机构推行其附加政治条件的做法。国际货币基金组织在批准援助之前，往往提出受援国结构改革、实行私有化和自由化政策等条件。世界银行在提供发展援助时，把受援国是否实行良政、法治、尊重人权等作为标准。

摆脱西方殖民统治的亚非拉新独立国家认识到，要实现经济发展，必须就国际贸易条件、原料、价格、技术转让、债务等问题重新制定政策。1964年3月，在联合国举办的第一届贸易与发展会议上，亚非拉国家发表《七十七国联合宣言》，提出了一系列国际贸易和发展政策的重要原则，主要有：增加发展中国家出口机会，给予优惠待遇；保证发展中国家初级产品出口享受有利的价格；减轻债务，增加援助等。1973年9月在阿尔及利亚举行的不结盟国家首脑会议通过《经济宣言》，提出了国际经济新秩序概念。1974年4月，第六届特别联合国大会通过了"七十七国集团"提出的关于《建立国际经济新秩序宣言》和《建立国际经济新秩序行动纲领》两个重要文件，第一次把发展中国家经济合作同建立国际经济新秩序联系起来。当年联合国大会通过了《各国经济权利与义务宪章》，确立自然资源主权，反对发达国家对发展中国家自然资源的掠夺，提出发展中国家有权处置其自然资源、规范外国投资并实行国有化。这一文件随同上述两个重要文件一起，被称为建立国际经济新秩序的三个纲领性文件。

发展中国家为实现三个纲领性文件的目标加强联合，开展南南合作和南北对话。1979年联合国大会通过决议，要求在联合国范围内讨论南北关系问题。1981年10月，在墨西哥的坎昆城召开国际经济会议，来自14个发展中国家和8个发达国家的代表与会，南北双方均强调进行国际经济合作、加快全球谈判。从20世纪80年代开始，南北差距扩大，发展中国家面临资金倒流、西方贸易保护主义上升以及沉重的债务负担等严峻挑战，南北对话陷入僵局。冷战后的经济全球化和自由化进程不仅没有缩小南北

第八章　美国同盟体系与国际秩序

之间的差距，反而扩大了差距。

美国只同意对战后国际经济秩序做一些修补，反对推倒重来。美国激烈反对建立国际经济新秩序的三个纲领性文件，认为发展中国家的贫困不应归咎于战后国际经济秩序，贫困是发展中国家自身原因造成的。发展中国家只有进行国内政治、经济和社会改革，才有希望获得发展。美国拒绝对发展中国家做出实质性让步，在南北谈判中坚持依靠布雷顿森林体系机构，削弱了以发展中国家为主的联合国贸易和发展会议。发达国家在关税、债务等问题上对发展中国家做了一些让步，加上发展中国家力量分散，建立国际经济新秩序无果而终。

除了国际货币基金组织和世界银行外，美国依靠七国集团维护国际经济秩序，这是美国和盟友组成的"富国俱乐部"，议题无所不包，从初期的协调宏观经济政策、全球贸易谈判等经济议题扩展到地区安全、人权、移民、军控、核扩散、反恐、有组织犯罪、毒品、艾滋病、人道主义紧急状况、老龄化、全球治理、债务等非传统安全和全球性问题。七国集团建立"导弹技术控制制度"，防止导弹技术扩散，成立"反洗钱国际金融行动小组"，打击有组织犯罪和恐怖主义资金流动。七国集团达成的共识和做出的承诺并不具法律效力，但对世界贸易组织、国际货币基金组织、世界银行、经济合作与发展组织的决策有很大影响，进而影响其他国家的政策。2008年国际金融危机后，美国召集举行二十国集团峰会，七国集团的作用弱化。西方发达国家和发展中国家共同组成的二十国集团讨论世界经济问题，增大了发展中国家的发言权。美国主导《跨太平洋伙伴关系协定》，在劳工和环境问题上设定高标准。特朗普政府退出该协定后，日本主导达成《全面与进步跨太平洋伙伴关系协定》，企图引领地区经贸规则的发展。

国际金融危机以来，西方资本主义模式遭遇危机，美国学者提出加强民主国家联合，应对新兴大国崛起对国际秩序的挑战。布鲁金斯学会高级研究员伊沃·达尔德和外交关系委员会原副主席詹姆斯·林赛提出，美国应团结全球民主国家，建立一个名为"民主同盟"的多边合作机制，作为美国应对国际秩序挑战的选择。全球最大的30个经济体中有28个是民主国家；全球最大的20个民主国家军费开支占全球军费开支的3/4；民主国家的人均年收入约1.6万美元，是非民主国家的3倍。他们将经济合作与

美国同盟体系：新时代的旧秩序

发展组织成员国以及巴西、印度、南非、以色列、菲律宾、哥斯达黎加、秘鲁、毛里求斯、博茨瓦纳等60多个国家作为民主国家，认为民主国家在军事、经济、政治和社会等领域的压倒性优势将增加国际行动的有效性。民主同盟可增加多边合作的合法性，帮助民主国家应对共同的安全挑战，协调外交战略、执法活动、情报搜集和分析、开展军事部署；推动民主国家的经济发展，消除成员国之间的关税及其他贸易壁垒；推动民主和人权。①

第二节 美国同盟体系与联合国

国际联盟是建立普遍性国际组织的首次尝试，当时大部分亚非国家尚未独立，世界第一大经济体美国和新生的苏俄政府未加入，影响到国际联盟和凡尔赛秩序的普遍性。英法主导的国际联盟未能缓和大国竞争，日本、德国相继退出国际联盟，后期加入的苏联则因与芬兰爆发战争被开除出国际联盟。国际联盟行政院赋予非常任理事国否决权，使得国际联盟议而不决。联合国吸取了国际联盟的教训，赋予大国否决权，但是联合国安理会的大国一致原则也有缺陷，五个常任理事国有否决权，使反对常任理事国变得不可能。联合国是包容所有大国的战后国际"大"秩序的支柱，美国同盟体系与联合国性质不同，与联合国既有合作又有分歧。

一、同盟与联合国的异同

联合国确立了战后国际关系基本准则，成员国具有普遍性。美国同盟具有排他性，分裂了世界。联合国与美国同盟看似矛盾，但都符合美国的国际秩序理念，美国同时利用两者维护其在国际秩序中的主导地位。

美国缔结同盟不是要抛弃联合国，而是丰富美国的政策"工具箱"，弥补联合国在维护国际秩序上缺乏效能的问题。美国将联合国总部设在美国纽约，将联合国作为美国发挥影响的多边机构。美国总统每年在联合国大会发表演讲，利用联合国这一全球舞台宣讲美国政策，开展密集的多边

---

① Ivo H. Daalder and James M. Lindsay, "Democracies of the World, Unite," *American Interest*, January/February, 2007, pp. 5–19.

第八章　美国同盟体系与国际秩序

外交。

美国的盟友也是联合国会员国，仍需承担联合国会员国的权利和义务。联合国的任务之一是维持国际和平与安全，美国赋予同盟同样的任务，称北约为"西方的联合国"。① 在缔结《北大西洋公约》及批准条约过程中，美国国内的反对声浪强大，孤立主义者和国际主义者都指责北约是复活引燃战争的旧式同盟（old-fashioned alliance），孤立主义者认为北约放弃了美国所尊崇的行动自由，与美国宪法和外交传统相悖；国际主义者则担心美国放弃了联合国，称结盟与《联合国宪章》背道而驰。参议院外交关系委员会举办了听证会，96名证人中有50人反对批准条约。② 出席国会听证会的作证人员为了缓和国内反对意见，表示北约不是旧式同盟，美国不会自动卷入战争。③ 杜鲁门政府辩称组建北约是为了建立针对侵略者的力量优势，以便履行《联合国宪章》的宗旨，④ 强调北约不是美国人所反感的传统军事同盟，而是集体安全的运用。这种应用基于地区，在地区集体安全和普遍的集体安全之间不存在矛盾。加强地区安全有助于加强普遍的安全。北约是与《联合国宪章》的精神完全一致的安排，极大地加强了宪章的基本原则。⑤

美国及其盟友辩称结盟不是绕开联合国，而是维护《联合国宪章》所赋予的权利。美国缔结的同盟条约大都援引《联合国宪章》，承诺遵守《联合国宪章》的宗旨和原则，以和平方法解决国际争端，尊重国家的主权和领土完整；援引《联合国宪章》第五十一条赋予的单独自卫权和集体自卫权作为缔约的法律依据；或者援引第五十二条关于区域安排的规定，强调缔约不影响缔约国履行《联合国宪章》规定的权利和义务；提出将遭

---

① Henry M. Jackson, ed., *The Atlantic Alliance: Jackson Subcommittee Hearings and Findings*, New York: Frederick A. Praeger, 1967, p. 154.

② Lawrence S. Kaplan, *NATO and the UN: A Peculiar Relationship*, Columbia: University of Missouri Press, 2010, p. 20.

③ George Stambuk, *American Military Forces Abroad: Their Impact on the Western State System*, Columbus: Ohio State University Press, 1963, p. 168.

④ Lawrence S. Kaplan, *NATO and the UN: A Peculiar Relationship*, Columbia, Missouri: University of Missouri Press, 2010, p. 22.

⑤ Robert E. Osgood, *Alliances and American Foreign Policy*, Baltimore: The Johns Hopkins Press, 1968, p. 45.

美国同盟体系：新时代的旧秩序

受武装攻击和采取的措施向联合国安理会报告。

《北大西洋公约》前言重申《联合国宪章》目标与原则，正文有十四条，其中有四条（第一条、第五条、第七条和第十二条）提到《联合国宪章》，表示要按照《联合国宪章》行事，和平解决争端，克制使用武力；称其根据《联合国宪章》第五十一条赋予的单独或集体自卫权而制定，规定北约有责任向联合国安理会报告遭受的武装进攻及北约的行动，一旦联合国安理会"采取了必要措施恢复和维持国际和平与安全"，北约即有义务终止其行动。条约不影响联合国安理会"对于维持国际和平与安全"的基本责任。苏联认为《北大西洋公约》与联合国毫无共同之处，该公约第五条没有规定使用武力需联合国授权，违反《联合国宪章》。"联合国是联苏，北约是反苏，这是两者的根本区别。"[1]《澳新美安全条约》第一条援引《联合国宪章》以和平方法解决国际争端的原则；第六条称该条约不影响缔约国在《联合国宪章》下的权利和义务，不影响联合国发挥维持国际和平与安全的责任。

除了《美韩共同防御条约》没有提到联合国以外，其他美国缔结的同盟条约都援引《联合国宪章》。同盟条约援引《联合国宪章》，意在表明同盟并不是想取代联合国，而是加强联合国维护和平与安全的努力。"《北大西洋公约》与《联合国宪章》保持一致表明，北约将会维持而不会摧毁联合国所开创的世界新秩序。"[2]

美国的同盟条约援引《联合国宪章》，强调与联合国宗旨和原则的相同之处，但实践中两者遵循的安全原则截然不同。联合国以集体安全原则为指导，维护所有成员国的安全。集体安全具有普遍性、包容性，反对任何侵略行为，对各国一视同仁，不预设对手，不以特定威胁为对象，针对任何有侵略行为的国家。同盟针对特定的威胁，由特定国家组成，规定明确的权利义务，成员国遭到攻击时，通过集体防御来击败侵略。同盟条约一定有假想敌；集体安全则是维护抽象的国际法，就如同一国的司法体系

---

[1] 高华：《透视新北约：从军事联盟走向安全—政治联盟》，世界知识出版社，2012年版，第42页。

[2] Lawrence S. Kaplan, *NATO and the UN: A Peculiar Relationship*, Columbia: University of Missouri Press, 2010, p. 24.

第八章 美国同盟体系与国际秩序

维护其刑罚一样。① 集体防御指威胁来自成员国之外,是具有共同思想观念的国家的一种排外性安排。成员国有相互援助的责任,联合开展重大军事活动,推进军事一体化。② 国际关系学者沃尔弗斯认为,许多国家无法放弃集体防御,因为它们如果不依靠外国的军事援助,便不具有自我防御的力量。③

集体安全与集体防御有共同之处,当对威胁看法一致时,就会出现集体安全与集体防御混用的情形。冷战后北约走出防区,开展预防性外交、维和与危机管理行动,从集体防御向集体安全组织转变。帕特里克·沃伦认为,冷战后的 20 年,北约发展成为一个混合型的同盟,加强了集体安全,减少了集体防御(威慑)活动。④

美国的同盟是集体防御组织,具有排他性,但美国有意混淆集体防御和集体安全的区别。美国缔结的同盟条约都没有写敌国的名字,美国经常宣称其同盟不同于二战前的旧同盟,是不针对任何国家的集体安全组织,如将北约称为"集体安全组织"。美洲国家组织网站将《里约条约》视为"集体安全条约",称美洲国家如果面临来自美洲以外国家的侵略,仅靠一国单独行动无法保障美洲国家的领土完整,需要集体行动。

国际联盟的失败表明单靠集体安全保护不了弱小国家的安全,特别是弱小国家遭到大国入侵的情况下,比如国际联盟行政院常任理事国意大利侵略阿比西尼亚,国际联盟虽通过决议,宣布意大利为侵略者,但对意大利的经济制裁软弱无力。联合国也面临无法制裁大国侵略小国的问题,假设出现联合国安理会常任理事国与小国发生冲突的情形,常任理事国行使否决权将使得联合国安理会无法通过制裁决议。美国构建同盟弥补联合国在维护国际秩序上的效能不足,在联合国安理会瘫痪的情况下,美国倚重

---

① [美]亨利·基辛格著,顾淑馨、林添贵译:《大外交》,人民出版社,2010年版,第 242 页。

② [加]阿米塔·阿查亚著,王正毅、冯怀信译:《建构安全共同体:东盟与地区秩序》,上海人民出版社,2004 年版,第 29 页。

③ [美]阿诺德·沃尔弗斯著,于铁军译:《纷争与协作:国际政治论集》,世界知识出版社,2006 年版,第 167 页。

④ Colonel Patrick T. Warren, *Alliance History and the Future NATO: What the Last 500 Years of Alliance Behavior Tells Us about NATO's Path Forward*, 21st Century Defense Initiative, Policy Paper, June 30, 2010, p.19.

盟友增加集体行动的合法性。

二、同盟与联合国的合作与分歧

同盟和联合国都是美国主导的国际秩序的一部分。《北大西洋公约》及其他盟约虽提到《联合国宪章》，声称要维护联合国的宗旨，但同盟军事力量却不受联合国指挥。联合国被赋予维持国际和平与安全的责任，但是没有自己的军力，维持和平需要成员国和地区组织的参与。

联合国成立初期，联合国大会支持美国的票数多，联合国大会成为服务美国需要的"表决机器"。在美苏围绕伊朗问题、希腊问题的博弈中，美国转向联合国大会寻求支持。苏军二战时期进驻伊朗，战后苏联未按时撤军，支持伊朗的阿塞拜疆少数民族独立，美国鼓动伊朗诉诸联合国，迫使苏联撤军，伊朗军队随后收复闹独立的地区。美国将希腊问题提交至联合国大会，促使联合国大会通过决议，要求南斯拉夫、阿尔巴尼亚和保加利亚停止资助希腊共产党领导的游击队。大批亚非新独立国家加入联合国后，美国在联合国大会丧失了多数，转向在联合国安理会行使否决权来阻挠对美国不利的议案通过。

按照《联合国宪章》第七章相关条款，联合国为维持国际和平与安全、进行武装干涉时应成立联合国军，军队由会员国提供，联合国安理会各常任理事国的参谋总长或其代表组成军事参谋团，这是参照英美二战时期成立的联合参谋部实践而提出的。1950年6月朝鲜半岛爆发战争后，美国操纵联合国安理会通过成立联合国军的决议，联合国军由美国及其盟友和伙伴的军队组成，美国任命美军将领麦克阿瑟为联合国军司令，麦克阿瑟听命于美国参谋长联席会议而不是联合国，给联合国的报告需经美国审议后提交。伊拉克入侵科威特后，联合国通过第678号决议，授权对伊拉克动武，美国没有像过去那样组建联合国军，而是牵头组建多国部队，防止其他联合国安理会成员国干涉美国的军事行动。

冷战时期，北约与联合国关系疏远，苏联指责北约意图颠覆联合国。冷战结束以来，北约与联合国的工作关系日益密切，双方在原南斯拉夫地区、阿富汗问题上合作，联合国需要北约来执行相关决议，北约成员国需要获得联合国授权，为其参加对外军事干涉或维和行动提供理由，争取国内支持。联合国不愿授权北约动武，北约则不愿处于联合国的权威之下。

第八章 美国同盟体系与国际秩序

在波黑冲突之初，北约提供联合国所没有的军事力量，执行联合国安理会相关决议，监督对原南斯拉夫地区的武器禁运。随着波黑冲突恶化，北约和联合国在是否使用武力打击波黑塞族上产生分歧，美国推动北约空袭波黑塞族阵地，将联合国的作用边缘化。联合国将北约归类为"地区组织"，北约否认其是"地区组织"，声称不受《联合国宪章》第八章有关地区组织行动需要联合国授权的条款约束。在《代顿和平协议》达成后，北约和联合国一道防止原南斯拉夫加盟共和国马其顿爆发内战。阿富汗战争初期，联合国授权组建国际安全援助部队，之后与此相关的联合国安理会决议多达18个，① 但是联合国却无力监督美国和北约牵头的国际安全援助部队活动情况。

在没有联合国授权的情况下，美国发动军事干涉造成既成事实，然后在作战行动结束后再回到联合国寻求授权，借联合国授权名义，推动盟友和伙伴帮助收拾军事干涉后的烂摊子。北约发动科索沃战争没有获得联合国授权，但是对南斯拉夫联盟轰炸甫一结束就回到联合国，寻求联合国授权以便善后。联合国安理会通过第1244号决议，规定由联合国特派团管理科索沃民事事务，北约领导的维和部队提供安全保障。联合国安理会决议没有谴责北约对主权国家南斯拉夫联盟的侵略，反而授权北约部队进驻科索沃。美国发动伊拉克战争后，也回到联合国寻求授权，促使联合国安理会通过第1483号决议，授权美国为首的盟军管理伊拉克事务。

北约与联合国的合作与交流增多，双方在反恐、反海盗、防扩散、保护女性和儿童等问题上合作。北约在亚丁湾打击海盗，为世界粮食计划署的运粮船护航。2008年9月，北约秘书长夏侯雅伯与联合国秘书长潘基文签署北约与联合国合作框架协定，这是北约与联合国首次签署协定。② 北约参与联合国毒品和犯罪办事处、联合国人道主义事务协调办公室的工作，向联合国总部派遣了军事联络官和民事联络官。北约邀请联合国秘书长和高官参加北约峰会和部长级会议，联合国邀请北约秘书长在联合国大

---

① NATO Public Diplomacy Division, *NATO Encyclopedia 2019*, December, 2019, p. 290.
② Kurt Volker, "NATO: A Strong and Effective Alliance for the Future," December 10, 2008, http://nato.usmission.gov/ambassador/2008/Amb_Volker_WACP_121008.htm. （上网时间：2018年5月7日）

会发表演讲。

北约在波黑以强制军事行动建立和平，这一使用武力强制维和的理念影响了联合国维和行动，在刚果（金）、马里、中非、苏丹、南苏丹，联合国维和部队介入内部冲突，使用武力更加频繁。法国把持联合国维和行动部，积极推进联合国在刚果（金）、马里和中非三个法语国家维和，这三项维和行动的人员数量和经费预算占联合国维和行动的一半以上。[①] 法国借联合国维和行动维护法国在非洲前殖民地的势力范围，但是并未给这些国家带去和平与稳定。

联合国是中小国家发挥作用的重要平台，在使用武力问题上，大多数盟友不愿得罪美国，又不愿意受美国控制，防止自己成为美国的"仆从国"，丧失政治自主，因此要求美国获得联合国授权，证明美国的军事干涉具有合法性，也借此表明美国的军事干涉不是针对特定国家，而是为维护集体安全。在美国酝酿发动伊拉克战争过程中，英国要求美国发动战争前先寻求联合国的授权，以缓和国内公众舆论的反对，迫使美国不得不在联合国安理会会议，向全世界呈上伊拉克违反联合国安理会决议的证据。盟友按照联合国决议来界定行动范围，超出范围就要求联合国通过新决议，迫使美国尊重联合国的权威。有时联合国进行了授权，但授权的范围有限，美国及其盟友在执行决议过程中擅自扩大授权，如联合国安理会通过设立利比亚"禁飞区"的第1973号决议，美国、英国、法国借机对利比亚卡扎菲政权发动军事打击，超出了联合国授权。

第三节　美国同盟体系与地区秩序

地区均势影响全球均势，地区秩序也影响国际（全球）秩序。国家分属不同的地区，形成了相对固定的地区身份，地区内部的国家互动密切，矛盾错综复杂。美国表面上称不插手地区冲突，但通过同盟把地区国家划分敌友，阻碍地区国家的和解，人为割裂地区安全合作，破坏了地区稳定。美国在西半球建立了"美洲人的美洲"，但是在其他地区却拉帮结派，

---

① 何银："联合国维和的退化与出路"，《国际问题研究》，2020年第5期，第134页。

第八章　美国同盟体系与国际秩序

四处插手，阻碍欧洲国家建立"欧洲人的欧洲"，亚洲国家建立"亚洲人的亚洲"，破坏中东国家的团结。美国的地区同盟制约了地区合作的深度和广度，使欧洲、亚洲、中东包容性地区秩序建设步履维艰。

一、维护对美有利的地区秩序

作为一个全球大国，美国却极其关注地区层面的均势异动，警惕地区大国或大国联合打破地区均势。美国阻止大国或大国联合掌控欧亚大陆。欧亚大陆面积是北美大陆的数倍，人口占世界的大多数，拥有雄厚的能源资源储备和工业生产能力，一旦欧亚大陆被竞争对手控制，美国享受的大西洋和太平洋"天堑"优势将不复存在，防线将缩至北美大陆。欧洲、中东广义上属于欧亚大陆，非洲在一定程度上从属于欧亚大陆的地缘争夺。从二战期间美国防止德国和日本称霸欧亚大陆、冷战时期发动对苏联冷战看，美国地缘战略重点是对抗甚至击败欧亚大陆的敌对大国。西欧和亚洲的盟友是美国的第一道防御线，[1] 欧亚大陆的国家要与美国竞争霸权，先要突破美国的第一道防线。

欧亚大陆及其周边地区可分为欧洲、亚太、中东地区，是影响大国均势的关键地区。美国认为地区大国若进行领土扩张，将损害中小国家的独立、主权和领土完整，打破现有的地区均势。地区大国若扩大影响，将削弱美国的地区主导地位，因此美国要预阻大国或大国联合主导各个关键地区。美国预阻竞争对手支配西欧，美国国防部长麦克纳马拉认为，美国至关重要的安全利益是欧洲保持自由和安全，防止潜在的敌对大国支配西欧，否则敌对大国将掌握欧洲的人力资源和物质资源。[2] 美国也防止敌对大国控制亚太地区，美国战略和国际问题研究中心（CSIS）发表的报告认为，自19世纪末英国在太平洋地区的海上力量衰退以来，美国在亚太地区的根本地缘战略目标一直是维持一种均势，防止该地区出现拒止美国进入

---

[1] Mira Rapp-Hooper, *Shields of the Republic: The Triumph and Peril of America's Alliances*, Cambridge, Massachusetts: Harvard University Press, 2020, p. 10.

[2] Henry M. Jackson, ed., *The Atlantic Alliance: Jackson Subcommittee Hearings and Findings*, New York: Frederick A. Praeger, 1967, pp. 244–245.

美国同盟体系：新时代的旧秩序

或取得制海权来威胁美国利益的任何霸权国家。① 在中东地区，美国既反对埃及以泛阿拉伯主义在中东谋霸，也反对伊朗利用伊斯兰革命谋霸，警惕土耳其打着伊斯兰的旗号扩张。

除了维持对美国有利的地区均势，美国大力向各地区输出民主人权价值观，推动市场经济和民主转型。美国推动建立一个不可分割的、和平的、民主的欧洲，引导中东欧国家向民主和市场经济转型；推动亚太民主化、建立市场经济体制；推行"大中东民主计划"等。美国维持均势和输出民主价值观并行不悖，都是维护美国主导的地区秩序。美国对盟友和朋友提供保证，展示美国履行承诺的坚定意志和能力；打消对手威胁美国及其盟友；威慑对手；如果威慑失败，就决定性地击败对手。② 美国以同盟为抓手，势力渗入各地区，进而主导地区秩序。克里斯托弗·莱恩认为，美国在北美洲之外的西欧、东亚和波斯湾三个世界上最重要的地区建立霸权。美国必须充当欧洲、东亚以及外围关键地区（尤其是波斯湾）的"稳定器"或"和平维护者"，为欧亚大陆的盟友提供安全保障。如果美国放弃了充当地区"稳定器"这一角色，欧洲和东亚就会回到过去那种"可怕的多极权力政治时代"。③ 对地区大国塑造地区"新"秩序，美国"掺沙子"，制造地区不和，挑动地区领土争端，阻挠地区大国削弱和取代美国。由于美国及其盟友的阻挠，欧洲和亚太地区的包容性安全合作无法走向深入。

二、里约阻碍拉美团结

美国以反共为由，纠集部分《里约条约》成员国集体行动，干涉拉美国家自主选择本国的发展道路，打压拉美左翼力量发展。1954年3月，在加拉加斯举行的美洲国家会议通过美国提出的反共决议。美国援引《里约条约》，干涉危地马拉内政，1954年6月策动推翻了民选的阿本斯政府。

---

① *U. S. Force Posture Strategy in the Asia Pacific Region: An Independent Assessment*, Center for Strategic and International Studies, June 27, 2012, p. 13.

② Department of Defense, *Quadrennial Defense Review Report*, September 30, 2001, Forward.

③ [美]克里斯托弗·莱恩著，孙建中译：《和平的幻想：1940年以来的美国大战略》，上海人民出版社，2009年版，第4页、第39页。

第八章　美国同盟体系与国际秩序

1962年1月，美国不顾阿根廷、巴西和墨西哥等拉美大国的反对，推动美洲国家组织通过反共决议，声称马列主义与美洲国家体制不兼容，指责古巴对其他美洲国家搞"颠覆活动"，停止与古巴的一切武器交易，宣布将古巴除名。在古巴导弹危机正酣之际，1962年10月23日，美洲国家组织理事会通过决议，援引《里约条约》的集体防御条款，要求成员国采取包括武力在内的所有必要措施，对抗苏联在古巴的导弹威胁。在美国封锁古巴期间，12个拉美国家对美国提供了军事支持。① 委内瑞拉指控古巴支持其境内的反政府活动，1964年7月美洲国家组织外长会议援引《里约条约》，对古巴实行制裁。

古巴革命胜利以来，美国在西半球加大反共活动，利用《里约条约》为美国的武装干涉装点门面。1962年10月3日，美国国会两院通过联合决议，要求采取一切必要手段，阻止古巴在拉美的"侵略或颠覆"活动。1965年4月末多米尼加首都发生骚乱，4月28日美国武装干涉多米尼加，防止西半球出现"第二个古巴"。② 5月6日，美洲国家组织建立"美洲和平部队"（IAPF），巴西、洪都拉斯、巴拉圭、尼加拉瓜、哥斯达黎加、萨尔瓦多等国参与美国干涉后的维和行动。9月20日，美国国会众院通过关于西半球共产主义颠覆的决议，宣称颠覆违反了门罗主义和集体安全原则，可以援引《里约条约》实施单独或集体自卫权，反对国际共产主义及其机构的颠覆活动。③ 继美洲国家组织开除古巴后，美国鼓动拉美国家与古巴断交。美国支持阿根廷、智利、乌拉圭、巴西、玻利维亚、巴拉圭的反共活动，干涉智利、萨尔瓦多、尼加拉瓜、格林纳达等国内政。

1982年4—6月的马尔维纳斯群岛（英国称"福克兰群岛"）战争中，阿根廷频繁引用门罗主义，要求美国对阿根廷提供单方面的安全保护，但

---

① John Child, *Unequal Alliance*: *The Inter-American Military System*, 1938–1978, Boulder, Colorado: Westview Press, 1980, p. 171.

② Lester D. Langley, *America and the Americas*: *The United States in the Western Hemisphere*, Second Edition, Athens and London: The University of Georgia Press, 2010, pp. 223–224.

③ *Collective Defense Treaties with Maps*, *Texts of Treaties*, *A Chronology Status of Forces Agreements*, *and Comparative Chart*, U. S. Government Printing Office, April 21, 1969, p. 202.

美国同盟体系：新时代的旧秩序

美国放弃了门罗主义。① 按照《里约条约》规定，阿根廷需要获得21个签字国2/3的多数票才能获得授权。阿根廷虽未获得《里约条约》成员国的集体防御支持，但获得了美洲国家组织的道义支持。1982年4月美洲国家组织外长会议通过了支持阿根廷的决议，美国、智利、哥伦比亚、特立尼达和多巴哥弃权，支持阿根廷的17个国家中，8个都不是《里约条约》的签字国。② 美国虽是《里约条约》成员，但站在英国一边，对英国提供军事和情报支持，帮助英国重夺马尔维纳斯群岛。

《里约条约》的延续与西半球和平发展的潮流不符，2001年墨西哥总统福克斯要求废除《里约条约》，称其是过时的冷战遗产。③ 墨西哥于2004年正式退出了《里约条约》，2014年以来玻利维亚、厄瓜多尔、尼加拉瓜也退出了《里约条约》。

三、欧安组织未能取代北约

北约和华约对峙分裂了欧洲，美苏竞相提出安全倡议与反倡议，企图削弱对方在欧洲的地位。苏联提出缔结全欧集体安全条约，以集体安全取代对立的军事集团，消弭欧洲的分裂。苏联还提出建立"共同的欧洲之家"，美国认为苏联倡议将使美国地位边缘化，提出建立一个"统一和自由的欧洲"主张。

1954年苏联提出构建"欧洲集体安全体系"倡议，主张任何缔约国遭到攻击，其他国家提供军事在内的一切援助。各方承担互不侵犯义务，一切有争议的问题通过和平手段解决。1955年7月举行的美苏英法四国首脑会议上，苏联进一步完善倡议，同意美国加入"欧洲集体安全体系"；提出解散北约和华约两大军事集团，建立一个覆盖全欧洲的集体安全体系，外国军队从欧洲撤军。此后苏联和华约成员国多次推销这一倡议，1956年1月在布拉格举行的华约会议上，苏联提出以"欧洲集体安全体系"取代

---

① Thomas Andrew O'Keefe, *Bush II, Obama, and the Decling of U. S. Hegemony in the Western Hemisphere*, New York: Routledge, 2018, p.43.

② Peter Calvert, Tim Curtis, F. J. Harper, et al., *Treaties and Alliances of the World*, 7th edition, London: John Harper Publishing, 2002, p.333.

③ Thomas Andrew O'Keefe, *Bush II, Obama, and the Decling of U. S. Hegemony in the Western Hemisphere*, New York: Routledge, 2018, p.61.

第八章　美国同盟体系与国际秩序

"现存的军事集团",华约国家和北约国家签署互不侵犯条约。美国警惕苏联分化美欧,认为"欧洲集体安全体系"本身存在先天缺陷,并不能保证成员国的安全,反而可能瓦解北约。欧洲盟友与美国看法一致,并不急于接受"欧洲集体安全体系"倡议,仍倚重北约维护欧洲安全秩序,1967年《哈默尔报告》称北约的政治目的是"通过适当的安全保证,在欧洲实现一个公正和持久和平的秩序"。[1]

东西方缓和为举行欧洲安全与合作会议带来转机。德国实行"新东方政策"后,主动承认奥德河与尼斯河作为德波边界,改善与东欧国家关系,德国政策转变促使美国调整立场。1971年9月美苏英法四国就柏林问题达成协议,为举行欧洲安全与合作会议消除了最后的障碍。[2] 在苏联常规力量对北约占有优势的情况下,美国认为举办会议可推动常规力量裁军,削弱苏联优势;东西方阵营国家开展人员和文化交流有利于分化华约。1975年7月底,三十五国参加欧洲安全与合作会议峰会,签署《赫尔辛基最后文件》,承认战后边界不可侵犯,表明苏联在东欧的势力范围、以战争或瓜分获得的领土得到美国和西欧国家的默认。《赫尔辛基最后文件》提出尊重人权和基本自由,美国和西欧国家以此为杠杆,推动对苏联和东欧国家的和平演变。苏联则利用欧洲安全与合作会议分化北约,如在中程导弹问题上分化美欧。

《赫尔辛基最后文件》推动建立军事信任措施,要求每个国家提前21天通报规模超过2.5万人的军事演习,缓和两大军事集团对峙的紧张局势。欧洲安全与合作会议是北约和华约军控谈判和建立信任措施的泛欧论坛,1986年达成《斯德哥尔摩协议》,规定超过1.3万人的军事活动提前至少42天通报;超过1.7万人的军事活动必须邀请观察员参加;每年11月列出下一年度的军事活动;限制超过4万人的军事活动,超过7.5万人的军事活动除非经过沟通,否则不能举行;赋予参加国现场核查的权利,其他参加国不得拒绝等。这些措施增强了军事透明度,降低了欧洲再度爆发"闪电战"的可能性。

---

[1] *The North Atlantic Treaty Organization: Facts and Figures*, NATO Information Service, 1989, p.188.
[2] 方连庆、王炳元、刘金质主编:《国际关系史(战后卷·上册)》,北京大学出版社,2006年版,第437页。

美国同盟体系：新时代的旧秩序

欧洲安全与合作会议最初是一个进程而不是一个组织，没有设立总部和秘书长，1990年11月巴黎峰会后，欧洲安全与合作会议加强机制建设，建立外长会议、高官委员会，在布拉格设立欧洲安全与合作会议秘书处，在维也纳建立冲突预防中心，在哥本哈根建立欧洲安全与合作会议大会，在华沙建立民主制度和人权办公室。欧洲安全与合作会议资源、经费、人员、设备短缺，缺乏强有力的领导机构和行动能力。其向东欧国家提供援助，在预防冲突、危机管理、选举监督、人权法治方面开展工作。因其本身没有军事力量，对解决国家内部武装冲突束手无策。

欧洲安全与合作会议是具有包容性的泛欧安全机制，包括北约和华约成员国。苏联解体、华约解散后，欧洲安全与合作会议被寄予发挥更大作用的厚望，俄罗斯主张以欧洲安全与合作会议为基础建立欧洲安全秩序，但是美国坚持"北约优先"，利用北约掌握欧洲安全秩序主导权。1995年欧洲安全与合作会议更名为欧洲安全与合作组织，从一个进程转化为一个组织，以预防冲突、维护人权、保护少数民族权利、维和、监督选举活动为主。欧洲安全与合作组织实行协商一致原则，决策耗时、缓慢、不适合应对危机事态。① 科索沃战争后，欧洲安全与合作组织的作用下降。

美国利用欧洲安全与合作组织对俄罗斯在独联体的作用进行监督和控制，在人权问题上对俄罗斯施压。苏联提出"欧洲集体安全体系"倡议的初衷是取代北约，后续发展却未能实现目的。欧洲安全与合作组织补充了北约的不足，却没有取代北约。

四、同盟阻碍亚太地区合作

美国同盟体系在亚太地区有两大任务，推广美国价值观，防止地区价值取向被中国主导；维持并扩大美国在地区事务中的支配地位。② 如果亚太地区出现排斥美国的多边安排，同盟将充当美国的"马前卒"，阻挡

---

① Trevor Findlay, "The European Cooperative Security Regime: New Lessons for the Asia – Pacific," in Andrew Mack and John Ravenhill, eds., *Pacific Cooperation: Building Economic and Security Regimes in the Asia – Pacific Region*, Boulder, Colorado: Westview Press, 1995, pp. 230 – 231.

② Hugh White, "The Limits to Optimism: Australia and the Rise of China," *Australia Journal of International Affairs*, Vol. 59, No. 4, December. 2005, p. 470.

第八章　美国同盟体系与国际秩序

"去美国化"进程；如果在美国之外出现新的多边秩序的主导者，同盟可以帮助美国削弱试图主导亚太多边秩序的举措。① 由于美国作祟，亚太地区包容性的安全合作和经济合作发展缓慢。

亚太没有建立类似欧洲安全与合作组织那样的集体安全机制。苏联提出"亚洲集体安全体系"倡议，企图建立亚洲版的欧洲安全与合作会议。1986年7月，苏联领导人戈尔巴乔夫在海参崴发表讲话，重申仿照欧洲安全与合作会议模式召开太平洋会议，减少超级大国在东北亚军事对抗的风险，但美国反应冷淡，担心优势地位受到削弱。在欧洲苏联常规军力占优势，建立信任措施有利于美国削弱苏联的常规力量优势。在亚太地区美国海军优势无可匹敌，增加军事透明度等于向苏军提供免费的军事情报。建立信任措施还将限制海军演习的范围，阻碍美国海军有效地实施进攻性海军战略，减少海军的作战成效。②

澳大利亚和加拿大对建立亚洲版的欧洲安全与合作会议态度积极，提出以欧洲安全与合作会议模式建立多边安全机制。澳大利亚外长提出建立亚洲安全与合作会议（CSCA）倡议，提议引入信任措施、"共同安全"概念以及欧洲安全与合作会议的"进程和制度"，减少超级大国在亚太军事对抗的风险。加拿大外长提出构建太平洋版的欧洲安全与合作会议。美国对苏联、澳大利亚、加拿大建立亚洲版的欧洲安全与合作会议消极以对，担心亚洲安全与合作会议发展为海军军控论坛，削弱美国的威慑能力。日本对于多边安全合作的态度与美国相似，日本首相中曾根康弘援引历史的、地理的和文化的差异，拒绝按照欧洲模式建立一个亚洲版的欧洲安全与合作会议，美日均担心苏联倡议可能削弱美国的海上力量优势并削弱美日同盟。1991年4月戈尔巴乔夫访日，成为首访日本的苏联领导人，戈尔巴乔夫强调苏联不再反对美日同盟，缓解了日本对苏联利用多边安全倡议分化美日同盟的担心。在召开官方对话遇阻的情况下，加拿大召集"第二

---

① 史田一："冷战后美国亚太多边外交中的同盟逻辑"，《当代亚太》，2015年第2期，第57—58页。

② Pauline Kerr, Andrew Mack and Paul Evans, "The Evolving Security Discourse in the Asia–Pacific," in Andrew Mack and John Ravenhill, eds., *Pacific Cooperation: Building Economic and Security Regimes in the Asia–Pacific Region*, Boulder, Colorado: Westview Press, 1995, p.235.

美国同盟体系：新时代的旧秩序

轨道"对话"北太平洋安全合作会议"，讨论建立信任措施，中国、日本、朝鲜、韩国、美国、苏联、加拿大七国代表参加。

苏联解体后美国对亚太多边安全合作的态度转变，不像过去那样担心多边安全合作会削弱双边同盟。海盗、非法移民、毒品走私、环境污染等非传统安全威胁上升，需要地区国家合作应对，超越同盟安排、建立多边安全合作的必要性凸显。美国参与地区多边论坛，赋予两者不同的定位，双边同盟是基础，多边安全合作是补充。

欧洲和亚洲都出现了新一波地区安全合作的创制，可与 1945—1955 年的地区安全机制创设相媲美。[1] 1993 年 6 月，"第二轨道"对话机制亚太安全合作理事会（CSCAP）建立，下设工作组，讨论亚太地区海事合作、北太平洋地区安全合作、合作安全和综合安全概念、防止大规模杀伤性武器扩散、军事透明度等议题。亚太建立信任措施从"第二轨道"起步，助推"第一轨道"的官方对话。1994 年东盟地区论坛（ARF）建立，地区安全对话迈上新台阶。东盟地区论坛讨论建立信任措施和预防冲突，但与欧洲安全与合作组织一样解决不了地区冲突，沦为"清谈馆"，在 1999 年东帝汶危机中无足轻重。[2]

日本积极参与东盟地区论坛的构建，与亚洲邻国建立互信，谋求打消亚洲国家对其走向军事大国的担心。日本与美国一样，将地区安全合作作为同盟合作的补充。21 世纪以来，日本重视以美日同盟为依托的"小圈子"军事安全合作。多边安全合作以普遍的国际规范求安全，具有包容性，但是亚太地区领土争端难解，地区大国缺乏政治互信，导致地区多边安全合作缺乏实效。

亚太地区经济合作发展缓慢。冷战时期日本、韩国出口依赖美国市场，与亚洲国家的传统经济联系减少。日本创造经济高速增长奇迹后，谋求发挥更大地区和国际影响，在亚洲国家和太平洋国家间发挥桥梁作用，

---

[1] John D. Duffield, "Asia – Pacific Security Institutions in Comparative Perspective," in G. John Ikenberry and Michael Mastanduno, eds., *International Relations Theory and the Asia – Pacific*, New York: Columbia University Press, 2003, p. 247.

[2] Andrew Mack, "The United States and the Asia – Pacific: Bilateralism Plus 'Multilateralism À la Carte'," in David M. Malone and Yuen Foong Khong eds., *Unilateralism and U. S. Foreign Policy: International Perspectives*, Lynne Rienner Publishers, 2003, p. 390.

第八章 美国同盟体系与国际秩序

提出与发达的太平洋国家美国、加拿大、澳大利亚、新西兰合作,促进亚洲经济发展。日本没有使用"东亚"概念,避免美国及亚洲国家联想到"大东亚共荣圈"。1967年日本提出"太平洋自由贸易区"倡议,因应欧洲经济一体化的冲击,1967年4月太平洋盆地经济理事会(PBEC)成立,1968年1月在东京召开太平洋贸易和发展会议(PAFTAD)。1980年非官方的太平洋经济合作会议(PECC)成立,将企业界、官员、学界人士召集在一起共商合作大计。冷战后欧洲经济一体化加速、北美建立自贸区,亚洲国家的地区意识觉醒,地区经济合作向纵深发展。美国企图从亚洲经济成功中获得好处,主张建立包括美国的"跨太平洋合作",而不是排挤美国的"东亚合作"。1993年美国主办了亚太经合组织领导人首次会议,为"跨太平洋合作"模式注入动能。

美国对排挤美国的"东亚合作"模式保持警惕,打压盟友和伙伴的东亚合作倡议。马来西亚总理马哈蒂尔提出"东亚经济核心会议"(EAEC)倡议,邀请日本发挥领导作用。当时日本与东南亚国家经贸联系密切,1989年日本官方发展援助的33%(22亿美元)流向东南亚国家,美国只向东南亚国家提供了4.4亿美元的经济和军事援助,其中3.5亿美元给了菲律宾。[1] 由于美国反对,日本没有接受马哈蒂尔建议。[2] 为应对1997—1998年的亚洲金融危机,日本提出"亚洲货币基金"构想,拟筹集1000亿美元,援助深受亚洲金融危机打击的国家。日本发挥金融领导作用的企图遭到美国强烈打压,美国担心国际货币基金组织的作用受到削弱,批评"亚洲货币基金"是"重复建设"和"浪费资源"。在美国反对面前,日本再次退缩。

中日在历史问题、东海大陆架开发等问题上的矛盾复杂难解,地区合作构想迥异,美国利用中日矛盾阻挠中国主导东亚合作。亚洲金融危机以来,东盟与地区大国建立的"东盟+1"机制、"东盟+中日韩"合作蓬勃

---

[1] K. S. Nathan, "Linkages between Asia – Pacific Regional Economic and Security Relations: Emerging Trends in the Post – Cold War Era," in Susan L. Shirk and Christopher P. Twomey, eds., *Power and Prosperity: Economics and Security Linkages in Asia – Pacific*, New Brunswick: Transaction Publishers, 1996, p. 68.

[2] Takashi Terada, "Constructing an 'East Asian' Concept and Growing Regional Identity: From EAEC to ASEAN +3," *Pacific Review*, Vol. 16, No. 2, 2003, p. 259.

美国同盟体系：新时代的旧秩序

发展。召开东亚峰会以整合零散的地区合作机制的条件成熟，但是在首届东亚峰会筹备过程当中，美国炒作中国搞"亚洲版门罗主义"，利用盟友"掺沙子"，支持印度、澳大利亚和新西兰等地理上不属于东亚的国家加入，要求地区合作保持"开放性"，稀释"东亚"概念，削弱东亚峰会的凝聚力和影响力，使东亚峰会未能实现应有的目的。奥巴马政府签署《东南亚友好合作条约》，加入东亚峰会，发起"湄公河下游合作倡议"、举行美国—东盟峰会，美国介入次地区合作加剧了地区合作的条块分割。鸠山政府提出构建"东亚共同体"主张，突出日本连接亚洲和世界的桥梁作用，排斥美国参与，美国反应冷淡。在中国倡导建立亚洲基础设施投资银行（AIIB，简称"亚投行"）过程中，美国阻挠盟友加入，在英国、德国、法国加入的情况下，才允许韩国和澳大利亚加入。美国和日本仍拒绝加入，以环境、劳工、透明度标准为由对亚投行施压，防止亚投行挑战布雷顿森林体系机构及日本主导的亚洲开发银行。

美国拆散可能排美的地区合作，组建"小圈子"地区合作，排斥和孤立对手，制造地区阵营对立。2009年美国加入《跨太平洋伙伴关系协定》，主导地区经济合作转型升级，在劳工、环境方面制定高标准，企图建立排斥中国的地区经济合作。在特朗普政府退出《跨太平洋伙伴关系协定》后，拜登政府推出"印太经济框架"（IPEF），声称要建立高标准、包容、自由和公平的贸易框架，为"自由开放的印太"地区注入经济动力，但是这个框架既不包容也不开放，而是具有排他性、封闭性。

五、同盟维护美国在中东地位

英国在中东树大根深，冷战初期美国借重英国维护西方在中东的影响。中东国家四分五裂，埃及、沙特、伊朗、土耳其、以色列等国矛盾复杂，美国与部分中东国家结盟，拉帮结派，导致地区热点问题久拖不决，中东地区秩序支离破碎。

美国与部分阿拉伯国家的同盟削弱了阿拉伯团结。埃及领导人纳赛尔提倡泛阿拉伯主义，推进阿拉伯世界的团结，支持也门等地的革命，扩大了埃及在阿拉伯地区和世界的声望。美国支持保守的阿拉伯国家沙特、伊拉克，抵制泛阿拉伯主义。美国推动英国出面构建了巴格达条约组织，支持伊拉克与埃及竞争。沙特、伊拉克向美国靠拢，阻挠埃及统一阿拉伯世界。美国斡旋人口最多的阿拉伯国家埃及与以色列单独媾和,使阿拉伯国家无力对以色列发动战争,彻底瓦解了阿拉伯统一战线。海湾战争激化了伊拉克与海湾君主国的敌对,美国借机在海湾君主国攫取军事基地,巩固在中东的影响。在利比亚战争和叙利亚危机中,阿拉伯国家立场分歧,一些阿拉伯国家跟随美国干涉利比亚和叙利亚事务。

美国与以色列的同盟使中东地区不得安宁。美国为以色列提供大量军事和经济援助,对以色列的军售待遇明显高于对阿拉伯国家。美国纵容以色列侵略黎巴嫩、袭击加沙地带,造成大量无辜平民的伤亡。美国默许以色列军事打击伊拉克、叙利亚的"可疑"核设施,对以色列拥核则视而不见。为了以色列的安全,美国以伊朗发展核武器为由,对伊朗"极限施压",纵容以色列搞"定点清除"。在美国撮合下,2020年9月15日以色列与阿联酋、巴林在美国白宫签署了关系正常化协议,实现了以色列与海湾阿拉伯国家关系的历史性突破。部分阿拉伯国家违背在巴勒斯坦问题得到公正解决前不与以色列建交的承诺,从考虑阿拉伯民族整体利益转向本国利益优先,"背叛"了巴勒斯坦民族解放事业。

美国遏制伊朗输出革命,支持盟友打击伊朗的"代理人",利用以色列打击哈马斯、黎巴嫩真主党,支持沙特打击伊朗支持的也门胡塞武装,使也门局势持续动荡。特朗普政府抛弃伊朗核协议,实施定点打击,刺杀了伊朗伊斯兰革命卫队领导人苏莱曼尼。美国对伊朗的敌视政策阻碍盟友与伊朗改善关系,导致地区局势不时紧张,使盟友离不开美国的保护。

第九章

美国同盟体系与新一轮国际秩序博弈

冷战时期的大国竞争表现为美苏冷战,双方没有爆发世界大战,但是局部热战和冲突不断。苏联解体后的30年间,大国关系从合作为主回归竞争为主,这是大国关系的轮回还是会打破过去的大国竞争模式?美国将俄罗斯和中国视为战略竞争对手,依靠现有的同盟体系来应对大国竞争。俄罗斯与苏联相比实力大减,经济实力不振,国际影响力下降。美国利用北约遏俄弱俄,维护对美国有利的欧洲安全秩序。美国高度关注中美实力对比变化,整合欧亚同盟维护"印太"秩序和"基于规则的国际秩序"。

第一节 大国实力缓慢消长

实力变化影响大国的国际地位和影响力,进而影响国际秩序的演变方向。近现代国际关系史上有的大国衰落下去,有的大国强盛起来。南北战争结束后的美国、明治维新后的日本、统一后的德国实现崛起,奥匈帝国、奥斯曼帝国缓慢衰落。二战后美国、苏联实力远超其他大国,"大国"两个字不足以形容美国和苏联这两个"超级大国",它们有超强的经济和军事实力,各自领导着社会主义阵营和资本主义阵营,形成两大平行的世界市场,建立了北约和华约两大军事组织。美国深陷越南战争,实力从二战巅峰跌落。欧洲、日本从二战的废墟上崛起,大国力量对比发生变化。1971年7月美国总统尼克松在堪萨斯城的演讲中提出"五大力量说",称中国、美国、苏联、欧洲、日本为五大力量中心。

苏联解体后,美国成为"唯一超级大国","一超和多强"实力对比缓慢变化。美国对外发动阿富汗战争和伊拉克战争,经历百年一遇的国际金融危机打击,实力下降,多强和美国的差距缩小。"多强"之间的实力对比变化,日本保持的世界第二大经济体地位在2010年被中国超过,降为第三大经济体。欧洲作为一个整体,经济规模仍很大。俄罗斯的实力地位下降,经济总量相对小,但是军事实力和资源能源实力仍很强大。大国数量

第九章　美国同盟体系与新一轮国际秩序博弈

增多，实力分化。一批发展中大国崛起，中国、俄罗斯、印度、巴西和南非五国组成"金砖"国家，新兴大国影响力扩大。大国力量的消长使多层次的大国结构显现：处于金字塔顶端第一层级的是美国，处于第二层级的大国有中国、俄罗斯、欧洲，处于第三层级的为日本、印度、英国等。跻身世界第二大经济体以来，中国综合实力实现历史性跃升，领先第二层级和第三层级大国，与美国的差距缩小，中美两强并列。

一、冷战后中美俄实力变化

中美俄实力对比变化牵动大国竞争。俄罗斯实力地位与苏联不可同日而语。苏联是一个"革命性"的"全球大国"，俄罗斯只是一个具有全球影响的地区大国。俄罗斯核武库数量庞大，资源能源丰富，为世界能源出口大国，被称为"拥有核武器的沙特"。俄罗斯经济实力不振的状况未有根本改变。据世界银行数据统计，1991年俄罗斯GDP为5180亿美元，此后俄罗斯经济总量一直下滑，2000年为2597亿美元。普京执政以来，俄罗斯经济总量逐渐上升，其间，受国际金融危机冲击下滑，2010年俄罗斯GDP为1.525万亿美元，此后10年俄罗斯经济呈波浪式发展，2017年俄罗斯GDP为1.574万亿美元，2020年为1.489万亿美元。另据统计，2017年北约成员国GDP总量为38万亿美元，美国占19万亿美元。[①] 北约欧洲成员国GDP总额是俄罗斯的10倍多，俄罗斯经济规模与西班牙相当，北约欧洲成员国的军费开支是俄罗斯的3.5倍。据伦敦国际战略研究所《军力平衡》年度报告，2018年北约军费开支9250亿美元，其中美国6430亿美元；北约现役士兵320万人，其中美军140万人，[②] 俄罗斯GDP只有1.5万亿美元，军费450亿美元，军队90万人。[③] 中美实力对比变化是美

[①] "GDP by Country," https://www.worldometers.info/gdp/gdp-by-country/. （上网时间：2018年5月7日）

[②] "International Comparisons of Defence Expenditure and Military Personnel", "Comparative Defence Statistics," *The Military Balance*, Vol. 119, No. 1, 2019, pp. 513–518; pp. 21–27.

[③] Michael Kofman, "Russian Defense Spending Is Much Larger, and More Sustainable Than It Seems," May 3, 2019, https://www.defensenews.com/opinion/commentary/2019/05/03/russian-defense-spending-is-much-larger-and-more-sustainable-than-it-seems. （上网时间：2020年5月7日）

美国同盟体系：新时代的旧秩序

国挑起对华竞争的重要因素。经济上，中美经济实力差距不断缩小。据世界银行统计，2000年中国GDP为1.21万亿美元，美国为10.25万亿美元，中国仅占美国的11.8%。国际金融危机沉重打击了以美国为代表的西方资本主义国家，而以中国为代表的新兴经济体发展势头强劲，中美实力差距进一步缩小。2010年中国GDP为6.09万亿美元，跻身世界第二大经济体，美国为14.99万亿美元，中国占美国比重上升至40.6%。2020年世界经济遭遇新冠病毒感染疫情打击，中美经济不同程度地受到影响，中国是唯一实现经济正增长的主要经济体。2020年中国GDP为14.72万亿美元，美国为20.89万亿美元，中国占美国比重升至70.5%，[1] 牢牢占据世界第二大经济体的位置。中国越来越多的经济指标超过美国，高居世界第一。中国成为世界100多个国家的最大贸易伙伴，对外投资规模扩大。中国科技快速发展，在通信、人工智能、量子科技等领域领先。国际货币基金组织称，按照购买力平价（PPP）计算办法，中国经济规模2014年已超过美国。[2] 2020年10月澳大利亚智库洛伊研究所发布的"亚洲实力指数"年度报告称，美国仍是"印太"地区的头号大国，但美国地位相对下降幅度最大，部分原因是处理新冠病毒感染疫情不当造成声誉受损，美国领先中国的总体优势缩减。[3]

军事上，中美军事实力差距缩小。中国军事现代化加速，质量和数量均有突破，军费开支升至世界第二，大量新型高尖端武器投入使用，发展高超声速武器，海军舰艇数量超过美国。

据美国国防部2020年发布的《中国军事与安全发展报告》年度报告，中国多个军事指标超过美国：中国约有350艘战舰和潜艇，美国海军只有约293艘战舰；中国有超过1250枚弹道导弹和巡航导弹，射程介于500～5500千米；美国目前只有一种常规弹道导弹，射程为70～300千米；中国

---

[1] 参见世界银行中美GDP总量数据，"GDP (current US $) – China, United States," https://data.worldbank.org/indicator/NY.GDP.MKTP.CD? end = 2020&locations = CN – US&most_recent_year_desc = true&start = 2001。（上网时间：2022年1月15日）

[2] "IMF称中国超越美国成为世界第一大经济体"，环球网，2014年12月10日，https://world.huanqiu.com/article/9CaKrnJFXBS。（上网时间：2020年2月4日）

[3] "Asia Power Index: Key Findings," Lowy Institute, https://power.lowyinstitute.org/downloads/lowy – institute – 2020 – asia – power – index – key – findings – report.pdf. （上网时间：2021年2月4日）

第九章　美国同盟体系与新一轮国际秩序博弈

有先进的远程地对空系统。报告称中国战机总数超过2500架，其中战斗机约2000架，正在迅速赶超美国空军。另据统计，美国军费开支约为中国的3倍，占世界军费开支总和的1/3以上。美国军事资产庞大，现役的大型航母编队11个，核武数量庞大。美国军事基地遍布全球、海外驻军20多万，而且不间断地在全球各地进行军事干涉。

中国仍是世界最大的发展中国家，而美国仍是世界最大的发达国家，美国综合实力超过中国。美国经济占世界经济的比重基本稳定在25%上下，中国占美国比重正不断提升，能否超过美国尚不确定。中国面临人口老龄化等问题，背负的社会负担沉重。美国对华遏制、新冠病毒感染疫情、俄乌冲突等因素恶化了中国的外部发展环境。中国经济规模大，高质量发展的任务仍很艰巨。从人均GDP的角度来看，中美差距较大，考虑到房产、股票和其他资产，美国优势更大。发展是动态的，在曲折中发展，不进则退。国际金融危机极大削弱美金融霸权，但美国金融地位未被根本撼动。美元霸权地位依然牢固，国际支付以美元结算的仍占一半左右。美国仍占据科技优势，美国高科技企业是真正的全球性企业，拥有"卡脖子"技术。中国在通信、量子科学等领域实现突破，但美国几乎占据了所有产业链的顶端位置。美国顶尖科学家数量是中国的数倍。

历史上中国的影响辐射周边地区，以经济与文化手段为主羁束朝贡国。中国战区全部在中国的主权范围内，从未在海外设立基地，中国从陆地大国转为海上强国任重道远。

从软实力看，中国在广大亚非拉国家的影响力和全球话语权提升，但是美国仍占据话语霸权，在多边政治、经济和安全机构内居主导地位，对华负面看法根深蒂固。从经济总量世界第一到成为发挥全球影响的国家还存在"时间差"，还需要相当长时间。19世纪末美国经济总量位居世界第一，但直到半个世纪后才成为全球大国，在此期间构建势力范围、大力强军、发展好莱坞文化、吸引全球人才、大发战争财，在其他列强奄奄一息之时成为老大，主导战后国际秩序构建。中国经济总量跻身世界第二，军事、金融、科技、文化实力、国际话语权尚需加强，正在积极参与国际规则制定、引领全球治理、在地区和国际热点问题上发挥领导作用。

二、美国打压竞争对手

二战后美国一跃而为全球霸主，世界进入"美利坚治下的和平"。美

美国同盟体系：新时代的旧秩序

国一直维持着世界头号大国地位，这是美国维持同盟体系和国际秩序的基础，问题是美国实力衰落后美国主导的国际秩序能否延续。一派认为，"自由主义国际秩序"是自立的，即使美国衰落，美国的理念仍将长盛不衰。[1] 另一派则认为，美国实力衰落后，其主导的国际秩序也将瓦解。[2] 美国以实力为后盾主导构建战后国际秩序，享受这一秩序带来的种种好处，因此美国对实力变化有一种本能的敏感，竭力打压任何可能取代美国的竞争对手。

1957年苏联发射第一颗人造卫星，在美国引起"美国衰落"的慌乱情绪。美国在航天方面急起直追，加大科技、经济创新力度，1969年率先实现载人登月。20世纪70—80年代，美国国内再度出现"美国衰落论"。当时美国从越南撤军、实行战略收缩，苏联在世界各地扩大影响，形成"苏攻美守"战略态势。西方内部经济摩擦增多，日本、欧洲经济崛起，日本公司大举购买美国资产和美国公司。美国学者保罗·肯尼迪发表《大国的兴衰》，指出扩张过度引发大国衰落，掀起新一波"美国衰落论"争论，以约瑟夫·奈为代表的另一派则认为"美国注定领导世界"。

国际金融危机以来，新一波"美国衰落论"出现。此次发展中国家群起性崛起，这和过去日本、欧洲崛起对美国的冲击不同。美国政要挞伐"美国衰落论"，表示美国"决不当老二"。美国前国防部长罗伯特·盖茨驳斥"美国衰落论"，称这一论调"会被扫进历史的垃圾堆"。美国战略界人士力证美国并未衰落。约瑟夫·奈比较了美国、欧洲、日本、俄罗斯、印度、巴西、中国的实力，从人口、面积、经济、人均收入、军事规模和质量、核武器数量、资源禀赋、文化影响力、高校的国际排名等指标衡量

---

[1] Robert Keohane, *After Hegemony: Cooperation and Discord in the World Political Economy*, Princeton: Princeton University Press, 1984; G. John Ikenberry, "The End of Liberal International Order?" *International Affairs*, Issue 1, 2018, pp. 7–23.

[2] Robert Kagan, "Why the World Needs America," February 11, 2012, https://www.brookings.edu/articles/why-the-world-needs-america/; Walter Russell Mead, "Putin Did Americans a Favor: Ukraine is a Wake-up Call for What a Post-American World Would Look Like," June 1, 2014, https://www.wsj.com/articles/walter-russell-mead-putin-did-americans-a-favor-1401662270. （上网时间：2020年8月1日）

第九章　美国同盟体系与新一轮国际秩序博弈

实力，得出美国绝对实力领先、只是相对衰落的结论。① 迈克尔·贝克利提出衡量权力和预测国家兴衰的新方法，认为大国不仅在其规模，更在其效率。GDP等指标无法真实全面地反映国家实力，扣除国家总成本后的净资源才是决定国家实力的关键，得出美国经济和军事实力遥遥领先，其他国家难以赶超美国，"单极"时代还要持续很长时间的结论。②

美国警惕对手赶超，对任何可能危及霸主地位的对手进行遏制打压，绝不手软。苏联解体后，美日贸易摩擦激烈，美国一度将日本列为主要对手予以打压。直到日本进入"停滞的十年"，美国对日本的警惕才放松。小布什政府上任之初，将中国列为"战略竞争对手"。"9·11"事件之后，小布什政府将反恐作为全球战略当务之急，需要与中国在内的大国合作反恐。奥巴马政府提出"亚太再平衡"战略，对外战略从反恐向应对大国竞争转变。美国不愿正视其衰落趋势，不甘心独霸的单极时代结束，对华战略焦虑空前突出，对华实施全方位全政府打压。

三、中美竞争与美苏竞争异同

中美竞争涉及军事、经济、科技、意识形态等要素，在竞争的要素方面与以往的美苏竞争没有区别。由于时代背景和国际环境不同，中美竞争的内容与方式不同于美苏竞争。军事因素在中美竞争中的地位不同于美苏竞争。美苏军事力量旗鼓相当，都是具有全球投送能力的军事大国。中国的主要优势是经济力量，不是像苏联那样的全球军事大国。美苏在冷战期间打代理人战争，世界热点问题和冲突的背后都有美苏军事支持。美国将抗美援朝视作苏联打代理人战争，升级越南战争，以军事手段阻止共产主义势力扩张，从零和博弈角度来看待美苏竞争。

美苏默契地同意"三不"原则：不使用核武器，不直接攻击对方的武装力量，不在对方公认的势力范围内进行军事干涉。③ 美苏竞争没有发展

---

① [美] 约瑟夫·奈著，[美] 邵杜罔译：《美国世纪结束了吗？》，北京联合出版公司，2016年版。
② Michael Beckley, *Unrivaled: Why America will Remain the World's Sole Superpower*, Ithaca: Cornell University Press, 2018.
③ [美] 格雷厄姆·艾利森著，陈定定、傅强译：《注定一战：中美能避免修昔底德陷阱吗？》，上海人民出版社，2019年版，第273页。

美国同盟体系：新时代的旧秩序

为"第三次世界大战"，跟过去以战争定输赢的大国争霸相比，美苏在避免爆发大国战争上目标一致，这是大国和平得以维持的重要原因。经历二战后的长期和平，大国以战争定输赢愈发不得人心。大国的军事力量日益转向威慑，预防大国战争爆发。大国军事竞争没有消失，网络战、太空战、电子战等新的战争形态正在改变大国军事博弈的态势。军事因素在中美竞争的作用与美苏竞争相比分量下降，经济、金融、科技、网络、气候变化等领域的竞争凸显。

苏联解体后，美国面临的非传统安全威胁上升，传统威胁下降，国家安全的内涵和外延发生变化。尽管大国竞争回归，但非传统安全威胁依然突出，这跟美苏竞争时期不同。拜登政府2022年10月发表的《国家安全战略》报告重视大国竞争挑战，同时对跨国挑战，如气候变化、粮食安全、传染病、恐怖主义、能源转型和通货膨胀等挑战很重视，将跨国挑战和大国竞争相提并论。[①] 大国"同舟共济"、共同应对全球挑战的合作意识并未完全消失。

美苏竞争意识形态突出，美国发动"文化冷战"，大搞心理战、宣传战，资助电台、非政府组织与苏联争夺世界民心，苏联巨额资助了"独立"的国际组织，如世界和平理事会（WPC）、国际民主律师协会（IADL）、国际民主妇女联合会（WIDF）、国际学生联合会（IUS）、世界民主青年联合会（WFDY）、国际新闻记者组织（IOJ）等。中国的发展道路为其他国家走向现代化提供了新选择，中国不搞意识形态对立，也不搞集团政治对抗。

美苏建立了两个平行的市场。苏联建立经济互助委员会，搞社会主义市场，因此美苏围绕国际规则的博弈并不突出。中国融入国际经济体系，依托现有多边机制发挥影响。经过经济全球化的洗礼，大国共处一个"地球村"，共存于一个国际体系，大国经济和科技竞争更多是现有国际秩序框架内的博弈。

美苏竞争是阵营竞争。美国在欧亚大陆的西部建立北约，在欧亚大陆东部沿着第一岛链建立一系列双边同盟，苏联构建了华约，与中国、朝鲜缔结同盟条约。苏联具有地利之便，在美苏对峙的前沿欧洲更胜一筹。中

[①] The White House, *National Security Strategy*, October 2022, p. 9.

第九章　美国同盟体系与新一轮国际秩序博弈

国不像苏联那样有一个社会主义阵营可以作为战略依托。中国主张"结伴不结盟"，无意构建同盟体系。

中美竞争的"文明冲突"论色彩更突出。美国学者塞缪尔·亨廷顿认为，文明之间的力量对比正在发生变化，西方的影响相对下降；西方国家的普世主义日益把它引向同其他文明的冲突，最严重的是同伊斯兰和中国的冲突，称"中国的崛起是大规模文明间战争的潜在根源"[1]。"文明冲突"或多或少影响到美国高层的潜意识，将中美竞争作为带有种族色彩的文明冲突。2019年4月29日，美国国务院政策规划办公室主任斯金纳表示，冷战期间与苏联的竞争不过是"西方家族的内部之争"，中美竞争是两个文明和两个人种之间的斗争，"这是美国从未经历过的"。美国国务院正在制定一项类似冷战期间对付苏联的遏制战略，以便应对中国这样"一个非高加索人种（高加索人种即白人）的强大竞争对手"[2]。在一定程度上，冷战是以美国为首的一方与以苏联为首的另一方的争夺，是西方内部的对立。"苏联无法摆脱东正教和西方文明对其潜移默化的影响"，"东正教与新教的起源一致，从文明的角度看，美苏在冷战时期是处于同一西方体系中的，区别只在于是以马克思列宁主义还是以盎格鲁-撒克逊文明来改造世界"[3]。

冷战结束以来，大国关系比过去具有一定的进步性，经济全球化迅猛发展，各国关系"你中有我，我中有你"，相互依赖较冷战时期更为复杂。国家之间的敌友界限不再分明，非敌非友、亦敌亦友的模糊定位出现。全球性挑战层出不穷，非传统安全问题难以通过军事同盟来解决，需要所有大国携手合作。尽管大国竞争回归，军事对抗加剧，代理人战争重现，但没有一个大国想打第三次世界大战。拜登政府动员同盟体系来应对中国挑战，但又口口声声地表示不寻求冲突，要加强高层沟通，避免误判。

---

[1] ［美］塞缪尔·亨廷顿著，周琪等译：《文明的冲突与世界秩序的重建》（修订版），新华出版社，2010年版，第4、186页。

[2] Joel Gehrke, "State Department Preparing for Clash of Civilizations with China," *Washington Examiner*, April 30, 2019, https://www.washingtonexaminer.com/policy/defense-national-security/state-department-preparing-for-clash-of-civilizations-with-china.（上网时间：2020年4月25日）

[3] "美国内政外交演变的表现与动因——王缉思教授专访"，《当代美国评论》，2022年第1期，第10页。

美国同盟体系：新时代的旧秩序

美国盟友优先考虑不同，难以对华步调一致。美国与其盟友在经济、科技、通信等领域搞"脱钩断链"，将产业链供应链迁回到西方阵营，但是要逆转全球化、回到东西方阵营以前的"铁幕""竹幕"时期，既不符合时代潮流也难以做到。

第二节 北约与美俄国际秩序博弈

北约是美国巩固冷战胜利果实、维持对俄罗斯战略优势的工具。美国推动俄罗斯民主化转型，防范俄罗斯重建"苏联帝国"，利用北约东扩挤压俄罗斯战略空间。俄罗斯领导人谋求"复兴俄罗斯"，重振大国地位，要求美国尊重俄罗斯安全关切，平等对待俄罗斯。美俄在欧洲安全秩序、地区热点问题、全球战略稳定上矛盾累积，从合作走向对抗。俄乌冲突表明，美国利用同盟打压竞争对手并不能达到预防战争、维护和平的目的。以下从美国对俄罗斯定位、欧洲地区安全秩序、全球安全秩序、北约与俄罗斯对话机制方面简述美俄国际秩序博弈。

一、美国对俄罗斯的定位

美国对俄罗斯战略定位的变化推动美国对俄罗斯政策从合作与竞争并存转向以竞争为主。从1991年到2014年3月的克里米亚事件为止，美国对俄罗斯大体保持着伙伴的定位。老布什和克林顿两位总统都称俄罗斯为"民主伙伴"，1994年1月，美俄发表宣言称双方关系进入了"成熟战略伙伴关系"阶段。[①] 美国认为俄罗斯是一个"民主国家"，美俄价值观一致。叶利钦执政初期，美国动员世界银行、国际货币基金组织、七国集团、私营企业援助俄罗斯，提供巨额贷款和赠款，推动俄罗斯私有化改革。美俄高层往来频繁，总统、外长、防长交流频繁。美俄建立热线，签署双边军事技术合作协定，舰队互访和联合军演较多。1996年8月，美国第七舰队与俄罗斯太平洋舰队举行联合演习，这是美俄军队当年举行的第三次联

---

① 梅孜主编：《美俄关系大事实录（1991—2001）上》，时事出版社，2002年版，第63页。

第九章 美国同盟体系与新一轮国际秩序博弈

演。① 美国推进北约与俄罗斯对话，缓解俄罗斯对北约东扩的不满。1997年5月北约与俄罗斯签署基本法文件，称北约与俄罗斯不将彼此视为对手，② 致力于发展"强大、稳定、可持续的伙伴关系"。叶利钦执政后半期，围绕俄罗斯国内改革、北约东扩、车臣战争与科索沃战争，美俄关系疏远，但斗而不破。

小布什总统在多个场合重申美国不再把俄罗斯视为敌人。2001年6月在斯洛文尼亚举行的美俄峰会上，小布什总统表示，俄罗斯不是美国的敌人，可以成为美国的一个强大伙伴和朋友。③ 美国承诺帮助俄罗斯政治解决车臣问题，承认俄罗斯市场经济地位。美国推进大国合作反恐，美俄合作加强。双方围绕北约东扩的矛盾累积，俄罗斯与格鲁吉亚发生冲突后，美俄关系遇冷。奥巴马上任之初，美国面临内外挑战，陷入阿富汗战争和伊拉克战争泥潭、遭受百年一遇的国际金融危机打击。奥巴马政府公开提出"同舟共济"，共克时艰，续推大国合作。美国将俄罗斯、中国、印度视作重要的"影响力中心"，"重启"美俄关系，推动俄罗斯在欧亚大陆发挥负责任的伙伴作用，在应对暴力极端主义方面寻求与俄罗斯建立"伙伴关系"。④ 2010年北约里斯本峰会发表战略概念文件称，北约与俄罗斯合作具有战略重要性，仍将俄罗斯视为合作伙伴。北约邀请俄罗斯总统参会，时任总统梅德韦杰夫参加了北约峰会。

克里米亚事件后，美欧对俄罗斯出台一系列制裁措施。美国对俄罗斯定位转变，2015年2月的《国家安全战略》报告称要阻止俄罗斯"侵略"，但未明确称俄罗斯为对手，称要继续与俄罗斯在有共同利益的领域加强合作。⑤ 特朗普政府明确将俄罗斯确立为对手，并将美俄博弈上升到国际秩序层面。2017年12月发表的《国家安全战略》报告称中国、俄罗

---

① 梅孜主编：《美俄关系大事实录（1991—2001）下》，时事出版社，2002年版，第484页。

② "Founding Act on Mutual Relations, Cooperation and Security between NATO and the Russian Federation," May 27, 1997, https：//www. nato. int/cps/su/natohq/official_texts_25468. htm. （上网时间：2022年7月12日）

③ 梅孜主编：《美俄关系大事实录（1991—2001）上》，时事出版社，2002年版，第244页。

④ The White House, *National Security Strategy*, May, 2010, p. 3, p. 44.

⑤ The White House, *National Security Strategy*, February, 2015, p. 25.

斯为"修正主义"大国，中俄想塑造的世界与美国价值观和利益对立；中国、俄罗斯寻求挑战美国的地缘政治优势并试图改变国际秩序。① 2022年6月29日，北约发表的战略概念文件对俄罗斯定位发生根本变化，称俄罗斯对北约的安全和价值观及"基于规则的国际秩序"构成"最直接的威胁"。北约将俄罗斯威胁定为"混合威胁"，认为俄罗斯混合军事和非军事、公开和非公开手段，诸如政治、经济、情报、网络等多元化工具相融合，以制造恐袭、开展非常规作战、散布虚假信息等威胁北约。

二、北约东扩：围绕欧洲安全秩序的博弈

北约排斥苏联及后继的俄罗斯加入北约。1954年3月31日，苏联提出加入北约。5月7日，法国、英国和美国一致拒绝苏联加入。② 戈尔巴乔夫提出苏联加入北约，同样无果。俄罗斯希望加入北约，成为"西方一员"，从内部影响北约的发展方向，防止其损害俄罗斯安全。1991年12月20日北大西洋合作理事会举行首次会议，叶利钦致信会议，宣布俄罗斯把加入北约作为一项长期的政治目标。普京执政初期表态不排除俄罗斯加入北约的可能性，条件是要求北约由一个军事组织演变成政治组织，给予俄罗斯在北约事务上的否决权，把俄罗斯作为一个真正"平等"的伙伴来看待。③ 2000年3月5日，普京接受英国广播公司（BBC）主持人采访时表示，俄罗斯可能加入北约。普京称"俄罗斯是欧洲文化的组成部分，无法想象俄罗斯被孤立于欧洲及文明世界之外，很难将北约设想为敌人"。④ "9·11"事件后，俄罗斯与北约关系升温，普京再次呼吁北约接受俄罗斯为成员国。普京访问北约总部，讨论双方合作及请求北约帮助改造俄罗斯

---

① The White House, *National Security Strategy*, December, 2017, p. 25, p. 27.
② *The North Atlantic Treaty Organization: Facts and Figures*, NATO Information Service, 1989, p. 100.
③ 冯绍雷主编：《构建中的俄美欧关系：兼及新帝国研究》，华东师范大学出版社，2010年版，第76页。
④ David Hoffman, "Putin Says 'Why Not?' to Russia Joining NATO," March 6, 2000, https://www.washingtonpost.com/archive/politics/2000/03/06/putin-says-why-not-to-russia-joining-nato/c1973032-c10f-4bff-9174-8cae673790cd/.（上网时间：2022年5月10日）

第九章 美国同盟体系与新一轮国际秩序博弈

军队问题。[1] 尽管叶利钦和普京都提出加入北约，但北约均予以拒绝。

北约声称不排除任何欧洲国家加入，但排斥俄罗斯加入。排斥理由可概括为以下几方面：俄罗斯加入北约将改变北约集体防御性质，北约将转变为另一个欧洲安全与合作组织；北约出现美俄"共治"，成为"欧洲的联合国"，美俄分歧将导致北约瘫痪，俄罗斯将把北约削弱到毫无现实意义的地步。[2] 如果俄罗斯加入，北约的排他性消失，北约的存在就失去意义。俄罗斯加入后是否接受美国的领导也是问题，"一山不容二虎"，美俄对立将导致北约瓦解。

苏联解体后，美俄实力对比向不利于俄罗斯的方向发展，这使美国在重塑冷战后的欧洲安全秩序上占据上风。北约东扩挤压俄罗斯战略空间，削弱俄罗斯大国地位，俄罗斯坚决反对，却无力阻挡。俄罗斯指责美国违反承诺推进北约东扩，美国否认做过此类承诺。[3] 俄罗斯提出北约不应吸收原华约国家，打破欧洲均势。俄罗斯还呼吁原华约国家不要加入北约，许诺俄罗斯愿意保障其安全。[4] 俄罗斯称北约东扩是要建立一条新的分裂欧洲的界线，[5] 主张安全不可分割，提出北约与俄罗斯共同向中东欧国家提供安全保障，建立"非集团化"的泛欧安全体系。1996年4月，俄罗斯外长普里马科夫提出，北约和俄罗斯联合对捷克、斯洛伐克、匈牙利和波兰提供安全保证，遭到美国和四国的反对。俄罗斯要求北约推迟东扩，也被美国拒绝。[6]

在无法否决北约东扩的情况下，俄罗斯对北约东扩附加条件，提出北

---

[1] 中国现代国际关系研究院美欧研究中心编：《北约的命运》，时事出版社，2004年版，第146页。

[2] 刘军、李海东：《北约东扩与俄罗斯的战略选择》，华东师范大学出版社，2010年版，第225—226页；中国现代国际关系研究院美欧研究中心编：《北约的命运》，时事出版社，2004年版，第242页。

[3] Mark Kramer, "The Myth of a No–NATO–Enlargement Pledge to Russia," *Washington Quarterly*, Vol. 32, No. 2, 2009, p. 39.

[4] 中国现代国际关系研究院美欧研究中心编：《北约的命运》，时事出版社，2004年版，第139页。

[5] 梅孜主编：《美俄关系大事实录（1991—2001）下》，时事出版社，2002年版，第497页。

[6] James M. Goldgeier, *Not Whether but When: The U. S. Decision to Enlarge NATO*, Washington, D. C.: Brookings Institution Press, 1999, p. 92.

美国同盟体系：新时代的旧秩序

约是为抗衡苏联而建立的组织，在苏联解体后性质应改变，由军事组织转型为政治组织。俄罗斯要求北约保证东扩不吸纳原苏联加盟共和国；① 希望加入北约的国家学习法国，不加入北约军事一体化机构；要求北约做出书面保证，永远不在新成员国部署核武和外国军队，不建立新军事设施。② 叶利钦政府据理力争，力求将北约东扩对俄罗斯的损害减少到最低程度。北约在一定程度上回应俄罗斯安全关切，表示"无意图、无计划、无理由"在新成员国部署和贮存核武器，不额外部署大规模兵力，但拒绝对俄罗斯做出具有法律约束力的书面承诺。

克林顿政府适度安抚俄罗斯，政治上和经济上拉拢俄罗斯，将其拉入西方阵营，接纳俄罗斯加入国际经济机构。美欧日给予俄罗斯大量经济援助，对俄罗斯援助占对原苏联地区援助的一半以上。美国还推动国际经济机构向俄罗斯贷款。1992—1996年，西方国家通过国际货币基金组织、世界银行、欧洲重建和发展银行、七国集团等途径给予俄罗斯400多亿美元的援助，支持俄罗斯改革经济及加速政治民主化。③ 美国吸收俄罗斯加入七国集团，使之成为"八国集团"一员，和西方国家一道引领全球治理。1997年在美国丹佛举行的七国集团峰会上，叶利钦总统和西方七国首脑一起讨论全球政治和经济问题。1998年"7+1"模式结束，俄罗斯正式成为会议的全权成员，七国集团成为"八国集团"。美国还答应帮助俄罗斯加入世界贸易组织、经济合作与发展组织等国际机构。

北约吸收波兰、捷克、匈牙利后逼近俄罗斯"家门口"，前沿地带与俄罗斯在波罗的海的飞地——加里宁格勒接壤。北约布拉格峰会再度宣布吸收七个中东欧国家加入，这对于美国安全没有增加分毫，吸收波罗的海三国更是"故意挑衅俄罗斯"。④ "9·11"事件后北约随着美国战略调整

---

① 刘军、李海东：《北约东扩与俄罗斯的战略选择》，华东师范大学出版社，2010年版，第255页。

② 梅孜主编：《美俄关系大事实录（1991—2001）下》，时事出版社，2002年版，第520页。

③ 刘军、李海东：《北约东扩与俄罗斯的战略选择》，华东师范大学出版社，2010年版，第200—201页。

④ Ted Galen Carpenter, "It's Time to Rethink America's Foreign Alliance Commitments," April 4, 2019, https://www.cato.org/commentary/its-time-rethink-americas-foreign-alliance-commitments. （上网时间：2019年5月6日）

第九章　美国同盟体系与新一轮国际秩序博弈

转向反恐和危机管理。俄罗斯认为北约性质改变，军事机器的功能弱化，[①]对此轮北约东扩反应较温和。俄罗斯利用美欧矛盾，与欧洲大国深化能源和经济合作，联合欧洲大国反制美国单边主义行动。

继波罗的海三国后，乌克兰、格鲁吉亚、摩尔多瓦等原苏联加盟共和国也要求加入北约。北约拒绝俄罗斯在北约东扩上拥有否决权，坚称不会将任何欧洲国家排除在外；北约内部不会有"二等"成员国，新老成员国享有相同的权利和义务。在2008年北约布加勒斯特峰会上，美国对乌克兰和格鲁吉亚加入持欢迎态度，遭到俄罗斯强烈反对。

2014年克里米亚事件后，美欧出台对俄罗斯制裁措施，将俄罗斯逐出八国集团。2022年俄乌冲突爆发后，美俄关系破裂，美国纠集盟友对俄罗斯发起全方位、无差别的经济和金融制裁，在联合国等多边机构孤立俄罗斯。美国及其盟友谴责俄罗斯企图恢复苏联帝国，对乌克兰提供大规模军事援助。美国通过了400多亿美元的援乌法案，美国、英国、法国、德国、波兰、波罗的海三国、捷克等成员国接续向乌克兰提供武器弹药和装备，致命性和进攻性越来越强。北约提供实时情报，帮助培训乌克兰军人。美国牵头、以北约成员国为主建立了国防部长级的援乌克兰协调机制，定期开会交流战场形势，协调对乌克兰军事援助。

北约借机加大对俄罗斯军事威慑，宣布把北约快速反应部队的规模从4万人扩充到30万人，除了在波罗的海三国和波兰加强部署外，还将在罗马尼亚、保加利亚、斯洛伐克和匈牙利组建多国部队。北约加强联合军演，增强协同作战能力。美国宣布增兵2万人，驻欧美军数量超过了10万人。北约趁机"北扩"，欢迎芬兰和瑞典申请加入北约。

北约成员国在克里米亚事件后军费增幅仍很缓慢，能否在2024年达到军费开支占GDP2%的目标存在变数。俄乌冲突刺激北约成员国增加军费，北约成员国军费开支大涨，一直对增加军费开支持抵触态度的德国政策发生转折性变化，大幅提升军费开支，众多成员国制定了军费达标计划。北约与俄罗斯对抗加剧削弱了欧洲和平与稳定，背离北约所宣称的目标。

[①] 中国现代国际关系研究院美欧研究中心编：《北约的命运》，时事出版社，2004年版，第241页。

三、反导问题：美俄围绕全球战略稳定的博弈

美国在欧洲部署反导系统既影响欧洲安全秩序，也关系全球战略稳定。俄罗斯实力下降，难以像苏联那样维持庞大的常规军力。俄罗斯无法组建并维持一支可与北约军队相抗衡的常规军事力量，更加依赖核力量。[①] 美国总统克林顿以"无赖国家"发展核、导、生化等大规模杀伤性武器为由，提议修改《反导条约》，建立导弹防御系统。俄罗斯总统叶利钦反对修约，提议美俄合作共建一个全球反导系统。美俄就交流导弹发射和早期预警信息发表联合声明。俄罗斯总统普京也提议美俄共筑反导盾牌，建立一个全欧非战略性导弹防御系统，美国以技术理由加以婉拒，坚持美俄各自建立反导系统。小布什政府不顾俄罗斯反对，执意退出《反导条约》。

2003年北约与俄罗斯启动战区导弹防御对话，双方还举行了战区反导演习。美国以伊朗威胁为借口，提出在东欧部署反导系统。美国表示国家导弹防御系统只能对付有限的导弹攻击，不会威胁到俄罗斯战略威慑力量，俄罗斯没有必要害怕美国的反导系统。[②] 2007年普京提议在阿塞拜疆和俄罗斯南部建立一个美俄联合导弹防御设施，与美国分享俄罗斯雷达站信息，前提是美国放弃在波兰和捷克部署反导系统，但美国反对俄罗斯对波兰和捷克的安全行使否决权。2008年北约布加勒斯特峰会重申愿意与俄罗斯合作，建立美国、北约、俄罗斯的反导联合框架。美国总统奥巴马给俄罗斯总统梅德韦杰夫写信称，如果解决了伊朗核问题，那么也没必要建设欧洲的导弹防御系统。[③] 2009年9月，北约秘书长拉斯穆森提出与俄罗斯共建反导系统，俄罗斯要求讨论反导系统的架构、管理方式、装备、发展方向等问题，提出双方合作要基于平等和信任两大先决条件，俄罗斯与北约共管反导系统。俄罗斯要求北约做出反导系统不针对俄罗斯的承诺，遭到北约拒绝。

---

① 孙逊、韩略："冷战后美国延伸威慑战略模式探析——基于地缘政治的视角"，《当代亚太》，2017年第5期，第17页。

② 朱锋：《弹道导弹防御计划与国际安全》，上海人民出版社，2001年版，第611页。

③ [美]罗伯特·盖茨著，陈逾前、迩东晨、王正林译：《责任：美国前国防部长罗伯特·盖茨回忆录》，广东人民出版社，2016年版，第323页。

第九章　美国同盟体系与新一轮国际秩序博弈

北约和俄罗斯都不愿将己方反导的核心内容与对方联网。2010年2月美国发表的《弹道导弹防御评估》报告指出，由于无法兼容，美国的早期预警雷达站无法利用俄罗斯雷达站收集的信息。2010年11月北约里斯本峰会上，俄罗斯总统梅德韦杰夫提出北约与俄罗斯签署具有法律约束力的反导协定。北约未采纳俄罗斯提议，决定建立覆盖欧洲盟友领土的反导系统。北约只准备同俄罗斯交换数据，并不打算成为俄罗斯反导系统的补充。2012年北约发表的《威慑与防御态势评估》仍打算维护与俄罗斯的战略稳定，减少核武器的作用。

克里米亚事件后，美国、北约与俄罗斯对抗加剧，美国推出"欧洲威慑倡议"，加强北约集体防御能力，退出《中导条约》。俄罗斯也采取反制措施，在与北约成员国接壤的飞地——加里宁格勒部署了S-400防空导弹和机动性更强的"伊斯坎德尔"导弹。

北约与俄罗斯在履行《欧洲常规武装力量条约》（CFE）的合作也破裂。在美苏军控谈判的同时，北约提议与华约举行常规力量谈判。1973年10月，双方在维也纳启动裁军谈判。北约企图通过裁军削弱华约的常规力量优势，谈判进展缓慢。在东欧剧变的冲击下，1990年11月北约和华约在巴黎签署了《欧洲常规武装力量条约》，裁减常规军备，加强军事透明度，降低欧洲突然爆发战争的可能性。部分原华约成员国加入北约后，1999年在伊斯坦布尔举行的欧洲安全与合作组织峰会通过了《欧洲常规武装力量条约》修改协议，俄罗斯批准了此次新修改的协议，但北约国家并未批准该协议，提出俄罗斯从格鲁吉亚、摩尔多瓦撤军的要求。俄罗斯认为该协议放松了对北约的限制，却仍保留对俄罗斯的限制。2007年7月俄罗斯暂停执行该条约，仅参加该条约共同协商小组的活动。北约指责俄罗斯进行了违反该条约的军演，暂停落实某些条款。自克里米亚事件以来，北约与俄罗斯竞相举行大规模军演，北约在与俄罗斯接壤的成员国不断增兵。2015年3月，俄罗斯退出该条约协商小组。北约与俄罗斯对于欧洲常规武装力量失去控制，削弱了欧洲和平与稳定。

四、北约与俄罗斯对话机制：管控竞争成效有限

北约与俄罗斯及其他中东欧国家搭建了对话平台。俄罗斯加入北约"和平伙伴关系"，但不愿沦为与其他"和平伙伴关系"成员国一样的地

美国同盟体系：新时代的旧秩序

位，反对将俄罗斯和其他中东欧国家一视同仁，要求北约对俄罗斯"特殊"对待。

美俄围绕北约东扩激烈博弈。美国和北约在东扩前夕，与俄罗斯建立新的对话机制，凸显对俄罗斯的"特殊"对待。1997年5月27日，北约十六国首脑与俄罗斯总统叶利钦在巴黎签署《北约—俄罗斯基本法》，双方承诺遵守《联合国宪章》和《赫尔辛基最后文件》的原则和规范，开展安全合作，遵守安全不可分割原则，发展"平等"伙伴关系、避免使用武力，增加透明度，在联合国安理会和欧洲安全与合作组织授权下开展维和行动等。克林顿总统在签署仪式上表示，北约不再是一个反对敌对国家集团的同盟，而是推进欧洲所有民主国家安全的同盟。新北约将与俄罗斯携手合作，而不是反对俄罗斯。①

《北约—俄罗斯基本法》淡化了北约对俄罗斯的遏制，建立了北约—俄罗斯"常设联合理事会"（PJC），运作方式是举行各种级别的会晤：俄罗斯设立驻北约代表团，大使级会晤每月一次，双方外长和防长会晤每年两次，总参谋长每年会晤不少于两次，军事代表会晤每月一次。北约19国与俄罗斯建立"19+1"机制，19个北约成员先开会达成一致立场，再与俄罗斯会晤。俄罗斯通过与北约签署基本法、建立双边对话机制，达到了与北约建立"特殊关系"、区别于"和平伙伴关系"其他成员国的目的。

这一对话机制受科索沃战争影响而中断。北约空袭南斯拉夫联盟后，俄罗斯人涌上街头，抗议北约暴行，俄罗斯杜马几乎全票通过谴责北约侵略的决议。俄罗斯中止参加"和平伙伴关系"计划，召回驻北约大使，出动黑海舰队前往亚得里亚海，牵制北约轰炸南斯拉夫联盟。1999年北约50周年峰会邀请俄罗斯参加，但叶利钦总统并未参会，美俄关系跌入低谷。俄罗斯重新认识北约的意图，加大军事投入，放宽使用核武器的条件。

另外，俄罗斯对北约难以采取有效的反制手段，在经援、贷款等方面对西方多有所求，不愿为南斯拉夫联盟牺牲与美国和北约的关系。叶利钦和克林顿在科索沃战争期间保持通话。2000年2月，北约秘书长罗伯逊访

---

① "Remarks by President Clinton at the Signing Ceremony of the NATO – Russia Founding Act," May 27, 1997, https：//www.nato.int/docu/speech/1997/s970527d.htm.（上网时间：2018年5月7日）

第九章　美国同盟体系与新一轮国际秩序博弈

俄，北约与俄罗斯恢复"常设联合理事会"会议。"9·11"事件为俄罗斯与北约关系带来转机。俄罗斯支持美国反恐政策，向美国战机开放俄罗斯天空、参加国际搜救、支持美国与中亚国家合作、向阿富汗反塔利班的北方联盟提供人道主义援助。

北约在宣布再次扩员之前，重组与俄罗斯对话机制。2002 年 5 月 28 日，北约和俄罗斯在罗马发表联合宣言，宣布建立新的"北约—俄罗斯理事会"（NRC），取代"常设联合理事会"。新机制从"19 + 1"模式转为 20 国对话模式，北约成员国与俄罗斯就共同关心的问题磋商，在反恐、防扩散、军控等一系列广泛领域作出"联合决定"并采取"联合行动"。新机制赋予俄罗斯更平等地位，俄罗斯在北约成员国会议上获得一席之地，按英文字母排序会出现在葡萄与与西班牙之间。[①] 俄罗斯通过与北约对话，对欧洲安全和全球安全事务施加影响，尽可能阻止北约损害俄罗斯利益。但俄罗斯仍对北约事务没有否决权，北约保留将任何问题限于成员国讨论的权利。

2003 年北约秘书长和俄罗斯国防部长建立热线联系。2004 年俄罗斯在欧洲盟军最高司令部下属的战略行动司令部设立军事联络处。[②] 2002—2005 年，北约与俄罗斯举行了高级别反恐会议。俄罗斯为阿富汗安全援助部队提供过境通道，允许 4.2 万个集装箱货物过境，支援美国及其盟友在阿富汗反恐。[③] 北约与俄罗斯联合培训阿富汗、巴基斯坦和中亚国家的禁毒官员。俄罗斯为阿富汗陆军提供直升机，与北约联合为阿富汗培训直升机维修技术人员。俄罗斯支持北约在波黑和科索沃的维和行动、在地中海和亚丁湾的反恐和反海盗行动。北约和俄罗斯举行了反海盗演习、潜艇搜救联合演习，讨论合作消除叙利亚化学武器问题。

截至 2008 年，在"北约—俄罗斯理事会"框架下，双方在反恐、防扩散、反毒、军控、联合演习、维和等问题上开展对话与合作，开展民事

---

① 刘军、李海东：《北约东扩与俄罗斯的战略选择》，华东师范大学出版社，2010 年版，第 304 页。

② NATO Public Diplomacy Division, *NATO Handbook*, 2006, p. 212.

③ Elizabeth Sherwood – Randall, "Revitalizing NATO: From Lisbon to Chicago," April 30, 2012, https://2009 – 2017. state. gov/p/eur/rls/rm/2012/189093. htm.（上网时间：2018 年 5 月 7 日）

美国同盟体系：新时代的旧秩序

应急计划演习，评估欧洲—大西洋地区的恐怖主义、非国家行为体的生物武器威胁，举行系列专家会议，讨论军事在反恐中的作用、战区导弹防御概念，举行核专家磋商、防务改革研讨班，在后勤、空运、空中加油上开展务实合作，开展维和演习等。①

2008年8月俄罗斯与格鲁吉亚爆发冲突，俄罗斯承认格鲁吉亚境内要求分离的南奥塞梯、阿布哈兹地区为独立国家，北约予以谴责，"北约—俄罗斯理事会"停摆。2009年1月，俄罗斯对乌克兰发起"天然气战"。俄罗斯仍强烈反对乌克兰和格鲁吉亚加入北约，美国坚持允许各国"自由"结盟，认为俄罗斯反对的原因是根植于均势和势力范围观念。美国声称俄罗斯边境地区出现民主的、和平的国家对任何国家都不构成威胁，会是俄罗斯的好邻居。俄罗斯西部边境从未如此安全和良好，应部分归功于北约东扩。② 2009年12月，"北约—俄罗斯理事会"复会，双方分歧加深，这一对话机制受到削弱。

克里米亚事件导致北约与俄罗斯关系恶化，"北约—俄罗斯理事会"再次停摆。北约加大在中东欧成员国军事部署，中断与俄罗斯军事合作，叫停反恐、禁毒官员培训，搁置空中合作提议。北约不承认俄罗斯"吞并"克里米亚，呼吁俄罗斯从乌克兰、格鲁吉亚和摩尔多瓦三国领土撤军。在叙利亚问题上，北约要求俄罗斯与"伊斯兰国"战斗，而不是出兵攻击叙利亚反对派。2016年4月，中断两年后的"北约—俄罗斯理事会"在布鲁塞尔召开了大使级会议，讨论乌克兰、阿富汗、管控军事冲突风险等问题。2016年7月北约华沙峰会谴责俄罗斯"非法"吞并克里米亚及一系列"军事挑衅"行为。北约宣布以轮换形式加大前沿军事存在，在波兰和波罗的海三国共部署4个多国营。2016年7月13日，"北约—俄罗斯理事会"在布鲁塞尔举行，这是继北约冻结与俄罗斯军事合作后，首次有军方代表参与会谈。北约向俄罗斯通报了华沙峰会，俄罗斯通报了俄罗斯军演情况，对北约加大军事部署表达不满。2016年4月—2020年3月，"北

---

① "NATO – Russia Relations," November 21, 2002, https：//2001 – 2009. state. gov/p/eur/rls/fs/15386. htm. （上网时间：2018年5月7日）

② Daniel Fried, "The Bucharest Summit and the Way Forward for NATO," April 23, 2008, https：//2001 – 2009. state. gov/p/eur/rls/rm/103935. htm. （上网时间：2018年5月7日）

约—俄罗斯理事会"共举行了10次会议,重点讨论乌克兰问题以及《中导条约》、增加军演透明度等问题。北约秘书长和俄罗斯外长在慕尼黑安全会议间隙会晤,双方保持热线联系。2018年3月居住在英国的俄罗斯前特工遭受毒剂袭击后,北约与俄罗斯关系再度恶化,北约成员国驱逐了150名俄罗斯外交官,北约秘书长要求俄罗斯削减驻北约人员。

北约与俄罗斯关系持续恶化,"北约—俄罗斯理事会"日益陷入技术层面的讨论,难以发挥危机预警、协商作用,未能帮助双方建立信任。在乌克兰问题上,美欧立场趋于一致,俄罗斯难以利用这一机制分化美欧,北约与俄罗斯围绕欧洲安全秩序的博弈在俄乌冲突后升级至代理人战争。

第三节 美国同盟体系与中美国际秩序博弈

从尼克松访华到奥巴马时期,美国对华战略大体可称为"接触"战略,以接触为主,防范、遏制为辅。特朗普政府对华战略发生质变,从"接触"为主转向"战略竞争"为主,全政府、全方位打压中国崛起。美国利用同盟体系的集体力量,防止国际秩序朝对美国不利的方向转变。冷战时期,美国将中国视为国际共产主义运动的一部分,利用亚太同盟反共反华。冷战后亚太同盟因失去敌人而"漂流"。随着中美实力对比变化,亚太同盟重新聚焦"中国威胁"。除依靠亚太盟友外,美国将北约势力引入亚洲,动员更多盟友,构筑制华统一战线,重新界定"我们"和"他们"。美国试图重整同盟加剧地区不稳定。[①] 美国同盟是冷战产物,代表"旧安全观"、冷战思维,在苏联威胁不复存在的情况下,美国仍抱有零和博弈的冷战思维,无法以健康心态看待中国发展,利用同盟防范一个崛起的中国,制约中国在国际秩序中发挥更大作用。美国的很多官方文件并不讳言这一点,或明或暗地把中国作为美国的潜在威胁和主要对手。以下从美国对华定位演变、地区秩序和国际秩序简述美国同盟体系在中美国际秩序博弈中的作用。

---

① Robert S. Ross, "The Problem with the Pivot," *Foreign Affairs*, Vol. 91, No. 6, November/December, 2012, pp. 70 – 82; Michael Wesley, "Asia's New Age of Instability," *National Interest*, Issue 122, November/December, 2012, pp. 21 – 29.

美国同盟体系：新时代的旧秩序

一、美国对中国定位的变化

冷战结束后美国对华从伙伴定位发展到"战略竞争者"定位，对中国的身份界定驱动美国对华政策调整。克林顿政府从初期的过度关注人权问题转向接纳中国融入国际体系，欢迎中国的强大、和平和繁荣。美国认为中国在维护亚太安全方面发挥了"关键作用"，强调中国要承担国际责任，在国际社会发挥"负责任的作用"。另外，美国认为"中国作为一个大国的崛起提出了一系列潜在挑战"，关注中国经济发展对亚洲安全的影响，并关注中国军事现代化和长远意图，提出军事透明度问题。1997年美国《四年防务评估》报告将中国定义为与美国相匹敌的"潜在对手"。1997—1998年中美领导人实现互访，美国对华定位向积极方向转变，将中国描述为"建设性战略伙伴"。

布什政府对华认识从消极到积极，对华政策合作与竞争并存。2001年《四年防务评估》报告将中国定义为潜在的"战略竞争者"，称"维护亚洲稳定的平衡是一项复杂的任务。这一地区存在着一个拥有惊人资源的军事对手的可能性"。2002年《国家安全战略》报告称美国"欢迎一个强大、和平与繁荣的中国"，"寻求与一个变化的中国的建设性关系"。2002年12月国务院政策规划办公室主任理查德·哈斯在对华政策讲话中称，中国不是"德意志帝国"；2005年9月21日，美国常务副国务卿佐利克在对华政策演讲中称中国不是"苏联"，美国超越具有浓厚意识形态色彩的历史类比，而着眼于务实理性地看待中国的崛起，对华心态趋向平和。这种务实理性具体表现在：美国对华战略的理论基础从"虚弱中国"范式转变为"强大中国"范式，认为中国"无意寻求传播激进的反美意识"，不寻求"废除现行国际体系的基本秩序"，提出了思考中国的"新框架"。佐利克提出"希望同中国共同经营国际秩序、共担风险和责任"。美国用"负责任的利益攸关方"（responsible stakeholder）来定义中国，对中国提出了更高的标准和要求。美国对华战略目标不再局限于"将中国拉入国际体系"，而且强调要让中国在国际体系内分担责任。[①]

[①] 相关分析参见达巍、孙茹："布什政府对华战略调整趋向"，《现代国际关系》，2005年第11期。

第九章　美国同盟体系与新一轮国际秩序博弈

2006年美国《国家安全战略》报告综合了佐利克演讲中的对华定位，将中国视为"负责任的利益攸关方"，提出三大要求：现有的国际规则帮助中国摆脱经济贫困，中国需要落实国际规则；接受和采纳与国际体系规则相一致的经济与政治标准；与美国和其他大国合作，为国际稳定与安全作出贡献。2006年《四年防务评估》报告将中国列入"战略十字路口国家"，首次点名中国"最具有与美国进行军事竞争潜力"，是"决定21世纪国际安全环境的关键国家之一"。该报告提出要加强美军在太平洋的作战能力：将海军约60%的潜艇向太平洋转移；50%以上的航母部署到太平洋地区。小布什政府认为中国在走和平发展道路，但仍对华保持警惕，防止中国发展超出美国预期，危及美国经济与安全利益。小布什政府任内推动大国反恐合作，对华政策合作与竞争并存。

奥巴马政府对华定位从积极转向消极，但未脱离合作与竞争的大框架。2009年11月，奥巴马发表亚洲政策演说，表示"欢迎中国在世界舞台发挥更大作用"，认为"一个强大繁荣的中国的崛起可以加强国际社会的力量"；表示愿以合作精神处理分歧；承诺"不寻求遏制中国"，要"加强两军交流"。奥巴马政府提出"亚太再平衡"战略，应对"太平洋世纪"来临。2011年2月发表新版《国家军事战略》报告，将地缘战略重点从阿富汗和伊拉克转向亚太。2012年1月，美国发表《防务战略指南》，专门提及"中国崛起将对美国经济和安全产生各种不同影响"，称"美国必须维持投射军力和自由通行能力，以应对中国发展反介入能力带来的挑战"。从克林顿到奥巴马，美国政府基于相似的对华定位，对华政策大体上以合作为主、以竞争为辅。

特朗普上台后将中国视为头号竞争对手，对华定位发生根本改变。特朗普政府的《国家安全战略》报告明确将中国定义为"战略竞争对手"。2020年6月，美军参谋长联席会议发表的《2020联合展望》报告明确提出，中国将崛起为与美国"并驾齐驱的竞争者"，要求美国军事战略重点向亚洲转移。拜登政府继承特朗普政府的对华战略，2021年3月发表《临时国家安全战略指南》，将中国定位为"唯一能综合运用经济、外交、军事和技术实力对国际体系发起持续挑战的潜在竞争对手"，国务卿布林肯在外交政策讲话中将中国视为"21世纪的最大地缘政治挑战"。尽管发生俄乌冲突，美国并未将对外战略重心转移到欧洲，仍将中国视为最大竞争者，认为中国是"对国际秩序的最严峻的长期挑战"。2022年10月美国发表的《国家安全战略》报告指出："中国是唯一既有重塑国际秩序的意图，又有越来越多的经济、外交、军事和技术力量来推动这一目标的竞争者。"

二、同盟与中美亚太秩序博弈

美国联合亚太盟友应对中国崛起，维护对美国有利的地区均势。美国倚重美日同盟，组建三边和四边安全对话与合作，动员更多盟友参与维护地区秩序。进入21世纪第二个10年，美国拉拢欧洲盟友英国、法国"重返"亚太，动员北约将中国纳入战略视野，维护"自由开放的印太"秩序。

美国维护亚太秩序的主要抓手仍是美日同盟。1995—1996年台海危机后美日着眼日本"周边事态"加强安全合作，从防御日本领土安全向维护亚太安全转移，日本在地区安全中发挥的作用上升。日本比美国更早感受到中国崛起的影响，拉紧美国维护亚太秩序。中日在历史以及东海大陆架开发等诸多问题上矛盾难解，日本认为中国的军力建设威胁日本安全，军事安全战略重点向防范中国倾斜，主力部队全面向西南移动，组建对付中国海军舰艇活动的部队，在西南海域加强了针对中国的军事部署，与美国加强联合夺岛演习。

美日联合要求中国发挥"建设性"作用，对中国军力建设保持警惕。21世纪以来，美国国防部每年向国会提交《中国军力报告》，散布中国军力增长对本地区的威胁，日本发表的年度《防卫白皮书》也明确将中国军力建设、导弹发展视为威胁。2005年2月美日发表的"共同战略目标"提出中国军事透明度问题。2010年1月19日新美日安保条约签署50周年，美日发表联合声明，表示两国将继续推进对华合作，"欢迎中国在国际社会发挥负责任建设性的作用"。2011年美日"2+2"联合声明将中国"军事能力及活动的扩大"作为同盟须应对的威胁。两国对中国发展包括航母和隐形战机在内的军事力量深感不安，声明要求中国遵守所谓"国际规范"，还将"保护航行自由"列入同盟合作内容。

小布什和奥巴马任内，美日曾寻求建立中美日三边对话。与小布什政府末期对三边对话半推半就、犹豫不决相比，奥巴马政府上台初期对三边对话态度更积极。美国副国务卿斯坦伯格、国安会亚太安全事务高级主任

第九章　美国同盟体系与新一轮国际秩序博弈

贝德、负责亚太事务的助理国务卿坎贝尔呼吁举行三边官方对话，这对亚太和平与稳定意义重大。2009年2月美国国务卿希拉里·克林顿访日期间与3月会见杨洁篪外长时，对三边对话态度积极。① 这一时期有关战略界人士对中美日三边对话建言献策，有的建议三方可先举行政策规划部门对话，从能源和气候问题入手并逐渐提高对话层级。

中美日三边对话酝酿多年，没有取得进展。美国倚重盟友"对冲"中国崛起，启动美日澳、美日印、美日韩、美日澳印等三边或四边机制，推进盟友间的"合纵连横"，构筑基于相同价值观的亚太同盟网络，将中国视为"异类"国家而加以排斥。与冷战时期不同的是，中国与亚太许多国家经贸联系紧密，与美国及其部分盟友形成高度的经济相互依赖，亚太同盟与中国不再是简单的军事对抗，而呈现复合博弈的态势。

中国反对美国加强同盟合作，人为制造紧张局势。中国认为"亚太国家最关心的是保持经济繁荣、维护经济增长和区域合作势头。在人心思安定、人心思发展之际，人为地突出军事安全议程，刻意加强军事部署、强化军事同盟，恐怕并不是本地区绝大多数国家希望看到的"。"宽广的太平洋两岸有足够空间容纳中美两个大国。我们欢迎美国为本地区和平、稳定、繁荣发挥建设性作用，同时希望美方充分尊重和照顾亚太各国的重大利益与合理关切。"②

美国感到单靠亚太同盟不足以应对中国崛起，纠集英法等国"重返"亚太，加强军事存在，将中国纳入北约的战略视野。英国重返"苏伊士以东"，参与南海的"航行自由"行动，减轻美国维护地区秩序的负担。但是，英国影响消退，军力下降、军费减少使得任何长期的、大规模的对亚太承诺不现实。③ 法国在印度洋和南太平洋仍拥有殖民地，加大在亚太地区的军事活动。英国、法国、德国军舰前进到亚太海域，与美国、日本、

---

① 美国对中美日三边对话的态度参见孙茹："从希拉里东亚行看奥巴马亚洲政策走向"，《现代国际关系》，2009年第3期。

② "习近平接受美国《华盛顿邮报》书面采访"，《人民日报》，2012年2月14日第1版。

③ Tim Benbow, "The Impact of the US Rebalance on UK Strategic Thinking," in Greg Kennedy and Harsh V. Pant, eds., *Assessing Maritime Power in the Asia–Pacific: The Impact of American Strategic Re-balance*, Surrey: Ashgate, 2015, p. 37.

美国同盟体系：新时代的旧秩序

澳大利亚、印度举行双多边联合军演，威慑地区"霸权主义"，欧洲、亚洲盟友加强横向联系，英国、法国、德国分别与日本建立了"2+2"对话机制。加拿大加强在东太平洋的活动，美加签署了《加拿大—美国亚太防务政策合作框架协议》，利用两国常设联合防御理事会机制讨论亚太问题。[1]

北约地理上不与中国接壤，但北约的触角早已伸到中亚。中亚国家加入北约"和平伙伴关系"计划。1999年5月，北约空袭中国驻南斯拉夫联盟使馆，造成3名中国记者身亡，对中国人民欠下"血债"。阿富汗战争后，北约接手国际安全援助部队，活动范围跑到了中国的"家门口"。

从小布什到奥巴马政府时期，北约与中国有过建设性的接触和交流。2002年10月，北约秘书长罗伯逊与中国驻比利时大使会晤。2007年5月，中国外交部军控司司长访问北约总部，与北约举行防扩散对话。2009年北约副秘书长访华交流。中国驻比利时大使与北约秘书长、北约负责政治与安全事务的助理秘书长定期举行会谈、交流看法。中国代表还参加北约的若干研讨会和会议，比如北约关于军控、裁军和不扩散问题的年度会议。[2] 2010年6月，解放军高级代表团访问北约总部，中国和北约指挥官还互访对方在亚丁湾执行反海盗任务的旗舰。2012年2月，北约国际军事参谋部组团访华，这是北约军事代表团首次访华，双方讨论了军事合作、防务改革、北约总体军事行动和亚太安全环境。北约秘书长拉斯穆森接受了新华社采访，表示北约无意在亚太地区驻军，赞赏中国与北约扩大军方和政治往来。美国专家主张应设立北约—中国理事会或委员会，将双方关系制度化。[3] 中国和北约在反恐、核扩散、应对网络威胁、维护阿富汗稳定、能源安全、反海盗等问题上存在共同的安全关切。

---

[1] Elinor Sloan, "Impact of the US 'Pivot' on Canada's Strategic Thinking and Maritime Posture," in Greg Kennedy and Harsh V. Pant, eds., *Assessing Maritime Power in the Asia-Pacific: The Impact of American Strategic Re-balance*, Surrey: Ashgate, 2015, p.90.

[2] Richard Weitz, "China and NATO: Grappling with Beijing's Hopes and Fears," July 18, 2012, https://www.atlanticcouncil.org/blogs/natosource/china-and-nato-grappling-with-beijing-s-hopes-and-fears/. （上网时间：2018年5月7日）

[3] Richard Weitz, "China and NATO: Grappling with Beijing's Hopes and Fears," July 18, 2012, https://www.atlanticcouncil.org/blogs/natosource/china-and-nato-grappling-with-beijing-s-hopes-and-fears/. （上网时间：2018年5月7日）

第九章　美国同盟体系与新一轮国际秩序博弈

近来北约对华转向竞争对手定位。2019 年北约成立 70 周年之际，美国副总统彭斯危言耸听地表示，未来几十年北约面临的最大挑战是如何适应中国崛起。① 美国专家指出，虽然中国不对欧洲形成直接的军事威胁，但中国反对"基于规则的国际秩序"影响欧洲，如同它影响美国一样。② 德国马歇尔基金会主席认为，中国对北约盟友的威胁并不是军事威胁，中国是一个政治、经济和技术领域的竞争对手。北约盟友应审查在战略基础设施以及关键技术部门的外国直接投资。③

2019 年 12 月 4 日，北约峰会通过《伦敦宣言》，称"中国不断增长的影响力及其国际政策对北约既是机遇又是挑战，需要北约作为一个同盟共同应对"，④ 这是北约文件首次提及中国，被认为是"历史性的"，预示着持续 70 年之久的北约找到"新方向"。⑤ 相对于俄罗斯这一"老"对手，中国成为北约的"新"挑战。2020 年 11 月 25 日发布的《北约 2030》报告将中国视为"系统性对手"，称北约成员国均感受到中国崛起的影响，这一报告成为此后北约涉华表述的基调。2021 年 6 月 14 日，北约峰会发表的公报称中国为"系统性挑战"，该公报重复《伦敦宣言》的对华表述，但不再讲中国是"机遇"。2022 年 6 月北约马德里峰会通过了新的战略概念文件，重申中国对北约构成"系统性挑战"。

---

① "Remarks by Vice President Pence at NATO Engages: The Alliance at 70," April 3, 2019, https://www.whitehouse.gov/briefings-statements/remarks-vice-president-pence-nato-engages-alliance-70/. （上网时间：2019 年 5 月 6 日）

② Ian J. Brzezinski, Testimony before Committee on Foreign Relations, United States Senate Hearing on "NATO at 70: A Strategic Partnership for the 21st Century," April 2, 2019.

③ "NATO At 70: A Strategic Partnership for the 21st Century," Statement of Dr. Karen Donfried, President, German Marshall Fund of the United States, Committee on Foreign Relations, United States Senate, April 2, 2019.

④ "London Declaration," https://www.nato.int/cps/en/natohq/official_texts_171584.htm?selectedLocale=en. （上网时间：2022 年 5 月 10 日）

⑤ Jens Ringsmose and Sten Rynning, "China Brought NATO Closer Together," February 5, 2020, https://warontherocks.com/2020/02/China-Brought-NATO-Closer-Together/. （上网时间：2020 年 12 月 4 日）

三、同盟与中美国际秩序博弈

中美政治制度、意识形态差异使美国对中国"塑造"国际秩序疑虑很深，认为中国要恢复过去的以中国为中心的"朝贡秩序"。艾利森认为，中国对外事务的看法是其内部秩序概念的延伸，二者都体现了儒家强调的通过等级制实现和谐，其中中国领导人居于等级顶端。正如孔子所说的："天无二日，土无二王。"[①] 美国将中国的"塑造"行为视为"修正主义"，倚重欧洲、亚洲盟友联合对华，企图用国际规则给中国套上"紧箍咒"，同时在科技、经贸领域加紧组建排他性的"小圈子"，阻挠中国"弯道超车"。

美欧日联合施压，要求中国遵守"基于规则的国际秩序"。在南海、东海问题上，美欧日要求中国遵守《联合国海洋法公约》和相关国际法，尊重"航行自由"和飞越自由。美国与欧洲、日本盟友发表的联合声明中，维护"基于规则的国际秩序"成为套话，频繁见诸北约、七国集团、美欧、美日澳印"四方安全对话"、美日及美澳发表的联合声明。

美欧日合力制定国际经贸新规则。在《跨太平洋伙伴关系协定》谈判、美欧《跨大西洋贸易与投资伙伴协定》谈判上，美国在劳工、环境、知识产权、市场准入等领域设定高标准，组建排斥中国的经贸"小圈子"，使中国面临"第二次入世"，增加中国参与国际贸易的成本。特朗普政府退出《跨太平洋伙伴关系协定》，联合欧洲、日本商讨世界贸易组织改革，搁置与盟友的汽车关税、数字税、航空补贴等贸易摩擦，试图联手确立新贸易规则，以规范中国的贸易行为。美国修订现有自由贸易协定，预设针对中国的条款，如在修订后的美国、加拿大和墨西哥三方协定中加入"毒丸条款"，禁止在未经美国同意的情况下与"非市场经济国家"签署自由贸易协定。拜登提出由美国而不是中国来领导国际规则的制定，制定从环境到劳工、贸易、技术和透明度等各个方面的规则，这些规则将继续反映民主国家的利益和价值观。[②]

[①] [美]格雷厄姆·艾利森著，陈定定、傅强译：《注定一战：中美能避免修昔底德陷阱吗？》，上海人民出版社，2019年版，第199页。

[②] Joseph R. Biden, Jr., "Why America Must Lead Again? Rescuing U.S. Foreign Policy After Trump," *Foreign Affairs*, March/April, 2020, pp. 64–76.

第九章 美国同盟体系与新一轮国际秩序博弈

在基础设施投资上，美国、日本、澳大利亚出台"蓝点网络"计划，这是美国海外私人投资公司（OPIC）、日本国际协力银行（JBIC）和澳大利亚外交贸易部的联合计划，对新兴国家的基础设施建设项目设定标准，引导西方公司对其认证的项目予以投资和融资，在基础设施领域排斥中国。2021年七国集团峰会通过全球性的基建计划"重建更美好世界"倡议，建立价值观驱动、"高标准和透明的"基础设施伙伴关系，在发展中国家推进基础设施建设项目。2022年6月七国集团峰会又提出"全球基础设施和投资伙伴关系"（PGII）计划，称将在未来5年筹集6000亿美元（美国承诺筹资2000亿美元），为发展中国家提供基础设施建设资金，抗衡"一带一路"。

在网络安全等尚没有达成国际规则的领域，美国提前布局，与盟友和伙伴构建排华技术联合。2019年5月，美国、德国、日本等30多个国家和地区签署《布拉格提案》，在5G通信网络安全上率先制定规则。美国联合26国提出"应由基于规则的国际秩序指导在网络空间的国家行为"。[①] 2020年8月，美国提出"清洁网络"倡议，在运营商、应用商店、应用程序、云服务系统、光缆等领域，限制盟友与中国的5G合作。美日澳印"四方安全对话"设立关键和新兴技术工作组，维护供应链安全。美欧成立贸易和技术委员会（TTC），协调全球贸易、经济和科技监管，促进技术创新和投资，保护数据隐私，阻止第三方获得敏感技术。

美国竭力组建排他性的科技"小圈子"，抢夺未来科技制高点。半导体应用覆盖计算机、手机、汽车等产业，是世界先进制造的命脉。美国以国家安全为由，将中国公司排挤出美国5G市场；滥用"长臂管辖"，限制其他国家高科技公司向中国公司出口高端设备。拜登政府通过《芯片与科学法》，通过不正当竞争手段，维护美国在半导体以及科技领域的优势。2022年10月，美国升级对华出口管制，限制向中国芯片制造商、涉及人工智能和超级计算机的实体出口关键技术。在美国软硬兼施下，英国、法国、德国、意大利在本国5G网络建设中排斥中国公司，美国与日本、韩

[①] "Joint Statement on Advancing Responsible State Behavior in Cyberspace," September 23, 2019, https：//www.state.gov/joint-statement-on-advancing-responsible-state-behavior-in-cyberspace/.（上网时间：2020年7月25日）

美国同盟体系：新时代的旧秩序

国组建排他性的"芯片联盟"，与日本、荷兰达成协议，对华实行半导体出口管制。

在国际组织和机制内，美国联合盟友，阻挠中国发挥更大作用。美国拒绝加入中国发起的亚投行和金砖国家新开发银行，对其运转指手画脚，要求亚投行"透明化治理"、提高借贷标准。美国公开与"一带一路"倡议唱对台戏，攻击中国投资不透明，给受援国带来"腐败"及"质量低下的基础设施"，联合日本、澳大利亚推行"蓝点网络"计划，成立新的海外开发援助机构——美国国际开发金融公司，投资发展中国家的基础设施。

美国污蔑中国在国际机构担任领导是促进"威权"体制，渲染中国在联合国15个专门机构中的4个组织（联合国粮食及农业组织、工业发展组织、国际电信联盟、国际民航组织）担任负责人，是利用国际组织谋取私利。美国竭力阻挠中国籍候选人参选世界知识产权总干事，要确保与美国有同样价值观的候选人担任多边机构最高职务。美国与澳大利亚承诺通过"协调一致和公平的程序选举有资格、有资历的候选人"担任联合国及其他国际组织的领导职务。①

过去美国常常以提高有效性、负责任、推行自由民主理念为由提议改革国际组织，特朗普政府却出于零和思维，以中国获利、美国吃亏为由要求改革国际组织，如以退出世界贸易组织要挟改革。2019年7月，美国发布关于改革世界贸易组织发展中国家地位的备忘录，表示从未接受中国的发展中国家地位主张。② 2020年2月，美国贸易谈判代表办公室列出发展中成员和最不发达成员清单，把中国排除在名单之外。美国退出联合国人权理事会，"抗议它与中国合作"；退出世界卫生组织，理由是世界卫生组

---

① "Joint Statement on Australia – U. S. Ministerial Consultations," July 28, 2020, https://www.state.gov/joint-statement-on-australia-u-s-ministerial-consultations-ausmin-2020/. （上网时间：2020年8月1日）

② "Memorandum on Reforming Developing-Country Status in the World Trade Organization," July 26, 2019, https://www.whitehouse.gov/presidential-actions/memorandum-reforming-developing-country-status-world-trade-organization/. （上网时间：2020年8月1日）

织被中国"控制";① 退出《巴黎协定》,称该协定"将会从美国的腰包掏钱,富了像中国这样的污染国";② 退出《中导条约》,理由居然是该条约没有限制中国的导弹力量。拜登政府维持美欧日对华政策协调,在世界贸易组织等机构推动对西方有利的新改革,但是对于有利于中国等新兴经济体的改革方案,美国则竭力阻挠。

美国与欧洲、亚洲盟友一道发起民主攻势。特朗普政府以维护西方共同价值观为诉求,纠集北约、亚太盟友联合制华,呼吁"全世界民主国家"发挥领导作用,恢复"自由主义国际秩序"。③ 2020年6月,来自美国、英国、日本、澳大利亚、加拿大、德国、挪威、瑞典八国和欧洲议会的议员或政界人士,成立"中国问题跨国议会联盟",将捍卫"基于规则的国际秩序"作为主要任务。蓬佩奥国务卿提出要建立一个新的民主国家同盟(new alliance of democracies)。④ 七国集团转向频繁干涉中国内政,突出中西意识形态对立。2021年12月,拜登政府举办民主峰会,邀请100多个国家参加。美国热衷于构建各种"圈子",排斥中国的意图明显。美国曾在解决地区热点、非传统安全和全球性问题上寻求中国合作,现在不再谈"同舟共济",对中美合作只停留于口头。

四、同盟对华分歧仍存

美国与盟友对华政策并非铁板一块,盟友对华政策既追随美国,也保持一定的独立性。中华人民共和国成立初期,美国对华封锁制裁,利用

---

① Robert C. O'Brien, "The Chinese Communist Party's Ideology and Global Ambitions," June 26, 2020, https://www.whitehouse.gov/briefings-statements/chinese-communist-partys-ideology-global-ambitions/. (上网时间:2020年6月28日)

② Michael R. Pompeo, "Restoring the Role of the Nation-State in the Liberal International Order," December 4, 2018, https://www.state.gov/restoring-the-role-of-the-nation-state-in-the-liberal-international-order-2/. (上网时间:2020年7月25日)

③ Michael R. Pompeo, "Restoring the Role of the Nation-State in the Liberal International Order," December 4, 2018.

④ Michael R. Pompeo, "Communist China and the Free World's Future," July 23, 2020, http://www.state.gov/communise-china-and-the-free-worlds-future-2/. (上网时间:2020年8月5日)

美国同盟体系：新时代的旧秩序

"巴统"机制限制盟友对华技术出口。一些盟友实行"政经分离",日本、西欧、加拿大对华发展经贸关系。政治上盟友大多追随美国,未承认中华人民共和国。美国调整对华政策、中国重返联合国后,盟友纷纷与中国建交。

中美建交后,美国及其盟友对华经贸关系飞速发展。美国从对苏联竞争出发,与中国开展有限的安全合作。苏联解体后,美国对华安全合作急刹车,处处设限,拒绝解禁对华高科技出口,阻挠欧盟解禁对华军售,阻挠以色列对华出口军事设备,干涉中国与土耳其的导弹交易。2004年中菲欲签署一项包含情报共享的防务合作协定,美国威胁将全面终止对菲律宾军事援助,中菲两国之间的情报共享协定因此流产。[1]

与中国存在领土争端的国家不同程度地倚美制华。日本向美国靠拢,要求美国承诺协防钓鱼岛。菲律宾向联合国海洋法庭提出"南海仲裁案",接收美国、日本淘汰的海军舰艇。印度参与美日澳印"四方安全对话",维护"自由开放的印太"秩序。在国际规则、人权、价值观等问题上,部分欧洲、亚洲盟友与美国一致,要求中国接受"南海仲裁案"裁决,加入南海"航行自由"行动,加入美国发起的"清洁网络"计划。

在中美战略竞争加剧的背景下,盟友面临选边站队的压力。东南亚盟友不愿进行"非此即彼"的选择,希望保持最大程度的战略自主性,在中美之间左右逢源。菲律宾总统杜特尔特宣称实行"独立的外交政策",拒绝利用美国在菲律宾的战略存在来制衡中国,公开向中国和俄罗斯示好。泰国英拉政府与中国建立了"全面战略伙伴关系",不认为中国是威胁。中国是泰国第一大贸易伙伴、仅次于日本的第二大投资伙伴。菲律宾与泰国在美国同盟体系中缺乏重要性,欧洲与亚洲大盟友是否追随美国将影响中美竞争的走向。

2019年3月欧盟发表的报告首次将中国称为"经济竞争者"和"制度性对手",[2] 对华认知向美国靠拢。日本、韩国、澳大利亚等美国盟友也不希望选边站,但在美国压力下,自主性下降。新冠病毒感染疫情以来,美

---

[1] [美]罗伯特·D. 卡普兰,鲁创创译:《大国威慑:不为人知的美军海陆空全球运作》,四川人民出版社,2015年版,第90页。

[2] European Commission, *EU – China: A Strategic Outlook*, March 12, 2019.

第九章　美国同盟体系与新一轮国际秩序博弈

国对中国实行经济、科技"脱钩",推动日本、韩国、澳大利亚企业撤资中国,在中印边境冲突中挺印反华,支持印度禁用中国应用软件,游说欧盟联合对华施压。

美国推动北约加大对亚太的战略投入,欧洲对华政策竞争面上升,中欧关系复杂化,但是欧洲盟友并不希望发生"新冷战"。法国总统马克龙表示,北约是一个北大西洋公约组织,中国与北大西洋没有什么地缘关系,不应成为北约的优先考虑对象,质疑北约是否是应对中国挑战的合适平台。[1] 俄乌冲突爆发后,马克龙与习近平主席通话时表示,法国和欧盟坚持独立自主战略,不赞成也不会参加集团对抗。[2] 马克龙呼吁欧洲减少对美国的依赖,不要因为美中对抗而被卷入台海危机。[3] 即使是德国、英国等欧洲大国,也不愿对美国亦步亦趋。北约一些中小成员国与中国经济联系密切,反对在中美之间选边站,不愿北约插手由成员国自主决定的投资、技术、贸易等非军事问题。在这种情况下,美国利用北约对抗中国的意图很可能因为部分成员国的反对而难以实现。[4]

总之,美国复活阵营对抗,纠集亚洲和欧洲盟友资源集体对华,引发国际局势紧张动荡,与和平发展、合作共赢的时代潮流背道而驰。美国需避免重蹈近现代同盟体系的覆辙,回归大国合作,共同推进国际秩序的平稳变革。

---

[1] David M. Herszenhorn and Rym Momtaz, "NATO Leaders See Rising Threats from China, But Not Eye to Eye with Each Other," June 14, 2021, https://www.politico.eu/article/nato－leaders－see－risingthreats－from－china－but－not－eye－to－eye－with－each－other/.（上网时间：2021年10月25日）

[2] "习近平同法国总统马克龙通电话",新华网,2022年5月10日,http://www.news.cn/politics/leaders/2022－05/10/c_1128638288.htm。（上网时间：2022年5月18日）

[3] "Europe Must Resist Pressure to Become 'America's Followers', Says Macron," April 9, 2023, https://www.politico.eu/article/emmanuel－macron－china－america－pressure－interview/.（上网时间：2023年4月18日）

[4] 吴昕泽、王义桅："北约再转型悖论及中国与北约关系",《太平洋学报》,2020年第10期,第35页。

结　论

美国同盟体系影响战后国际秩序的发展演变。本书研究基于既有的军事同盟概念，聚焦国际和平与安全，在大国竞争背景下考察美国同盟体系及其在战后国际秩序中的作用。

一、美国同盟体系的变与不变

美国同盟体系的基本运行逻辑没有改变，即美国为盟友提供安全保护，换取盟友支持美国主导的国际秩序。美国各同盟形成了各自的运行规则和规范，保障了同盟的延续。美国与盟友在同盟任务分工上达成一定的默契，美国充当盟主，承担最重的军事保护负担。美国维持对盟友的安全保护承诺，在履行承诺上保持较大的行动自由，避免受盟友牵连而被迫卷入战争。美国在共同防御上不愿大包大揽，而是施压盟友分担更大的负担。

盟友与美国结盟以维护国家生存和安全，但"天下没有免费的午餐"，盟友为获得美国的安全保护，付出了相应的代价，如牺牲部分主权，提供军事基地和战略资源，加入并维护美国主导构建的战后国际秩序。与美国的同盟关系像是上保险，盟友需要交保险费以便降低遭受外敌入侵的可能性，盟友存在"搭便车"，但没有"免费搭车"。美国纠集盟友以武力手段维护对美国有利的国际秩序，在对外军事干涉中，作战部分大多靠美国单枪匹马去完成。盟友军力相对薄弱，"摇旗呐喊"多，军事支持作用有限，难以达到美国的要求，这一状况并没有改变。由于盟友与美国的实力差距依然悬殊，盟友对美国的安全依赖没有丝毫减轻。

美国同盟体系的基本结构没有改变，北约和亚太条约同盟依然是美国同盟体系的主干、维护国际秩序的"左膀右臂"。美国同盟体系的核心成员仍是与美国共享价值观的欧、亚盟友，英国、法国、德国和日本具有较强的政治和经济实力，国际影响仍然举足轻重。美国与盟友的军事、政治与经济关系深度交织，千丝万缕的联系增强了同盟关系的韧性和同盟延续的可能性。美国同盟体系出现了局部瓦解，美国与伊朗的同盟瓦解重创美国在波斯湾的地位，但并未动摇美国同盟体系的根基。

美国同盟体系不是一成不变。美国不再处于二战后的实力巅峰，欧洲、亚洲盟友经济实力和国际影响力上升，在同盟内部及维护"自由主义国际秩序"中的发言权增大。冷战时期美国同盟军事色彩浓厚，同盟以集体防御为目标开展军事分工与部署，为应对可能的大国战争做准备，甚至准备打核战争。冷战结束后美国同盟的军事底色未变，但明显褪色，同盟性质发生了一定改变。盟友遭受领土侵略的危险下降，国家面临的威胁来源变化，威胁不完全来自邻国或者敌对的军事同盟，还包括恐怖组织等非国家行为体，这些组织越过国家边界，制造恐怖袭击事件，传统的军事同盟无法有效应对此类非传统安全威胁。

美国同盟的目标和任务改变，北约从应对国家间冲突转向介入国家内部冲突，执行维和与危机管理任务，干涉波黑和科索沃，在阿富汗和伊拉克开展维和行动和战后重建工作。北约和亚太同盟在应对反恐、反海盗、防止核扩散、气候变化、能源安全等非传统安全和全球性挑战上发挥作用，同盟的内涵和外延改变。美国同盟从军事同盟向"全面的同盟"转变，北约和亚太同盟合作的领域扩大，同盟合作从军事向经济、科技领域延伸，经济合作和科技合作的排他性凸显。同盟活动超出领土防御范围，北约和美日同盟向"全球同盟"迈进。北约走出欧洲，推动"全球北约"建设。美日同盟超出双边，活动半径扩大到亚太和全球范围。同盟军事合作从传统的陆、海、空向网络空间和太空延伸，军事科技、无人机、人工智能的发展改变着战争形态，集体防御的性质与过去相比也有一定变化。

二、西方的和平

美国同盟体系服务于美国反苏反共需要，这一点受到了学界过多的关注。美国同盟体系维持了同盟和平，特别是维持了西方国家之间的和平，这一点亦值得关注。

近代以来欧洲战祸绵延，最惨烈的战争发生在西方内部。自从地理大发现以来的500多年，大国兴衰是西方大国的兴衰，大国博弈是西方列强的博弈。20世纪上半期爆发了人类历史上最血腥的两次世界大战，最发达的西方列强——英国、法国、德国、日本、意大利、俄国、美国卷入。英

美国同盟体系：新时代的旧秩序

国曾是世界最强国，保持着最强大的海军，殖民地遍布世界，在殖民地的驻军人数曾高达 20 多万，与冷战后美国在海外的驻军人数差不多，英国对殖民地的控制远远高于美国对盟友的控制。英国实行均势政治，在欧洲大陆纷争中发挥"离岸平衡手"作用，以均势求和平，和平时期不结盟，战争时期扶弱抑强，直到欧洲大陆恢复均势状态。19 世纪末英国衰落，"不列颠治下的和平"难以为继。经历一战和二战，英国从权力巅峰跌落，无力主导国际秩序。

德国和法国分别建立同盟体系，都试图在赢得战争后维持和平，保住战胜国的果实，但未能终结西方大国之间的战争。德国在经历残酷的普法战争后，建立同盟体系维持战胜国果实，压制法国。但是随着时间的流逝，人们渐渐淡忘了战争的残酷，在解决热点问题时"秀肌肉"，比如德国在摩洛哥危机期间虚张声势，不惜以武力解决问题，虽然取得了一定成效，但是让德国误以为继续虚张声势就可以解决问题。德国同盟体系并未让德国获得更大的"生存空间"，而是把德国推进了战争深渊。法国与东欧中小国家构建同盟体系，却因实力不济，无力维持盟友的领土完整，对德绥靖政策并未换来和平，凡尔赛秩序瓦解。

西方列强是世界大战的始作俑者，但是征战争霸反噬了欧洲各个帝国。欧洲列强纷纷倒下，称霸梦一个接一个破灭。拯救自我毁灭的西方与永久终结西方国家间的战争成为进入国际舞台中央的美国的重大责任。美国同盟体系整合西方，将地理大发现以来涌现的大国——葡萄牙、西班牙、荷兰、英国、法国、德国、日本悉数纳入，帮助西方国家恢复了理性和自信，一劳永逸地终结西方内部的战争，维持了二战后西方的和平。美国对战败国进行民主改造，从国家内部消除其再次发动对外战争的可能性。美国将德国从欧洲的"东方大国"彻底改造为西方阵营的成员，将日本同样纳入西方阵营，防止德国、日本军力发展偏离美国设定的轨道，也防止德国、日本在欧洲和亚太地区重新挑起侵略战争。北约和亚太盟友是"自由主义国际秩序"的主要成员，维持西方的和平即是维护"自由主义国际秩序"。

美国同盟体系维持西方和平的任务并没有结束。北约为欧洲经济一体化、法德和解提供了安全保障，但欧洲国家的民族宗教纠纷和领土争端并未消失。苏联解体再一次重划了欧洲版图，欧洲潜藏着爆发领土争端的可能性。2022年2月俄乌冲突爆发后,德国宣布大幅增加军费,改变不介入冲突的政策,打破禁忌向乌克兰提供重型武器。德国发挥更大的政治军事作用可能引发法国或东部邻国的不安,美国将利用北约框架约束德国的军力发展。日本宣布将军费占 GDP 比重从 1% 提升到 2%,向北约成员国看齐,日本军事大国化引起遭受日本侵略的周边邻国的担忧,美日同盟的"瓶盖"作用需重新受到审视。

三、国际秩序的地区支撑

二战后美国从"列强之一"跃升为超级大国,既有实力也有意愿扮演"世界警察"角色,维护对美国有利的国际秩序安排。美国主导全球层面的国际秩序,依托地区秩序,对拉美、西欧、亚太、中东国家提供安全保护,利用同盟掌握地区秩序主导权。美国在各地区的同盟战略重要性不同,对地区秩序的影响也有差异。

各地区国家间的矛盾错综复杂,欧亚大陆及其边缘地带的国家间领土争端"剪不断、理还乱",地区大国之间、大国与小国之间、小国之间存在民族、宗教、领土、意识形态等矛盾,这些矛盾绵延上百年甚至千年,复杂难解,地区国家间的矛盾大于它们与美国的矛盾。有关国家的领导人出于内政外交需要,煽动民族主义和复仇情绪,导致地区局势不时陷入紧张,这使得争端弱势一方担心遭到强邻侵略。在维护主权和领土完整上,中小国家国小势孤,无力承受发展军力的重担,更承受不起与地区大国的军备竞赛,通过结盟寻求安全保护成为选择。经历一战和二战的浩劫,中小国家转向美国,寻求安全保护。美国是一个只有 200 多年历史的年轻国家,地理上远离欧亚大陆,与盟友不存在领土纠纷,成为欧洲中小国家远交近攻的首选。在中东地区,沙特等海湾君主国依傍美国,先是抵御埃及的泛阿拉伯主义运动,接着引入域外势力美国以威慑地区强邻伊朗。

美国利用地区同盟维护有利地位,防止地区大国排挤美国势力。美国提出"美洲人的美洲",排挤欧洲大国,在西半球建立主导地位,却在其他地区主张"门户开放",阻挠地区大国建立"欧洲人的欧洲"和"亚洲人的亚洲"。美国坚持"北约优先"论,利用欧洲国家间的矛盾,阻挠欧洲发展独立防务。在亚太地区,美国阻挠地区多边安全合作走深走实,防止同盟合作受到削弱。美国坚持"跨太"地区合作模式,削弱东亚地区合

美国同盟体系：新时代的旧秩序

作，防止亚太地区出现排美的"东亚版门罗主义"。美国在地区领土争端和热点问题上为盟友撑腰打气，火上浇油，导致地区局势永无宁日。地区局势动荡时，盟友向美国靠拢，美国得以巩固在该地区的主导地位。盟友向美国购买军火，美国还可以赚得盆满钵满。

美国利用地区盟友的支持增强军事干涉的"合法性"和道义色彩。国际关系的进化使得"强权即公理"行不通，即便是实力最强的美国也要顾忌国际道义，每次军事干涉行动都拉上地区盟友和伙伴"合伙干"，打着"主持公道"和"正义"的幌子。美国在海湾战争中获得埃及、沙特等阿拉伯国家的支持，使得萨达姆政权无法利用阿拉伯国家与以色列的矛盾。在科索沃战争中，美国纠集欧洲盟友，打着人道主义干涉的旗号争取国际支持。

美国与地区盟友构建"小圈子"合作，妨碍地区国家的和解，以牺牲地区和平与稳定为代价，维护美国的优势地位。美国与拉美盟友缺乏实质性军事合作，里约在西半球地区秩序中发挥的作用有限。北约是全球最大的军事组织，军事一体化程度最高，对欧洲安全秩序的影响最大。北约东扩挤压俄罗斯战略空间，美俄对立加剧无助于欧洲的和平与稳定。美国对外战略重心向亚太转移，加强与日本、韩国、菲律宾、澳大利亚双边同盟，推动构建"亚太版北约"，将北约势力引入亚太，破坏了地区和平与稳定。美国偏袒以色列，无视巴勒斯坦土地被以色列占领和控制，对巴勒斯坦强加"非正义"的和平。美国与海合会成员国的同盟针对伊朗，妨碍中东国家之间实现和平与和解。地区同盟的瓦解将削弱美国的地位，迫使美国重新进行战略部署，如美国与伊朗的同盟瓦解改变了中东安全格局。地区同盟国改善关系则可能促进美国的优势，如以色列与海湾阿拉伯国家建交进一步分化了阿拉伯国家，有利于美国联合以色列、阿拉伯国家威慑伊朗。

美国利用地区盟友的支持维护在国际多边机构的主导地位。地区盟友在联合国、国际货币基金组织、世界银行、世界贸易组织为美国发挥"世界警察"作用、引领全球治理提供支持。欧洲和亚太盟友作为西方的核心成员，与美国价值观一致，积极维护"自由主义国际秩序"，提供多边机构运转的会费，影响多边国际经济和金融机构的议程。在国际规则尚未达成的新领域，美国依靠盟友和伙伴搞"小圈子"合作先行制定规则，再推广到更多成员参加,由此美国及其盟友掌握了国际规则的主导权。

四、同盟分歧

美国与盟友共同利益广泛,双方的共同利益超过了美国与对手、盟友与对手的共同利益,美国与盟友的军事、政治、经济和外交联系十分广泛,美国与主要盟友在地区和国际问题上密切协调与合作。另外,美国与盟友的分歧处处可见,内部博弈激烈。美国与法国、德国围绕对伊拉克是否动武的分歧严重,北约内部的分歧甚至到了动摇同盟根基的地步。美国并不能完全控制盟友的行为,美国与有的盟友矛盾深刻,美盟关系有时还不如美国与对手的关系。

美国和盟友都不愿受对方牵连而卷入战争。美国对"自动卷入"战争的条约义务作有利于己方的解读,约束盟友轻举妄动,防止卷入不必要的战争。美国对履行条约和协定附加条款,制止盟友以武力实现统一,对印巴冲突袖手旁观。盟友同样不愿无条件被美国绑上"战车",警惕美国升级地区冲突。英国反对美国在武装干涉朝鲜中进行核讹诈,欧洲盟友对美国出兵越南的呼吁无动于衷。在美苏核对峙加剧时,盟友反对美国挑起核战争。盟友反对美国动辄使用武力的做法,主张通过对话和平解决问题。

美国和盟友围绕"公平"地分担共同防御负担争吵不休。美国不时指责盟友"搭便车",北约出台过诸多增加军费开支、提升盟友军力的计划,效果差强人意。盟友"大树底下好乘凉",深知美国不会因分担负担问题抛弃盟友,不愿将有限的资源用于军事。美国阻挠盟友拥核,打压盟友的独立防务,使盟友难以摆脱对美军事依赖。美国限制盟友与对手的军技合作,以土耳其购买俄罗斯反导系统为由对土耳其实施制裁。美国与盟友围绕基地问题摩擦不断,盟友对美军使用基地设置条件,制约美军任意妄为。海外美军的犯罪行为引燃当地民众的反美抗议示威,迫使美国在尊重盟友的主权上做出妥协。

美国利用军事援助获取经济利益,毫不顾忌地挖盟友墙脚,从盟友手中抢夺军购大单。美国和一些盟友围绕民主人权问题产生冲突,成为美国与拉美、东亚、中东盟友的敏感问题。在民主人权问题上,美国对盟友实行双重标准,对一些盟友安全合作优先,对盟友人权问题高举轻放。

美国限制盟友的政治自主和经济选择,对盟友的平等诉求反应傲慢,滥用"长臂管辖",限制盟友与对手正常的经贸联系。美国对盟友的施压未必能如愿,欧洲盟友不顾美国反对,与苏联达成修建能源管道协议。盟友反对美国"长臂管辖",与伊朗开展经贸联系。俄乌冲突后,沙特从维护本国经济利益出发,抵制美国要求增产石油的压力。盟友积极争取平等待遇,维护战略自主,反对美国与对手搞"越顶外交"。

对许多国家来说,与美国结盟只是国家的战略选项之一,并不意味着要处处听美国指挥。盟友不吝批评美国的单边主义行事风格,反感美国动辄以武力相威胁的做法,在地区组织与国际多边机构内,不愿盲目追随美国,与美国的横行霸道、倒行逆施保持距离,甚至公开与美国唱反调。在地区和国际问题上,美国有时不得不顺应盟友立场,调整不得人心的政策,防止被孤立。欧洲盟友对欧洲安全与合作会议倡议的积极态度迫使美国调整立场,亚太盟友悉数参加东亚峰会,促使美国转变立场加入。在气候变化问题上,拜登政府逆转特朗普政府的政策,重新加入《巴黎协定》,维护了同盟团结。

五、新时代需要摈弃旧秩序

同盟体系是一种排斥大国合作的旧秩序。德国构建同盟体系,在国际上孤立法国,加剧法德对抗。法国念念不忘收复失地和复仇,在普法战争结束30多年后,形成了英法俄三国协约,两大军事集团的对峙分裂了欧洲,对一战的爆发负有责任。法国构建同盟体系"包围"德国,德国则利用大国矛盾,打破凡尔赛秩序的束缚,建立德意日三国轴心,欧洲再次出现了对立的军事集团,加速了二战爆发。美国将联邦德国纳入北约,促使苏联构建华约应对,两大军事集团的对峙固化了德国和欧洲的分裂。冷战后美国推动北约东扩,挤压俄罗斯战略空间,美俄激烈博弈削弱了欧洲稳定。

美国威尔逊总统曾将同盟作为"旧秩序"而加以唾弃,美国有识之士在批准《北大西洋公约》的听证会上也力斥同盟的弊端,但是美国终究走上了结盟的老路,以结盟来维护美国的实力优势。美国将某个大国或国家集团视为假想敌,构建排斥其他大国的"小圈子",阻碍大国建立稳定的和平,使包容所有大国的国际"大"秩序支离破碎。

美苏两个超级大国的竞争没有引发世界大战,难以想象今天的大国像

结　论

过去那样打一场"总体战",世界大战的风险下降。国家结盟为最坏的情形做准备,只在大国爆发大战、局部战争的情况下有用。如果大国之间、大国与小国之间不发生战争,同盟就没有用武之地。以发动战争的方式来赢得大国竞争的胜利难以行得通,军事同盟的作用下降,这是时代的进步。美国虽享有军事优势,但是动辄使用武力无法解决地区和国际热点问题,以战争手段来重构国际秩序的做法已经过时。国际社会反对战争的呼声越来越高,对使用武力的限制越来越多。美国即使搞"小圈子"合作,也难以为所欲为地发动军事干涉。

美国无法靠军事同盟去应对非传统安全威胁和全球性挑战,需要所有大国"同舟共济"。当美国不以意识形态划线,与对手大国共同应对恐怖主义和国际金融危机时,大国关系保持稳定,世界和平可期。当美国以竞争取代合作,利用同盟体系围堵对手大国,同盟体系成为大国关系健康发展的"绊脚石"和"拦路虎"。与刺刀见红的大国战争相比,大国竞争并不是单一的军事竞争,也不必然导致战争。大国经济、科技竞争升温,迫使美国同盟进一步转型。今天的大国比过去有更多的方式管控竞争,加强沟通,防止误判。大国能够以更加和平的方式,通过先进的理念、发达的经济和公平有效的制度规范扩大影响。

中国是"不结盟"大国,在鸦片战争以后受西方列强欺压,被强行纳入由民族国家组成的国际体系。中华人民共和国成立后被排斥在联合国之外,经过不懈努力,恢复了联合国合法席位。中国是古老的东方大国,具有独特的历史和文明,"结伴不结盟"、超越意识形态分歧,与所有国家发展友好关系。中国既不是德国也不是苏联,中国不走"国强必霸"的老路。中国坚定维护以联合国为中心的国际体系和以国际法为基础的国际秩序,积极推动国际秩序向更加公正合理的方向转变。中美博弈"前无古人、后启来者",需要共同构建新型大国关系。美国纠集同盟资源构建对华统一战线,中国与美国同盟体系将长期共存,好在当今世界和平与发展是时代潮流,维护和平的力量比以往任何时候都要强大,这有利于中国在战后国际秩序内发挥更大的作用。

部分专有名词中英文对照

ACE　　　　Allied Command Europe 欧洲盟军司令部
ACLANT　　Allied Command Atlantic 大西洋盟军司令部
ACM　　　　Alliance Coordination Mechanism 同盟协调机制
ACO　　　　Allied Command Operations 盟军作战司令部
ACSA　　　Acquisition and Cross – Servicing Agreement 物资劳务相互提供协定
ACT　　　　Allied Command Transformation 盟军转型司令部
AECA　　　Arms Export Control Act 武器出口管制法
CFC　　　　Combined Forces Command 联合司令部
CFE　　　　Conventional Armed Forces in Europe Treaty 欧洲常规武装力量条约
CFI　　　　Connected Forces Initiative 联通军力倡议
CISMOA　　Communication Interoperability and Security Memorandum of Agreement 通信兼容性与安全协议
CJTF　　　Combined Joint Task Force 混合特遣部队
COCOM　　 Coordinating Committee for Multilateral Export Controls 巴黎统筹委员会
COFA　　　Compact of Free Association 自由联系条约
CPTPP　　　Comprehensive and Progressive Trans – Pacific Partnership 全面与进步跨太平洋伙伴关系协定
CSDP　　　Common Security and Defense Policy 共同安全与防务政策
DCI　　　　Defense Capability Initiative 防御能力倡议
DCS　　　　Direct Commercial Sales 直接商业军售
DDPR　　　Deterrence and Defense Posture Review 威慑和防御态势评估
DPC　　　　Defense Planning Committee 防务计划委员会
DPPC　　　Defence Policy and Planning Committee 防务政策和计划委

员会

DSCA	Defense Security Cooperation Agency 防务安全合作局
EAEC	East Asia Economic Caucus 东亚经济核心会议
EDC	Europe Defense Community 欧洲防务共同体
EDCA	Enhanced Defense Cooperation Agreement 加强防务合作协定
EDD	Extended Deterrence Dialogue 延伸威慑对话
EDPC	Extended Deterrence Policy Committee 延伸威慑政策委员会
EOP	Enhanced Opportunity Partners 增强机会伙伴
ERRF	EU Rapid Reaction Force 欧盟快速反应部队
ESDI	European Security and Defense Identity 欧洲安全与防务特性
ESF	Economic Support Fund 经济支持基金
FAA	Foreign Assistance Act 对外援助法
FMF	Foreign Military Financing 对外军事资助
FMS	Foreign Military Sales 对外军售
FOTA	Future of the ROK – US Alliance Policy Initiative 美韩同盟政策构想会议
GDAP	Guidance for Development of Alliances and Partnerships 同盟和伙伴关系发展指针
GDPR	Global Defense Posture Review 全球防御态势评估
GPOI	Global Peace Operations Initiative 全球和平行动倡议
GSOMIA	General Security of Military Information Agreement 军事情报保护协定
GSP	Generalized System of Preferences 普遍优惠待遇
IADL	International Association of Democratic Lawyers 国际民主律师协会
IADB	Inter – American Defense Board 美洲防务理事会
IAPF	Inter – American Peace Force 美洲和平部队
ICI	Istanbul Cooperation Initiative 伊斯坦布尔合作倡议
IEPG	Independent European Programme Group 独立欧洲项目小组
IMET	International Military Education and Training 国际军事教育与培训

IOJ	International Organization of Journalists	国际新闻记者组织
IPAP	Individual Partnership Action Plan	单独伙伴关系行动计划
IPCP	Individual Partnership and Cooperation Programme	单独伙伴关系与合作项目
ISAF	International Security Assistance Force	国际安全援助部队
IUS	International Union of Students	国际学生联合会
JC	Japan – U. S. Joint Committee	美日联合委员会
KEDO	Korean Peninsula Energy Development Organization	朝鲜半岛能源开发组织
MAP	Membership Action Plan	成员国行动计划
MCM	Military Committee Meeting	军事委员会会议
MDAA	Mutual Defense Assistance Act	共同防御援助法
MLF	Multilateral Nuclear Force	多边核力量
MNNA	Major Non – NATO Ally	非北约主要盟友
MSA	Mutual Security Act	共同安全法
NACC	North Atlantic Cooperation Council	北大西洋合作理事会
NPG	Nuclear Planning Group	核计划小组
NRC	NATO – Russia Council	北约—俄罗斯理事会
NRF	NATO Response Force	北约快速反应部队
NTCI	NATO Training Cooperation Initiative	北约训练合作倡议
NUC	NATO – Ukraine Commission	北约—乌克兰委员会
OSCE	Organization for Security and Cooperation in Europe	欧洲安全与合作组织
OECD	Organization for Economic Cooperation and Development	经济合作与发展组织
PAFTAD	Pacific Trade and Development Conference	太平洋贸易和发展会议
PAG	Partners Across the Globe	全球伙伴
PBEC	Pacific Basin Economic Council	太平洋盆地经济理事会
PCC	Prague Capability Commitment	布拉格能力承诺
PESCO	Permanent Structured Cooperation	永久结构性合作

PFP	Partnership for Peace	和平伙伴关系
PGII	Partnership for Global Infrastructure and Investment	全球基础设施和投资伙伴关系
PII	Partnership Interoperability Initiative	伙伴关系协同行动倡议
PJC	NATO – Russia Permanent Joint Council	北约—俄罗斯常设联合理事会
PSI	Proliferation Security Initiative	防扩散安全倡议
QUAD	Quadrilateral Security Dialogue	四方安全对话
RAA	Reciprocal Access Agreement	互惠准入协定
RAP	Readiness Action Plan	备战行动计划
SACLANT	Supreme Allied Commander Atlantic	大西洋盟军最高司令部
SACO	Special Action Committee on Okinawa	冲绳特别行动委员会
SACEUR	Supreme Allied Commander Europe	欧洲盟军最高司令
SAI	Strategic Airlift Initiative	战略空运倡议
SCC	Security Consultative Committee	安全保障协商委员会
SCM	Security Consultative Meeting	安全协商会议
SDC	Sub – Committee for Defense Cooperation	防卫合作小组委员会
SEATO	Southeast Asia Treaty Organization	东南亚条约组织
SHAPE	Supreme Headquarters Allied Powers Europe	欧洲盟军最高司令部
SOF	Special Operations Forces Initiative	特殊行动力量倡议
SOFA	Status of Forces Agreement	驻军地位协定
SSC	Security Sub – Committee	安全小组委员会
START	Strategic Arms Reduction Treaty	削减战略武器条约
TCOG	Trilateral Coordination and Oversight Group	三边协调与监督小组
TPP	Trans – Pacific Partnership	跨太平洋伙伴关系协定
TTIP	Transatlantic Trade and Investment Partnership	跨大西洋贸易与投资伙伴关系协定
VFA	Visiting Forces Agreement	访问部队协定
WASP	White Anglo – Saxon Protestant	盎格鲁－撒克逊白人清教徒

WFDY	World Federation of Democratic Youth 世界民主青年联合会
WIDF	Women's International Democratic Federation 国际民主妇女联合会
WPC	World Peace Council 世界和平理事会
WU	Western Union 西方联盟
WEU	Western European Union 西欧联盟

主要参考文献

一、中文文献

（一）中文著作

1. 陈波：《冷战同盟及其困境：李承晚时期美韩同盟关系研究》，上海人民出版社，2008年版。

2. 陈效卫主编：《合作与冲突：战后美国军事联盟的系统考察》，军事科学出版社，2001年版。

3. 陈效卫：《美国联盟战略研究》，国防大学出版社，2002年版。

4. 崔磊：《盟国与冷战期间的美国核战略》，世界知识出版社，2013年版。

5. 崔丕：《冷战时期美日关系史研究》，中央编译出版社，2013年版。

6. 樊高月、宫旭平编著：《美国全球军事基地览要》，解放军出版社，2014年版。

7. 方连庆、王炳元、刘金质主编：《国际关系史（近代卷）上册》，北京大学出版社，2006年版。

8. 方连庆、王炳元、刘金质主编：《国际关系史（近代卷）下册》，北京大学出版社，2006年版。

9. 方连庆、王炳元、刘金质主编：《国际关系史（战后卷）上册》，北京大学出版社，2006年版。

10. 方连庆、王炳元、刘金质主编：《国际关系史（现代卷）》，北京大学出版社，2006年版。

11. 冯绍雷主编：《构建中的俄美欧关系：兼及新帝国研究》，华东师范大学出版社，2010年版。

12. 高华：《透视新北约：从军事联盟走向安全—政治联盟》，世界知识出版社，2012年版。

13. 高祖贵：《美国与伊斯兰世界》，时事出版社，2005年版。

14. 谷雪梅：《冷战时期美澳同盟的形成与发展（1945—1973）》，中国社会科学出版社，2013年版。

15. 贾文华、高中毅主编：《苏联对外关系》，河南教育出版社，1989年版。

16. 李凡：《冷战后的美国和澳大利亚同盟关系》，中国社会科学出版社，2010年版。

17. 李锐、吴伟、金哲编著：《华沙条约组织与经济互助委员会》，社会科学文献出版社，2010年版。

18. 李兴：《从全面结盟到分道扬镳：冷战时期的苏联与东欧关系研究》，武汉大学出版社，2000年版。

19. 廉德瑰：《日美同盟实相》，上海社科院出版社，2017年版。

20. 凌胜利：《分而制胜：冷战时期美国楔子战略研究》，世界知识出版社，2015年版。

21. 刘军、李海东：《北约东扩与俄罗斯的战略选择》，华东师范大学出版社，2010年版。

22. 梅孜主编：《美俄关系大事实录（1991—2001）上》，时事出版社，2002年版。

23. 梅孜主编：《美俄关系大事实录（1991—2001）下》，时事出版社，2002年版。

24. 汪诗明：《1951年〈澳新美同盟条约〉研究》，世界知识出版社，2008年版。

25. 汪伟民：《美韩同盟再定义与东北亚安全（修订版）》，上海辞书出版社，2013年版。

26. 王帆：《美国的亚太联盟》，世界知识出版社，2007年版。

27. 王立新：《意识形态与美国外交政策：以20世纪美国对华政策为个案的研究》，北京大学出版社，2007年版。

28. 王立新：《踌躇的霸权：美国崛起后的身份困惑与秩序追求（1913—1945）》，中国社会科学出版社，2015年版。

29. 王志坚：《战后日本军事战略研究》，时事出版社，2014年版。

30. 尚书：《美日同盟关系走向》，时事出版社，2009年版。

31. 孙德刚：《冷战后欧美大国在中东的军事基地研究》，世界知识出版社，2015 年版。

32. 新华社参编部：《美日反动派复活日本军国主义资料汇编》，1971 年版。

33. 邢骅、苏惠民、王毅主编：《新世纪北约的走向》，时事出版社，2004 年版。

34. 许海云：《北约简史》，中国人民大学出版社，2005 年版。

35. 许海云：《锻造冷战联盟——美国"大西洋联盟政策"研究（1945—1955）》，中国人民大学出版社，2007 年版。

36. 许海云：《北大西洋公约组织》，社会科学文献出版社，2021 年。

37. 许海云编著：《挑战与应战：新世纪的北约——北约战略转型与发展研究文献汇编》，世界知识出版社，2013 年版。

38. 杨令侠：《战后加拿大与美国关系研究》，世界知识出版社，2001 年版。

39. 岳小颖：《从"保障安全"到"提升地位"：第二次世界大战后澳大利亚对美国追随政策之分析》，上海社会科学院出版社，2013 年版。

40. 岳晓勇：《动荡中的盟友与对手——美国与海湾国家关系的建立与演进》，世界知识出版社，2013 年版。

41. 赵俊杰、高华主编：《北狼动地来？——北约战略调整与欧盟共同防务及其对中国安全环境的影响》，中国社会科学出版社，2011 年版。

42. 张沱生主编：《核战略比较研究》，社会科学文献出版社，2014 年版。

43. 张忠绂：《英日同盟》，上海新月书店，1931 年版。

44. 赵怀普：《当代美欧关系史》，世界知识出版社，2011 年版。

45. 中国现代国际关系研究院美欧研究中心编：《北约的命运》，时事出版社，2004 年版。

46. 钟振明：《超越现实主义？——冷战后的北约及美欧联盟关系》，上海社会科学院出版社，2014 年版。

47. 朱锋：《弹道导弹防御计划与国际安全》，上海人民出版社，2001 年版。

（二）中文期刊文章

1. 包霞琴、崔樱子："冷战后日美同盟的制度化建设及其特点——兼论日本在同盟中的角色变化"，《日本学刊》，2019 年第 1 期。

2. 韩献栋："驻韩美军与韩美同盟"，《当代亚太》，2004 年第 11 期。

3. 韩献栋："美韩同盟的运行机制及其演变"，《当代美国评论》，2019 年第 3 期。

4. 焦世新："美日同盟的机制化与战略转型"，《美国研究》，2019 年第 3 期。

5. 刘丰："美国的联盟管理及其对中国的影响"，《外交评论》，2014 年第 6 期。

6. 刘丰："联盟与国际秩序"，《当代美国评论》，2019 年第 3 期。

7. 刘丰："秩序主导、内部纷争与美国联盟体系转型"，《外交评论》，2021 年第 6 期。

8. 刘星："试论日美同盟的生命力"，《世界经济与政治》，2007 年第 6 期。

9. 屈彩云："中国崛起背景下'日美澳印民主同盟'的构建"，《国际展望》，2015 年第 3 期。

10. 史田一："冷战后美国亚太多边外交中的同盟逻辑"，《当代亚太》，2015 年第 2 期。

11. 宋清润："从'亚太再平衡'战略看美菲军事同盟关系"，《国际研究参考》，2015 年第 1 期。

12. 孙茹："美国的同盟体系及其功效"，《现代国际关系》，2011 年第 7 期。

13. 孙茹："美国亚太同盟体系的网络化及前景"，《国际问题研究》，2012 年第 4 期。

14. 孙茹："朝核问题与美韩同盟的未来"，《中国国际战略评论》，2018（下）。

15. 孙茹："美国同盟与国际秩序变革——以分担负担为例"，《国际政治科学》，2018 年第 2 期。

16. 孙茹："理念分歧与中美国际秩序博弈"，《现代国际关系》，2020

年第 11 期。

17. 孙茹、王付东："美韩同盟涉华合作"，《现代国际关系》，2021 年第 8 期。

18. 孙茹："中美全球博弈下的北约亚太化"，《现代国际关系》，2022年第 7 期。

19. 孙学峰、黄宇兴："中国崛起与东亚地区秩序演变"，《当代亚太》，2011 年第 1 期。

20. 孙逊、韩略："冷战后美国延伸威慑战略模式探析——基于地缘政治的视角"，《当代亚太》，2017 年第 5 期。

21. 王缉思："美国霸权的逻辑"，《美国研究》，2003 年第 3 期。

22. 王缉思："美国内政外交演变的表现与动因——王缉思教授专访"，《当代美国评论》，2022 年第 1 期。

23. 王立新："美国国家身份的重塑与'西方'的形成"，《世界历史》，2019 年第 1 期。

24. 王联合："美澳安全同盟关系的新变化"，《现代国际关系》，2014年第 1 期。

25. 姚椿龄："美国与东南亚条约组织的建立"，《美国研究》，1995 年第 3 期。

26. 周建仁："同盟理论与美国'重返亚太'同盟战略应对"，《当代亚太》，2015 年第 4 期。

27. 左希迎："承诺难题与美国亚太联盟转型"，《当代亚太》，2015 年第 3 期。

28. 左希迎："美国亚太联盟体系会走向瓦解吗"，《世界经济与政治》，2019 年第 10 期。

（三）中文译著

1. ［澳］加文·麦考马克著，于占杰、许春山译：《附庸国：美国怀抱中的日本》，社会科学文献出版社，2008 年版。

2. ［加］阿米塔·阿查亚著，王正毅、冯怀信译：《建构安全共同体：东盟与地区秩序》，上海人民出版社，2004 年版。

3. ［加］玛格丽特·麦克米伦著，邓峰译：《缔造和平：1919 巴黎和会及其开启的战后世界》，中信出版集团，2018 年版。

4. ［美］阿诺德·沃尔弗斯著，于铁军译：《纷争与协作：国际政治论集》，世界知识出版社，2006 年版。

5. ［美］保罗·肯尼迪著，梁于华等译：《大国的兴衰——1500 年到 2000 年的经济变化和军事冲突》，世界知识出版社，1990 年版。

6. ［美］彼得·J. 卡赞斯坦主编，魏玲、王振玲、刘伟华译：《英美文明与其不满者：超越东西方的文明身份》，上海人民出版社，2018 年版。

7. ［美］布莱恩·J. 科林斯著，唐永胜、李志君译：《北约概览》，世界知识出版社，2013 年版。

8. ［美］大卫·韦恩著，张彦译：《美国海外军事基地：它们如何危害全世界》，新华出版社，2016 年版。

9. ［美］克里斯托弗·莱恩著，孙建中译：《和平的幻想：1940 年以来的美国大战略》，上海人民出版社，2009 年版。

10. ［美］格雷厄姆·艾利森著，陈定定、傅强译：《注定一战：中美能避免修昔底德陷阱吗？》，上海人民出版社，2019 年版。

11. ［美］韩德著，马荣久等译：《美利坚独步天下：美国是如何获得和动用它的世界优势的》，上海人民出版社，2011 年版。

12. ［美］汉斯·摩根索著，徐昕、郝望、李保平译：《国家间政治——权力斗争与和平》（第七版），北京大学出版社，2006 年版。

13. ［美］亨利·基辛格著，顾淑馨、林添贵译：《大外交》，海南出版社、人民出版社，2010 年版。

14. ［美］亨利·基辛格著，胡利平、林华、曹爱菊译：《世界秩序》，中信出版集团，2015 年版。

15. ［美］孔华润主编，王琛等译：《剑桥美国对外关系史（上）》，新华出版社，2004 年版。

16. ［美］孔华润主编，张振江等译：《剑桥美国对外关系史（下）》，新华出版社，2004 年版。

17. ［美］罗伯特·卡根著，肖蓉、魏红霞译：《天堂与实力：世界新秩序下的美国与欧洲》，新华出版社，2004 年版。

18. ［美］罗伯特·卡根著，刘若楠译：《美国缔造的世界》，社会科学文献出版社，2013 年版。

19. ［美］罗伯特·盖茨著，陈逾前、迩东晨、王正林译：《责任：美国前国防部长罗伯特·盖茨回忆录》，广东人民出版社，2016 年版。

20. ［美］罗伯特·D. 卡普兰著，鲁创创译：《大国威慑：不为人知的美军海陆空全球运作》，四川人民出版社，2015 年版。

21. ［美］迈克尔·H. 阿马科斯特著，于铁军、孙博红译：《朋友还是对手——前美驻日大使说日本》，新华出版社，1998 年版。

22. ［美］迈克尔·亨特、史蒂文·莱文著，宗端华译：《躁动的帝国 2：太平洋上的大国争霸》，重庆出版社，2015 年版。

23. ［美］J. F. 布朗著，商正、郭济祖译：《苏联与其东欧盟国的关系》，商务印书馆，1980 年版。

24. ［美］利昂·古雷、莫利斯·罗森堡著：《苏联对拉丁美洲的渗透》，上海译文出版社，1979 年版。

25. ［美］尼古拉斯·斯皮克曼著，王珊、郭鑫雨译：《世界政治中的美国战略：美国与权力平衡》，上海人民出版社，2018 年版。

26. ［美］诺曼·里奇著，吴征宇、范菊华译：《大国外交：从拿破仑战争到第一次世界大战》，中国人民大学出版社，2015 年版。

27. ［美］塞缪尔·亨廷顿著，周琪等译：《文明的冲突与世界秩序的重建（修订版）》，新华出版社，2010 年版。

28. ［美］斯蒂芬·沃尔特著，周丕启译：《联盟的起源》，北京大学出版社，2007 年版。

29. ［美］约瑟夫·E. 斯蒂格利茨、琳达·J. 比尔米斯著，卢昌崇、孟韬、李浩译：《三万亿美元的战争：伊拉克战争的真实成本》，中国人民大学出版社，2013 年版。

30. ［美］沃尔特·拉塞尔·米德著，涂怡超、罗怡清译：《上帝与黄金：英国、美国与现代世界的形成》，社会科学文献出版社，2017 年版。

31. ［美］悉·布·费著，于熙俭译：《第一次世界大战的起源（上册）》，商务印书馆，1959 年版。

32. ［美］约翰·伊肯伯里著，赵明昊译：《自由主义利维坦：美利坚世界秩序的起源、危机和转型》，上海人民出版社，2013 年版。

33. ［美］约瑟夫·奈著，［美］邵杜罔译：《美国世纪结束了吗?》，北京联合出版公司，2016 年版。

34. [美] 詹姆斯·布拉德利著，刘建波译：《1905帝国巡游：美国塑造亚太格局的伏笔》，北京联合出版公司，2016年版。

35. [美] 詹姆斯·斯塔夫里迪斯著，蒋宗强译：《海权：海洋帝国与今日世界》，中信出版集团，2019年版。

36. [美] 兹比格纽·布热津斯基著，中国国际问题研究所译：《大棋局：美国的首要地位及其地缘战略》，上海人民出版社，2007年版。

37. [日] 五百旗头真主编，吴万虹译：《新版战后日本外交史（1945—2005）》，世界知识出版社，2007年版。

38. [日] 孙崎享著、郭一娜译：《日美同盟真相》，新华出版社，2014年版。

39. [苏] 安·安·葛罗米柯、鲍·尼·波诺马廖夫主编，韩正文、沈芜清等译：《苏联对外政策史下卷（1945—1980）》，中国人民大学出版社，1989年版。

40. [英] E. H. 卡尔著，徐蓝译：《两次世界大战之间的国际关系1919—1939》，商务印书馆，2009年版。

41. [英] 马丁·怀特著，赫德利·布尔、卡斯滕·霍尔布莱德编，宋爱群译：《权力政治》，世界知识出版社，2004年版。

42. [英] 尼尔·弗格森著，米拉译：《西方的衰落》，中信出版社，2013年版。

二、英文文献

（一）英文官方文献

1. *Collective Defense Treaties with Maps*, *Texts of Treaties*, *A Chronology Status of Forces Agreements*, *and Comparative Chart*, U. S. Government Printing Office, April 21, 1969.

2. *Defense Burdensharing: The Costs, Benefits, and the Future of U. S. Alliances*, Hearings before the Defense Burdensharing Panel of the Committee on Armed Services, House of Representatives, February 2, March1 and 2, 1988, U. S. Government Printing Office, 1988.

3. Department of Defense, *East Asia Strategic Initiative*, April, 1990.

主要参考文献

4. Department of Defense, *A Strategic Framework for the Asian Pacific Rim: Report to Congress* 1992.

5. Department of Defense, *United States Security Strategy for the East Asia – Pacific Region*, 1995.

6. Department of Defense, *United States Security Strategy for the East Asia – Pacific Region*, 1998.

7. Department of Defense, *Quadrennial Defense Review Report*, September 30, 2001.

8. Department of Defense, *Quadrennial Defense Review*, March, 2014.

9. Department of Defense, *Indo – Pacific Strategy Report: Preparedness, Partnerships, and Promoting a Networked Region*, June 1, 2019.

10. Department of Defense, *Active Duty Military Personnel Strengths by Regional Area and by Country*.

11. Department of Defense, *Report on Allied Contributions to the Common Defense*, 1991 – 2004.

12. Department of Defense, *International Armaments Cooperation Handbook*, 6th Edition, 2010.

13. *Measure of Defense Burden Sharing and U.S. Proposals for Increasing Allied Burden Sharing*, Hearing before the Defense Burder Sharing Panel of the Committee on Armed Services, House of Representatives, May 10, 1988.

14. *NATO At 40*, Congressional Research Service, U.S. Governmental Printing Office, May, 1989.

15. NATO Information Service, *The North Atlantic Treaty Organization: Facts and Figures*, 1989.

16. NATO Public Diplomacy Division, *NATO Handbook*, 2006.

17. NATO Public Diplomacy Division, *NATO Summit Guide*, 2016.

18. NATO Public Diplomacy Division, *NATO Encyclopedia 2019*, December, 2019.

19. NATO Public Diplomacy Division, *Defence Expenditure of NATO Countries*, 2011 – 2018, 2019.

20. NATO Public Diplomacy Division, *Key NATO and Allied Exercises in*

2019, February, 2019.

21. *The Persion Gulf, 1975: The Continuing Debate on Arms Sales*, U. S. Government Printing Office, 1976.

22. *The Inter-American System: Its Evolution and Role Today*, Department of Public Information, Pan American Union, 1963.

23. The White House, *National Security Strategy of the United States*, August, 1991.

24. The White House, *A National Security Strategy of Engagement and Enlargement*, February, 1995.

25. The White House, *National Security Strategy*, 2010.

26. The White House, *National Security Strategy of the United States of America*, 2017.

27. *United States Arms Sales to Foreign Countries Handbook*, Washington DC: International Business Publications, 2006.

28. *U. S. Defense Policy: Weapons, Strategy and Commitments*, Congressional Quarterly Inc., April, 1978.

29. *U. S. -Japan Burden Sharing: Japan Has Increased Its Contributions but Could Do More*, Report to the Chairman, Committee on Armed Services, House of Representatives, August, 1989.

30. *U. S. -NATO Burden Sharing: Allies' Contributions to Common Defense During the 1980s*, Report to the Chairman, Committee on Armed Services, House of Representatives, October, 1990.

（二）英文著作、智库报告、期刊文章

1. Acharya, Amitav. "Ideas, Identity, and Institution-building: From the 'ASEAN Way' to the 'Asia-Pacific Way'?" *Pacific Review*, No. 3, 1997.

2. Alagappa, Muthiah. *Asian Security Practice: Material and Ideational Influence*, Stanford: Stanford University Press, 1998.

3. Albrecht-Carrie, Rene. *A Diplomatic History of Europe since the Congress of Vienna*, London: University Paperbacks, 1958.

4. Allison, Graham. "The New Spheres of Influence: Sharing the Globe

with Other Great Powers," *Foreign Affairs*, March/April, 2020.

5. Awanohara, Susumu. "The Burden – Sharing Issues in U. S. – Japan Security Relations: A Perspective from Japan," *Occasional Paper*, East – West Center, March, 1990.

6. Beckley, Michael. "The Myth of Entangling Alliances: Reassessing the Security Risks of U. S. Defense Pacts," *International Security*, No. 4, Spring 2015.

7. Beckley, Michael. *Unrivaled: Why America will Remain the World's Sole Superpower*, Cornell University Press, 2018.

8. Biden, Joseph R. "Why America Must Lead Again? Rescuing U. S. Foreign Policy After Trump," *Foreign Affairs*, March/April, 2020.

9. Binnendijk, Hans. *Friends, Foes and Future Directions: U. S. Partnership in a Turbulent World*, RAND, 2016.

10. Blackwill, Robert D. and Thomas Wright. "The End of World Order and American Foreign Policy," *Council Special Report No. 86*, May, 2020.

11. Brooks, Stephen G., G. John Ikenberry, and William C. Wohlforth. "Don't Come Home America: The Case against Retrenchment," *International Security*, No. 3, Winter 2012/2013.

12. Brzezinski, Zbigniew. "An Agenda for NATO: Toward a Global Security Web," *Foreign Affairs*, September/October, 2009.

13. Brown, Michael E., Sean M. Lynn – Jones and Steven E. Miller eds., *The Perils of Anarchy: Contemporary Realism and International Security*, Cambridge, Massachusetts: The MIT Press, 1995.

14. Buszynski, Leszek. *SEATO: The Failure of an Alliance Stratgey*, Singapore: Singapore University Press, 1983.

15. Calder, Kent E. *Pacific Alliance: Reviving U. S. – Japan Relations*, New Haven: Yale University Press, 2009.

16. Calvert, Peter, Tim Curtis, F. J. Harper, et al, *Treaties and Alliances of the World*, 7th edition, London: John Harper Publishing, 2002.

17. Campbell, Kurt M. "The End of Alliances? Not So Fast," *Washington Quarterly*, Spring 2004.

18. Carpenter, Ted Galen, ed., *NATO Enters the 21st Century*, London:

Frank Cass Publishers, 2001.

19. Cha, Victor, *Powerplay: The Origins of the American Alliance System in Asia*, Princeton: Princeton University Press, 2016.

20. Chanlett‐Avery, Emma, Ben Dolven and Wil Mackey, *Thailand: Background and U. S. Relations*, Congressional Research Service, RL32593, July 29, 2015.

21. Chanlett‐Avery, Emma, and Ian E. Rinehart, *The U. S. ‐ Japan Alliance*, Congressional Research Service, RL33740, February 9, 2016.

22. Chanlett‐Avery, Emma, and Ian E. Rinehart, *The U. S. Military Presence in Okinawa and the Futenma Base Controversy*, Congressional Research Service, R42645, January 20, 2016.

23. Child, John, *Unequal Alliance: The Inter‐American Military System, 1938–1978*, Boulder, Colorado: Westview Press, 1980.

24. Christensen, Thomas J. *Worse than a Monolith: Alliance Politics and Problems of Coercive Diplomacy in Asia*, Princeton: Princeton University Press, 2011.

25. Clarke, Duncan L., Daniel B. O'Connor, and Jason D. Ellis, *Send Guns and Money: Security Assistance and U. S. Foreign Policy*, Westport, Connecticut: Praeger, 1997.

26. Daalder, Ivo H. and Michael E. O'Hanlon, *Winning Ugly: NATO's War to Save Kosovo*, Washington, D. C.: Brookings Institution Press, 2000.

27. Daalder, Ivo H. and James M. Lindsay, "The Committee to Save the World Order: America's Allies Must Step Up as America Steps Down," *Foreign Affairs*, November/December, 2018.

28. Davidson, Jason W, *America's Allies and War: Kosovo, Afghanistan, and Iraq*, New York: Palgrave Macmillan, 2011.

29. Davidson, Jason W, *America's Entangling Alliances: 1778 to the Present*, Washington, D. C.: Georgetown University Press, 2020.

30. Dinerstein, Herbert S, "The Transformation of Alliance Systems," *American Political Science Review*, No. 3, September, 1965.

31. Duke, Simon, *United States Military Forces and Installations in Europe*, New York: Oxford University Press, 1989.

32. Dulles, John Foster. "Security in the Pacific," *Foreign Affairs*, No. 2, January, 1952.

33. Egel, Daniel, Adam R. Grissom, John P. Godges, Jennifer Kavanaugh and Howard J. Shatz, *Estimating the Value of Overseas Security Commitments*, RAND, 2016.

34. Fedder, Edwin H, "The Concept of Alliance," *International Studies Quarterly*, No. 1, March, 1968.

35. Foot, Rosemary, S. Neil MacFarlane & Michael Mastanduno, eds, *U. S. Hegemony and International Organizations: The United States and Multilateral Institutions*, Oxford: Oxford University Press, 2003.

36. Forster, Peter Kent, and Stephen J. Cimbala, *The US, NATO and Military Burden – Sharing*, London: Frank Cass, 2005.

37. Fromkin, David, "Entangling Alliances," *Foreign Affairs*, No. 4, July, 1970.

38. Fukuyama, Francis, "Re – envisioning Asia," *Foreign Affairs*, January/February, 2005.

39. Funabashi, Yoich, *Alliance Adrift*, New York: Council on Foreign Relations Press, 1999.

40. Hathaway, Robert M. and Wilson Lee, eds, *George W. Bush and East Asia: A First Term Assessment*, Washington, D. C. : Woodrow Wilson Center for Scholars, 2005.

41. Gibler, Douglas M. , *International Military Alliances, 1648 – 2008*, Vol. 1 – 2, Washington, D. C. : CQ Press, 2009.

42. Golden, James R. , *NATO Burden – Sharing: Risks and Opportunities*, Praeger Publishers, No. 96, 1983.

43. Goldgeier, James M. , *Not Whether but When: The U. S. Decision to Enlarge NATO*, Washington, D. C. : Brookings Institution Press, 1999.

44. Goldstein, Walter, ed. , *Fighting Allies: Tensions within the Atlantic Alliance*, London, UK: Brassey's Defense Publishers, 1986.

45. Green, Michael J. , *By More than Providence: Grand Strategy and American Power in the Asia Pacific Since 1783*, New York: Columbia University

Press, 2017.

46. Green, Michael J. ed., *Ironclad: Forging a New Future for America's Alliances*, Lanham, MD: Rowman & Littlefield, 2019.

47. Greenhalgh, Elizabeth, *Victory through Coalition: Britain and France during the First World War*, Cambridge, UK: Cambridge University Press, 2005.

48. Gress, David, *From Plato to NATO: The Idea of the West and Its Opponents*, New York: The Free Press, 2004.

49. Hallams, Ellen, and Benjamin Schreer, "Towards a 'post-American' Alliance? NATO Burden-sharing after Libya," *International Affairs*, No. 2, 2012.

50. Harries, Owen, "The Collapse of 'the West'," *Foreign Affairs*, September/October, 1993.

51. Hartley, Keith, and Todd Sandler, "NATO Burden-Sharing: Past and Future," *Journal of Peace Research*, No. 6, 1999.

52. Hohn, Maria, and Seungsook Moon, eds., *Over There: Living with the U.S. Military Empire from World War Two to the Present*, Durham and London: Duke University Press, 2010.

53. Holsti, Ole R, P. Terrence Hopmann, and John D. Sullivan, *Unity and Disunity in International Alliances: Comparative Studies*, New York: Wiley, 1973.

54. Hovey, Harold A., *United States Military Assistance: A Study of Policies and Practices*, New York: Frederick A. Praeger, 1965.

55. Hunter, Robert E., *The European Security and Defense Policy: NATO's Companion or Competitor?* RAND, 2002.

56. Ikenberry, G. John and Michael Mastanduno, eds., *International Relations Theory and the Asia-Pacific*, New York: Columbia University Press, 2003.

57. Ikenberry, G. John, "Liberalism and Empire: Logics of Order in the American Unipolar Age," *Review of International Studies*, No. 4, October, 2004.

58. Ikenberry G. John, and Anne-Marie Slaughter, *Forging a World of Liberty under Law: U.S. National Security in the 21st Century*, September, 2007.

59. Ikenberry, G. John, "The Plot against American Foreign Policy: Can the Liberal Order Survive?" *Foreign Affairs*, May/June, 2017.

60. Ikenberry, G. John, "The End of Liberal International Order?" *Inter-

national Affairs, Issue 1, 2018.

61. Jackson, Henry M. eds., *The Atlantic Alliance: Jackson Subcommittee Hearings and Findings*, New York: Frederick A. Praeger, 1967.

62. Joffe, Josef, *The limited Partnership: Europe, the United States, and the Burdens of Alliance*, Cambridge: Ballinger Publishing Company, 1987.

63. Johnson, Chalmers. *Blowback: The Costs and Consequences of American Empire*, Metropolitan Books, Henry Holt and Company, LLC, 2000.

64. Kaplan, Lawrence S., *NATO and the UN: A Peculiar Relationship*, Columbia, Missouri: University of Missouri Press, 2010.

65. Kavanagh, Jennifer. *U.S. Security – Related Agreements in Force Since 1955: Introducing a New Database*, RAND, 2014.

66. Kennedy, Greg, and Harsh V. Pant, eds. *Assessing Maritime Power in the Asia – Pacific: The Impact of American Strategic Re – balance*, Surrey, Ashgate, 2015.

67. Keohane, Robert. *After Hegemony: Cooperation and Discord in the World Political Economy*, Princeton: Princeton University Press, 1984.

68. Kerr, Paul K. *Arms Sales: Congressional Review Process*, Congressional Research Service, RL31675, July 25, 2017.

69. Kimmage, Michael. *The Abandonment of the West: The History of an Idea in American Foreign Policy*, New York: Basic Books, 2020.

70. Kocs, Stephen A. *International Order: A Political History*, London: Lynne Rienner Publishers, 2019.

71. Krauthammer, Charles. "The Unipolar Moment," *Foreign Affairs*, No. 1, 1990/1991.

72. Kroenig, Matthew. *The Return of Great Power Rivalry: Democracy versus Autocracy from the Ancient World to the U.S. and China*, New York: Oxford University Press, 2020.

73. Kronstadt, K. Alan. *U.S. – India Security Relations: Strategic Issues*, Congressional Research Service, January 24, 2013.

74. Kugler, Richard L. *Commitment to Purpose: How Alliance Partnership Won the Cold War*, RAND, 1993.

75. Kuhlman, James A. et al. *Strategies, Alliances, and Military Power: Changing Roles*, U. S. Army War College, 1977.

76. Kuo, Raymond C. *Following the Leader: Interantional Order, Alliance Strategies, and Emulation*, Stanford: Stanford University Press, 2021.

77. Lansford, Tom. *All for One: Terrorism, NATO and the United States*, Burlington, VT: Ashgate, 2002.

78. Langer, William L. *European Alliances and Alignments 1871 – 1890*, New York: Alfred A. Knopf, 1956.

79. Langley, Lester D. *America and the Americas: The United States in the Western Hemisphere*, Second Edition, Athens and London: The University of Georgia Press, 2010.

80. Levin, Norman. *Do the Ties Still Bind? The U. S. – ROK Security Relationship After 9/11*, RAND, 2004, p. 19.

81. Larsen, Stanley Robert and James Lawton Collins, Jr. *Allied Participation in Vietnam*, Department of the Army, 1975.

82. Lascurettes, Kyle M. *Order of Exclusion: Great Powers and the Strategic Sources of Foundational Rules in International Relations*, New York: Oxford University Press, 2020.

83. Lindley – French, Julian. *The North Atlantic Treaty Organization: The Enduring Alliance*, Second Edition, London and New York: Routledge, 2015.

84. Lippmann, Walter. *U. S. Foreign Policy: Shield of the Republic*, Boston: Little, Brown and Company, 1943.

85. Liska, George. *Nations in Alliance: The Limits of Interdependence*, Baltimore: The Johns Hopkins University Press, 1962.

86. Lord, Carnes, and Andrew S. Erickson, eds. *Rebalancing U. S. Forces: Basing and Forward Presence in the Asia – Pacific*, Annapolis Moryland: Naval Institute Press, 2014.

87. Lostumbo, Michael J. et al. *Overseas Basing of U. S. Military Forces: An Assessment of Relative Costs and Strategic Benefits*, RAND, 2013.

88. Mack, Andrew and John Ravenhill, eds. *Pacific Cooperation: Building Economic and Security Regimes in the Asia – Pacific Region*, Boulder, Colorado:

Westview Press, 1995.

89. Malone, David M. and Yuen Foong Khong, eds. *Unilateralism and U. S. Foreign Policy: International Perspectives*, Lynne Rienner Publishers, 2003.

90. Mandelbaum, Michael, ed. *The Strategic Quadrangle: Russia, China, Japan, and the United States in East Asia*, New York: Council on Foreign Relations Press, 1995.

91. George Marion, *Bases and Empire: A Chart of American Expansion*, New York: Fairplay Publishers, 1949.

92. Masashi, Nishihara, ed. *The Japan – U. S. Alliance: New Challenges for the 21st Century*, Japan Center for International Exchange, 2000.

93. Mearsheimer, John J. "The False Promise of International Institutions," *International Security*, No. 3, Winter 1994/1995.

94. Menon, Rajan. *The End of Alliances*, New York: Oxford University Press, 2007.

95. Michta, Andrew A., and Paal Sigurd Hilde, eds. *The Future of NATO: Regional Defense and Global Security*, Ann Arbor: University of Michigan Press, 2014.

96. Modelski, George, ed. *SEATO: Six Studies*, Melbourne: F. W. Cheshire Ply Ltd, 1962.

97. Moon, Chung – In and Sang – Young Rhyu. "Rethinking Alliance and the Economy: American Hegemony, Path Dependence, and the South Korean Political Economy," *International Relations of the Asia – Pacific*, No. 3, 2010.

98. Nye, Joseph S. "East Asian Security: The Case for Deep Engagement," *Foreign Affairs*, July/ August, 1995.

99. Morelli, Vincent, and Paul Belkin. *NATO in Afghanistan: A Test of the Transatlantic Alliance*, Congressional Research Service, RL33627, December 3, 2009.

100. Mott IV, William H. *United States Military Assistance: An Empirical Perspective*, Westport, CT: Greenwood Press, 2002.

101. *Muchi Security Report*, 2020.

102. Nelson, Daniel J. *A History of US Military Forces in Germany*, Boul-

der, Colo: Westview Press, 1987.

103. O'Keefe, Thomas Andrew. *Bush II, Obama, and the Decling of U. S. Hegemony in the Western Hemisphere*, New York: Routledge, 2018.

104. Orvik, Nils. *The Decline of Neutrality 1914 – 1941*, Oslo: Johan Grundt Tanum Forlag, 1953.

105. Osgood, Robert E. *Alliances and American Foreign Policy*, Baltimore: The Johns Hopkins Press, 1968.

106. Park, Won Gon. "A Challenge for the ROK – U. S. Alliance: Defense Cost – Sharing," *East Asia Security Initiative Working Paper* 30, July, 2013.

107. Petersson, Magnus. *The US NATO Debate: From Libya to Ukraine*, New York: Bloomsbury Academic, 2015.

108. Posen, Barry. *Restraint: A New Foundation for U. S. Grand Strategy*, Ithaca, N. Y.: Cornell University Press, 2014.

109. Preble, Christopher A. *The Power Problem: How American Military Dominance Makes US Less Safe, Less Prosperous and Less Free*, Ithaca: Cornell University Press, 2009.

110. Rapp – Hooper, Mira. *Shields of the Republic: The Triumph and Peril of America's Alliances*, Cambridge, Massachusetts: Harvard University Press, 2020.

111. Ravenhill, John, eds. *No Longer An American Lake? Alliance Problem in the South Pacific*, Institute of International Studies, University of California, 1989.

112. Reed, Robert F. *US – Japan Alliance: Sharing the Burden of Defense*, National Defense University, 1983.

113. Rubin, Barry, and Thomas Keaney, eds. *US Allies in a Changing World*, London and Portland: Frank Cass, 2001.

114. Risse – Kappen, Thomas. *Cooperation among Democracies: The European Influence on U. S. Foreign Policy*, Princeton: Princeton University Press, 1995.

115. Rothstein, Robert L. *Alliances and Small Powers*, New York: Columbia University Press, 1968.

116. Sandars, Christopher. *America's Overseas Garrisons: The Leasehold Empire*, New York: Oxford University Press, 2000.

117. Sayle, Timothy Andrews. *Enduring Alliance: A History of NATO and*

the Postwar Global Order, Ithaca: Cornell University Press, 2019.

118. Shapiro, Andrew J. "A New Era for U. S. Security Assistance," *The Washington Quarterly*, Fall 2012.

119. Sherwood, Elizabeth D. *Allies in Crisis: Meeting Global Challenges to Western Security*, New Haven: Yale University Press, 1990.

120. Shirk, Susan L. and Christopher P. Twomey eds. *Power and Prosperity: Economics and Security Linkages in Asia – Pacific*, New Brunswick: Transaction Publishers, 1996.

121. Simon, Sheldon W. ed. *East Asian Security in the Post – Cold War Era*, Armonk, New York: M. E. Sharpe, 1993.

122. Smith, Sheila A. *Japan's New Politics and the U. S. – Japan Alliance*, New York: Council on Foreign Relations, July, 2014.

123. Sperling, James, and Mark Webber. "NATO: From Kosovo to Kabul," *International Affairs*, No. 3, 2009.

124. Stambuk, George. *American Military Forces Abroad: Their Impact on the Western State System*, Columbus: Ohio State University Press, 1963.

125. Steinberg, James, and Charles Cooper. *The Future of Burdensharing and the Southern Region*, RAND, August, 1990.

126. Synder, Glenn. *Alliance Politics*, Ithaca and London: Cornell University Press, 1997.

127. Tanham, George K. and Alvin H. Bernstein, eds. *Military Basing and the U. S. /Soviet Military Balance in Southeast Asia*, New York: Taylor & Francis New York Inc., 1989.

128. Tertrais, Bruno. "The Changing Nature of Military Alliances," *Washington Quarterly*, Spring 2004.

129. Thies, Wallace J. *Why NATO Endures*, New York: Cambridge University Press, 2009.

130. Thies, Wallace J. *Friendly Rivals: Bargaining and Burden – shifting in NATO*, Armonk, New York: M. E. Sharpe, 2003.

131. *U. S. Force Posture Strategy in the Asia Pacific Region: An Independent Assessment*, Center for Strategic and International Studies, June 27, 2012.

132. Vaughn, Bruce. *New Zealand: U. S. Security Cooperation and the U. S. Rebalancing to Asia Strategy*, Congressional Research Service, R42993, March 8, 2013.

133. Walt, Stephen M. "Alliances in a Unipolar World," *World Politics*, Jan. 2009.

134. Walter, Goldstein, ed. *Fighting Allies: Tensions within the Atlantic Alliance*, London, UK: Brassey's Defense Publishers, 1986.

135. Warren, Patrick T. *Alliance History and the Future NATO: What the Last 500 Years of Alliance Behavior Tells Us about NATO's Path Forward*, 21st Century Defense Initiative, Policy Paper, June 30, 2010.

136. Weeks, Stanley B., and Charles A. Meconis. *The Armed Forces of the USA in the Asia-Pacific Region*, New York: I. B. Tauris & Co Ltd, 1999.

137. Weitsman, Patricia A. *Dangerous Alliances: Proponents of Peace, Weapons of War*, Stanford: Standford University Press, 2004.

138. Wesley, Michael, ed. *Global Allies: Comparing US Alliances in the 21st Century*, Canberra: ANU Press, 2017.

139. Wilkins, Thomas S. "'Alignment', not 'Alliance' – the Shifting Paradigm of International Security Cooperation: Toward a Conceptual Taxonomy of Alignment," *Review of International Studies*, No. 1, January, 2012.

140. Williams, Phil, *The Senate and U. S. Troops in Europe*, London: The Macmillan Press, 1985.

141. Wolfers, Arnold, eds. *Alliance Policy in the Cold War*, Baltimore: The Johns Hopkins Press, 1959.

142. Arnold Wolfers, *Britain and France between Two Wars: Conflicting Strategies of Peace since Versailles*, Hamden, Connecticut: Archon Books, 1963.

143. Wood, G. Zay. *China, the United States and the Anglo-Japanese Alliance*, New York: Fleming H. Revell Company, 1921.

144. Zyla, Benjamin. *Sharing the Burden? NATO and Its Second-Tier Powers*, Toronto: University of Toronto Press, 2015.

图书在版编目（CIP）数据

美国同盟体系：新时代的旧秩序／孙茹著 . —北京：时事出版社，2024.4
ISBN 978-7-5195-0555-4

Ⅰ.①美…　Ⅱ.①孙…　Ⅲ.①同盟条约—研究—美国　Ⅳ.①D994

中国国家版本馆CIP数据核字（2023）第234771号

出 版 发 行：时事出版社
地　　　　址：北京市海淀区彰化路138号西荣阁B座G2层
邮　　　　编：100097
发 行 热 线：（010）88869831　88869832
传　　　　真：（010）88869875
电 子 邮 箱：shishichubanshe@sina.com
印　　　　刷：北京良义印刷科技有限公司

开本：787×1092　1/16　印张：28.25　字数：448千字
2024年4月第1版　2024年4月第1次印刷
定价：168.00元

（如有印装质量问题，请与本社发行部联系调换）